Sabine Poeschel und Dieter Jansen

ROM

Kunst und Geschichte
von der Antike bis zur
Gegenwart

ARTEMIS
Kunst-& Reiseführer

Inhalt

Pantheon

Villa Farnesina: Raffael-Fresko

Tiberinsel S. Bartolomeo

Santa Maria in Cosmedin *(S. 256)*

Geschichte und Kunst von der Stadtgründung bis zur Gegenwart

Rom – und damit basta

Rom, die Stadt der Städte, das Haupt der (katholischen) Welt, die Wiege der Zivilisation des westlichen Mittelmeerraumes, oder Rom, die träge Capitale, Hauptstadt der Anarchie und chaotisch wuchernde Metropole – beide Wertungen sind sprichwörtlich geworden. Kaum eine Stadt wird so besungen und geschmäht. In der ›Ewigen Stadt‹ herrschen ›Zustände wie im alten Rom‹, die ›Wiege der Zivilisation‹ wird als ›einzige afrikanische Stadt ohne europäisches Viertel‹ verspottet. Beide Meinungen sind richtig – und noch viele mehr. Es gibt kein einheitliches Rom. Die Geschichte unterscheidet drei Städte: die ›urbs‹ der Imperatoren, das ›caput mundi‹ der Päpste und die ›capitale‹, die Hauptstadt Italiens. Diese Begriffe skizzieren das Profil einer Stadt, deren bloße Existenz eine ungebrochene Anziehungskraft ausübt. Dabei ist Rom gar keine moderne Weltstadt, es gibt keine Künstleravantgarde, keine Staatstheater, kein Filmfestival, ja noch nicht einmal ein Amüsierviertel oder ein Ausstellungszentrum. Rom bietet nur sich selbst – und das ist mehr als jede andere Stadt bieten kann. Wie kam es dazu?

Stadtgründung und Mythologie (8. Jh. v. Chr.)

Die antike Stadt bedeckte die sieben ursprünglichen Hügel entlang des Tibertals: *Palatin, Kapitol, Aventin, Caelius, Quirinal, Esquilin* und *Viminal.* Die ersten Siedlungsspuren in Rom (Palatin) reichen bis ins 8. und vielleicht sogar 9. Jh. v. Chr. zurück. Sie bestätigen so das mythologische Gründungsdatum der Urbs quadrata durch Romulus und Remus (753 v. Chr.). Die römische Zeitrechnung (ab urbe condita) rechnete in der Antike ab diesem Datum, doch wurden auch andere Daten (814, 751, 748 oder 721 v. Chr.), je nach Berechnung, angenommen. Historisch führen sich die Römer auf *Aeneas* zurück, der auf der Flucht aus dem von den Griechen zerstörten Troja nach Italien gelangte. Zunächst wird das sagenhafte *Alba Longa* die Vorgängerstadt Roms. Rea Silvia, die Tochter des Königs Numitor, gebärt als Vestalin (d. h. an sich zu Ehe- und Kinderlosigkeit verpflichtet) zwei Söhne, *Romulus und Remus*, deren Vater Mars sein soll. Amulius, der Onkel Reas, wirft seine Nichte ins Gefängnis und setzt die Zwillinge am Tiber aus. Sie werden von einer Wölfin gesäugt, vom Schäfer Faustulus gefunden und von ihm

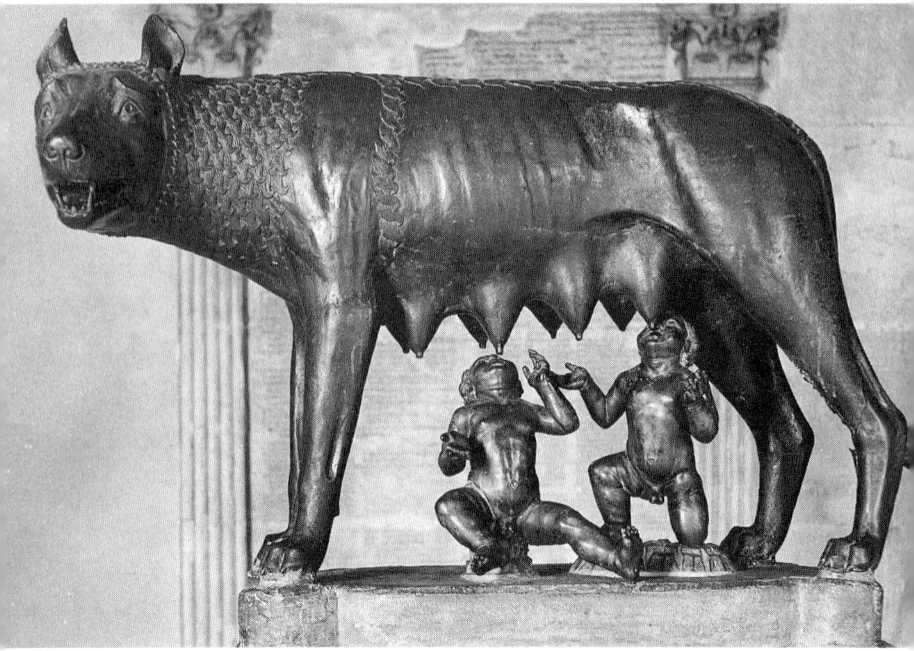

›Die kapitolinische Wölfin mit Romulus und Remus‹ *(S. 43)*

und seiner Gattin Acca Larentia aufgezogen. Als junge Heroen töten sie den Usurpator Amulius und setzen ihren Großvater Numitor wieder als König ein. Die Zwillinge gründen die erste Stadt Rom, doch Romulus erschlägt Remus im Streit. Die Männer Roms (d.h. die Bewohner des Palatins) rauben die Töchter der Sabinischen Stämme (de facto wohl die Bewohner des Quirinals), söhnen sich aber durch Vermittlung der Mütter mit den Sabinern aus, und der Sabiner Titus Tatius wird Mitregent des Romulus. Auf Romulus werden die Einteilung der alten Stämme (Ramnes, Tities, Luceres), die Kurie und der römische Kalender zurückgeführt. Die Mythologie birgt als wahren Kern wahrscheinlich die Ansiedlung eines etruskisch-griechischen Stammes auf römischem Gebiet und seine Vermischung mit den umwohnenden eingeborenen Völkern.

Kunstdenkmäler: Auf dem *** Palatin hat man Spuren eines Hüttendorfes (Pfostenlöcher) aus dem 8. Jh. *(S. 67)* gefunden, unter dem Lapis Niger auf dem *** Forum wurde in der Antike das Grab des Romulus *(S. 54)* vermutet.

Die etruskischen Könige (7.–5. Jh. v. Chr.)

Unter den etruskischen Königen entsteht die eigentliche Stadt. Die Sümpfe unterhalb des Palatins werden trockengelegt und das Forum Romanum als zentraler Platz eingerichtet (ca. 575); Servius Tullius nimmt eine neue Einteilung der Stämme (Tribus) und Comitia centuriata (Einteilung der Bürgerschaft in soziale und fiskalische Klassen) vor, die mit einigen Abänderungen auch das Zeitalter der Republik überdauert hat. In der Zeit der Monarchie beherrscht Rom den größten Teil des heutigen Latium, den *Ager romanus*. Eine Revolte gegen den Tyrannen Tarquinius Superbus (509 v. Chr.) setzt der etruskischen Königsherrschaft ein Ende.

Kunstdenkmäler: In der Monarchie werden die wichtigsten römischen Staatssymbole und Traditionen (Feldherrntriumph, Liktorenbündel, Magistratsinsignien) geprägt. Religiöse Bräuche und Institutionen der etruskischen Zeit leben im republikanischen Kultus ebenso fort, wie die wichtigen Tempelgründungen der Frühzeit (u. a. Tempel des Kapitolinischen Jupiter, *S. 36*) ursprünglich etruskische Anlagen sind. Das Grundschema des antiken Stadtbildes (das Forum als zentraler Platz, umgeben vom senatorischen Wohnviertel, dem Palatin, und dem Tempelbezirk, dem Kapitol) geht auf das 6. Jh. zurück. Weitere wichtige Gründungen der Frühzeit sind die Cloaca Maxima (zur Trockenlegung des Forums, *S. 53*) die Regia *(S. 60)*, der Vestatempel *(S. 59)* und das Senatsgebäude (Kurie, *S. 54*).

Die frühe Republik (5. und 4. Jh. v. Chr.)

Das Volk (Populus) wird unter der neuen Freiheit (Libertas) vom aristokratisch-patrizischen Senat einerseits und vom Magistrat unter Führung zweier Konsuln andererseits geführt. Erst nach langen Auseinandersetzungen zwischen Plebejern und Patriziern werden die Plebejer auch zu wichtigen öffentlichen Ämtern zugelassen (Priesterkollegien, Konsul, Praetor, Dictator, Quaestor, Censor, Pontifex, Augur, Aedil). Mitte des 5. Jh. werden die *Zwölf-Tafel-Gesetze* erlassen, die das Miteinander des Populus regeln sollen. Die plebejischen Institutionen (vor allem Tribunen und Concilium Plebis) werden anerkannt, Rechtssicherheit durch das Ius civile des Aedils Gnaeus Flavius (304 v. Chr.) hergestellt. Um 300 haben sich die Führer der streitenden Parteien in einer neuen Aristokratie (Nobilität) vermischt und etabliert. In den ersten Jahren der Republik beschränkt sich Rom außenpolitisch auf Bündnisse mit umliegenden Völkern (Latiner, Herniker) gegen etruskische Stämme (Volsker, Aequi); im 4. Jh. werden wichtige etruskische Gegner besiegt (Eroberung Vejis 396 v. Chr.). 387 wird Rom von den Galliern des Brennus angegriffen und bis auf die Festung auf dem Kapitolinischen Hügel erobert. Die latinischen Städte werden im Laufe des 4. Jh. erobert oder in Bündnisverträge gezwungen (Auflösung des Latinerbundes nach dem Krieg 340–338). Die weitere Expansion Roms nach Norden (Siege über Samniten und Gallier) und nach Süden veranlaßt das griechische Tarent (Apulien), den Söldnerführer und König von Epirus, Pyrrhos, zu Hilfe zu rufen. Als dieser nach drei siegreichen Schlachten (die ›Pyrrhussiege‹) wegen logistischer Probleme den Kriegszug abbricht, fällt mit Tarent (272 v. Chr.) der letzte Widersacher Roms in Unteritalien. Soweit die angeschlossenen Städte (vor allem in Mittelitalien) nicht unterworfen waren, sondern Bündnisverträge hatten, waren sie einigermaßen frei, hatten keine Steuern an Rom zu entrichten und erhielten z. T. sogar römisches Bürgerrecht. Rom sicherte seine Herrschaft durch ein für die Antike ungewöhnliches Heeresaufgebot von bis zu 700 000 Infanteristen und 70 000 Reitern (ca. 225 v. Chr.).

Kunstdenkmäler: Die wichtigsten Bauten der frühen Republik sind die Tempel des Saturn (497 v. Chr., *S. 56*), des Kastor und Pollux (484 v. Chr., *S. 58*) und der Concordia (336 v. Chr., *S. 57*) sowie die Servianische Mauer (nach 387 v. Chr., Reste b. Stazione Termini, *S. 318*). Man beginnt mit der Anlage der großen Konsularstraßen (z. B.** Via Appia 28). Unter dem Censor Claudius Caecus wurde der erste Aquädukt zur Wasserversorgung der Stadt gebaut (312 v. Chr.).

Die Ausweitung des Imperiums (3. und 2. Jh. v. Chr.)

Zu Karthago unterhielt die römische Republik traditionell gute Beziehungen, bis 264 v. Chr. das sizilische Messina römische Militärhilfe gegen die Punier erbat und auch erhielt. Aus diesem Vertragsbruch resultierten die ersten beiden Punischen Kriege (264–241 und 218–201), die einerseits durch die Kriegszüge Hannibals Rom an den Rand des Untergangs führten, andererseits aber auch Roms Herrschaft über das westliche Mittelmeer begründeten. Erste Kolonien wurden gewonnen: Sizilien, Sardinien, Korsika, Spanien. Im 3. Punischen Krieg schließlich wird Karthago, wie dies Marcus Porcius Cato am Ende einer jeden Rede gefordert hatte (»et ceterum censeo carthaginem delendam esse«), zerstört und die Provinz Afrika dem Reich einverleibt. Zwischenzeitlich war Rom auch auf dem griechischen Kriegsschauplatz erfolgreich gewesen (Illyrische Kriege 229–228 und 219, Kriege gegen Philipp V. von

Makedonien 214–205 und 200–196, gegen Antiochos III. 191–189, gegen Perseus, Andriskos und den Achaiischen Bund 172–168). Die Eroberungen im Osten (Provinz Macedonia) führen zu einer Öffnung Roms für die Kultur des Hellenismus und luxuriöserer Lebensweise des durch die Kriege reich gewordenen Ritterstandes. Literatur und Theater gelangen unter griechischer Anleitung zu einem ersten Höhepunkt und erhalten weitere Verstärkung, als im Verlauf des späteren 2. Jh. die kleinasiatischen Provinzen (die einstigen Diadochenreiche der Alexander-Nachfolger) für das Imperium gewonnen werden können.

Kunstdenkmäler: In stärkerem Maße als zuvor wird in der Zeit der Ausdehnung des Imperiums der Bau von Aquädukten und der Ausbau des Straßennetzes forciert. Cato initiiert den Bau eines verbesserten Kanalisationsnetzes. Rom entwickelt sich zu einem Handelsplatz von Weltniveau. *** Ostia 45 wird als Hafenstadt ausgebaut, Waren werden über den Tiber in die Stadt gebracht und auf den sich ausdehnenden Märkten (z. B. Forum Boarium, Forum Olitorium) feilgeboten. Mit den Märkten ist eine Vielzahl von Tempelbezirken (neben den Tempeln des Forum Boarium, *S. 255* und des Forum Olitorium, *S. 165*, etwa die des Largo Argentina, *S. 135*) verbunden, von denen einige recht gut erhalten sind. Republikanische Wohnviertel der Aristokratie sind auf dem Palatin (zum Kapitol hin) und am Südende des Forums (zwischen Haus der Vestalinnen und Titusbogen) noch gut zu erkennen. Villen und Gartenanlagen (Gärten des Maecenas auf dem Esquilin, *S. 326*, später Domus Aurea des Nero, *S. 77*) prägen das Bild der Stadt. Sie beginnt sich über die alten Grenzen hinaus auszudehnen (Besiedlung des Marsfeldes, d. h. der Region um das Pantheon).

Die soziale Frage und die Bürgerkriege (2. und 1. Jh. v. Chr.)

Die Kriegsgewinne des 3. und 2. Jh. schufen auch Probleme. Der Bauernstand, der zugleich die Masse des Heeres zu stellen hatte, verarmte, da er vom heimischen Acker immer wieder abwesend, zugleich aber an der Kriegsbeute nicht beteiligt war. Grund und Boden der notleidenden Bauern wurden von den vornehmen Gewinnern des Krieges mit aus der Kriegsbeute reichlich vorhandenen finanziellen Mitteln billig aufgekauft. Es entstanden so einerseits Großgrundbesitze, die im Auftrag des Adels von Sklaven bewirtschaftet wurden (Latifundienwirtschaft), andererseits ein arbeits- und besitzloses Proletariat. Im revolutionär gestimmten Rom der unterversorgten Massen kommt es unter dem Tribunat des Tiberius Gracchus zum Bruch zwischen den Klassen: Die Agrarreform des Tiberius Gracchus verteilt

Land aus dem Ager publicus an besitzlose Bürger, Gracchus wird aber schließlich von einer Clique aristokratischer Senatoren ermordet. Sein Bruder Gaius Sempronius setzt die Lex frumentaria durch (122 v. Chr.), scheitert aber mit seinem Plan, das römische Bürgerrecht auf ganz Italien auszudehnen und findet bei den 121 v. Chr. ausbrechenden Unruhen den Tod. Der Senat ruft den Notstand aus (Senatus consultum ultimum). Die sozialen Auseinandersetzungen münden unmittelbar in die Zeit der Bürgerkriege. Die Heeresreform des Gaius Marius verwandelt die römischen Milizen in ein stehendes Heer besoldeter Berufssoldaten, mit dem er Kriege gegen Jugurtha, gegen die Kimbern und gegen die Teutonen führt. Im Krieg gegen die italischen Bundesgenossen (bellum sociale) kämpft Marius ohne Glück, und sein Gegenspieler Sulla besetzt mit ihm ergebenen Truppen Rom (88 v. Chr.). Marius kehrt im Jahr darauf aus dem afrikanischen Exil zurück und vertreibt Sulla. Die wechselseitigen Säuberungsaktionen dezimieren die römische Führungsschicht. Nach dem Tod des Marius (86 v. Chr.) folgt Pompeius mit einigem Erfolg als Führer der Volkspartei. Gegen die aristokratische Opposition geht er ein Bündnis mit *Gaius Julius Caesar* (einem Neffen des Marius) und Crassus ein (1. Triumvirat, 60 v. Chr.). Ein erneuter Bürgerkrieg um die Vorherrschaft im Reich (49–45 v. Chr.) zwischen den einstigen Verbündeten führt zum totalen Sieg Caesars. Ein letztes Mal erhebt sich die senatorische Opposition gegen den Alleinherrscher, und Caesar fällt auf den Stufen der Curia der Verschwörung des Cassius und des Brutus zum Opfer (Iden des März 44 v. Chr.). Aus den neuerlichen Bürgerkriegen geht das 2. Triumvirat (42 v. Chr.) mit Octavian, dem späteren Augustus, Marcus Antonius und Lepidus als Sieger hervor, schießlich endet die Auseinandersetzung zwischen Octavianus und Antonius mit der Alleinherrschaft des Augustus (seit 31 v. Chr.).

Kunstdenkmäler: Die Zeit der Bürgerkriege hat in Rom keine wesentlichen Baudenkmäler hinterlassen. Augustus hat nicht ganz zu Unrecht den Ausspruch getan, er habe eine Stadt aus Ziegeln vorgefunden und eine aus Marmor hinterlassen. Der ›Bauboom‹ der Augusteischen Zeit bezeugt gewissermaßen den Nachholbedarf.

Das Julisch-Claudische Kaiserhaus und die Flavier (31 v. Chr. bis 96 n. Chr.)

Pro forma hat Augustus 27 v. Chr. die römische Republik wiederhergestellt, de facto ist er als Princeps Inhaber aller Macht im Staate (Prinzipat). *Octavianus Augustus* befehligt die Armee und verwaltet direkt die

Hälfte der Provinzen (während die andere Hälfte nominell dem Senat unterstellt ist, durch das ›Imperium maius‹ aber ebenfalls von Augustus beherrscht wird. Der Senat als Honoratiorenversammlung ist tatsächlich entmachtet. Augustus führt eine Reihe notwendiger Verwaltungsreformen (Neuordnung der Armee, Verbesserung der Wasser- und Getreideversorgung der Stadt, Schaffung eines Berufsbeamtentums, Erneuerung der Religion) durch, vor allem aber kennzeichnet die rege Bautätigkeit die 41 Jahre seiner Herrschaft, die von den Zeitgenossen als *goldenes Zeitalter* und als *Zeitalter des Friedens* (Ara pacis) betrachtet wurden. Tiberius, der gegen den Senat regierte und in seinen Majestätsprozessen viele politische Gegner hinrichten ließ, und Caligula, der ebenso wie fast 30 Jahre später Nero (68 n. Chr.) einer Palastrevolte zum Opfer fällt, setzten die Tradition autokratischer Herrschaft fort. Claudius, der Eroberer Britanniens, hatte zwischenzeitlich versucht, sich mit dem Senat zu arrangieren. Im Vier-Kaiser-Jahr werden Galba, Otho, Vitellius und Vespasian von verschiedenen Truppenteilen gleichzeitig zum Kaiser ausgerufen. Die Armee, in der 1. Hälfte des 1. Jh. n. Chr. kaum mehr in Kriege verwickelt, wird nun zum entscheidenden politischen Faktor. Vespasian begründet die Dynastie der Flavier, die das julisch-claudische Haus ablöst und die Phase des Wohlstands in Stadt und Imperium fortsetzt. Domitian, der Sohn des Vespasian, kommt nach dem Tod seines Bruders Titus an die Macht, die er für ein Jahrzehnt absolutistisch ausübt. Er fällt schließlich einer Verschwörung des Adels, der um seine Rechte fürchtet, zum Opfer (98 n. Chr.). Mit Domitian beginnt die Phase des sog. Dominats, d. h. der absolutistischen Kaiserherrschaft.

Kunstdenkmäler: Der Wohlstand des Augusteischen Zeitalters bis hin zu den Flaviern findet seinen Ausdruck in einer ganzen Reihe von Großbauten. Am Anfang stehen u. a. das * Theater des Marcellus 17, das *** Pantheon 10, das Augustus-Mausoleum 9 und der augusteische Friedensaltar, die *** Ara pacis *(S. 115)*. Dem ersten nachchristlichen Jahrhundert gehören neben der Neugestaltung des *** Forum Romanum 2 (unter Caesar begonnen und unter Augustus und seinen Nachfolgern fortgesetzt) vor allem die kaiserlichen Palastbauten des *** Palatin, die Domus Tiberiana (unter den Farnesinischen Gärten), die Domus Augustana und die Domus Flavia *(S. 67)* an. In der Zeit Neros werden die ersten großen Thermenanlagen der Stadt auf dem Marsfeld (Rückseits des Pantheon) angelegt und nach dem Brand Roms (64) der Bau der Domus Aurea *(S. 77)* begonnen. Unter Vespasian begonnen und unter Titus fertiggestellt, wird das Wahrzeichen der Stadt, das flavische Amphitheater, das *** Kolosseum 3. Die Foren dehnen sich nun auch östlich des Forum Romanum aus. Neuanlagen des 1. Jh. sind die ** Foren des Augustus *(S. 87)* und des Vespasian (Friedensforum, *S. 88*). Der Großteil des heute sichtbaren antiken Rom entstand in diesem ersten Jahrhundert des Kaiserreichs.

Trajan, das antoninische Zeitalter und die Severer (96 bis 235 n. Chr.)

Die Kaiser des 2. Jh., vor allem *Nerva, Trajan, Hadrian* und *Marc Aurel,* haben es verstanden, mit dem Wohlwollen des Volkes und im Einvernehmen mit dem Senat zu regieren (Tacitus und der jüngere Plinius sprechen von einer Wiederherstellung der Freiheit). Seit Nerva war es üblich, die Herrschaft an einen Adoptivsohn zu übergeben, der zuvor regelrecht für das ›Amt‹ des Kaisers ausgebildet war. Der Wohlstand des Reiches geht einher mit politischen Rechten, die nun auch auf die Bevölkerung der Provinzen ausgedehnt wurde (nicht von ungefähr, kam doch Trajan selbst aus der spanischen Provinz). Am Ende der antoninischen Epoche, mit dem Tod Marc Aurels (180) und der Ermordung seines Nachfolgers Commodus (193), zeichnet sich am Horizont bereits der Niedergang der römischen Herrschaft ab, den die Severer nur mit Mühen bis in die ersten Jahrzehnte des 3. Jh. aufhalten können. Zunehmende Unruhen an den Grenzen sind Vorankündigungen der Völkerwanderungszeit (schon Trajan hatte gegen die Daker kämpfen müssen, Marc Aurel an zwei Fronten gleichzeitig in Germanien und gegen die Parther im Osten). Bezeichnend ist es vielleicht, daß es allem Anschein nach die Truppen Marc Aurels sind, die eine Pestepidemie verbreiten, der auch der Kaiser selbst zum Opfer gefallen sein dürfte. Unter Hadrian hat das Reich seine größte Ausdehnung erreicht. Die Grenzen werden mit Befestigungsanlagen (Limes) geschützt. Aelius Aristides (117–187) verfaßt zu Lebzeiten des Philosophenkaisers Marc Aurel seine Huldigung an Rom, in der er seine Zeit als ein Zeitalter des Glücks bezeichnet. Wie Marc Aurels Sohn Commodus fällt auch dessen Nachfolger Pertinax einem Mordanschlag zum Opfer, und aus den folgenden Wirren geht *Septimius Severus,* der Begründer des severischen Kaiserhauses als Sieger hervor.

Kunstdenkmäler: Hatte das 1. Jh. n. Chr. die Bautätigkeit vom Privaten ins Öffentliche verlagert und zu ersten Großbauten geführt, so ist das 2. Jh. das Zeitalter der gigantischen Projekte. Ganze Stadtviertel (wie die Trajansmärkte, *S. 85*) werden konzipiert und auch ausgeführt, gewaltige Thermenanlagen (Thermen des Trajan, *S. 79*, über der Domus Aurea, ** Thermen des Caracalla 27) dienen der Zerstreuung der

Bevölkerung. Modellcharakter für die Architekturvorstellungen des 2. Jh. hat die *** Villa Hadrians 46 bei Tivoli: Mehr Verwaltungs- und Regierungsstadt als kaiserlicher Palast, versucht sie sich an einer Synthese von funktionaler Architektur und philosophischer Durchdringung aller Lebensbereiche. Sie ist in ihrer Rezeption von Architekturzitaten aus allen Reichsteilen Symbol der Reichseinheit, sie ist vor allem aber ein Dokument der Persönlichkeit ihres Schöpfers, Hadrian, der als Friedensherrscher sicher gleichberechtigt neben Augustus zu stellen ist. Unter den Wahrzeichen Roms sind vor allem die bildhauerischen Arbeiten des 2. Jh. mehrfach vertreten. Den Ruhm der Kaiser feiern die Statue des Marc Aurel *(S. 38)* und die Säulen des Trajan *(S. 82)* und des Marc Aurel *(S. 102)* mit den Taten der Herrscher. Der Stiftung des Hadrianerben Antoninus Pius und der Faustina verdankt das Forum Romanum seinen heute besterhaltenen Tempel *(S. 60)*.

Die Soldatenkaiser des 3. Jh. und die Neuordnung des Reiches unter Diokletian

Seit Septimius Severus ist es das Heer, das die Person des Kaisers bestimmt, weswegen man das 3. Jh. auch als das Zeitalter der Soldatenkaiser bezeichnet. Trotz einiger rühmlicher Ausnahmen (Claudius Gothicus, Aurelian, Probus) war keiner der schnell wechselnden und teils gegeneinander kämpfenden Herrscher in der Lage, dem nun politisch zerrütteten und wirtschaftlich darniederliegenden Reich den inneren Frieden wiederzugeben, vom äußeren, der fortwährend von den Barbarenvölkern an den Grenzen bedroht wurde, konnte ohnehin keine Rede sein. Die Reichsneuordnung des Diokletian (aus ärmlichen Verhältnissen in Dalmatien stammend, wird er 284 von seinen Truppen zum Kaiser ausgerufen) versucht dem Ende des 3. Jh. Rechnung zu tragen, und der Erfolg gibt dem Kaiser zunächst Recht. Diokletian (Nicomedia) beherrscht den Osten des Reiches als Imperator und Augustus; ihm ist Galerius als Caesar unterstellt. Im Westen herrscht sein Kampfgefährte Maximianus (Rom) mit Constantius Chlorus (in Trier) als Caesar. Der Kult des Reichsgottes *Sol invictus* (des unbesiegten Sonnengottes), zugleich Kaiserkult, nimmt in gewisser Weise den christlichen Monotheismus vorweg (umgekehrt übernimmt das Christentum vieles aus diesem heidnischen Kultus; so z. B. den Weihnachtstag am ehemaligen Tag des Sol). Zugleich hält aber Diokletian aus Gründen der Staatsräson am altrömischen Brauchtum fest und versucht, die neue christliche Religion, in der er eine Gefährdung der Reichseinheit (ein Reich, ein Glaube, ein Kaiser) sieht, zu unterdrücken.

Kunstdenkmäler: In der stadtrömischen Architektur setzt das 2. Jh. zugleich einen Höhe- und Schlußpunkt. Sieht man von der Stadtmauer des Aurelian *(S. 265)*, der Basilika, dem Circus und der Villa des Maxentius *(S. 282)* sowie den ** Thermen des Diokletian 34 ab, so ist seit Anfang des 3. Jh. keine umfänglichere Bautätigkeit in Rom mehr festzustellen. Man beschränkt sich weitestgehend auf die Konservierung und Wiederherstellung des bereits Vorgefundenen (so z. B. die konstantinische Restaurierung der Kurie, *S. 54*) bzw. verwendet Teile des Alten (Spolien) für die Errichtung neuer Monumente (*** Konstantinsbogen, *S. 73*). Eine eigenständige Kunstform des frühen 4. Jh. sind die monumentalen Kaiserstandbilder, wie dasjenige des Konstantin aus der Maxentiusbasilika *(S. 60)*.

Konstantin I. der Große und der Aufstieg des Christentums zur Staatsreligion

Das System Diokletians bricht mit dem Rückzug des Kaisers aus der Politik zusammen. Maxentius, Sohn Maximians und bei der Erbfolge übergangen, versucht sich mit Hilfe der Prätorianer in Rom zu etablieren, was ihm für einige Jahre (306–312) durch maßvolle und geschickte Politik (auch gegenüber den Christen) zunächst auch gelingt. Maximian führt den Herkuleskult als Staatsreligion ein. Konstantin, der Sohn und Nachfolger des West-Caesars Constantius Chlorus und Schwager des Maxentius, verbündet sich mit Licinius gegen diesen. Mit Unterstützung der einflußreichen Christen gelingt es ihm, Maxentius zu isolieren und schließlich in der *Schlacht an der Milvischen Brücke* vor den Toren Roms entscheidend zu schlagen. Konstantins *Mailänder Edikt* begünstigt das *Christentum als nun stärkste Religion im Reich,* während Licinius sich einige Jahre später wieder gegen das Christentum wendet. Konstantin ordnet das Reich neu in 4 Praefecturae (Oriens, Illyricum, Italia und Gallia), 14 Diözesen und 117 Provinzen. Militärische und zivile Verwaltung werden nun streng voneinander getrennt. Das Zentrum der Macht wird in den Osten, nach *Byzanz* verlegt (seit 324).

Kunstdenkmäler: Die Großbauten des neuen Zeitalters sind die Gotteshäuser der Christen. Aus bescheidenen Anfängen, meist umgebauten Privathäusern, entwickeln sich eigenständige und formschöne Bauten wie ** S. Agnese fuori le mura 41, ** S. Lorenzo 40 oder ** S. Sabina *(S. 259)* auf dem Aventin. Großkirchen, kaiserliche Stiftungen, wie *** St. Peter im Vatikan *(S. 185)* und * S. Paolo fuori le mura 43 (›Kopie‹ der Basilica Ulpia des Trajan) orientieren sich an den großen Gerichtsbasiliken der Antike. Mit ** S. Costanza *(S. 391)* hat sich ein schönes Beispiel eines kaiserlichen Mausoleums, später in eine Kirche umgewandelt, fast perfekt erhalten. Die christliche Kunst sucht neue Wege. Zunächst bilderlos-ornamental ausgerichtet, dominiert schon bald die alte römische ›Neigung zum Bildnis‹. Christus inmitten der Apostel, die Geschichte des Jonas, die Weinlese sind nur einige Themen, die in der christlichen Sarkophagplastik dominieren. Daneben ist es vor allem die Technik des Mosaiks (* S. Pudenziana, *S. 320*, *** S. Maria Maggiore, *S. 314*), die für nunmehr christliche Auftraggeber mit den neuen christlichen Themen zu einem neuen Höhepunkt emporsteigt.

Der Niedergang des Imperiums (4. und 5. Jh.)

Rom und der Westen geraten zunehmend in eine Randlage, der West-Imperator hat kaum mehr als Statthalterfunktionen. Rom wird dafür das Zentrum eines ›geistlichen Imperiums‹. Die Nachfolger Petri auf dem Stuhl des römischen Bischofs übernehmen eine Führungsrolle im gesamten Christentum, das nun zur offiziellen Staatsreligion aufgestiegen ist, die von den Kaisern unterstützt wird (Konstantin I. stiftet u. a. die Kirchen St. Peter im Vatikan und St. Johannes im Lateran, Konstantin II. schenkt das Gelände für den Lateranspalast der Päpste dazu). Der Mythos der ›Konstantinischen Schenkung‹ *(S. 298)*, d. h. die Abtretung des Herrschaftsanspruchs des West-Imperators an den Papst, sicher eine Fälschung wahrscheinlich des 8. Jh., wird dem neuen Anspruch der Kirche Petri Ausdruck verleihen. Das Westreich gerät zunehmend an den germanischen Grenzen in Bedrängnis. Der letzte Herrscher über das Gesamtreich in der Nachfolge Konstantins ist *Theodosius I.*, der das Reich unter seine Söhne Arcadius (Osten) und Honorius (Westen) aufteilt (395). Unter den letzten West-Imperatoren wird der Regierungssitz von Rom zunächst nach Mailand verlegt, dann nach Ravenna. Der Ansturm der Barbaren (Alarich, 410, Geiserich, 455) ließen dies geraten erscheinen. 486 verzichtet der letzte West-Imperator, *Romulus Augustulus*, auf den Thron, und *Odoaker* sowie sein Nachfolger *Theoderich* etablieren für mehr als ein halbes Jahrhundert die Herrschaft der Goten in Italien mit Ravenna als Zentrum.

Kunstdenkmäler: Auf die christliche Kunst der ›Heiligen Stadt‹ hat der Niedergang des Imperiums kaum einen Einfluß ausgeübt, auch wenn seit den Zeiten des Honorius und der Galla Placidia Ravenna dem Anschein nach die Führung innehat. Von den wenigstens gleichwertigen Qualitäten römischer Kirchenbauten und Kirchenausschmückung legen etwa das Baptisterium *(S. 308)* bei *** S. Giovanni in Laterano oder die Apsis von * SS. Cosma e Damiano *(S. 89)* Zeugnis ab.

Rom nach dem Ende des westlichen Imperiums (486)

Mit den Gotenkriegen (535–553) ist Rom auf einem historischen Tiefpunkt angelangt. Selbst dem Papst erwächst mit dem Exarchen von Ravenna (Bischof und byzantinischer Statthalter in einer Person) unübersehbare Konkurrenz. Teile der Stadt werden in den Gotenkriegen zerstört oder schwer beschädigt (so führt die Zerstörung der Wasserzuleitung zur Aufgabe der Caracalla-Thermen). Antike Bauten (wie das Kolosseum mit dem Verbot der Spiele) oder die heidnischen Tempel haben ihre Funktion verloren. Die heidnischen Tempelareale liegen brach oder werden sogar rücksichtslos geplündert, um mit dem willkommenen Baumaterial das christliche Rom zu errichten. Die Bevölkerungszahl fällt von über 2 Millionen in augusteischer Zeit auf weniger als 50 000 im 6. Jh. und weniger als 25 000 im 8. und 9. Jh. Kaum daß sich nach den Gotenkriegen die Situation beruhigt hat, kommt mit der Invasion der Langobarden eine neue Drohung über die Stadt. Ganze Stadtviertel sind nun menschenleer, und Bedeutung als quasi-urbane Zentren haben vor allem noch die von Pilgerscharen besuchten christlichen Kultstätten und Klöster. Im 8. Jh. sind erste Anzeichen einer Besserung auszumachen. Seit der Zeit des Zacharias gründen die Päpste im Umland ›Domus cultae‹, d. h. landwirtschaftliche Zentren, die die Landwirtschaft wieder beleben und die Versorgung der Stadt sicherstellen sollen. Eine entscheidende Besserung tritt aber erst mit der Erneuerung des westlichen Imperiums mit der Kaiserkrönung Karls d. Gr. (800) ein.

Kunstdenkmäler: In der Periode des Niedergangs in der 2. Hälte des 6. und im 7. Jh. sind kaum bemerkenswerte Bauten oder Kunstwerke entstanden, doch haben einige Wiederherstellungen älterer Bauten stattgefunden. Eine Ausnahme bildet S. Maria Antiqua *(S. 58)*, die auf dem Forum in ehemaligen augusteischen Räumlichkeiten eingerichtet wird.

Die Entwicklung des Kirchenstaates im Mittelalter (800–1300)

754 ruft Papst Stephan II. den Frankenkönig Pippin gegen die Langobarden, die das Exarchat von Ravenna und die oberitalienischen Herzogtümer besetzt halten, zu Hilfe. Mit dem gefälschten Dokument der ›Konstantinischen Schenkung‹ verlangt er das Gebiet für den hl. Petrus. Nach dem Sieg des Königs 756 über den Langobarden Aithulf, vereint der König in der ›Pippinschen Schenkung‹ die Emilia und Romagna mit Rom und unterstellt sie als ›Patrimonium Petri‹ der Herrschaft der

Päpste. Im Gegenzug krönt Stephan II. Pippin zum ersten ›König von Gottes Gnaden‹. Karl d. Gr. erweitert den Besitz der Kirche um das südliche Tuszien und die nördliche Campagna. Parallel hierzu wird von Leo III. durch die Krönung Karls am 25. Dez. 800 die kaiserliche Hoheit über Rom neben der päpstlichen Souveränität anerkannt. 962 garantiert Otto I. d. Gr. die päpstliche Souveränität, fordert aber gleichzeitig das Mitspracherecht des Kaisers bei der Papstwahl sowie das Recht auf Eingriffe in die Kirchenverwaltung im Deutschen Reich. Johannes XII. akzeptiert und krönt Otto zum Kaiser des nun gebildeten Heiligen Römischen Reiches. Der Konflikt zwischen Reich und Kirche ist programmiert und kulminiert 1077 im Gang nach Canossa, wo sich der mit dem Bann belegte Kaiser Heinrich IV. Gregor VII. unterwirft. 1084 marschiert der Kaiser nach Rom, um sich krönen zu lassen, doch Gregor VII. verschanzt sich in der Engelsburg. Der Normannenherzog Robert Guiscard befreit den Papst, wobei Rom geplündert und teilweise zerstört wird. Die nun gegen Papst und Kaiser aufgebrachten Römer vertreiben Gregor VII., der in Salerno stirbt. Der Konflikt zwischen Papst und Kaiser setzt sich jedoch fort und spaltet insbesondere unter der Herrschaft Friedrichs II. (1212–1250) ganz Italien. Innerhalb Roms wird die päpstliche Autorität durch die Gründung der Kommune 1143/44 eingeschränkt. Arnold von Brescia kämpft gegen die weltliche Herrschaft der Päpste und versucht, eine demokratisch-republikanische Regierung zu bilden; er wird 1155 unter Hadrian IV. hingerichtet. Die weltliche Stadtregierung Roms bleibt ein Zankapfel von Papst, Bürgertum und Adel und erreicht nie die Bedeutung anderer mittelalterlicher Kommunen Italiens.

Kunstdenkmäler: Im 8. und 9. Jh. wird unter der stabilisierten Herrschaft des Papstes der Kirchenbau vorangetrieben. * S. Prassede *(S. 322)* wird errichtet, * SS. Quattro Coronati *(S. 297)* erweitert, S. Marco *(S. 91)*, * S. Cecilia in Trastevere *(S. 244)* und S. Maria in Domnica *(S. 289)* ausgebaut und mit Mosaiken geschmückt. Als Bauherr tut sich insbesondere Paschalis I. hervor. Bei der Vertreibung der kaiserlichen Truppen 1084 durch Robert Guiscard wird das Gebiet des Caelius verwüstet, * SS. Giovanni e Paolo *(S. 288)* zerstört und neu errichtet. Die 1144 gegründete Kommune läßt auf dem verlassenen Kapitol den Senatorenpalast *(S. 38)* errichten. Befestigte Wohnhäuser und Geschlechtertürme wie die Torre dei Conti und die Torre degli Anguillara *(S. 248)* erinnern an die zwischen Anhängern des Papstes und des Kaisers ausgetragenen Kämpfe der Adelsparteien. Die Situation des Konfliktes zwischen Papst und Kaiser ist in den Fresken der Silvesterkapelle *(S. 298)* von * SS. Quattro Coronati dokumentiert.

IN HONORE DEI ET BEATE
VIRGINIS MARIAE PINGERE

Im Kirchenbau wird die basilikale Form beibehalten, nur selten werden Formen der Romanik aufgegriffen (** S. Maria in Cosmedin 25, Apsis von * SS. Giovanni e Paolo, *S. 288*). Für die römische Romanik sind die gemauerten Glockentürme mit eingelassenen Majoliken oder Marmorscheiben typisch (** S. Maria in Cosmedin, *S. 256*, ** S. Maria in Trastevere, *S. 240*, S. Francesca Romana, *S. 62*). Die gotische Architektur setzt sich, wie auch im übrigen Italien, nicht durch. Einziges Beispiel ist ** S. Maria sopra Minerva 11.

Im Hochmittelalter werden die Kirchenräume kostbar ausgestattet. Die *Cosmaten* arbeiten in ** S. Lorenzo fuori le mura 40, ** S. Maria in Cosmedin 25 und *** S. Clemente 39. Ihre Einlegearbeiten in Fußböden, Altären, Leuchtern und Thronen werden zu einem charakteristischen Element der römischen Kunst. In der Malerei herrschen die monumentalen Mosaiken vor. *Pietro Cavallini* ist in ** S. Cecilia *(S. 244)* und ** S. Maria in Trastevere *(S. 240)* tätig, *Jacopo Torriti* schafft das Apsismosaik von *** S. Maria Maggiore *(S. 314)*, deren Fassade Filippo Rusuti schmückt. Die römischen Maler, insbesondere Cavallini, lösen sich von der Strenge der byzantinischen Formen und leiten, parallel zu Giotto, die neue, wieder an der Natur orientierte Phase der abendländischen Kunst ein. *Arnolfo di Cambio* errichtet das Tabernakel *(S. 245)* von ** S. Cecilia und das Grabmal des Kardinals Annibaldi *(S. 307)* in *** S. Giovanni in Laterano. Diese Werke bewirken die Aufnahme gotischen Formenguts in die römische Plastik.

Das Exil der Päpste in Avignon (1305–1377)

Der Streit über die Vorherrschaft des Papstes vor weltlichen Herrschern erreicht seinen Höhepunkt unter Bonifaz VIII., der in der Bulle ›Unam sanctam‹ das absolute Primat des Papstes erklärt. Der damals mächtigste König Europas, Philipp der Schöne von Frankreich, widersetzt sich der Unterwerfung und beruft ein Konzil zur Absetzung von Bonifaz ein. Die römische Familie Colonna unterstützt den französischen König und nimmt den Papst in Anagni gefangen. Die Bürger von Anagni befreien Bonifaz, der jedoch kurz darauf stirbt. Der Nachfolger regiert nur wenige Monate und wurde möglicherweise vergiftet. Im folgenden Konklave von 1304 setzen die Anhänger der Franzosen die Wahl Bertrands de Goth aus Bordeaux durch, der sich als Clemens V. in Lyon krönen läßt. Er veranlaßt die Transferierung der Kurie nach Avignon, wo die Päpste bis 1377 in der Abhängigkeit der französischen Könige regieren.

Zur Rückkehr der Päpste nach Rom trägt maßgeblich eine Frau, die *hl. Katharina von Siena,* bei. Sie bewegt den letzten anerkannten

Cosmatenarbeiten in Santa Maria in Cosmedin *(S. 256)*

avignonesischen Papst, Gregor XI., Avignon zu verlassen und nach Rom zu ziehen. Nach seinem plötzlichen Tod 1378 wird mit Urban VI. wieder ein Italiener zum Papst gewählt, der Rom nicht mehr verläßt. Die römischen Päpste können sich jedoch vorerst nicht durchsetzten, es kommt zur Kirchenspaltung, dem Schisma, das erst 1417 endet.

Kunstdenkmäler: Während des Exils der Päpste war in Avignon ein großartiges Kunstzentrum entstanden. Der Palast der französischen Pontifices ist mit keinem zeitgenössischen Bau nur annähernd zu vergleichen. Rom hingegen war weitgehend entvölkert, das Kapitol zum ›campo caprino‹ (Ziegenweide) und das Forum zum ›campo vaccino‹ (Kuhweide) verkommen. Der einzig nennenswerte Bau des 14. Jh. in Rom ist die Treppe *(S. 46)* von * S. Maria in Aracoeli. Ein Kuriosum dieser Zeit ist das Tabernakel *(S. 304)* von *** San Giovanni Laterano, das während des Romaufenthaltes des Franzosen Urban V. entstand. 1377 finden die Päpste den Lateranspalast *(S. 309)* ruinös vor und wählen den Vatikan *(S. 197)* als Sitz, der von da an systematisch ausgebaut wird.

Rom in der Renaissance

Nach der Beendigung des Schismas durch Martin V. wird Rom erneut zum Mittelpunkt der katholischen Welt. Der Wiederaufbau der verödeten Stadt geht in der 1. Hälfte des 15. Jh. nur zögernd voran, auch ist die Autorität des Papstes in Rom noch keineswegs gefestigt: *Eugen IV.* flieht 1434 vor revolutionären Unruhen nach Florenz und kehrt erst 1443 zurück. *Sixtus IV.* strafft schließlich die päpstliche Macht. Ferdinand Gregorovius bezeichnet ihn als ersten ›Papst-König‹, der Zeitgenosse Ägidius von Viterbo sieht in ihm den Beginn der Verweltlichung der Kirche. *Alexander VI.* ist ebenfalls eher ein Monarch als ein Seelsorger. Mit Hilfe seines Sohnes Cesare entmachtet er die aufsässigen römischen Barone und die autonom gewordenen Herrscher der nur noch nominell dem Kirchenstaat unterworfenen Gebiete in der Romagna und den Marken. Diese Politik verfolgt auch *Julius II.*, der persönlich den Feldzug gegen Bologna anführt. Während dieser Epoche versuchen Frankreich und das Kaiserreich Ansprüche auf Teile des Kirchenstaates geltend zu machen. Leo X. gelingt es, die politische Macht des Papsttums zu verteidigen, doch vernachlässigt er die kirchlichen Anliegen und nimmt vor allem die Reformbewegung Martin Luthers nicht ernst genug.

Kunstdenkmäler: Der Neubeginn des päpstlichen Mäzenatentums ist dem fast zehnjährigen Exil Eugens IV. zu verdanken. Angeregt von der regen Kunsttätigkeit in Florenz, beruft er Antonio Filarete nach Rom, der mit dem Bronzeportal *(S. 187)* für *** St. Peter eines der ersten bedeutenden Renaissancewerke Roms schafft. Unter dem Humanisten Nikolaus V. werden etliche Florentiner Künstler nach Rom berufen (*Fra Angelico,* Cappella Niccolina im Vatikan, *S. 208*). Sixtus IV. holt den Umbrer *Perugino* sowie die Florentiner *Botticelli* und *Ghirlandaio* zur Ausmalung der Sixtinischen Kapelle *(S. 216)* nach Rom, sein Grabmal schafft *Antonio del Pollaiuolo,* der damit dem Bronzeguß in Rom zu neuer Geltung verhilft. In der Architektur setzen vor allem der Florentiner *Baccio Pontelli* (** S. Maria del Popolo, *S. 108*), der Lombarde *Andrea Bregno* (Cancelleria, *S. 158*) und schließlich der Urbinate *Bramante* (** Tempietto, *S. 231*) Akzente. Die Kunstproduktion wird also von nicht-römischen Künstlern, überwiegend Florentinern, beherrscht, die jedoch die Formen der römischen Antike aufgreifen. Neben dieser ›Wiedergeburt‹ (frz. renaissance) der Antike werden die in Florenz entwickelten Kriterien des Naturstudiums und der Perspektive bedeutsam. Die Maße bleiben in allen Kunstgattungen relativ moderat, an den menschlichen Bedürfnissen orientiert. Zu Beginn des 16. Jh., unter den Pontifikaten Julius' II. und Leos X., prägen der Florentiner *Michelangelo* und die Urbinaten *Bramante* und *Raffael* die neue römische Kunst, bei der die Repräsentation in den Vordergrund rückt. Die Werke gewinnen an Monumentalität, die zum Ausdruck päpstlicher Herrlichkeit (Michelangelo, Grabmal Julius' II., *S. 326*; Raffael, Stanzen, *S. 209*) sowie der triumphierenden Kirche (Bramante und Michelangelo; Neubau von *** S. Peter, *S. 185*; Michelangelo, Sixtinische Decke, *S. 218*) wird. Die Maßstäbe werden ins Kolossale gesteigert, Figuren gewinnen an Beweglichkeit und Freiheit.

Nach Rückkehr der Päpste setzen die Pilgerzüge nach Rom erneut ein. Die Feiern der Jubiläen und der Besuch der Apostelgräber war mit Ablässen verbunden, die die Rom-Reisen als Rettung des Seelenheils erscheinen ließen. Mit ihnen erlebt auch die Einrichtung der *Nationalkirchen* im 15. und 16. Jh. eine Blüte. Diese Kirchen wurden von in Rom ansässigen Angehörigen einer Nation wie Künstlern, Kaufleuten und Gesandten, die sich zu Bruderschaften (confraternitas) zusammengeschlossen hatten, ins Leben gerufen. Sie sind dem Schutzpatron oder einem hervorragenden Heiligen der jeweiligen Nation geweiht, mit Ausnahme der deutschen Nationalkirche S. Maria dell'Anima *(S. 143)*, die nach einem bei den Bauarbeiten gefundenen Madonnenbild der Maria geweiht ist. Bei diesen Nationalkirchen, die auch nicht dem Kirchenstaat angehörende italienische ›Nationen‹ wie Lombarden und Toskaner einrichteten, gab es meist Pilgerheime, wo die Romreisenden Unterkunft und auch Schutz fanden. Die Kurienkardinäle der Nationen unterstützten die Einrichtungen mit Stiftungen; nationale Ereignisse, etwa die Geburt eines Thronfolgers, wurden in und um diese Kirchen gefeiert. Ferner dienten sie als Treffpunkt für Landsleute und im Todesfall als Grablege.

Der Sacco di Roma (1527–1528)

Der Versuch Clemens' VII., der kaiserlichen Vormacht in Italien durch einen Pakt mit den Franzosen entgegenzuwirken, führt zur verhängnisvollen Einnahme Roms durch die deutschen und spanischen Truppen Karls V. unter der Führung von Charles de Bourbon, einem Gegner Franz' I. Das ca. 20 000 Mann starke Herr stürmt am 6. Mai 1527 den Vatikan und stößt dort lediglich auf den Widerstand von 147 Schweizergardisten, die alle erschlagen werden. Clemens flüchtet in die Engelsburg, deren Verteidigung an den Kanonen u. a. der Bildhauer Benvenuto Cellini übernimmt, der die ›diabolische Übung‹ genießt. Die kaiserlichen Söldner, zum großen Teil Protestanten, denen Rom als Babylonische Hure und der Papst als Antichrist erscheinen, töten ca. 3000 Römer, plündern die Häuser und verwüsten Kirchen. Die Bürger kaufen sich schließlich gegen ein Lösegeld von der Plage durch die Soldaten frei. In der verwüsteten Stadt bricht die Pest aus, zudem herrscht Hungersnot. Der in der Engelsburg verschanzte Papst ist nach einem Monat der Belagerung zu Verhandlungen mit den Heerführern gezwungen. Nach Bereitstellung der ersten Rate der enormen Reparationszahlung von 400 000 Dukaten verläßt das durch Pest und Desertierungen um ca. die Hälfte dezimierte Heer im Februar 1528 Italien. 1530 wird Karl in Bologna als letzter Kaiser von einem Papst gekrönt.

Kunstdenkmäler: Der Terror und die Demütigung hinterlassen einen tiefen Eindruck in der Stadt. Noch unter Clemens VII. werden 1534 die Statuen der Apostel Petrus und Paulus als ›Wächter‹ an der Engelsbrücke *(S. 177)* aufgestellt. Einen späteren Reflex dieser düsteren Episode gibt auch Michelangelos ›Jüngstes Gericht‹ *(S. 222)*. Das positive Menschenbild der Renaissance wird gebrochen.

Das Konzil von Trient und die Gegenreformation

Nach dem Schock des Sacco di Roma strebt Paul III. die politische Neutralität des Kirchenstaates an. Gleichzeitig bemüht er sich um die Reform der katholischen Kirche, zu der das Konzil von Trient einberufen wird. In der entscheidenden 4. Sitzung von 1546 werden die römisch-katholischen Glaubensinhalte gegen die reformatorischen Bekenntnisse abgegrenzt. Als Grundlage wird die Heilige Schrift in der lateinischen Übersetzung der ›Vulgata‹ durch Hieronymus definiert. Darüber hinaus werden die Sakramente und ihre Erteilung durch die Kirche, die Lehre von Fegefeuer und Ablaß sowie die Reliquien-, Heiligen- und Bilderverehrung als Glaubensgut sanktioniert. Diese Lehre der röm.-kath. Kirche muß von den getrennten Glaubensgemeinschaften akzeptiert werden, um die Einheit der Christenheit wiederherzustellen. Das Konzil bildet den Ausgangspunkt der Gegenreformation, der sich insbesondere der junge Jesuitenorden widmet.

Im 17. und 18. Jh. spielt Rom politisch keine Rolle mehr. Im Dreißigjährigen Krieg (1618–1638) kümmert sich Urban VIII. wenig um die Belange der katholischen Partei, und Innozenz X. muß mit dem Abschluß des Westfälischen Friedens 1648 die Besiegelung der Kirchenspaltung hinnehmen.

Kunstdenkmäler: Die neue Konzentration auf die Angelegenheiten der Kirche führt zu einem Ausbau der Stadt in bisher ungekanntem Maße. Das katholische Rom soll erneut zum ›caput mundi‹, zum Haupt der Welt, werden. Neben dem Kirchenbau werden die urbanistische Gestaltung der Stadt und die Errichtung von Familienpalästen bedeutend. Paul III. überträgt Michelangelo den nach dem Sacco di Roma unterbrochenen Bau von *** St. Peter *(S. 185)*, Vignola und Giovanni della Porta schaffen für den Jesuitenorden mit dem Bau von ** Il Gesù 13 einen neuen Typ des vereinheitlichenden Kirchenraumes im Sinne der Gegenreformation. Michelangelos Umgestaltung des Kapitolsplatzes *(S. 38)* im Auftrag Pauls III. dokumentiert das Ende der Kommune. Sixtus V. unterwirft die Stadt einem großangelegten urbanistischen Programm, das die Hauptkirchen und -plätze durch neuangelegte Straßen zugänglich macht (Via Sistina, Dreistrahl der Piazza del Popolo) und durch die Aufstellung der ägyptischen Obelisken betont. Im 17. Jh. werden die großartigen Architekturprojekte mit dem Ausbau von *** St. Peter *(S. 185)*, der Errichtung der Kolonnaden und der Umgestaltung der *** Piazza Navona 14 sowie von *** S. Giovanni in Laterano 31 fortgesetzt. Urban VIII., Innozenz X. und Alexander VII. sind die Bauherren der ›Roma triumphans‹, *Carlo Maderno* (S. Susanna, *S. 345*), *Gian Lorenzo Bernini* (Kolonnaden, *S. 184*), *Francesco Borromini* (** S. Agnese, *S. 139*) und *Pietro da Cortona* (* S. Maria della Pace, *S. 140*) sind die Architekten.

Das *römische Barock* zeichnet sich durch zunehmende Plastizität und Bewegtheit, vor allem in der Fassadengestaltung, aus. Hohe Kuppeln akzentuieren die Kirchenbauten im Stadtbild; die oft reich dekorierten Innenräume werden gelegentlich über ovalem Grundriß errichtet. Die barocken Formen werden auch im 18. Jh. noch weitgehend beibehalten, eine klassizistische Gegenbewegung findet sich in den monumentalisierenden Tendenzen *Ferdinando Fugas* (S. Giovanni dei Fiorentini 19) und *Nicolo Salvis* (* Fontana di Trevi, *S. 354*). Die Bildhauerei des 16. Jh. war durch Michelangelo und seine Nachfolger, u. a. *Jacopo Sansovino,* geprägt. Im 17. Jh. wird die bewegte, raumgreifende und ausdrucksstarke Skulptur des Barock vor allem von *Bernini* gestaltet, der die Wirkung oft durch szenische Architekturen unterstreicht. Klassizistische Tendenzen vertritt *Alessandro Algardi*. Im 18. Jh. wird die Virtuosität Berninis von *Antonio Canova* erreicht, der im Figurenaufbau jedoch auf die strengeren Formen der Antike zurückgreift.

Die Malerei ist nach dem Tod Raffaels (1520) und Michelangelos (1564) der größten Krise ausgesetzt. Die Meister hinterlassen ein Heer von Epigonen (Giulio Romano; Sebastiano del Piombo), deren Kunst auf die Nachahmung beschränkt bleibt. Gegen Ende des 16. Jh. geben *Caravaggio* und die Bolognesen *Carracci, Domenichino, Reni* und *Guercino* neue Impulse. Im frühen 17. Jh. sind der Realismus Caravaggios, der Klassizismus Domenichinos sowie die barocke Illusionsmalerei Guercinos gleichermaßen vertreten, ab Mitte des 17. Jh. setzt sich die bewegte und phantasievolle Barockmalerei mit *Pietro da Cortona* (Deckenfresko im ** Palazzo Barberini 37, *Andrea Pozzo* (Deckenfresko von ** S. Ignazio 12) und *Baciccia* (Deckenfresko von ** Il Gesù 13) durch. Charakteristisch sind monumentale Deckenfresken, die die Illusion eines Blickes in den offenen Himmel geben. Diese Verschmelzung von irdischem und überirdischem Bereich ist wiederum typisch für die Ideologie der Gegenreformation. Es ändert sich die Bildthematik. Genreszenen aus der Jugend Christi verschwinden; zugelassen ist nur noch die genaue Umsetzung der Evangelien. Auch die Bilderwelt mittelalterlicher Heiligenviten entfällt zugunsten extatischer Visionen und mitreißender Martyrien meist junger Heiliger (z. B. Ignatius).

Die Entwicklung Roms zur Kunststadt bringt auch den Zuzug ausländischer Künstler mit sich, die hier Aufträge ausführen und gleichzeitig die römischen Kunstwerke studieren. Zu den illustren Gästen gehören Peter Paul Rubens, Diego Velazquez, Nicolas Poussin und Claude Lorrain. Zum Studium der römischen Kunst werden die Akademien gegründet. Die berühmteste, die Académie de France *(S. 367)*, 1666 von Ludwig XIV. ins Leben gerufen, bot den Gewinnern des ›Prix de Rome‹ einen dreijährigen Aufenthalt in der Stadt. Die Erfahrungen dieser Romaufenthalte lassen sich besonders deutlich in der Strömung des Neoklassizismus der französischen Revolutionskunst, etwa bei Jacques Louis David, ablesen. Die Akademien bestehen noch heute; das deutsche Institut hat seinen Sitz in der Villa Massimo *(S. 394)*.

Von den napoleonischen Kriegen bis heute

Das relativ friedliche, ereignislose und unpolitische Leben Roms wird erst durch die Invasion Napoleons getrübt, der 1798 den gesamten Kirchenstaat besetzt und Pius VI. nach Frankreich entführt. Auch der Nachfolger, Pius VII., wird zum Gefangenen Napoleons, der Rom zur zweiten Stadt des Kaiserreiches erklärt und seinem Sohn den Titel ›König von Rom‹ verleiht. Nach dem Sturz Napoleons wird der Kirchenstaat wieder völlig hergestellt, gerät jedoch bald mit der sich bildenden nationalen Bewegung des *Risorgimento* unter Führung des Piemontesischen Königs Viktor Emanuel II. in Konflikt. 1860 wird das Königreich Italien proklamiert (Hauptstadt Turin, ab 1865 Florenz), Pius IX. ruft die französischen Truppen zur Verteidigung Roms zu Hilfe. 1870 müssen diese Truppen wegen des Deutsch-Französischen Krieges abgezogen werden, Rom wird von den Piemontesen eingenommen und 1871 zur *Hauptstadt des Königreichs Italien* erklärt. Eine Volksabstimmung erklärt die päpstliche Herrschaft für erloschen, Pius IX. sieht sich als ›Gefangener im Vatikan‹. Die ›römische Frage‹ der Souveränität wird erst unter Mussolini in den mit Pius XII. geschlossenen Lateranverträgen, die die Souveränität des Vatikanstaates anerkennen, geklärt. Benito Mussolini, der Duce (Führer) der Faschistischen Bewegung, zwingt nach dem Marsch auf Rom 1922 König Viktor Emanuel III., ihm die Regierung zu übertragen. Mussolini gerät zunehmend in die Abhängigkeit Hitlers und greift 1940 in den 2. Weltkrieg ein. Rom wird von den Amerikanern bombardiert und 1943 nach Intervention Pius' XII. zur ›offenen Stadt‹ erklärt. Militärische Mißerfolge führen zur Verhaftung Mussolinis auf Befehl des Königs. Von den Deutschen befreit, wird er 1945 von italienischen Widerstandskämpfern ermordet. Im folgenden Jahr dankt Viktor Emanuel III. zugunsten seines Sohnes Umberto II. ab. In einem Volksentscheid vom 2. Juni 1946 wird die Monarchie durch die Republik abgelöst; der König geht ins Exil in die Schweiz; er und seine männlichen Nachkommen dürfen Italien nicht mehr betreten. Rom ist seitdem die Hauptstadt der Republik Italien. 1957 werden hier die ›Römischen Verträge‹ zur Gründung der Europäischen Gemeinschaft abgeschlossen, 1962–1965 findet das 2. *Vatikanische Konzil* zur Reform der Katholischen Kirche statt.

Kunstdenkmäler: Unter Napoleon wird die Anlage der ** Piazza del Popolo 8 von Giuseppe Valadier geplant; im übrigen sind die Künste in einem akademischen Formalismus erstarrt. Erst die Einigung Italiens bringt große Veränderungen im Stadtbild mit sich. Es entsteht das ›dritte Rom‹, nach der Stadt der Imperatoren und der Päpste nun die der Könige des geeinten Italien. Ministerien werden errichtet, reprä-

Arkadenpalast für die geplante Weltausstellung EUR 1942 (heute Palazzo della Civiltà del Lavoro; *S. 401*)

sentative Straßenzüge wie der Corso Vittorio Emanuele durchgebrochen, die Piazza delle Terme (heute della Repubblica) angelegt. Vor allem aber verlangt das einsetzende Wachstum der Stadt – von 200 000 Einwohnern im Jahre 1870 auf 400 000 im Jahre 1900 – nach der Errichtung neuer Wohnviertel. Es entstehen u. a. die Quartiere Esquilin, Caelius, Testaccio und Prati. In der Zeit des Faschismus wird das Viertel EUR 44 für die geplante Weltausstellung von 1942 errichtet, die Via dei Fori Imperiali als Paradestraße der Faschisten über die Kaiserforen gelegt. Nach Abschluß der Lateranverträge läßt Mussolini die Via della Conciliazione *(S. 181)* zum Petersplatz durchbrechen. Nach dem 2. Weltkrieg, von dem nur das Viertel von S. Lorenzo betroffen ist, setzt ein unkontrolliertes Wachstum der Stadt ein. 1940 wohnten in Rom ca. 900 000 Menschen, 1975 wurden knapp 3 Millionen gezählt, Ende der 80er Jahre belaufen sich Schätzungen auf über 4 Millionen; damit ist Rom die größte Stadt des Mittelmeerraumes. Dieses nicht unproblematische Wachstum führt zu einer dichten Bebauung der Außenbezirke (borgate). In den 80er Jahren werden Maßnahmen zur Rettung der Innenstadt in Angriff genommen. Autofreie oder zumindest stundenweise gesperrte Zonen leiten die dringend notwendige Verkehrsberuhigung ein. Zur Fußballweltmeisterschaft 1990 soll eine großangelegte Restaurierungskampagne zur Reinigung der Monumente und Fassaden abgeschlossen werden. Langfristig ist die Stillegung der Via dei Fori Imperiali und damit die Umwandlung des Stadtkerns in einen archäologischen Park geplant.

Die römischen Kaiser von Augustus bis zum Untergang des Weströmischen Reiches

27 v. Chr. – 14 n. Chr.	Augustus
14– 37	Tiberius
37– 41	Caligula
41– 54	Claudius
54– 68	Nero
68– 69	Galba
69 (Vier-Kaiser-Jahr)	Otho/Vitellius
69– 79	Vespasian
79– 81	Titus
81– 96	Domitian
96– 98	Nerva
98–117	Trajan
117–138	Hadrian
138–161	Antoninus Pius
161–180	Marc Aurel
180–192	Commodus
193	Pertinax/Didius Julianus
193–211	Septimius Severus
211–217	Caracalla/Geta (bis 212)
217–218	Macrinus Diaduminianus
218–222	Elagabal
222–235	Severus Alexander
235–238	Maximinus Thrax
238	Gordianus I./ Gordianus II./ Balbinus/Pupienus
238–244	Gordianus III.
244–249	Philippus Arabs
249–251	Decius
251	Herennius/Hostilianus
251–253	Trebonianus Gallus/ Aemilianus
253–260	Valerianus
253–268	Gallienus
268–270	Claudius Gothicus
270–275	Aurelianus
275–276	Tacitus
276–282	Probus
282–283	Carus
283–285	Numerianus/Carinus
284–305	Diocletianus/ Maximianus (Mitkaiser 286–305)
305–311	Galerius/Constantius I. Chlorus (305–306) (311: Toleranzedikt des Galerius)
306–337	Konstantin I. d. Gr./ Severus (306–307)/ Maxentius (306–312)/ Licinius (308–324) (313: Sieg Konstantins in der Schlacht an der Milvischen Brücke und Mailänder Edikt) Konstantin II.
337–350	Constantinus II.
337–361	Julianus Apostata
361–363	Jovianus
363–364	Valentinianus I.
364–375	Valens (364–378) Gratian (367–383) Valentinianus II.
375–392	Theodosius I.
379–395	Arcadius (383–392)

Weströmisches Reich

393–423	Honorius
425–455	Valentinianus III.
455	Petronius Maximus
455–456	Avitus
457–461	Majorianus
461–465	Libius Severus
467–472	Anthemius
472	Olybrius
473–474	Glycerius
474–475	Julius Nepos
475–476	Romulus Augustulus
476	Odoaker (Untergang des Weströmischen Reiches)

ALBANI  1700 1721 Clemens XI.	ALDOBRANDINI 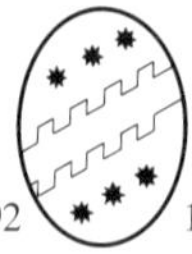 1592 1605 Clemens VIII.	ALTIERI 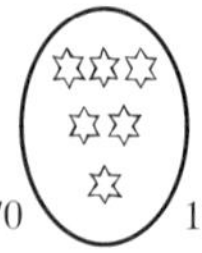 1670 1676 Clemens X.	BARBERINI 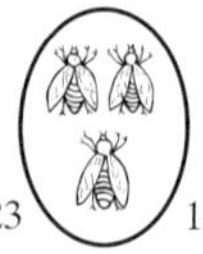 1623 1644 Urban VIII.	BARBO  1464 147 Paul II.
BONCOMPAGNI  1572 1585 Gregor XIII.	BORGHESE  1605 1621 Paul V.	BORGIA  1455 1458 Calixtus III.	BRASCHI  1775 1799 Pius VI.	CARAFA 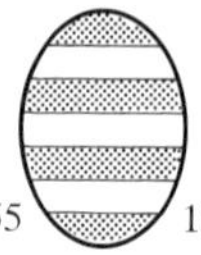 1555 155 Paul IV.
CAPPELLARI  1831 1846 Gregor XVI.	CHIARAMONTI 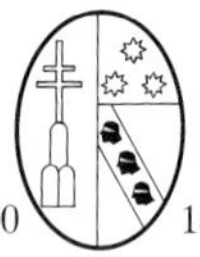 1800 1823 Pius VII.	CHIGI  1655 1667 Alexander VII.	CIBO 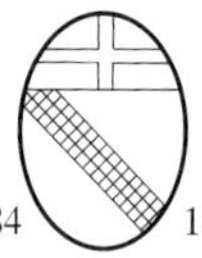 1484 1492 Innozenz VIII.	COLONNA  1417 143 Martin V.
CONDULMERO 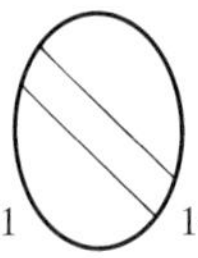 1431 1447 Eugen IV.	CORRER 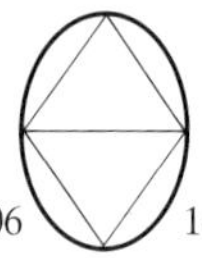 1406 1409 Gregor XII.	CORSINI 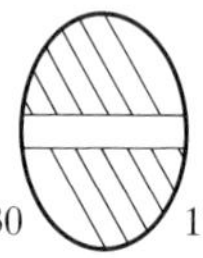 1730 1740 Clemens XII.	DELLA ROVERE*) 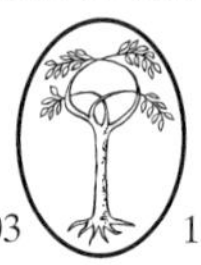 1503 1513 Julius II.	FARNESE 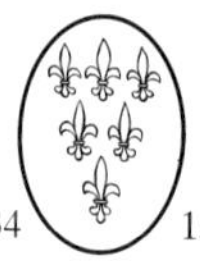 1534 154 Paul III.
GANGANELLI 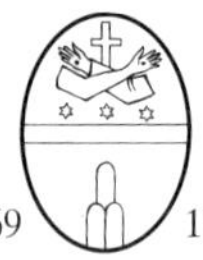 1769 1774 Clemens XIV.	LAMBERTINI 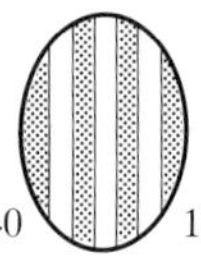 1740 1758 Benedikt XIV.	LUDOVISI 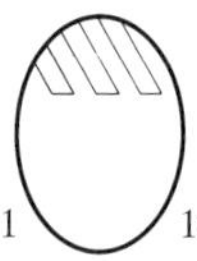 1621 1623 Gregor XV.	MASTAI-FERRETTI  1846 1878 Pius IX.	MEDICI**)  1513 152 Leo X.
MIGLIORATI 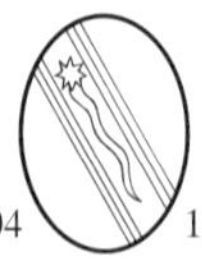 1404 1406 Innozenz VII.	ODESCALCHI  1676 1689 Innozenz XI.	ORSINI  1724 1730 Benedikt XIII.	PAMPHILI  1644 1655 Innozenz X.	PARENTUCELLI 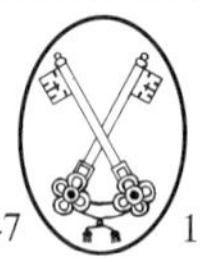 1447 1455 Nikolaus V.
PECCI 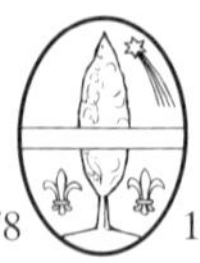 1878 1903 Leo XIII.	PERETTI  1585 1590 Sixtus V.	PICCOLOMINI 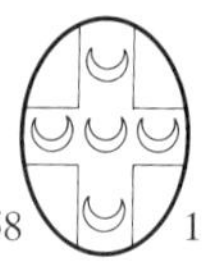 1458 1466 Pius II.	REZZONICO  1758 1769 Clemens XIII.	ROSPIGLIOSI  1667 1669 Clemens IX.

*) 1471–1484 Sixtus IV.

**) 1523–1534 Clemens VI
1559–1565 Pius IV.
1605 Leo XI.

Die Päpste

zwischen 63 und 67	Martyrium des Ap. Petrus
67(?)– 76(?)	Linus
76(?)– 88(?)	Anaklet I.
88(?)– 97(?)	Clemens I.
97(?)–105(?)	Evaristus
105(?)–115(?)	Alexander I.
115(?)–125(?)	Sixtus I.
125(?)–136(?)	Telesphorus
136(?)–140(?)	Hyginus
140(?)–155(?)	Pius I.
155(?)–166(?)	Anicetus
166(?)–175(?)	Soter
175(?)–189	Eleutherus
189–199	Viktor I.
199–217	Zephyrinus
217–222	Calixtus I.
222–230	Urban I.
230–235	Pontianus
235–236	Anterus
236–250	Fabianus
251–253	Cornelius I.
253–254	Lucius I.
254–257	Stephanus I.
257–258	Sixtus II.
259–268	Dionysius
269–274	Felix I.
275–283	Eutychianus
283–296	Cajus
296–304	Marcellinus
304–308	Sedisvakanz
308–309	Marcellus I.
309–310	Eusebius
311–314	Miltiades (Melchiades)
314–335	Silvester I.
336	Marcus
337–352	Julius I.
352–366	Liberius (355–358 Felix II.)
366–384	Damasus I.
384–399	Siricius
399–401	Anastasius I.
401–417	Innozenz I.
417–418	Zosimus
418–422	Bonifaz I.
422–432	Coelestin I.
432–440	Sixtus III.
440–461	Leo I. d. Gr.
461–468	Hilarius
468–483	Simplicius
483–492	Felix III.
492–496	Gelasius I.
496–498	Anastasius II.
498–514	Symmachus
514–523	Hormisdas
523–526	Johannes I.
526–530	Felix IV.
530–532	Bonifaz II.
533–535	Johannes II.
535–536	Agapetus I.
536–537	Silverius
537–555	Vigilius
556–561	Pelagius I.
561–574	Johannes III.
575–579	Benedikt I.
579–590	Pelagius II.
590–604	Gregor I. d. Gr.
604–606	Sabinianus
607	Bonifaz III.
608–615	Bonifaz IV.
615–618	Adeodatus I.
619–625	Bonifaz V.
625–638	Honorius I.
640	Severinus
640–642	Johannes IV.
642–649	Theodorus I.
649–655	Martin I.
655–657	Eugen I.
657–672	Vitalianus
672–676	Adeodatus II.
676–678	Donus
678–681	Agatho
682–683	Leo II.
684–685	Benedikt II.
685–686	Johannes V.
686–687	Conon I.
687–701	Sergius I.
701–705	Johannes VI.
705–707	Johannes VII.
708	Sisinnius
708–715	Konstantin I.
715–731	Gregor II.
731–741	Gregor III.
741–752	Zacharias
752–757	Stephan II.
757–767	Paul I.

768–772	Stephan III.
772–795	Hadrian I.
795–816	Leo III.
816–817	Stephan IV.
817–824	Paschalis I.
824–827	Eugen II.
827	Valentin
827–844	Gregor IV.
844–847	Sergius II.
847–855	Leo IV.
855–858	Benedikt III.
858–867	Nikolaus I. d. Gr.
867–872	Hadrian II.
872–882	Johannes VIII.
882–884	Martin (Marinus) I.
884–885	Hadrian III.
885–891	Stephan V.
891–896	Formosus
896	Bonifaz VI.
896–897	Stephan VI.
897	Romanus/ Theodorus II.
898–900	Johannes IX.
900–903	Bendikt IV.
903	Leo V.
904–911	Sergius III.
911–913	Anastasius III.
913–914	Lando
914–928	Johannes X.
928	Leo VI.
928–931	Stephan VII.
931–935	Johannes XI.
936–939	Leo VII.
939–942	Stephan VIII.
942–946	Martin (Marinus) II.
946–955	Agapetus II.
955–963	Johannes XII.
963–965	Leo VIII.
964	Benedikt V.
965–972	Johannes XIII.
973–974	Benedikt VI.
974–983	Benedikt VII.
983–984	Johannes XIV.
984–985	Bonifaz VII.
985–996	Johannes XV.
996–999	Gregor V.
999–1003	Silvester II.
1003	Johannes XVII.
1004–1009	Johannes XVIII.
1009–1012	Sergius IV.
1012–1024	Benedikt VIII.
1024–1032	Johannes XIX.
1032–1045	Benedikt IX.
1045	Silvester III.
1045–1046	Gregor VI. (J. Gratianus Pierleoni)
1046–1047	Clemens II. (Suitger v. Morsleben)
1048	Damasus II. (Poppo v. Brixen)
1049–1054	Leo IX. (Bruno v. Egisheim)
1055–1057	Viktor II. (Gebh. v. Hirschberg)
1057–1058	Stephan IX. (Friedr. v. Lothringen)
1058–1059	Benedikt X. (Johann v. Velletri)
1058–1061	Nikolaus II. (Gerhard v. Burgund)
1061–1073	Alexander II. (Anselmo da Baggio)
1073–1085	Gregor VII. (Hildebrand v. Soana)
1086–1087	Viktor III. (Desid. v. Benevent)
1088–1099	Urban II. (Odo de Lagery)
1099–1118	Paschalis II. (Ranieri di Bieda)
1118–1119	Gelasius II. (Johannes Coniolo)
1119–1124	Calixtus II. (Guido v. Burgund)
1124–1130	Honorius II. (Lamberto di Fiagnano)
1130–1143	Innozenz II. (Gregorio Papareschi)
1143–144	Coelestin II. (Guido di Castello)
1144–1145	Lucius II. (Gher. Caccianemici)
1145–1153	Eugen III. (Bernardo Paganelli)
1153–1154	Anastasius IV. (Corrado della Subarra)
1154–1159	Hadrian IV. (Nikolaus Breakspeare)
1159–1181	Alexander III. (Orlando Bandinelli)
1181–1185	Lucius III. (Ubaldo Allucingoli)
1185–1187	Urban III. (Uberto Crivelli)

1187	Gregor VIII. (Alberto de Morra)
1187–1191	Clemens III. (Paolo Scolari)
1191–1198	Coelestin III. (Giacinto Boboni-Orsini)
1198–1216	Innozenz III. (Lotario di Segni)
1216–1227	Honorius III. (Cencio Savelli)
1227–1241	Gregor IX. (Ugolino di Segni)
1241	Coelestin IV. (Geoffredo Castiglione)
1243–1254	Innozenz IV. (Sinisbaldo Fieschi)
1254–1261	Alexander IV. (Rinaldo di Segni)
1261–1264	Urban IV. (Jacques Pantaléon)
1265–1268	Clemens IV. (Guy le Gros Foulques)
1271–1276	Gregor X. (Tebaldo Visconti)
1276	Innozenz V. (Pierre de Tarentaise) Hadrian V. (Ottobono Fieschi)
1276–1277	Johannes XXI. (Petrus Rebuli-Giuliani)
1277–1280	Nikolaus III. (Giovanni Caetano-Orsini)
1281–1285	Martin IV. (Simon de Brion)
1285–1287	Honorius IV. (Giocomo Savelli)
1288–1292	Nikolaus IV. (Girolamo Masci)
1294	Coelestin V. (Pietro Angelari da Morrone)
1294–1303	Bonifaz VIII. (Benedetto Caetani)
1303–1304	Benedikt XI. (Niccolò Boccasini)
1305–1314	Clemens V. (R. Bertrand de Goth)
1316–1334	Johannes XXII. (Jacques Duèze)
1334–1342	Benedikt XII. (Jacques Fournier)
1342–1352	Clemens VI. (P. Roger de Beaufort)
1352–1362	Innozenz VI. (Etienne Aubert)
1362–1370	Urban V. (Guillaume de Grimoard)
1370–1378	Gregor XI. (Pierre Roger de Beaufort)
1378–1389	Urban VI. (Bartolomeo Prignano)
1389–1404	Bonifaz IX. (Pietro Tomacelli)
1404–1406	Innozenz VII. (Cosimo Migliorati)
1406–1415	Gregor XII. (Angelo Correr)

Die Gegenpäpste in Avignon und Pisa

1378–1394	Clemens VII.
1394–1423	Benedikt XIII.
1423–1429	Clemens VIII.
1409–1410	Alexander V.
1410–1415	Johannes XXIII.

1417–1431	Martin V. (Oddone Colonna)
1431–1447	Eugen IV. (Gabriele Condulmer)
1447–1455	Nikolaus V. (Tommaso Parentucelli)
1455–1458	Calixtus III. (Alonso de Borja)
1458–1464	Pius II. (Enea Silvio Piccolomini)
1464–1471	Paul II. (Pietro Barbo)
1471–1484	Sixtus IV. (Francesco della Rovere)
1484–1492	Innozenz VIII. (Giovanni Batt. Cibo)
1492–1503	Alexander VI. (Rodrigo de Borja)
1503	Pius III. (Francesco Todeschini-Piccolomini)
1503–1513	Julius II. (Giuliano della Rovere)
1513–1521	Leo X. (Giovanni de'Medici)

1522–1523	Hadrian VI. (Hadrian Florensz d'Edel)
1523–1534	Clemens VII. (Giulio de'Medici)
1534–1549	Paul III. (Alessandro Farnese)
1550–1555	Julius III. (Giovanni Maria Ciocchi del Monte)
1555	Marcellus II. (Marcello Cervini)
1555–1559	Paul IV. (Gian Pietro Carafa)
1559–1565	Pius IV. (Giovanni Angelo de'Medici)
1566–1572	Pius V. (Antonio M. Ghislieri)
1572–1585	Gregor XIII. (Ugo Boncompagni)
1585–1590	Sixtus V. (Felice Peretti)
1590	Urban VII. (Giambattista Castagna)
1590–1591	Gregor XIV. (Niccolò Sfondrati)
1591	Innozenz IX. (Gian Antonio Facchinetti)
1592–1605	Clemens VIII. (Ippolito Aldobrandini)
1605	Leo XI. (Alessandro de'Medici-Ottaiano)
1605–1621	Paul V. (Camillo Borghese)
1621–1623	Gregor XV. (Alessandro Ludovisi)
1623–1644	Urban VIII. (Maffeo Barberini)
1644–1655	Innozenz X. (Giambattista Pamfili)
1655–1667	Alexander VII. (Fabio Chigi)
1667–1669	Clemens IX. (Giulio Rospigliosi)
1670–1676	Clemens X. (Emilio Altieri)
1676–1689	Innozenz XI. (Benedetto Odescalchi)
1689–1691	Alexander VIII. (Pietro Ottoboni)
1691–1700	Innozenz XII. (Antonio Pignatelli)
1700–1721	Clemens XI. (Gian Francesco Albani)
1721–1724	Innozenz XIII. (Michelangelo dei Conti)
1724–1730	Benedikt XIII. (Pietro F. Orsini)
1730–1740	Clemens XII. (Lorenzo Corsini)
1740–1758	Benedikt XIV. (Prospero Lambertini)
1758–1769	Clemens XIII. (Carlo Rezzonico)
1769–1774	Clemens XIV. (Lorenzo Ganganelli)
1775–1799	Pius VI. (Gianangelo Braschi)
1800–1823	Pius VII. (Barnaba Chiaramonti)
1823–1829	Leo XII. (Annibale della Genga)
1829–1830	Pius VIII. (Francesco Saverio Castiglioni)
1831–1846	Gregor XVI. (Bartolomeo Alberto Cappellari)
1846–1878	Pius IX. (Giovanni Maria Mastai-Ferretti)
1878–1903	Leo XIII. (Gioacchino Graf Pecci)
1903–1914	Pius X. (Giuseppe Sarto)
1914–1922	Benedikt XV. (Giacomo della Chiesa)
1922–1939	Pius XI. (Achille Ratti)
1939–1958	Pius XII. (Eugenio Pacelli)
1958–1963	Johannes XXIII. (Angelo Giuseppe Roncalli)
1963–1978	Paul VI. (Giov. Batt. Montini)
1978	Johannes Paul I. (Albino Luciani)
seit 1978	Johannes Paul II. (Karol Wojtyla)

Piazza del Campidoglio

Die Kunstdenkmäler, Museen und sonstigen Sehenswürdigkeiten

*** 1 Campidoglio (Kapitol)

Zugänge: Von der Piazza d'Aracoeli über Michelangelos Treppe ②, oder von der Westseite über die Via delle Tre Pile, oder vom Forum/Via dei Fori Imperiali über die Treppe neben dem Mamertinischen Kerker ③.

Piazza del Campidoglio

Der Kapitolinische Hügel war seit alters her das politische und religiöse Zentrum Roms. Die *Haupttreppe* ①, *Cordonata* genannt, die heute den Zugang von der Piazza d'Aracoeli her bildet, entwarf Michelangelo. Die beiden antiken Löwen zu Füßen der Treppe wurden 1588 von Giacomo della Porta vom Marsfeld hierher gebracht und als Brunnenfiguren verwendet. Auf halber Höhe der Treppe sieht man links ein kleines *Denkmal für Cola di Rienzo* ②, der als Volkstribun Mitte des 14. Jh. vergeblich die republikanischen Traditionen Roms wiederzubeleben versuchte und 1354 von seinen eigenen Mitbürgern ermordet wurde. Rechts der Treppe sind Reste der republikanischen Stadtmauer Roms erhalten. Die Nordseite des Platzes zur Piazza d'Aracoeli hin schmückt eine Reihe von Statuen: Die Statuen der *Dioskuren* (Rossebändiger) Kastor und Pollux, in der Nähe der Case dei Cenci gefunden, wurden 1585 restauriert und an ihrem heutigen Ort aufgestellt. Gleichzeitig kamen auch die *Trophäen des Marius* (symbolische Darstellungen erbeuteter Waffen zu Ehren des siegreichen Feldherrn) sowie die Statuen des *Konstantin* und des *Konstans* (aus den Ruinen der Konstantinsthermen auf dem Quirinalshügel) auf das Kapitol.

Der Platz ist umgeben von drei öffentlichen Gebäuden: dem *Senatorenpalast* ④ in der Mitte, dem *Konservatorenpalast* ⑥ rechts und dem *Palazzo Nuovo* ⑤ links. Oberhalb des Palazzo Nuovo liegt die Kirche *S. Maria in Aracoeli* ⑦ und schließlich, zur Piazza Venezia hin, das vaterländische Monument für *König Vittorio Emanuele* ⑧.

Der Platz in der Antike: Die Ausrichtung des Platzes war in der Antike umgekehrt wie heute, denn man betrat ihn vom Forum her. Südlich des Senatorenpalastes befand sich der *Tempel des Kapitolinischen Jupiter,* der bedeutendste Tempel der römischen Welt, von dem sich durch die späteren Umbauten aber nur geringe Reste erhalten haben. Am Nordende, anstelle der Kirche S. Maria in Aracoeli, lagen der *Juno-Tempel,* die *römische Münzanstalt* und die eigentliche *Burg* des Kapitols. Hier soll 387 v. Chr. das laute Schnattern der dem Mars heiligen kapitolinischen Gänse die römischen Verteidiger im

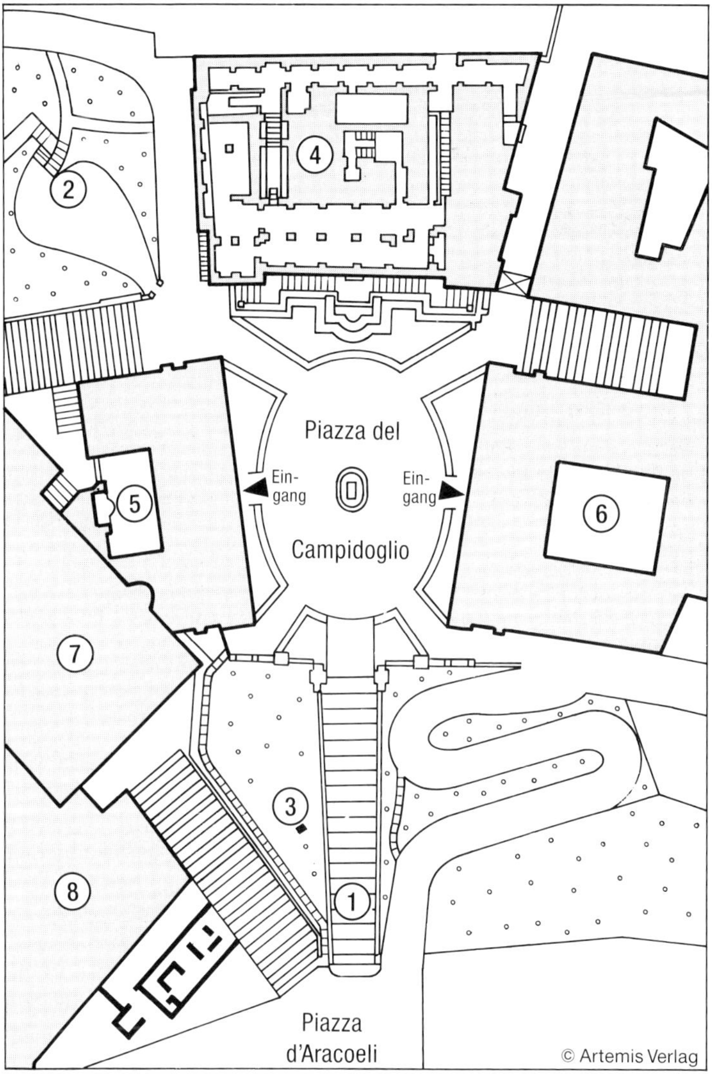

Kapitol: Orientierungsplan

(1) Haupttreppe *(S. 36)*
(2) Mamertinischer Kerker *(S. 52)*
(3) Denkmal für Cola di Rienzo *(S. 36)*
(4) Senatorenpalast *(S. 38)*
*** (5) Palazzo Nuovo/Kapitol. Museen *(S. 39)*
*** (6) Konservatorenpalast/Kapitol. Museen *(S. 41)*
* (7) Santa Maria in Aracoeli *(S. 46)*
(8) Monumento Vittorio Emanuele II. mit Museo del Risorgimento *(S. 49)*

letzten Moment vor den angreifenden Truppen des Galliers Brennus gewarnt haben. Auch als das Forum mit dem Niedergang des Römischen Reiches seine Bedeutung verloren hatte, ist das Kapitol stets das Zentrum der Stadt geblieben, im Mittelalter vor allem als Sitz des Magistrats (noch heute) und als Gerichtsort. Beim Besuch Kaiser Karls V. in Rom (1537) befand es sich in desolatem Zustand, und wenig später beauftragte Papst Paul III. Michelangelo mit der Neugestaltung des Platzes.

Michelangelos Umgestaltung: Im 16. Jh. wurde der Kapitolsplatz als erster der großen römischen Plätze nach einem einheitlichen Konzept Michelangelos neu gestaltet. Auf der Südostseite des Platzes erhebt sich auf den Unterbauten des antiken *Tabulariums* (röm. Reichsarchiv, errichtet 78 v. Chr., Besichtigung nur mit Sondergenehmigung vom Konservatorenpalast aus; *S. 57*) der *Senatorenpalast* ④ (heute Sitz des römischen Magistrats und des Bürgermeisters; keine Innenbesichtigung). Seine Freitreppe (1541–1554) wurde noch unter der Leitung Michelangelos errichtet. In einer Nische ist als Stadtgöttin Roms (Dea Roma) eine antike Porphyrstatue aufgestellt, zu ihren Seiten die kolossalen Liegefiguren der Flußgottheiten Nil (Sphinx) und Tiber (Wölfin). Über einem mit Quaderwerk gezierten Sockel erhebt sich die 1582–1605 von Giacomo della Porta und Girolamo Rainaldi vollendete Fassade des Senatorenpalastes, mit angedeuteten Eckrisaliten, korinthischen Pilastern, Fenstern mit reicher Giebelbekrönung und abschließendem Gesims und Balustrade. Der Glockenturm wurde 1578–1582 durch Martino Longhi errichtet. Die beiden äußerlich identischen Bauten des *Konservatorenpalastes* ⑥ und des *Palazzo Nuovo* ⑤ an den Längsseiten des Platzes wurden nach Michelangelos Entwürfen ebenfalls von Giacomo della Porta und Girolamo Rainaldi ausgeführt. In den Erdgeschossen tragen jeweils schwere ionische Säulen den Architrav, der von den die Vertikale betonenden korinthischen Pilastern unterbrochen wird. Im Obergeschoß begleiten je drei große mit Rundbogen bekrönte Fensteröffnungen ein Mittelfenster mit offenem Dreiecksgiebel. Den Abschluß bilden ein prunkvolles Gesims und eine bekrönende Balustrade.

Auch die heutige Pflasterung des Platzes geht auf einen Entwurf Michelangelos zurück. In das Zentrum des sternförmigen Ornaments setzte er die bronzene *Reiterstatue des Marc Aurel,* die 1538 gegen den Willen des Künstlers von ihrem Platz vor der Lateransbasilika hierher verbracht werden mußte. Dieses großartigste erhaltene Beispiel einer antiken Reiterstatue ist der Zerstörung entgangen, weil man sie im Mittelalter irrtümlich für eine Statue des ersten christlichen Kaisers Konstantin hielt. Auf einem Sockel mit den Farnese-Lilien des Auftraggebers, Papst Pauls III. (Alessandro Farnese), fand die Statue, die den Kaiser im Moment der Rede an sein Volk (Allocutio) zeigt, ihre neue Aufstellung. Der Zahn der Zeit hat auch die Statue des Marc Aurel nicht verschont; von der einstigen Vergoldung sind nur noch Spuren erhalten, und die Bronze ist nach 1800 Jahren in Wind und Wetter so dünn, daß man sich 1985 entschlossen hat, das Standbild vorläufig zu entfernen und gründlich zu restaurieren. Ob es nochmals an seinen nun seit fünf Jahrhunderten angestammten Platz zurückkehrt oder ob es dort durch eine Kopie ersetzt wird, ist noch nicht entschieden.

*** Die Kapitolinischen Museen

Die Sammlungen des *Palazzo Nuovo* ⑤ und des *Konservatorenpalastes* ⑥ bilden zusammen die Kapitolinischen Museen (Billet gilt für beide). Das Schwergewicht im Palazzo Nuovo liegt auf der antiken Skulptur; der Konservatorenpalast bietet neben seiner reichhaltigen Ausstattung (u. a. Fresken des 15.–17. Jh.) ebenfalls Hauptwerke antiker Skulptur; die Kapitolinische Pinakothek im Obergeschoß gehört zu den bedeutenden Sammlungen Italiens. Im folgenden sollen die wichtigsten Stücke der reichhaltigen Sammlung vorgestellt werden.

Palazzo Nuovo ⑤

Die **Skulpturensammlung** im Palazzo Nuovo, eine der ältesten der Welt, wurde 1471 von Papst Sixtus IV. gegründet. Den Bürgern der Stadt wurde damit eine Reihe symbolträchtiger Kunstwerke aus dem Privatbesitz des Papstes zurückgegeben.

Man gelangt zunächst in einen Innenhof (u. a. *Liegestatue des Oceanos* aus dem 1. Jh. n. Chr. und kleine *ägyptische Sammlung* mit Funden aus dem Tempel der Isis auf dem Marsfeld) und in ein Atrium (u. a. *Jüngling mit Hund,* nach attischem Original des 4. Jh. v. Chr., und *Bildnis Kaiser Hadrians als Priester,* römisch, 2. Jh. n. Chr.). – Links vom Eingang Säle der orientalischen Kulte, die Kultfiguren des *Mithras* und der *Magna Mater* (1. Saal), der *Isis* und des *Serapis* (2. Saal) sowie des *Jupiter Dolichenus,* seiner Gattin *Juno* und der *Diana* (3. Saal) beherbergen. In den übrigen drei Sälen des Erdgeschosses ist vor allem der sog. *Sarkophag des Alexander Severus* erwähnenswert, bei dem es sich um eine attische Arbeit des 3. Jh. n. Chr. handelt, die an der Via Tuscolana gefunden wurde. Die Liegestatuen der Verstorbenen erinnern an den Typus etruskischer Ehegattensarkophage; schöne, stark bewegte heroische Jünglingsgestalten (Rossebändiger), annähernd vollplastisch unter nur spärlichem Gebrauch des Bohrers gearbeitet.

Obergeschoß

Neben römischen Werken eine ganze Reihe griechischer und hellenistischer Originale bzw. Kopien nach solchen. – **Sala delle Colombe** (neben der Treppe): *Mosaik mit vier Tauben,* die aus einer Schale trinken, aus der Villa Adriana; außergewöhnlich qualitätvolle Arbeit des frühen 2. Jh. n. Chr. aus winzigen Mosaiksteinchen. Daneben interessanter *Kindersarkophag mit Prometheus-Mythos* (3. Jh.). – **Galerie über dem Atrium:** *Athena* (gute Marmorkopie aus Velletri nach einem Bronzeoriginal des 4. oder 5. Jh. v. Chr.), *Kaiserbildnisse* (Probus, Marc Aurel

›Sterbender Gallier‹

und seine Gattin Faustina) und ein *Sarkophag mit dem Raub der Proserpina* (3. Jh. n. Chr.). – **Gabinetto della Venere:** *Kapitolinische Venus* (freie Kopie des 2. Jh. v. Chr. nach dem berühmten Original der Venus von Knidos). – **Sala dei Imperatori** (nach den *65 Büsten römischer Kaiser* und ihrer Familienangehörigen benannt): beachtenswert u. a. das *Bildnis der Lucilla,* eine lebendige, polychrome (mehrfarbige) Büste aus verschiedenen Marmorarten; zwei qualitätvolle Reliefs, *Perseus befreit Andromeda* und ein *schlafender Endymion* (1. Jh. n. Chr.) sowie eine *Sitzstatue der Helena,* der Mutter Konstantins (zum Bildnis umgestaltete Kopie nach einem Original des Phidias aus dem 5. Jh. v. Chr.). – Auf die **Sala dei Filosofi** (nach den *Bildnissen antiker Philosophen und Schriftsteller,* u. a. Sokrates, Euripides, Homer, Demosthenes, Cicero, Aischylos, Pythagoras, benannt) folgt der **Zentralsaal des Obergeschosses:** *lachender* und *weinender Kentaur* aus der Villa Adriana (nach einem späthellenistischen Original, das dem Laokoon nahestand, von den Kopisten Aristea und Papia aus Aphrodisias in Karien geschaffen und signiert) sowie die vorzügliche Kopie des Sosikles nach der *verwundeten Amazone des Kresilas* (auf dem Baumstumpf signiert), die von diesem um 450 v. Chr. im Wettstreit mit Polyklet und Phidias für den Artemis-Tempel in Ephesus geschaffen wurde (Kopie der Amazone des Phidias im sog. Saal des sterbenden Galliers; vgl. auch Vatikan, Braccio Nuovo, *S. 205*). – **Sala del Fauno:** *Marmorstatue eines Fauns* aus der Villa Adriana, Kopie nach einem hellenistischen Bronzeoriginal.

Saal des sterbenden Galaters (Galliers): benannt nach der *Statue eines sterbenden Kriegers* im Zentrum des Saales. Das Bronzeoriginal (3. Jh. v. Chr.) der vorzüglichen römischen Replik (man beachte die ungewohnte Wirkung des soeben gereinigten Marmors) gehörte zu einem Siegesmonument für König Attalus I. von Pergamon (Kleinasien) nach seinem Sieg über die Galater. Der Krieger, der schwerverwundet zu Boden gesunken ist und auf den Tod zu warten scheint, ist in der Kopie durch Halsband und Haartracht als gallischer Fürst gekennzeichnet. Der realistische Ausdruck des geschlagenen Kriegers und die außergewöhnlich qualitätvolle Ausführung machen die Statue zu einem Hauptwerk der antiken Skulptur. – *Ruhender Satyr,* römische Kopie nach einem berühmten Original des Praxiteles aus dem 4. Jh. v. Chr.; gibt in der Harmonie der Proportionen und vor allem in der feinen Ausarbeitung der Oberfläche die wichtigen Charakteristika der Kunst des Praxiteles treffend wieder.

Palazzo dei Conservatori (Konservatorenpalast) ⑥

An den Rundgang durch die Sammlung des Palazzo Nuovo ⑤ sollte sich auch ein Besuch des Konservatorenpalastes anschließen, der bis heute zum Teil für öffentliche Empfänge der Stadt Rom genutzt wird.

Im **Durchgang zum Innenhof:** Gedenktafel für die Stiftung Sixtus' IV.

Im **Innenhof:** Fragmente der einst 12 m hohen *Kolossalstatue Kaiser Konstantins* aus der Konstantinsbasilika (die verlorenen bekleideten Teile waren aus Bronze gearbeitet), zwei *Statuen gefangener Barbarenfürsten* (von einem vermutlich trajanischen Siegesmonument), *Kopf einer Kolossalstatue des Kaisers Constans II.* (4. Jh.), *Widmungsinschrift vom Bogen des Claudius* (die diesen als den Eroberer Britanniens ehrt) und Reliefs mit der Darstellung der Rom unterworfenen Provinzen (vom Hadrianstempel an der Piazza di Pietra, heute Börse).

Auf dem **1. Absatz der Treppe zum Obergeschoß:** *4 Reliefs* des 2. Jh. n. Chr.: ›Marc Aurel opfert Jupiter‹, ›Triumph des Marc Aurel‹ und ›Marc Aurel erweist sich seinen Feinden als gnädiger Sieger‹ sowie ›Einzug Hadrians in Rom‹. – Auf dem **folgenden Treppenabsatz:** ›Ansprache Hadrians auf dem Marsfeld‹. Die Reliefs (die sich im Mittelalter in der Kirche SS. Luca e Martina auf dem Forum Romanum befanden) sind in vorzüglichem Erhaltungszustand, und beim Anblick aus so unmittelbarer Nähe erweist sich ihre künstlerische und handwerkliche Qualität besonders. So zeigt beispielsweise die ›Opferszene des Marc Aurel‹ nicht, wie etwa die Ara Pacis, einen förmlichen Zug, sondern gibt das Geschehen als eine belebte und z. T. sogar humorvolle kleine Erzählung wieder. Die Gruppe (die die Insokephalie, d. h. das gleiche Niveau der Köpfe, trotzdem wahrt) schart sich im Kreis um einen kleinen Altar, an dem der Kaiser ›capite velato‹ (mit bedecktem Haupt als Zeichen seiner Priesterschaft) und assistiert von einem jugendlichen Opferdiener und einem Flötenbläser mit einem Brandopfer soeben die Zeremonie eröffnet. Im Hintergrund ist der Ort des Geschehens, das Forum, durch die höhergelegene Front des Jupitertempels auf dem Kapitol bezeichnet. Interessiert scheint der mächtige Schädel des Stiers, den der Künstler ganz offensichtlich als symmetrisches Pendant zum Kopf des Opfernden, des Kaisers, in die Isokephalie eingereiht hat, dem Vorgang zuzuschauen, während die Axt des herkulischen Opferdieners, dem noch ahnungslosen Stier verborgen, den Betrachter wissen läßt, welche Zeremonie folgen wird.

Oberer Treppenabsatz: mittelalterliche *Sitzstatue Karls von Anjou,* König von Sizilien, der Ehrensenator der Stadt Rom war; dem Florentiner Bildhauer Arnolfo di Cambio (1245–1302) zugeschrieben. Die Statue bildet einen eigenartigen Kontrast zu den antiken Reliefs, versucht aber, den Typus spätantiker Kaiserstatuen aufzugreifen.

Säle der Konservatoren

Der **Saal der Horatier und Curatier** wurde von Giuseppe Cesari (auch Cavalier d'Arpino, nach seinem Geburtsort Arpino bei Frosinone) ausgemalt, einer der nicht nur wegen seiner künstlerischen Qualitäten schillerndsten Gestalten der römischen Kunstszene um 1600 und Gegenspieler Caravaggios. Dargestellt sind: ›Auffindung des Romulus und Remus durch Faustulus‹, ›Entwurf der Stadt Rom durch Romulus‹ (Roma quadrata), ›Gründung der römischen Religion durch Numa Pompilius‹, ›Raub der Sabinerinnen‹, ›Schlacht zwischen den Horatiern und Curatiern‹ und ›Krieg gegen die Etrusker‹. Im gleichen Saal befinden sich die Statuen *Urbans VIII.* von Bernini (1635) und *Innozenz' X.* von Alessandro Algardi (1645–1650). Beide Statuen (diejenige Algardis ist vermutlich von der wenig älteren Statue Berninis beeinflußt) machen in barocker Manier aus dem Segensgestus des Papstes eine weit ausholende Bewegung; die Dynamik und Bewegtheit der Skulptur, unterstützt vom fließenden Fall des Gewandes, wird eher der weltlichen Rolle des Herrschers des Kirchenstaates als der des geistlichen Oberhaupts gerecht.

Die **Sala dei Capitani** ist im letzten Jahrzehnt des 16. Jh. von Tomaso Laureti ausgemalt worden und zeigt eine Reihe von ›Szenen aus der republikanischen Geschichte Roms‹ sowie Bildnisse päpstlicher Truppenführer.

In der **Sala dei Trionfi** sind die hölzerne Decke und ein Fries mit der Darstellung des ›Triumphes des Aemilius Paulus über die Mazedonier‹ (1569, Michele Alberti und Giacomo Rocchetti) sowie eine ›Alexanderschlacht‹ des Pietro da Cortona bemerkenswert. Hier befindet sich auch der *Spinario* oder *Dornauszieher* (eine der Stiftungen Sixtus' IV. von 1471), eine qualitätvolle römische Bronzeplastik nach einem frühhellenistischen Original (um 300 v. Chr.?). Nach einer Legende soll es sich um Marcius handeln, einen römischen Botengänger, der auch wegen eines Dorns, den er sich in den Fuß getreten hatte, seinen Eillauf nicht unterbrach. Dies ist eine römische Um- und Fehldeutung, denn die Plastik drückt eigentlich genau das Gegenteil aus: handelt es sich doch um einen etwa 10–12jährigen Knaben, der sich, vielleicht beim sportlichen Wettkampf, einen Splitter in den Fuß getreten hat. Dem unbekannten Künstler ist es mit großem Geschick gelungen, den Moment der Versunkenheit in die Beschäftigung mit dem Dorn einzufangen.

›Dornauszieher‹

Sala della Lupa: Das Original der berühmten *Kapitolinischen Wölfin* des etruskischen Bildhauers Vulca di Veio (6. oder 5. Jh. v. Chr.). Die Skulptur hat als Symbol päpstlicher Gerichtsbarkeit seit dem 10. Jh. vor dem Lateranspalast gestanden und war das Kernstück der Statuenstiftung Sixtus' IV. Die Wölfin ist seit der Antike das Wahrzeichen der Stadt Rom und in vielerlei Variationen kopiert worden. Die Zwillinge *Romulus und Remus* sind eine Zufügung des Antonio del Pollaiuolo (15. Jh.). Ihre puttenhafte Rundlichkeit und Bewegtheit stehen im Kontrast zur streng formalen Wolfsgestalt, deren Gesicht streng symmetrisch und ohne eigentliche Bewegung ›gebaut‹ und deren Fell durch ›graphische‹ Ziselierungen angedeutet ist *(Abb. S. 8)*. Die Fresken Ripandas (Ende 15. Jh.) zeigen ›Szenen aus der Geschichte der römischen Republik‹.

In den folgenden Sälen ist teilweise noch die originale Ausstattung des 16. und 17. Jh. erhalten.

Antikenmuseum

Säle 1–3: Grabstele eines jungen Mädchens mit einer Taube, frühes 5. Jh. v. Chr.; antike Bildnisse, u. a. der *Kaisergattinnen Faustina* (Antoninus Pius) und *Sabina* (Hadrian). – **Galleria degli Orti Lamiani:** Funde vom Esquilin, u. a. eine *jugendliche Venus* (1. Jh. v. Chr.); *Bildnisbüste des Commodus als Herkules,* üppige neohellenistische Skulptur; im Garten an der Wand Fragmente eines antiken in Marmor geritzten *Stadtplans.* – **Sala dei Magistrati:** u. a. in Stein gemeißelte *Ehrenbürgerurkunden* von Petrarca, Michelangelo, Tizian und Bernini; aus der frühchristlichen Sammlung u. a. *Darstellungen des Guten Hirten* und *Bildniskopf einer byzantinischen Kaiserin* (Amalasunta?). – **1. Castellani-Saal:** u. a. mit bronzenen Relieftafeln beschlagener *Prozessionswagen* aus dem 3. Jh. n. Chr., auf dem bei feierlichen Prozessionen ein Kultbild durch die Stadt geführt wurde. – **Saal der Bronzen:** Fragmente einer *Kolossalstatue des Konstantin* und *Prunkbett aus einem Grab bei Amiterno* (1. Jh. n. Chr.). – **Sala degli Orti Mecenaziani:** Funde aus dem Areal der Gärten des Maecenas; römische Kopien nach griechischen Originalen des 5. und 4. Jh., u. a. eine vorzüglich erhaltene *Schindung (Häutung) des Marsyas* aus dem Auditorium des Maecenas, nach einem hellenistischen Original. Der Satyr oder Silen Marsyas findet die von Athena weggeworfene Flöte, erlernt die Kunst des Flötenspiels und läßt sich aus Überheblichkeit auf einen Wettstreit mit Apoll ein. Apoll spielt auf der Kithara, besiegt Marsyas und läßt ihn zur Strafe an einen Baum hängen und ihm die Haut abziehen.

Braccio Nuovo

Im 1950/52 eingerichteten neuen Flügel des Museums (derzeit wegen Restaurierungsarbeiten geschlossen) sind teils Funde aus jüngeren Grabungen, teils *Reste des Jupiter-Tempels* ausgestellt. Die *Wandmalereien von Esquilin und Palatin* im **1. Saal** gehören zu den ältesten Zeugnissen römischer Malerei. – **3. Saal:** seltener *Porträtkopf des Domitian;* Domitian verfällt nach seiner Ermordung durch die Adelsopposition der Damnatio Memoriae, d. h. er wird zur Unperson erklärt, und alle Bildnisse sowie auf ihn bezügliche Inschriften müssen vernichtet werden. – **4. Saal:** Original eines *Apoll* aus der 2. Hälfte des 5. Jh. v. Chr. und eine römische Kopie des bronzenen *Denkmals für den Tyrannenmörder Aristogiton.* Aristogiton hatte 514 v. Chr. zusammen mit Armodios Hipparch, den Tyrannen von Athen, ermordet. Das Denkmal wurde 476 v. Chr. von Krisios und Nesiotes für die Agora von Athen geschaffen und gehörte zu den berühmtesten Denkmälern der griechischen Welt.

Museo Nuovo

Durch einen Korridor, dessen linke Wand das einzige zusammenhängend erhaltene Stück der Cellawand des Tempels des Jupiter Capitolinus ist, gelangt man zum 1925 eingerichteten *Museo Nuovo* (derzeit nur teilweise zugänglich), das vornehmlich Funde von historischem Interesse enthält: u. a. *Inschriften* und *Säulenbasen*, aber auch *Grabschmuck und -ausstattung*. – Vom 4. Saal gelangt man in den Garten mit Architekturfragmenten des Jupitertempels und der antiken Statue eines *Löwen, der ein Pferd angreift*. Die dramatische Figurengruppe bezeichnete im Mittelalter vor den Stufen zum alten Senatspalast den Ort des Gerichts und vor allem der Verkündung der Todesurteile. – In den weiteren Sälen ist vor allem im 8. Saal eine *Kolossalstatue der Athena* erwähnenswert (gute Replik nach einem Original des Kresilas, um 430 v. Chr.). – In der Sala delle Guerre Puniche ›Darstellungen aus der Geschichte der Punischen Kriege‹ von Ripanda, nach 1500.

Kapitolinische Pinakothek

Die Kapitolinische Pinakothek wurde 1784 von Benedikt XIV. begründet. – Der **Saal 1** ist ferraresischen Meistern des frühen 16. Jh. wie *Benvenuto Tisi*, genannt ›il Garofalo‹, und seinem Mitarbeiter *Dosso Dossi* gewidmet (u. a. ›Madonnenbild‹ mit schönem Landschaftshintergrund, der den Einfluß Giovanni Bellinis und der venezianischen Schule verrät). – **Saal 2:** Überwiegend venezianische Schule des 16. Jh. *Giovanni* und *Gentile Bellini* (Porträts), *Lorenzo Lotto* (›Bildnis eines Bogenschützen‹), *Tizian* (›Taufe Christi‹), *Tintoretto* (Teile eines Passions-Zyklus) und *Veronese* (›Raub der Europa‹). – **Saal 3:** Werke von *Peter Paul Rubens* (›Romulus und Remus‹), *Anthonis van Dyck* (›Porträt Lucas und Cornelius de Wael‹), *Velazquez* (›Männerbildnis‹) und *Salvator Rosa*. – **Saal 4:** Nord- und mittelitalienische Meister des 14. und 15. Jh., u. a. ›Johannes d. T.‹ von *Caravaggio*. – **Saal 6** (Sala dell' Ercole) ist nach einer vergoldeten *Herkulesstatue* benannt, die Ende des 15. Jh. auf dem Forum Boarium gefunden wurde. Daneben enthält er, wie auch Saal 8, einige Werke des *Pietro da Cortona* (um 1620). – **Säle 7** und **9** sind emilianischen Malern des Frühbarock vorbehalten, u. a. *Guercino*, *Lodovico Carracci* und *Guido Reni*. Das großformatige Altarbild ›Begräbnis der hl. Petronilla‹ (oder Genoveva?) hat *Guercino* (eigentlich *Giovanni Francesco Barbieri* aus Cento bei Bologna) während seines römischen Aufenthaltes (1621/23) geschaffen. Beeinflußt von den Malereien Caravaggios und Lodovico Carraccis findet Guercino zu einer eigenen monumentalen Formensprache in einer dramatisch bewegten Komposition. Licht- und leuchtende Farbakzente (insbesondere das für Guercino charakteristische kräftige Blau) beleben die sonst eher düstere Palette des Malers. Wie Guido Reni und die Carracci gehört auch Guercino zu den wichtigen Vertretern einer gegenreformatorischen Malerei. *Renis* ›Beata Anima‹ ist typisch für das Spätwerk des Malers: eine einfache Komposition in hellen, wenig kontrastreichen Farben, die das Gefühl des Betrachters ansprechen soll. – Im **Saal 8** sind einige kleine ›Landschaften‹ *Domenichinos* beachtenswert. Domenichino, ein Mitschüler Renis im Atelier des Niederländers Denys Calvaert in Bologna, gilt als einer der Wegbereiter der klassizistischen Malerei. Angeregt u. a. von Annibale Carracci wandte er sich insbesondere der Landschaftsmalerei zu.

* Santa Maria in Aracoeli ⑦

Die Kirche erhebt sich an der Stelle, an der nach der Legende die Tiburtinische Sibylle Kaiser Augustus die Ankunft des Gottessohnes geweissagt haben soll: ›Haec est ara Filii Dei.‹ Eine Kirche, deren Name von dieser Weissagung abgeleitet wurde, befand sich bereits im 7. Jh. an gleicher Stelle, wurde im 10. Jh. zum Benediktinerkloster umgewandelt und 1250 den Franziskanern übergeben. Die Kirche, die in den beiden ersten Jahrzehnten des 14. Jh. von den Franziskanern neu errichtet wurde, war das Mittelalter über das politische Herz der Stadt: In der Kirche versammelte sich der Rat, vor dem Seitenportal wurde Recht gesprochen, und noch Marcantonio Colonna feierte hier seinen Triumph nach dem Seesieg bei Lepanto (1571, vgl. auch die Holzdecke der Kirche mit den Schiffssymbolen). Von der *Piazza d'Aracoeli* führt eine 1348 begonnene steile *Freitreppe* hinauf zur schlichten Fassade der Kirche. Deren beinahe einzigen Schmuck bilden die drei Portale, deren mittleres von einem Baldachin überfangen wird.

Neben dem Hauptportal *Grabmal des Kardinals Louis d'Albret* (**a**; 1465) von Andrea Bregno; darüber an der Wand das *Grabmonument des Giovanni Crivelli* († 1432) von Donatello.

Cappella Bufalini oder **di San Bernardino** (**b**): Die Kapelle ist ein *Hauptwerk Bernardino Pinturicchios* (ca. 1454–1513) und seine erste selbständig ausgeführte Arbeit in Rom (1485/86). Zuvor (1480–1484) hatte er mit seinem Lehrmeister Perugino an der Ausstattung der Sixtinischen Kapelle *(S. 216)* gearbeitet. Auf der Altarwand sind der Titelheilige, der ›Hl. Bernhardin von Siena‹ und darüber der ›Erlöser‹ dargestellt; rechts ›Bernhardin als Einsiedler‹, darüber die ›Stigmatisation des hl. Franziskus‹; links die ›Beisetzung des hl. Bernhardin‹ (mit

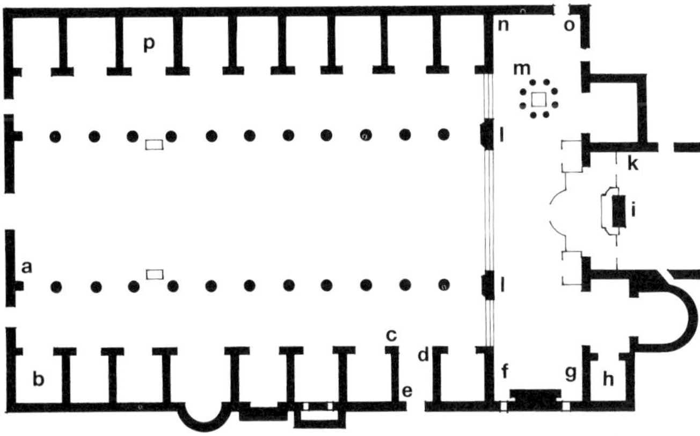

Santa Maria in Aracoeli: Grundriß

- **a** Grabmal des Kardinals Louis d'Albret und Grabmonument des Giovanni Crivelli
- **b** Cappella Bufalini
- **c** Grabmal des Michele Antonio di Saluzzo
- **d** Grabmal des Bischofs Pietro da Vicenza
- **e** Grabmal des Cecchino Bracci
- **f** Grabmal des Papstes Honorius IV. (Savelli)
- **g** Grabmal Luca Savellis
- **h** Cappella di Santa Rosa
- **i** Hauptaltar
- **k** Grabmal des Kardinals Giovanni Batt. Savelli
- **l** Cosmaten-Kanzeln
- **m** Kapelle der hl. Helena
- **n** Grabmal des Franziskanergenerals Matteo d'Acquasparta
- **o** Santo Bambino
- **p** Bildnis des hl. Antonius v. Padua

Stifterbildnissen) und das ›Wirken des Heiligen‹; an der Decke die vier Evangelisten. In der Szene der ›Beisetzung des hl. Bernhardin‹ ist z. B. der Einfluß Peruginos im Kolorit und in der streng achsial-symmetrischen Komposition noch deutlich zu erkennen; wesentliche Kompositionselemente von Peruginos ›Schlüsselübergabe‹ in der Sixtinischen Kapelle *(S. 217)* sind unmittelbar übernommen. Charakteristisch für das Werk Pinturicchios ist die bühnenartige Gestaltung des Hintergrundes. Der Platz ist nicht mehr wie bei Perugino nach allen Seiten offen, sondern durch seitliche Gebäude und eine zweigeschossige Loggia klar begrenzt. In den Hintergrund öffnen sich nur noch Durchblicke: auf eine naturalistische und detailreiche Landschaft, wie sie in Italien Ende des 15. Jh. nur Pinturicchio zu malen verstand.

Im Seitenschiff zwischen der 7. und 8. Kapelle befindet sich das *Grabmal des Michele Antonio di Saluzzo* (**c**) von Gianantonio Dosio (1575), im Durchgang zum südlichen Seitenportal links das *Grabmal des Bischofs Pietro da Vicenza* (**d**) († 1504) von Andrea Sansovino und rechts

Bernardino Pinturicchio: ›Beisetzung des hl. Bernardin‹

das *Grabmal des Cecchino Bracci* (**e**; † 1544) von Francesco Amadori nach einem Entwurf Michelangelos. – Im rechten Querhausarm zwei *Grabmäler der Familie Savelli*: dasjenige des *Papstes Honorius IV.* (**f**; Iacopo Savelli, † 1287) befand sich ursprünglich in Alt-St. Peter und war das Grabmal der Mutter des Papstes, Vanna Aldobrandeschi, dem die Liegefigur des Sohnes eingefügt wurde; das des *Luca Savelli* (**g**; † vor 1287) ist ein wiederverwendeter antiker Sarkophag. – In der *Cappella di Santa Rosa* (**h**) ist ein Mosaik ›Thronende Madonna mit Johannes d. T. und hl. Franziskus, der den Stifter Giacomo Capocci präsentiert‹ (um 1260) erwähnenswert. – Dem barocken *Hauptaltar* (**i**) ist ein Madonnenbild des 10. Jh. eingefügt. Links vom Hauptaltar das *Grabmal des Kardinals Giovanni Battista Savelli* (**k**; † 1498), ein Werk Andrea Bregnos oder seiner Schule. Die beiden *Kanzeln* (**l**) jeweils an den östlichen Pfeilern des Mittelschiffs sind Arbeiten der Mosaizisten Lorenzo di Cosma und seines Sohnes Giacomo (die südliche signiert und datiert

1200). – In dem kleinen Rundbau auf acht Säulen, der *Kapelle der hl. Helena* (**m**; 1605), enthält eine Urne aus rotem Marmor die Reliquien der Heiligen. Das gotische *Grabmal des Franziskanergenerals Matteo d'Acquasparta* (**n**; * 1302) wird Giovanni di Cosma zugeschrieben, die ›Thronende Madonna mit Kind und zwei Heiligen‹ Pietro Cavallini. – Durch die Tür daneben gelangt man in einen Nebenraum, in dem das *Santo Bambino* (**o**), eine von den römischen Gläubigen als wundertätig verehrte Figur des Jesuskindes, aufbewahrt wird. – Das *Bildnis des hl.* Antonius von Padua (**p**) in der 3. Kapelle des linken Seitenschiffs wurde von Benozzo Gozzoli (1449) geschaffen.

Monumento Vittorio Emanuele II. ⑧

Nördlich der Kirche S. Maria in Aracoeli, auf einer künstlichen Verlängerung des kapitolinischen Hügels und von der Piazza Venezia aus zugänglich, steht das *Denkmal für Vittorio Emanuele II. und die Einigung des Königreichs Italien*, das 1885 begonnen und 1911 eingeweiht wurde. Der blendendweiße Kalkstein aus der Gegend von Brescia harmonisiert nur wenig mit dem sonst in Rom vorherrschenden, bräunlich getönten Travertin. Die übersteigerte Monumentalität der Architektur fügt sich, trotz klassizisierendem Stil, mehr schlecht als recht in die Umgebung von Forum Romanum, Kapitol und Kaiserforen ein. Eine große Freitreppe steigt zunächst an bis zum vaterländischen Altar mit Grabmal des unbekannten Soldaten, von dort, zweigeteilt, weiter zum Standbild des Königs und auf der obersten Ebene zum abschließenden halbkreisförmigen Portikus. Von dort hat man einen lohnenden Blick über Rom. Das Monument beherbergt das *Museo Centrale del Risorgimento* (Eingang an der linken Schmalseite) mit reichhaltigem Bestand zur Geschichte Italiens vom späten 18. Jh. bis zum 1. Weltkrieg, vor allem aber zur Geschichte der Einigung Italiens im 19. Jh.

Der römische Volksmund bezeichnet das Monument ebenso respektlos wie treffend als ›die Schreibmaschine‹ (und seine Abbildung ziert denn auch symbolisch die Leserbriefspalte einer vielgelesenen römischen Tageszeitung). Alle Jahre wieder wird auch schon einmal der Abriß des Monuments erwogen. Trotzdem ist es – und bleibt es vermutlich auch – Wahrzeichen und wichtiger Orientierungspunkt im römischen Stadtbild.

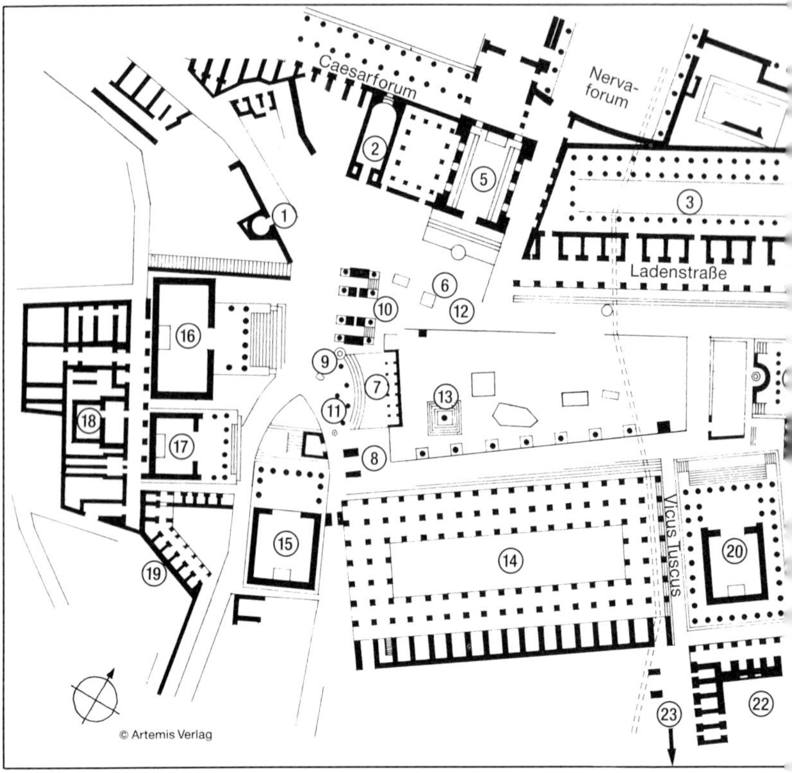

Forum Romanum: Orientierungsplan

1. Mamertinischer Kerker/San Giuseppe dei Falegnami *(S. 52)*
2. Santi Luca e Martina *(S. 52)*
3. Basilica Emilia *(S. 53)*
4. Tempel des Divus Julius *(S. 53)*
5. Curia *(S. 54)*
6. Grab des Romulus/Lapis niger *(S. 54)*
7. Rostra *(S. 54)*
8. Goldener Meilenstein des Augustus *(S. 54)*
9. Basis des Umbilicus Urbis *(S. 54)*
10. Bogen des Septimius Severus *(S. 55)*
11. Fünfsäulen-Monument Diokletians *(S. 55)*
12. Basis mit Reliefdarstellungen von Opferhandlungen *(S. 55)*
13. Phokas-Säule *(S. 56)*
14. Basilica Julia *(S. 56)*
15. Tempel des Saturn *(S. 56)*
16. Tempel der Condordia *(S. 57)*
17. Tempel des Vespasian *(S. 57)*
18. Tabularium *(S. 57)*
19. Portikus der Divi consenti *(S. 57)*
20. Tempel des Kastor und Pollux *(S. 58)*
21. Lacus Juturnae *(S. 58)*
22. Tempel des Augustus *(S. 58)*
23. Horrea (Speicherräume) *(S. 58)*
24. Santa Maria Antiqua *(S. 58)*
25. Rundtempel der Vesta *(S. 59)*
26. Haus der Vestalinnen *(S. 59)*
27. Regia *(S. 60)*
28. Tempel des Antoninus Pius und der Faustina *(S. 60)*
29. Archaische Nekropole *(S. 60)*
30. Tempel des Divus Romulus *(S. 60)*
31. Konstantins- oder Maxentiusbasilika *(S. 60)*
32. Tempel der Venus und der Roma *(S. 62)*
33. Santa Francesca Romana *(S. 62)*
34. Bogen des Titus *(S. 63)*

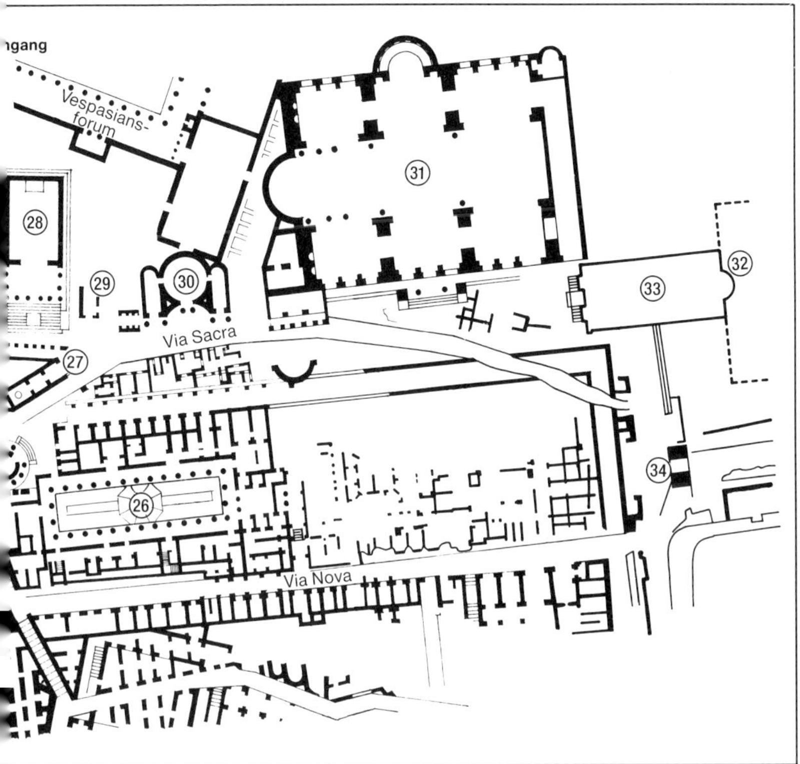

*** 2 **Forum Romanum · Palatin**

*** **Foro Romano** (Forum Romanum)

Zugänge: Von der Via dei Fori Imperiali (Haupteingang), vom Kolosseum her und (über den Palatin) von der Via San Gregorio; ein weiterer Eingang von der Via del Foro Romano aus ist meist geschlossen.

Geschichte in der Antike: Das Forum Romanum, ursprünglich eine Talsenke zwischen Quirinal und Viminal im Norden, Palatin im Süden und Kapitolinischem Hügel im Westen ist seit frühgeschichtlicher Zeit für die Bewohner der umliegenden Hügel Zentrum und Marktplatz gewesen, im Schutz der Burg auf dem Kapitol. Davon, daß es außerhalb der eigentlichen Siedlung (foras) lag, leitet sich wahrscheinlich noch der Name Forum ab. In republikanischer Zeit beginnt sich der Charakter des Forums zu wandeln: vom geschäftigen Marktplatz zum monumentalen und repräsentativen Zentrum einer Stadt, die mittlerweile Hauptstadt eines Weltreichs geworden war. Den neuen Anspruch verdeutlichen die Bauten der frühen Kaiserzeit, die großen Tempel, aber auch die profanen Basiliken, die Verwaltungsbauten und nicht zuletzt die Curia als Symbol republikanischer Traditionen. Während sich der Handel auf die umliegenden Kaiserforen oder auch das Forum Boarium *(S. 255)* verlagert, wird auf dem Forum Romanum, in der Curia und in den Basiliken Politik gemacht, werden Kaiser, Feldherren und Honoratioren des Reiches mit Triumphbögen und Umzügen auf der *Via Sacra,* der Heiligen Straße, geehrt. Diese läuft, vom Bogen des Konstantin kommend, durch den *Bogen des Titus* ㉞ unterhalb der *Konstantinsbasilika* ㉛ vorbei, mündet vor der *Basilica Emilia* ③ und *Curia* ⑤ auf den eigentlichen Forumsplatz und sendet von dort gewissermaßen einen Ausläufer durch den *Bogen des Septimius Severus* ⑩ zum Kapitol. Mit der Verlagerung der kaiserlichen Residenz nach Konstantinopel verlor das Forum seit dem frühen 4. Jh. an Bedeutung. Die Konstantinsbasilika war der letzte bedeutende Bau auf dem Forum. Lediglich dem byzantinischen *Kaiser Phokas* wurde hier (608) nochmals eine *Säule* ⑬ errichtet.

Mittelalter, Renaissance und Neuzeit: In Mittelalter und Renaissance richtete man auf dem Forum Kalkbrennöfen ein, in denen Architekturteile und Skulpturen des Forums verschwanden, um den Bedarf der Stadt an Baumaterial zu decken. Einige wenige Bauten wie der Tempel des Antoninus Pius und der Faustina oder die Kurie sind der Zerstörung entgangen, weil sie zu christlichen Kirchen umgestaltet wurden. Schließlich, die antiken Bauten waren mittlerweile fast vollkommen verschwunden, diente das Forum als Viehweide: Campo Vaccino, das Feld der Kühe, hieß es im Volksmund im 17. und 18. Jh. Seit dem späten 18. Jh. wird das Forum methodisch erforscht, und die Archäologen haben manches Fundstück aus Republik und Kaiserzeit ans Licht fördern können, das den Kalkbrennern entgangen ist. Neben den aktuellen Grabungen auf dem Palatin ist derzeit geplant, entlang und unterhalb der erst in den 30er Jahren angelegten Via dei Fori Imperiali auch den Randbereich des Forums und Teile der angrenzenden Kaiserforen zu ergraben *(Farbdoppelseite zwischen S. 216/17).*

Carcere Mamertino (Mamertinischer Kerker) ①: Bevor man das eigentliche Forum betritt, sollte man zunächst die Kirche *San Giuseppe dei Falegnami* mit dem Mamertinischen Kerker besuchen. Unterhalb der Kirche (spätes 16. Jh.) befindet sich die Kapelle *San Pietro in Carcere* an der Stelle des Mamertinischen Kerkers, des römischen Staatsgefängnisses, in dem u. a. Jugurtha, Vercingetorix und die Komplizen des Catilina hingerichtet wurden. Nach der mittelalterlichen christlichen Tradition war dies auch der Ort der Gefangenschaft Petri, wovon sich der Name der Kapelle ableitet. Links der Kirche führt eine Treppe zu einer *Terrasse,* von der man einen schönen Blick auf die gesamte Anlage des Forum Romanum hat, und weiter hinauf auf den Kapitolinischen Hügel.

Santi Luca e Martina ②: Eine der hl. Martina geweihte Kirche (vom Vorplatz schöner Blick auf den Bogen des Septimius Severus) des 6. Jh. wurde 1588 von Sixtus V. der Accademia di San Luca (Malergilde) übergeben und führt seitdem auch den Schutzpatron der Maler als ihren Patron. Der heutige Bau wurde in den Jahren 1634–1650 von Pietro da Cortona im Auftrag Kardinal Francesco Barberinis errichtet. Trotz des tristen Anstrichs läßt das nüchterne, aber harmonische Innere des

Zentralbaus die heitere und lichterfüllte Konzeption Cortonas erkennen. Der ehemals benachbarte Bau der Malerakademie (vgl. auch S. 355) wurde bei der Anlage der Via dei Fori Imperiali (1931/33) zerstört.

Basilica Aemilia ③: Nach der römischen Adelsfamilie (Familiennamen stehen bei den Römern der Antike in der Mitte) benannt, die für Bau und Unterhalt aufkam. Errichtet von Marcus Aemilius Lepidus (179 v. Chr.), wurde die Basilika unter Marcus Aemilius Paulus und nochmals in augusteischer Zeit restauriert, bei der Eroberung Roms durch Alarich (410 n. Chr.) aber vermutlich endgültig zerstört. Die Fassade entlang der Via Sacra hatte eine Länge von etwa 100 m. Hinter einem zweigeschossigen Portikus öffneten sich zwischen einer Reihe kleiner Ladenlokale drei Durchgänge zu einem großen dreischiffigen Hauptsaal (70 m × 29 m), dessen Decke von Säulen aus Cipollin und afrikanischem Marmor getragen wurde, deren Basen z. T. noch im Boden zu erkennen sind. Am Nordende der Front der Basilika bezeichnet die Basis eines kleinen *Altars der Venus Cloacina* den Punkt, an dem die *Cloaca Maxima,* der antike Hauptabwasserkanal der Stadt, das Forum erreichte.

Tempel des Divus Julius (Caesartempel) ④: Gegenüber dem südöstlichen Ende der Basilica Aemilia ließ Octavianus 29 v. Chr. einen Tempel zu Ehren des vergöttlichten Caesars errichten. An dieser Stelle war nach der Ermordung Caesars dessen Leichnam verbrannt und sein Testament von Marcus Antonius verlesen worden (44 v. Chr.). Der Tempel, von dem sich wenig mehr als das Stylobat und einige Grundmauern erhalten haben, war ein einfacher ionischer Prostylos, dem ein Altar und eine Rednertribüne (Rostra ad Divi Julii) vorgelagert waren. Caesar war der erste römische Bürger, dem ein Tempel zu seiner Verehrung errichtet wurde. Nach römischem Brauch wurden in der römischen Familie die eigenen Verstorbenen als Divi verehrt. Augustus schuf mit der Errichtung des Tempels für Caesar einen Präzedenzfall für die Übertragung dieses Privatkultes ins Staatszermoniell. Der Vorgang der Divination, d. h. der Göttlichsprechung durch den Senat, wurde unter Augustus und seinen Nachfolgern die Regel und später auch auf andere Mitglieder der kaiserlichen Familie ausgedehnt (z. B. Antoninus Pius und Faustina, Maxentius und Divus Romulus). An der Südseite des Tempels erkennt man noch die Fundamente des *Bogens des Augustus,* der diesem 29 v. Chr. nach seinem Seesieg bei Actium errichtet worden war. Man hat hier Reste der in Marmortafeln gemeißelten Listen der römischen Konsuln und Triumphatoren gefunden (heute im Konservatorenpalast).

Curia (Kurie) ⑤: An der nordwestlichen Schmalseite der Basilica Aemilia. Nach der römischen Tradition von König Tullius Hostilius (Curia Hostilia) errichtet und unter Sulla (80 v. Chr.), Caesar (46 v. Chr.) und Kaiser Carinus (283 n. Chr.) restauriert. Der heutige Bau wurde um 300 n. Chr. von Diokletian neu errichtet und im 7. Jh. unter Papst Honorius I. zur *Kirche des hl. Hadrian* umgestaltet. Anfang des 20. Jh. wurde die Kirche säkularisiert und der Bau von späteren Zutaten befreit. Die Bronzeportale, deren Originale bereits im 17. Jh. von Borromini nach *** S. Giovanni in Laterano 31 gebracht worden waren, wurden durch Kopien ersetzt. Im einschiffigen Inneren sind der Marmorfußboden (Opus sectile), das Podium für den Vorsitzenden an der Rückwand und die Sitze der Senatoren entlang der Längswände erhalten. Abstimmungen erfolgten ›per secessionem‹, d. h. durch ›Hammelsprung‹: Die Befürworter nahmen auf der einen, die Gegner auf der anderen Seite Platz. In der Mitte des Raumes sind die ›Anaglypha traiani‹ aufgestellt. Die Reliefs stammen vermutlich von der Rostra auf dem Forumsplatz und stellen Opfertiere (Suovetaurilia), einen Steuer- und Schuldenerlaß (Diener tragen Akten und Schuldurkunden zur Verbrennung herbei) und die Mildtätigkeit Kaiser Trajans (Institutio alimentaria) vor. Im Hintergrund der Reliefs sieht man Bauten des antiken Forums. Vor der Kurie lag seit der Zeit Caesars das *Comitium*, der öffentliche Versammlungsort der Bürgerschaft Roms. Unter dem kaiserzeitlichen Pflaster liegen Reste eines republikanischen Pflasters vor Rednertribünen, die Caesar bei der Neuordnung weiter südwestlich auf den Forumsplatz verlegt hatte. Am Rand des Comitiums zum Forumsplatz hat man 1899 den sog. *›Lapis niger‹* entdeckt, ein Areal mit schwarzer Pflasterung, das die Lage unterirdischer Räumlichkeiten bezeichnet, die in der Antike als das **Grab des Romulus** ⑥ galten.

Rostra ⑦: Das traditionsreichste Bauwerk des eigentlichen Forumsplatzes, der im Nordosten von Kurie und Basilica Aemilia, im Nordwesten vom Tempelbezirk und im Südwesten von der Basilica Julia umgrenzt wird, ist sicher die Rostra, die öffentliche Rednertribüne, die im Zuge der Umbauten unter Caesar 44 v. Chr. an ihrem heutigen Ort angelegt wurde. Der Name rührt von den Schnäbeln (Rostri) der im Krieg erbeuteten Schiffe her. Die Plattform hat eine Höhe von 3 m und eine Breite von 24 m. Links von ihr stand der **goldene Meilenstein (Miliarium aureum) des Augustus** ⑧, eine bronzeverkleidete Marmorsäule, die den idealen Beginn aller großen römischen Konsularstraßen bezeichnete. Rechts hinter der Rostra liegt die runde **Basis des Umbilicus Urbis** ⑨, der als idealer Mittelpunkt der Stadt Rom galt.

Bogen des Septimius Severus ⑩: Dem Kaiser anläßlich seines 10. Amtsjubiläums (203 n. Chr.) errichtet. Im Mittelalter war er in andere Bauten inkorporiert und geschützt, und viele Schäden sind leider erst seit seiner Freilegung entstanden. Mit einer Höhe von 21 m und einer Breite von 23 m ist er einer der größten, aber auch einer der harmonischsten der erhaltenen Triumphbögen. Die Inschrift auf den beiden Seiten des bekrönenden Attikageschosses feiert die Siege des Kaisers und seiner Söhne Caracalla und Geta (dessen Name nach der Ermordung durch seinen Bruder entfernt wurde) über Parther, Araber und Assyrer. Der reich profilierte Bogen des Hauptdurchgangs (mit schön kassettierter Tonnenwölbung) wird von Viktorien, den geflügelten Personifikationen des Sieges, bekrönt. Die Reliefs über den niedrigeren Seitendurchgängen stellen die Schlachten der drei von Septimius und seinen Söhnen geführten Kriege vor; die Herrscher der unterworfenen Feinde sind auf den Basen der vier mächtigen kannelierten Säulen mit Kompositkapitellen dargestellt, die die Schauseiten des Bogens vertikal gliedern. Die überwundenen Barbaren sind in ihren jeweiligen ethnischen Besonderheiten gekennzeichnet. So trägt der eine Parther etwa eine phrygische Mütze (eine Art von Zipfelmütze) und locker gefältelte Reiterhosen.

Fünfsäulen-Monument Diokletians ⑪: Hinter der Rostra ist das Fundament des Fünfsäulen-Monuments erhalten. Das Ehrenmal feierte das 20jährige Regierungsjubiläum Diokletians und seiner Mitkaiser Constantius (der Vater Konstantins) und Galerius (304 n. Chr.). Wie das Monument ausgesehen hat, zeigt eines der konstantinischen Reliefs auf der Nordseite des Konstantinsbogens: der Kaiser mit seinem Gefolge auf der Rostra, rechts und links Portiken und hinter der Rostra fünf Säulen mit den Standbildern der Imperatoren.

Basis mit Relief-Darstellungen von Opferhandlungen ⑫: Diese sog. ›Decennalien-Basis‹, ein wenig abseits ihres ursprünglichen Standortes aufgestellt, ist wohl die Basis der Diokletianssäule gewesen, denn ihre Reliefs verdeutlichen ein politisch-religiöses Programm des Kaisers. Auf einer Seite führen Opferdiener einen Hammel, einen Eber und einen Stier, der mit rituellen Bändern (Infulae) geschmückt ist, heran, die zu Ehren der Götter unter das Beil des Schlachters kommen werden. Es handelt sich um die abgekürzte Darstellung des Ritus der Suovitaurilien (von sus = Schwein, ovis = Schaf und taurus = Stier). Die eigentliche Opferhandlung wird vom Kaiser vollzogen, rechts vom Altar und ›capite velato‹ (d. h. mit bedecktem Haupt) als Zeichen seiner Priesterschaft. Er steht im Kreise antiker Gottheiten. Bei dem unbekleideten Heroen (links) mit dem prächtigen Helm kann es sich nur um Mars handeln; rechts außen thront der Reichsgott, der ›Sol invictus‹ (der unbesiegbare Sonnengott). Diokletian hat (wie nach ihm nochmals Julianus Apostata) den Versuch unternommen, den antiken Kult des Sol wiederzubeleben und so das Reich, in dem hunderte von Religionen nicht immer friedlich miteinander konkurrierten, unter einer Religion zu einigen, und die erhaltene Säulenbasis seines Fünfsäulen-Monuments stellt dies deutlich zur Schau. Diese politisch motivierte Hinwendung zum heidnischen Reichsgott hat zwangsläufig zu Konflikten mit den Christen geführt und ihm den Ruf eines Christenverfolgers eingetragen. Stilistisch zeigt das Relief die Charakteristika der beginnenden Spätantike: Betonung der Körpervolumen (insbesondere bei der massigen Figur des Stiers oder bei der Aktfigur des Mars), grobe, aber tiefe Gewandfalten, die starke Hell-Dunkel-Wirkungen erzeugen, vor allem aber die Verwendung des laufenden Bohrers und nicht mehr des Meißels. Diese handwerkliche Neuerung, die es den Steinmetzen ermöglichte, schneller zu arbeiten als mit dem Meißel, ist etwa seit antoninischer Zeit (Mitte 2. Jh. n. Chr.) zu beobachten und führte besonders in Diokletianischer Zeit zu einem neuen, expressiveren Stil in der Plastik.

Von den **Ehrenmalen** für Kaiser und Feldherren auf dem Platz (u. a. Konstantin und Domitian) steht nur noch die *Säule,* die der Exarch (Statthalter) Smaragdus 608 dem byzantinischen *Kaiser Phocas* ⑬ errichten ließ.

Basilica Julia ⑭: Die verbleibende Langseite des Platzes beschließt als Gegenstück zur gegenüberliegenden älteren Basilica Aemilia die Basilica Julia, die Caesar (55–44 v. Chr.) anstelle einer älteren Basilica Sempronia errichten ließ und die von Augustus fertiggestellt wurde. Sie diente vor allem als Gerichtshalle. Das dreischiffige Innere der 49 × 101 m großen, einst ganz mit weißem Marmor verkleideten Halle wird auf Front- und Rückseite von einem offenen Portikus begleitet. In die Marmorplatten des Fußbodens sind eine ganze Reihe von Tabulae lusoriae (Spielbretter) eingeritzt, an denen sich die Müßiggänger der Antike die Zeit vertrieben haben. An der nördlichen Ecke der Basilica Julia sieht man im Boden die Fundamente eines Bogens, den Tiberius 16 n. Chr. zu Ehren des Germanicus errichten ließ.

Tempel des Saturn ⑮: Der sich nördlich des Forums anschließende Bereich zählte in der Antike zum Tempelbezirk des Kapitols, ist aber heute nach Beseitigung der Via del Foro Romano nur vom Forum her zugänglich. An die Schmalseite der Basilica Julia fügt sich zunächst der Tempel des Saturn an, von dem noch 8 Granitsäulen des Pronaos mit Architrav aufrecht stehen. Der 497 v. Chr. begonnene und 42 v. Chr. durch Plancus erneuerte Tempel war eines der ehrwürdigsten Monumente des antiken Rom und die Saturnalien, das Fest zu Ehren des Gottes, die wichtigste religiöse Feier der Stadt. Der Saturntempel wurde auch *Aerarium* genannt, weil in ihm der römische Staatsschatz aufbewahrt wurde (den sich z. B. Caesar während des Bürgerkriegs aneignete). Der Tempel bezeichnet den Anfang des Clivus Capitolinus, des alten Aufstiegs zum Kapitolshügel.

Tempel der Concordia ⑯: Der Tempel ist eine Rekonstruktion des Tiberius (7 v. Chr.–10 n. Chr.). Er war 367 v. Chr. von Furius Camillus gegründet worden, um den Frieden zwischen den streitenden Parteien der Patrizier und Plebejer zu feiern. Der Tempel, von dem sich außer dem Fundament wenig erhalten hat, ist bemerkenswert, weil der Pronaos nicht an der Schmalseite (d. h. links), sondern aus Platzgründen an der Langseite des Tempels, also zum Forum hin angelegt ist.

Tempel des Vespasian ⑰: Von diesem Tempel stehen noch drei elegante korinthische Säulen der rechten Seite des Pronaos aufrecht. Der einfache Prostylos mit einschiffiger Cella (und je einer Säulenreihe vor den Längswänden der Cella) war 81 n. Chr. von Domitian zu Ehren seiner Vorgänger, seines Vaters Vespasian und seines Bruders Titus, errichtet worden.

Tabularium ⑱: Der 78 v. Chr. errichtete Bau enthielt das römische Reichsarchiv (Inneres mit Sondergenehmigung vom Konservatorenpalast aus zugänglich). Über einem Sockel aus Basaltquadern erhebt sich die kulissenartige Fassade mit drei großen Arkadenöffnungen, die von mächtigen dorischen Säulen begleitet werden. Das Tabularium bildet seit dem Mittelalter das Untergeschoß des Senatorenpalastes *(S. 38)*.

Portikus (Porticus Deorum consentium) ⑲: Links schließt sich an das Tabularium ein Portikus an, der sich mit seinen beiden Flügeln dem Verlauf des Clivus Capitolinus anpaßt. Er geht auf eine ältere Anlage zurück und wurde in der Zeit des Julianus Apostata (367 n. Chr.) als wahrscheinlich letztes heidnisches Monument im Bereich des Forums bzw. Kapitols nochmals erneuert. Schon in republikanischer Zeit waren hier Statuen der 12 wichtigsten Reichsgötter, der ›Dei consenti‹, aufgestellt: Apoll, Ceres, Diana, Juno, Mars, Mercur, Minerva, Neptun, Venus, Vesta, Vulkan und Zeus (Jupiter).

Tempel des Kastor und Pollux ⑳, Lacus Juturnae ㉑, Tempel des Augustus ㉒, Horrea Agrippiana ㉓: Der *Tempel des Kastor und Pollux* wurde 484 v. Chr. vom Diktator Aulus Postumus als Dank an die Stadtpatrone für den Sieg seines Vaters über die Latiner und die Tarquinier errichtet. Die Dioskuren sollen an der Seite der Römer in der Schlacht gekämpft und persönlich die Siegesmeldung in die Stadt getragen haben. An der Ostseite des Tempels verehrte man in der Antike den *Lacus Juturnae,* eine rechteckige Brunnenanlage an Stelle der Quelle, aus der die Boten des Sieges nach der Legende ihre Pferde getränkt haben. Der Tempel selbst ist ein korinthischer Peripteros auf hohem Podest mit 8 × 11 kannelierten Säulen aus parischem Marmor (von denen drei noch aufrecht stehen) und mit tiefer Vorhalle. Man weiß durch Inschriften von zwei Restaurierungen 117 v. Chr. und nochmals in der Zeit des Augustus. Zum Palatin hin schließen sich der sog. *Tempel des Augustus* (vermutlich eine Anlage aus der Zeit des Domitian) und die *Horrea Agrippiana* (Speicherräume) an.

Santa Maria Antiqua ㉔: In einem Teil der Räumlichkeiten des Augustustempels (Atrium Minervae?) wurde im 6. Jh. die Kirche S. Maria Antiqua (so genannt zur Unterscheidung von der neuen Marienkirche, S. Maria Nuova oder auch S. Francesca Romana ㉝) eingerichtet. Der Kirche vorgelagert ist das *Oratorio dei Quaranta Martiri,* ein Oratorium, das dem Andenken der vierzig Märtyrer der diokletianischen Verfolgung gewidmet war. Es ist in vermutlich trajanischen Gebäudeteilen eingerichtet; die sehr beschädigten Fresken stammen aus dem 8. oder 9. Jh. Nachdem die Kirche S. Maria Antiqua schon im Hochmittelalter verfallen war, wurde sie aufgegeben und auf ihren Räumen, ohne diese zu zerstören, die Kirche S. Maria Liberatrice errichtet. Diese wiederum hat man 1902 abgerissen, um unter ihr den älteren Bau freizulegen.

Das Innere ist nur mit Sondergenehmigung zugänglich. Erhalten hat sich in gutem Zustand fast die gesamte spätantike und frühmittelalterliche Ausmalung vor allem des 8. Jh. Im Atrium zeigt eine Darstellung ›Maria als Himmelskönigin‹ den Stifter, Papst Hadrian I., mit eckigem Nimbus, d. h. als noch Lebenden. Das linke Seitenschiff enthält einen der ältesten erhaltenen alttestamentlichen Bilderzyklen (u. a. Geschichte Jakobs und Geschichte Josephs, jeweils mit lateinischer Bezeichnung), darunter ein Bild des Erlösers mit einer Reihe von Heiligen. Im Presbyterium sieht man Szenen des Neuen Testaments (u. a. ›Kreuztragung‹ und ›Christus im Kreise der Apostel‹) und (in der Apsis) einen segnenden Christus, dem der Stifter Paul I. (mit eckigem Nimbus) von Maria präsentiert wird. Man erkennt mehrere übereinanderliegende Schichten von Malerei. Die besterhaltenen Malereien finden sich in der Kapelle links vom Presbyterium. Auf der rechten Wand präsentieren u. a. der Stifter Theodotus und seine Gattin Maria ihre Kinder; links vom Eingang erbittet Theodotus den Beistand der Märtyrer Giulietta und Quiricus. Bemerkenswert auch zur Rechten die Bildnisse von vier unbekannten Märtyrern, deren Namen aber, so die Inschrift, Gott allein bekannt seien (quorum nomina Deus scit).

Rundtempel der Vesta

Rundtempel der Vesta ㉕ und **Haus der Vestalinnen** ㉖: Vesta und ihre jungfräulichen Priesterinnen, zunächst vier, dann sechs an der Zahl, waren die Hüterinnen des heiligen Feuers. Die Priesterinnen verpflichteten sich beim Eintritt, ihrem Beruf 30 Jahre nachzugehen. Beim Bruch des Zölibats drohte der Sünderin ein Begräbnis bei lebendigem Leibe. Die Stellung der Vestapriesterin war einflußreich und ihr Rat auch in der Politik oft gefragt.
Der Vestatempel ist ein korinthischer Peripteros (Ringtempel) auf kreisförmigem Grundriß, mit 12 kannelierten Säulen auf hohen Podesten. Er ist mehrfach erneuert, zuletzt 191 durch Septimius Severus nach einem Brand, und 394 durch ein Edikt des Kaisers Theodosius geschlossen worden. In einer Grube unter dem Tempel wurden die Reste der Opferfeuer gesammelt, die alljährlich in feierlicher Prozession zum Tiber getragen und in den Fluß geworfen wurden. Dort befand sich auch der Penus Vesta, eine Sammlung historischer Reliquien, von denen nach römischer Ansicht das Wohlergehen der Stadt abhing. Zwischen Tempel und Haus der Vestalinnen war in einer kleinen ionischen Ädikula auf rechteckigem Grundriß vermutlich das Standbild der Göttin aufgestellt. Das Haus der Vestalinnen wurde in seiner letzten

Form 64 n. Chr. nach dem Brand unter Nero neu errichtet. Um einen Atriumhof mit Ehrenstatuen von Vestalinnen (teilweise erhalten, heute in diversen römischen Museen) gruppierten sich, in der Anlage ähnlich römischen Wohnhäusern der republikanischen Zeit, Wohn-, Schlaf-, Bade- und Küchenräume der Priesterinnen, die ihr Haus nur zu den zeremoniellen Anlässen verlassen durften.

Regia ㉗: Reste eines Wohnhauses der republikanischen Zeit, das von König Numa Pompilio, dem ›Begründer der römischen Religion‹, errichtet worden sein soll und das als Amtshaus des Pontifex Maximus (oberster Priester) diente.

Tempel des Antoninus Pius und der Faustina ㉘: Der besterhaltene Tempel des Forums. Nach ihrem Tod (141 n. Chr.) wurde Faustina, die Gattin des Antoninus, vom Senat für göttlich erklärt, und man errichtete ihr den Tempel, in dem nach seinem Tod (161) auch Antoninus selbst verehrt wurde. Der einfache korinthische Prostylos mit einem Pronaos von zehn 17 m hohen Säulen und schönem umlaufenden Greifenfries, einer der herausragenden Arbeiten römischer Dekorationskunst, wurde im 11. Jh. zur Kirche *San Lorenzo in Miranda* umgewandelt und hat sich dadurch fast unversehrt erhalten.

Tempel des Divus Romulus ㉚: Vorbei an einer *archaischen Nekropole* ㉙ (11.–6. Jh. v. Chr.) folgt man der Via Sacra zum Tempel des Divus Romulus, einem kleinen Rundtempel, der von Kaiser Maxentius (dem Gegner Konstantins) für seinen verstorbenen Sohn Romulus (309 n. Chr.) errichtet wurde. Der Tempel wurde erst nach der Schlacht an der Milvischen Brücke unter Konstantin, vermutlich mit einer anderen Widmung, fertiggestellt. Der zentrale Rundbau aus Ziegeln, dessen originale Bronzetür erhalten ist, wird von zwei rechteckigen Räumen mit Apsiden flankiert. Er bildete im Mittelalter den Zugang zur Kirche SS. Cosma e Damiano *(S. 89)*.

Konstantins- oder Maxentiusbasilika ㉛: Die späteste unter den Großbauten Roms wurde unter Maxentius als Gerichtsgebäude begonnen und unter Konstantin mit erheblichen Veränderungen fertiggestellt. Die ursprüngliche Hauptachse, in etwa parallel zur Via Sacra, mit einer Apsis zum Friedensforum *(S. 88)* und zum Tempel des Divus Romulus sowie einer Vorhalle zum Kolosseum hin, wurde in einer 2. Bauphase unter Konstantin um 90° gedreht und mit einem verhältnismäßig schlichten Eingang von der Via Sacra her versehen. In der neuen Hauptachse wurde nun eine zweite Apsis angefügt; in der

Tempel des Antoninus Pius und der Faustina

ursprünglichen befand sich das Standbild Konstantins (bzw. zunächst vielleicht ein Bildnis des Maxentius?), dessen Reste im Hof des Konservatorenpalastes *(S. 41)* stehen. Das 80 × 60 m messende Innere der Basilika wird von vier gewaltigen Pilastern mit flankierenden Säulen (von denen sich eine als die Mariensäule, *S. 314*, vor *** S. Maria Maggiore erhalten hat) in drei Schiffe unterteilt. Große Teile der Basilika sind schon im 9. Jh. bei einem Erdbeben zerstört worden. Die Ziegel der herabgestürzten Gewölbe wurden im Mittelalter als Baumaterial wiederverwendet. Das komplett erhaltene östliche Seitenschiff gibt mit seinen drei Wölbungen (Scheitelhöhe 24,50 m bei einer Breite von 20,50 m) einen ungefähren Eindruck der einstigen Größe. Die Gewölbe des Mittelschiffs hatten eine Spannweite von 20 m und eine Scheitelhöhe von 35 m.

Tempel der Venus und der Roma ㉜: Der größte der antiken Tempel Roms entstand 121–137 n. Chr. anstelle eines Atriums der Domus Aurea des Nero *(S. 77)*. Der Entwurf wird Kaiser Hadrian persönlich zugeschrieben. Vom Kolosseum her betrat man über eine breite Rampe mit seitlichen Treppen das hohe Podest von 141 × 100 m. An den übrigen Seiten war der Tempel von einem Portikus mit 150 Säulen, von denen einige aus Fragmenten wieder aufgerichtet worden sind, umgeben. Nach außen hin gab sich der Tempel als, abgesehen von der Größe, relativ normaler korinthischer Peripteros mit breitem Umgang. Tatsächlich stehen hier aber zwei Cellae Rücken an Rücken. Daß hier betont zwei Tempel zu einem vereint wurden, ist weniger eine Spielerei des Architekten Hadrian, sondern vor allem Ausdruck seines philhellenischen Weltbildes. Der östliche Halbtempel war der Roma geweiht. Ihr Standbild befand sich in der Apsis und wandte sich symbolisch dem Osten zu. Der westliche Halbtempel war entsprechend der Venus geweiht, und ihr Standbild wandte sich also dem Westen und der Stadt Rom zu. So wie Aeneas, der Sohn der Venus, einst auf seiner Flucht aus Troja unter dem Schutz seiner göttlichen Mutter nach Westen gefahren und nach Italien gekommen war, so steht die Stadt seiner Nachfahren, der Römer, unter dem besonderen Schutz der Venus. Die Göttin der Stadt, die Dea Roma, ist sich ihrer kulturellen Ursprünge bewußt und wendet sich, wie der Kaiser, dem Osten zu. In ganz ähnlicher Weise werden in der *** Villa Hadrians 46 bei Tivoli Bauten der hellenistischen Welt nachempfunden.

Santa Francesca Romana oder **Santa Maria Nuova** ㉝: Der nicht ursprüngliche Name S. Francesca Romana geht auf Francesca Buzzi in Ponziani zurück, die hier 1421 einen Orden gründete. In der 2. Hälfte des 10. Jh. als Ersatz für die aufgegebene S. Maria Antiqua ㉔ errichtet, inkorporiert die Kirche das *Peter-und-Paulus-Oratorium,* das schon im 8. Jh. von Papst Paul I. im Portikus des Tempels der Venus und Roma eingerichtet worden war. Die Kirche wurde mehrfach, vor allem im 13. Jh. erneuert. Die Fassade aus weißem Travertin entwarf Carlo Lambardi (1615). Der 42 m hohe Campanile stammt aus dem 12. Jh. Seit 1352 befindet sich die Kirche in benediktinischer Obhut. Auch das Innere (nur von der Via dei Fori Imperiali aus zugänglich) wurde fast vollkommen von Lambardi umgestaltet. Es enthält aber noch einige bemerkenswerte Grabmäler des Spätmittelalters (vor allem dasjenige des Malers Gentile da Fabriano, † 1428; vor der letzten Kapelle rechts) und die Confessio aus polychromem Marmor von Bernini (1638–1649). Die ›Madonna del Conforto‹, eine Madonnentafel aus dem 5. Jh. und damit eines der ältesten erhaltenen Tafelbilder überhaupt, wird mittlerweile im benachbarten Konvent aufbewahrt, der zugleich das *Antiquarium Forense* mit Funden vor allem von Skulpturen aus dem Bereich des Forum Romanum beherbergt.

Bogen des Titus ㉞: Nach 81 n. Chr. von Domitian zu Ehren der Siege seines Vaters Vespasian und seines Bruders Titus im judäischen Krieg (Zerstörung Jerusalems 70 n. Chr.; Beginn der Diaspora) errichtet. Im Mittelalter Bestandteil der Festung der Frangipani, wurde er unter Sixtus IV. (nach 1471) freigelegt und von Giuseppe Valadier (1821) restauriert. Der Bogen ist schlicht, aber von großer Harmonie der architektonischen Formen. Die Innenwände des einzigen zentralen Durchgangs des Bogens zeigen auf der einen Seite ein Relief mit dem Triumphzug der siegreichen Feldherren, das einen Einblick in den Ablauf derartiger Feierlichkeiten gibt. Stellvertretend für die gesamte Tempelbeute wird u. a. der siebenarmige Leuchter auf den Schultern der lorbeerbekränzten Sieger mitgeführt. Er wird später vermutlich im Tempel des Jupiter Capitolinus dargebracht. Den Zug begleiten Posaunenbläser, die vom Sieg der Helden künden. Große Tafeln werden im Zug mitgetragen. Auf ihnen sind, wie wir aus Beschreibungen wissen, die Heldentaten der Sieger verzeichnet oder auch als Historienbilder dargestellt. Vermutlich werden sie, wie dies üblich war, auch beim Triumphzug der Flavier zur Kurie getragen und dort öffentlich ausgestellt. Der siegreiche Feldherr ist auf der anderen Seite des Durchgangs dargestellt worden. Die kaiserliche Quadriga wird von der Stadtgöttin Roma geführt, und Victoria, die Personifikation des Sieges, bekrönt den Kaiser. In der kassettierten Wölbung die Apotheose des Titus, der vom Adler des Jupiter gen Himmel getragen wird. Der Naturalismus der Körperhaltungen und der Gewandfalten, bei Beschränkung der Erzählung auf das Notwendige, ist charakteristisch für die römische Kunst des 1. Jh. n. Chr. Von der augusteischen Kunst (z. B. Ara Pacis, *S. 115*), die stärker klassizistisch, d. h. von griechischer Plastik des 5. Jh. v. Chr. beeinflußt ist, unterscheidet die Kunst der Flavier vielleicht die größere Bewegtheit. Die Feinheit der Ausführung, die insbesondere in den stofflichen Qualitäten der Gewänder das Material, den Stein, regelrecht zu verleugnen trachtet, scheidet die flavische Kunst deutlich von der des späten 2. und 3. Jh. (vgl. den Bogen des Septimius Severus ⑩ oder die Säulenbasis des Diokletian ⑫).

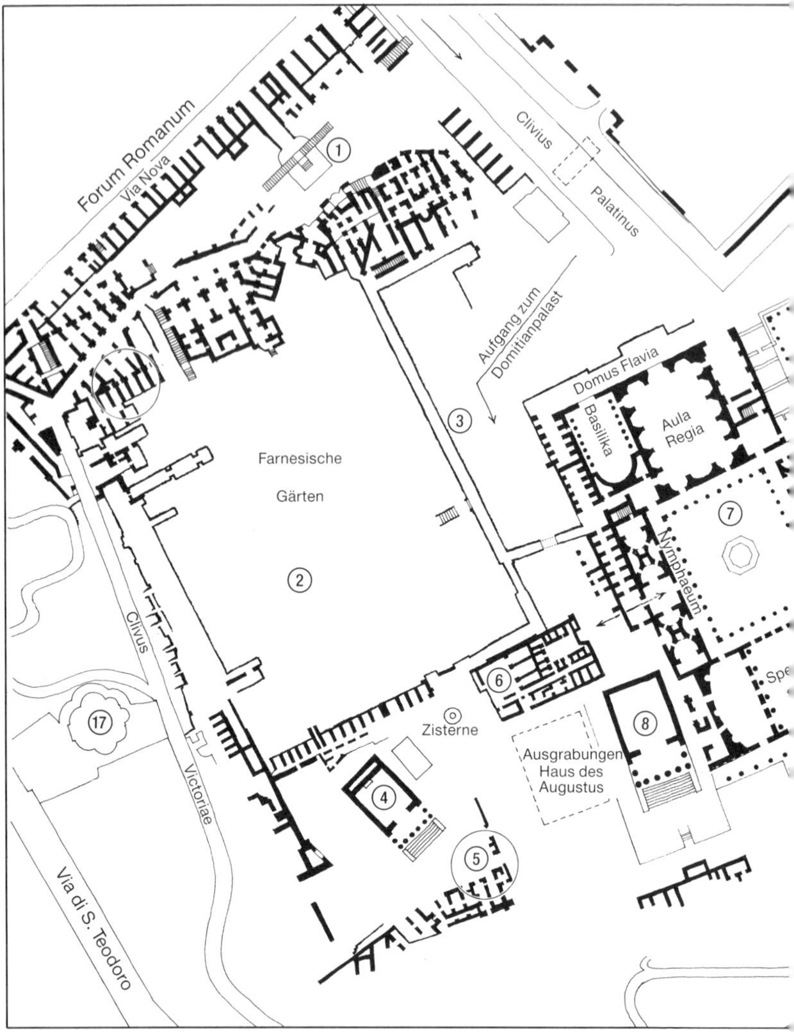

Palatin: Orientierungsplan

1. Uccelliera Farnese *(S. 66)*
2. Domus Tiberiana *(S. 66)*
3. Kryptoportikus des Nero *(S. 67)*
4. Tempel der Cybele *(S. 67)*
5. Haus des Romulus *(S. 67)*
6. Haus der Livia *(S. 67)*
7. Domus Flavia *(S. 67)*
8. Apollo-Tempel *(S. 68)*
9. Domus Augustana *(S. 68)*
10. Domus Severiana *(S. 68)*
11. Antiquarium des Palatin *(S. 68)*
12. Stadion des Domitian *(S. 68)*
13. Septizonium des Septimius Severus *(S. 69)*
14. Circus Maximus *(S. 69)*
15. Bögen der Aqua Claudia *(S. 70)*
16. Portal *(S. 70)*
17. San Teodoro *(S. 70)*

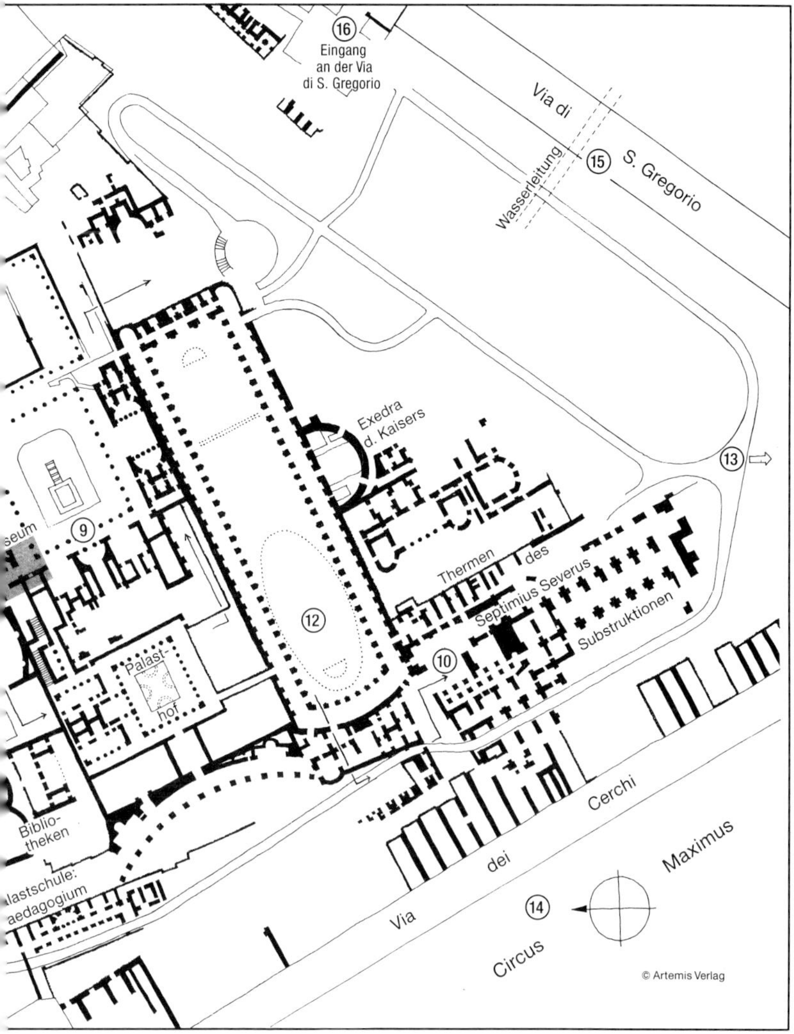

*** **Palatino** (Palatin)

Zugänge: Vom Forum Romanum aus südwestlich des Titusbogens über den Clivus Palatinus oder direkt durch den Eingang von der Via di San Gregorio.

Geschichte in der Antike: Die Bezeichnung Palatin ist mit größter Wahrscheinlichkeit abzuleiten vom Namen der Göttin der Hirten, Pales, die hier von der Urbevölkerung Roms verehrt wurde. Auf dem Palatin, an seiner Westseite, unterhalb des Tempels der Cybele und an seinem Abhang zum Marcellustheater hin (Ausgrabungen derzeit in Gang), haben sich die ältesten Spuren einer Besiedlung in Rom gefunden. Im wesentlichen haben die Grabungen die römische Geschichtsschreibung bestätigt, nach der am 21. April des

Jahres 754 oder 753 v. Chr. die Stadt auf dem Palatin gegründet worden sei. Dort hat sich nach den Grabungsbefunden tatsächlich die ›Roma Quadrata‹, die erste Stadtanlage Roms, befunden. Nachdem sich die Stadt auf die umliegenden Hügel und die Senke des Forums ausgedehnt hatte, ist der Palatin schon bald zum Viertel der Wohlhabenden und Vornehmen geworden; dort hatten u. a. Tiberius Gracchus, Crassus, Cicero und nicht zuletzt Augustus ihre Häuser, von deren verhältnismäßig bescheidenen Dimensionen das sog. Haus der Livia ⑥ einen guten Eindruck gibt. Begann schon Augustus mit der Vergrößerung seines Hauses durch Zukauf der Nachbarhäuser, so wurde der Palatin schließlich unter den Flaviern zum Palastbezirk. Die Domus Augustana ⑨, der Palast der Caesaren, nahm nun etwa zwei Drittel des Hügels ein, und es verblieb nur ein geringer Rest privater Wohnhäuser, vor allem im Bereich des Hauses der Livia. Die Substruktionen für die großen Palastbauten erhöhten das natürliche Niveau des Hügels (ca. 50 m) nochmals um etwa 35 m.

Mittelalter und Neuzeit: Der Palatin blieb auch über den Untergang des Weströmischen Reiches hinaus die Residenz der Caesaren. Weiterhin residierten hier die Päpste – die ja im Mittelalter nur über den recht bescheidenen Lateranspalast *(S. 309)* verfügten –, vor allem aber war der Palatin den in Rom weilenden Kaisern des Heiligen Römischen Reiches von Karl d. Gr. bis Otto III. angemessene Herberge. Zur Zeit Karls d. Gr. noch in antiker Pracht erhalten, wurde der Palatin vor allem im folgenden, dem 9. Jh., mehrfach durch Erdbeben arg in Mitleidenschaft gezogen, und etwa ab dem 11. Jh. waren die meisten der antiken Palastbauten kaum mehr bewohnbar. Auf den Ruinen erhoben sich nun Kirchen und Konvente, und wie im Kolosseum und am Forum so bauten die Frangipani auch auf dem Palatin eine Festung, um sich gegen die Angriffe konkurrierender Adelsfamilien zu schützen. Im 16. Jh. errichteten die Farnese auf dem Palatin eine Villa und gestalteten den größten Teil des Hügels zu einem botanischen Garten um.

Unter den Erben der Farnese, den Bourbonen, wurde mit ersten Grabungen begonnen. 1860 kaufte Napoleon III. den Palatin und ließ systematische Grabungen durchführen; von diesem wurde der Hügel wenige Jahre später an die neue Regierung des geeinten Italiens übergeben, die seitdem die Grabungen nachdrücklich gefördert hat.

Uccelliera Farnese ① und **Orti Farnesiani** (Farnesische Gärten): Die Uccelliera war das Gartenhaus einer Farnesevilla aus dem 16. Jh., die den Grabungen hat weichen müssen. Dort befand sich auch das prächtige Hauptportal Vignolas, das heute als Eingangsportal zum Palatin ⑯ an die Via S. Gregorio versetzt ist. Von der Ucelliera hat man einen schönen Blick über das Forum und einen Teil der Stadt. Die Gartenanlage, die einen Teil derjenigen des 16. Jh. nachahmt, liegt auf künstlichem Grund, über den bislang wenig erforschten Untergeschossen der *Domus Tiberiana* ②, des Kaiserpalastes des Tiberius – Teile der heute unterirdischen Räumlichkeiten und Gänge sind von dem *neronianischen Kryptoportikus* ③ (unterhalb der Südostflanke der Gärten) zu erkennen. Unterhalb des nördlichen Viertels der Gartenanlage liegt eine Erweiterung der Domus Tiberiana zum Forum hin aus der Zeit des Caligula.

Verläßt man den Garten an seiner Südwestseite, so gelangt man zu den Resten des **Tempels der Cybele oder Magna Mater** ④, der 204 v. Chr. errichtet wurde, um dort den Schwarzen Stein zu verwahren, der der Göttin heilig war. Vom Tempel erhalten ist nur das Podium. Südlich des Tempels führte in der Antike ein Zugang auf den Hügel, und hier lag nach der Überlieferung auch das **Haus des Romulus** ⑤. Es haben sich gerade hier Spuren von mehreren eisenzeitlichen Hütten (Pfostenlöcher) gefunden, die dem 9. oder 8. Jh. angehören und die Tradition bestätigen. Daneben hat man umfängliche Reste republikanischer Bebauung, u. a. eine Zisterne und Teile der republikanischen Stadtmauer, freigelegt. Das Areal ist derzeit nicht zugänglich, da in größerem Umfang Grabungen durchgeführt werden.

Kryptoportikus des Nero ③: Entlang der südöstlichen Seite der Farnesinischen Gärten verläuft dieser unterirdische Gang, der die verschiedenen Teile der Palastanlage der frühen Kaiserzeit miteinander verband und der zum Aufgang zur Uccelliera Farnese zurückführt. In dem Kryptoportikus hat man Reste einer schönen Stuckdekoration des 1. Jh. gefunden (Kopie vor Ort, das Original befindet sich im Antiquarium des Palatin ⑪).

Haus der Livia ⑥: Dieses besterhaltene Beispiel eines vornehmen römischen Wohnhauses auf dem Palatin gehörte wahrscheinlich zu einem Komplex von Häusern, der 36 v. Chr. von Augustus erworben und umgestaltet wurde. Durch einen Gang betritt man zunächst einen fast quadratischen Atriumhof, an dessen Ostseite sich in drei Räumen Malereien aus der Zeit des Augustus erhalten haben, die leider gerade in den letzten Jahren, nicht zuletzt durch den großen Besucherandrang, stark gelitten haben. Der mittlere Saal, vermutlich ein repräsentativer Empfangssaal (Tablinum), zeigt die typische gemalte Scheinarchitektur augusteischer Zeit mit großen Ädikulen, die sich wie Fenster auf Kopien berühmter griechischer Malereien öffnen: ›Merkur befreit Io aus der Gefangenschaft des Argus‹ (rechts) und ›Polyphem und Galatea‹ (Rückwand). Von den beiden anderen Sälen zeigt der eine Reste einer einstigen Dekoration mit vorgetäuschter Marmorinkrustation, der andere über großen gemalten Blumen- und Fruchtfestons zwischen Säulen den sog. ›Fregio giallo‹ (gelber Fries): eine Folge kleiner gelbtoniger, ganz auf Nahsicht in impressionistischer Maltechnik gearbeiteter Szenen aus Ägypten.

Domus Flavia ⑦: Am Beginn des Kryptoportikus ③ führt ein Aufstieg hinauf zum Bereich der Domus Flavia (Palast der Flavier), der kaiserlichen Residenz aus dem späten 1. Jh., deren Anlage noch gut zu erkennen ist und von der sich vor allem die Fußböden in Opus sectile erhalten haben. Die Domus Flavia folgt dem Schema des römischen Atriumhauses: Um einen zentralen Säulenhof *(Peristyl)* mit kleiner Gartenanlage *(Labyrinth)* liegen im Nordosten zum Forum hin die Räume, die der öffentlichen Repräsentation dienten, nach Südwesten zu dagegen Privatgemächer. Der Besucher betrat den kaiserlichen Palast von Nordosten durch eine schmale Säulenvorhalle und gelangte durch den mittleren Eingang in die *Aula Regia*, den großen Empfangssaal. Der Raum links der Aula, das sog. *Lararium*, ist möglicherweise als Palastkapelle genutzt worden. Darunter (nicht zugänglich) hat man die sog. *Casa dei Grifi* (Haus der Greifen) mit Malereien und Stuckdekorationen aus dem späten 2. Jh. v. Chr. entdeckt. Rechts öffnet sich der Durchgang zur *Basilika*, einer Art dreischiffigem Konferenzsaal, in dem die Staatsgeschäfte verhandelt wurden. In der Achse des Haupteingangs liegt jenseits des Peristyls der kaiserliche Speisesaal *(Triclinium Imperiale)*. An den Wänden und in der zentralen Apsis, die dem Kaiser vorbehalten war, haben sich Reste der Marmorverkleidung erhalten. Seitlich des Tricliniums liegt je ein ovales *Nymphäum* (kleine Gartenanlage mit Brunnen), von denen das rechte gut erhalten ist. Unter dem heutigen Bodenniveau Reste eines Fußbodens aus der Zeit des Claudius oder Nero (ca. 50–60 n. Chr.).

Apollo-Tempel ⑧, **Domus Augustana** ⑨ und **Domus Severiana** ⑩: Südwestlich der Domus Flavia gelangt man zu den Fundamenten des Apollo-Tempels, eines prunkvollen Tempels aus augusteischer Zeit; auf der anderen Seite schließen sich die Domus Augustana und die Domus Severiana an, der kaiserliche Palastkomplex, dessen Ausbau in domitianischer Zeit begonnen und der bis ins Mittelalter als Residenz genutzt wurde. Von der mehrgeschossigen Anlage, die sogar ein großes Stadion einschließt, sind nur die oberirdisch gelegenen Teile zugänglich. Es öffnen sich aber mehrfach großartige Durchblicke in die unteren Geschosse und die Treppenhäuser. Auf den Ruinen der Anlage wurde im Mittelalter ein Klostergebäude errichtet, in dem heute das **Antiquarium des Palatin** ⑪ eingerichtet ist (bemerkenswert u. a.: Kreuzigungsgraffito, das den christlichen Glauben des in der Inschrift genannten Alexamenos verspottet, der vor dem gekreuzigten Christus mit Eselskopf kniet).

Zwischen dem in flavischer Zeit begonnenen Teil des Palastes und der späteren severianischen Anlage (um 200 n. Chr.) liegt das **Hippodrom** oder **Stadion des Domitian** ⑫, das wohl sportlichen Wettkämpfen (keinesfalls aber Pferderennen) diente. Der Ziegelbau war ursprünglich ganz mit weißem Marmor verkleidet. In den von Säulen umstandenen langrechteckigen Innenhof ist im Frühmittelalter am südlichen Ende ein Maueroval eingefügt worden, vermutlich als Teil einer Gartenanlage. Eine große Apsis in der Mitte der östlichen Langseite des Stadions bezeichnet die Loge des Imperators. Südöstlich des Stadions wurde auf einer mit Substruktionen künstlich geschaffenen Verlängerung des Hügels unter Septimius Severus der Palast erweitert, u. a. um eine Thermenanlage, die sich nach Süden zu an das Stadion anschloß. Von der severianischen Anlage sind vor allem die gewaltigen Substruktionen erhalten, die, nähert man sich von Süden, das Erscheinungsbild des Palatin prägen, in der Antike aber so nicht zu sehen waren. Nach außen zu präsentierte sich der Palatin mit großen, teils mehrgeschossigen Portiken und mit marmorverkleideten Tempelfassaden. Den Blick auf die Südfassade verstellte ein mehrgeschossiger prunkvoller Portikus oder ein Nymphäum, das sog. **Septizonium des Septimius Severus** ⑬. Es war bis ins 16. Jh. großenteils erhalten, ist aber heute vollkommen verschwunden. Wie der Minerva-Tempel des Nervaforums *(S. 88)* den Bauleuten Pauls V., so fiel das Septizonium einige Jahre früher dem Baumaterialbedarf zur Zeit Sixtus' V. zum Opfer.

Circo Massimo (Circus Maximus) ⑭: Von den Substruktionen der Domus Severiana hat man einen schönen Blick auf den Circus Maximus und den gegenüberliegenden Hügel des Aventin. Der Tradition nach soll der Circus Maximus, der vor allem als Austragungsort von Wagenrennen und Kriegsspielen diente, von Tarquinius Priscus an der Stelle gegründet worden sein, an der der Raub der Sabinerinnen stattgefunden habe. Tatsächlich ist er aber wohl erst im 2. Jh. v. Chr. angelegt worden. Die spärlichen Reste von Bauten, die sich erhalten haben, stammen von einer Umgestaltung unter Kaiser Trajan. Unter Caracalla und Konstantin wurde der Circus, der eine Länge von mehr als 500 m hat und bis zu 300 000 Besuchern Platz geboten haben soll, restauriert. Am Westende waren die Startboxen für die Gespanne. Ein Mittelstreifen (durch Büsche angedeutet) mit einem Obelisken als Wendemarke an jedem Ende unterteilte den Platz in zwei Bahnen. Ein Obelisk, den Augustus hier 10 v. Chr. aufstellen ließ, befindet sich heute auf der ** Piazza del Popolo 8.

Man kann nun durch die Domus Augustana und über den Clivus Palatinus zum Forum zurückkehren und verläßt durch einen der dortigen Ausgänge den Archäologischen Park des Forum Romanum und Palatin, oder man folgt dem Weg, der von der Nordecke des Stadions aus vom Palatin zum eigentlichen Eingang des Palatins an der Via

Modell des Palatins und Circus Maximus

S. Gregorio hinabführt. Unterwegs bietet sich ein interessanter Blick auf die imponierenden Substruktionen der Domus Severiana ⑩. Eine Reihe von Nischen im Ziegelmauerwerk gehörte vermutlich zur Anlage des Septizoniums ⑬. Erhalten sind einige **Bögen der Aqua Claudia** ⑮, der Wasserleitung, die in der Antike den Palatin versorgte. Das **Portal** ⑯, das heute den Zugang von der Via di S. Gregorio her bezeichnet, war im 16. Jh. von Vignola an der anderen Seite des Palatin als Eingang zu den Farnesinischen Gärten geschaffen und ist nach Abriß an seinem neuen Ort wiederverwendet worden. Rechts wendet man sich zum Circus Maximus, links zum Kolosseum.

San Teodoro ⑰ (Via San Teodoro, am Nordwesthang des Palatins, außerhalb des Areals): Die Kirche geht auf eine Gründung des 6. Jh. zurück, ist aber mehrfach verändert worden. Der kleine, halbkreisförmige Vorplatz wurde 1705 von Carlo Fontana angelegt. Im Inneren des kleinen Rundbaus ist ein (stark restauriertes) Mosaik des späten 6. Jh. (demjenigen von SS. Cosma e Damiano, *S. 89*, eng verwandt) erhalten: ›Christus im Kreis von Heiligen‹. Die Kirche ist Sitz der Bruderschaft der ›Sacconi rossi‹, die alljährlich den Karfreitag mit einer bemerkenswerten Zeremonie begehen.

*** 3 Kolosseum · Konstantinsbogen · Domus Aurea · Thermen des Trajan

*** Colosseo (Kolosseum)

Geschichte: Das *flavische Amphitheater,* das größte antike Baumonument Roms und eines seiner vornehmsten, gilt seit jeher als das Symbol der Unvergänglichkeit der ›Ewigen Stadt‹. Seit dem Hochmittelalter hat sich der heutige Name Kolosseum eingebürgert, der sich von einer in der Nachbarschaft aufgestellten Kolossalstatue Kaiser Neros, dem ›Colosso‹, ableitet. Nero hatte das gesamte Areal zwischen Forum Romanum und der Höhe des Esquilin für den Bau seiner Privatvilla, der Domus Aurea (Goldenes Haus), requiriert. Gegenüber dem Vestibül der Villa hatte er einen künstlichen See, das Stagnum, anlegen lassen. Das flavische Amphitheater wurde in der Senke zwischen Caelius und Esquilin und anstelle des neronischen Stagnum im Jahre 72 n. Chr. begonnen. Vespasian verband mit dem Bau sicherlich politische Absichten. Nach der Ermordung des in der Bevölkerung verhaßten Nero setzte ganz Rom große Hoffnungen auf die neue Herrscherfamilie der Flavier. Vespasian nutzte einerseits die Gelegenheit, dem Volk von Rom ein Theater für seine geliebten Spiele zu schenken, andererseits war die Rückgabe des Geländes der Domus Aurea aber auch ein symbolischer Akt der Wiedergutmachung der neronischen Tyrannei. Unter Vespasians Sohn Titus wurde die Eröffnung der nach den Bauherrn, den Flaviern, benannten Arena mit 100tägigen Festspielen gefeiert. Die Chronisten berichten, daß bei dieser Gelegenheit allein 5000 Tiere und hunderte von Gladiatoren (von röm. Gladius = das Schwert) bei Schaukämpfen (munera) und Tierhetzen (venationes) ihr Leben ließen. Auch Naumachien, d. h. Schiffskämpfe, konnte man wenigstens zunächst in der Arena veranstalten, die dazu unter Wasser gesetzt wurde. Ein Jahrzehnt nach der Eröffnung wurde unter Domitian, dem Bruder des Titus, das Oval für die Zuschauer um einen weiteren Rang erhöht. Im Jahre 217, unter Alexander Severus, wurden die schweren Schäden eines Blitzeinschlags behoben. 404 verbot Kaiser Honorius die mörderischen Kämpfe der Gladiatoren. Vorausgegangen waren gewalttätige Ausschreitungen unter den Zuschauern, bei denen ein Mönch namens Telemachus, der in der Arena gegen die Gladiatorenkämpfe protestiert hatte, von der aufgebrachten Menge in Stücke gerissen worden war. Reine Tierkämpfe fanden dagegen noch bis ins 6. Jh. statt. Mehrfach bei Erdbeben schwer beschädigt, wurde das Kolosseum schließlich im Mittelalter von der römischen Adelsfamilie Frangipani zur Festung ausgebaut, ging später an die Annibaldi über und wurde schließlich 1312 von Heinrich VII. dem Senat und Volk von Rom zum Geschenk gemacht.

Seit dem Mittelalter wurde das Kolosseum als Steinbruch benutzt, und einige der berühmtesten Paläste und Kirchen der Stadt, u. a. der Palazzo Venezia, der Palazzo della Cancelleria und die Peterskirche, wurden mit dem so bequem und billig gewonnenen Material errichtet. Erst Mitte des 18. Jh. beendete Benedikt XIV. diesen Mißbrauch und erklärte den Ort, den man damals fälschlich für den wichtigsten Schauplatz der Christenverfolgungen hielt, wegen des vergossenen Märtyrerblutes zur christlichen Gedenkstätte. Unter Benedikt und seinen Nachfolgern wurde das Kolosseum vor weiterem Raubbau und Verfall geschützt; Guido Baccelli entfernte 1893–1896 die mittelalterlichen Überbauungen und führte sorgfältige archäologische Untersuchungen durch. *(Farbtafel nach S. 128).*

Maße: Man hat berechnet, daß ca. 100 000 m^3 verschiedener Materialien verbaut wurden: für den Mauerkern *Ziegel,* für das Äußere *Travertin* aus den Brüchen bei Tivoli und für das Innere weitgehend *weißer Marmor.* Die Blöcke waren mit – im Mittelalter entfernten – eisernen Klammern verbunden, für die allein etwa 300 t Eisen verbraucht wurden. Das Kolosseum hat einen elliptischen Grundriß mit einem Umfang von 527 m und Achsen von 188 m bzw. 156 m.

Fassade: Die drei Geschosse der einst umlaufenden Fassade, die nur auf der Seite zum Colle Oppio erhalten sind, erreichen eine Gesamthöhe von 57 m. Auf die dorischen Arkaden des Erdgeschosses folgen nach oben zu Arkaden zunächst ionischer, dann korinthischer Ordnung, wie dies der Kanon des Vitruv für die feierliche Gestaltung öffentlicher Bauten des antiken Rom forderte. Den Abschluß der Fassade bildete, ähnlich der Attika der Triumphbögen, ein durch schlanke Lisenen gegliedertes bekrönendes Geschoß. Dort sieht man noch heute die Konsolen, die als Befestigungspunkte für gewaltige Sonnensegel dienten, die, an Masten aufgezogen, das Innere der Arena teilweise überspannten und den Zuschauern Schutz vor der Sonnenhitze boten.

In der Antike war das Kolosseum von einem großen gepflasterten Platz umgeben. Reste haben sich im Südosten zur Via Labicana hin und im Westen um den Konstantinsbogen erhalten. Im Nordwesten, zwischen dem Kolosseum und dem Tempel von Venus und Roma, erhob sich das *Kolossalstandbild Neros.* Die etwa 35 m hohe Statue aus vergoldeter Bronze war dem Koloß von Rhodos nachempfunden und stellte Nero mit den Attributen des Sonnengottes, Strahlenkranz und Kugel, dar. Sie war eine Arbeit des Bildhauers Zenodorus und schmückte den Platz vor dem Vestibül der Domus Aurea. Hadrian ließ anstelle dieses Vestibüls den Tempel der Venus und der Roma *(S. 62)* errichten;. die Statue wurde, nun wieder wie ihr Vorbild als Apoll verehrt, in etwa am ursprünglichen Platz wiederaufgestellt. Westlich der Statue hatte Titus einen Brunnen, die Meta Sudans, errichten lassen. Schließlich wurde dort im 4. Jh. zu Ehren Kaiser Konstantins von Senat und Volk von Rom der Konstantinsbogen errichtet.

Inneres: Man betritt es heute von der zum Forum Romanum gelegenen Seite. Neben den vier Haupteingängen in der Flucht der Achsen (mit einem prunkvoll ausgestatteten Eingang für den Kaiser zum Colle Oppio hin) gewährten 80 durchnumerierte Portale bei ausverkaufter Arena mehr als 50 000 Zuschauern Zutritt zu den Spielen. Ins Innere gelangte man auf mehreren Ebenen über Treppen und durch tonnengewölbte Gänge (die Technik der ansteigenden Tonne in den Treppenhäusern kehrt nach dem Kolosseum erst am Aachener Dom wieder). Das Innere war in drei Ränge aus Stein und einen aus Holz unterteilt. Der erste, mit Auge und Ohr ganz nahe am blutigen Geschehen, war den vornehmen Rittern vorbehalten, der mittlere den freien Bürgern der Stadt und der dritte dem gemeinen Volk. Darüber erhob sich ein bescheidener vierter Rang mit hölzernen Sitzreihen für die Frauen, denen die ganz unmittelbare Konfrontation mit den mörderischen Vorgängen in der Arena nicht zugemutet werden sollte und denen deshalb der Zutritt zu den unteren Rängen streng verboten war. Der erste Rang, auch Podium genannt, war durch eine hohe und massive Mauer von der eigentlichen Arena abgeteilt und hatte neben dem Pulvinare, der Ehrenloge für den Kaiser und seine Familie, auch bevorzugte Plätze für die Senatoren, Priester und hohen Beamten.

Die Arena selbst mißt 46 × 76 m. Man erkennt noch die einst unterirdischen Korridore und Räume für Gladiatoren und Tiere, die durch die Ausgrabungen freigelegt werden konnten. Diese Einbauten sind unter Titus eingefügt worden und dienten dem reibungsloseren Ablauf der Spiele, der Sicherheit der Zuschauer, aber auch, mittels Hebebühnen, dem schnelleren Wechsel der Szenarien. Allerdings mußte nun auf die Naumachien (Schiffskämpfe), die bis dahin sicherlich möglich waren, verzichtet werden, da sich nun die Arena nicht mehr unter Wasser setzen ließ. Die Ränge können von der 2. Arkade links vom Eingang aus bestiegen werden. Es bietet sich ein beeindruckender Blick auf das Oval des Amphitheaters und ein schöner Panoramablick über die Stadt.

*** **Arco di Costantino** (Konstantinsbogen)

Dieser *schönste und besterhaltene der antiken Triumphbögen Roms* wurde Konstantin im Jahre 315 nach seinem Sieg über Maxentius an der Milvischen Brücke vom Senat und Volk von Rom errichtet. Symbolisch für die ›Renovatio Imperii‹ (Erneuerung des Reiches) wurden für den Bogen viele Spolien wiederverwendet: Reliefs der frühen Kaiserzeit, vor allem aus dem 2. Jh., d. h. der großen Zeit des Trajan, Hadrian und Marc Aurel.

Der Aufbau des Bogens folgt dem entwickelten Schema des römischen Triumphbogens, wie ihn bereits der mehr als ein Jahrhundert ältere Bogen des Septimius Severus *(S. 55)* auf dem Forum Romanum zeigt. Ein großer mittlerer Durchgang wird flankiert von zwei kleineren. Darüber schließen sich ein umlaufendes Gesims und eine Attika genannte Bekrönung an. Die vertikale Gliederung erfolgt durch Säulen mit Kompositkapitellen – d. h. Mischformen zwischen ionischem und korinthischem Stil – auf hohen Postamenten und in der Attikazone

Konstantinsbogen: Schema der Reliefs

Nordseite (zum Kolosseum)
A Gefangene Daker
B Triumph des Imperators (Marc Aurel)
C Heimkehr
D Mildtätigkeit
E Verhör eines germanischen Gefangenen
F Wildschweinjagd
G Opfer an Apoll
H Ansprache (Konstantin)
J Flußgottheiten
K Viktorien, römische Legionäre und gefangene Barbaren
L Viktorien
M Löwenjagd
N Opfer an Herkules
O Amtshandlung (Konstantin)

Ostseite (zum Celio)
P Dakerschlacht
Q Sol-Helios
R Triumph des Konstantin

Südseite
A Gefangene Daker
B, C Kriege des Marc Aurel
D Ansprache (Marc Aurel)
E Opfer (Marc Aurel)
F Aufbruch zur Jagd
G Opfer an Sylvanus
H Eroberung von Susa (Konstantin)
J Flußgottheiten
K Viktorien, römische Legionäre und gefangene Barbaren
L Viktorien
M Bärenjagd
N Opfer an Diana
O Schlacht an der Milvischen Brücke (Konstantin)

Westseite
P Dakerschlacht
Q Luna
R Triumph des Crispus

durch flachere Pilaster mit davorstehenden Statuen gefangener Barbaren. Die Felder und Zwickel der Schauseiten des Bogens, beide Schmalseiten und selbst die Durchgänge sind über und über mit reliefierten Szenen bedeckt, die sowohl erzählend als auch in Symbolen von den Taten und vom Triumph Konstantins künden.

Aus der Zeit Trajans stammen die acht freiplastischen Gestalten der Barbaren vor der Attika und ein Fries mit vier Schlachtenszenen, der sich an der Attika an den Schau- und Schmalseiten des Bogens findet. Hadrianisch sind die acht Tondi (Rundbilder) mit Jagdszenen über den

›Ansprache‹ und ›Opfer Marc Aurels‹

kleineren seitlichen Durchgängen. Die acht seitlichen Reliefs mit Szenen aus der Geschichte des Imperators stammen (mit drei weiteren zugehörigen Reliefs im Konservatorenpalast) von einem Monument der Zeit des Marc Aurel. Die Säulen und Teile des Gesimses sind wiederverwendet von Bauten der Zeit des Domitian. Alle anderen Teile der Architektur, die Viktorien (geflügelte Personifikationen des Sieges über dem Hauptdurchgang) und die übrigen Reliefs sind Neuanfertigungen der konstantinischen Zeit. Bei den wiederverwendeten Reliefs sind die meisten Köpfe überarbeitet und in den historischen Szenen insbesondere die Bildnisse der früheren Zeit durch solche der konstantinischen ersetzt worden. Von Interesse wegen ihrer künstlerischen Qualität, vor allem aber wegen der Darstellung ihres Hintergrundes mit exakten Wiedergaben von Bauten des antiken Rom, sind neben den Statuen der Gefangenen besonders die Flachreliefs mit den Szenen aus der Geschichte Marc Aurels, die in den klassizisierenden Formen des 2. Jh. gehalten sind. Deutlich heben sich davon die expressiveren Szenen der Konstantinsgeschichte unmittelbar über den seitlichen Durchgängen und an der Schmalseite, vor allem aber die Medaillons mit Sol und Luna, d. h. Sonne und Mond mit dem Pferdegespann, an den Schmalseiten des Bogens ab.

Überdeutlich ist das plakative politische Programm des Bogens, die ›Renovatio Imperii‹ durch Konstantin. Wie die Großen der römischen Geschichte wird auch Konstantin Ruhm und Macht des darniederliegenden Reiches mehren, wie Trajan als siegreicher Feldherr, wie Marc Aurel als weiser Administrator. Wie Hadrian pflegte er die Jagd, die kein bloßes Vergnügen, sondern Beweis kaiserlichen Mutes und kaiserlicher Tugenden war, und er versäumte auch nicht, den Reichsgöttern zu opfern. Dies kommt auch in der Widmungsinschrift im mittleren Feld der Attika der Kolosseumsseite klar zum Ausdruck: *»Imperatori Caesari Flavio Constantino Maximo pio felici Augusto senatus populusque romanus quod instinctu divinitatis mentis magnitudine cum exercitu suo tam de tyranno quam de omni factione uno tempore iustis rem publicam ultus est armis arcum triumphis insignem dicavit.« (»Dem Imperator Caesar Flavius Constantinus Maximus, dem frommen und glücklichen Augustus, widmen Senat und Volk von Rom diesen Bogen als Zeichen des Triumphes, denn auf göttliche Eingebung und durch Großmut hat er mit seinem Heer den Staat vermittels eines gerechten Krieges zu gleicher Zeit vom Tyrannen und von allem Aufruhr erlöst.«)* Der Ausdruck ›instinctu divinitatis‹, also der göttlichen Eingebung als auslösendem Moment des Handelns Konstantins, ist eine geschickte Formulierung, die weder die christlichen Anhänger Konstantins noch die Anhänger des alten Glaubens vor den Kopf stieß. Letztlich haben aber weder Triumph noch Bogen noch diplomatisches Geschick des Senats den Kaiser davon abhalten können, nur wenige Jahre später den Sitz der Reichshauptstadt nach Konstantinopel zu verlegen. Der Konstantinsbogen ist daher zugleich eine letzte Verkörperung der alten römischen Reichstradition und Symbol des kommenden Niedergangs des antiken Rom. Die Restaurierung des Bogens ist soeben abgeschlossen.

Ludus magnus: Umrundet man das Kolosseum, so gelangt man im Südosten, zwischen dem Beginn der Via Labicana und der Via S. Giovanni in Laterano zum Ludus magnus, einer von vier einst zum Kolosseum gehörigen Kasernen der Gladiatoren. Die dreigeschossige Anlage hatte einen Innenhof mit kleiner Arena, die dem Training der Gladiatoren diente. Bei den Gladiatoren handelte es sich keineswegs nur um Sklaven und Kriegsgefangene, sondern oft auch um Freiwillige. Unter den Gladiatoren der Antike gab es ebensolche Stars wie z. B. unter den Stierkämpfern oder den Fußballspielern der Gegenwart. Sklaven wie Freie konnten durch den Auftritt in der Arena auch Geld und großes Ansehen gewinnen. Auch mußte nicht jeder Kampf tödlich enden, denn es lag in der Hand des Publikums, mittels gehobenen oder gesenkten Daumens zu entscheiden, ob dem Unterlegenen das Leben geschenkt werden solle, weil er sich tapfer gewehrt hatte. Letztlich waren Gladiatoren so zumeist hochbezahlte Kampfsportler mit entsprechender Ausbildung und entsprechendem Training.

Domus Aurea (Goldenes Haus des Nero)

Lage: Gegenüber dem Kolosseum, jenseits der Via Labicana im Parco Oppio. Derzeit nur mit Sondergenehmigung zugänglich.

Der *Mons Oppius* ist eine von drei Erhebungen, die zusammen den *Esquilin* 33 bilden. Die moderne Parkanlage *Parco Oppio* birgt sowohl die Reste einer trajanischen Thermenanlage als auch, fast zur Gänze unterirdisch und von den Thermen überbaut, die Ruinen der Domus Aurea Neros. In den Kaiserbiographien (›Leben der Caesaren‹) schreibt Sueton über die Domus Aurea: *»Die größten Summen jedoch verschlang seine Bauwut. Er verlängerte den Kaiserpalast vom Palatin bis zum Esquilin ... Der Hauptspeisesaal war eine Rotunde, welche in einem fort Tag und Nacht sich wie das Weltall drehte. Die Bäder wurden teils mit Meerwasser, teils mit Wasser aus der Albula gespeist ... Als Nero dieses Prachtgebäude einweihte, sagte er, um seine Zufriedenheit auszudrücken, bloß: Jetzt fange ich doch endlich an, wie ein Mensch zu wohnen.«* (Übers. A. Lambert).

Geschichte: Seit der frühesten Kaiserzeit ist der Palatin, der schon in republikanischer Zeit der ›Millionenhügel‹ der wohlhabenden und vornehmen Bürger Roms war, mit kaiserlichen Palastbauten geschmückt worden. Wegen der räumlichen Enge auf dem dichtbesiedelten Hügel weitete Nero schon in den ersten Jahren seiner Regierung die Palastanlagen aus, indem er sie durch Anbauten mit den nahegelegenen Gärten des Maecenas *(S. 326)* auf dem Colle Oppio verbinden ließ (Reste dieser Verbindungsbauten sind auf der Via dei Fori Imperiali gegenüber dem Kolosseum zu erkennen). Der berühmte Brand von Rom im Jahre 64 schließlich schaffte dem Kaiser den nötigen Raum für eine großzügige Neuanlage, die sich mit einer Vielzahl von Palästen und Gärten nunmehr über vier Stadtviertel erstrecken sollte und mit deren Ausführung Nero die Architekten Severus und Celerus beauftragte. Geplant wurden weite Fluchten von Räumen, Korridoren und Festsälen, deren Ausgangspunkt und Zentrum ein trapezförmiger Hof bildete, an den sich große Säle für Empfänge anschlossen. Der weitestgehend fertiggestellte Ostflügel der Anlage diente für öffentliche Empfänge, im Westen lag der private Wohntrakt des Herrschers. Die nie ganz fertiggestellte Anlage ist nach der Ermordung Neros unter den Flaviern vernachlässigt worden; unter Trajan schließlich wurde auf dem Gelände eine Thermenanlage errichtet.

Im Mittelalter war die Lage der Domus Aurea in Vergessenheit geraten; erst Ende des 15. Jh. hat man die unterirdisch erhaltenen Räume wieder entdeckt. Eine ganze Reihe von Künstlern hat diese sog. *Grotten* besucht, und ihre damals noch vorzüglich erhaltenen Malereien haben die Malerei der Renaissance nachhaltig beeinflußt. Insbesondere die ›Grotesken‹, merkwürdig gewundenes Rankenornament, Kandelaber und eingestreute kleine – oft ›groteske‹ – Tier- und Menschenfiguren, wurde um 1500 als Dekorationsstil (z. B. von Mantegna, Filippino Lippi, Pinturicchio, Perugino, Raffael) aus dem Vorbild der Domus Aurea entwickelt (vgl. z. B. die Loggien Raffaels, *S. 208*).

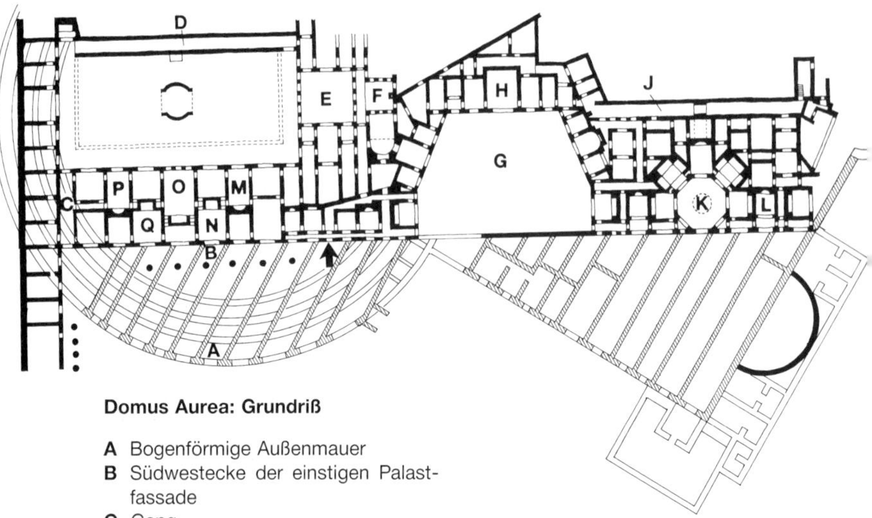

Domus Aurea: Grundriß

A Bogenförmige Außenmauer
B Südwestecke der einstigen Palastfassade
C Gang
D Kryptoportikus
E Peristyl
F Saal mit Glaspastenmosaik
G Trapezförmiger Hof
H Sala della volta dorata
J Korridor
K Achteckiger Saal
L Kleiner Saal mit Ilias-Szenen (Fundort des Laokoon)
M Palastkapelle
N Kaiserliches Schlafgemach
O Triclinium
P Apsidenraum
Q Schlafgemach mit Alkoven

Man beginnt mit der Besichtung an der *bogenförmigen Außenmauer* (**A**) der traianischen Substruktionen (Stützbauten) der Thermenanlage und gelangt von dort zur südwestlichen Ecke der einstigen *Palastfassade* (**B**), von der noch zwei Säulenbasen eines ehemals vorgelagerten Portikus (Vorhalle) zeugen. Durch einen langen *Gang* (**C**) mit einer Reihe von Kammern zur Linken gelangt man ins Innere der Anlage zu einem *Kryptoportikus* (**D**) mit rechteckigen Fensteröffnungen und von dort in den Bereich eines *Peristyls* (**E**), das durch die trajanischen Umbauten zerstört wurde; an seiner Ostseite hat sich ein *Saal* (**F**) erhalten, dessen Decke Reste eines Glaspastenmosaiks zeigt (›Odysseus bietet Polyphem einen Trank an‹). Um einen *trapezförmigen Hof* (**G**) findet sich eine Reihe von Räumen, die im sog. 4. Stil der pompejanischen Malerei ausgestattet sind. Die Malereien sind durch grazile, buntfarbige und irreale Architekturdarstellungen gekennzeichnet.

Sala della volta dorata (**H**): Das Hauptwerk ihres Schöpfers, des Malers Fabullus, ist der zentrale Raum im Scheitel des trapezförmigen Hofes. Stuck, Vergoldung und mythologische Szenen bilden eine prachtvolle Einheit. Ein *langer Korridor* (**J**) verläuft parallel zur Fassade der Domus Aurea; hier haben sich an der Decke eine ganze Reihe von Künstlern der Renaissance, u. a. Giulio Romano, durch ihre Signaturen verewigt. Von architektonischem Interesse ist ein benachbarter *achtekkiger Saal* (**K**). Im Osten schließt sich daran ein *kleinerer Saal* (**L**) an, in dem 1506 die berühmte Gruppe des Laokoon gefunden wurde, die sich heute in den *** Vatikanischen Museen *(S. 202)* befindet. Der Saal ist mit vorzüglichen Malereien zu Themen der Ilias (›Abschied Hektors von Andromache‹) ausgestattet.

Räume des kaiserlichen Wohntraktes: Ein kleiner Saal mit einer Apside ist möglicherweise eine *Palastkapelle* (**M**) gewesen, ein benachbarter Saal wird als das *kaiserliche Schlafgemach* (**N**) bezeichnet. Es schließt sich ein *Triclinium* (**O**; Speisesaal) an, das sich nach Norden zu auf einen großen Innenhof öffnet. Westlich des Tricliniums folgt nochmals symmetrisch zur voraufgegangenen eine Zimmerflucht mit einem *Apsidenraum* (**P**) und einem *Schlafgemach mit einem Alkoven* (**Q**).

Die Thermenanlage des Trajan auf dem Colle Oppio

Um die Wende zum 2. Jh. waren die fertiggestellten Teile der Domus Aurea des Nero schon weitgehend verfallen oder wurden wenigstens nicht weiter genutzt. Im Jahre 104 wurden die Reste der Domus Aurea dann bei einem Brand endgültig und vollkommen zerstört. Rom verfügte in dieser Zeit nur über eine Reihe von kleineren Thermenanlagen, so etwa diejenigen des Agrippa in der Nähe des Pantheon oder die des Titus am Südhang des Esquilin. Letztere waren ursprünglich wahrscheinlich die zur Domus Aurea gehörigen Privatbäder des Kaisers, die von Titus nur restauriert und der Öffentlichkeit zugänglich gemacht worden waren. In jedem Fall aber können die vorhandenen Thermenanlagen nicht mehr ausgereicht haben, um den gesteigerten Bedürfnissen der Bevölkerung zu genügen. In den Jahren 104–109 ließ Trajan durch seinen Hofarchitekten Apollodorus von Damaskus auf dem Gelände seine Thermenanlage errichten. Diese Anlage des Apollodorus ist heute weitestgehend zerstört. Nur Reste einiger Exedren der Umfassungsmauern und die Substruktionen am Südhang des Esquilin sind noch auszumachen. Die Thermen des Trajan waren aber Vorbild für die späteren Anlagen und haben sich in den wesentlichen Zügen nicht von den gut erhaltenen Bauten des ** Caracalla 27 und des ** Diokletian 34 unterschieden. Mit den Thermen des Trajan steht aber eine Art verbindlichen Typs der römischen Kaisertherme fest, der sich bis in die Spätantike nicht mehr verändert hat.

** 4 **Fori Imperiali** (Kaiserforen)

Lage: Entlang der Via dei Fori Imperiali zwischen Piazza Venezia und Kolosseum.

Geschichte: Mit dem Begriff *Forum* verbindet der Rom-Besucher ganz selbstverständlich das *** *Forum Romanum* 2. Die antike Stadt verfügte aber über eine ganze Reihe solcher öffentlicher Plätze: Einige, wie das *Forum Boarium* (der Viehmarkt, *S. 255*) zwischen Palatin und Tiber, wurden nach ihren Funktionen oder den dort gehandelten Waren benannt; einige andere, nach ihren kaiserlichen Erbauern benannte Foren, werden unter dem Sammelbegriff *Kaiserforen* zusammengefaßt. Begonnen wurde die Anlage der Kaiserforen mit dem Forum Julium oder auch Caesarforum durch Caesar in einem Bereich nordöstlich des Forum Romanum und mit diesem unmittelbar verbunden. Dort drängten sich in repulikanischer Zeit Privathäuser dicht an dicht, die in den folgenden beiden Jahrhunderten einer Reihe von Foren weichen mußten, die von der Nordspitze des Kapitolinischen Hügels bis zur Konstantinsbasilika eine ununterbrochene Kette öffentlicher Plätze und repräsentativer Bauten bildeten: Auf das Caesarforum folgten (zeitlich) die Foren der Kaiser Augustus, Vespasian, Nerva und Trajan.

Während im mittelalterlichen Rom die Kaiserforen teils unter einer dichten privaten Bebauung verschwunden waren, ist ihnen später ihre vorzügliche Materialqualität zum Verhängnis geworden: Sie wurden vor allem in der Renaissance vielfach als Quelle billigen Baumaterials genutzt und zerstört. Nachdem bereits im 19. Jh. Teile des Trajans- und des Augustusforums freigelegt worden waren, hat man diese Arbeiten seit 1924 in größerem Umfang fortgesetzt. Leider ließ Mussolini 1932/33 entlang der Achse der Kaiserforen ohne Rücksicht auf die antiken Anlagen die Prachtstraße der Via dei Fori Imperiali zwischen Kolosseum und Palazzo Venezia (Sitz der faschistischen Regierung) anlegen. Dabei wurden aber nicht nur eine Reihe mittelalterlicher Bauten beseitigt, sondern auch der historisch gewachsene Zusammenhang der Kaiserforen vollkommen zerstört, so daß die Foren in ihrer eigentlichen Funktion, nämlich als Platzanlagen, kaum mehr zu erkennen sind. Da die Via dei Fori Imperiali als repräsentative Straßenachse angelegt ist, verkehrstechnisch aber keine sinnvolle Funktion erfüllt, wurde in den letzten Jahren die Forderung erhoben, diesen urbanistischen Fehlgriff wieder rückgängig zu machen. Es bestehen Pläne, den Bereich der Kaiserfo-

---

Kaiserforen: Orientierungsplan ▷

Trajansforum *(S. 82)*
1. Tempel des Trajan
2. Trajanssäule
3. Bibliotheksgebäude
4. Basilica Ulpia
5. Trajansmärkte
6. Triumphbogen des Trajan
7. Torre delle Milizie
8. Torre del Grillo

Caesarforum *(S. 86)*
9. Tempel der Venus Genetrix
10. Basilica Argentaria

Augustusforum *(S. 87)*
11. Tempel des Mars Ultor
12. Haus der Rhodischen Ritter
13. Arco dei Pantani
14. Aula del Colosso

Nervaforum *(S. 88)*
15. Minervatempel

Vespasians- oder Friedensforum *(S. 88)*
16. Exedra
17. Kirche SS. Cosma e Damiano

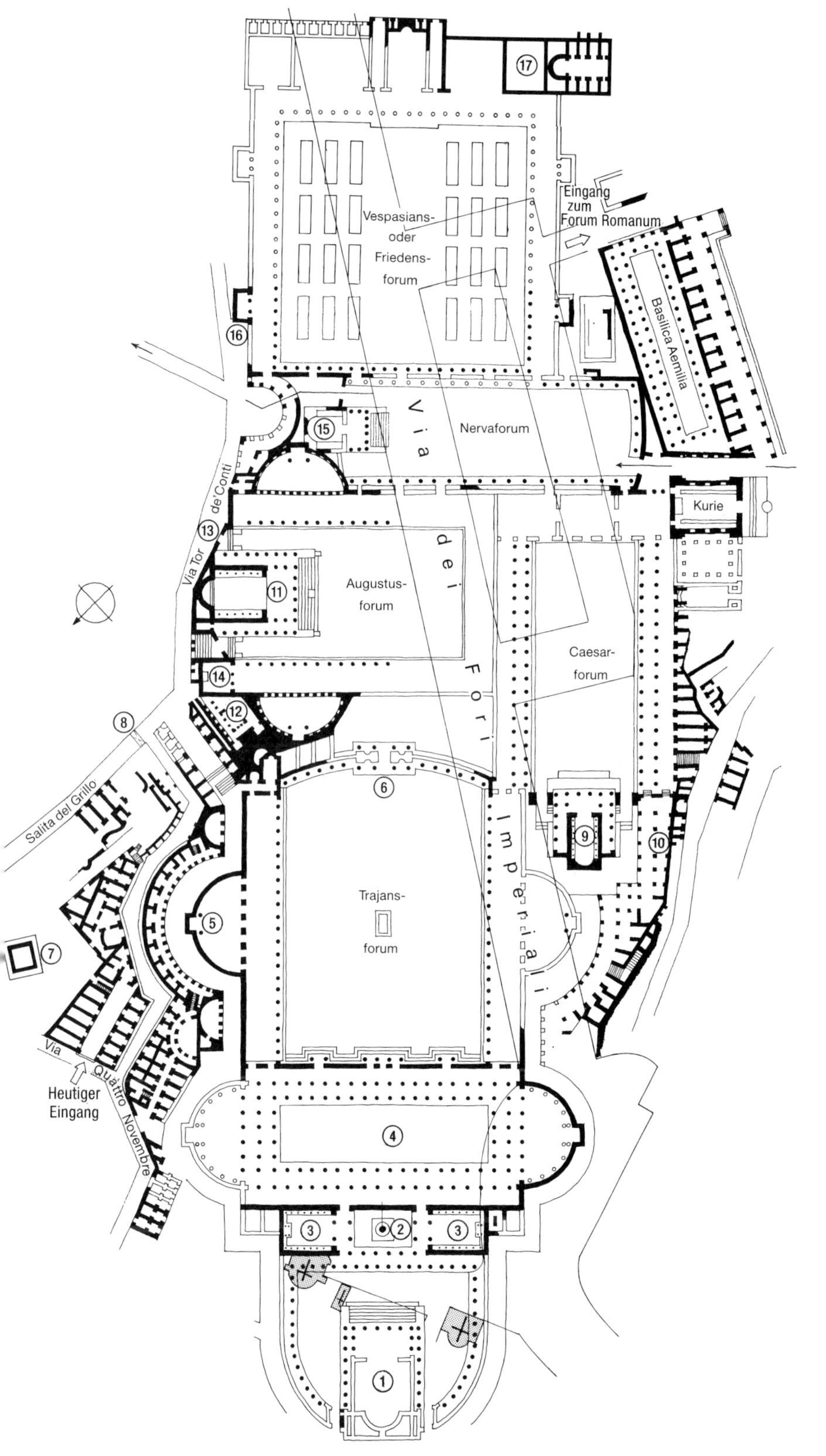

Vespasians-
oder
Friedens-
forum
Eingang
zum
Forum Romanum
Basilica Aemilia
Nervaforum
Via dei Fori Imperiali
Kurie
Augustus-
forum
Caesar-
forum
Trajans-
forum
Via Tor de'Conti
Salita del Grillo
Via Quattro Novembre
Heutiger
Eingang
1
2
3
3
4
5
6
7
8
9
10
11
12
13
14
15
16
17

ren durch Beseitigung der ihn zum Teil überdeckenden Straße freizulegen, zu erforschen und entsprechend der antiken Anlage an den bereits bestehenden archäologischen Park des Forums und des Palatins anzufügen. Bis zur Lösung aller aus diesem Projekt erwachsenden urbanistischen Probleme wird aber sicher noch einige Zeit vergehen.

Foro di Traiano (Trajansforum)

Das zuletzt angelegte und größte der Foren wurde unter Trajan 107 n. Chr. von dem Architekten Apollodorus aus Damaskus entworfen und begonnen, aber erst unter seinen Nachfolgern Hadrian und Antoninus Pius fertiggestellt und 143 feierlich eingeweiht. Um Raum für die Anlage des Forums zu gewinnen, mußte ein Teil des Sattels, der ursprünglich die Hügel des Kapitols und des Quirinals miteinander verband, abgetragen werden. Auch das Caesarforum wurde bei dieser Gelegenheit teilweise verändert. Anstelle der Kirchen SS. Nome di Maria und S. Maria di Loreto *(S. 92)* befand sich in der Antike der Tempel des Trajan ①. Dort war auch der Haupteingang zum Forum durch einen kleinen, die Trajanssäule ② im unteren Bereich umschließenden Portikus zwischen zwei Bibliotheksgebäuden ③ (eines für die griechische und eines für die lateinische Literatur), die der Basilica Ulpia ④ vorgelagert war; die Anlage ist auf dem Largo del Foro Traiano am Fuß der Trajanssäule noch zu erkennen. Um einen an die Basilica Ulpia anschließenden zentralen Platz von 118 m × 89 m mit dem Reiterstandbild des Kaisers und zwei Portiken an den Langseiten gruppierten sich im Nordosten die Trajansmärkte ⑤ (im aufgehenden Mauerwerk erhalten) und im Südosten der Triumphbogen des Trajan ⑥. Im Südwesten schließt sich das Caesarforum an (der Standort des Bogens, der Großteil des Platzes des Trajansforums und Teile des Caesarforums sind unter Straße und Parkanlage begraben).

Trajanssäule ②

Die 40 m hohe Säule erhebt sich auf einem mit Siegestrophäen geschmückten Sockel, der die Grabkammer enthält, in der die Aschenurne des Kaisers beigesetzt war. Die von innen über eine Wendeltreppe begehbare Säule besteht aus 18 Marmorblöcken von je 1,50 m Höhe und einem Durchmesser von ca. 3,50 m. Anstelle der Bronzestatue des Apostelfürsten Petrus von Tommaso della Porta (1587) befand sich ein Bildnis des Kaisers. Der umlaufende Relieffries (1 m hoch; Gesamtlänge ca. 200 m; ca. 2500 Figuren von bis zu 70 cm Höhe) feiert die Kriegstaten des Kaisers gegen die Daker (101–103 und 107–108). Die Details der Reliefs waren in der Antike von den Obergeschossen der

Detail der Trajanssäule

Basilika, des Tempels, des Portikus' und der Bibliotheksgebäude aus gut zu erkennen. Die Szenen zeigen in einer dichten Abfolge die Geschehnisse beider Feldzüge; da, wo der Bericht von einem zum anderen wechselt, wird der Fries von einer schreibenden Victoria (d. h. wohl richtiger von einer Fama) unterbrochen. Die einzelnen Szenen sind gar nicht oder nur durch Architektur gegeneinander begrenzt. Die überaus dichte Füllung des Bildfeldes mit einer Unzahl handelnder Personen läßt kaum Platz für Landschafts- und Architekturhintergründe. Der Reichtum der Details macht die Reliefs der Trajanssäule aber zu einem faszinierenden und ergiebigen Kompendium antiker Kostüm- und Waffenkunde und in vielen Szenen insbesondere zu einem Lehrbuch über den antiken Schiffsbau. Für den Historiker sind die Reliefs lebendige Illustration des schriftlich überlieferten Geschehens. Stilistisch läßt sich an der Trajanssäule insbesondere die allmähliche Loslösung aus der klassizistischen Kunstauffassung der augusteischen und (in geringerem Umfang) auch noch flavischen Epoche beobachten. Die gleichförmige und monumentale Reihung einzelner Persönlichkeiten wird aufgegeben zugunsten eines narrativen (erzählenden) dichten Gedränges. Die Einzelfigur tritt gegenüber der Einfügung in einen Erzählrhythmus zurück. Dieses Gleichgewicht zwischen Erzählendem und Monumentalität prägt die gesamte Kunstauffassung des 2. Jh. (vgl. die Reliefs des Konservatorenpalastes aus der Zeit Marc Aurels, *S. 41*). Erst mit der verwirrenden Szenenfülle des Septimius-Severus-Bogens *(S. 55)* schlägt das Pendel der Entwicklung endgültig in Richtung des Kleinteilig-Narrativen aus.

Funktion und Bedeutung der Kaisersäulen: Die Trajanssäule ist das älteste der kaiserlichen Säulenmonumente Roms. Es war keinesfalls selbstverständlich, daß der Kaiser innerhalb der Stadtmauern Roms bestattet werden durfte, sondern es bedurfte der Zustimmung des Senats (noch Augustus war für sein Mausoleum auf das damals außerhalb der republikanischen Stadtmauer gelegene Marsfeld ausgewichen). Die Darstellung der Kriegstaten entsprach dagegen schon eher einer römischen Gepflogenheit, wie sie bei Plinius überliefert wird; daß nämlich die siegreichen Feldherren Gemälde ihrer Schlachten als ›Illustration‹ im Triumphzug mitführten und daß diese, oder auch Reliefs, auf dem Forum oder gar in der Curia öffentlich ausgestellt werden durften (vgl. die Anaglypha traiani der Curia, *S. 54*). Daß der Senat Trajan die Erlaubnis zu so weitreichender Selbstdarstellung einräumte, erklärt sich aus der Situation der 90er Jahre: aus der Herrschaft des Domitian gegen die Adelspartei (d. h. den Senat) und der schließlichen Ermordung des Kaisers. Nach der alles in allem unbedeutenden Regierung des Nerva wurde nun Trajan, der das Reich mit starker Hand ordnete, als Begründer eines neuen goldenen Zeitalters, dem augusteischen vergleichbar, begrüßt. Es sind insbesondere die auf der Trajanssäule vorgestellten militärischen Erfolge des Kaisers, die Sicherung des Reiches nach außen, die dies ermöglichen (Gipsabgüsse der Reliefs im Museo della Civiltà Romana, EUR, *S. 402*).

Basilica Ulpia ④: Die fünfschiffige, quer zur Achse der kleinen Grünanlage gelegene Basilica Ulpia (in den Maßen des Innenraums mit der Kirche * S. Paolo fuori le Mura 43 fast identisch) diente wie die großen Basiliken des Forum Romanum in erster Linie der Rechtsprechung. Die großen Apsiden der Schmalseiten sind unter der Via dei Fori Imperiali und unter der Bebauung an der Via 4 Novembre verschwunden. Die Säulenreihen des Inneren (im Mittelschiff mit zwei Säulenstellungen übereinander) sind auf dem Platz z. T. wiederaufgerichtet.

Mercati Traianei (Trajansmärkte) ⑤

Lage: Oberhalb des Trajansforums; Zugang von der Via 4 Novembre/Largo Magnanapoli.

Auf der Ostseite des Trajansforums erhebt sich die große Exedrafassade der Märkte des Trajan. Die interessante Anlage, ein ›Shopping-Center‹ der Antike mit einer Vielzahl von kleinen Läden und Werkstätten zu Seiten der Gänge auf mehreren Ebenen, wird heute z. T. für Wechselsausstellungen genutzt. Das Innere kann von der Via 4 Novembre aus besichtigt werden. Der Architekt Apollodorus von Damaskus hat geschickt das Gefälle zwischen Quirinalshügel und Forumsplatz genutzt, um auf engstem Raum über 50 Ladenlokale unterzubringen.

Trajansmärkte mit Torre delle Milizie

Im Mittelalter waren insbesondere die Trajansmärkte von den Familien der Colonna und Caetani als Familienfestung ausgebaut worden, wovon sich die hohe *Torre delle Milizie* ⑦ (Via 4 Novembre, links vom Eingang der Trajansmärkte) und die kleinere *Torre del Grillo* ⑧ (am südlichen Ende der Märkte) erhalten haben. Der Forumsplatz ist vom Inneren der Märkte her zugänglich. Auf der Straße zwischen Platz und Märkten sind noch die ursprüngliche Pflasterung und ein Stück Grundmauer einer christlichen Kirche zu erkennen, ebenso die Umfassungsmauer des Platzes und der Bodenbelag des nordöstlichen Portikus.

Foro di Cesare (Caesarforum)

Das Caesarforum bildet die Verbindung zwischen Trajansforum und Forum Romanum. Seine Anlage war der erste Versuch, eine Erweiterung des schon in der späten Republik zu eng gewordenen Forum Romanum zu schaffen. Caesar, dessen Familie ihre Abstammung auf die Göttin Venus zurückführte, ließ hier den *Tempel der Venus Genetrix* ⑨ errichten, der 46 v. Chr. geweiht wurde. Der Tempel war zunächst in den Hügelrücken zwischen Kapitol und Quirinal gebaut und bei der Anlage des Trajansforums erneuert und mit der *Basilica Argentaria* ⑩, der Börse des antiken Rom, verbunden worden. Vor dem Tempel stand das Reiterstandbild Caesars auf einem langrechteckigen Platz, dessen Langseiten Portiken begleiteten, und an dessen südliche Ecke sich die Rückwand der Kurie anlehnte. So war eine direkte Verbindung mit dem Forum Romanum geschaffen. Unter Hadrian wurden auf der Rückseite des Caesarforums entlang des zum Kapitol ansteigenden Clivus Argentarius Werkstätten und Läden errichtet. Im Mittelalter wurde zunächst im Venustempel eine christliche Kirche eingerichtet. Später verschwand das ganze Forum unter dichter Bebauung, die teils schon bei der Anlage des Monuments für Vittorio Emanuele, endgültig dann 1932 abgetragen wurde. Die wiederaufgerichteten Säulen des Venustempels mit einem Stück Architrav und andere Architekturfragmente zeugen von der qualitätvollen Handwerksarbeit des trajanischen Neubaus. Daneben erkennt man noch (zur Piazza Venezia hin) die Säulenstellung der Basilica Argentaria und das Nordende des Portikus zum Forum Romanum hin mit den dahinterliegenden Bauten (Ziegelmauerwerk) aus hadrianischer Zeit.

Foro di Augusto (Augustusforum)

Zugang: Augustusforum, Nervaforum und Haus der Rhodischen Ritter sind von der Piazzetta del Grillo (Rückseite) zugänglich (derzeit geschlossen).

Das Augustusforum liegt quer zur Achse des Trajansforums. Seinen Mittelpunkt bildete der *Tempel des Mars Ultor* ⑪. Dieser sowie das nordöstliche Ende der wiederum den Platz und den Tempel flankierenden Portiken mit je einer großen seitlichen Exedra und einige hinter der linken Exedra gelegene große Räume (darüber der mittelalterliche Bau des *Hauses der Rhodischen Ritter* ⑫) sind in den 20er Jahren freigelegt worden. Der gesamte südöstliche Teil des Forumsplatzes, der sich unmittelbar an das Caesarforum anschloß, ist einmal mehr von Straße und Parkanlagen überdeckt. Der *Tempel des Mars Ultor* (Mars, der Rächer) wurde von Augustus nach der Niederlage der Caesarmörder Cassius und Brutus bei Philippi 42 v. Chr. gestiftet und nach langer Bauzeit 2 n. Chr. eingeweiht. Unter den Kostbarkeiten des Tempels wurden in der Antike neben vielen Kunstwerken auch das Schwert Caesars und einige von Crassus an die Parther verlorene und von Augustus wieder zurückeroberte römische Feldzeichen gehütet. Der Tempel ist ein dreiseitiger Peripteros mit je 8 Säulen und einer tiefen Vorhalle zum Platz hin, während sich die Rückwand an den Quirinalshügel lehnt. Das hohe Podium mit breitem Treppenaufgang und seitlichen Basen für Reiterstandbilder, einige Säulenstümpfe der Front, die hinteren drei Säulen mit Architrav der rechten Flanke sowie Teile der Cellawand sind erhalten. Die Cella hatte im Inneren den Wänden vorgelagert rechts und links je eine Reihe von Säulen, die den als unästhetisch empfundenen fast quadratischen Grundriß optisch korrigierten. Im Hintergrund der Cella erkennt man vor der Apsis die Basen der Standbilder von Mars, Venus und des Divus Julius, des vergöttlichten Caesar. Seitlich des Tempels sind nur noch der Bodenbelag und einige Säulenbasen der sonst vollkommen zerstörten Portiken zu sehen. Augustus ließ dort Statuen der bedeutenden Persönlichkeiten der römischen Geschichte aufstellen. Der große Bogen rechts vom Tempel (*Arco dei Pantani* ⑬) war einer der Zugänge zum Forum. An gleicher Stelle befindet sich auf der gegenüberliegenden Seite die *Aula del Colosso* ⑭, ein großer quadratischer Saal, der seine Bezeichnung nach einem dort einst aufgestellten Standbild des Augustus hat. Von der Ausstattung des Saales haben sich einige Reste der Wanddekoration sowie Hand- und Fußfragmente der Statue erhalten. Zwischen Aula del Colosso und Tempel des Mars Ultor finden sich die Fundamente eines der beiden Triumphbögen, die der Senat auf dem Forum für Drusus und Germanicus (Sohn bzw. Enkel des Augustus) errichten ließ.

Haus der Rhodischen Ritter ⑫: Von der Rückseite des Augustusforums sieht man auch zwischen Torre de' Conti und Haus der Ritter das gut erhaltene Quadermauerwerk der Wand, die das Forum gegen den Quirinalshügel abgrenzte. Das Haus der Rhodischen Ritter wurde im späten 12. Jh. als römischer Sitz des Johanniterordens (der später von Jerusalem nach Rhodos und später nach Malta übersiedeln mußte) über einigen Räumlichkeiten des Augustusforums errichtet. Es wurde im 15. Jh. grundlegend umgestaltet, wahrscheinlich von den gleichen Künstlern, die auch im * Palazzo Venezia *(S. 90)* gearbeitet haben. Im Obergeschoß eine schöne Loggia mit Marmorsäulen.

Foro di Nervạ (Nervaforum)

Zum Kolosseum hin schließen sich einige Reste des Nervaforums an, das ab 97 n. Chr. vom Nachfolger Domitians errichtet wurde. Es handelte sich um einen parallel zum Augustusforum gelegenen, langrechteckigen, kaum gegliederten Platz. Anstelle der üblichen Portiken hatte er nur eine hohe Umfassungsmauer mit davorstehenden korinthischen Säulen; zur Via Cavour hin stehen davon noch zwei aufrecht. Das Gebälk zeigt in feiner Bildhauerarbeit eine Reihe von Szenen mit weiblichen Tätigkeiten, die unter dem besonderen Schutz der Minerva stehen. Deren Tempel ⑮ lag an der Schmalseite zum Quirinal. Von ihm sind nur noch die Fundamente erhalten, während er bis zum Beginn des 17. Jh., als Paul V. Baumaterial für die Fontana der Acqua Paola *(S. 233)* auf dem Gianicolo benötigte, noch fast vollkommen erhalten war.

Foro di Vespasiano o Foro della Pace
(Vespasians- oder Friedensforum)

In der Achse der Via dei Fori Imperiali schließt sich dieses heute fast vollkommen verschwundene Forum an. Das Forum und der Friedenstempel wurden von Vespasian in den Jahren 71–75 n. Chr. mit der reichen Beute aus dem Judäischen Krieg errichtet. Von der annähernd quadratischen Anlage mit umlaufendem Portikus und dem Friedenstempel in der Mittelachse zum Kolosseum hin ist wenig erhalten: von der nordöstlichen Ecke unterhalb der Torre de' Conti eine Exedra oder Nische ⑯, und von der Ecke zum Forum Romanum hin ein Nebengebäude, das zur Kirche SS. Cosma e Damiano ⑰ umgebaut worden ist.

SS. Cosma e Damiano: Apsismosaik

Santi Cosma e Damiano ⑰

Die Kirche SS. Cosma e Damiano wurde unter Papst Felix IV. im 6. Jh. unter Wiederverwendung großer Teile des kaiserzeitlichen Mauerwerks in den Räumen vermutlich der Bibliotheca Pacis auf dem Vespasiansforum eingerichtet.

Der ursprüngliche Eingang der Kirche war von Westen, d. h. nicht vom Vespasiansforum, sondern vom Forum Romanum her: Der Tempel des Romulus bildete das Vestibül der Kirche.

Das einschiffige Innere ist 1632 unter Papst Urban VIII. (Wappen an der Decke) in barocken Formen umgestaltet worden. Im Chorbereich haben sich aber die *Mosaiken des 6.–8. Jh.* erhalten. Auf dem *Triumphbogen* ist das mystische Lamm, umgeben von den sieben Kandelabern, vier Engeln und den Symbolen der Evangelisten Lukas und Johannes, dargestellt; darunter erkennt man die ›24 Ältesten‹, die nach der Offenbarung des Johannes ihre Kronen darbringen. Wie diejenigen des Triumphbogens (zwei der vier Evangelistensymbole fehlen) sind auch die *Mosaiken der Apsis* durch die Renovierung von 1632 beschnitten worden. Dargestellt ist in monumentaler Form die ›Traditio Legis‹ (Symbol der Stellvertreterschaft Christi durch den Papst), die ›Übergabe des Gesetzes an Petrus und Paulus‹, die Apostelfürsten der römischen Kirche, die zu Seiten Christi stehen. Petrus (rechts) wird begleitet von den Patronen der Kirche, Kosmas und Damian (zwei Ärzten aus Kilikien), gegenüber stehen neben Paulus der hl. Theodorus und der Stifter der Kirche, Papst Felix, mit dem Modell. Der ›Zug der Lämmer‹ symbolisiert den Zug der Apostel zum Thron Christi. Die Inschrift darunter verweist nochmals auf die Stiftung Felix' IV. Auf dem Altar die *Madonna di San Gregorio* (13. Jh.); links vom Altar *Osterleuchter* aus der Cosmatenschule. Die Kirche besitzt mit ihrer großen *Neapolitanischen Weihnachtskrippe* ein schönes Zeugnis der Volkskunst des 18. Jh.

5 Piazza Venezia · Palazzo Venezia · S. Marco · S. Maria di Loreto · SS. Nome di Maria

Die **Piazza Venezia,** im topographischen Zentrum der Stadt gelegen, ist heute lediglich ein Verkehrsknotenpunkt. Ursprünglich bestand sie aus zwei Plätzen, unterteilt von dem Palazzetto Venezia (kleineres Nebengebäude des Palazzo), der wegen der Errichtung des Nationaldenkmals versetzt werden mußte. Die vor dem Palazzo Venezia angelegte Piazza verband die Via Papalis vom Vatikan zum Lateran mit der Via Lata (Via del Corso), die von der Porta Flaminia in die Stadt führte, und war einer der ersten bewußt angelegten Plätze Roms. An der Piazza, auf dem Gelände des heutigen Versicherungsgebäudes, lag die Werkstatt Michelangelos. Die heutige Anlage mit einem beängstigenden Kreisverkehr ist hingegen eine Konzession an die Bedürfnisse einer Großstadt. Die Blumenbeete verleugnen zudem den Charakter der gepflasterten römischen Piazza und haben dem Platz endgültig den Todesstoß versetzt. Zur Weihnachtszeit wird hier der kunterbunte Christbaum der Comune di Roma als Gegenstück zum Tannenbaum des Vatikans auf der Piazza San Pietro aufgestellt.

* Palazzo Venezia

Erstes bedeutendes Werk einer profanen Renaissancearchitektur in Rom, 1455–1467 von Francesco del Borgo für den venezianischen Kardinal Pietro Barbò, den späteren Papst Paul II., errichtet. Der Palast bewahrt den Charakter einer Festung mit einem abweisenden Untergeschoß mit kleinen Fenstern, einem Zinnenkranz und einem Turm. Nur im Obergeschoß, dem Piano nobile, zeigt sich in den typischen marmornen Steinkreuzfenstern die Eleganz der Frührenaissance; auf kostbare Materialien wurde jedoch in der römischen Profanarchitektur der damaligen Zeit noch verzichtet. Das *Portal,* Giovanni Dalmata (um 1470) zugeschrieben, ist mit elegantem Ornament überzogen und zeigt das Barbò-Wappen. Ein weiteres Portal Dalmatas befindet sich an der Via del Plebiscito; es ist größer und von Halbsäulen mit Kompositkapitellen eingefaßt. Von dort aus hat man einen Blick in den *Innenhof,* dessen Portikus mit Loggia ein unvollendetes Werk Francesco del Borgos (?) ist. Die Säulenordnung, toskanisch unten, ionisch-korinthisch oben, folgt dem Vorbild des Kolosseums. Der klare, gleichmäßige Aufbau und die Proportionen der Anlage sind für das damalige Rom sehr fortschrittlich. Mit der Stabilisierung der römischen Kirche nach der Rückkehr aus Avignon wuchsen aber auch Selbstbewußtsein und Ansprüche der Kardinäle. Der im Innenhof gezeigte Aufwand und die Ausmaße des Palastes machen dies besonders deutlich.

Der Palast wurde berühmt als Sitz der faschistischen Regierung; vom Balkon an der Piazza Venezia hielt Mussolini Ansprachen. Seit 1944 ist das Gebäude wieder öffentlich zugänglich, ist Austragungsort wechselnder Ausstellungen, Sitz der Bibliothek für Kunstgeschichte und Archäologie sowie des *Museo di Palazzo Venezia.* Dessen Sammlung ist in dem teilweise ausgemalten Appartement des Kardinals Barbò ausgestellt und umfaßt neben mittelalterlicher Skulptur und Renaissancemalerei vorwiegend kunstgewerbliche Gegenstände.

* San Marco (Piazza di S. Marco, gegenüber dem Nationaldenkmal)

Begründet 336 von dem hl. Papst Markus zu Ehren des gleichnamigen Evangelisten, 833 unter Gregor IV. rekonstruiert. 1455–1471 erfolgte der Neubau in den heutigen Formen im Auftrag des Kardinals Pietro Barbò, der damit dem Patron seiner Vaterstadt Venedig huldigen wollte. 1740–1750 wurde der Innenraum von Filippo Barigioni überarbeitet.

Die **Fassade** besteht aus einem dreiachsigen Portikus auf Pilastern mit Halbsäulenvorlagen sowie einer eleganten dreibogigen Loggia, die wie der Palazzo Venezia Francesco del Borgo zugeschrieben wird. Hinter der Loggia erkennt man den romanischen Glockenturm mit Triforenfenstern und grünen Marmorscheiben. Im Portikus sind frühchristliche Grabplatten aufbewahrt sowie die Platte von Vanozza Catanei, der Geliebten Alexander Borgias. Über dem Portal ein Relief ›Thronender Markus‹ von Isaia da Pisa (1464).

Der **Innenraum,** eine dreischiffige Pfeilerbasilika mit Apsis, ist reich im Barockstil Barigionis dekoriert. Die vergoldete Kassettierung der Decke mit dem Wappen Pauls II. Barbò stammt von Giovanni de'Dolci. Im rechten Seitenschiff die ›Auferstehung Christi‹ von Palma il Giovane (stark nachgedunkelt) und die ›Anbetung der Könige‹ von Carlo Maratta. In der erhöhten Kapelle rechts der Apsis befindet sich das Grabmal Leone Pesaros von Canova (1796), über dem Altar ein Gemälde von Melozzo da Forlì ›Der hl. Papst Markus‹. In der Apsis ein Cosmatenfußboden und die Porphyrurne des hl. Papstes Markus. Darüber *Mosaiken* aus der Zeit Gregors IV. (9. Jh.): Christus mit dem Phoenix, Symbol der Unsterblichkeit, zu seinen Füßen rechts der hl. Papst Markus, der hl. Agapitos und die hl. Agnes, links der hl. Felicissimus, der Evangelist Markus und Papst Gregor IV., der mit quadratischem Nimbus als lebend dargestellt ist und ein Modell der Kirche darreicht. Die Mosaiken an der Stirnseite des Bogens zeigen Christus, Petrus und Paulus sowie die Evangelistensymbole. In der *Sakristei* (nur So zu besichtigen) das Freskofragment eines Kruzifixes der Cavallini-Schule (13. Jh.), ›Der Evangelist Markus‹ von Melozzo da Forlì sowie ein Altar von Giovanni Dalmata und Mino da Fiesole (1474). Krypta und Ausgrabung sind auf unbestimmte Zeit geschlossen.

Santa Maria di Loreto (Largo del Foro Traiano)

Begonnen 1501 von Antonio da Sangallo, vollendet von dem Michelangelo-Schüler Jacopo del Duca (1585). Das quadratische Untergeschoß hat eine hohe Sockelzone und ist durch gedoppelte Lisenen gegliedert. Im Tympanon des Portals zeigt ein Relief Andrea Sansovinos (ca. 1580) die Madonna mit Kind und ihrem Haus, das der Legende nach von Engeln nach Loreto getragen wurde. Ein hoher achteckiger Tambour mit Nischen und Fenstern hebt die aufwendig dekorierte Kuppel. Die komplizierte Laterne mit ausgestellten Säulchen, im Volksmund ›Grillenkäfig‹ genannt, wirkt zu schwer für den Kirchenbau. Deutlich unterscheiden sich die klaren Formen Sangallos im Untergeschoß vom manierierten Stil del Ducas in den oberen Zonen. Der Innenraum steht auf achteckigem Grundriß. Das Altarbild zeigt die Madonna von Loreto mit den hll. Rochus und Sebastian (Marco Palmezzano zugeschrieben); weitere Gemälde stammen von dem Cavalier d'Arpino (Anfang 16. Jh.); in der 2. Kapelle rechts vom Eingang Fresken von Pomarancio. Im Presbyterium 6 Statuen, darunter ›Susanna‹ (die Zweite links), ein Hauptwerk des Bernini-Schülers François Duquesnoy (1630).

Santissimo Nome di Maria: Die Kirche wurde 1736/38 von Antoine Dérizet errichtet. Die Grundformen, das quadratische Untergeschoß, hier mit abgerundeten Ecken und mit dekorativen Elementen überladen, der hohe Tambour und die Kuppel mit Laterne sind als Entsprechung zu der Kirche Santa Maria di Loreto angelegt. Das Innere ist ein einfacher Ovalraum; über dem Altar ein verehrtes Madonnenbild aus dem 13. Jh. in byzantinischem Stil.

Die beiden nahezu symmetrischen Kirchen flankieren die Trajanssäule *(S. 82)*. Dieses Gesamtbild gehört zu den charakteristischen Motiven und zu den nachhaltigsten Eindrücken Roms *(Farbtafel vor S. 129)*.

* 6 Santi Apostoli · Palazzo Colonna

* Santi Apostoli (Santi Filippo e Giacomo)

Lage: Piazza dei Santi Apostoli.

Errichtet wahrscheinlich unter Pelagius I. nach der Vertreibung der Goten im 6. Jh., erweitert im 15. Jh. unter Martin V. Colonna und Sixtus IV. della Rovere; restauriert 1702–1708 von Filippo Fontana und Anfang des 19. Jh. von Giuseppe Valadier mit einer schmucklosen neoklassizistischen Fassade versehen. Die Kirche ist den Aposteln Philippus und Jakobus d. J., deren Reliquien sie birgt, geweiht.

Der Kirche ist ein *Portikus* von Baccio Pontelli (Ende 15. Jh.) mit neun Arkaden in zwei Ordnungen vorgelagert: unten achteckige Pfeiler mit della Rovere-Wappen, darüber eine *Loggia*, getragen von Pfeilern mit ionischen Halbsäulenvorlagen. Die Loggia wurde im 17. Jh. von Carlo Rainaldi geschlossen, der in die Arkaden reiche Barockfenster einsetzte. Auf der Balustrade die Statuen Christi und der 12 Apostel (1681 nach Plänen Carlo Rainaldis). Im Portikus das Relief eines Adlers (15. Jh.), darunter ein stark beschädigter Löwe des Bildhauers Vassaletto (13. Jh.).

Der **Innenraum** stellt sich als weite dreischiffige Pfeilerbasilika mit überkuppelten Seitenkapellen und tiefem Chor mit Nebenkapellen dar. An der Decke das in hellen, transparenten Farben gehaltene Fresko ›Triumph des Franziskanerordens‹ von Baciccia (1707); über der Confessio ein Fresko von Giovanni Odazzi ›Die Vertreibung der rebellischen Engel‹, das sich durch illusionistische Reliefwirkung auszeichnet (1709). In der 1. Kapelle rechts die *›Madonna des Kardinals Bessarione‹*, ein Antoniazzo Romano zugeschriebenes Marienbild (15. Jh.), das dem griechischen Kardinal gehört haben soll. Es zeigt die Madonna in byzantinischer Manier mit dem Kreuz der Unbeflecktheit auf der Brust; das Christuskind erscheint in seiner Steifheit etwas altklug. In der Kapelle rechts vom Chor acht gedrehte Säulen aus der alten Kirche. In der *Krypta* befinden sich die Grabstätte der Apostel Philippus und Jakobus sowie das unvollendete, doch qualitätvolle Grabmal Raffaele della Roveres von Andrea Bregno. In der Apsis das Altarbild ›Martyrium der Ap. Philippus und Jakobus‹ von Domenico Muratori, mit 14 m Höhe das größte Altarbild Roms (1704), links das *Grabmal Kardinal Pietro Riarios,* eine Arbeit von Giovanni Dalmata und Mino da Fiesole (nach 1474); seitlich des Sarkophags Heilige des Franziskanerordens, dem der Verstorbene angehörte. Am Ende des linken Seitenschiffs befindet sich das *Grabmal Clemens' XIV.*, die *erste Arbeit Antonio Canovas in Rom;* zu Füßen des segnenden Papstes Allegorien der Sanftmut und der Bescheidenheit (1789). Canovas Virtuosität in der Behandlung des Marmors ist nur mit Berninis Arbeiten vergleichbar, sein künstlerisches Konzept wendet sich jedoch vom Barock ab. Gerade in dem Grabmal Clemens' XIV. zeigen sich im strengen architektonischen Aufbau und den diesseitigen Figuren die zukunftsweisenden Züge des Klassizismus.

Links von der Kirche steht der **Palazzo dei Santi Apostoli** aus dem 15. Jh., wahrscheinlich von Antonio da Sangallo für Kardinal Giuliano della Rovere, den späteren Papst Julius II., errichtet; gegenüber der Kirche der **Palazzo Odescalchi,** dessen langgestreckte Fassade Bernini entwarf.

* Palazzo und Galleria Colonna

Lage: Piazza dei Santi Apostoli, Ecke Via 4 Novembre.

Der Palast wurde von Martin V. Colonna Anfang des 15. Jh. errichtet, 1730 jedoch von Nicola Michetti völlig überarbeitet. Das aktuelle Gebäude ist Teil eines großen Komplexes, der die Höfe einschließt und bis zur Via della Pilotta reicht. Der eigentliche Palast liegt hinter einem Innenhof, der durch niedrige Geschäftsgebäude, flankiert von zwei eleganten Pavillons, vom Platz getrennt ist. Im Untergeschoß öffnen sich zwei große Portale in Pavillons, im 2. und 3. Stock große Fenster, zusammengefaßt von einer Kolossalordnung.

* Galleria Colonna (Zugang an der Via della Pilotta)

Die Galerie wurde 1654 von Antonio del Grande begonnen und 1671 von Girolamo Fontana fertiggestellt. Sie bietet einen Einblick in den Palast und die Sammlung einer römischen Adelsfamilie.

Sala della Colonna Bellica: Das Deckenfresko von G. B. Chiari zeigt die ›Apotheose des Marcantonio Colonna‹ (1700), des Siegers über die Türken in der Schlacht von Lepanto. Nr. 139 Palma il Vecchio ›Hl. Familie mit Stifter‹, Nr. 28 Umkreis des Hieronymus Bosch ›Versuchung des hl. Antonius‹; Nr. 186 Tintoretto ›Eine Familie betet den Hl. Geist an‹, Nr. 189 Tintoretto ›Narziß an der Quelle‹; Nr. 106 Anthonis van Dyck (zugeschr.) ›Porträt der Lucrezia Tomacelli Colonna‹.

Sala Grande: Grandiose perspektivische und dekorative Wirkung, typisches Ambiente barocker Pracht und Heiterkeit. Das Deckenfresko von J. P. Schnor, unter Mitwirkung von G. Coli und F. Gherardi, zeigt ›Szenen der Vita des Marcantonio Colonna‹ (1675–1678) und folgt dem System des Deckenfreskos im Palazzo Doria-Pamphili *(S. 98)*. Nr. 109–112 Carlo Maratta und Mario del Fiore ›Spiegel mit Blumen und Putten‹; Nr. 2 Francesco Albani ›Ecce Homo‹; Nr. 171 Francesco Salviati ›Adam und Eva‹; Nr. 165 Kopie nach Peter Paul Rubens ›Porträt Carlo Colonnas‹; Nr. 86 Guercino ›Martyrium der hl. Emerenziana‹; Nr. 51 Guido Reni ›Der hl. Franziskus im Gebet‹; Nr. 99 Giovanni Lanfranco ›Befreiung des hl. Petrus‹.

Sala dei Paesaggi: *Deckenfresko Sebastiano Riccis* ›Allegorie der Schlacht von Lepanto‹ (1695). Über dem Fenster erkennt man Marcantonio Colonna, der den Sieg über die türkische Flotte erringt, links ›Juno eilt Colonna zu Hilfe‹, rechts ›Die unterworfenen asiatischen Völker‹; über dem Zugang zur Sala Grande ›Fama krönt den Sieger, die Dämonen des Unglaubens werden vertrieben‹. Die reiche und interessante Farbigkeit ist charakteristisch für den Venezianer Ricci, der sich als einziger Maler seiner Generation von der Hell-Dunkel-Malerei des 17. Jh. löste. Mit ihm übernahm Venedig die Führung in der italienischen Malerei.

Sala dell' Apoteosi di Martino V.: Deckenfresko ›Apotheose Martins V. Colonna‹ (B. Luti). Nr. 187/188 Porträts von Tintoretto; Nr. 52 Kopie nach Lukas Cranach d. Ä. ›Madonna mit Kind‹; Nr. 85/86 Guercino ›Gabriel und Maria‹, die beiden Gemälde bilden die Szene der Verkündigung; Nr. 190 *Tintoretto* ›Porträt Onofrio Panvinios‹, ein bedeutendes Frühwerk des Venezianers, das den berühmten Historiker und Augustinermönch Panvinio zeigt. Das Porträt versucht eine psychologische Erfassung des Dargestellten im Sinne Tizians, für dessen Werk es lange gehalten wurde; Nr. 97 Giovanni Lanfranco ›Der hl. Carlo Borromeo‹ (stark nachgedunkelt); Nr. 83 Guercino ›Der Schutzengel‹; Nr. 43 *Annibale Carracci* ›Der Bohnenesser‹, bedeutendes Frühwerk des Bolognesen, spontane Erfassung des Bauern sowie des

Stillebens im Vordergrund. In Annibales Frühwerk finden sich häufig unprätentiöse Themen in einer schnellen Malweise erfaßt; Nr. 197 Paolo Veronese ›Porträt eines Edelmannes‹.

Sala del Trono: Nach dem Brauch der alten römischen Fürstenfamilien gab es einen Raum, der dem Empfang des Papstes vorbehalten war. Der zur Wand gedrehte Sessel ist der für den Papst reservierte ›Thron‹. Unter dem Baldachin Nr. 144 Kopie nach Pisanello ›Porträt Martins V. Colonna‹.

Sala dei Primitivi: Nr. 1143 Pietro da Cortona ›Auferstehung Christi und einiger Mitglieder der Familie Colonna‹; Nr. 198 Bartolomeo Vivarini ›Madonna mit Kind‹; Nr. 107 Bernardino Luini ›Madonna mit Kind, Elisabeth und Johannes d. T.‹; Nr. 30 Schule Sandro Botticellis ›Madonna mit Kind‹; Nr. 102 Kopie nach Leonardo da Vinci ›Madonna mit Kind‹, Nr. 29 Botticelli-Umkreis ›Apostel Jakobus‹; Nr. 84 Guercino ›Moses mit den Gesetzestafeln‹.

Pontificia Università Gregoriana (Piazza della Pilotta): 1511 von Ignatius von Loyola als Collegium Romanum gegründet, von Julius III. als Universität konstituiert und von Gregor XIII., nach dem sie benannt ist, mit reichlichen Stiftungen ausgestattet. Die Gregoriana ist die bedeutendste päpstliche Universität in Rom, in deren sechs Fakultäten ca. 2500 Studenten studieren. Das heutige Gebäude errichtete Giulio Barluzzi 1930.

7 Via del Corso

Die **Via del Corso,** ein 1500 m langer Straßenzug, verbindet das nördliche Stadttor, die Porta Flaminia, mit dem Zentrum. Sie folgt etwa dem Verlauf der mittelalterlichen Via Lata, die Paul II. im 15. Jh. begradigen ließ und darauf Pferderennen veranstaltete, die der Straße den Namen gaben (Corso = Rennen). Noch Géricault zeichnete und malte die ungezähmten Berberpferde, die die Straße heruntergejagt wurden. Auf der Via del Corso fanden die Karnevalsumzüge statt, die auch Goethe hier beobachtet und in der kleinen Schrift ›Das römische Karneval‹ beschrieben hat. Die Rennen und auch der Karneval wurden im 19. Jh. unter Napoleon aus Furcht vor politischen Unruhen, die sich gerade unter dem Schutz der Maske entluden, verboten.

Die Straße säumen zahlreiche Paläste und Kirchen, die ihre einstige Bedeutung spiegeln. Heute ist sie Schauplatz einer anderen Form von Corso: dem Spaziergang am Samstag nachmittag. Die Via del Corso ist eine Schaufensterstraße, die unweit der Haute Couture um die ** Piazza di Spagna 38 mit Jeansläden und Konfektion den ›Normalverbraucher‹ lockt. Dieses Vergnügen wird jedoch durch den Autoverkehr getrübt, der sich, allen Einschränkungen und Verboten zum Trotz, durch die Straße quält. Ruß und Abgase haben die Fassaden geschwärzt; einige, wie die des Palazzo Chigi, wurden anläßlich der Fußballweltmeisterschaft von 1990 gereinigt.

*** Palazzo Doria · Galleria Doria-Pamphili (1)

Begründet im 15. Jh. von den Kardinälen der nahegelegenen Kirche Santa Maria in Via Lata, ging der Palast nacheinander in den Besitz der größten Familien Roms über. Die langgestreckte Fassade zur Via del Corso stammt von Gabriele Valvassori (ca. 1734), ist in einem großartigen Rokoko gehalten und hat ein weites Mittelportal mit dar-

---

Via del Corso: Orientierungsplan

*** (1) Palazzo/Galleria Doria-Pamphili *(S. 97)*
(2) Santa Maria in Via Lata *(S. 100)*
(3) San Marcello *(S. 101)*
(4) Piazza di Pietra *(S. 102)*
* (5) Marc-Aurel-Säule *(S. 102)*
(6) Palazzo Montecitorio *(S. 103)*
(7) Palazzo Chigi *(S. 103)*
(8) San Lorenzo in Lucina *(S. 104)*
(9) Palazzo Ruspoli *(S. 105)*
(10) Santi Ambrogio e Carlo al Corso *(S. 105)*
(11) Palazzo Borghese *(S. 106)*
(12) San Giacomo degli Incurabili *(S. 106)*
(13) Goethehaus *(S. 107)*

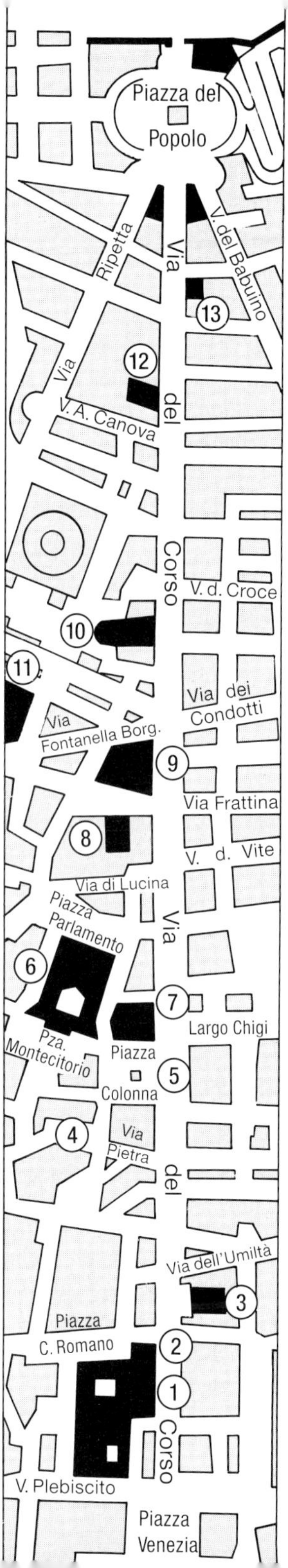

überliegendem Balkon im Piano nobile. An den Ecken des Palastes öffnen sich nur wenig schmalere Portale, ebenfalls mit Balkonen darüber, wodurch die in der Hochrenaissance (Palazzo Farnese) und dem Barock (Palazzo Montecitorio) übliche Konzentration auf die Mitte aufgehoben wird. Die bewegungsreichen Formen der Balkone und der reichdekorierten Fenster sind durch die starke Verschmutzung der Fassade in ihrer Wirkung beeinträchtigt. Der von den Portalen aus einzusehende Innenhof aus dem 16. Jh. ist an der Architektur Bramantes orientiert. Original sind die Säulen des Portikus und der Loggia; die Vermauerungen der Loggia stammen aus dem Rokoko.

*** **Galleria Doria-Pamphili** (Eingang Piazza del Collegio Romano, 1[a])

Die Sammlung Doria-Pamphili befindet sich noch heute in Privatbesitz. Aufgrund ihrer nationalen Bedeutung dürfen nach der italienischen Gesetzgebung von 1871 Sammlungen von hohem Wert nicht geteilt oder verkauft werden. Die Sammlung verdankt ihre Entstehung einem Breve Innozenz' X. Pamphili, der 1651 den Besitz der Gemälde und des Palazzo Pamphili *(S. 139)* an der Piazza Navona an das Erbfolgerecht band. Der erbberechtigte Neffe des Papstes, Camillo Pamphili, besaß damit den ungeteilten Grundstock der Gemäldesammlung, die durch das Erbe seiner Frau, Olimpia Aldobrandini, erheblich erweitert wurde. Camillo selbst förderte die bedeutendsten Künstler seiner Zeit und erwarb zahlreiche Gemälde insbesondere der Schule von Bologna. Ende des 17. Jh. waren zumindest Teile der Sammlung von der Piazza Navona in den Palast am Corso transferiert worden. 1838 öffnete Fürst Filippo Andrea V. Doria-Pamphili den Salone Aldobrandini der Öffentlichkeit.

1. Flügel (rechts): Nr. 10 Tizian (Kopie ?) ›Spanien eilt der Religion zu Hilfe‹; Nr. 11 Tizian (?) ›Engel mit Tambourin‹ (Fragment eines Altargemäldes); Nr. 19 Tintoretto ›Bildnis eines Prälaten‹; Nr. 20 Correggio ›Allegorie der Tugend‹ (Bozzetto für ein Bild im Louvre, interessante Umsetzung der Zeichnung); Nr. 23 *Raffael* ›Doppelporträt‹; Nr. 29 Tizian ›Salome mit dem Kopf des Täufers‹, ein Frühwerk, das noch sehr unter dem Einfluß Giorgiones steht; Nr. 38 Carlo Saraceni ›Hl. Rochus‹; Nr. 40 *Caravaggio* ›Magdalena‹, eines der frühesten bekannten Werke des Künstlers, sehr realitätsnah, lediglich das Salbgefäß läßt die junge Frau als Magdalena erkennen. Nr. 42 *Caravaggio* ›Ruhe auf der Flucht nach Ägypten‹, ebenfalls ein Frühwerk Caravaggios mit stillebenhaften Details; Nr. 46 Jusepe Ribera ›Hl. Hieronymus‹; I: Alessandro Algardi ›Büste der Olimpia Maidalchini‹.

Salone Aldobrandini: Zahlreiche antike und barocke Skulpturen, hervorzuheben ein Kentaur aus rotem und schwarzem Marmor und eine Statue des Bacchus. An den Wänden vier Tapisserien mit Darstellungen der Schlacht von Lepanto gegen die Türken. Nr. 77 Guercino ›Erminia findet den verletzten Tancredi auf‹, ein Thema nach Tasso; Nr. 89 Guercino ›Johannes d. T. in der Wüste‹; Nr. 103 Mattia Preti ‹Konzert‹ (sehr nachgedunkelt); II und III: François Duquesnoy ›Puttenbacchanal‹.

2. Flügel: Nr. 120 Annibale Carracci (zugeschr.) ›Hieronymus‹; Nr. 125 Andrea Sacchi ›Daedalus und Ikarus‹; Nr. 128 Guido Reni ›Puttenkampf‹; Nr. 131 Domenico Fetti ›Büßende Magdalena‹; Nr. 135 Lodovico Carracci ›Hl. Sebastian‹; Nr. 136 Guido Reni ›Anbetung des Kindes‹; Nr. 138 Guercino ›Endymion‹; Nr. 161 Guercino ›Hl. Joseph‹; Nr. 166 Guido Reni ›Apostel Petrus‹; IV: Alessandro Algardi ›Büste Innozenz' X.‹.

Sala II: Nr. 172 Giovanni Bellini ›Madonna mit dem Jesuskind und dem Johannesknaben‹; Nr. 194 Jacopo Bassano ›Adam und Eva im irdischen Paradies‹.

Sala III: Nr. 200 Parmigianino ›Anbetung der Hirten‹; Nr. 203 Domenico Beccafumi ›Hl. Hieronymus‹; Nr. 207 Parmigianino ›Madonna mit Kind‹.

Sala IV: Niederländische und flämische Meister; hervorzuheben Nr. 260 Jan Brueghel d. Ä. ›Hl. Familie mit Tieren‹ (nach einem Stich Albrecht Dürers); Nr. 278 Jan Brueghel d. Ä. ›Erschaffung Adams‹; Nr. 279 Jan van Scorel ›Porträt der Agathe van Schoonhofen‹; Nr. 280 Jan Brueghel d. Ä. ›Landschaft mit der Vision des Johannes‹.

Sala V: Niederländische und flämische Meister; Nr. 290 Quentin Massys ›Die Wucherer‹ (eine von zahlreichen Versionen des Themas); Nr. 291 Rubens-Schule ›Porträt eines Franziskaners‹; Nr. 295 Jan Brueghel d. Ä. ›Sündenfall‹; Nr. 305 Kopie nach Albrecht Dürer ›Hl. Eustachius‹; Nr. 316 Pieter Brueghel d. J. (?) ›Winterlandschaft‹; Nr. 317 Pieter Brueghel d. Ä. ›Seeschlacht bei Neapel‹.

Gabinetto I: Landschaftsbilder und Rom-Ansichten der Schule Paul Brills.

3. Flügel: Spiegelgalerie, Deckenfresko Aureliano Milanis ›Die Taten des Herkules‹ (18. Jh.), im Zentrum ›Zeus stürzt die Titanen‹; Nr. 337 Raffael-Schule ›Porträt der Johanna von Aragon‹.

Velazquez: ›Innonzenz X.‹

Gabinetto II: *Velazquez* ›Porträt Innozenz' X.‹, (1650). Velazquez vermag es, selbst dem schwächlichen Papst Herrscherwürde zu verleihen. Die straffen Gesichtszüge, die Verschattung des Auges und der direkte Blickkontakt zum Betrachter geben dem Porträt einen energischen Ausdruck. Das Gewand zeigt den lockeren, lichterfüllten Stil des Spätwerks, der an der späten ›impressionistischen‹ Malerei Tizians orientiert ist. Innozenz empfand das Porträt trotz seiner Vorzüge als ›troppo vero‹ (›allzu wahr‹). *Berninis* ›Porträt Innozenz X.‹ ist im Vergleich zu der Majestät, die Velazquez dem Papst verliehen hatte, weniger schmeichelhaft, die Gesichtszüge sind faltig, die Ohren stehen unschön ab, die Augen blinzeln unsicher. Auch im Vergleich zu anderen Porträtbüsten Berninis (Urban VIII. im Palazzo Barberini, *S. 357*) wirkt diese regelrecht kritisch. Eine offene Kritik stand dabei gewiß nicht im Sinne des höfischen Cavaliere Bernini, doch mag die anfängliche Ablehnung des erfolggewohnten Künstlers durch den Pamphili-Papst in diese Schöpfung mit hineingespielt haben.

4. Flügel: Nr. 341 Annibale Carracci ›Büßende Magdalena‹; Nr. 343, 346, 348 Claude Lorrain ›Landschaften‹; Nr. 359 Annibale Carracci ›Flucht nach Ägypten‹; Nr. 362 Annibale Carracci ›Grablegung Christi‹; IX: Bernini ›Porträtbüste Innozenz' X.‹.

Durch die *Privat-* und *Repräsentationsräume* finden an den Öffnungstagen zwischen 10.00 und 12.00 Uhr *Führungen* statt.

Santa Maria in Via Lata (2)

Die frühchristliche Gründung wurde im 11. Jh. erweitert, Ende des 15. Jh. in den heutigen Formen gestaltet, der Innenraum im 17. Jh. von Cosimo Francelli überarbeitet.

Die **Fassade**, 1658–1662 von Pietro da Cortona errichtet, gehört zu den *repräsentativsten Barockfassaden Roms.* Im Untergeschoß öffnet sich ein Portikus mit geradem Architrav, darüber eine Loggia in Form einer Serliana, eingefaßt von blockhaften Pfeilern und gestützt von Säulen. Die Plastizität der Architektur und ihre Hell-Dunkel-Wirkung ist durch die Verschmutzung beeinträchtigt. Der *Innenraum* wird von antiken Säulen mit ionischen Kapitellen in drei Schiffe geteilt. Der Hauptaltar, Bernini zugeschrieben (1648), birgt in Alabastersäulen ein Tabernakel mit einem Madonnenbild aus dem 13. Jh. In der letzten Kapelle links die Grabstätten einiger Mitglieder der Familie Bonaparte. Im Untergeschoß (vom Kustoden zu öffnen) Reste der alten Kirche mit Freskenfragmenten aus dem 6.–8. Jh.

San Marcello (3)

Errichtet wurde die Kirche wahrscheinlich zu Beginn des 4. Jh. auf dem *catabulum*, einer Poststation, an der Papst Marcellus I. auf Befehl des heidnischen Kaisers Maxentius zu dienen hatte. 1519 wurde die Kirche durch Brand zerstört und in der Folgezeit nach Entwürfen Jacopo Sansovinos neu errichtet. Die schwere, konkave Fassade stammt von Carlo Fontana (1682/83). Sie ist in zwei Ordnungen gegliedert und mit Statuen von Federico Cavallini geschmückt; beherrschend sind die an den Ecken freistehenden Kompositsäulen. Über dem Portal ein von Engeln gehaltenes Relief von Antonio Raggi (1686), das den Verzicht des hl. Filippo Benizzi auf die Tiara zeigt. Ein weiterer schwerer Rahmen im Sprenggiebel über dem Portal sollte ein Relief aufnehmen, das jedoch nie fertiggestellt wurde.

Inneres: Von dem einschiffigen *Langhaus* sind seitlich je 5 Kapellen durch Lisenen mit korinthischen Kapitellen abgetrennt. An der Innenfassade und zwischen den Fenstern Fresken von Antonio Ricci da Novara (1613). Links das *Grabmal von Antonio d'Orso und Giovanni Michiel,* Anfang des 16. Jh. von Andrea und Jacopo Sansovino geschaffen. Bischof d'Orso hinterließ dem Konvent 730 Handschriften; deshalb wird sein Sarkophag von Büchern gestützt. Kardinal Michiel, der Onkel des Bischofs, wurde 1503 wahrscheinlich im Auftrag Cesare Borgias vergiftet.

In der 2. Kapelle rechts die Grabmäler für Giovanni Muti und seine Frau Maria Colomba Vicentini, mit reicher Marmorausstattung, von Bernardo Cametti (1725); die Verstorbenen knien in ewiger Anbetung. – Über dem Altar der 3. Kapelle rechts ›Madonna mit Kind‹, ein Fresko aus dem 14. Jh.; die seitlichen Fresken von Francesco Salviati mit

›Szenen aus dem Marienleben‹ sind ein typisches Werk des Manierismus (16. Jh.). – Die 4. Kapelle rechts enthält ein verehrtes *Holzkruzifix* aus dem 15. Jh., das aus den Trümmern der 1519 ausgebrannten Kirche geborgen wurde; im Gewölbe Fresken von Pierin del Vaga, 1527 vom Sacco di Roma unterbrochen und von Daniele da Volterra und Pellegrino Tibaldi fertiggestellt; unter dem Altar eine *römische Stele* aus dem 3. Jh. mit militärischen Insignien an den Seiten und auf der Stirnseite Marmorintarsien aus dem 12. Jh., da sie damals als Reliquienbehälter diente. – In der 5. Kapelle rechts ein Gemälde von Aureliano Milani, ca. 1725, in der Sakristei der Anthonis van Dyck zugeschriebene ›Christus am Kreuz‹, die Apsis-Fresken mit ›Szenen aus dem Marienleben‹ schuf Antonio Ricci. – Die 4. Kapelle links enthält neben der ›Bekehrung des Paulus‹ von Francesco Zuccari (1560) und seitlichen Fresken von Taddeo Zuccari *Büsten der Familie Frangipane;* rechts Muzio Frangipane mit den Söhnen Lelio und Roberto, nach 1625 von Alessandro Algardi ausgeführt, ohne daß der Künstler die drei Personen kannte.

Piazza di Pietra ④

Der ›steinerne Platz‹ hat seinen Namen von den mächtigen Steintrommeln der Säulen des *Hadrianstempels* (Hadrianeum), der die Ostseite des Platzes bildet. Der Tempel, von dem nur die westliche Langseite sichtbar ist, wurde 1691–1700 von Carlo Fontana und seinem Sohn Francesco im Auftrag Papst Innozenz' XII. in den Neubau des Zollamts, der ›Dogana di terra‹ einbezogen, der heute als *Börse* dient. Der Tempel wurde 145 n. Chr. von Antoninus Pius dem Andenken seines Adoptivvaters Hadrian geweiht. Von der Cella des Tempels, der seine Front nach Osten (zum Corso) hatte, stammen die Darstellungen der römischen Provinzen im Innenhof des Konservatorenpalastes *(S. 41)*.

* Marc-Aurel-Säule ⑤

Unweit des Hadrianstempels (an der Westseite der heutigen Piazza Colonna an der Stelle des Palazzo Wedekind) war dem Adoptivsohn des Antoninus Pius, Marc Aurel, ein Tempel errichtet worden. Zu diesem Komplex antoninischer Bauwerke gehörte auch die Säule, die heute das Zentrum der Piazza Colonna bildet. Sie wurde in den 80er Jahren des 2. Jh. n. Chr. als Ehrensäule des Marc Aurel errichtet und nicht für Antoninus Pius (wie eine Inschrift auf dem im 16. Jh. erneuerten Sockel irrtümlich behauptet), dem weiter westlich eine Säule errichtet worden war (Basis im Cortile della Pigna des Vatikan, *S. 199*). Im Typus orientiert sich die Säule des Marc Aurel an der Säule des Trajan auf dem Trajansforum *(S. 82)*. Sie ist 30 m hoch und besteht aus 28 Marmorblökken von ca. 3,70 m Durchmesser. Wie auf der Trajanssäule werden in den spiralförmig umlaufenden Reliefs (z. T. ergänzt) die Kriegstaten des Kaisers im Detail vorgestellt: unten der Krieg gegen die Markomannen (Bellum Germanicum), oben gegen die Sarmaten (Bellum Sarmaticum). Innen führt eine Treppe von 190 Stufen zur Spitze der Säule. Dort ließ Sixtus V. 1588 von Domenico Fontana als Ersatz für das verlorene Standbild des Kaisers und als Pendant zur Statue Petri auf der Trajanssäule die Bronzestatue des Apostels Paulus aufstellen. Die langwierige Restaurierung der Säule konnte 1988 abgeschlossen werden.

Palazzo Montecitorio ⑥

Auf dem leicht abschüssigen Platz vor dem Palast erhebt sich ein *Obelisk,* der von Augustus aus Heliopolis gebracht wurde und als Zeiger der großen Sonnenuhr auf dem Marsfeld *(S. 118)* diente. Im Mittelalter umgestürzt oder abgebrochen, wurde der Obelisk 1792 unter Pius VI. hier aufgestellt und mit dessen Wappen bekrönt.

Der **Palast,** 1653 von Bernini im Auftrag des Fürsten Ludovisi begonnen, sollte als Familienpalast dienen. Das ehrgeizige Projekt wurde jedoch von Innozenz X. verhindert. Der Bau blieb lange unterbrochen und wurde erst 1694 von Carlo Fontana im Auftrag Innozenz' XII. fertiggestellt, der dort das Gericht der Kurie unterbrachte. Der heutige Palast präsentiert sich daher nicht mehr als Fürstenwohnsitz, wie von Bernini geplant, sondern bereits als öffentliches Gebäude. Der Bau besteht aus einem Mittelteil und zwei zurückliegenden Flügeln, die zusammen eine konvexe Linie bilden. Im Zentrum öffnen sich drei Portale, flankiert von vier dorischen Säulen, die den breiten Balkon tragen (Bernini hatte eine Loggia vorgesehen). Die Attika mit dem Uhrturm geht auf Carlo Fontana zurück.

Die Flanken sind einmal gestuft und von Pilastern gegliedert. Originell und sehr reizvoll sind die an Naturformen angelehnten Felssteinblenden an den Ecken der Fassade, ein Motiv aus der Skulptur, das auch in den Rahmen der äußeren Erdgeschoßfenster wiederkehrt. Seit 1871 ist der Palazzo Montecitorio *Sitz der Abgeordnetenkammer* und der Öffentlichkeit nicht zugänglich; Anfang des 20. Jh. wurde der Bau zur rückwärtigen Front hin erweitert.

Palazzo Chigi ⑦

Der Palast wurde 1580 von Matteo di Città di Castello im Auftrag Kardinal Pietro Aldobrandinis begonnen; 1616 ließ der Kardinal den Bau erweitern, unter Mitwirkung Carlo Madernos an der dem Montecitorio zugewandten Seite. 1659 ging der Palast in den Besitz der Chigi über, die Felice della Greca mit einer erneuten Erweiterung beauftragten. 1917 wurde der Palast vom italienischen Staat aufgekauft und ist heute *Sitz des Präsidenten des Ministerialrats* (der Öffentlichkeit nicht zugänglich).

Die beiden Fassaden des Palastes (zur Via del Corso und zum Montecitorio hin) haben drei Vollgeschosse mit Zwischengeschossen, die durch Horizontalgesimse getrennt sind; das oberste Halbgeschoß ist über dem Kranzgesims aufgestockt. Die Fassaden sind an den Ecken mit rustiziertem Haustein gefaßt und haben hohe, von Balkonen bekrönte Portale; von der Via del Corso ist ein Blick in den Innenhof mit Stuckdekorationen aus dem 17. Jh. möglich. Die Erdgeschoßfenster setzen über einem rustizierten Sockelgeschoß an und ruhen auf Volutenkonsolen, im Piano nobile sind die Fenster im Wechsel von Dreiecks- und Segmentgiebel bekrönt. Zur Via del Corso sind die Fensterachsen nicht mehr regelmäßig, sondern rhythmisch gesetzt.

San Lorenzo in Lucina (8)

Die im 4. Jh. gegründete Kirche wurde unter Paschalis II. erneuert. Aus dieser Phase stammt der Portikus mit Granitsäulen und ionischen Kapitellen sowie der Glockenturm mit doppelten Biforen. Ca. 1650 wurde die Kirche von Cosimo Fanzago überarbeitet. – Der barockisierte *Innenraum* ist einschiffig und hat eine Kassettendecke aus dem 19. Jh. In der 1. Kapelle rechts eine Urne mit dem Rost, auf dem der hl. Laurentius das Martyrium erlitten haben soll. – Die 4. Kapelle rechts gestaltete *Bernini;* beachtenswert sind hier besonders die Kuppel mit musizierenden Engeln sowie die Büste des Arztes Gabriele Fonseca, der in der für die Zeit charakteristischen Geste der inbrünstigen Anbetung gezeigt ist (1668); über dem Altar ›Verkündigung‹ von Guido Reni. – Der feierliche *Hochaltar,* 1675 von Carlo Rainaldi geschaffen, birgt das Gemälde ›Christus am Kreuz‹, ein *Spätwerk Guido Renis.* Das Bild, ganz in den für Renis letzte Jahre charakteristischen silbrigen Farbtönen gehalten, zeigt Christus allein vor dem bereits verdunkelten Himmel; im letzten Augenblick seines Lebens wendet er sich an Gottvater. Selten ist die Kreuzigung tragischer und dramatischer dargestellt worden. – In der 3. Kapelle links ›Versuchung des hl. Franziskus und Bekleidung des hl. Franziskus‹ von *Simon Vouet,* der auch die Kuppelfresken mit ›Szenen aus dem Marienleben‹ (1624) malte. – In der 1. Kapelle links das Altarbild ›San Carlo Borromeo‹ von Carlo Saraceni.

Palazzo Ruspoli ⑨

1556 von Bartolomeo Ammannati für die Familie Rucellai begonnen und 1586 fertiggestellt, 1776 von den Ruspoli erworben. Die Fassade zum Corso hin ist geprägt von den an Michelangelo orientierten kolossalen Formen (Portal, Eckpilaster, Kranzgesims), während die Eingangsseite am Largo Carlo Goldoni etwas leichtere Formen aufweist und die Fensterachsen rhythmisch gesetzt sind. Elegant sind die Fenster mit Giebeln auf Konsolen und der Belvedereturm.

Santi Ambrogio e Carlo al Corso ⑩

Ambrosius und **Carlo Borromeo** sind die großen Heiligen Mailands. Ambrosius kam 340 in Trier zur Welt. Unter Valentian war er Statthalter Oberitaliens. Getauft wurde er erst bei seiner Wahl zum Bischof. Er widmete sich dem Aufbau der Liturgie und des Kirchengesangs (Ambrosianischer Lobgesang) und der Auseinandersetzung mit der Bewegung der Arianer. Seine in ›honigsüßer Sprache‹ verfaßten Schriften brachten ihm die Stellung unter den vier lateinischen Kirchenvätern ein. Carlo Borromeo hingegen lebte im 16. Jh. Der Kardinal und Bischof von Mailand tat sich durch Hilfeleistungen in den Pestjahren, vor allem aber durch die Durchführung und den Abschluß des Konzils von Trient hervor.

Die den Mailänder Heiligen geweihte Kirche ist die ›Nationalkirche‹ der lombardischen Gemeinde, wurde 1612 von Onorio Longhi begonnen und 1672 fertiggestellt. Die hohe Fassade ist von nur einer Ordnung gewaltiger Halbsäulen gegliedert, die Giovanni Battista Menucci nach Entwurf des Kardinals Omodei errichtete. Bemerkenswert ist die *Kuppel*, ein *Spätwerk Pietro da Cortonas* (1665/68). Sie gehört zu den größten Kuppeln Roms und zeigt neben der barocken Formenvielfalt eine beginnende Klassizität. Die strengeren Formen zeigen sich in der Tambourzone, wo kräftige Pfeiler mit Pilastervorlagen die hohen Rechteckfenster trennen und eingestellte Säulen den Ausdruck geradliniger Vertikalität betonen. Die über breitem Gebälk ansetzenden ovalen Fenster mit Giebeln hingegen folgen noch ganz dem barocken Formenkanon.

Der hohe und weite *Innenraum* auf dem Grundriß eines lateinischen Kreuzes ist durch Pfeiler in drei Schiffe geteilt. Die Pfeiler haben doppelte Lisenenvorlagen mit korinthischen Kapitellen und sind mit Stuckmarmor verkleidet. Die Seitenschiffe, von Kapellen flankiert, setzen sich – einmalig in Rom – im Presbyterium zu einem Chorumgang fort. Der ganze Raum ist mit reichem Goldstuck ausgestattet, der von den acht großen, wie am Außenbau von Säulen flankierten Fenstern der Kuppel Leuchtkraft erhält. Von der Ausstattung sind hervorzuheben: das Altarbild ›Glorie der hll. Ambrosius und Carlo Borromeo‹ von Carlo Maratta (1685–1690) sowie die Fresken ›Engelssturz‹ im Langhaus und ›Evangelisten‹ in den Kuppelpendentifs von Giacinto Brandi.

Eine Tür neben der 3. Kapelle des linken Seitenschiffs führt zur Cappella di Sant'Ambrogio, die 1513 von der lombardischen Gemeinde errichtet und im 17. Jh. erneuert wurde.

Palazzo Borghese ⑪

Der Palast wird aufgrund seines ungewöhnlichen Grundrisses das ›Cembalo‹ genannt, dessen ›Tastatur‹ die beiden Loggien an der Schmalseite zum Tiber hin bilden. Um 1560 begonnen, 1600 an Kardinal Borghese, den späteren Papst Paul V., verkauft und in den Jahren 1605–1614 von Flaminio Ponzio ausgebaut. Die Fassaden zur Piazza Borghese und Via della Fontanella Borghese zeigen drei Voll- und zwei Halbgeschosse. Über den von Säulen flankierten Portalen sind Balkone und die Familienwappen angebracht; die Wappentiere, Drache und Adler, erscheinen auch im Fries unter dem Kranzgesims.

Der Palazzo Borghese zeigt die charakteristischen Formen des römischen Patrizierpalastes nach dem Vorbild des Palazzo Farnese *(S. 159)*: Blockartig um einen Innenhof angelegt, bewahrt er den strengen, verschlossenen Charakter. Die von Rustikawerk eingefaßten Fassaden wirken zunächst durch die Mauerfläche. Sie sind durch horizontale Bänder und ein abschließendes Kranzgesims gegliedert. Fensterreihen durchbrechen die Mauerfläche im 1. Stock, dem Piano nobile, mit Balkonen, abwechselnd von Dreiecks- und Segmentgiebeln bekrönt. Der Innenhof weist von Doppelsäulen gestützte zweistöckige Arkaden auf und ist mit antiken Kolossalstatuen geschmückt.

Dem Palazzo Borghese gegenüber liegt das *ehem. Gesindehaus*. Der Platz war ursprünglich mit Ketten abgetrennt und diente als ›Parkplatz‹ für Kutschen.

San Giacomo degli Incurabili ⑫

Die Kirche liegt bei dem 1338 von Kardinal Giovanni Colonna gegründeten Hospital San Giacomo und erhielt daher den wenig tröstlichen Beinamen ›San Giacomo der Unheilbaren‹. Der Bau wurde Ende des 16. Jh. erneuert, die Fassade von Francesco da Volterra begonnen, der die dorische Pilasterordnung mit Triglyphenfries im Untergeschoß schuf. Carlo Maderno führte ab 1600 den Bau fort und errichtete die korinthische Lisenenordnung im Obergeschoß sowie den für ihn charakteristischen Balkon mit Muschelnische und großen seitlichen Voluten. Der Innenraum, 1592 von Francesco da Volterra gestaltet, hat einen elliptischen Grundriß (erstmalig in Rom) mit je drei seitlichen Kapellen und einem weitgespannten Gewölbe; das Deckenfresko stammt von Silverio Capparoni (19. Jh.).

Museo di Goethe (Goethehaus) ⑬

Johann Wolfgang von Goethe logierte 1786/88 in einer Wohnung dieses Hauses. Der Romaufenthalt war eine wichtige Etappe seiner berühmten ›Italienischen Reise‹. Goethe lebte in Rom incognito als der Maler Möller; er liebte die Stadt und erklärte später, er habe nach seiner Abreise aus Rom keinen glücklichen Tag mehr verlebt. 1988 wurde die Wohnung von der Bundesrepublik Deutschland aufgekauft. Das ehem. Goethemuseum wird weiter ausgebaut. Zur Sammlung gehören Briefe, Zeichnungen, Manuskripte und Bücher, die an den Romaufenthalt erinnern, darunter auch eine Kopie von Wilhelm Tischbeins berühmtem Gemälde ›Goethe in der Campagna‹.

** 8 Piazza del Popolo

Seit der Antike bildet die Piazza del Popolo den Einlaß in die Stadt von Norden her. Von der Milvischen Brücke führte die Via Flaminia schnurgerade zur Porta Flaminia in der Aurelianischen Mauer. Grabmonumente säumten die Straße, anstelle der Zwillingskirchen standen zwei Pyramiden, anstelle der Kirche Santa Maria del Popolo soll sich das Grabmal des Nero befunden haben, weswegen Paschalis II. hier 1099 eine Kapelle errichten ließ, um dessen bösen Geist zu bannen. Kirche und Stadttor blieben während des Mittelalters isoliert, erst mit dem Wachstum der Stadt im 15. und 16. Jh. erreichte die Zone eine neue Bedeutung: Fremde, von Norden kommend, siedeln sich hier an, Hospizien werden gegründet, und es bildet sich der berühmte Dreistrahl der Straßenzüge Via del Babuino, Via del Corso und Via di Ripetta, der das Stadttor mit den Zentren der Innenstadt verbindet. Der Name Piazza del Popolo, d. h. Platz des Volkes, hat nichts mit besonderer Volkstümlichkeit zu tun, sondern geht wahrscheinlich auf die Madonna del Popolo, ein verehrtes Madonnenbild in der gleichnamigen Kirche, zurück.

Ende des 18. Jh. wünscht Napoleon eine endgültige Systematisierung des Platzes. Giuseppe Valadier plant eine Gartenanlage. Aufgrund der französischen Besetzung wird die Platzgestaltung aber erst 1816–1824 realisiert. Valadier setzt zum Hügel des Pincio hin Architektur und Garten in eine Beziehung. Die Unregelmäßigkeiten des Platzes werden wie bei der Piazza di San Pietro *(S. 181)* durch die Halbkreise des Querovals versöhnt. Statuen schmücken die Balustraden, ein Brunnen betont den Obelisken. Mit der Piazza del Popolo entstand so der einzige klassizistische Platz Roms und ein wichtiges Beispiel effektvoller moderner Städtebaukunst außerhalb Frankreichs.

Der Platz ist heute zumindest teilweise verkehrsberuhigt, was einen Besuch der anliegenden Cafés Rosati und Canova trotz der angehobenen Preise attraktiv macht. Rosati war das traditionelle Café der ›Upper class‹, mit dem das gegenüberliegende Canova konkurriert; heute sind beide Ziele abendlichen Stadtbummels.

Der Platz wird beherrscht von dem 24 m hohen *Obelisken,* einem der ältesten Roms. Unter Sethos I. (1304–1290 v. Chr.) begonnen und unter Ramses II. (1230–1224 v. Chr.) fertiggestellt und vor dem Sonnentempel in Heliopolis errichtet, war er schließlich von Augustus nach Rom gebracht und 1589 im Rahmen des Urbanisierungsprogrammes Sixtus' V. von Domenico Fontana auf der Piazza del Popolo aufgestellt worden.

Die **Porta del Popolo** durchbricht an der Stelle der ehem. Porta Flaminia die Stadtmauer. Das Stadttor zur Via Flaminia hin blieb auch im Mittelalter bestehen und erhielt nach Errichtung der Kirche den Namen Porta del Popolo. Mitte des 16. Jh., unter Pius IV. wurde es mit einer neuen Außenfassade versehen, die neben dem Wappen des Papstes die ›Apostelfürsten‹ Petrus und Paulus zeigt. Die Innenfassade gestaltete Bernini 1655 im Auftrag Alexanders VII., eine Maßnahme zu Ehren der zum Katholizismus konvertierten Königin Christine von Schweden. Eine Inschrift erinnert an ihren Einzug in die Stadt.

** Santa Maria del Popolo

Gegründet 1099 von Paschalis II., angeblich um den Geist des hier begrabenen Nero zu bannen, wahrscheinlich aber zum Dank für den erfolgreichen Abschluß des 1. Kreuzzuges in jenem Jahr. Der Neubau erfolgte unter Sixtus IV., 1472–1477 durchgeführt von Baccio Pontelli und Andrea Bregno. Die Apsis wurde von Bramante gestreckt.

Die **Fassade** gehört zu den besten Beispielen der Frührenaissance in Rom. Sie hat eine hohe Sockelzone, über der eine erste Gliederungsordnung die drei Portale einfaßt. Das Hauptportal, wie die anderen mit einem in antiker Ornamentik gefaßten Tympanon bekrönt, birgt eine Madonnenfigur des 15. Jh. Das Obergeschoß wird von einem großen

Piazza del Popolo mit Obelisk und den Kirchen S. Maria dei Miracoli und S. Maria in Montesanto

Rundfenster beherrscht, dessen Rahmung Bernini hinzufügte. Der dreischiffige Innenraum mit Querschiff, gestrecktem Chor und seitlichen Kapellen ist durch weite Arkaden, die wiederum von Pfeilern mit Halbsäulenvorlagen gestützt werden, unterteilt und durch Kreuzgratgewölbe geschlossen. Die barocke Überarbeitung erfolgte 1655–1660 durch Bernini. Auf dem Fußboden Grabplatten aus dem Mittelalter und der Renaissance.

Ausstattung

Cappella Domenico della Rovere (a): Abgetrennt von einer Balustrade mit dem von Putten gehaltenen Rovere-Wappen. Die Fresken (Pinturicchio-Schule) zeigen ›Szenen aus dem Leben des hl. Hieronymus‹. Das Altarbild ›Anbetung des Kindes‹ ist ein frühes Werk des Umbrers Bernardino Pinturicchio (ca. 1485). Das ornamentale Rahmenwerk der Fenster bilden sog. *Grotesken*, die Pinturicchio im Goldenen Haus des Nero *(S. 77)* studiert und u. a. hier in die neuzeitliche Malerei übernommen hat. In der Folgezeit werden diese Grotesken überaus beliebt und vielfach eingesetzt. Rechts das Grabmal Giovanni di Castros (1506), Francesco da Sangallo zugeschrieben, links das Grabmal Cristoforo und Domenico della Roveres, Neffen Papst Sixtus' IV. Das qualitätvolle Werk stammt von Andrea Bregno, die Madonna von Mino da Fiesole.

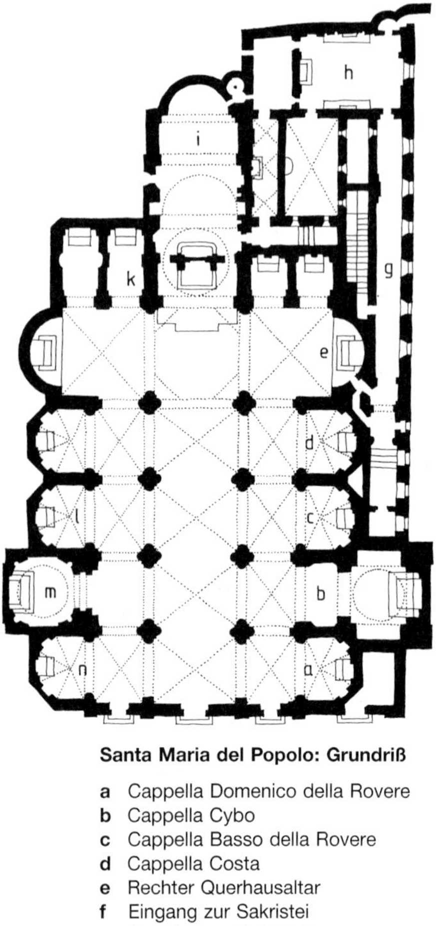

Santa Maria del Popolo: Grundriß

a Cappella Domenico della Rovere
b Cappella Cybo
c Cappella Basso della Rovere
d Cappella Costa
e Rechter Querhausaltar
f Eingang zur Sakristei
g Korridor zur Sakristei
h Sakristei
i Chorkapelle
k Linke Querhauskapelle
l Cappella Mellini
m Cappella Chigi
n Baptisterium

Cappella Cybo (**b**). 1682/87 von Carlo Fontana errichtet und mit reicher Marmorverkleidung und Säulen ausgestattet; Altarbild von Carlo Maratta.

Cappella Basso della Rovere (**c**): Fresken von Pastura und Tiberio d'Assisi aus der Pinturicchio-Schule mit Szenen aus dem Marienleben (ca. 1500); rechts das Grabmal Giovanni della Roveres (Bregno-Schule ?).

Cappella Costa (**d**): Marmoraltar aus der Bregno-Schule (1489); links das Grabmal des im Alter von über 100 Jahren verstorbenen Kardinals Giorgio Costa; in den Lünetten Darstellungen der Kirchenväter (Pinturicchio-Schule, 1489).

Im rechten Querhaus ein *Altar* (**e**) mit Darstellung der Heimsuchung Mariens (Giovanni Maria Morandi, nach Bernini), seitlich Engel von Ercole Ferrata. Durch einen *Korridor* (**g**) erreicht man die *Sakristei* (**h**), in der sich jetzt der *ehem. Hochaltar* befindet. Das Werk, eine der wenigen signierten und somit gesicherten Arbeiten Andrea Bregnos, wurde 1473 von Kardinal Rodrigo Borgia, dem späteren Papst Alexander VI., gestiftet.

Chorkapelle (**i**): Das Altarbild zeigt die ›Madonna del Popolo‹, der Legende nach vom hl. Lukas gemalt, in Wahrheit aber ein bedeutendes Werk der byzantinischen Schule des frühen 13. Jh. Dieses Bild gab der Kirche und dem Platz den Namen. Hinter dem Altar rechts das *Grabmal des Kardinals Girolamo Basso della Rovere* (1507), links das *Grabmal des Kardinals Ascanio Sforza* († 1505). Die Grabmäler, *zwei Hauptwerke Andrea Sansovinos,* sind in einer triumphbogenartigen Architektur angelegt und mit allegorischen Statuen der Tugenden geschmückt. Wichtig sind die Liegefiguren, die die Verstorbenen nicht als Tote, sondern als Schlafende mit aufgestütztem Arm wiedergeben. Die Monumentalität und Plastizität der Figuren sowie die Zurückdrängung des Reliefs sind charakteristisch für den Übergang vom 15. zum 16. Jh.

Die Decke ist mit *Fresken von Bernardino Pinturicchio* versehen: im Zentrum die ›Marienkrönung‹, seitlich Sibyllen und Evangelisten, in den Ecken die Kirchenväter. Die ›Krönung‹ bildet den Höhepunkt des Marienlebens, dem alle malerischen Programme dieser Marienkirche verpflichtet sind. Das Kompositionssystem lehnt sich an die ›volta dorata‹ im Goldenen Haus des Nero *(S. 77)* an; der relativ gute Erhaltungszustand zeigt die reizvollen Farben der umbrischen Malerei und insbesondere Pinturicchios.

Linke Querhauskapelle (**k**): Über dem Altar die ›Himmelfahrt Mariens‹ von Annibale Carracci, seitlich *zwei Hauptwerke Caravaggios:* ›Die Kreuzigung Petri‹ und ›Die Bekehrung Pauli‹ (1601/02). Die realitätsnahe Darstellung ist in beiden Fällen auf einen einzigen Augenblick konzentriert. Die diagonale Tiefenwirkung, das irreale Licht und die Plastizität der Körper bewirken emotionale Anteilnahme des Betrachters, die nicht durch Gestik oder Farbigkeit gesteigert werden muß. Interessante Gegenüberstellung des ›Klassizisten‹ Carracci und des ›Realisten‹ Caravaggio.

Cappella Mellini (**l**): Grabmal des Kardinals Garcia Mellini. Die Halbfigur des Verstorbenen sowie die Büsten von Urbano und Mario Mellini gehören zu den besten Arbeiten von Alessandro Algardi (nach 1629).

Cappella Chigi (**m**): Errichtet als Zentralbau nach Entwürfen Raffaels für den Sieneser Bankier und Mäzen Agostino Chigi. Raffael schuf auch die Kartons für die Mosaiken in der Kuppel (1516), die im Zentrum die sehr eindrucksvolle Figur Gottvaters als Schöpfer des Firmaments wiedergeben, seitlich die Planetengötter, jeweils geführt von einem Engel. In der Fensterzone Fresken von Francesco Salviati (Schöpfung, Sündenfall und Jahreszeiten), über dem Altar ›Geburt Mariens‹ von Sebastiano del Piombo. In den Pfeilernischen Marmorfiguren der Propheten der Auferstehung: Jonas, Elias, Habakuk und Daniel. Jonas (nach einem Entwurf Raffaels) und Elias stammen von Lorenzetti, die bewegteren und kontrastreicheren Figuren Daniels und Habakuks von Bernini. An den Wänden die pyramidalen Grabmäler der Brüder Agostino († 1516) und Sigismondo Chigi.

Die Chigi-Kapelle ist ein ›Gesamtkunstwerk‹, das einem einheitlichen

Caravaggio: ›Bekehrung Pauli‹

Konzept unterliegt. Der Kreislauf Schöpfung-Vergehen-Auferstehung ist zusammengefaßt in der Inschrift auf dem Fußboden: Mors ad coelos (iter) = Der Tod ist der Weg zum Himmel.

Cappella del Battistero (**n**): Ziborien mit Figuren von Andrea Bregna (ca. 1473). Im Zentrum das Grabmal des Bischofs Girolamo Foscari († 1463) mit einer Bronzefigur des Verstorbenen von Vecchietta (vorläufige Aufstellung).

Zu der Kirche gehörte ein *Augustinerkloster,* das die von der Via Flaminia kommenden Rompilger aufnahm. Zu den Gästen des Klosters zählte auch Martin Luther, der im Dezember 1511 in Rom eintraf. Kniend grüßte Luther das ›heilige Rom‹, doch wurden seine Erfahrungen in der Stadt des wenig heiligen Julius II. eine bittere Enttäuschung. Die Auswirkungen des Romaufenthaltes auf die Reformgedanken Luthers äußerten sich nicht direkt, gaben wahrscheinlich aber einen ersten Anstoß dazu. Der Komplex von S. Maria del Popolo vermittelt ein umfassendes Bild der Renaissance in Rom. Architektur, Plastik und Malerei sind von den grazilen Formen des 15. Jh. geprägt. Die Ausstattung ergänzt die Architektur, doch bleibt jedes Grabmal und jede Kapellenausmalung eigenständig in sich geschlossen. Mit Raffaels Chigi-Kapelle wird eine neue, monumentale Dimension erreicht. Der altertümliche Raum mußte erweitert werden, um die großartige, nun auf die Architektur bezogene Ausstattung aufnehmen zu können.

Santa Maria dei Miracoli und **Santa Maria in Montesanto**

1662–1675 von Carlo Rainaldi und Carlo Fontana unter Mitarbeit Berninis errichtet. Die Zwillingskirchen entstanden im Rahmen des urbanistischen Programmes Alexanders VII. und sollten dem durch die Porta del Popolo eintretenden Romfahrer zum erstenmal die Pracht und Herrlichkeit der Stadt vor Augen führen. Effektvoll rahmen sie für den von der Porta del Popolo Eintretenden den Obelisken und eröffnen die drei Straßenzüge, die zum Zentrum führen. Beiden Kirchen ist ein von 4 korinthischen Säulen getragener Pronaos mit Dreiecksgiebel vorgelagert, beide haben über einem Tambour eine relativ niedrige Kuppel mit Laterne und einen kleinen Glockenturm zur Via del Corso hin. Die unterschiedliche Größe der Kirchen fällt am Außenbau lediglich bei den Kuppeln auf – die von S. Maria del Montesanto ist zwölfeckig, die von S. Maria dei Miracoli achteckig.

S. Maria in Montesanto (links der Via del Corso) hat einen ovalen Grundriß, seitlich je drei Kapellen und eine hohe, helle Kuppel, wahrscheinlich ein Eingriff Berninis. Über dem Altar ein Madonnenbild aus dem späten 15. Jh., in der 3. Kapelle links ein Gemälde von Carlo Maratta ›Maria mit den hll. Franziskus und Jakobus d. Ä.‹. S. Maria dei Miracoli (rechts der Via del Corso) ist ein Rundbau und hat seitlich je 2 Kapellen. Der reiche Hauptaltar zeigt ein Madonnenbild, gehalten von 4 Engeln (Ant. Raggi). Seitlich des Presbyteriums, unter eleganten klassizistischen Sängerkanzeln, befinden sich die Grabmäler des Kardinals Girolamo Gastaldi und dessen Bruders Benedetto, ebenfalls von Antonio Raggi (ca. 1681).

*** 9 Augustus-Mausoleum · Ara Pacis Augustae · Die Sonnenuhr des Augustus

Lage: An der Piazza Augusto Imperatore (zwischen Via del Corso und Tiber-Ufer) und am Nordrand des antiken Marsfeldes sind heute die beiden bedeutendsten Monumente der augusteischen Zeit in Rom vereint: Das Mausoleum des ersten Kaisers des römischen Imperiums und die Ara Pacis Augustae, die dem Herrscher als dem Garanten des Reichsfriedens (Pax romana) vom Senat errichtet wurde.

Mausoleo di Augusto (Augustus-Mausoleum)

Der Begriff Mausoleum ist abgeleitet vom Namen des Königs Maussolos von Karien, der sich im 4. Jh. von seinem Architekten eine in der Antike viel bewunderte Grabanlage, das Mausoleion in Halikarnassos, errichten ließ, das bei Strabon, Plinius und Vitruv als vorbildlich erwähnt wird. Die Verwendung der Bezeichnung schon in augusteischer Zeit deutet darauf hin, daß die Vorbilder für das Grabmal des Augustus im hellenistischen Osten zu suchen sind. Als Augustus 29 v. Chr. mit dem Bau der Anlage begann, war er soeben aus dem Osten zurückgekehrt, und man nimmt an, daß er in Alexandrien das Grabmal Alexanders d. Gr. besichtigt hatte und so zu einem eigenen monumentalen Grabbau angeregt wurde. Die andere Inspirationsquelle der Anlage sind dagegen sicherlich bodenständige Traditionen, etwa die etruskischen Grabtumuli (z. B. Cerveteri). Beides, östliche wie etruskische Tradition, schließen sich keinesfalls aus; ihre Verschmelzung ist vielmehr Ausdruck eines neuen Reichsgedankens unter Augustus, der vor allem auf einer Vermischung von traditionell-römischer und hellenistischer Kultur basiert. Das Mausoleum des Augustus ist seinerseits Vorbild gewesen für eine Reihe späterer Bauten wie das Hadriansgrabmal (die heutige ** Engelsburg 20) oder das * Grabmal der Cecilia Metella an der Via Appia *(S. 283)*.

Beim Augustus-Mausoleum handelt es sich nicht um ein Grabmal auf Staatskosten. Wenigstens pro forma (Augustus ist ›Besitzer‹ einiger Provinzen, die er sich mit dem Senat ›teilt‹) hat der Princeps Augustus das Grabmal auf eigene Kosten, auf eigenem Grund und außerhalb der Stadtmauern Roms errichten lassen. Um das Grabmal herum wurde sodann ein Park angelegt, den der Kaiser dem Volk von Rom zum Geschenk machte. Für Augustus ist das Grabmal aber auch Ausdruck seiner dynastischen Interessen, denn es ist zugleich Grabmal für die zukünftigen Mitglieder des julisch-claudischen Kaiserhauses (von Augustus 31 v. Chr. bis zu Neros Ermordung 67 n. Chr.). Augustus ist als Princeps (wie ja das Wort schon sagt) im Grunde nicht mehr als der Primus inter pares, der mächtigste Mann im römischen Adel (sog.

›Prinzipat‹). Das Grabmal auch für die Familie ist daher Manifestation eines Anspruchs auf die Herrschaft auch seiner Erben. Erst unter diesen wird der eigentliche Schritt von der Republik zur Monarchie (sog. ›Dominat‹) getan, wird aber durch die Anlage des Grabmals z. T. vorweggenommen.

Der **Rundbau** über einer Basis von 87 m Durchmesser greift den Typus etruskischer Grabtumuli in monumentaler Form auf. Der nach der Beschreibung Strabos mit immergrünem Gehölz bepflanzte 44 m hohe Grabhügel wurde von einer vergoldeten Kolossalstatue des Augustus bekrönt. Den Eingang zur Grabanlage (im Süden, zum Palazzo Borghese) flankierten zwei Obelisken, die sich heute auf der Piazza dell' Esquilino *(S. 314)* bzw. auf der Piazza del Quirinale *(S. 348)* befinden, und die in der Antike die Bronzetafeln trugen, auf denen die Taten des Augustus verzeichnet waren.

Im Inneren (nicht zugänglich) gelangt man durch mehrere ringförmige konzentrische Gänge zur zentralen Grabkammer, die wahrscheinlich die Aschenurnen des Augustus und seiner Gattin Livia, seiner Enkel Lucius und Gaius Caesar, der Schwester Octavia und des Marcellus, enthielt. Im Mausoleum waren des weiteren beigesetzt: Agrippa, Agrippina, Britannicus, Claudius, Drusus, Germanicus, Tiberius und, im frühen 3. Jh., Julia Domna, die Gattin des Septimius Severus, die ihre Abstammung auf die julisch-claudische Kaiserfamilie zurückführte. Auch Nerva, der Nachfolger des ermordeten Domitian (96–98 n. Chr.), der nicht von Augustus abstammte, ließ sich aus Gründen der Staatsräson im Mausoleum des Augustus beisetzen. Im Frühmittelalter ist das Monument verfallen, und im 12. Jh. wurde es (ähnlich der Engelsburg über dem Hadriansgrabmal) von den Colonna in eine Stadtfestung umgewandelt. Diese wurde 1241 von Papst Gregor IX. erobert und wieder abgerissen. Spätere Umbauten und Nutzungen als Weinberg, Gartenanlage und sogar als Theater (bis 1936) haben zur Zerstörung des antiken Monuments beigetragen, bis man schließlich 1936 mit seiner Freilegung und Konservierung begonnen hat.

*** Ara Pacis Augustae

Östlich des Augustus-Mausoleums, auf dem schmalen Streifen zwischen der Via Ripetta und dem Lungotevere in Augusta schützt eine großflächig verglaste Halle eines der kostbarsten Monumente der frühen Kaiserzeit wenigstens teilweise vor den Abgasen des über den Lungotevere kriechenden römischen Berufsverkehrs. In den Jahren 3–9 v. Chr. ließen Senat und Volk von Rom die Ara Pacis Augustae errichten als Zeichen der Befriedung des Römischen Weltreichs. Voraufgegangen war ein Jahrhundert der Unruhen, mit den ›sozialen Kriegen‹ (Gracchen, Spartacus, 133–121 v. Chr.), den Bürgerkriegen unter Marius und Sulla (120–70 v. Chr.), zwischen Caesar und Pompeius (70–44 v. Chr.) und schließlich zwischen Marc Anton und Octavianus Augustus (44–31 v. Chr.), mit Kriegen vor allem in den Provinzen Spanien und Gallien. So ist die Ara Pacis Augustae Symbol und zugleich Beschwörung der neuen Ordnung des Friedens unter der Alleinherrschaft des Augustus (31 v. Chr.–14 n. Chr.). Ihre Reliefs verweisen symbolisch auf Wohlstand und Fruchtbarkeit des Reiches und stellen die kaiserliche Familie unter den Schutz, aber auch unter das Gesetz der göttlichen Ordnung.

Die Ara Pacis Augustae folgt einem für prunkvolle antike Altäre nicht unüblichen Schema: Ein kleiner Innenhof (auf einem Sockel von 11,60 × 10,60 m Grundfläche) mit dem auf Stufen erhöhten Altar wird auf allen Seiten von aufwendig dekorierten hohen Schranken umschlossen. Jeweils in den Schmalseiten öffnen sich die Durchgänge zum Inneren des Altarraums. Die Schranken waren ganz aus Carraramarmor gearbeitet. Im Inneren zeigen sie einen relativ schlichten Dekor: tiefe Kanneluren im unteren Teil der Wand (die vermutlich ein archaisches Motiv, die Umfassung des Altarbereichs mit einem Palisadenzaun bzw. einfachen Schranken aus in den Boden gesteckten Zweigen, andeuten) und Blumen- und Fruchtgirlanden zwischen Bukranien im oberen Teil. Auch hier ist der plastische Schmuck durch ein umlaufendes Mäanderband in eine obere und eine untere Zone unterteilt, während Pilaster die Felder in der Senkrechten begrenzen. Die untere Zone ist ganz ornamental gehalten, mit einer dichten Füllung von spiralförmigen Akanthusranken und Blüten.

Die **Reliefs** der oberen Zone zeigen auf der Frontseite Allegorien der Fruchtbarkeit und Opferszenen, auf der rechten Seite (vom Eingang her) einen Opferzug mit den bedeutenden Persönlichkeiten des Kaiserhauses, auf der linken von Vertretern des Senats, die sich so, in ›immerwährendem Opfer‹ dargestellt, für den Frieden und das Wohlergehen des Reiches verbürgen. Auf der rechte Seite (zur Via Ripetta) wird neben den Liktoren und den Konsuln der Kaiser selbst mit seinen engsten Familienangehörigen beim Opfer gezeigt: Augustus, Livia, Agrippa und Drusus.

Diese figürlichen Reliefs der Außenseiten der Ara Pacis Augustae gehören zu den *großartigsten Leistungen der augusteischen Plastik;* Vorbilder waren vermutlich griechische Reliefs des 5. Jh. v. Chr. Bei aller Unterordnung unter das Thema des Opferzuges sind die einzelnen Porträts von größter Lebendigkeit; man beachte etwa, wie die Kinder-

Ara Pacis Augustae: Tellus-Relief

bildnisse eine auflockernde Gegenbewegung zum verhältnismäßig strengen Zug der Erwachsenen schaffen. Die Relieftechnik, die vom fast Vollplastischen im Vordergrund (z. B. die Kinderbildnisse) bis zum fast graphischen der Hintergrundgestalten reicht, schafft die perfekte Illusion einer Tiefenstaffelung des Zuges.

Diese Feinheit der Ausführung im stufenlosen Übergang vom Flachrelief zur (fast) Vollplastik ist besonders gut bei der Gruppe der *Saturnia Tellus* zu beobachten. Die Erdgöttin thront inmitten einer Fülle von Vegetation, die den Überfluß des römischen Landes symbolisiert. Zu ihren Füßen ein Ochse und ein Schaf, daneben ein Krug, aus dem Wasser fließt als Symbol der Quelle und des Wasserreichtums. Zwei Knäblein, in denen man wohl eine Anspielung auf Romulus und Remus sehen darf, greifen nach der Brust der Göttin und nach Früchten auf ihrem Schoß. Seitlich Personifikationen des Wassers und der Luft.

Der heutige Aufstellungsort der Ara Pacis Augustae zwischen Augustus-Mausoleum und Tiberufer ist nicht der ursprüngliche. Ende des 15. Jh. hat man die Fragmente der Ara Pacis Augustae weiter östlich, an der Stelle des Palazzo Fiano an der Via del Corso zwischen Palazzo Chigi und Palazzo Ruspoli, gefunden. Zunächst wurde ein Teil der

Fragmente von den Medici erworben und nach Florenz gebracht; andere Teile gelangten in das Thermenmuseum und in päpstlichen Besitz. 1937/38 hat man am ursprünglichen Fundort bei neuerlichen Grabungen weitere Fragmente finden und einen Teil der verstreuten Fragmente wieder in der ursprünglichen Form zusammensetzen können. Die noch im Louvre und in der Villa Medici befindlichen Stücke sind durch Abgüsse ersetzt worden. Auf der Basis des Altars an der Seite zur Via Ripetta ist in Bronzelettern der Text der Res Gestae Divi Augusti (des Berichts über die Taten des Augustus) wiedergegeben.

Südlich der Ara Pacis Augustae und des Mausoleums (zwischen diesen und der Via Tomacelli) liegen zwei barocke Kirchen: **San Girolamo degli Illirici** wurde von Martino Longhi für Papst Sixtus V. 1588 anstelle einer Kirchenstiftung Sixtus' IV. (Ende 15. Jh.) errichtet. Ihren Beinamen hat die Kirche von den illyrischen (h.: Jugoslawien) Flüchtlingen, die sich nach dem Sieg der Türken bei Kossovo (1389) in diesem Viertel Roms niedergelassen hatten. Der heutige Zustand geht weitgehend auf eine Restaurierung unter Pius IX. zurück. – Die benachbarte Kirche **San Rocco** wurde 1499 von Alexander VI. gegründet und 1657 von Giovanni Antonio de' Rossi erneuert. Die Fassade wurde nach einem Entwurf Giuseppe Valadiers (1834), des bedeutendsten italienischen Architekten des Klassizismus, ausgeführt.

Die Sonnenuhr des Augustus (Solarium Augusti)

Lage: Auf dem Marsfeld zwischen Palazzo Montecitorio, Via del Corso, Augustus-Mausoleum und Tiberufer.

Das Mausoleum des Augustus und die Ara Pacis gehören zu einer augusteischen Anlage, die ein ganzes heutiges Stadtviertel bedeckte: zum Solarium Augusti. Teil des 30 m hohen *Gnomon* (d. h. des Zeigers) dieser gewaltigen Sonnenuhr war der 1740 auf der heutigen Piazza del

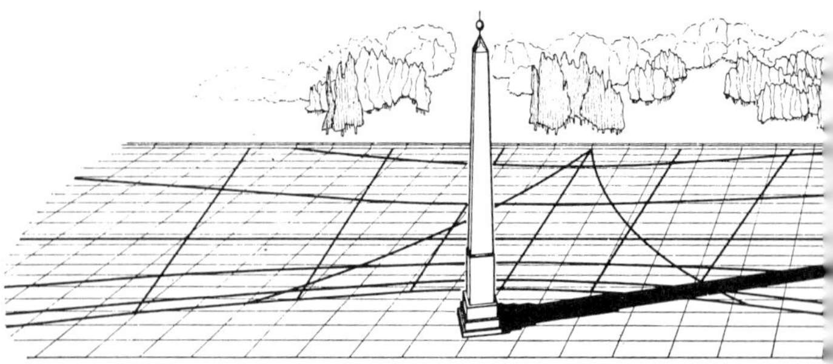

Parlamento gefundene und 1792 auf der Piazza Montecitorio *(S. 103)* aufgestellte *Obelisk* (ursprünglich Stiftung Psammetichs II., 594–588 v. Chr., aus Heliopolis). Gleichzeitig mit der Ara Pacis geweiht (9 v. Chr.), feierte die Sonnenuhr nach der einstigen Inschrift der Basis des Obelisken den Sieg des Kaisers über Ägypten (›Aegypto in potestatem Populi Romani redacta‹) und die Weihe an den Sonnengott (›Soli donum dedit‹). Eine Beschreibung der heute weitgehend nicht mehr an Ort und Stelle erkennbaren Anlage gibt Plinius (Nat. Hist. 36, 72 f.): *»Demjenigen [Obelisken], der auf dem Campus [Martius] steht, fügte der vergöttlichte Augustus eine wunderbare Verwendung hinzu, zur Erfassung der Schatten der Sonne und so der Größen der Tage und Nächte, indem er einen mit Steinplatten belegten Platz schuf entsprechend der Größe des Obelisken, dem der Schatten am Tag der Vollendung der Wintersonnwende zur sechsten Stunde gleich werden sollte, und dieser [Schatten] sollte allmählich über eingelegte Bronzelinien an den einzelnen Tagen abnehmen und dann wieder zunehmen, eine bemerkenswerte Sache, verdankt dem Genie des Mathematikers Fecundius Novius.«* Die Uhr hat nach dem weiteren Bericht des Plinius aber nur ein halbes Jahrhundert funktioniert und wurde durch ein Absinken der Fundamente des Obelisken unbrauchbar. Kurz nach dem Tod des Plinius, vermutlich in der Zeit des Domitian, wurde die Sonnenuhr daher erneuert.

Von der Pflasterung des Platzes, der im Norden bis zum Mausoleum des Kaisers, im Osten bis zum ursprünglichen Standort der Ara Pacis (etwa Mitte der heutigen Via in Lucina) reichte, sind seit dem Mittelalter immer wieder Teile zum Vorschein gekommen. Bronzene Linien und Buchstaben bezeichneten die Tage, Monate und Tierkreiszeichen, der jeweilige Stand war am Schattenwurf des Obelisken abzulesen. Bemerkenswert ist die durch Berechnungen und Grabungen nachgewiesene Präzision der Anlage, die wie in einem Koordinatensystem an Grabmonument und Ara Pacis ausgerichtet ist. Die Höhe des Gnomon

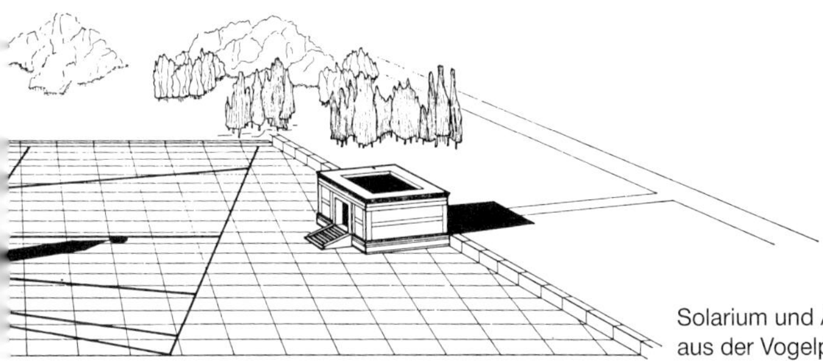

Solarium und Ara Pacis aus der Vogelperspektive

entspricht dabei u. a. exakt zwei Dritteln der ursprünglichen Höhe und einem Drittel des Durchmessers des Mausoleums, und auch die Maße der Ara Pacis ergeben sich aus ihrer Funktion innerhalb der Sonnenuhr.

Die Konzeption der Anlage ist ganz auf die Person des Augustus zugeschnitten. Der Obelisk als Zeichen des ägyptischen Sieges (über Marcus Antonius) und der Reichseinheit trägt die Kugel des Sonnengottes Apoll (auch die Schwäne in den Reliefs der Ara Pacis sind diesem heilig) als Zeichen der Weltherrschaft. Unter dieser Herrschaft des Augutus als neuer Sol führt der Weg zum Reichsfrieden, zur Pax romana, die durch die Ara Pacis symbolisiert wird. Nicht zufällig bezeichnet die Ara Pacis an ursprünglicher Stelle in der Sonnenuhr den Geburtstag des Augustus, wurde das Monument am Geburtstag seiner Gattin Livia eingeweiht und die Anlage auf dem Marsfeld, dem Versammlungsort der römischen Milizen, und an der Via Flaminia (über sie kehrte Augustus 13 v. Chr., d. h. im Jahre des Beginns der Arbeiten an Sonnenuhr, Ara Pacis und Mausoleum, von seinem letzten großen Feldzug aus Gallien zurück) errichtet. Wie sehr das Solarium Augusti in der Antike Reichs- und Stadtsymbol war, zeigt u. a. das Basisrelief der Säule des Antoninus Pius (ehemals kaum 200 m vom Obelisken entfernt aufgestellt, heute in den Vatikanischen Museen, *S. 198*): der Genius Loci (Personifikation) des Campus Martius hält in seinem Schoß den Obelisken.

*** 10 Pantheon

Piazza della Rotonda: Einer der charakteristischen Plätze Roms und ein Zentrum des römischen Nachtlebens, der vom Pantheon, dem vielleicht schönsten und in jedem Fall besterhaltenen antiken Bau Roms beherrscht wird. Den Mittelpunkt des Platzes vor dem Pantheon, in der Antike ein großer Portikus, bildet heute ein Brunnen, den Giacomo della Porta 1578 schuf. Cafés und Restaurants laden den Besucher zu beschaulichem Aufenthalt ein (leider läßt man sich die Lage mit hohen Preisen bezahlen); zu fast jeder Tages- und Nachtzeit ist der Platz von urbanem Leben erfüllt. Besonders zu empfehlen ist ein Besuch am frühen Abend, kurz vor Einbruch der Dämmerung (stimmungsvolles Abendlicht), oder nach Mitternacht, wenn der Touristenstrom nachgelassen hat und nach und nach Ruhe einkehrt.

Geschichte: Das Pantheon hat als *Wahrzeichen Roms* vor allem überlebt, weil es schon in der Spätantike als christliche Kirche einer neuen Verwendung zugeführt wurde. Die Geschichte des Pantheons ist in vielerlei Hinsicht auch eine Geschichte Roms. Der, wie der griechische Name besagt, ›allen

Piazza della Rotonda und Pantheon

Göttern‹ geweihte Tempel (wahrscheinlich aber richtiger nur den sieben Planetengöttern Sol-Apoll, Merkur, Venus, Mars, Jupiter, Saturn und Neptun) wurde 27 v. Chr. von Marcus Vipsanius Agrippa gestiftet (Widmungsinschrift auf dem Architrav der Fassade) und 118–125 n. Chr. unter Hadrian nach einem Brand, nochmals dann 202 n. Chr. durch Septimius Severus und Caracalla, restauriert. Vermutlich unter Theodosius I. wurde das Pantheon im 5. Jh. geschlossen und in der Folgezeit seines Tempelschatzes beraubt. Kaiser Phokas schenkte die Kirche Papst Bonifaz IV., der sie am 1. Nov. 609 als christliche Kirche ›allen Märtyrern‹ (*Santa Maria ad Martyres* oder, im Volksmund, *Santa Maria Rotonda*) neu weihte. Diese Weihe begründete das Allerheiligenfest am 1. November, das Gregor IV. einführte. Kaiser Constans II. (663) ließ die vergoldeten Bronzedachziegel einschmelzen und Papst Gregor II. (735) das Dach in Blei erneuern. Schlimme Verstümmelungen mußte der Bau noch im 17. Jh. erdulden. Papst Urban VIII., ein Barberini, ließ die bronzenen Deckenbalken der Vorhalle herausreißen und einer ›sinnvolleren‹ Verwendung zuführen. Aus dem so billig gewonnenen Metall konnte der berühmte Gian Lorenzo Bernini nicht nur den gewaltigen Prunkbaldachin für die Vierung von St. Peter *(S. 190)* schaffen, es blieb auch noch genug übrig für einige Kanonen für die Engelsburg (»Quod non fecerunt barbari, fecerunt Barberini« »was nicht die Barbaren zerstörten, fiel den Barberini zum Opfer«, lautete ein gängiger Spottvers). Es spricht für die Kunst des ungenannten antiken Architekten, daß der Bau den doch massiven Eingriff ohne Schäden überstanden hat. Schließlich erhielt Bernini auch noch den Auftrag, den romanischen Turm neben dem Pantheon abzureißen und statt dessen auf die Ecken der Attika zwei kleine Türmchen zu setzen. Im Volksmund hießen diese bald treffend ›orecchie d'asino‹ (Eselsohren). Der solcherart ›gehörnte‹ Bau wurde erst 1883 wieder von seinem fragwürdigen Schmuck befreit. Clemens IX. ließ 1668 das Pantheon mit einem eisernen Gitter umgeben, und unter Pius IX. begannen schließlich im 19. Jh. die ersten Restaurierungsarbeiten. Das Königreich Italien hat dann nach dem Einmarsch der königlichen Truppen in Rom das Pantheon erforschen und restaurieren lassen, nicht zuletzt damit dort die beiden ersten Könige der geeinten Nation, Vittorio Emanuele II. und Umberto I., eine würdige Ruhestätte finden konnten. Die prominentesten älteren Grabmäler der Kirche sind diejenigen Raffaels und Baldassare Peruzzis aus dem frühen 16. Jh.

Äußeres: Das Pantheon besteht aus der zylindrischen Cella und einem im Norden angefügten tiefen Pronaos. Der Pronaos mit 8 Säulen zur Front, Architrav mit Widmungsinschrift, Giebel (dessen Bronzereliefs im Schmelzofen geendet sind) und dahinterliegender hoher Attika ist drei Säulenreihen tief (33,10 × 15,50 m). Die Granitsäulen mit korinthischen Kapitellen erreichen bei einem Umfang von 4,50 m eine Höhe von 12,50 m. Die Vorhalle ist dreischiffig: in den äußeren Schiffen je eine Nische, in denen sich ursprünglich Statuen befanden, in der Mitte das Hauptportal des Tempels. Den antiken Bronzetüren, die unter Pius IV. restauriert wurden, ist das Schicksal der Deckenbalken erspart geblieben. Das durch die Jahrhunderte stets bestaunte architektonische Wunderwerk ist aber die Cella selbst, ein Raum von perfekter Harmonie der Maße. Über einem zylindrischen Unterbau erhebt sich die strenge Halbkugel der Kuppel. Durchmesser des Zylinders und Kuppelhöhe sind gleich (je 43,30 m). Ergänzt man gedanklich die Kuppel nach unten zur Kugel, so läßt sich diese Kugel genau dem Zylinder einbeschreiben. Hierin mag ein Verweis auf die Gestalt des Kosmos, vielleicht aber auch auf die Sonnenkugel des Sol-Apoll, des römischen Staatsgottes und obersten der Planetengötter, verborgen sein. Im Äußeren mußte man zu einem Kunstgriff Zuflucht nehmen, um das zwar geometrisch perfekte, aber optisch unbefriedigende Verhältnis von 1 : 1 zwischen Höhe der Wand und Höhe der Kuppel zu verbergen. Die Wand ist als eine Art Tambour bis auf Dreiviertel der Gesamthöhe hochgezogen. Das Dach überspannt mit flachen Stufen den so entstandenen Hohlraum zwischen Wand und Kuppel und gleicht die unterschiedlichen Durchmesser an.

Umrundet man das Pantheon, so sieht man zunächst an den Flanken vor allem der Vorhalle Reste der antiken Marmorverkleidung und (links) des Portikus, eine ursprünglich mit Marmor verkleidete Ziegelmauer. An der Rückseite des Pantheons (heute zugänglich über die Via della Palombella) schloß sich in der Antike die ebenfalls von Agrippa gestiftete *Neptuns-Basilika* an, von der nur die nördliche Abschlußwand erhalten ist. Die große Mittelapsis wird von zwei mächtigen korinthi-

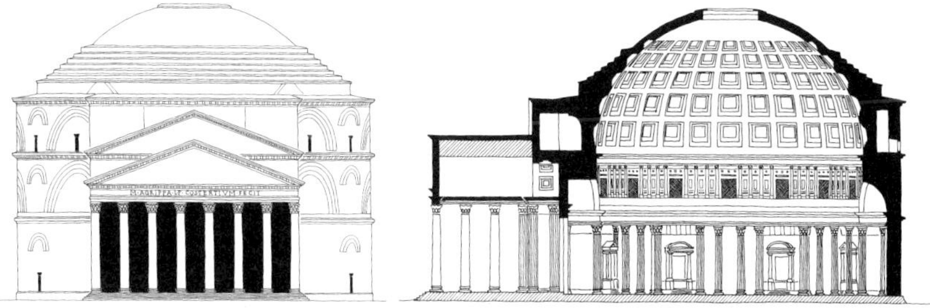

Pantheon: Aufriß, Schnitt und Grundriß

a Verkündigungsfresko
b Grabmal Vittorio Emanueles II.
c Denkmal für Kard. Ercole Consalvi
d Grabmal Raffaels
e Grabmal Umbertos I.
f Grabmal Baldassare Peruzzis

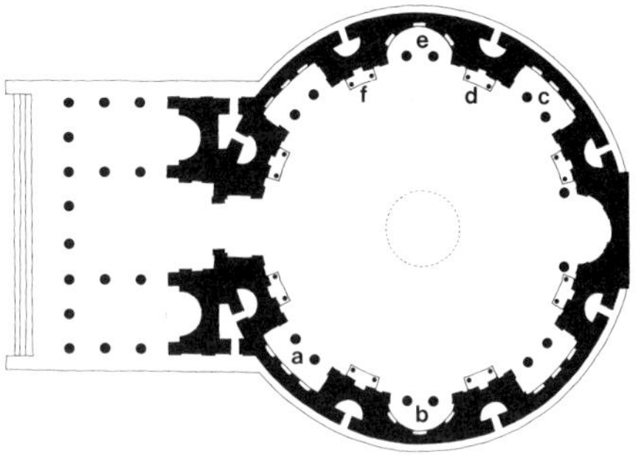

schen Säulen begleitet. Besonders schön ist auch der Architrav mit einem Fries von Delphinen, der von einer Restaurierung des 2. Jh. stammt. Nach den Fischen wird auch die Straße – irrtümlich – ihren Namen haben (Palombella = Haifischchen).

Innenraum: Im Inneren öffnen sich in der unteren Zone der Wand sieben Nischen, abwechselnd von rechteckigem und rundem Grundriß (entsprechend der Zahl der Planetengötter), mit jeweils einer Ädikula in den Zwischenräumen. Kannelierte korinthische Säulen und Pilaster tragen als Abschluß des untersten Wandgeschosses den umlaufenden Architrav, der nur über den großen Rundnischen im Osten und Westen (die die beiden Königsgrabmäler beherbergen) von Bögen unterbrochen wird, die ins nächste Wandgeschoß hinaufragen. Das obere Geschoß der Wand ist niedriger als das untere und abwechselnd durch Fenster (bzw. Scheinfenster) mit bekrönendem Tympanon und durch mit reicher Profilierung gerahmte quadratische Wandfelder gegliedert. Die Wandverkleidung (im Untergeschoß, wie der Fußboden, abgesehen von Restaurierungen das römische Original, im Obergeschoß 1747 zugefügt, von dem ein Abschnitt in der antiken Dekoration restauriert ist) ist in verschiedenfarbigem Marmor ausgeführt. Sie schafft so einen lebendigen Kontrast zum eher stumpfen Grau der Kuppel mit Kassettenornament und einer Lichtöffnung (Durchmesser 9 m) in der Mitte. Die Kuppel des Pantheons wurde, wie alle derartigen Kuppeln der Antike, über einem Holzgerüst teils aus Ziegeln gemauert, teils in Beton gegossen. Sie war, vermutlich als Anspielung auf die Sonnenkugel, wie auch am Außenbau mit vergoldeter Bronze ausgekleidet.

An **Ausstattung** ist zu beachten (Rundgang gegen den Uhrzeigersinn): *Verkündigungsfresko* (**a**), Melozzo da Forli zugeschrieben. – *Grabmal Vittorio Emanueles II.* (**b**) von 1878. – *Denkmal für Kardinal Ercole Consalvi* (**c**), 1824 von Thorvaldsen. – *Grabmal Raffaels* (**d**; 1483–1520) mit dem Spruch des Pietro Bembo »Ille hic est Raphael, timuit quo sospite vinci, rerum magna parens et moriente mori« (d. h. »Hier liegt Raffael, von dem die Mutter aller Dinge [die Natur] fürchten mußte, überwunden zu werden, die nun aber durch seinen Tod verstorben.«). – *Grabmal Umbertos I.* (**e**; ermordet 1900 in Monza). – *Grabmal des Renaissance-Architekten Baldassare Peruzzi* (**f**; 1481–1536).

** 11 **Santa Maria sopra Minerva** (über dem Minerva-Tempel

Piazza della Minerva: Die *Skulptur des Elefanten* (›il pulcino della Minerva‹), die einen ägyptischen *Obelisken* (6. Jh. v. Chr.) aus einem nahegelegenen Isis-Heiligtum trägt, wurde von Gian Lorenzo Bernini entworfen und von Ercole Ferrata ausgeführt (1667). Die Inschrift am Sockel erklärt die Bedeutung der Skulptur, daß es nämlich einer großen Kraft bedürfe, die Weisheit zu tragen. Links der Kirche befindet sich noch heute die römische Zentralverwaltung, das Generalat, des Dominikanerordens. Man sagt, die Dominikaner hätten Bernini durch Eingriffe in seine Planungen so sehr verärgert, daß er den Elefanten schließlich mit dem Hinterteil zum Konvent hin aufgestellt habe.

Schon im 8. Jh. war hier in den Ruinen eines Tempels der Minerva Calcidica eine christliche Kirche errichtet worden, die von den Dominikanern nach 1280 durch einen gotischen Neubau ersetzt wurde. Verschiedene Umgestaltungen haben vor allem im 15. und 17. Jh. zu einer dichten Umlagerung des Innenraums mit Kapellen der unterschiedlichsten Stilformen geführt. Die fast schmucklose Fassade des 17. Jh. inkorporiert drei Marmorportale des mittleren 15. Jh. (an der Fassade *Flutmarken der Tiber-Überschwemmungen*).

Das dreischiffige *Innere* der ursprünglich weit schlichteren Predigerordenskirche ist durch die zu üppige Ausstattung (1848–1855) verfälscht worden. In S. Maria sopra Minerva hat *Fra Angelico*, der bedeutendste

Piazza della Minerva: Elefant und Sockel des Obelisken

Maler der italienischen Frührenaissance, der dem Dominikanerorden angehörte und 1455 in Rom starb, seine letzte Ruhestätte gefunden. Die Kirche beherbergt aber auch die *Reliquien der hl. Katharina von Siena.* Neben einer Reihe von Grabmonumenten ist vor allem die *Carafa-Kapelle* mit den Malereien Filippino Lippis von Bedeutung.

Carafa-Kapelle (**a**): 1488–1492 im Auftrag des Kardinals Oliviero Carafa von *Filippino Lippi* ausgemalt. Die Wirkung der Malereien, ihr Illusionismus, ist durch den späteren Einbau des *Grabmals Papst Pauls IV. Carafa* († 1559) und die Zerstörung der Malereien Lippis auf der östlichen Kapellenwand beeinträchtigt. Auf dem Hauptaltar mit reichem Renaissancerahmen ist die ›Verkündigung‹ dargestellt, während der Stifter von seinem Schutzheiligen St. Thomas v. Aquin präsentiert wird, dahinter, auf der Wand, die ›Himmelfahrt Mariens‹ im Kreise der Apostel. Lippi täuscht dem Betrachter durch ein Vor- und Rückspringen teils realer und teils illusionistischer Raumstufen vor, daß der Altar frei im Raum stehe. Tatsächlich ist die Rahmung des Altars plastisch (wenn auch nur auf die ›gemeinsame‹ Wand von Verkündigung und Himmelfahrt aufgelegt), der darüber ›schwebende‹ Baldachin aber nicht. Seine Plastizität wird vorgetäuscht, indem er durch die Schnüre, an denen er hängt in den scheinbar dreidimensionalen Raum der Rahmenarchitektur der ›Himmelfahrt‹ ausgreift. Diese wiederum nimmt, wenn auch variierend, die Formen der realen Architektur auf, setzt diese für das Auge logisch fort, ohne dabei tatsächlich deren Fortsetzung zu sein. Dieser Illusionismus ist nicht nur künstlerische Spielerei, sondern hat eine theologisch-didaktische Funktion. Die reichere Scheinarchitektur, die den vermeintlichen Landschaftsaus-

Santa Maria sopra Minerva: Grundriß

- **a** Carafa-Kapelle
- **b** Grabmal des Durandus
- **c** Skulptur des Erlösers (Michelangelo)
- **d** Hochaltar mit den Reliquien der hl. Katharina von Siena
- **e** Grabmonumente für Leo X., Clemens VII. und Pietro Bembo
- **f** Grabmal Fra Angelicos
- **g** Grabmal Benedikts XIII.
- **h** Grabmal Giovanni Arborinis
- **i** Grabmal Andrea Bregnos
- **k** Grabmal Giovanni Vigevanos
- **l** Antoniazzo Romano ›Verkündigung‹

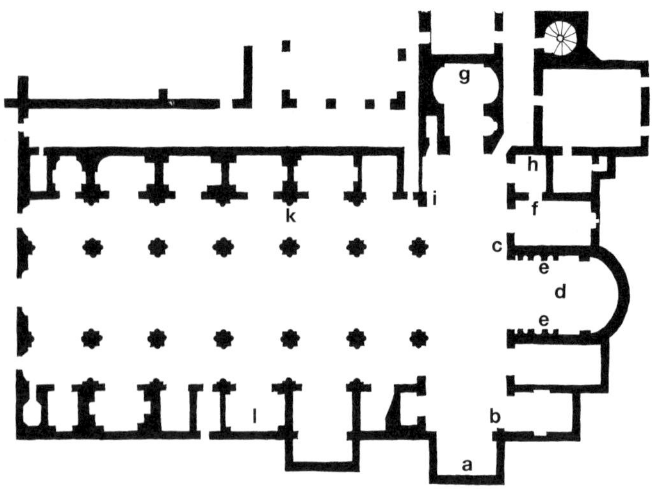

Filippino Lippi ›Triumph des hl. Thomas von Aquin über die Häretiker‹ (mit römischer Stadtvedute)

blick rahmt, entspricht in ihrer Überhöhung der realen Kapellenarchitektur der Überhöhung der paradiesischen Landschaft mit der ›Himmelfahrt Mariens‹. Die Rückwand der Kapelle wird so mit malerischen Mitteln negiert; an ihre Stelle tritt eine Schau jenseitiger Herrlichkeit. Durch die Perspektive wird der Betrachter in diese Welt des Heils hineingezogen. Blickrichtung und Gestik der Zeugen der ›Himmelfahrt‹ ›hinter‹ dem Altar lenken die Aufmerksamkeit des Betrachters wiederum nach oben, auf die entschwebende Gestalt Mariens im Kreise der Engel. Durch den Baldachin schafft Lippi einen unteren Abschluß für die eigentliche Himmelfahrtsszene, und das Format dieses Bildes im Bilde nähert sich so dem Ideal des Kreises an. Auf der rechten Wand erkennt man in der oberen Zone ›Szenen aus dem Leben des hl. Thomas von Aquin‹, in der unteren den ›Triumph des hl. Thomas über die Häretiker‹, d. h. die Vertreter falscher Glaubenslehren. Die beiden Gestalten in der Mitte sind die Erzhäretiker Arius und Sabellius. In den beiden Jünglingen rechts vermutet man seit jeher Jugendbildnisse der späteren Medici-Päpste Leo X. und Clemens VII. (hinter dem Hochaltar bestattet). Von besonderem Interesse ist eine *Stadtvedute Roms*, die

Lippi links in den Hintergrund eingefügt hat. Man erkennt die Reiterstatue des Marc Aurel an ihrem ursprünglichen Aufstellungsort bei S. Giovanni in Laterano. An der Decke vier Sibyllen (ca. 1520).

Das *Grabmal des Durandus* (**b**; † 1296) links der Carafa-Kapelle ist eine signierte Arbeit des Mosaizisten Giovanni di Cosma. *Wilhelm Durandus d. Ä.* war einer der bedeutendsten Theologen des 13. Jh. und Verfasser wichtiger kanonischer und liturgischer Werke.

Skulptur des Erlösers von Michelangelo (**c**; 1519–1521): Der Vertrag hatte vom Künstler gefordert, Christus in der ›humilitas‹, in ›demütiger Nacktheit‹, darzustellen. Schon zu Lebzeiten warf man Michelangelo vor, die Statue stelle eher einen heidnischen Apoll als den Gottessohn dar. Vor kurzem wurde eine Deutung von Michelangelos Christus als ›neuer Adam‹, der den Sündenfall des ersten Adam durch den Kreuzestod überwinde, vorgeschlagen. Der muskulöse Körper Christi in der vielleicht allzu betonten Kontrapostik erinnert eher an eine Ehrenstatue des Hellenismus für einen erfolgreichen Sportler denn an die Leiden des Erlösers. Wichtig war Michelangelo die freie Beweglichkeit der Arme. Kreuz, Stab und Schwamm als Attribute wirken ein wenig gezwungen, zugefügt. Vielleicht hat Michelangelo diese Gegenüberstellung heidnischer Idealschönheit und christlicher Religion bewußt gesucht, so wie die Humanisten des ausgehenden 15. Jh. immer wieder die Frage der Gleichsetzung des christlichen Erlösers und Lichts der Welt mit dem Lichtgott der Antike diskutiert haben.

Hl. Katharina von Siena (**d**): Unter dem Hauptaltar ruhen die Gebeine der hl. Katharina von Siena (1347–1380), einer der bedeutendsten Heiligengestalten des Dominikanerordens, Mystikerin und erfolgreiche Kirchenpolitikerin zugleich. Katharina ist es u. a. in den 60er Jahren des 14. Jh. gelungen, Papst Urban V. zur Rückkehr aus dem Exil in Avignon zu bewegen.

Hinter dem Hauptaltar sieht man die *Grabmonumente für die beiden Medici-Päpste Leo X. und Clemens VII.* (**e**) nach Entwürfen Antonio da Sangallos d. J. (1536–1541) und im Fußboden das *Grabmal des Pietro Bembo* (1470–1547), eines bedeutenden Humanisten der Hochrenaissance. Die übrige Ausstattung des Chores stammt weitestgehend aus dem 19. Jh. – Der anschließende Chor beherbergt das *Grabmal* (**f**) des herausragenden Malers der Frührenaissance: des Dominikanermönchs Fra Giovanni da Fiesole, bekannter unter seinem Künstlernamen *Beato Angelico* (1387–1455). – Erwähnenswert ist des weiteren das prunkvolle *Grabmal Benedikts XIII. Orsini* (**g**; der dem Dominikanerorden angehörte) nach einem Entwurf Carlo Marchionnis (1739). – Das *Grabmal Giovanni Arborinis* (**h**; † 1473) zeigt die Liegefigur des Verstorbenen

Kolosseum *(S. 71)*

Trajansforum mit Trajanssäule und Loretokirche *(S. 82)*

über einem antiken Sarkophag mit einem bewegten Relief ›Kampf des Herkules mit dem nemeischen Löwen‹. Links im Hintergrund erkennt man einen Baum (lat. ›arbor‹), der als Anspielung auf den Namen des Verstorbenen gedeutet werden kann. – Zu erwähnen verbleiben das Grabmal des *Bildhauers Andrea Bregno* (**i**; 1506) und das Grabmonument Giovanni Vigevanos (**k**; 1617) von Gian Lorenzo Bernini in den Kapellen der linken Langhausseite.

Die 5. Kapelle der rechten Langhausseite (Ausstattung von Carlo Maderno) beherbergt auf dem Hauptaltar eine in den Farben erstaunlich intensiv wirkende und in der Komposition ungewöhnliche *›Verkündigung‹* (**l**) von Antoniazzo Romano (1460). Der Engel präsentiert, eingeschoben in die Verkündigung, den Stifter, Kardinal Juan de Torquemada, und drei seiner Obhut anvertraute Waisenkinder. Der Stifter wird so in seine ganz private Vision der Verkündigung unmittelbar einbezogen, der ›häusliche‹, bildnishafte Charakter Mariens (man beachte die Frisur) verstärkt dies noch. Die Farben des frisch restaurierten Altarbildes (1988), vor allem das leuchtende Rot vor dem Goldgrund, erreichen fast die Intensität mittelalterliche Glasfenster.

** 12 Sant' Ignazio di Loyola

Baugeschichte: Die Kirche ist dem 1556 verstorbenen und 1622 heiliggesprochenen *Gründer des Jesuitenordens Ignatius von Loyola* geweiht. Sie wurde 1626–1650 nach einem Entwurf des Jesuiten Orazio Grassi in Zusammenarbeit mit Carlo Maderno (der auch für die Fassade der Peterskirche verantwortlich zeichnet) und auf Kosten des Kardinals Ludovico Ludovisi erbaut. Die *Fassade,* vielleicht ein Werk Alessandro Algardis (1595–1654), orientiert sich an derjenigen der ersten römischen Jesuitenkirche, ** Il Gesù 13, die ein halbes Jahrhundert früher u. a. von Vignola und Giacomo della Porta errichtet worden war. Die Fassaden stimmen in allen wesentlichen Gliederungsmerkmalen (Zweigeschossigkeit mit kräftigen horizontalen Gesimsen und senkrechter Pilastergliederung, überhöhtes Hauptportal, das mit dem Giebel ins Obergeschoß hinaufreicht, großes Fenster in der Westwand in der Mittelachse) überein, diejenige von S. Ignazio ist aber einerseits plastischer (›Mittelrisalit‹), andererseits mehr vertikal betont als die breitgelagerte und flächige Fassade von Il Gesù. Die wie ein barocker Bühnenprospekt der Fassade von S. Ignazio gegenübergestellten Wohnhäuser an der Nordseite des Platzes (die Kirche ist nicht geostet) wurden 1727/28 von Filippo Raguzzini errichtet und beeinträchtigen trotz der Enge des Platzes die Wirkung der Fassade nicht.

Inneres: Einschiffig in Form eines lateinischen Kreuzes mit je drei großen Kapellen an den Langhausseiten anstelle der Seitenschiffe. Wie schon Il Gesù folgt S. Ignazio damit dem von Alberti für S. Andrea in Mantua bereits um 1470 entwickelten Schema des basilikalen Kirchenbaus, der für Renaissance und Barock weitgehend kanonisch geworden ist. Anders als in den Kirchen der Renaissance (zu denen ja auch Il Gesù noch in etwa zu rechnen ist) tritt aber in S. Ignazio zur Raumwirkung die barocke Farbentfaltung mit Dekorationen in verschiedenfarbigem Marmor, Stuck und Malereien hinzu, die den Gläubigen in eine Welt himmlischen Entzückens entrücken sollen.

Das **Deckenfresko** ist ein *Höhepunkt barocker Illusionsmalerei. Andrea Pozzo,* der die Tonnenwölbung des Mittelschiffs in den Jahren nach 1685 ausgemalt hat, entstammt selbst dem Jesuitenorden. Zentrum des Bildes ist Christus, der Herr des Lichtes in der Höhe des Himmels. Der hl. Ignatius erscheint als Mittler des göttlichen Lichtes der Gnade an die vier (damals bekannten) Erdteile, die als weibliche Personifikationen vorgestellt werden. Die Ungläubigen werden hinabgestürzt, während die Bekehrten von allen Enden der Welt zu Christus hinaufsteigen. Das Fresko Andrea Pozzos ist eine *Allegorie der Missionstätigkeit des Jesuitenordens* im Zeitalter der Gegenreformation. Das Thema der Malerei tritt zurück gegenüber der mit den Mitteln des Malers geschaffenen Raumillusion. Durch die perspektivische Architekturmalerei, die gewaltigen Säulen und Arkaden, die sich jenseits der wirklichen Raumgrenzen auszudehnen scheinen, werden für den Betrachter die Grenzen zwischen Realität und christlicher Vorstellungswelt aufgehoben. Der perspektivische Effekt der Malerei ist am besten von der großen Marmorplatte im Zentrum des Kirchenfußbodens aus zu beobachten. – Andrea Pozzo hat auch die illusionistische *Scheinarchitektur* auf Leinwand in der Vierung (ein Kuppelbau war vorgesehen, wurde aber nicht ausgeführt) und die Malereien des rechten Querhausarms ausgeführt. Des weiteren stammen von ihm die ›Glorie des hl. Ignatius‹ in der Apsis und die Malereien der Pendentifs. ›David, Judith, Samson und Joel‹ (der Realismus der Pendentifs hat den Beifall der Zeitgenossen Andreas' nicht gefunden; in S. Ignazio, rügte man, habe ein Schlachter seinen Laden geöffnet).

** 13 Il Gesù

Piazza del Gesù: An diesem unschönen Platz liegt die *Zentrale der Democrazia Cristiana (DC),* der christdemokratischen Partei Italiens. Man sollte sich daher nicht wundern, just in dieser Ecke zahlreiche Graffiti an den Hauswänden zu lesen, die Partei und Regierung verspotten, z. B. ›DC = mafiosi‹. Die Gegend um den *Largo Argentina* ist *der* Verkehrsknotenpunkt schlechthin. Zahlreiche Buslinien kreuzen den ehem. Tempelbezirk in der Nähe des Kapitols. Zwischen Largo Argentina und Kapitol, in der Via delle Botteghe Oscure, sind noch Reste des

Il Gesù: Fassade

13 v. Chr. errichteten *Theaters des Cornelius Balbus*, eines Freundes des Augustus, zu erkennen. Am Largo Argentina selbst liegt auch das *Teatro Argentina*, das bedeutendste Schauspielhaus der Stadt.

Il Gesù ist die *Hauptkirche des Jesuitenordens* und *Prototyp einer Sonderform barocker Kirchen*, die unter dem nicht unumstrittenen Begriff ›*Jesuitenstil*‹ zusammengefaßt werden. Sie wurde 1568–1584 von Vignola im Auftrag Kardinal Alessandro Farneses, dessen Name auf der Fassade erscheint, errichtet. Der erst 1540 gegründete Jesuitenorden (Gesellschaft Jesu) war stark in der Gegenreformation engagiert und hat sich vor allem die Ausbreitung des Gottesreiches auf Erden zum Ziel gesetzt. Zur besseren Hörbarkeit der Predigt forderte daher der Jesuitenorden beim Kirchenbau einen einschiffigen gewölbten Saalbau, der mit einem zentralisierten Ostteil verbunden werden sollte.

Die **Fassade,** 1573 von Giacomo della Porta begonnen, zeigt im Untergeschoß eine Ordnung aus Lisenen und Halbsäulen, die ein breites Gesims tragen, über dem ein doppeltes Tympanon das Mittelportal betont. Das Obergeschoß hat eine flachere Lisenenordnung, ist von Voluten flankiert und von einem Dreiecksgiebel bekrönt. Die Statuen in den Nischen zeigen den *Ordensgründer Ignatius von Loyola* und den *Asienmissionar Franz Xaver*, einen der meist verehrten Heiligen des Jesuitenordens. Über dem Portal ist das Christusmonogramm JHS als Symbol jesuitischer Frömmigkeit angebracht. Trotz der starken Differenzierung der Geschosse bleibt ein Rhythmus der Formen beibehalten: Dem betonten Mittelportal im Untergeschoß entspricht das Fenster in der oberen Zone; das Motiv der Nischen über den seitlichen Portalen wird im Obergeschoß aufgegriffen. Die Fassade ist bezeichnend für den Übergang von der Renaissance zum Barock, die linearen Formen weichen einer größeren Plastizität. Dieser Stil sollte in der Zeit der Gegenreformation noch oft kopiert werden.

Der **Innenraum** ist geprägt von einer für die Gegenreformation charakteristischen Geschlossenheit, die jeden in die Teilnahme am Gottesdienst einbeziehen soll. Das tonnengewölbte Langhaus besteht aus einem einzigen Schiff, die Seitenkapellen, überkuppelt und von doppelten Pilastern abgetrennt, fallen nicht ins Gewicht. Das Querhaus, kaum über die Breite von Langhaus und Kapellen hinausreichend (besonders gut am Außenbau sichtbar), ist von einer relativ niedrigen Kuppel geschlossen, die das einheitliche Gefüge des Raumes nicht aus dem Gleichgewicht bringt. Die gesamte Architektur ist von mehrfarbigem Marmor, Stuck und Vergoldungen überzogen und erhält wenig, aber eindrucksvoll geführtes Licht insbesondere von der Kuppel. Die Pracht der Anlage und ihre Geschlossenheit sind Ausdruck der militanten und triumphierenden Kirche der Gegenreformation.

Ausstattung: Das Langhaus wird beherrscht von *Baciccias Deckenfresko* ›Triumph des Namens Jesu‹ (1672–1683). In einer nahezu perfekten Illusion scheint sicht die Decke des Kirchenschiffs zu öffnen. In der Höhe des hellen und luftigen Himmels erscheint das Monogramm Christi JHS (heute nur noch schwach sichtbar), umgeben von Putten. Die Seligen steigen zu ihm auf, während die Ungläubigen herabstürzen. Die direkte Beziehung des Gläubigen zu Christus, hier verbildlicht durch das sich zum Himmel öffnende Kirchenschiff, ist ein wesentliches Konzept der Gegenreformation, insbesondere bei den Jesuiten. Stilistisch zeichnet sich das Fresko vor allem durch die gelungene Luftperspektive aus und ist bezeichnend für den großartig-dekorativen Stil des Hochbarock (eine Ölskizze befindet sich in der Galleria Spada, *S. 162*).

Ebenfalls von Baciccia, doch weniger eindrucksvoll, sind die *Fresken*

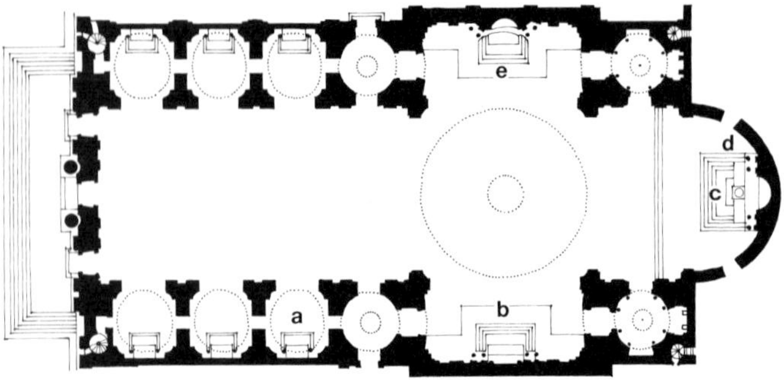

Il Gesù: Grundriß

- **a** Kapelle mit Fresken und Altarbild von Federico Zuccari
- **b** Franz-Xaver-Altar
- **c** Hochaltar
- **d** Büste des hl. Robert Bellarmin
- **e** Ignatius-Kapelle

der Kuppel (Evangelisten und Kirchenväter in den Pendentifs, Paradies in der Kuppelschale) und in der Apsis (Glorie des mystischen Lammes; eine Ölskizze hierzu befindet sich im Korridor vor der Sakristei). Die Stukkaturen und weißen Skulpturen stammen von Antonio Raggi.

Die *3. Kapelle rechts* (**a**) zeigt Fresken und ein Altarbild von Federico Zuccari mit Engelsdarstellungen; an den Wänden Marmorfestons aus den Titusthermen. – Im rechten Querhaus steht der *Altar des hl. Franz Xaver* (**b**), 1674–1678 nach Entwurf von Pietro da Cortona; das Altarbild von Carlo Maratta zeigt den Tod des Heiligen auf einer Missionsreise nach China. – Der *Hochaltar* (**c**) aus dem 19. Jh. stammt von Antonio Sarti; links dahinter eine *Büste des hl. Robert Bellarmin* (**d**), eines bedeutenden Theologen des Jesuitenordens, von Bernini (1622).

Das linke Querhaus birgt die prunkvolle *Kapelle des hl. Ignatius* (**e**), 1696–1700 von dem Jesuiten Andrea Pozzo gestaltet. Unter dem Altar, einem der üppigsten in Rom, befindet sich das Grab des hl. Ignatius (geb. 1491 im Baskenland, † 1556 in Rom). Die Statue über dem Altar, dessen Säulen mit Bronze und Lapislazuli verkleidet sind, ersetzt ein Original aus Silber von Pierre Legros, das eingeschmolzen wurde, um Reparationszahlungen an Napoleon zu leisten. Von Legros stammt auch die linke Marmorgruppe ›Die Religion wirft die Häresie nieder‹ von J. Théodou die rechte Gruppe ›Der Glaube bekämpft die Idolatrie‹ *(Farbtafel nach S. 144)*.

Theater des Pompeius (Piazza del Piscione): Das Theater ist im Palazzo Pio aus dem 16. Jh. vermauert, die Kurve der Ränge aber noch von der Via di Grotta Pinta zu erkennen. Der Bau, 55 v. Chr. eingeweiht, war das erste gemauerte Theater Roms. Berühmt blieb die Gegend als *Ort der Ermordung Julius Caesars* am 15. März 44 v. Chr.

* Tempel am Largo della Torre Argentina

Der heutige Platz entspricht dem Zentrum des antiken Marsfeldes. 1926–1930 brachten Ausgrabungen die vier Tempel ans Licht, die einen der wenigen Komplexe aus republikanischer Zeit darstellen. Drei der Tempel sind rechteckig, einer ist ein Rundtempel, alle vier blicken nach Osten auf einen gepflasterten Platz. Über die verehrten Gottheiten gibt es keine Anhaltspunkte.

Tempel A: Der Podiumstempel mit Ringhalle (Peripteros) geht wahrscheinlich auf das 3. Jh. v. Chr. zurück, erfuhr jedoch Umbauten. Relativ gut erhalten sind die kannelierten Tuffsteinsäulen und die Säulenplattform (Stylobat), ergänzt wurden die Stufen des Podiums. Im Mittelalter wurde auf den Resten der Cella und des Peristyls eine Kirche errichtet, von der zwei Apsiden mit Freskenresten zu erkennen sind.

Tempel B: Der Rundtempel, eine sog. Tholos, aus dem 2. Jh. v. Chr. ist der jüngste Tempel der Anlage. Er folgt im Typ einem griechischen Vorbild, während die Anlage auf einem Podium mit Treppe römisch ist. 6 Säulen sind original, ebenso die Treppe und die Reste des Altars. Das Podium des Tempels wurde noch in republikanischer Zeit erhöht und erweitert, die ehem. Cella jedoch abgebrochen und die Interkolumnien

Tempel am Largo della Torre Argentina

zu einem neuen Raum vermauert. In diesem Innenraum befindet sich die Basis einer Kolossalstatue. Neben dem Tempel wurden Kopf, Arme und Füße der Statue einer sitzenden Göttin gefunden (heute im Konservatorenpalast, *S. 41*).

Tempel C: Der rechteckige Podiumstempel aus dem 4. Jh. v. Chr. und damit der älteste des Komplexes liegt wesentlich tiefer als die übrigen. Die erhaltenen Reste bestehen aus ähnlichen Tuffquadern wie die sog. Servianische Mauer. Der Bau hat einen hohen Stylobat und keine seitlichen Säulenstellungen und gehört somit dem etruskisch-italischen Typ an. In der Kaiserzeit wurde die Cella restauriert.

Tempel D (nur teilweise ausgegraben), ein Travertinbau mit hohem Podium, stammt aus dem frühen 2. Jh. v. Chr.

*** 14 Piazza Navona

Die Piazza Navona gilt als *schönster Platz Roms*, wenn nicht ganz Italiens. Die einmalige Anlage auf dem Grundriß eines antiken Stadions ist eng mit der Geschichte der Stadt verbunden. Im Altertum soll sich hier das Martyrium der hl. Agnes zugetragen haben; im Mittelalter entstanden die ersten Kirchen. Im 15. Jh. bestimmte Sixtus IV. den Vatikan zum dauerhaften Wohnsitz der Päpste, wodurch der Platz ins Zentrum der Stadt geriet. Paläste wurden errichtet, der Markt vom Kapitol auf diesen Platz verlegt, Feste gefeiert. Inbesondere Spanier und Franzosen, die ihre Nationalkirchen San Giacomo und San Luigi bei der Piazza Navona hatten, begingen hier ihre nationalen Ereignisse. In die Chroniken gingen z. B. die Stierkämpfe ein, die der spanische Kardinal Borgia, der spätere Papst Alexander VI., hier veranstalten ließ, um die Befreiung seines Vaterlandes von den Mauren zu feiern. Unter Innozenz X. Pamphili, der die Piazza Navona zur Papstresidenz ausbauen wollte, entstanden die bedeutenden Monumente, die dem Platz die barocke Pracht verleihen. Innozenz begründete auch das berühmte Spektakel des *›lago‹*, ein durch Überflutung des Platzes herbeigeführter künstlicher See, in dem Höflinge mit Kutschen spazierenfuhren. Der ›lago‹ wurde mehrmals aus Angst vor der Malaria verboten, doch unter dem Druck des römischen Adels und unter Beibringung ärztlicher Gutachten immer wieder zugelassen. Als im 19. Jh. der sommerliche Teich zum Waschplatz der Droschkenpferde verkam, wurde er endgültig aufgehoben und der Platz gepflastert. Noch heute ist die Piazza Navona Austragungsort der verschiedensten Veranstaltungen, z. B. des *Mercato della Befana*, einer Art *Weihnachtsmarkt*,

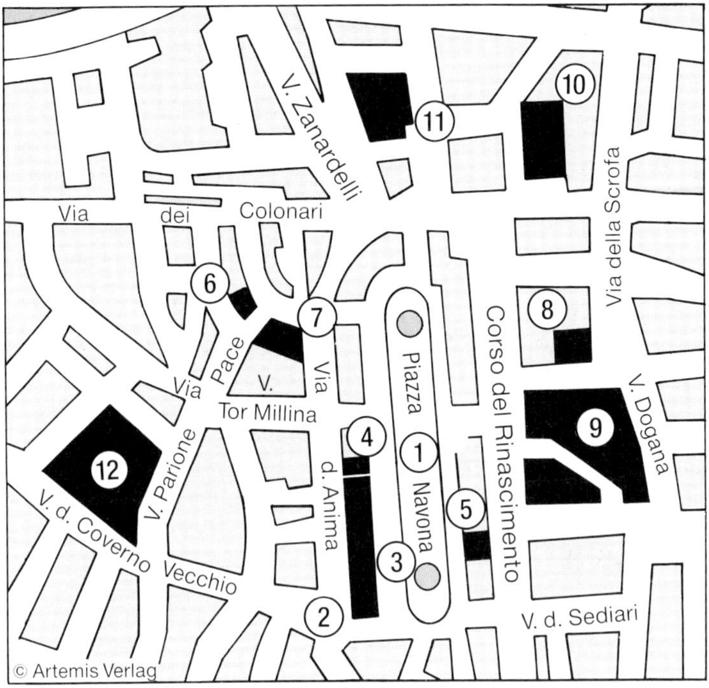

Piazza Navona: Orientierungsplan

** ① Vierströmebrunnen *(S. 138)*
② Pasquino *(S. 139)*
③ Palazzo Pamphili *(S. 139)*
* ④ Sant'Agnese in Agone *(S. 139)*
⑤ Sant Giacomo degli Spagnoli *S. 140)*
** ⑥ Santa Maria della Pace *S. 140)*
* ⑦ Santa Maria dell'Anima *S. 143)*
⑧ San Luigi dei Francesi *S. 144)*
⑨ Palazzo Madama *(S. 145)*
* ⑩ Sant'Agostino *(S. 145)*
⑪ Palazzo Altemps *(S. 146)*
⑫ Palazzo del Governo Vecchio *(S. 147)*

der bis zum 6. Januar dauert. Dann bringt die Befana (von ›Epiphanie‹), eine gute Hexe, den italienischen Kindern erneut Geschenke.

Das antike *Stadion*, das hier 82–86 unter Domitian errichtet worden war, diente athletischen Übungen und Reiterspielen. Von einem Circus unterschied es sich durch das Fehlen einer geschmückten Mittelachse. Die heutige Piazza zeigt in ihrer langgestreckten Form mit einer geraden und einer gerundeten Schmalseite noch deutlich die Form des Stadions, von dem Reste an der Außenseite der Kurve einsehbar sind. Die Aufstellung der drei Brunnen auf der Mittelachse, wenn auch aufgrund einer Verwechslung, spielt auf den antiken Typus des Circus an. Auch der Name Navona geht auf die Antike zurück und ist ein Derivat von agon = Wettkampf.

Der Platz ist mit *drei Brunnen* geschmückt. Die beiden äußeren errichtete Giacomo della Porta auf Anordnung Gregors XIII. (1575/6).

Der südliche, mit Tritonen und Masken besetzte Brunnen wurde 1654 auf Wunsch von Donna Olimpia Maidalchini, der gebieterischen Schwägerin Innozenz' X., die im Palazzo Pamphili residierte, durch Berninis Skulptur des ›Moro‹, eines Meeresgenius', ergänzt. Der nördliche Brunnen erhielt erst im 19. Jh. aus Gründen der Symmetrie die Figuren Neptuns und der Nereiden (Antonio della Bitta und Gregorio Zappalà).

** **Vierströmebrunnen ①:** Im Zentrum des Platzes steht der Vierströmebrunnen (1648/51), *ein Meisterwerk Gian Lorenzo Berninis.* Es wird erzählt, der bei Innozenz X. unbeliebte Künstler habe ein silbernes Modell seines Entwurfes in den Palast der Donna Olimpia geschmuggelt, der die prachtliebende Dame derart begeisterte, daß Bernini und nicht der Konkurrent Borromini den Auftrag und die Gunst des Papstes erhielt. Das Monument wird beherrscht von seinem aus dem Circus des Maxentius *(S. 282)* an der Via Appia herangeschafften *Obelisken,* dem ägyptischen Lichtsymbol, das im Barock zum ›lumen Christi‹ umgedeutet und als Symbol der päpstlichen Macht eingesetzt wurde – der Obelisk ist mit der Taube, dem Wappentier Innozenz' X., bekrönt. Auf dem Sockel befinden sich vier Flußgötter, Vertreter der bekannten Erdteile, die auf den Obelisken reagieren: *Donau* (Europa) wendet sich ihm zu und stützt das päpstliche Wappen; *Ganges* (Asien) wendet sich gleichgültig ab; *Nil* (Afrika) hat in Anspielung auf die unbekannten Quellen das Haupt verhüllt und stützt blind das Wappen; *Rio de la Plata* (Amerika) reagiert geblendet auf das Lichtsymbol; Ausdruck der erst kürzlich begonnenen Amerikamission. Die Vertreter der Erdteile sind dem von der Taube bekrönten Obelisken unterworfen; so wird der Brunnen zu einem Monument des weltbeherrschenden Christentums. Wie der Umbau von San Giovanni in Laterano sollte auch der Vierströmebrunnen zum Jubeljahr 1650 den Pilgern die Größe der päpstlichen Stadt vorführen und den für Rom demütigen Abschluß des Dreißigjährigen Krieges in den Schatten stellen. Der Brunnen konnte jedoch erst ein Jahr später enthüllt werden. Eine Legende sieht den Vierströmebrunnen im Zusammenhang mit der Kirchenfassade als Ausdruck der Feindseligkeit der rivalisierenden Künstler Bernini und Borromini: Berninis Figur des Rio della Plata strecke die Hand gegen Borrominis Kirchenfassade, als ob sie deren Einsturz befürchte. Da der Brunnen jedoch lange vor der Errichtung der Fassade entstanden war, hat diese Legende keinen wahren Kern *(Farbtafel vor S. 145).*

An der geraden Schmalseite der Piazza liegen der **Palazzo Lancellotti** aus dem 16. Jh. und der **Palazzo Braschi,** Ende des 18. Jh. für Pius IX.

Braschi errichtet. An der Ecke des Vorgängerbaus ließ Kardinal Oliviero Carafa das Fragment einer Menelaos-Patroklos-Gruppe aufstellen. Der sog. **Pasquino** ② steht noch heute an dieser Stelle und wurde als eine der *sprechenden Statuen Roms* berühmt durch die Spottverse auf Papst und Obrigkeit, die an seinen Sockel geheftet wurden. Zur Zeit der Errichtung des Vierströmebrunnens etwa hieß es ›Pane, pane, non fontane‹ (Brot, Brot, keine Brunnen).

Palazzo Pamphili ③

Der Palast, 1644–1650 unter Innozenz X. als Erweiterung des Familienpalastes umgebaut und mit einer linearen, dem Stil des 16. Jh. verhafteten Fassade versehen, ist ein Werk Girolamo Rainaldis, die anschließende Galerie ein Werk Francesco Borrominis, dessen freiere Formen, insbesondere das Serliana-Fenster mit eingestellten Säulen, sich von der recht altertümlichen Architektur Rainaldis absetzen. Die Besichtigung der Fresken Pietro da Cortonas in der Galerie ist nur auf Antrag bei der *Botschaft Brasiliens*, die hier ihren Sitz hat, möglich.

* Sant'Agnese in Agone ④

An dieser Stelle befand sich seit dem 8. Jh. eine Gedenkstätte für die *Märtyrerin Agnes*, die im Stadion des Domitian nackt dem Volk vorgeführt und verbrannt werden sollte. Ein Wunder ließ ihr jedoch langes Haar wachsen und die Flammen zurückweichen. Agnes wurde dann an der Stelle der heutigen Kirche ** Sant'Agnese fuori le Mura 41 enthauptet. An der Piazza Navona entstand eine kleine Basilika, die im 17. Jh. dem Neubau unter Innozenz X. weichen mußte. 1652 begannen Girolamo Rainaldi und sein Sohn Carlo mit dem Bau, dessen Formen auf Kritik stießen, so daß 1653 Francesco Borromini das Werk übernahm. Er gestaltete die konkave, eingeschossige Fassade mit Attikazone und einer Gliederung aus Säulen und Pilastern. Darüber erhebt sich ein hoher, durchfensterter Tambour und eine leicht gestreckte Kuppel mit Laterne, die die Kirche zum beherrschenden Bau des Platzes macht. Die ovalen Glockentürme spannen die Fassade in die Platzfront ein.

Der Grundriß eines griechischen Kreuzes mit langgestreckten Querarmen und tiefen Nischen stammt noch von den Rainaldis, die Austattung in Stuck und Marmor geht auf Borromini zurück. Über acht freistehenden Säulen und weit vorkragendem Gebälk erhebt sich die Kuppel, die Ciro Ferri in der 1680er Jahren mit einem Paradiesfresko ausstattete (von seinen Schülern vollendet). In den Zwickeln Allegorien der Tugenden von Baciccia (um 1665). An den sieben Altären Reliefs und Statuen, unter denen im rechten Querarm ›Agnes in den Flammen‹ und links vom Hochaltar ›Martyrium der hl. Emerenziana‹, der Schwester der Agnes, von dem Bernini-Schüler Ercole Ferrata hervorzuheben sind. Über dem Eingang das Monument für Innozenz X. (G. B. Maini, 1730).

Die **Krypta** wurde in Reste des Stadions eingebaut. Der 1. Raum links enthält ein Relief von Alessandro Algardi, mit dem Haarwunder der Agnes (1653). An den Wänden blieben Reste von Fresken aus dem 13. Jh. erhalten und im 2. Raum Reste römischer Mosaikfußböden. Der 3. Raum wurde im Mittelalter zur Kapelle umgestaltet.

San Giacomo degli Spagnoli (5)

Die ehem. Nationalkirche der Spanier entstand unter dem spanischen Papst Calixtus III. Borgia Mitte des 15. Jh. Das *Mittelportal* (ein Scheinportal, Eingang am Corso Rinascimento), eine signierte Arbeit von Paolo Romano und Mino da Fiesole, gehört zu den *frühesten Werken der Renaissanceskulptur in Rom.* Ab dem 18. Jh. verfiel der Bau und die nicht mehr reichen Spanier wählten S. Maria del Monserrato zur Nationalkirche. Erst im 19. Jh. wurde San Giacomo teilweise neu aufgebaut.

** Santa Maria della Pace (6)

Lage: Vicolo della Pace; Eingang: Via Arco della Pace 5.

Die Kirche erhielt den Namen ›Maria des Friedens‹ nach dem Friedensschluß des Kirchenstaates mit Venedig von 1484. Nach einer anderen Version wurde ein Madonnenbild, das heute auf dem Hochaltar der Kirche gehütet wird, während der inneritalienischen Auseinandersetzungen von einem Stein getroffen, worauf es, der Legende nach, zu bluten begann. Das Ereignis habe Papst Sixtus IV. bewogen, dieser ›Madonna des Friedens‹ (ital.: pace) eine Kirche zu errichten.

Die aus zwei Baukörpern, einem *Längsrechteck* (**E**) und einem anschließenden Oktogon (**D**) bestehende Anlage wurde ca. 1482 unter Sixtus IV. wahrscheinlich von Baccio Pontelli errichtet. 1656 ordnete Alexander VII. Chigi den Umbau durch Pietro da Cortona an.

Aus dieser Zeit stammt die *Fassade* (**A**), ein architektonisches Hauptwerk Cortonas. Dem *Hauptportal* (**B**) ist ein von dorischen Doppelsäulen gestützter Pronaos vorgelagert; im leicht konkav geschwungenen Obergeschoß öffnet sich ein großes Fenster unter einem Dreiecksgiebel. Die konvex ausschwingenden Flügel der Fassade verbinden den

Santa Maria della Pace: Grundriß

A Fassade und Pronaos
B Hauptportal
C Kreuzgang
D Kirchenoktogon
E Rechteckbau
a Hochaltar
b O. Gentileschi: ›Taufe Christi‹
c Marmoraltar Innozenz' VIII.
d Raffael: ›Sibyllen‹
e Gräber der Fam. Ponzetti
f Kapelle von Antonio da Sangallo

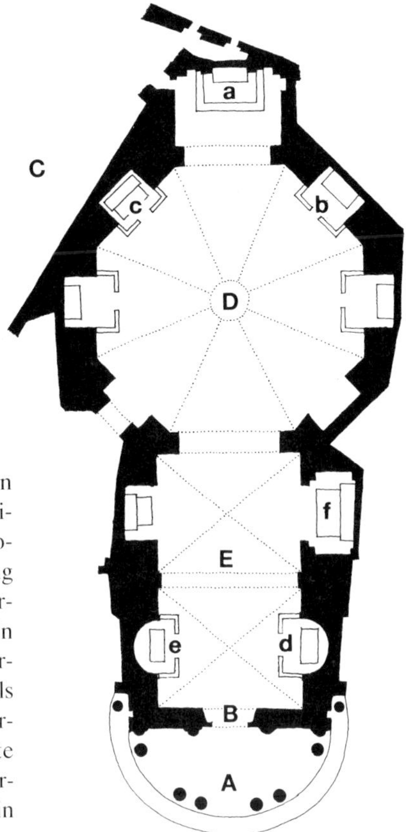

Kirchenbau mit den anliegenden Palästen und heben ihn gleichzeitig hervor. Diese bewegte, szenographische Fassadengestaltung macht aus der bescheidenen Kirche an einem kleinen Platz ein Monument der Pracht und Herrlichkeit des päpstlichen Rom. Als eine der meistfrequentierten Kirchen im Zentrum der Stadt hatte der baufreudige Papst Alexander VII. S. Maria della Pace in sein urbanistisches Programm, aus dem u. a. die Anlage der Kolonnaden von St. Peter *(S. 184)* hervorging, einbezogen. Cortona gelang es dabei, die dem römischen Barock eigene Monumentalität und Feierlichkeit trotz der Enge des Platzes zur Entfaltung zu bringen.

Das *Hauptportal* (**B**) ist meist geschlossen; man betritt die Kirche durch den Konvent. Zunächst erreicht man einen doppelstöckigen *Kreuzgang* (**C**), eine Stiftung des Kardinals Oliviero Carafa. Die Anlage wurde 1500/04 von Donato Bramante errichtet und stellt sein erstes Werk in Rom dar. Der Kreuzgang ist ohne jegliche Veränderung erhalten und zeigt in der Proportion und der Klarheit der architektonischen Form den Harmoniewillen der Renaissancearchitektur.

Im Inneren betritt man zunächst den überkuppelten oktogonalen Raum (**D**). Der *Hochaltar* (**a**) von Carlo Maderno (1655) birgt das Bild der ›Madonna della Pace‹ aus dem 15. Jh., das der Legende nach die Stiftung der Kirche bewirkte. In der Kapelle rechts vom Hochaltar ein Gemälde von *Orazio Gentileschi ›Taufe Christi‹* (**b**); in der Kapelle links der *Marmoraltar Innozenz' VIII.* (**c**), geschaffen von der Werkstatt Andrea Bregnos (1490). Über den Kapellen befinden sich vier große

Santa Maria della Pace: Die ›Sibyllen‹ Raffaels

Gemälde, darunter hervorzuheben der ›Tempelgang Mariens‹ von Baldassare Peruzzi (ca. 1524), in dem sehr deutlich das Interesse des auch als Architekten tätigen Künstlers für antike Bauten spürbar ist; ferner die ›Heimsuchung Mariens‹ von Carlo Maratta (1611), das sich durch die Farbgebung, vor allem das ›Maratta-Blau‹, auszeichnet.

Der *vordere, rechteckige Teil* (**E**) der Kirche ist architektonisch reizlos. Bedeutend sind die *Sibyllen Raffaels* (**d**) über der Kapelle rechts vom Haupteingang. Im Auftrag des Sienesischen Bankiers und Mäzens Agostino Chigi malte Raffael 1514 die Seherinnen, wie sie von Engeln ihre Eingebungen erfahren. In der Plastizität und Herbheit der Figuren erkennt man den Einfluß von Michelangelos Sibyllen der Sixtinischen Decke *(S. 221)*. Die Sibyllen sind heidnische Seherinnen, die vor allem Griechen und Römern die Geburt Christi verkündeten. Sie ergänzen somit die jüdischen Propheten, die über ihnen von Raffaels Mitarbeiter Timoteo Viti dargestellt sind.

In der Kapelle links vom Haupteingang befinden sich die *Grabmäler der Familie Ponzetti* (**e**). Das Altarbild ist ein Fresko Baldassare Peruzzis, das die Madonna mit den hll. Brigida und Katharina sowie dem Kardinal Ponzetti darstellt (1516).

Die 2. *Kapelle rechts* (**f**) entstand 1530 nach Entwürfen *Antonio da Sangallos*. Die extrem reiche, feine Marmorornamentierung der Außenfront schuf Simone Mosca, die Statuen und Reliefs sind von Vincenzo de Rossi. Ihm werden auch die Grabmäler mit Liegefiguren der Familie Cesi in der Kapelle zugeschrieben (1550/60).

* Santa Maria dell'Anima ⑦

Lage: Via S. Maria dell'Anima; Eingang: Vicolo della Pace 20. *Nationalkirche der Deutschen:* So 10.00 Messe in deutscher Sprache.

1399 wurde der Bau eines deutschen Hospizes mit Kapelle genehmigt. Während der Bauarbeiten fand man ein Relief, das Maria mit zwei als nackte Figürchen dargestellten Seelen (anime) wiedergab. Dieser ›Madonna dell'Anima‹ wurde die Kapelle geweiht. Der heutige Kirchenbau wurde 1500 von einem unbekannten, wahrscheinlich deutschen, Architekten begonnen und von Lante da Fiesole 1542 fertiggestellt. Die feierliche *Renaissancefassade* an der Via dell'Anima überragt den Kirchenbau und gilt als Werk Giuliano da Sangallos. Sie hat drei Geschosse mit flacher Lisenengliederung, einen ungewöhnlichen geraden Abschluß und eine betonte Mittelachse. Im Untergeschoß drei von Säulen flankierte Portale, die Baldassare Peruzzi und Andrea Sansovino zugeschrieben werden.

Einmalig in der römischen Architektur ist der Turm, dessen schlanker Helm mit dem Doppeladler an der Spitze mit glasierten Ziegeln besetzt ist. Auf asymmetrischem Grundriß erhebt sich eine dreischiffige Hallenkirche mit langgestrecktem Chor und Kapellen. Das Hallensystem, bei dem die Seitenschiffe die Höhe des Mittelschiffes erreichen, verweist auf die deutsche Architektur und zeigt Ideen der deutschen Auftraggeber, darunter Kardinal Wilhelm v. Enkevoirt und der päpstliche Zeremonienmeister Johannes Burchard. Die halbrunden Seitenkapellen und die antikisierenden Formen der Stützen stammen aus der römischen Architektur. Der Raum wurde im 19. Jh. von Wilhelm Seitz überarbeitet.

Ausstattung: 1. Kapelle rechts: ›Der hl. Benno findet im Leib eines Fisches die Schlüssel der Kirche von Meissen‹ von Carlo Saraceni, (1618), – 2. Kapelle rechts: Grabmal des Johann Walter Sluse von Ercole Ferrata (nach 1687), – 4. Kapelle rechts: Kopie der ›Pietà‹ des Michelangelo von Lorenzetto (1532). – Chor: Das Altarbild ›Hl. Familie mit Heiligen‹, eine Arbeit des bedeutendsten Raffael-Schülers Giulio Romano (1522), der hier insbesondere die starke Farbigkeit des Spätwerks Raffaels weiterführt, in seinem Figurenstil hingegen etwas geschraubt wirkt. Rechts vom Altar das *Grabmal Hadrians VI.* aus Utrecht († 1523), des letzten nicht-italienischen Papstes vor Johannes Paul II. Die Architektur stammt von Baldassare Peruzzi, die Figuren der Tugenden und der Madonna von Michelangelo Senese. Unter der Liegefigur des Papstes ist auf einem Relief sein Einzug in Rom wiedergegeben. – 4. Kapelle links: *›Kreuzabnahme‹* von Francesco Salviati

(1540), in deren Christusfigur die Rezeption der plastischen Werke Michelangelos, etwa der ›Pietà‹ aus Florenz, erkennbar ist. – 1. Kapelle links: ›Martyrium des hl. Lambert‹ (1618) von Carlo Saraceni. – An den Pfeilern befinden sich zahlreiche Grabmäler und Gedenksteine, unter denen die Grabmäler des Hadrian Vryburch und des Ferdinand van der Eyden (beide von François Duquesnoy, ca. 1630) hervorzuheben sind.

** San Luigi dei Francesi (8)

Die *Nationalkirche der Franzosen* ist dem französischen König Ludwig d. Hl. geweiht, der an zwei Kreuzzügen teilnahm und 1270 in Tunis starb. Begründet 1518 unter Förderung Leos X. Medici und nach längeren Unterbrechungen 1589 fertigestellt, ist die Kirche das Werk mehrerer Architekten. Belegt ist nur die Tätigkeit Domenico Fontanas, doch wird in jüngster Zeit der Entwurf Jean de Chenevières zugeschrieben. Die ungewöhnlich breite *Fassade*, Giacomo della Porta zugeschrieben, zeigt den monumentalen Stil der Spätrenaissance. Sie besteht aus drei Geschossen, hat eine flache Lisenengliederung und drei Portale. In der Sockelzone zeigen Reliefs den Salamander, ein Symbol Franz' I. von Frankreich, in den seitlichen Nischen Statuen französischer Heiliger, im Giebel die Lilien des französischen Königshauses.

Der dreischiffige *Innenraum* mit Kapellen wurde im 18. Jh. stuckiert. Die Gurtbögen tragen die französischen Lilien.

Ausstattung: Deckengemälde ›Tod und Glorie des hl. Ludwig‹ von Chr. Natoire (1756); auf dem Hochaltar ›Himmelfahrt Mariens‹ von Bassano.

Die 2. Kapelle rechts schmückt ein *bedeutender Freskenzyklus* (1611/14) von *Domenichino* mit ›Szenen aus dem Leben der hl. Cäcilie‹, aus dem vor allem die großen Fresken an den Seitenwänden der Kapelle hervorragen: rechts die ›Almosenspende‹, links der ›Tod der Heiligen‹. In der ›Almosenspende‹ erkennt man insbesondere bei der Darstellung der Bedürftigen ein für Domenichino ungewöhnliches Maß an Spontaneität, während sich in der Sterbeszene in der Architektur wie in den Posen der Trauernden die für die Bologneser Schule charakteristische klassizistische Ausrichtung zeigt.

In der Grabkapelle des Matteo Contarelli (5. Kapelle links) befinden sich drei berühmte Gemälde von *Caravaggio* (1599/1600): links die *›Berufung des Matthäus‹*, über dem Altar *›Der Evangelist Matthäus‹*, rechts das *›Martyrium des Matthäus‹*. Die Thematik widmet sich dem Namenspatron des Verstorbenen. Im Werk Caravaggios zeigen sich hier erstmals vielfigurige Szenen und eine neue Tiefenstaffelung, die

IHS

sich aus der Anordnung der Figuren ergibt. Charakteristisch ist sein nüchterner Realismus, der im Kontrast zur zeitgenössischen Kirchenmalerei steht. Die ›Berufung‹ zeigt die Szene in der Nüchternheit, in der sie sich tatsächlich abgespielt haben könnte. In der kahlen Amtsstube reagieren die Zöllner unterschiedlich auf Christus und Petrus, Matthäus zeigt fragend auf sich selbst, Christus ist nur geringfügig durch die Größe betont und fast völlig von Petrus, dem Stellvertreter, überdeckt. Im ›Martyrium‹ zeigt sich ein hoher Grad an Dramatik, unterstützt durch die schlaglichtartige Beleuchtung. Unter den Zeugen der Szene hat sich Caravaggio (links vom Henker) porträtiert.

Palazzo Madama ⑨

Der Palast (am Corso Rinascimento) wurde Anfang des 16. Jh. für Kardinal Giulio Medici, den späteren Papst Leo X., errichtet. Die reiche Barockfassade des 17. Jh. von Lodovico Cardi und Paolo Marucelli hat drei Geschosse und ein Mezzanin sowie ein durch Säulen betontes Portal. In allen Geschossen sind die Fenster von reichen plastischen Rahmen eingefaßt; das Mezzanin schmückt ein Puttenfries. Der Name des Palastes erinnert an Madama (bei Hof die formelle Anrede hochstehender Damen) Margarethe von Österreich, Tochter Karls V. und Gemahlin Alessandros de' Medici. Seit 1871 ist der Palast Sitz des Senats.

* Sant'Agostino ⑩

Eine der frühesten Renaissancekirchen Roms, 1479–1483 von Giacomo da Pietrasanta im Auftrag des Kardinals d'Estouteville errichtet. Eine schlichte Travertinfassade erhebt sich über einer breiten Treppe. Das Obergeschoß mit Rundfenstern, Dreiecksgiebel und seitlichen Voluten erinnert an Albertis Fassade von S. Maria Novella in Florenz (1470). Über die Breite der Fassade zieht sich eine Inschrift, die den Bauherrn und das Datum nennt.

Dreischiffiger Innenraum mit Querhaus. Die Vierungskuppel gehört zu den ersten Wölbebauten des neuzeitlichen Rom. Das hochaufragende Mittelschiff wird von marmorverkleideten Pilastern gestützt; längs der Seitenschiffe und des Chores befinden sich Kapellen. 1760 wurde der ganze Innenraum von Vanvitelli überarbeitet und im 19. Jh. nochmals verändert.

Ausstattung: An der Innenfassade die *Madonna del Parto*, eine hochverehrte Gruppe von Jacopo Sansovino (1521). Die Strenge der Figuren, schwere Stoffdrapierungen und schwierige Bewegungsmotive verweisen auf Michelangelo. – Rechtes Seitenschiff, 4. Kapelle: Im Tympanon ein Fresko der umbrischen Schule, das Gottvater mit Putten zeigt. – Rechtes Querschiff: Altarbild *›Hl. Augustinus mit Hieronymus und dem Evangelisten Johannes›* von *Guercino;* das reiche Kolorit mit feinen Farbabstufungen und atmosphärischer Transparenz erinnert an Paolo Veneziano. Die seitlichen Gemälde stammen von Schülern Guercinos. – Chor: Der Hochaltar stammt von Bernini (1627). Die eindrucksvolle Architektur rahmt ein byzantinisches Madonnenbild, das nach altkirchlicher Tradition der Evangelist Lukas gemalt haben soll. – Die 2. Kapelle links vom Chor ist von Giovanni Lanfranco ausgestattet, der sich dabei an Guercino und die Carracci anlehnt. Die Gemälde und Fresken zeigen die Madonna mit den hll. Augustinus und Wilhelm.

Der 3. Mittelschiffspfeiler links trägt *Raffaels* berühmtes Fresko *›Der Prophet Jesaia‹* (1512), das in seiner starken Plastizität und Bewegung den Einfluß Michelangelos erkennen läßt. Der Prophet, dessen Gesicht der Legende nach ein Selbstporträt Raffaels sein soll, wendet sich mit seiner Botschaft an die im Kirchenschiff versammelten Gläubigen. Reizvoll und nicht ›michelangelesk‹ ist der Kontrast zwischen der wuchtigen Figur des Sehers und dem lieblichen Putto. Darunter in einer Nische *›Anna Selbdritt‹* von *Andra Sansovino* (1521). Die Gruppe bringt eine unrepräsentative, familiäre Atmosphäre zum Ausdruck.

In der 1. Kapelle des linken Seitenschiffs hängt *Caravaggios ›Pilgermadonna‹* (1605). Der für Caravaggio charakteristische Hell-Dunkel-Kontrast prägt die Stimmung des Bildes. Bezeichnend ist auch das Alltägliche der Heilsgeschichte. Nur die würdevolle Haltung der jungen Frau, die mit übereinandergeschlagenen Beinen am Hauseingang lehnt, macht aus ihr die Muttergottes. Das Gesicht Christi ist halb verschattet, der Nimbus kaum sichtbar. Christus wendet sich dem Pilgerpaar zu, dessen Armseligkeit bei den Zeitgenossen auf Kritik stieß, doch war es gerade das Anliegen Caravaggios, die Heilsgeschichte im Ambiente des Volkes darzustellen.

Palazzo Altemps (11) (Piazza di Sant'Apollinare)

Um 1480 von Girolamo Riario, dem Neffen Sixtus' IV. errichtet, im späten 16. Jh. von Martino Longhi d. Ä. umgebaut. Einfache dreigeschossige Fassade, an Ecken und Lisenen mit Bossen markiert. Im Obergeschoß eine Loggia von Longhi; Innenhof mit Portikus, an den Schmalseiten elegante Loggien. Nach Abschluß der Restaurierungsarbeiten werden der Palast und die Skulpturensammlung (u. a. Bestände des heutigen Thermenmuseums, *S. 334*) der Öffentlichkeit zugänglich sein.

Palazzo del Governo Vecchio ⑫ (Via del Governo Vecchio, 39)

Erbaut 1473–1477 von Kardinal Stefano Nardini, dem von Paul II. eingesetzten Gouverneur von Rom. Der Palast blieb Sitz der päpstlichen Statthalter und ist heute Sitz des Amtsgerichts. Sein Name erinnert noch an die ›alte Regierung‹ durch die Statthalter. Dreistöckige Renaissancefassade, die der Biegung der Straße folgt. Im 1. Stock sind marmorne Fensterrahmungen mit Inschriften des Bauherrn und des Vollendungsdatums erhalten. Das prächtige Portal wird von einem Diamantfries eingefaßt und zeigt im Türsturz antikisierende Motive.

* 15 Von Sant'Andrea della Valle bis Sant'Ivo

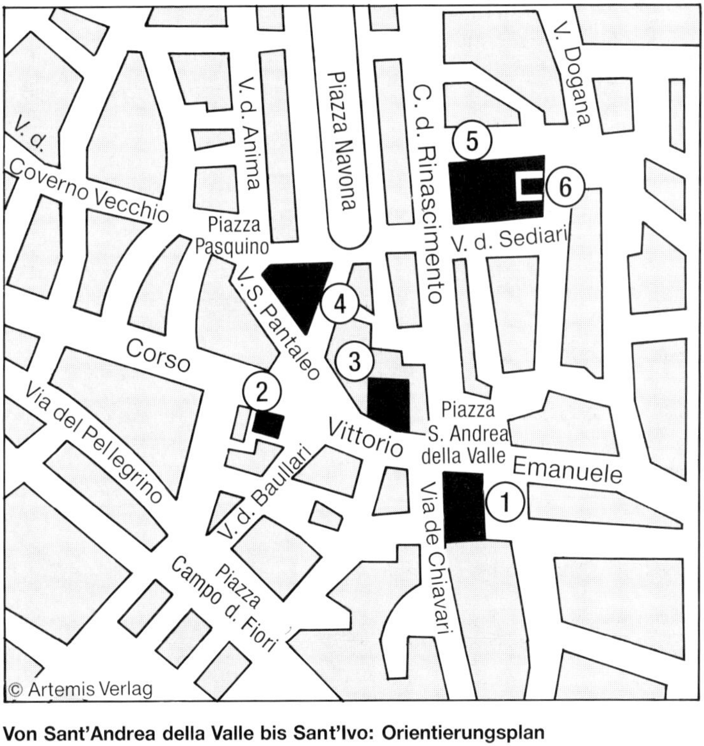

Von Sant'Andrea della Valle bis Sant'Ivo: Orientierungsplan

- * ① Sant'Andrea della Valle *(S. 148)*
- ** ② Museo Barracco *(S. 151)*
- * ③ Palazzo Massimo alle Colonne *(S. 153)*
- ④ Palazzo Braschi *(S. 153)*
- ⑤ Palazzo della Sapienza *(S. 154)*
- ** ⑥ Sant'Ivo *(S. 154)*

* Sant'Andrea della Valle (1)

Lage: Corso Vittorio Emanuele.

Der Bau wurde 1591 von Francesco Grimaldi und Giacomo della Porta auf dem Grundstück des ehem. Palazzo Piccolomini für den Theatinerorden begonnen, ab 1608 von Carlo Maderno weitergeführt; 1650 weihte Kardinal Fabio Chigi die Kirche.

Von Maderno stammt die *Kuppel*, die Michelangelos Modell der Peterskuppel aufgreift (1622) und nach dieser die höchste Kuppel Roms ist; die Laterne ist ein frühes Werk Borrominis. Bedeutend ist die hohe *Fassade*, 1655–1665 von Carlo Rainaldi errichtet. Sie wird von zwei übereinandergestellten Säulenordnungen gegliedert und von Nischen durchbrochen, die Mittelachse durch das Portal, ein großes Fenster im Obergeschoß und den Segmentgiebel im abschließenden Dreiecksgiebel betont. Die kräftigen Doppelsäulen, die betonten Fensterrahmungen und die akzentuierten Gesimse verleihen der Fassade eine große Plastizität sowie die für die Barockarchitektur typische Hell-Dunkel-Wirkung. Reizvoll ist links der Engel mit erhobenem Flügel, der die traditionelle Volute ersetzt (Ercole Ferrata), das Gegenstück dazu fehlt. Von Ferrata stammt auch die Statue des hl. Andreas links vom Eingang.

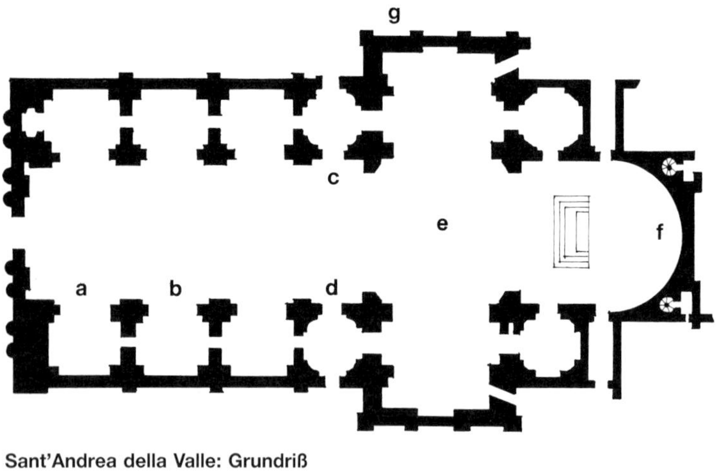

Sant'Andrea della Valle: Grundriß

a 1. Kapelle rechts
b 2. Kapelle rechts
c Grabmal Pius' II.
d Grabmal Pius' III.
e G. Lanfranco: ›Paradiesfresko‹
f Domenichino: ›Kreuzigung‹
g Statue des Abate Luigi

Der Bau folgt dem Typ von ** Il Gesu 13, erreicht jedoch eine stärkere Höhenentwicklung und eine größere Betonung des lateinischen Kreuzes. Das tonnengewölbte Langhaus ist von Kapellen flankiert, deren betonte Pilasterbündel zum Mittelschiff hin den beherrschenden Eindruck der Vertikalität bestimmen. Die Kuppel bringt Licht ins Querhaus und den mit Goldstuck und Fresken reichdekorierten Chor. Wie bei Il Gesù entsteht ein in allen Teilen überschaubarer und vereinheitlichter Raum.

Ausstattung: Reich ausgestattet ist die *1. Kapelle rechts* (**a**): Die Architektur, vorwiegend weißer und schwarzer Marmor, stammt von Carlo Fontana (ca. 1670); rechts und links die Grabmäler der Kardinäle Ginetti, über dem Altar ein Relief von Antonio Raggi (1675), das die Hl. Familie mit dem Engel, der die Flucht nach Ägypten befiehlt, zeigt. – Die Architektur der *2. Kapelle* (**b**) entstand nach Vorbild der Formen Michelangelos (Giacomo della Porta ?), ist aber kleinteiliger und z. T. mißverstanden, wie z. B. die sinnlosen Konsolen über dem Gebälk; Bronzekopien nach Michelangelos Pietà, Rachel und Lea.

Über den letzten Bögen des Langhauses die *Piccolomini-Gräber,* 1614 von S. Pietro an die Stätte des ehem. Familienpalastes transferiert. Links das *Grabmal Pius' II* (**c**; Enea Silvio Piccolomini, † 1464), in den 70er Jahren des 15. Jh. von einem unbekannten Künstler geschaffen. Unter dem Sarkophag ist die Entgegennahme des Kopfes des hl. Andreas dargestellt, darüber Maria mit Kind, der Paulus den Kardinal Piccolomini und Petrus den späteren Papst empfiehlt, seitlich sind die Tugenden wiedergegeben. Auf der gegenüberliegenden Seite das *Grabmal Pius' III.* (**d**; Francesco Todeschini Piccolomini, † 1503), ein Werk von Francesco und Sebastiano Ferrucci. Es folgt dem Vorbild des vorausgegangenen Grabmals, entwickelt jedoch die stärkere Plastizität der Hochrenaissance.

Die Kuppel zeigt ein *Paradiesfresko* (**e**) von *Giovanni Lanfranco* (1621–1625), der hier im Wettstreit mit Domenichino gerät, von dem die Evangelisten in den Pendentifs stammen (1621–1628). Lanfranco greift hier auf Correggios Fresko in Parma zurück und setzt vor allem das Licht als gestalterisches Element ein. Das Fresko von Sant'Andrea gilt als sein Meisterwerk. – *Domenichino* schuf auch die Fresken an der Decke des Chores, die das Leben des Apostels Andreas schildern, sowie das große *Fresko ›Kreuzigung des hl. Andreas‹* (**f**) in der Apsis (1624–1628). Die Szenen an der Decke sind von der für Domenichino charakteristischen klassizistischen Klarheit geprägt, während das Fresko über dem Altar mit seinem barocken Pathos emotional ansprechen soll. Die seitlichen Fresken stammen von dem Neapoletaner

PASSIONE SOCIVS ✠ ANDREAS CHRISTI
V
A
ERNA
IM
REPARARET ✠ B·ANDREAS RESPO

Mattia Preti. Die Fresken der Decke wurden 1905 von verschiedenen Meistern neu gestaltet.

Außen an der Langhauswand befindet sich die *Statue des Abate Luigi* (**g**), eine der sog. sprechenden Statuen Roms, an deren Sockel Spottverse geheftet wurden. Die Römer tauften die Statuen später um, und so wurde aus dem Togaträger der ›Abt Ludwig‹. In jüngerer Zeit wurde der Kopf gestohlen. Die ›sprechenden Statuen‹ verhöhnten vom frühen 16. bis zum späten 19. Jh. Papst, Klerus und Adel. Selbst wenn sie in kritischen Zeiten unter Aufsicht gestellt waren, gelang es den unbekannten Autoren der Spottverse, sie zum ›Sprechen‹ zu bringen. Die berühmtesten dieser Statuen sind der ›Pasquino‹ an der Piazza Navona *(S. 139)*, der ›Abate Luigi‹, die ›Madama Lucrezia‹ bei San Marco, der ›Marforio‹ auf dem Kapitol, der ›Facchino‹ in der Via Lata und der ›Babuino‹ in der gleichnamigen Straße.

** Museo Barracco di Scultura Antica ② (Corso Vitt. Emanuele)

Das Museum befindet sich im Palast der *Piccola Farnesina,* der 1523 für den französischen Prälaten Le Roy erbaut wurde und Antonio da Sangallo d. J. zugeschrieben wird. Die originale Fassade ist dem Vicolo dell'Aquila zugewandt; die Fassade zum Corso Vittorio Emanuele wurde nach dem Bau der Straße Ende des 19. Jh. von Emanuele Gui errichtet.

Die kleine, doch interessante Sammlung schenkte Baron Giovanni Barracco 1902 dem italienischen Staat. Sie umfaßt nahezu alle Bereiche der antiken Skulptur. Die assyrische und ägyptische Kunst sind besonders gut vertreten; sehr wertvoll sind jedoch vor allem die in Rom seltenen griechischen Originale.

Bei Drucklegung dieses Führers waren die Restaurierung des Palastes und der Skulpturen noch nicht abgeschlossen. Die neue Aufstellung der Exponate wird nach Sektionen gegliedert sein, die ehemaligen Inventarnummern werden beibehalten.

Assyrische Sektion: Nr. 47 Geflügelter Genius, 9. Jh. v. Chr.; Nr. 48–50 und 57 Reliefs des 7. Jh. v. Chr. mit Darstellungen von Kriegern und Jägern.

Ägyptische Sektion: Nr. 1 Relief des Nofer (3. Dynastie); Nr. 13 Sphinx der Königin Hatschepsut mit Kartusche Thutmosis' III. (1490–1430 v. Chr.); Nr. 15 Kopf eines Fürsten (18. Dynastie ?); Nr. 31 Kopf eines Priesters mit Sternendiadem, irrtümlich als Porträt Caesars angesehen, römische Epoche.

Archaische Sektion: Nr. 80 Kopf eines Epheben, griechisches Original des 5. Jh. v. Chr.; Nr. 83 Hermes Kriophoros (Widderträger), wahrscheinlich eine Replik nach einer Statue des Kalamides; Nr. 61–70 Gruppe zypriotischer Statuen, Ende 6. Jh. v. Chr., sehr griechisch beeinflußt, die z. T. farbig gefaßten Stücke gehören zu den äußerst seltenen Zeugnissen der zypriotischen Kunst der Epoche. Nr. 97 Kopf des Marsias, Replik nach einer berühmten Bronzegruppe des Myron, 5. Jh. v. Chr. (vgl. Museo Gregoriano Profano im Vatikan, *S. 227*).

Etruskische Sektion: Nr. 201, 201 b Grabstelen aus Chiusi, 5. Jh. v. Chr.; Nr. 205 Frauenkopf aus Bolsena, 3. Jh. v. Chr.

Griechische Sektion: Nr. 92 Kopf des Apoll, Replik nach einem Jugendwerk des Phidias, 5. Jh. v. Chr.; Nr. 99 Athlet, der sich krönende Athlet ist wahrscheinlich eine Replik eines Originals von Polyklet; Nr. 107 Kopf des Diodumenos, Replik nach Bronzeoriginal des Polyklet; Nr. 108 Kopf des Lanzenträgers, nach Polyklet (vgl. Vatikanische Museen, *S. 206*), Nr. 109 Statuette des Herakles, Umkreis des Polyklet; Nr. 129 Votivtafel, ca. 360 v. Chr., das Relief zeigt Apoll und Artemis mit ihrer Mutter Leto sowie das Befragen des Orakels; Nr. 131 Kopf des Apoll, Kopie nach einem Original aus dem Kreis des Praxiteles; Nr. 132 Frauenkopf von einer attischen Grabstele des 4. Jh.; Nr. 135 Reiterrelief, attisches Original aus Athen; Nr. 139 verwundete Hündin, wahrscheinlich Kopie nach einem Bronzeoriginal des Lysipp; Nr. 143 Kopf eines Alten, attisch, Ende 4. Jh. v. Chr.; Nr. 155 Büste des Epikur, ca. 270 v. Chr.

Hellenistische Sektion: Nr. 157 Kopf Alexanders d. Gr. (oder des Mithras), pathetischer Ausdruck, 2. Jh. v. Chr.

Römische Sektion: Nr. 84 Kopf eines Jungen, vermutlich ein Jugendporträt des Nero; Nr. 194 Kopf eines Mädchens, claudische Zeit, aus dem Haus der Livia *(S. 67)*; Nr. 206, 249, 250 Grabstelen, 3. Jh. In der römischen Sektion sollen auch die abgelösten Fresken des frühen 4. Jh. aus den Ausgrabungen unter dem Palast einen Platz finden. In ihnen sind Szenen der Jagd und des Lebens am Fluß festgehalten.

Römisches Haus: Unter dem Palazzo befinden sich Reste eines römischen Hauses, das bei den Umbauten Ende des 19. Jh. entdeckt wurde. Man erkennt Mauerreste aus dem 3. Jh. sowie einen Portikus aus dem frühen 5. Jh. Für diesen Portikus wurden ältere Säulen des 1. Jh. wiederverwendet, wobei die Kapitelle als Säulenbasen dienten, was bereits von einer gewissen Dekadenz der Spätantike zeugt. Ein Maßtisch (mensa ponderaria) läßt vermuten, daß es sich um ein Geschäftsgebäude gehandelt hat.

* Palazzo Massimo alle Colonne ③ (Corso Vittorio Emanuele).

1532-1536 von Baldassare Peruzzi an Stelle der beim Sacco di Roma zerstörten Häuser der Fürsten Massimo errichtet. Die eigenartig konvexe Fassade folgt dem Grundriß dieser Häuser, die ihrerseits in die Kurve eines Zuschauerranges einer antiken Bühne *(Odeon des Domitian)* gebaut waren. Neben dieser Krümmung der Fassade trägt der von 6 dorischen Säulen gestützte Portikus zur monumentalen Wirkung des Palastes bei. Im Piano nobile durchbrechen schmale Fenster den ungegliederten Mauerverband. Darüber erheben sich zwei Mezzaningeschosse mit originellen Fensterrahmungen; den Abschluß bildet ein weit vorkragendes Gesims mit antikem Ornament. Die Feinheit und Originalität dieser Architektur, insbesondere der Hell-Dunkel-Kontrast des Portikus zu den flachen Bossen der Fassade, steht im Gegensatz zu der schweren Monumentalität des gleichzeitigen Palazzo Farnese *(S. 159)*. Der Portikus hat eine von feinem Stuck gerahmte Kassettendecke und an den Schmalseiten zwei Nischen mit Statuen. Der Innenhof, zu dem ein tonnengewölbter, mit Reliefs geschmückter Gang führt, ist mit antiker Skulptur geschmückt. Er hat einen weiteren Portikus mit darüberliegender Loggia und ein Nymphäum (z. Zt. wegen dringender Restaurierungsarbeiten gesperrt).

An der Rückseite des Palastes liegt der alte *Palazzetto Massimi*, ein dreistückiger, mit *Graffiti* geschmückter Bau, der von Peruzzi überarbeitet wurde. Bei Graffiti-Dekorationen wird mit zwei übereinanderliegenden verschiedenfarbigen Putzschichten gearbeitet, wobei die Formen aus der oberen Putzschicht ausgekratzt werden, so daß die andersfarbige durchscheint. Die Technik wurde um 1520 von Polidoro da Caravaggio und Giulio Romano entwickelt. Der Palazzetto Massimi zeigt die besterhaltenen Beispiele dieser Dekorationsform, die im 16. Jh. ca. 50 römische Fassaden schmückte. In diesem Gebäude befanden sich die *erste Druckerei Roms*, 1467 von den Deutschen Pannartz und Sweynheym begründet, sowie die *päpstliche Poststation*, die von der Familie Massimo betrieben wurde. Vor dem Palast steht eine Säule aus dem Odeon des Domitian.

Palazzo Braschi · Museo di Roma ④

Lage: Piazza San Pantaleo am Corso Vittorio Emanuele.

1792 von Cosimo Morelli für Pius VI. Braschi als letzter Palast einer Papstfamilie in Rom errichtet. Das Portal wird von zwei dorischen Säulen flankiert; darüber liegt ein Balkon, der sich über die ganze

Fassadenbreite erstreckt. Der Palast birgt heute das *Stadtmuseum*, in dem Skulpturen, Gemälde und Objekte gezeigt werden, die das Leben in Rom während des Mittelalters und der Neuzeit dokumentieren.

Palazzo della Sapienza ⑤ (Corso Rinascimento)

Das Gebäude war bis 1935 Sitz der römischen Universität (ital. sapienza = Weisheit). 1303 von Bonifaz VIII. gegründet, wurde sie nach dem Exil der Päpste in Avignon von Eugen IV. wiederbelebt und von Alexander VI. gefördert. Den sehr strengen und schlichten Bau errichtete Giacomo della Porta im Auftrag Sixtus' V. Mitte des 16. Jh. Er birgt heute das *Staatsarchiv*. Durch das einzige Portal betritt man den Innenhof, der an drei Seiten von Portiken mit darüberliegenden Loggien versehen ist. Die ausschwingende 4. Seite bildet die Fassade der Kirche S. Ivo.

** Sant'Ivo ⑥

Die Kirche, 1642–1660 errichtet, gehört zu den *Hauptwerken Francesco Borrominis*. Die zweistöckige Fassade ist durch die Arkaturen von della Portas Innenhof vorgegeben. Ihre konkave Form erweitert den Hof und bildet einen von Borromini gerne eingesetzten Kontrast zu den konvexen Elementen des Tambours (vgl. * S. Agnese, *S. 139*). Dieser ist in sechs von Pilastern gegliederten Konchen ausgebildet, über denen die ebenfalls sechsteilige flache Kuppel liegt. Die Höhenausrichtung wird bestimmt durch das kühne Element der schlanken spiralförmigen Laterne. Dieses orientalisch anmutende Motiv hebt die Schwere der massigen, an antiken Bauten orientierten Konchen auf. Der spannungsvolle Gegensatz der konkaven Fassade zu den konvexen Formen des Obergeschosses verbindet Kirche und Hof, betont jedoch die Eigenständigkeit der beiden Komponenten. Der Innenraum ist nur zur Sonntagsmesse (11.00 Uhr) zugänglich. Der ungewöhnliche Grundriß ist sicher nicht, wie angenommen wurde, nach der Form einer Biene aus dem Wappen Urbans VIII. Barberini entwickelt; vielmehr kann er als geometrisch konstruiertes Dreieck mit drei jeweils in der Mitte der Dreieckseiten liegenden Apsiden bezeichnet werden. Mächtige Pilaster stützen das Gebälk, über dem ohne Tambourzone die Kuppel aufliegt. Diese ist in weißem Stuck gehalten und zeigt heraldische Motive Alexanders VII., unter dem der Bau vollendet wurde. Über dem Altar das Gemälde ›St. Ivo mit Heiligen‹ von Pietro da Cortona.

Dieser höchst ungewöhnliche Bau macht auf engem Raum ein Höchstmaß an architektonischer Freiheit deutlich, wie sie sich in ihrer

Originalität und völlig unklassischen Form nur im Barock entwickeln konnte. Die scheinbare Regellosigkeit, mit der Borromini oft antike, frühchristliche, gotische und orientalische Elemente zusammensetzte, bleibt einer strenger Geometrie untergeordnet und bei aller Bewegtheit des Raumkörpers einfachen Grundformen verhaftet.

* 16 Campo de' Fiori

* Piazza di Campo de' Fiori ①

Der Platz im Zentrum der römischen Altstadt ist eine der wenigen Anlagen ohne Kirchen und monumentale Paläste. Dennoch ist er ein wichtiges Zentrum in der Geschichte der Stadt. Schon im Mittelalter war die Zone dicht besiedelt und wird ab dem 14. Jh. als ›campo dei fiori‹ (Blumenfeld) bezeichnet. Der Name leitet sich wahrscheinlich von den Blumen, die auf dem noch ungepflasterten Platz wuchsen, ab. Nach der Rückkehr der Päpste aus Avignon 1377 führte die Pilgerstraße (Via del Pellegrino) zum Vatikan über den Platz, der sich zu einer

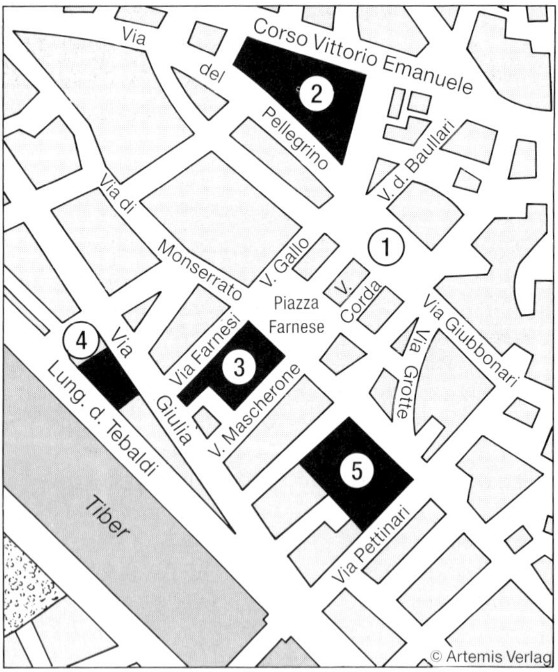

Campo de'Fiori: Orientierungsplan

- * ① Piazza di Campo de'Fiori *(S. 156)*
- * ② Palazzo della Cancelleria San Lorenzo in Damaso *(S. 158)*
- * ③ Palazzo Farnese/ Franz. Botschaft *(S. 159)*
- ④ Palazzo Falconieri/ Ungar. Akademie *(S. 160)*
- * ⑤ Palazzo und Galleria Spada *(S. 160)*

Markt auf der Piazza di Campo de'Fiori

Herbergszone entwickelte. Auch Vanozza Catanei, die Geliebte Alexanders VI. Borgia und Mutter von Cesare und Lucrezia Borgia, betrieb hier ein Gasthaus; das Borgia-Wappen hängt noch heute an der Ecke des Campo zur Via del Pellegrino. Pferde- und Getreidemärkte wurden hier abgehalten, seit dem 19. Jh. ist der Campo ein Wochenmarkt (die Namen der umliegenden Straßen erinnern an die Zünfte der Händler). Gleichzeitig war der Platz die Hinrichtungsstätte – eine Straße heißt Via della Corda nach dem Galgenstrick – auf dem auch der Mönch und Philosoph *Giordano Bruno* im Jahre 1600 unter dem Vorwand der Ketzerei verbrannt wurde. Im 19. Jh., zur Zeit des Konfliktes zwischen dem Königreich Italien und dem Kirchenstaat, wurde ihm im Zentrum des Campo ein Denkmal (Ettore Ferrari) errichtet.

Der Platz mit den bescheidenen gewachsenen Häusern und der volksnahen Atmosphäre des Marktes wird gerne als besonders ›römisch‹ beschrieben, doch wird ihm nun gerade die Beliebtheit zum Verhängnis, da wie in Trastevere Wohnungen teurer an Ausländer verkauft werden und Restaurants die Läden verdrängen.

** Palazzo della Cancelleria · San Lorenzo in Damaso ②

Lage: Corso Vittorio Emanuele; Piazza della Cancelleria.

Die Cancelleria ist der aufwendigste Palast Roms seit der Antike und ein *Hauptwerk der Architektur der Frührenaissance.* Der Bau wurde 1485 im Auftrag des Kardinals Raffaele Riario begonnen, der die Arbeiten z. T. durch die Spielschulden Franceschetto Cybos, eines Sohnes Innozenz' VIII, finanzierte. Nach Unterbrechungen wurde der Palast 1519 vollendet und als Sitz der päpstlichen Magistratur genutzt, da der Bauherr wegen einer Verschwörung gegen Leo X. längst enteignet war. Nach der Einigung Italiens blieb der Palast Sitz des päpstlichen Vizekanzlers und wurde in den Lateranverträgen zum exterritorialen Gebiet des Vatikans erklärt. Er ist heute zudem *Sitz der Päpstlichen Archäologischen Akademie.* Leider konnte die Architektenfrage bis heute nicht geklärt werden. Genannt werden Bramante, der jedoch bei Baubeginn nicht in Rom lebte (wahrscheinlich wurde der Innenhof nach seinen Plänen entworfen), sowie Andrea Bregno und dessen Bruder (?) Antonio da Montecavallo.

Die langgestreckte *Fassade* zur Piazza della Cancelleria hat ein sockelartig ausgebildetes Untergeschoß, darüber zwei von flachen Pilastern gegliederte Stockwerke, jeweils von einem vorkragenden Gebälk abgeschlossen. Im Piano nobile Rundbogenfenster, verziert mit den Rosen aus dem Wappen der Familie Riario. Das Portal ist eine barockisierende Hinzufügung von Domenico Fontana (1589). Die seitliche Fassade zur Via del Pellegrino zeigt im Untergeschoß die typischen Ladenöffnungen (botteghe), darüber elegante Fenster mit Balkons. Originell ist die abgeflachte Ecke. Der *Innenhof,* meist Bramante zugeschrieben, hat zwei übereinandergestellte, von schlanken dorischen Säulen getragene Arkaturen und ein von Lisenen gegliedertes Obergeschoß mit Mezzanin. Die sehr schlanken Säulen, größtenteils aus der Kirche San Lorenzo in Damaso stammend, müssen von Zugankern gehalten werden, die Ecken sind von robusteren Pfeilern gestützt.

San Lorenzo in Damaso: Dem Palast mußte die Kirche San Lorenzo in Damaso aus dem 4. Jh. weichen. Die ursprüngliche Kirche, eine mächtige frühchristliche Basilika, lag auf dem Gelände des heutigen Innenhofes. Im Auftrag des Kardinals Riario wurde ein Neubau von Bramante gestaltet. Die alte Kirche wurde geplündert – man verwendete die Säulen für den Innenhof –, ihre Mauern eingeebnet; jüngste Ausgrabungen legten Reste der ursprünglichen Kirche im Innenhof frei. Der Neubau ist hinter der Palastfassade versteckt, die Vorhalle trägt den Tanzsaal. Selten wird die weltliche Gesinnung einzelner Renaissancekardinäle deutlicher als am Schicksal von San Lorenzo in Damaso. Die heutige Kirche, unter Napoleon als Pferdestall benutzt, wurde im 19. Jh. von Valadier umgebaut, wobei die Architektur Bramantes weitgehend vorlorenging.

* Palazzo Farnese ③ (Piazza Farnese)

Begonnen 1514 von Antonio da Sangallo im Auftrag des Kardinals Alessandro Farnese, dem späteren Papst Paul III., nach dem Tode Sangallos 1546 von Michelangelo weitergeführt. Mit seinen großzügigen Maßen und klaren Formen wurde der Palazzo Farnese zum Inbegriff des römischen Patrizierpalastes, der die mit dem Palazzo Venezia *(S. 90)* eingeleitete Epoche der römischen Renaissancearchitektur abschließt. Sangallo entwarf den Grundriß des an allen Seiten freistehenden Rechteckbaus, dessen Ecken von Quadern gefaßt sind und dessen Fassaden durch die Proportion und die geschlossenen Mauerflächen, der sich die Fenster unterzuordnen hatten, wirken sollte. Michelangelos völlig konträrer Auffassung einer plastisch durchgestalteten Architektur sind die Horizontalgesimse, das schwere obere Kranzgesims mit den Lilien aus dem Farnese-Wappen und vor allem die Fensterrahmungen zu verdanken. Charakteristisch sind die volutenartigen Konsolen der Erdgeschoßfenster an der Haupt- und den Seitenfassaden. An der Hauptfassade sind die Fenster aller drei Geschosse von Säulen gerahmt, die der oberen Stockwerke von plastischen Giebeln bekrönt. Das Piano nobile ist durch den Wechsel von Dreiecks- und Segmentgiebeln betont. Über dem Rustikaportal ein Fenster mit vorgelagertem Balkon und freistehenden Säulen aus grünem Marmor, bekrönt von den Wappen der Farnese. Die Großartigkeit dieser Anlage entspricht einer päpstlichen Benediktionsloggia. Sie war der Ausgangspunkt eines brutalen Straßendurchbruchs zur Via Papalis (heute in etwa dem Corso Vittorio Emanuele entsprechend) hin.

Der Palast ist heute *Sitz der Französischen Botschaft;* die Besichtigung des Innenhofes und der Galerie ist nur bedingt auf Antrag bei der Botschaft möglich. Der Hof, von Sangallo mit offenen Umgängen in allen drei Geschossen geplant, wurde von Michelangelo durch die Schließung und plastische Durchgliederung der Obergeschosse verändert. Die Galerie ist geschmückt mit den berühmten Fresken von Annibale und Agostino Carracci (1597–1604), die den Triumph der Liebe, dargestellt durch die Liebschaften der olympischen Götter, zum Thema haben.

Der Palazzo Farnese bildete ursprünglich ein Zentrum des römischen Kulturlebens. Die Antikensammlung und die Bibliothek der Familie, die nach deren Aussterben 1731 in den Besitz der Bourbonen von Neapel gelangten, erreichten Berühmtheit. Die kostbarsten Stücke der Antikensammlung, u. a. der Farnesinische Stier und der Herkules Farnese, sind im Archäologischen Nationalmuseum von Neapel zu besichtigen. Der Palast verkam im 18. Jh., bis der französische Minister de Noailles ihn als Sitz der Botschaft seines Landes anmietete.

Auf dem Platz vor dem Palast stehen zwei 1612 errichtete *Brunnen,* deren Wannen angeblich aus den Caracalla-Thermen stammen. Auch sie sind bekrönt mit den Farnese-Lilien.

Hinter dem Palazzo Farnese liegt der **Palazzo Falconieri** (4) (Via Giulia 1), heute *Sitz der ungarischen Akademie* (der Öffentlichkeit nicht zugänglich). Die Fassade entstand unter Mitwirkung von Francesco Borromini und zeigt an den Ecken Hermen mit Falkenköpfen auf Frauenbüsten. Im Inneren ein Garten mit einer ebenfalls von Borromini gestalteten Loggia.

* Palazzo und Galleria Spada (5) (Piazza Capo di Ferro)

Eine der wenigen nach dem Sacco di Roma errichteten Bauten aus der Zeit des Manierismus. Um 1540 erbaut von Giulio Merisi da Caravaggio für den Kardinal Girolamo Capo di Ferro, im 17. Jh. von Kardinal Bartolomeo Spada erworben und von Borromini restauriert. 1927 von der italienischen Regierung erworben und heute *Sitz des Staatsrates.* Die elegante *Fassade* ist mit Stuckdekorationen von Giulio Mazzoni (1556–1560) überzogen. Über hohem vermauertem Erdgeschoß stehen im Piano nobile in Nischen zwischen den Fenstern Statuen römischer Könige und Kaiser. Das folgende Halbgeschoß ist mit Figuren, Festons und Medaillons aus Stuck geschmückt. Das Obergeschoß zeigt zwischen den Fenstern Inschriften, die sich auf die Statuen im Piano nobile beziehen.

Der von Portiken umstellte *Innenhof* ist noch reicher mit Stuckarbeiten Mazzonis geschmückt als die Fassade. Zwei umlaufende Friese unter den Fenstern, in der Art antiker Reliefs gestaltet, zeigen eine Kentaurenschlacht und eine maritime Jagd. Zwischen den Fenstern Wappen und Statuen mythologischer Götter und Genien. Auf der linken Seite des Hofes blickt man in die Bibliothek und von dort wiederum zur 1661 vollendeten *Galerie Borrominis,* einem von Kolonnaden eingefaßten Korridor von scheinbar großer Länge (zur näheren Besichtigung wende man sich an den Portier). Die Galerie ist jedoch nur 9 m lang und täuscht durch eine Scheinperspektive, die durch die

Palazzo Spada: Borrominis Galerie

Verkleinerung und engere Stellung der hinteren Säulen bei leicht ansteigendem Bodenniveau und Gefälle des Gewölbes hervorgerufen wird. Die Täuschung ist so perfekt, daß auch die am Ende des Korridors befindliche Statuette eines Kriegers kolossal erscheint.

Die **Galleria Spada** (Zugang durch den Garten hinter dem Innenhof links) birgt eine von Kardinal Spada begründete kleine, aber wichtige Sammlung vorwiegend italienischer Malerei des 17. Jh. Die Hängung der Bilder entspricht noch ganz dem Geschmack der Sammler jener Zeit und folgt dem dekorativen Wert der Bilder, nicht der Chronologie. Nur die wichtigsten seien erwähnt, denn in jedem Saal liegt eine Werkliste aus:

Saal I: Nr. 9 Domenichino ›Bildnis des Orazio Spada‹; Nr. 32 Guido Reni ›Bildnis des Kardinals Bernardino Spada‹, des Begründers der Galerie und Auftraggebers Borrominis; Nr. 34 Guercino ›Bildnis des Bernardino Spada‹ (interessant ist der Vergleich zu Renis Bildnis, insbesondere in der Farbgebung), Nr. 37 Kopie nach G. Renis ›Lukrezia‹; Nr. 38 Reni ›Sklave‹. – *Saal II.* Nr. 56 Andrea del Sarto ›Heimsuchung‹; Nr. 60 ›Bildnis eines Musikers‹ aus der Tizian-Schule. – *Saal III:* Unter den Fenstern 5 klassische Statuetten, in der Mitte des Raumes ein Globus von Willem Bleau, 1662; Nr. 102 Jan Brueghel d. Ä. ›Landschaft mit Windmühlen‹; Nr. 114 Francesco Solimena ›Boreas raubt Orytia‹; Nr. 117 Annibale Carracci ›Bildnis eines jungen Mannes‹; Nr. 120 Peter Paul Rubens ›Bildnis eines Kardinals‹; Nr. 126 Baciccia ›Christus und die Samariterin‹; Nr. 132 Guercino ›Tod der Dido‹; Nr. 133 *Ölskizze (bozzetto) Baciccias für das Deckenfresko von ** Il Gesù* 13; Nr. 139 Francesco Trevisani ›Bankett der Kleopatra‹; Nr. 144 Pietro Testa ›Allegorie des bethlehemitischen Kindermordes‹. – *Saal IV:* Nr. 167 Mattia Preti ›Christus und die Ehebrecherin‹; Nr. 155 Orazio Gentileschi ›David‹; Nr. 161 Michelangelo Cerquozzi ›Der Aufstand des Masaniello in Neapel‹.

17 Vom Marcellustheater bis San Carlo ai Catinari

* Santa Maria in Campitelli ①

Die Kirche, *Hauptwerk des Barockarchitekten Carlo Rainaldi* (1611–1691), wurde im Auftrag Papst Alexanders VII. 1662–1667 errichtet für das wundertätige Madonnenbild *Madonna del Portico* (11. Jh.), dem man die Befreiung von einer Pestepidemie im Jahre 1656 zuschrieb. Die zweigeschossige, vertikal betonte *Fassade* ist vor allem

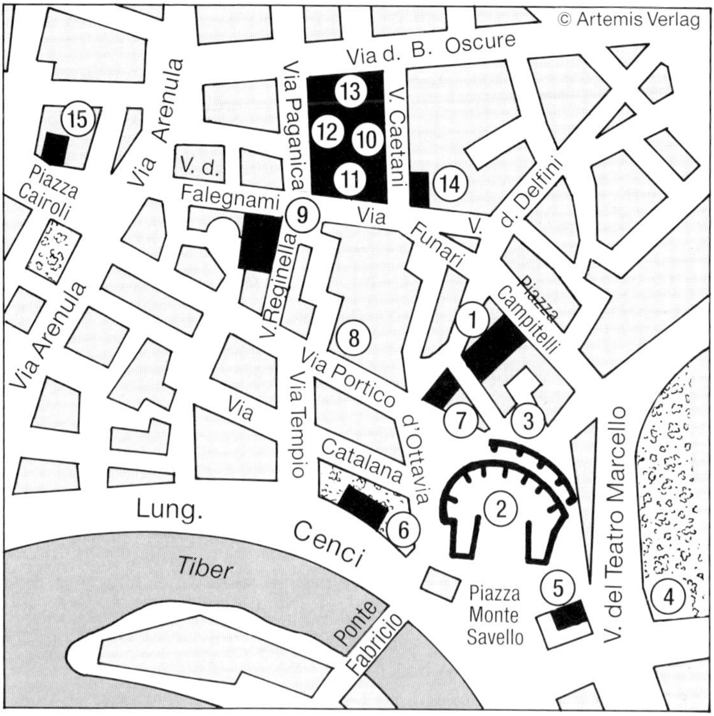

Vom Marcellustheater bis San Carlo ai Catinari: Orientierungsplan

* ① Santa Maria in Campitelli *(S. 162)*
* ② Marcellustheater *(S. 164)*
③ Apollo-Tempel *(S. 165)*
④ Portikus des Foro Oblitorio *(S. 165)*
⑤ San Nicola in Carcere *(S. 166)*
⑥ Synagoge *(S. 166)*
⑦ Sant'Angelo in Pescheria *(S. 167)*
⑧ Casa di Lorenzo Manlio *(S. 167)*
⑨ Fontana delle Tartarughe *(S. 167)*
⑩ Palazzo Mattei di Giove *(S. 168)*
⑪ Sog. Antichi Palazzi Mattei *(S. 168)*
⑫ Palazzo Mattei-Paganica *(S. 168)*
⑬ Palazzo Caetani *(S. 168)*
⑭ Santa Caterina dei Funari *(S. 169)*
⑮ San Carlo ai Catinari *(S. 169)*

durch die frei vor der Wand stehenden Säulen mit korinthischen und Kompositkapitellen, durch die Vor- und Rücksprünge von Architraven und Giebeln von großer Plastizität und barocker Hell-Dunkel-Wirkung. Die Fassade ist als ein selbständiger Baukörper, als eine Art überschmaler Vorhalle, dem eigentlichen Kirchenraum vorgelagert. Der *Innenraum* gliedert sich in drei sich nach hinten zu verjüngende Baukörper: ein kurzes tonnengewölbtes Langhaus, einen (höheren) mit einer Kuppel überdachten Vorchor und die recht bescheidene Apsis. Das Motiv der vor der Wand freistehenden Säulen, das von der Fassade auf das Innere übertragen wird, verschleiert die Raumgrenzen. Der eintretende Besucher wird durch die Verjüngung des Raumvolumens, die seitliche Rahmung der Blickachse durch die kräftig dimensionierten korinthischen Säulen mit kanneliertem Schaft und durch den Lichteinfall aus der Kuppel unmittelbar vor der kaum in die Tiefe reichenden Apsis unweigerlich zum Gnadenbild auf dem Hochaltar hingeleitet. Der ganze Raum ist gewissermaßen als überdimensioniertes Reliquiar für das wundertätige Madonnenbild geschaffen worden. Die tabernakelartige Schauwand, mit gedrehten Säulen (Giovanni Antonio de' Rossi, 1667), die das Gnadenbild birgt, orientiert sich an Berninis Bronzetabernakel *(S. 190)* für die Vierung der Peterskirche. Die Kirche beherbergt außerdem Altäre u. a. von Sebastiano Conca (›St. Michael‹, 1. Kapelle rechts) und Luca Giordano (›Die hl. Anna mit Joachim und Maria‹, 2. Kapelle rechts).

* Marcellustheater ②

Zwischen dem Westhang des Kapitolinischen Hügels und dem Tiberufer ließ Caesar den Neubau eines Theaters in Angriff nehmen, das jedoch erst 13 v. Chr. unter Augustus fertiggestellt werden konnte. Wie das ältere Theater des Pompeius am Campo de' Fiori war auch das dem Andenken an den jung verstorbenen Neffen und Schwiegersohn des Augustus, Marcellus, geweihte Theater kein Amphitheater (d. h. für Gladiatoren- und Tierkämpfe vorgesehen), sondern ein ›griechisches‹ Theater, in dem Schauspiele aufgeführt wurden. Im Gegensatz zu den meisten griechischen Theatern wurde das Marcellustheater jedoch nicht in einen Hang gebaut, sondern freistehend errichtet. Das Theater bot vermutlich 15 000 Besuchern Platz. Der halbkreisförmige Bau nahm schon rund ein Jahrhundert vor dem Kolosseum die Abfolge der Säulenordnungen dorisch, ionisch und korinthisch in seiner dreigeschossigen, etwa 33 m hohen Travertinfassade vorweg. Schon 365–370 wurden das zum Tiber hin gelegene Bühnenhaus und ein anschließender Portikus abgerissen, um mit dem so gewonnenen Baumaterial eine nahegelegene Tiberbrücke (Ponte Cestio) zu restaurieren. Im 12. Jh. wurde das Marcellustheater, wie so viele der großen antiken Bauwerke, von der Familie Fabi in eine Stadtfestung umgewandelt. 1523–1527 – das Theater war inzwischen im Besitz der Familie Savelli – baute Baldassare Peruzzi den Komplex zu einem Wohnpalast aus. Auf der Südseite (zur Piazza di Monte Savello) zeugen zwei von Bären bekrönte Pilaster von weiteren Umgestaltungen, als sich das Theater im 18. Jh. im Besitz der Orsini (ital. Orso = Bär) befand. Das Gebäude lag mittlerweile um einige Meter unter dem Straßenniveau. In den einst ebenerdi-

Marcellustheater und Apollo-Tempel

gen Arkaden des Untergeschosses hatte man Werkstätten und Läden eingerichtet. Als man das Marcellustheater 1926–1932 von den umgebenden Baukomplexen isolierte und wenigstens teilweise von den Überbauungen befreite, kamen auch Teile anderer antiker Bauwerke zum Vorschein.

Apollo-Tempel des Sosius ③

Die drei korinthischen Säulen, die nördlich des Theaters noch aufrecht auf hohem Podest stehen, gehörten zum Apollo-Tempel des Sosius. 433–431 erbaut, wurde er als Tempel des *Apollo Medicus* 179 v. Chr. erstmals rekonstruiert, erneut dann 34 v. Chr. durch den Konsul Sosius, von dem er seinen Namen erhalten hat und von dessen Bau die verbliebenen Säulen stammen. Der Apollo-Tempel gehört damit zu den ältesten Beispielen monumentaler Marmorbauwerke in Rom.

Die Tempel des Foro Oblitorio

Südlich des Marcellustheaters erstreckte sich in der Antike, dieses mit dem *Forum Boarium* *(S. 255)* verbindend, das *Foro Oblitorio* (d. h. Gemüsemarkt); links der Via del Teatro di Marcello einige Pilaster aus Travertin, die Reste eines *Portikus* ④, der den Markt zum Kapitol hin begrenzte. Auf der anderen Seite der Straße steht die Kirche *San Nicola in Carcere* ⑤, die im 11. Jh. auf den Resten dreier kleiner antiker

Tempel errichtet wurde. Es handelt sich dabei um eine Gruppe von Markttempeln, wie sie ähnlich auch auf dem Largo Argentina *(S. 135)* gefunden wurden. Der kleinste, der dorische Tempel links, ist vermutlich mit dem *Tempel der Hoffnung* aus dem 3. Jh. v. Chr. zu identifizieren. Der mittlere und größte war in jedem Fall ein *Juno-Tempel*; von ihm ist vor der Kirche ein Teil des Podiums zu erkennen. Der rechte war vermutlich ein *Janus-Tempel*, ebenfalls aus dem 3. Jh. Von den beiden äußeren Tempeln sind noch Säulen und Architrav des Umgangs in den Außenmauern der Kirche sichtbar.

San Nicola in Carcere ⑤

Im 11. Jh. errichtet (der Name stammt von einem nahegelegenen Gefängnis des Mittelalters) und im 16. Jh. von Giacomo della Porta umgestaltet. Die Kirche (Säulen und Kapitelle im Inneren stammen aus verschiedenen antiken Bauten der Umgebung) überdeckt nicht nur das Podium des Juno-Tempels, sondern auch die Zwischenräume zu den beiden Nachbartempeln. Im Inneren der Kirche eine schöne ›Dreifaltigkeit‹ von Guercino (ca. 1650) und eine ›Madonna mit Kind‹ von Antoniazzo Romano (ca. 1490). Die nicht uninteressante Ausstattung der Krypta ist modern.

Synagoge und ehem. Ghetto ⑥

Ein Besuch des Papstes im Ghetto gehörte seit dem Mittelalter zum päpstlichen Ritual. Der Rabbi mußte dem Papst dabei die Thorarollen vorlegen. Dieser sprach daraufhin die zeremoniellen Worte: »Wir erkennen Euer Gesetz an, aber wir lehnen Eure Auslegung ab.« Im übrigen waren die Beziehungen des Papsttums zu seinen jüdischen Untertanen eher gespannt. Vom 16. bis ins 19. Jh. war die jüdische Bevölkerung Roms gezwungen, hier auf engstem Raum und unter einer ganzen Reihe rechtlicher Einschränkungen zu wohnen. Erst als die Truppen des Königreichs 1870 in Rom einrückten, wurden diese Restriktionen aufgehoben. Die 1904 errichtete große Synagoge ist Ausdruck der damals neugewonnenen Freiheit. Am ›schwarzen Samstag‹ des Jahres 1943 war das Ghetto Schauplatz einer Razzia durch die nationalsozialistischen Besatzer Roms. In den letzten Jahren scheint sich eine allmähliche Aussöhnung zwischen jüdischer Gemeinde und Papsttum anzubahnen. 1986 stattete Johannes Paul II. der römischen Synagoge einen überfälligen ersten Besuch ab.

Sant'Angelo in Pescheria ⑦

Die Via del Portico di Ottavia im Zentrum des Ghettos hat ihren Namen nach dem *Portikus der Octavia,* der zunächst 146 v. Chr. von Quintus Cecilius Metellus errichtet, dann 27–23 v. Chr. von Augustus erneuert und dem Andenken seiner Schwester Octavia gewidmet worden war. Ein letztes Mal ist die Anlage unter Septimius Severus restauriert worden. Die rechteckige Anlage von 132 × 119 m umschloß die *Tempel des Zeus und der Juno* sowie die Bibliothek der Octavia. Die erhaltenen Teile, eine Fassade mit ehemals vier korinthischen Säulen in antis, schwerem Architrav und Dreiecksgiebel, dahinter drei weitere Säulen einer zweiten Säulenreihe, gehörten zu einem *Propylon,* einer Eingangshalle, an der Schmalseite des Komplexes. Sie dienten im Mittelalter als Vorhalle der Kirche *S. Angelo in Pescheria* (nach dem im Mittelalter dort gelegenen Fischmarkt), die Papst Stephan III. 770 in den antiken Gebäuden einrichten ließ. Im Mittelalter hat die Kirche Geschichte gemacht, als in der Pfingstnacht des Jahres 1347 Cola di Rienzo von hier auszog, um das Kapitol zu erobern und die römische Republik auszurufen. Das Innere der Kirche (unregelmäßige Öffnung, meist geschlossen) hat weitestgehend das Aussehen des 15. Jh. und von der Ausstattung ein ›Madonnen-Fresko‹ von Benozzo Gozzoli (schlechter Erhaltungszustand) bewahrt.
Die Straße selbst ist im vorigen Jahrhundert verbreitert worden; von der Bebauung des Spätmittelalters und der Renaissance ist nur die Nordseite erhalten geblieben. Von Interesse ist vor allem ein Häuserblock an der Ecke zur Via di S. Ambrogio, die sog. *Casa di Lorenzo Manlio* ⑧, die nach der Bauinschrift ›im Jahre 2221 nach der Gründung Roms‹ (= 1497 n. Chr.) restauriert worden ist. In die Wand ist eine bunte Vielfalt antiker Inschriften und Reliefs unterschiedlicher Provenienz und Qualität eingelassen.

Fontana delle Tartarughe ⑨

Die **Piazza Mattei** schmückt der Schildkrötenbrunnen, den Giacomo della Porta 1581–1584 entworfen und dessen Bronzeskulpturen Taddeo Landini ausgeführt hat. Über einem Sockel aus Schnecken tragen vier bewegte nackte Epheben die hohe Brunnenschale. Die Schildkröten, denen der Brunnen seinen Namen verdankt, sind fragwürdige Zutaten einer Restaurierung von 1658. Der Brunnen gehört zu einer ganzen Reihe von Brunnen und Wasserleitungen (so u. a. die beiden kleinen Brunnen auf der Piazza Navona, *S. 137,* die Quattro Fontane, die Acqua Felice, *S. 345,* und die Acqua Paola, *S. 233*), die unter den Päpsten Gre-

Schildkrötenbrunnen

gor XIII. und Sixtus V. in Auftrag gegeben wurden, um die Wasserversorgung Roms zu verbessern.

Palazzo Mattei di Giove ⑩

Der Palast auf der Nordseite des Platzes wurde in den Jahren 1598–1611 für den römischen Patrizier Asdrubale Mattei als letzter und bedeutendster einer Gruppe von Palästen der Familie Mattei errichtet. Die Fassade ist schmucklos. Ein schöner Innenhof mit zweigeschossiger Loggia dient vor allem dazu, antike Fundstücke und Antikenkopien (Relieffriese, Imperatorenbildnisse etc.) zur Schau zu stellen und so die antiquarischen Interessen der Bewohner zu belegen. Das Innere wurde u. a. von den Malern Niccolò Pomarancio, Pietro da Cortona und Francesco Albani ausgemalt (nicht zugänglich).

Das Carré, das von den Straßen Via Paganica, Via delle Botteghe Oscure und Via Caetani gebildet wird, birgt einen ganzen Komplex von weiteren Palästen der Spätrenaissance und des Frühbarock, die für die Familie Mattei errichtet wurden: die beiden *sog. Antichi Palazzi Mattei* ⑪, die Ende des 15. bzw. um die Mitte des 16. Jh. errichtet wurden; in der Via Paganica (die Mattei hatten den Herzogstitel von Paganica) der *Palazzo Mattei-Paganica* ⑫, der 1541 für Ludovico Mattei (möglicherweise von Vignola) errichtet worden ist; in der Via delle Botteghe Oscure (so benannt nach den Werkstätten und Läden, die sich dort in den zerstörten Arkaden des augusteischen *Theaters des Lucius Cornelius Balbo* eingerichtet hatten; heute befindet sich hier die Zentrale der KPI) wurde 1564 der *Palazzo Caetani* ⑬ (benannt nach seinen späteren Besitzern) für Alessandro Mattei errichtet, vermutlich von Annibale Lippi (von der Via Caetani Zugang zum sehenswerten Innenhof mit einer Vielzahl von teils antiker Reliefs und Statuen). Die Via Caetani war auch Schauplatz eines düsteren Kapitels der jüngeren italienischen Geschichte: Eine Gedenktafel erinnert an die Auffindung des von Terroristen ermordeten christdemokratischen Politikers Aldo Moro.

Santa Caterina dei Funari ⑭

Der mittelalterliche Vorgängerbau wurde 1536 den Jesuiten übergeben, die 1560–1564 den Neubau durch den Michelangelo-Schüler Guidetto Guidetti errichten ließen. Die Travertinfassade mit zweigeschossiger Gliederung zeigt den charakteristischen flächigen Stil der Spätrenaissance mit schönen Festons zwischen den kaum vorspringenden Pilastern des Untergeschosses. Beachtenswert sind der Campanile und die Malereien im Inneren der Kirche (derzeit nicht zugänglich), die u. a. von Marcello Venusti (Deckengemälde in der 3. Kapelle rechts), Federico Zuccari und Girolamo Muziano (2. Kapelle rechts) ausgeführt wurden.

* San Carlo ai Catinari ⑮ (Nordseite der Piazza Benedetto Cairoli)

Der Beiname der Kirche leitet sich von den im Mittelalter im Viertel ansässigen Krug- und Vasenmachern, den Catinari, ab. Der Titelheilige der Kirche, *Carlo Borromeo* (1538–1584), aus einer mailändischen Adelsfamilie, war Führer der katholischen Gegenreformation und hat wesentlich zu den Beschlüssen des Konzils von Trient (bis 1563) sowie zur Abfassung des römischen Katechismus beigetragen. Als Erzbischof von Mailand (seit 1560) versuchte er, die vom Konzil beschlossenen Reformen gegen massiven Widerstand auch des Klerus durchzusetzen. Zielsetzung war dabei allgemein eine Erneuerung des Klerus als sittliches Vorbild für den Laien, Verzicht auf prunkvolle Selbstdarstellung der Kirche und – im künstlerischen Bereich – eine schlichtere Gestaltung des Kirchenraums. Carlo Borromeo wurde 1610, nur 26 Jahre nach seinem Tod, heiliggesprochen. Wiederum nur zwei Jahre später wurde der Bau von San Carlo ai Catinari durch Rosato Rosati begonnen und 1620 vollendet.

Die ruhige, durch kräftige Halbsäulen und mit korinthischen Kapitellen gegliederte zweigeschossige *Fassade* mit drei abgestuften Portalen, deren Gliederung von den Fenstern im Obergeschoß nochmals aufgegriffen und variiert wird (Stifterinschrift des Kardinals Leni auf dem Architrav), fügte Giov. Batt. Soria 1635–1638 an. Bemerkenswert ist vor allem die hohe *Kuppel* Rosatis mit den *Fresken* ›Die vier Kardinaltugenden‹ von Domenichino (1630). Die ›Glorie des hl. Carlo Borromeo‹ (Apsis-Kalotte) und die ›Verkündigung‹ (1. Kapelle rechts) zählen zu den wichtigen Werken *Giovanni Lanfrancos* (1582–1647). Der Hochaltar wurde von Martino Longhi d. J. entworfen; das Altarbild ›Die Prozession des hl. Carlo Borromeo bittet um ein Ende der Pestepidemie‹ ist ein Spätwerk von Pietro da Cortona (1667).

** 18 **Chiesa Nuova** (Santa Maria in Vallicella)

Lage: Piazza della Chiesa Nuovo, am Corso Vittorio Emanuele.

1575 nach der Anerkennung des Oratorianerordens auf Initiative des Ordensbegründers *Filippo Neri* an der Stelle einer Kirche aus dem 12. Jh. errichtet (daher Chiesa Nuova = neue Kirche). Neri, von Jugend an von den Dominikanern beeinflußt, verzichtete auf sein Erbe und ging nach Rom. 1552 gründete er die Bewegung der Oratorianer, die die sittliche Erneuerung der römischen Kirche und die Verbreitung neuer seelsorgerischer Methoden, wie die Kinderpredigt, die Wallfahrt und die geistlichen Lieder in der Volkssprache, nicht Latein, zum Ziel hatte. Damit wurde Neri zu einer führenden Gestalt der katholischen Reform, beeinflußte aber auch die Kirchenmusik und die Form der Predigt. Aufgrund seiner humorvollen Lebenshaltung war Neri äußerst beliebt, er wurde zum Freund Ignatius' von Loyola und Carlo Borromeos. Schon zu Lebzeiten als Heiliger verehrt, wurde er 1622 kanonisiert.

Den Kirchenraum gestaltete Martino Longhi d. Ä., die Fassade schuf Fausto Rughesi (1605). Diese ist zweigeschossig, hat eine flache Lisenenordnung und eine sehr betonte Mittelachse. Doppelte Halbsäulen sowie kleinere kannelierte Säulen flankieren das Mittelportal, das von einem Segmentgiebel mit Skulpturengruppe bekrönt ist. Im Obergeschoß betont ein von Säulen flankiertes Fenster mit Balkon die Mittelachse, die zudem durch einen flachen Risalit, der sich bis in den Dreiecksgiebel hinaufzieht, akzentuiert wird. Seitlich Nischen mit Statuen und Voluten.

Den Grundriß bildet ein lateinisches Kreuz. Korinthische Pilaster trennen die Seitenkapellen mit Vestibül vom tonnengewölbten Langhaus ab. Die Kuppel hat keinen Tambour; der gesamte Kirchenraum ist – entgegen den Vorstellungen des Reformators Neri – mit reichem Goldstuck dekoriert. Der Bautyp folgt dem Vorbild von ** Il Gesù 13 und damit den Bedürfnissen der jungen Predigerorden.

Ausstattung: Im Langhaus Stuckarbeiten von Ercole Ferrata und C. Fancelli, die das *Fresko Pietro da Cortonas* rahmen (1664/65). Es zeigt eine Vision Filippo Neris während der Bauarbeiten an der Chiesa Nuova – ein Balken hatte sich gelockert und mußte ausgetauscht werden. Diese ausführliche Darstellung der Vision scheint auf die Reformpläne des Ordensgründers, eben die Errichtung der ›neuen Kirche‹, anzuspielen. Von *Pietro da Cortona* stammen auch die *Fresken* in den Pendentifs, der Kuppel und der Apsis (1647–1651). Sie wurden in einem einzigen Auftrag vergeben und gehören thematisch zusammen.

Die Propheten in den Pendentifs verkünden das Gericht des zornigen Gottes. In der Kuppel erkennt man den zornigen Gottvater, dem Christus im Verweis auf sein Opfer die Leidensinstrumente zeigt. In der Apsis erscheint die Himmelfahrt Mariens, die als Fürbitterin für die Menschheit intervenieren wird. In allen Fresken gelang die Illusion der vor dem offenen Himmel schwebenden Figuren; insbesondere im Kuppelfresko, in dem Pietro da Cortona die übliche Staffelung der Wolkenbänke aufgegeben hat, überzeugt die Vortäuschung des Unendlichen.

Im rechten Querhaus ein Altarbild ›Krönung Mariens‹ von Cavalier d'Arpino (1593), an der linken Wand eine vergoldete Orgel aus dem 18. Jh. (ein Gegenstück befindet sich im linken Querhaus); unter der Orgel die *Cappella Spada* von Carlo Rainaldi mit einem Altarbild von Maratta ›Madonna mit Heiligen‹ (1675).

Der *Hochaltar* von Ciro Ferri enthält ein Madonnenbild mit Engelsglorie von *Peter Paul Rubens,* der auch die großen *Heiligenbilder* seitlich des Altars schuf. Sie entstanden 1606/08 während des Italienaufenthaltes des Künstlers und sind noch sehr dem italienischen Manierismus verpflichtet. – Links vom Chor die *Kapelle des hl. Filippo Neri,* ganz mit Bronze, Marmor und Perlmutt ausgestattet (1600/02); die Fresken Pomerancios zeigen die Wunder des Heiligen. – Im linken Querhaus Altarbild ›Tempelgang Mariens‹ von *Federico Barocci* (1594), eines der schönsten Gemälde des Künstlers: typisch die helle, doch kräftige Farbigkeit, die schulbildend für die Barockmalerei (u.a. Rubens) wurde, während die Anmut der Figuren noch Einflüsse Correggios zeigt. – Auch in der *Sakristei* befindet sich ein Deckenfresko von Pietro da Cortona, das Engel mit den Leidenswerkzeugen zeigt (1634). Über dem Altar die Marmorgruppe ›Filippo Neri mit einem Engel‹, von Alessandro Algardi (1640). – In der 4. Kapelle des linken Seitenschiffs die ›Heimsuchung‹ von Barocci.

Oratorio dei Filippini (neben der Chiesa Nuova): Der Name bezieht sich auf Filippo Neri, den Gründer des 1575 anerkannten Weltpriesterordens der Oratorianer. Der Bau wurde 1637/40 von Francesco Borromini errichtet. Die Backsteinfassade hat schon die für Borrominis Stil charakteristische konkave Form und weist zwei Pilasterordnungen auf, die die Geschosse in 5 Achsen teilen. Der konkaven Fassade wird mit der vorspringenden Portalachse und dem Balkon eine konvexe Gegenkurve entgegengesetzt. Interessant ist auch der abschließende Giebel, der aus der Durchdringung von Segment- und Dreiecksgiebel gebildet wird. Borrominis Prinzip eines bewegten Baukörpers zieht sich bis in die Details der Fensterrahmen, Gesimse und Pilasterkapitelle, wo unter einem großen Aufgebot neuer, phantasievoller Lösungen jede gerade

Linie vermieden oder überspielt wird. Im Inneren befindet sich die *Sala del Borromini,* das eigentliche *Oratorium,* in dem spirituelle Lobgesänge aufgeführt wurden, von denen die musikalischen Oratorien ihren Namen beziehen (zur Besichtigung wende man sich an den Portier). Es ist ein heller Saal mit einer von hohen Säulen dreigeteilten Altarwand und einer darüberliegenden Orgelempore. Diesem Aufbau entspricht die dreifach unterteilte Eingangswand mit in elaborierten Formen gearbeiteter Empore; die Seitenwände zeigen eine flache Pilastergliederung. Die Wirkung der Architekturformen wird durch den schlichten weißen Putz erhöht. Der *Innenhof* beeindruckt erneut durch die geschwungenen Formen, insbesondere zwei verschliffene Ecken. Von einem von Säulen gestützten Vestibül führt eine elegante Treppe zur *Biblioteca Vallicelliana,* die 1581 als erste öffentliche Bibliothek Roms gegründet wurde.

19 San Giovanni dei Fiorentini

Lage: Via Accaioli, beim Ponte Principe Amadeo.

Die *Nationalkirche der Florentiner* wurde unter Leo X. Medici aus Florenz begonnen und ist Johannes d. T., dem Schutzpatron der Stadt, geweiht. Michelangelo, Raffael, Peruzzi und Sansovino reichten Entwürfe ein, Leo X. entschied sich für die Lösung Jacopo Sansovinos, der Anfang des 16. Jh. mit dem Bau begann. 1520 übernahm Antonio da Sangallo die Leitung, 1583 folgte Giacomo della Porta, und 1620 errichtete Carlo Maderno die sehr hohe dominierende Kuppel.

Die das Langhaus weit überragende *Fassade* ist ein Werk Alessandro Galileis (1724) und zeigt den beginnenden Klassizismus. Der Kolossalstil des Spätbarock (Fassade von *** San Giovanni in Laterano 31) weicht einer moderateren Formulierung, bestehend aus zwei Ordnungen von Halbsäulen, die die drei Portale und vier Nischen im Untergeschoß sowie das Fenster und die beiden Nischen im Obergeschoß rahmen. Das Obergeschoß ist auf die Breite des Langhauses reduziert und schwingt seitlich in Balustraden, besetzt mit Heiligenfiguren, aus. Der Skulpturenschmuck über dem Portal zeigt Tugenden, über den seitlichen Nischen Reliefs mit Szenen aus dem Leben des Täufers. In der Reduktion der dekorativen Elemente des Obergeschosses zeigt sich die Rückkehr zur reinen Architektur im Sinne des Klassizismus.

Den Grundriß bildet ein lateinisches Kreuz, bestehend aus einem dreischiffigen Langhaus, gestützt auf Pfeiler mit korinthischen Pilastervorlagen und seitlich von je 5 Kapellen gerahmt sowie weit ausgreifenden Querschiffarmen. Über einem kräftigen Gebälk erhebt sich eine

San Giovanni dei Fiorentini

hohe Attika, über der das Tonnengewölbe ansetzt. Sehr hoch ist auch die Kuppel Madernos über der Vierung. Der ganze Raum ist weiß verputzt und hell.

Ausstattung: In der 2. Kapelle rechts (Zugang zur Sakristei) Büsten Antonio Coppolas (l.) von Pietro Bernini (1614) und Antonio Cepparellis (r.) von Gian Lorenzo Bernini (1622); über dem Eingang zur Sakristei eine Statue Johannes' d. T. aus dem 15. Jh., die Mino da Fiesole zugeschrieben wird, jedoch zu schwach ist, um als sein Werk angesehen werden zu können. Am letzten Pfeiler rechts das Grabmal Francesca Riccardis mit einer Büste von Antonio Raggi (1655). Im rechten Querhaus ein Altarbild des Neapoletaners Salvator Rosa ›Martyrium der hll. Cosmas und Damian‹ (Schutzpatrone der Familie Medici), in den seitlichen Nischen Büsten Ottaviano Accaiolis (l.) von Ercole Ferrata und Ottavio Corsinis (r.) von Alessandro Algardi.

Der von Pietro da Cortona errichtete Chor wird fast ganz vom großartigen Altaraufbau Francesco Borrominis eingenommen, in dessen Zentrum die ›Taufe Christi‹, eine Marmorgruppe von Antonio Raggi, steht. Die Grabmäler der Falconieri rechts und links sowie die Krypta mit weiteren Falconieri-Gräbern sind nach Entwürfen Borrominis gestaltet. Am letzten Pfeiler des linken Seitenschiffs das Grabmal Alessandro Capponis nach Entwurf Ferdinando Fugas (1746). In der 5. Kapelle Fresken von Pomerancio, über dem Hauptportal eine reich vergoldete Orgel von 1673. In der Kirche wurden die Architekten Carlo Maderno und Francesco Borromini beigesetzt. Madernos Grabplatte befindet sich unter der Kuppel, wo auch Borromini bestattet wurde; an ihn erinnert eine Tafel am 3. Pfeiler links.

** 20 Engelsburg · Engelsbrücke · Justizpalast

** Castel Sant'Angelo (Engelsburg)

Das vielschichtige, erdfarbene Bauwerk am Tiber gehört gewiß nicht zu den schönsten Monumenten der Stadt. Aufgrund der zentralen Position spielte die Engelsburg jedoch immer eine bedeutende Rolle in der Geschichte Roms und ist mit der Vielzahl übereinandergesetzter zeitlicher und architektonischer Ebenen symptomatisch für die Geschicke der Stadt. Von daher ist die Engelsburg eine der suggestivsten Bauten Roms *(Farbtafel nach S. 216)*.

Geschichte: Erbaut 135–139 als *Mausoleum des Hadrian,* der die Anlage zu seinen Lebzeiten als Grabstätte für sich und seine Nachfolger plante; als Architekt wird Demetrianus genannt. Das Mausoleum hatte einen hohen quadratischen Sockel von 89 m Seitenlänge, darauf einen Zylinder aus Travertin- und Tuffquadern (64 m Durchmesser), der wahrscheinlich mit Statuen besetzt war. Die Bekrönung bestand aus einem Rundtempel, auf dem eine Bronzequadriga mit der Figur des Hadrian als Sonnengott stand. Im Inneren führte eine noch heute begehbare kreisförmige Rampe zur Grabkammer, wo die Kaiser von Hadrian bis Septimius Severus beigesetzt waren. Aurelianus, der 271 die Stadtmauer auf das linke Tiberufer ausdehnte, machte aus dem Mausoleum einen Brückenkopf. Im Jahre 590, als die Pest in Rom wütete, sah Gregor d. Gr. über dem Mausoleum eine Erscheinung des Erzengels Michael, der das Schwert des göttlichen Zornes in die Scheide zurücksteckte und so das Ende der Seuche ankündigte. Das Mausoleum trägt seither den Namen Engelsburg. Als militärischen Stützpunkt, der die Kontrolle über die Stadt ermöglichte, nutzte als erster der Gote Totila im 5. Jh. das Mausoleum. Ab dem 10. Jh. war die Burg im Besitz der Päpste und diente als Gefängnis, jedoch in erster Linie als sichere Festung, weshalb ihre Übergabe zu den Bedingungen für die Rückkehr der Päpste aus Avignon gehörte. Mitte des 15. Jh. bauten Nikolaus V. und nach ihm Alexander VI. die Anlage zum uneinnehmbaren Refugium der Päpste aus, Alexander legte über der Stadtmauer einen Gang als Fluchtweg vom Vatikan an. Clemens VII. verschanzte sich hier beim Sacco di Roma 1527, als die Truppen Karls V. die Stadt verwüsteten. Als Gefängnis wurde die Burg bis 1901 genutzt; die berühmtesten Gefangenen waren Benvenuto Cellini, Beatrice Cenci, Giordano Bruno und Cagliostro.

Noch heute präsentiert sich die Engelsburg als Festung, umgeben von einem quadratischen Mauerring mit Zinnen und Eckbastionen aus der Zeit Alexanders VI., dessen Gründungsinschrift unter dem von napoleonischen Truppen zerschlagenen Wappen an der Front zu lesen ist. Im darüberliegenden Zylinder erkennt man noch den römischen Kern mit einem ebenfalls unter Alexander VI. errichteten Ziegelaufbau. Darüber liegen die päpstlichen Appartements, von denen aus sich eine Loggia zum Tiber hin öffnet. Auf der obersten Terrasse steht eine Bronzestatue des Erzengels Michael, der das Schwert zurück in die Scheide steckt.

Rundgang

Das innere Gefüge des Kastells ist sehr verwirrend, daher sei folgender Rundgang empfohlen: Man betritt zuerst den *Cortile del Salvatore,* von dem ein Umgang aus der Zeit Bonifaz' IX. abgeht. Vom Hof aus gelangt man in einen weiten tonnengewölbten Gang, der ins Innere der Burg führt. In einer Nische am Ende dieses Ganges, in dem Modelle die verschiedenen Bauphasen des Kastells wiedergeben, stand ursprünglich die Statue Hadrians. Rechts geht die perfekt erhaltene, tonnengewölbte *antike Rampe* ab, die, über 12 m in einer weiten Kurve ansteigend, zur Grabkammer führte; 4 Schächte regulieren die Luftversorgung. Am Ende der Rampe gelangt man zur Treppe Alexanders VI., die den Bau quer durchschneidet. Eine Brücke führt über die *Grabkammer* im Zentrum der Burg, wo sich die Urnen der Kaiser befanden. Folgt man dem Gang, erreicht man den *Cortile dell'Angelo,* benannt nach dem Marmorengel Raffaellos da Montelupo, der im 16. Jh. die Burg bekrönte. Von hier aus gelangt man in ein kleines *Waffenmuseum,* das in den äußeren Bauten eingerichtet ist. Im inneren Teil der Burg befinden sich die Säle Clemens' VIII. sowie die *Sala Pauls III.,* die mit Grotesken geschmückt ist. Eine Tür auf der rechten Seite führt in die *Kapelle Leos X.,* in der sich die Marmorgruppe Madonna mit Kind von Raffaello da Montelupo (16. Jh.), eine Pietà von Nicola dell'Arca (15. Jh.) und ein Modell eines Engels aus der Bernini-Schule befinden. Der Majolikafußboden zeigt die Kugeln des Medici-Wappens und Löwen (lat.: leo) als Anspielung auf den Namen des Papstes. Gegenüber der Kapelle liegen die beiden *Säle Clemens' VII.,* jeweils mit einem gemalten Fries und einer Kassettendecke ausgestattet. An den Wänden Gemälde des 14. und 15. Jh., darunter ein Altarbild von Luca Signorelli. Von hier aus gelangt man in den *Cortile del Pozzo* mit einem Brunnen aus der Zeit Alexanders VI. und den Zellen des ehem. Gefängnisses an der Außenwand. Darunter liegen weitere Zellen und das Amphorenlager eines Öldepots. Eine kleine Treppe führt zum *Badezimmer Clemens' VII.,* das mit Groteskenmalereien, Stuck und Muscheln nach Entwürfen Giulio Romanos dekoriert ist.

Vom Cortile del Pozzo führt eine Treppe zur *Loggia Pauls III.,* errichtet von Raffaello da Montelupo und Antonio da Sangallo d. J. Sie ist mit Stuck und Grotesken geschmückt und bietet einen Blick auf das Kastell; links mündet der Fluchtweg Alexanders VI. Nach rechts gewandt, passiert man eine Reihe von Räumen, die einst für die päpstlichen Höflinge bestimmt waren und dann als Gefängnis für politische Gefangene dienten. Es schließt sich die *Loggia Julius' II.* an, eine schlichte Konstruktion Bramantes, die jedoch ein schönes Panorama vom Quirinal bis zum Gianicolo bietet. Hinter der Loggia liegt das sog. *Papstappartement.* Man betritt zunächst die Sala Paolina, benannt nach Paul III., die mit Stuck von Giovanni da Udine und Fresken von Pierin del Vaga und seinen Schülern ausgestattet ist. Die Szenen beziehen sich auf das Leben des Apostels Paulus und Alexanders d. Gr. Diese eigenartige Kombination ist auf Papst Paul III. ausgerichtet, dessen Taufname Alessandro (Farnese) war. In der Mitte der Schmalseiten sind die ›Hausherren‹ des Kastells, Hadrian und der Erzengel Michael, dargestellt; neben Michael eine interessante Geheimtür. Die beiden anschließenden Räume des ›Perseus‹ und der ›Psyche‹, so benannt nach den Themen der Friese von Pierin del Vaga, bergen eine kleine Sammlung von Skulpturen, Bildern und Möbeln aus der Zeit Pauls III. Von der Sala Paolina führt ein Korridor zur Bibliothek, einem großen Saal mit stuckierter Decke, und weiter zur Sala dell'Adrianeo, in der Bilder zum Thema ›Bacchanal‹ von Dosso Dossi, Jacob Jordaens und Nicolas Poussin ausgestellt sind. Von der Bibliothek aus erreicht man die Sala del Tesoro, einen runden Raum noch aus römischer Zeit im Zentrum des Kastells. An den Wänden stehen Schränke aus der Zeit Pauls III., der hier das Archiv anlegte. In der Mitte des Raumes Truhen von Julius II., Leo X., und Sixtus V., die die wertvollsten Gegenstände des Kirchenschatzes enthielten. Vom Vestibül des Saals erreicht man eine kleine römische Treppe, die zur darüberliegenden Sala Rotonda, einer ebenfalls römischen Konstruktion, führt. In diesem Raum wird das Originalgerüst der kürzlich restaurierten Engelsstatue aufbewahrt. Die Bronzeplatten des Engels wurden an der Eisenkonstruktion angebracht und mit dieser im Sockel verankert. Von hier aus gelangt man schließlich zur *Terrasse* mit dem *Bronzeengel.* Er wurde 1753 von Peter van Verschaffelt gegossen und ersetzt den kleineren Marmorengel Raffellos da Montelupo. Links eine Glocke, die die Exekutionen ankündigte.

Ponte Sant'Angelo (Engelsbrücke)

Die Engelsbrücke, auch *Pons Aelius* genannt nach ihrem Erbauer, Kaiser Aelius Hadrianus, wurde 133/34 als Zugang zum Hadriansmausoleum errichtet. Neben den weiteren antiken Brücken, dem Ponte Milvio *(S. 384)* im Norden der Stadt und den Brücken der Tiberinsel *(S. 254)* im Süden, blieb auch sie das ganze Mittelalter hindurch bestehen, bildete den Zugang zur Peterskirche und war mit Abstand der wichtigste Übergang über den Tiber. Mit ihren sehr hoch ausschwingenden Bögen gilt die Engelsbrücke als die *schönste antike Brücke.* Original sind noch die drei mittleren Arkaden, die Brückenköpfe hingegen wurden im 17. Jh. durch kleinere Bögen ersetzt und bei der Errichtung

Engelsbrücke und Engelsburg

der Tibermauern Ende des 19. Jh. angepaßt. Heute ist die Brücke für den Autoverkehr gesperrt und daher relativ beruhigt. In den vergangenen Epochen konzentrierte sich hier jedoch die Betriebsamkeit. Im Hl. Jahr 1450 führte das Gedränge zu einem Desaster, als das Maultier des Kardinals Barbo (das auch noch 2 Damen trug) nervös wurde und wie wild um sich schlug. Die Menschenmenge geriet in Panik, die Geländer brachen, und 172 Pilger stürzten in den Tiber, wo sie ertranken.

Die Brücke ist mit Statuen geschmückt. Den Anfang bilden die Figuren der Apostel Petrus von Lorenzetto (ca. 1530) und Paulus von Paolo Romano (1463) an der dem Kastell fernen Seite. Sie wurden 1534 noch unter Clemens VII. hier aufgestellt und sollten nach dem Sacco di Roma quasi als symbolische Wächter der Brücke fungieren. Inschriften auf den Sockeln der Figuren heißen den Demütigen willkommen und warnen den Anmaßenden, dem auch Paulus mit erhobenem Schwert droht. Bereits um diese Zeit war die Aufstellung von Engelsstatuen geplant; Raffaello da Montelupo nahm acht Statuen in Angriff, doch kam das Projekt nicht zur Ausführung. Schließlich beauftragte Clemens IX. 1668 den 70jährigen Bernini mit der Errichtung des Geländers und der Ausführung der *10 Engelsstatuen.* Die Engel tragen die Leidenswerkzeuge Christi, die sie mit dem ganzen Pathos der späten Barockskulptur präsentieren. In diesem Spätwerk zeigt sich noch einmal Berninis Talent für spektakuläre Inszenierungen. Die Engel sind ihrem Standort auf der Brücke angepaßt, ihre Gewänder erscheinen vom Wind bewegt, Flügel und Leidenswerkzeuge werden effektvoll vor dem freien Himmel präsentiert. Die Parade der 10 Engel gehört zu den *eindrucksvollsten Zeugnissen der römischen Barockskulptur.*

Bernini selbst führte nur zwei Engel aus (Engel mit dem Kreuzestitulus und mit der Dornenkrone), doch wurden sie nie auf der Brücke aufgestellt, da sie dem Kardinal Rospigliosi, einem Neffen Clemens' IX., so gut gefielen, daß er sie für sich beanspruchte. Seit 1729 stehen die Originale in der Kirche S. Andrea delle Fratte *(S. 367)*, während für die Brücke Kopien angefertigt wurden. Die übrigen Engel sind Arbeiten der Bernini-Schule, darunter hervorzuheben der Engel mit der Geißelsäule von Antonio Raggi, der Engel mit dem Kreuz von Ercole Ferrata und der mit dem Essigschwamm von Antonio Giorgetti.

Justizpalast (neben dem Castel Sant'Angelo), genannt *il palazzaccio* (der schlimme Palast). Das Gebäude, 1899–1910 von Guglielmo Calderini errichtet, dokumentiert den Versuch, durch Größe und Massigkeit die Großartigkeit der altrömischen Bauten zu imitieren. Der rechteckkige Bau ist ganz mit Travertin verkleidet und hat eine bewegte Fassade mit erhöhtem Mittelteil, in die Kolossalstatuen bedeutender Richter eingesetzt sind. Über dem Mittelportal die Skulpturengruppe ›Justitia zwischen Gesetz und Gewalt‹ und eine Bronzequadriga als oberem Abschluß. Die Größe des Baus und seine helle Farbigkeit machen den Justizpalast zu einem dominierenden Komplex, der das neue Italien unter der Regierung der Könige von Savoyen symbolisiert.

Auf dem Petersplatz

*** 21 Città del Vaticano (Vatikanstadt)

Am 11. Februar 1929 wurde mit dem Abschluß der Lateranverträge die Unabhängigkeit des Vatikanstaates anerkannt. Das 0,44 km² große Territorium hat ca. 500 Einwohner und untersteht, wie auch die exterritorialen Gebiete (die Pilgerkirchen *** S. Giovanni in Laterano, *S. 300*, * S. Paolo fuori le mura, *S. 394*, *** S. Maria Maggiore, *S. 314*, * S. Croce in Gerusalemme, *S. 310*, ** S. Sebastiano, *S. 280*, ** S. Lorenzo fuori le mura, *S. 385*, der Lateranspalast, *S. 309*, Castel Gandolfo und einzelne Amtsgebäude), der Oberhoheit des Papstes. Als Ordnungskräfte dienen Wachagenten und die 1506 gegründete Schweizergarde. Der Vatikan verfügt über eine eigene Post ⑨, druckt eigene Münzen, hat eine Radiostation ⑫, einen Bahnhof ⑪ und gibt eine Tageszeitung, den ›Osservatore romano‹, heraus. Die Bürger der Vatikanstadt genießen Steuerfreiheit.

Via della Conciliazione ①

Nach Abschluß der Lateranverträge ließ Mussolini 1936 das Viertel zwischen Petersplatz und Tiberufer abreißen und die Via della Conciliazione (Straße der Versöhnung) bauen, die den Vatikan mit Rom verbindet. Die bis zu 50 m breite Straße ist durch zwei Reihen von Obelisken in drei Bahnen geteilt. Von den alten Gebäuden blieb rechts der *Palazzo Torlonia* erhalten, dessen elegante Renaissancefassade das Schema des Palazzo della Cancelleria *(S. 158)* wiederholt (als Architekt wird Andrea Bregno vermutet), und links der *Palazzo dei Penitenzieri,* der im späten 15. Jh. wahrscheinlich von Baccio Pontelli für Kardinal Domenico della Rovere errichtet wurde.

Piazza di San Pietro (Petersplatz) ②

Der Petersplatz ist das *architektonische Hauptwerk Gian Lorenzo Berninis,* der vor die schwierige Aufgabe gestellt war, das unregelmäßig bebaute Gelände vor der Basilika und dem Palast zu gestalten. Zudem stellte sich das Problem, die Mängel der unproportional breiten Fassade der Peterskirche zu korrigieren. Der Auftraggeber war *Alexander VII. Chigi,* der die Gestaltung des Petersplatzes als hervorragende Aufgabe seines Pontifikats ansah. Der Papst, einer der bedeutendsten Bauherren der römischen Geschichte, wünschte einen freistehenden Portikus mit Statuen zur Einfassung eines quadratisch angelegten Platzes. Vor einem von Bernini aufgestellten Großmodell entschied Alexander VII., den Platz ovalförmig in seiner maximal möglichen Ausdehnung zu gestalten. Bernini schloß die Fassade von St. Peter mit einem trapezförmigen Vorplatz an eine quergelagerte Ellipse, die von Kolonnaden gerahmt ist, an. Damit entstand eine völlig unklassische, schiefwinklige und bewegte Anlage, die eine maximale Ausnutzung des Geländes

Piazza di San Pietro mit Kolonnaden Berninis

erlaubt. Beide Teile des Platzes nehmen Rücksicht auf die bestehenden Bauten des Vatikanischen Palastes, scheinen aber gleichzeitig nur auf die Fassade der Peterskirche bezogen, deren dominante Wirkung sie stützen. Durch die sich verengenden Flanken des trapezförmigen Vorplatzes wird jedoch der unproportionierten Breitenwirkung der Fassade entgegengewirkt. In einer optischen Täuschung erscheint die Fassade höher und steht in einem ausgewogeneren Verhältnis zur Kuppel. So entstand ein sakraler Platz, der allein auf die Kirche ausgerichtet ist und die Palastbauten völlig ausschließt. Er umfaßt symbolisch den Erdkreis und wurde zum signifikanten Rom-Symbol der Pilger.

Die **Kolonnaden** sind von 284 Säulen getragen und mit 140 Heiligenstatuen bekrönt; Inschriften nennen den Bauherrn Alexander VII. Chigi. Die rechte Kolonnade bildet gleichzeitig den Zugang zum Bronzeportal des Apostolischen Palastes und damit zu den päpstlichen Appartements; an den Prellsteinen läßt sich noch die Kutschenauffahrt erkennen. Die Architektur folgt nicht mehr den an die Antike angelehnten Regeln der Renaissance, sondern kombiniert entgegen den architektonischen Prinzipien der Antike dorische Säulen mit ionischem Gebälk. Im Zentrum der Kolonnaden befindet sich ein auf vier Bronzelöwen gestützter *Obelisk*. Er stammt aus Heliopolis und kam dann in den Circus des Nero. Von den römischen Obelisken blieb allein dieser das ganze Mittelalter hindurch unbeschädigt aufrecht stehen. An seinem ehemaligen Standort neben der alten Peterskirche überstand er Kriege, Aufstände und den gegen heidnische Monumente gerichteten Bildersturm der Christen, bis Sixtus V. ihn 1586 von Domenico Fontana unter großem technischem Aufwand an die heutige Stelle versetzen ließ. Der neue Standort bildete den Ausgangspunkt von Berninis Überlegungen zur Platzgestaltung.

Zwei 14 m hohe *Brunnen* mit großen Monolithbecken aus orientalischem Granit vervollständigen die Anlage. Den rechten schuf Maderno 1613, den linken Carlo Fontana 1677 *(Farbtafel vor S. 257)*.

Auf dem Petersplatz versammeln sich die Gläubigen am 1. Weihnachtstag und am Ostersonntag zum Empfang des päpstlichen Segens, der der Stadt und dem Erdkreis (lat.: urbi et orbi) gilt. Hier erwarten die Katholiken auch nach dem Tod eines Papstes die Bekanntgabe des in der Sixtinischen Kapelle ⑦ gewählten Nachfolgers. Über den Rauch der verbrannten Stimmzettel, der dem Kamin auf dem Dach der Kapelle entweicht, geben die Kardinäle das Ergebnis der Wahlgänge bekannt. Schwarzer Rauch bedeutet einen unentschiedenen Wahlgang weißer Rauch verkündet ›habemus papam‹ – wir haben einen Papst. Daraufhin erscheint der neugewählte Papst in der Benediktionsloggia von St. Peter *(Farbtafel nach S. 256)*.

** **Basilica di San Pietro** (Peterskirche) ③

Geschichte: Petrus wurde 64 n. Chr. im Circus des Nero gekreuzigt und unweit davon begraben. Über dem Grab des Apostels errichtete Papst Anaklet noch im 1. Jh. ein Tropaion, eine Gedenkstätte, die sich nach Osten, zur Stadt hin, öffnete. Die erste Peterskirche gründete Kaiser Konstantin und soll der Legende nach persönlich beim Transport von Baumaterialien Hand angelegt haben. Diese erste Kirche, 315–349 erbaut, gab Lage und Ausrichtung der heutigen Basilika vor. Wie das Tropaion öffnete sie sich zur Stadt hin, was bewirkt, daß der Altar in den Westen verlagert wurde. Generell soll jedoch der Altar nach Osten, zum Hl. Land, verweisen; mit St. Peter steht also die Hauptkirche der Christenheit ›falsch‹. Bei der alten Kirche handelte es sich um einen fünfschiffigen Bau, dem ein Atrium mit Portikus vorgelagert war (dieser Zustand der alten Peterskirche ist in einem Fresko in S. Martino ai Monti, *S. 324,* dokumentiert). Die Kirche, mit Mosaiken, Fresken und Grabmonumenten reich ausgestattet, war Mitte des 15. Jh. baufällig, als Nikolaus V. Bernardo Rossellini mit dem Bau eines neuen Chores beauftragte. Die Arbeiten blieben auf diesem Stand, bis Julius II. den Neubau beschloß. In seinem Auftrag riß Bramante ohne viel Rücksicht auf die Kunstwerke die Nordhälfte der alten Kirche ab und zog sich so den Namen ›Mastro ruinante‹ zu.

1506 begannen die Arbeiten an St. Peter unter der Leitung von *Bramante*, der einen Zentralbau über dem Grundriß eines griechischen Kreuzes plante. Der Zentralbau entsprach in seiner Regelmäßigkeit den Idealen der Renaissance, die die Harmonie und Ausgewogenheit aller Bauglieder bevorzugte. Zudem entsprach der Zentralbau dem antiken Mausoleum, was bei der Anlage einer Grabkirche der Antikenrezeption der Renaissance entgegenkam. In Bramantes St.-Peter-Entwurf war der Außenbau als Quadrat mit als Halbrund

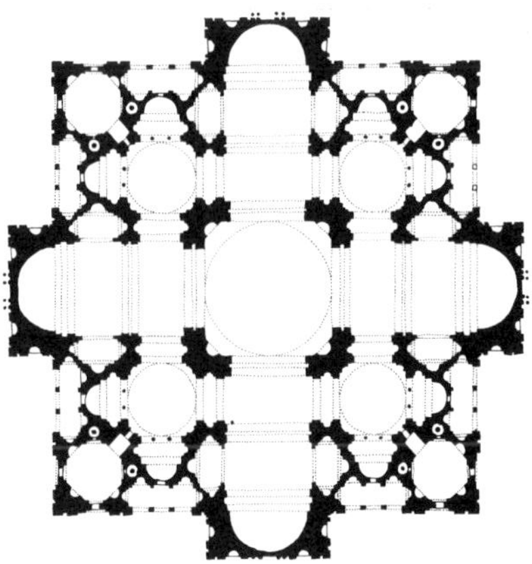

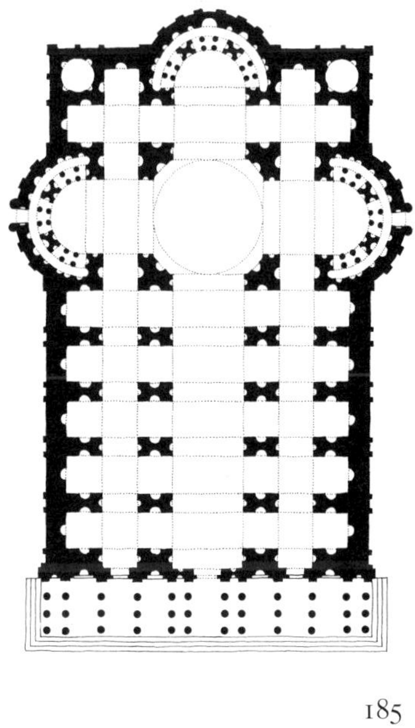

Entwürfe von Bramante (l.) und Raffael (r.)

vorspringenden Kreuzarmen vorgesehen. Neu war neben dieser Behandlung der Mauern die Einrichtung der vier großen Kuppelpfeiler, die das einzige nach Bramante realisierte Element der Peterskirche darstellen. Die schweren Mauermassen erreichen eine ungekannte Monumentalität und führen zur Beherrschung des ganzen Raumes.

Nach dem Tod Bramantes übernahm *Raffael* die Bauleitung, nach dessen Plänen der Vierung Bramantes ein Langhaus angefügt werden sollte. Der Zentralbau nach der Planung Bramantes erschien nun aufgrund seiner Herkunft aus der heidnischen Antike problematisch; auch kam er den liturgischen Bedürfnissen der Kurie wenig entgegen. Antonio da Sangallo d. J. führte, unterstützt von Baldassare Peruzzi, ab 1520 die Arbeiten weiter. Die Planungen wechselten erneut vom Grundriß über griechischem und über lateinischem Kreuz. Inzwischen hatten Planungswechsel, politische Probleme und mangelnde Mittel oft zu langen Unterbrechungen geführt, so daß die Baustelle von St. Peter zu den vielen römischen Ruinen zählte, als die sie von Scorel und Heemskerck in Gemälden und Zeichnungen festgehalten wurde.

1546 schließlich übernahm *Michelangelo* die Bauleitung. Er folgte den Plänen Bramantes und dessen Zentralbauidee, jedoch in grandioseren Formen. Die Nebenräume in den Kreuzwinkeln wurden zu Nebenkuppelräumen zusammengefaßt und durch Tonnengewölbe mit den Kreuzarmen verbunden. Als neues Element plante er die riesige Kuppel über hohem Tambour, die den ganzen Bau dominieren sollte. Michelangelo brachte den Bau weit voran; nach seinem Tod 1564 führten Vignola, Pirro Ligorio und Giacomo della Porta die Arbeiten weiter. Paul V. kehrte zur Idee des lateinischen Kreuzes zurück, so daß unter der Leitung von *Carlo Maderno* dem Langhaus drei Joche hinzugefügt werden mußten. Maderno schuf auch die Fassade, die 1614 vollendet war. Bernini begann mit dem Aufbau von Glockentürmen, die jedoch wieder abgetragen werden mußten, da sie nicht genügend fundamentiert waren. 1626 weihte Urban VIII. die neue Kirche. Somit waren nach 120jähriger Bautätigkeit die Arbeiten weitgehend abgeschlossen.

Maße: S. Pietro bedeckt eine Fläche von über 15 000 m². Die Gesamtlänge beträgt 211,50 m, im Innenraum 186 m; die größte Breite wird im Querhaus mit 137,50 m erreicht. Die Kuppel hat einen Durchmesser von 42 m und eine Höhe von 136,50 m. S. Pietro war bis 1989 die größte Kirche der Christenheit. Nun soll die nach dem Vorbild der Peterskirche errichtete Kathedrale von Yamussukro (Elfenbeinküste) mit noch gigantischeren Ausmaßen diesen Rang einnehmen. Den **Zugang** zur Peterskirche bildet eine weite Treppe mit drei Ebenen, die auf Entwürfe Berninis zurückgeht. Sie ist flankiert von Statuen der Apostel Petrus und Paulus (Adamo Tadolini, Giuseppe de Fabris, 1840), die die Skulpturen Paolo Romanos und Mino da Fiesoles aus dem 15. Jh. ersetzen.

Das Äußere

Der Außenbau, weitgehend von Michelangelo gestaltet, ist durch die weit vorgeschobenen Apsiden akzentuiert. Er zeigt eine Kolossalordnung von Pilastern mit korinthischen Kapitellen. Diese erheben sich

über einer hohen Sockelzone und stützen ein weit vorkragendes Gebälk. Darüber schließt eine hohe Attika ab. Zahlreiche Fenster, die größeren von Säulen flankiert, bewirken die unerwartete Helligkeit des riesigen Kirchenraumes. Die *Fassade* (**A**) von Maderno greift die Prinzipien von Michelangelos Kolossalgliederung mit Attika auf. Eine Inschrift nennt den Bauherrn Paul V. Borghese. Weite Arkaden öffnen den *Portikus* (**B**) zum Petersplatz; die mittlere ist durch einen von Säulen getragenen Risalit mit Dreiecksgiebel betont (die äußersten Bögen bilden keinen Zugang zur Kirche mehr, sondern zum Gelände des Vatikans, der linke führt zum Campo Santo Teutonico und zum Uffico degli Scavi). Das Obergeschoß der Fassade hat neun Fenster, von denen das mittlere die Benediktionsloggia bildet. Über der Attika befinden sich Statuen Christi, Johannes' d. T. und der Apostel (ohne Petrus), seitlich zwei Uhren von Valadier. Die Proportionen der Fassade sind unstimmig in die Breite gezogen, doch konnte Maderno aus Rücksicht auf die Kuppel nicht noch höher bauen. Berninis Platzanlage fängt die Breitenwirkung der Fassade ein wenig auf.
Die **Kuppel** ist mit ihrem Durchmesser von 42 m geringfügig kleiner als die des Pantheon, wirkt jedoch durch ihre Höhe imposanter. Sie besteht aus einer äußeren und einer inneren Schale, erhebt sich auf einem hohen Tambour, der durch Doppelsäulen und ein weit vorkragendes Gebälk plastisch strukturiert ist. Die Kuppelschale ist von Rippen gegliedert und durchfenstert und schließt mit einer Laterne ab. Michelangelo arbeitete am Bau der Kuppel bis zu seinem Tod 1564. Pläne und ein Holzmodell (heute in den Vatikanischen Museen) ermöglichten Giacomo della Porta, das Werk im Sinne Michelangelos zu vollenden (1589). Die einzige Änderung besteht in einer leichten Streckung der Kuppel.

Die Kuppel von S. Pietro ist das *berühmteste architektonische Werk Michelangelos*, der sich hier an das Vorbild von Brunelleschis Kuppel des Florentiner Doms hielt. Sie sollte die Kirche und den umliegenden Platz dominieren. Diese Wirkung wird durch die Streckung des Baus durch Maderno beeinträchtigt, da die hinzugefügten Joche des Langhauses und der Portikus dem Eintretenden die Sicht auf die Kuppel nehmen. Je näher der Besucher der Fassade kommt, desto weniger sieht er von der Kuppel; es entsteht so der Effekt der ›untergehenden Sonne‹. Man betritt zunächst den *Portikus* (**B**), in dem sich rechts ein Reiterstandbild Konstantins von Bernini befindet (von hier führt die ›Scala regia‹ zu den Empfangsräumen des Papstes, nicht zugänglich). Die rechte Tür, die *Porta Santa* (**C**), wird nur in Heiligen Jahren geöffnet. Das mittlere Portal bewahrt die *Bronzetür Filaretes* (**D**), 1433–1445 im Auftrag Eugens IV. für die alte Peterskirche geschaffen. Im oberen

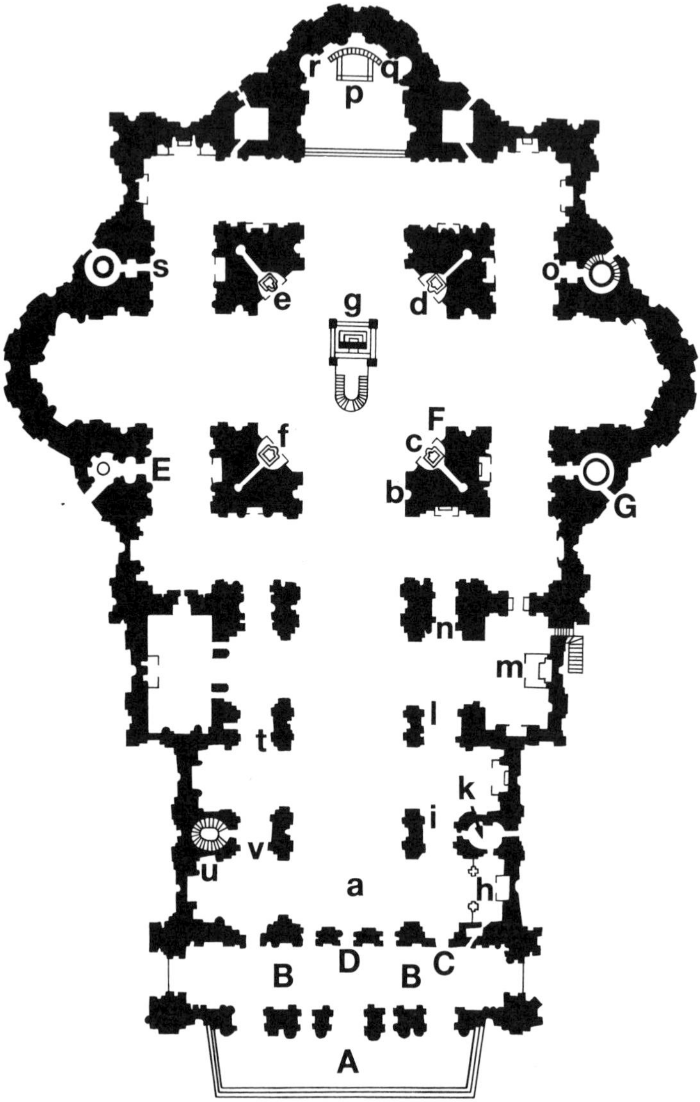

Peterskirche: Grundriß

Register thronen Christus und Maria, im mittleren erkennt man Paulus und Petrus, der dem Papst die Schlüssel aushändigt. Die unteren Felder zeigen die Martyrien der beiden Apostel. Die Gestalten selbst erscheinen altertümlich steif; wesentlich lebhafter gestaltet ist das Rankenwerk mit eingeschlossenen mythologischen Figuren.

Das Innere

Der Innenraum ist von unerwarteter Helligkeit und Überschaubarkeit; er erweckt eher den Eindruck eines überdachten Platzes als eines Kircheninterieurs. Die unverhältnismäßige Größe der Kirche erschließt sich erst langsam dem Betrachter, da die Maße der einzelnen Bauglieder zwar gesteigert, ihre Proportionen jedoch gewahrt sind.

Madernos dreischiffiges Langhaus ist von Kapellen gesäumt. Der Obergaden des Langhauses wird von kolossalen Pfeilern mit vorgelagerten korinthischen Pilastern getragen, dazwischen trennen grandiose Arkaden die Seitenschiffe ab. Das Mittelschiff ist tonnengewölbt und zeigt eine vergoldete Kassettierung aus dem 18. Jh. Im anschließenden Querhaus mit der Apsis und der Kuppel bleibt noch ein Eindruck der ursprünglichen Zentralbauidee spürbar. Vier enorme fünfeckige Pfeiler stützen die Arkaden, über denen sich die Kuppel erhebt. Am Ansatz steht in lateinischer Sprache: »Du bist Petrus und auf diesen Stein (petra) werde ich meine Kirche erbauen und Dir werde ich die Schlüssel zum Himmelreich geben.« Von den Querschiffsarmen, der Apsis und der Kuppel dringt Licht an die Stätte, an der sich der Papstaltar über dem Petrusgrab erhebt. Die Symmetrie der gigantischen Bauglieder erzeugt eine Feierlichkeit und Harmonie, die der Würde des Ortes gerecht werden.

◁ **A** Fassade
B Portikus
C Porta Santa
D Bronzetür Filaretes
E Eingang zur Schatzkammer
F Treppe zu den Grotten
G Aufgang zur Kuppel

a Porphyrplatte Karls d. Gr.
b Petrusstatue
c Longinus mit der hl. Lanze
d Helena mit dem Kreuz Christi
e Veronika mit dem Schweißtuch
f Ap. Andreas mit seinem Kreuz
g Papstaltar und Berninis Baldachin
h Michelangelos ›Pietà‹
i Monument für Königin Christine von Schweden
k Reliquienkapelle
l Monument für Mathilde von Canossa
m Sakramentskapelle
n Grabmonument Gregors XIII.
o Grabmonument Clemens' XIII.
p Cathedra Petri
q Grabmonument Urbans VIII.
r Grabmal Pauls III.
s Grabmal Alexanders VII.
t Grabmal Innozenz' VIII.
u Baptisterium
v Grabmal der letzten Stuarts

Die Ausstattung

Mittelschiff: Im Fußboden eine *Porphyrplatte* (**a**), auf der Karl d. Gr. Weihnachten 800 die Kaiserkrone empfangen haben soll. In den Nischen Statuen aus dem 18. Jh., die die Begründer religiöser Orden zeigen. Am letzten Pfeiler rechts die *Bronzestatue des Ap. Petrus* (**b**), eine Arbeit Arnolfo di Cambios aus dem späten 13. Jh., geschaffen nach einer antiken Philosophenstatue, die in den Grotten ausgestellt ist. In den Pendentifs der Kuppel zeigen Mosaiken des 16. Jh. die vier Evangelisten. Das *Kuppelmosaik,* nach Kartons des Cavalier d'Arpino ausgeführt, stellt das Himmelreich mit Gottvater und den Seligen dar; die Inschrift nennt den Auftraggeber Sixtus V. In den Nischen der Kuppelpfeiler befinden sich vier Kolossalstatuen, die 1629 unter Urban VIII. aufgestellt wurden. Sie verweisen auf Reliquien, die in den Pfeilern aufbewahrt werden: *Longinus* (**c**) mit der hl. Lanze (Bernini); *Helena* (**d**) mit dem Kreuz (A. Bolgi); *Veronika* (**e**) mit dem Schweißtuch (F. Molchi); *Andreas* (**f**) mit seinem Kreuz (Duquesnoy).

Berninis Baldachin (**g**; im Zentrum, über dem Papstaltar). Der Baldachin, ein Hoheitsmotiv, akzentuiert die Stätte des Petrusgrabes und ist Mittelpunkt des ganzen Kirchenbaus. Der 29 m hohe Aufbau wurde 1624 von dem damals erst 25jährigen Bernini begonnen und 1633 von Urban VIII. geweiht. Bei der Planung des Baldachins scheint auch der noch jüngere Francesco Borromini beteiligt gewesen zu sein, wie es Entwurfzeichnungen und Abrechnungen belegen. Für die Bronze wurden die antiken Platten aus dem Pronaos des Pantheons eingeschmolzen. Ein Spottvers sagt, was die Barbaren nicht taten, taten die Barberini (Familienname Urbans VIII.). Über Marmorsockeln mit dem Familienwappen Urbans VIII. ragen die vier Bronzesäulen auf, die den Baldachin stützen. Die gedrehten Säulenschäfte leiten ihre Form von antiken orientalischen Säulen aus der alten Peterskirche ab (Schatzkammer, **E**); diese stammten angeblich aus dem Tempel in Jerusalem. Der Baldachin selbst erscheint stofflich weich und bewegt. Vier Engel halten Festons, die in einem goldenen Globus unter dem Kreuz münden. Die Monumentalität dieses unter hohem technischen Aufwand erstellten Bronzeaufbaus mißt sich mit der Architektur. Die bewegte Plastizität bildet einen Kontrast zu den linearen Formen der Architektur Michelangelos und setzt so einen Akzent. Unter dem Altar sieht man in die von Ewigen Lichtern umstellte *Confessio,* die einen Blick auf das Petrusgrab erlaubt.

Rechtes Seitenschiff: In der 1. Kapelle *Michelangelos Pietà* (**h**), 1499/1500 von dem knapp 25jährigen Künstler als Grabplastik für den

Bronzestatue des Apostels Petrus

Longinus mit der hl. Lanze

französischen Kardinal Jean de Bilhères de la Groslaye geschaffen. Die Pietà gehört zu den frühesten römischen Werken Michelangelos und trägt als einziges seine Signatur (auf einem Band über der Brust Mariens). Maria präsentiert dem Betrachter ihren toten Sohn. Die Muskulatur seines Körpers ist erschlafft im Ausdruck des Todes, der Kopf zurückgefallen. Maria wendet sich mit tiefer Anteilnahme Christus zu, während eine fassungslose Geste ihrer linken Hand den Betrachter zum Mitleid (ital.: pietà) auffordert. Das Thema leitet sich vom nordeuropäischen Vesperbild ab und war in Italien wenig verbreitet. Dem harten Realismus dieser Bilder stellt Michelangelo eine Idealisierung gegenüber, die der nordeuropäischen Auffassung des Themas entgegengesetzt ist. Die Idealschönheit der Gruppe stieß z. T. auf Kritik; getadelt wurde vor allem die Jugend der Maria, die jedoch nach Auffassung Michelangelos durch ihre Reinheit alterslos ist. Die Gruppe stand ursprünglich in einer Kapelle der alten Peterskirche; ihre heutige Aufstellung nahm Borromini im 17. Jh. vor. 1972 wurde die Gruppe von einem Attentäter beschädigt und steht seither hinter Panzerglas.

Am 1. Pfeiler links ein *Monument für Königin Christine von Schweden* (**i**), gegenüber die *kleine Reliquienkapelle* (**k**) mit einem Holzkruzifix von Cavallini (?). Am 2. Pfeiler links ein *Monument für Mathilde von Canossa* (**l**) nach Entwurf Berninis; in einem Relief darunter ist der Gang Heinrichs IV. nach Canossa dargestellt. Die *große Sakramentskapelle* (**m**) rechts ist der Andacht vorbehalten; über dem Altar ein Ziborium mit Engeln von Bernini (1674), dahinter ›Dreifaltigkeit‹ von Pietro da Cortona. Am nächsten Pfeiler rechts das *Grabmonument Gregors XIII.* (**n**; Camillo Rusconi, 1720/23); ein Relief zeigt die Kalenderreform Gregors. Im Durchgang vom rechten Querhausarm zur Apsis das klassizistische *Grabmonument für Clemens XIII.* (**o**) von Canova (1788–1792).

Apsis: Cathedra Petri (**p**; 1656–1665). Im Auftrag Alexanders VII. schuf Bernini den Bronzeaufbau für die Reliquie der Cathedra Petri, einen Sessel, den Petrus benutzt haben soll. (In Wirklichkeit handelt es sich jedoch um einen Thron Karls des Kahlen aus dem 11. Jh., der dann Thronsessel der Päpste wurde). Vier Kirchenväter stützen die Bronzeverkleidung, die den Sessel birgt. Im Vordergrund vertreten Ambrosius und Augustinus die lateinische Kirche, dahinter (ohne Mitren) Anastasius und Johannes Chrysosthomos die griechische Kirche. Über dem Sessel halten Putten die Insignien des Papsttums. Eine Gloriole aus vergoldetem Stuck und Wolken mit Putten und Engeln umgibt das Fenster, in dem die Taube des Hl. Geistes erscheint. Der Bronzestuhl selbst scheint wie durch Zauber zu schweben. Der Stuhl des Stellvertreters Christi – und seiner Nachfolger – bildet somit eine Verbindung von Himmel und Erde, Engeln und Kirchenvätern. Diese durch die Cathedra Petri geschaffene Verbindung illustriert natürlich auch die von den Päpsten vertretene katholische Kirchenlehre. Charakteristisch für die theaterhaft inszenierten Spätwerke Berninis ist die Einbeziehung des Lichtes. Auch die architektonischen Gegebenheiten werden maximal für den Aufbau des plastischen Werkes genutzt und gehen eine Verbindung ein. Diese Einheit der künstlerischen Mittel ist kennzeichnend für Bernini und prägte den Hochbarock.

Rechts neben der Cathedra das *Grabmonument Urbans VIII.* (**q**) von Bernini (1642–1647). Über dem Grabmal die Bronzestatue des Papstes, am Sarkophag Marmorskulpturen der Liebe und Gerechtigkeit; auf dem Sarkophag selbst sitzt die Allegorie des Todes, die den Namen des Verstorbenen schreibt. Der pyramidale Aufbau und die Verwendung unterschiedlicher Materialien ist vom Grabmal Pauls III. auf der gegenüberliegenden Seite abgeleitet. Berninis Werk ist gegenüber diesem monumentaler und bewegungsreicher, das Bildnis des Papstes von

Grabmonument Urbans VIII.

ungewöhnlicher Lebendigkeit. – Links das *Grabmal Pauls III.* (**r**) von Guglielmo della Porta (1551–1557), als Pendant zum Grabmal Urbans VIII., in dessen Auftrag es hier aufgestellt wurde (ursprünglich als freistehendes Grabmal geplant), mit der Bronzestatue des Papstes; die Marmorfiguren beim Sarkophag der Klugheit und Gerechtigkeit sind an Michelangelos Skulpturen aus der Medici-Kapelle in Florenz angelehnt. – Im Durchgang zum linken Querhaus das *Grabmal Alexanders VII.* (**s**), ein später Entwurf Berninis, weitgehend von dessen Schülern ausgeführt (1672–1678). Im Zentrum kniet der Papst im ewigen Gebet, im Hintergrund die Figuren der Gerechtigkeit und Klugheit, davor die Liebe und die Wahrheit (ursprünglich nackt, später mit Stuck ›bekleidet‹). Unter einer Stoffdraperie erscheint der Tod, der mit einem Stundenglas dem Papst den Ablauf seiner Zeit anzeigt. In diesem Spätwerk erreicht die Theatralik Berninis einen Höhepunkt.

Linkes Seitenschiff: Am mittleren Pfeiler das *Grabmal Innozenz' VIII.* (**t**) von Antonio Pollaiuolo (1498). Das Werk aus teilweise vergoldeter Bronze wurde als einziges Grabmal aus der alten Peterskirche in den Neubau transferiert. Erstmals ist hier ein Papst nicht nur als Liegefigur, sondern auch majestätisch thronend wiedergegeben. Innozenz hält die Spitze der hl. Lanze, die ihm vom türkischen Sultan geschenkt wurde. Seitlich hervorragende Reliefs der Kardinaltugenden, die ganz dem zeichnerischen Stil der Florentiner Schule verhaftet sind. – Das *Baptisterium* (**u**; links vom Eingang) ist mit Mosaiken nach Gemälden Carlo Marattas geschmückt, das Porphyrtaufbecken, ursprünglich ein Sarkophagdeckel, möglicherweise vom Grab Hadrians, wurde 1695 von Carlo Fontana hier aufgestellt und mit Bronze verkleidet. – Gegenüber vom Baptisterium das *Grabmal der letzten Mitglieder der schottischen Familie Stuart* (**v**) von Canova (1817/19).

Museo del Tesoro di San Pietro (Schatzkammer; Eingang gegenüber dem linken vorderen Vierungspfeiler; **E**): Sarazeneneinfälle und der Sacco di Roma von 1527 hatten den Kirchenschatz von St. Peter bereits beeinträchtigt. Die Tiaren wurden oft verpfändet, die kostbare Krone Julius' II. mußte für Reparationsleistungen an Napoleon eingeschmolzen werden. Die verbliebenen Stücke sind jedoch zum Teil von großem Wert. Drei Kunstwerke sind besonders hervorzuheben: 1. Die *hl. Säule* aus der alten Peterskirche, an die sich Christus im Tempel Salomons, aus dem sie angeblich stammt, angelehnt haben soll (Vorbild für Berninis Baldachin). – 2. Das *Grabmal Sixtus' IV.* von Antonio Pollaiuolo, die erste Arbeit des Florentiners in Rom, datiert von 1493. Das freistehende Grabmal befand sich ursprünglich im Chor der alten Peterskirche. Es zeigt ein realistisches Abbild des Verstorbenen auf dem Katafalk, umgeben von Reliefs, die die Tugenden und die Künste wiedergeben, beide sind Wege zu Gott. Das Grabmal ist im Hinblick auf die Technik des Bronzegusses wie der Rezeption antiker Vorbilder richtungweisend für die Renaissanceskulptur. – 3. Der *Sarkophag des Junius Bassus.* Der römische Präfekt bekehrte sich 359 zum Christentum; sein Sarkophag wurde 1595 aufgefunden. Die tiefen Reliefs mit z. T. vollplastisch gearbeiteten Figuren zeigen Szenen aus dem Alten und Neuen Testament. Im Zentrum erscheint unten der jugendliche Christus beim Einzug in Jerusalem, darüber erkennt man ihn zwischen Petrus und Paulus. Christus thront über einer Personifikation des Himmels und reicht Petrus die Gesetzesrolle (traditio legis).

Sacre Grotte Vaticane (**F**): Man erreicht die Vatikanischen Grotten über eine Treppe im rechten vorderen Vierungspfeiler. Der hintere Teil, die sog. alten Grotten, entstand 1606 nach dem Abriß der letzten

Mauern der alten Peterskirche. Grabmäler, Mosaiken und Freskenreste aus Alt-Sankt-Peter wurden hierher überführt. 1940–1957 ließ Pius XII. umfangreiche Grabungen unter der Peterskirche durchführen, wobei die Nekropole aufgedeckt und Gewißheit über den Standort des Petrusgrabes erzielt wurden. Im Zuge dieser Arbeiten entstanden auch die neuen Grotten. Neben den erwähnten Fragmenten aus der alten Peterskirche befinden sich hier auch die Grabstätten der Päpste unseres Jahrhunderts. Für die Besichtigung der Nekropole muß ein Antrag bei der Reverenda Fabbrica di S. Pietro gestellt werden (Zugang beim Arco delle Campane links von der Peterskirche ⑤).

Aufstieg zur Kuppel (**G**): Vom Portikus zum rechten äußeren Querhaus. Mit dem Fahrstuhl erreicht man nur die Höhe des Daches der Basilika. Der Aufstieg zur Höhe der Laterne erfolgt über einbahnige enge Treppen mit 330 Stufen (etwa drei Mal die Spanische Treppe), eine Umkehr ist kaum möglich. Es wird daher dringend geraten, Energie und Nerven zu prüfen oder die relativ ruhigen Stunden der Mittagszeit für einen geruhsamen Aufstieg zu wählen. Die Aussicht über die Stadt und den Vatikan lohnen die Mühe.

Campo Santo Teutonico ④ (Zugang beim Arco delle Campane ⑤)

Der deutsche Friedhof im Vatikan ist die älteste deutsche Stiftung in Rom und entwickelte sich aus der 799 bereits erwähnten Schola Francorum. Deutliche Konturen gewinnt der Komplex jedoch erst im Hl. Jahr 1450, als viele Pilger nach Rom kommen, Friedhof und Kirche wiederhergestellt werden und sich die deutschen Angehörigen der Kurie zu einer Bruderschaft zusammentun. Aus dieser ging die ›Erzbruderschaft unserer lieben Frau auf dem deutschen Gottesacker bei Sankt Peter‹ hervor, die sich heute um den Komplex kümmert. Ihr angeschlossen ist auch ein deutsches Priesterkolleg.

Die *Kirche Santa Maria della Pietà* aus dem letzten Viertel des 15. Jh. ist ein relativ schmuckloser Hallenbau deutschen Typs. Das Bild des Hochalters, vermutlich die Arbeit eines deutschen Malers, zeigt die Pietà; auf den Flügeln sind Anna und die Apostel dargestellt. Rechts vom Hauptaltar befindet sich die Schweizer Kapelle, wo nach dem Sacco di Roma 1527 die gefallenen Gardisten beigesetzt wurden (abgenommene Fresken von Polidoro Caldara da Caravaggio).

Der *Friedhof* ist wegen seiner einzigartigen Lage ein begehrter Begräbnisplatz, auf dem u. a. der Landschaftsmaler Josef Anton Koch, die Archäologen Ludwig Curtius und Engelbert Kirschbaum sowie die Schriftsteller Stefan Andres und Johannes Urzidil beigesetzt sind.

Vatikanische Paläste ⑥

Im Mittelalter residierten die Päpste im Lateranspalast *(S. 309)*, bei der alten Peterskirche befand sich ein Gästehaus, das u. a. Karl d. Gr. und Otto I. beherbergte. Im 12. Jh. wurde das Gebäude von Eugen III. instand gesetzt und von Innozenz III. erweitert. Gregor XI. fand bei seiner Rückkehr aus dem Exil von Avignon 1377 den Lateran unbewohnbar vor und bezog das Gebäude im Vatikan, wo nach seinem Tod 1378 das erste Konklave abgehalten wurde. Unter Gregors Nachfolgern wurde der Palast zu seiner heutigen Größe von ca. 11 500 Räumen auf 55 000 m^2 Grundfläche ausgebaut.

So entstanden unter Nikolaus V. um 1450 die quadratische Anlage um den Cortile del Papagallo, unter Sixtus IV. die nach ihm benannte Kapelle. In den 80er Jahren des 15. Jh. fügte Innozenz VIII. die Villa Belvedere auf dem höchsten Punkt des Vatikanischen Hügels hinzu, die später unter Julius II. von Bramante und Pirro Ligorio durch den – später unterteilten – enormen Belvederehof mit den älteren Gebäuden bei St. Peter verbunden wurde. Unter Leo X. errichteten Bramante und sein Nachfolger Raffael die berühmten Loggien, Mitte des 16. Jh. Domenico Fontana für Sixtus V. den zum Petersplatz hin ausgerichteten Palast, der auch die heutige Papstwohnung birgt. Unter diesem Papst entstand auch der Bibliotheksbau, der den Belvederehof unterteilt. Urban VIII. ließ mit Berninis Scala Regia den apostolischen Gemächern eine prunkvolle Treppe hinzufügen. Clemens XIV. begann mit dem Umbau des Belvedere zum Museum, eine Maßnahme, der wichtige Fresken Mantegnas zum Opfer fielen. Michelangelo Simonetti fügte im Auftrag Pius' VI. den Museumsbauten um 1780 das Treppenhaus, die Sala Rotonda, den Saal des griechischen Kreuzes im neoklassizistischen Stil hinzu. Später folgten der Braccio Nuovo unter Pius VII., die Pinakothek unter Pius IX. und das Lateranmuseum unter Johannes XXIII. Zahlreiche Päpste haben den Vatikan, wenn nicht durch Bauten erweitert, so doch durch Aufträge für Ausmalungen oder Einrichtungen von Kapellen verschönt. So entstand ein Gebäudekomplex, der in historischer und künstlerischer Hinsicht mit keinem weiteren auf der Welt vergleichbar ist.

Die **Vatikanischen Gärten** sind nur im Rahmen einer Führung zu besichtigen (Anmeldung Ufficio informazioni ⑩). In der Vatikanstadt liegen u. a. der *Bahnhof* ⑪, die *Radiostation* ⑫ und das hübsche *Gartenhaus Pius' IV.* ⑬, 1558–1561 von Pirro Ligorio erbaut.

*** Vatikanische Museen ⑮

Die Vatikanischen Museen umfassen Teile des Vatikanpalastes, darunter die Stanzen Raffaels und die Sixtinische Kapelle sowie die in verschiedenen Abteilungen zusammengetragenen päpstlichen Sammlungen, von denen die Antikenkollektion die größte der Welt darstellt. Ein kompletter Rundgang durch die Museen beläuft sich auf ca. 7 km, der Besucher kann jedoch nach Interessensschwerpunkten unter vier Rundgängen wählen, die in verschiedenen Farben angezeigt sind. – Die von den Päpsten angelegten Sammlungen antiker und zeitgenössischer Kunst fanden zunächst im Palast ihre Aufstellung. 1756 begann Benedikt XIV. mit der Einrichtung eines Museums für christliche Archäologie. Von da an bis in die jüngste Zeit wurden die Sammlungen geordnet und der Öffentlichkeit zugänglich gemacht.

Cortile delle Corazze: In der Mitte des Hofes steht die *Basis der Ehrensäule des Antoninus Pius.* Die Säule war nach dem Tod des Kaisers 161 auf dem Marsfeld errichtet worden. Nach ihrer Wiederentdeckung 1703 wurde der Granitschaft zur Restaurierung des Obelisken auf der Piazza Montecitorio verwendet. Die erhaltene Basis zeigt auf der Stirnseite die Apotheose des Antoninus Pius und seiner Gemahlin Faustina. Das Kaiserpaar wird von einem geflügelten Genius in den Himmel getragen, die Figuren der Dea Roma und des Campus Martius

Vatikanische Museen: Orientierungsplan

A Museo Gregoriano Egiziano
*** **B** Museo Pio Clementino
- **a** Sala a Croce Greca
- **b** Sala Rotonda
- **c** Sala delle Muse
- **d** Sala degli Animali
- **e** Galleria delle Statue
- **f** Galleria dei Busti
- **g** Gabinetto delle Maschere
- **h** Cortile Ottagono o del Belvedere
- **i** Gabinetto dell'Apoxyomenos

C Museo Chiaramonti

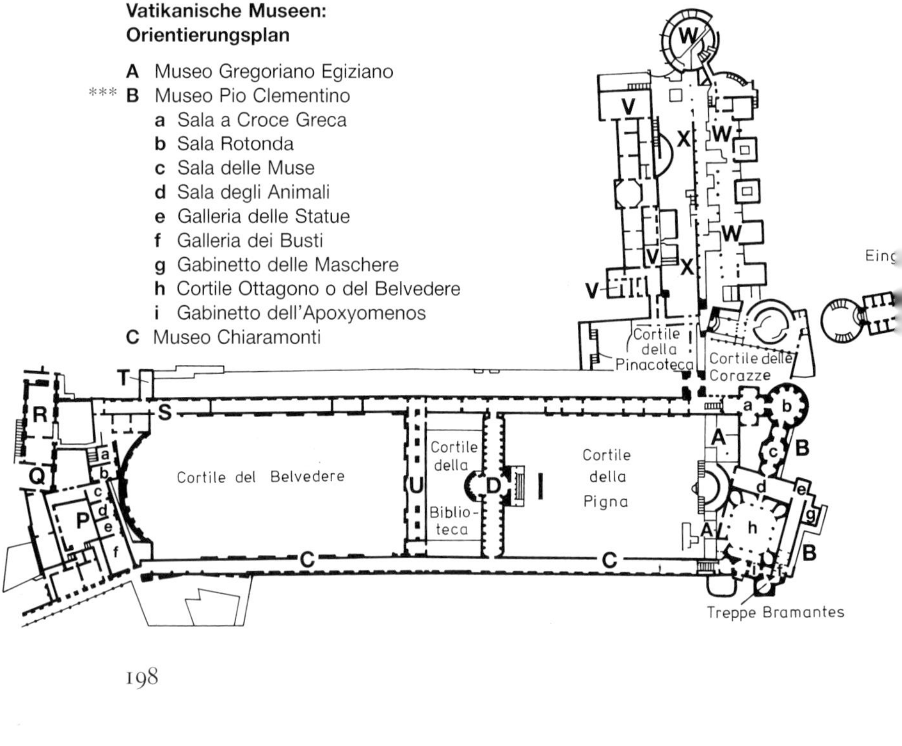

vervollständigen die Szene. Seitlich sind die anläßlich der Vergöttlichung des Kaiserpaares abgehaltenen Reiterparaden wiedergegeben.

Cortile della Pigna: Der kolossale bronzene *Pinienzapfen* (pigna), im ›Nicchione‹ des Hofes aufgestellt, schmückte wahrscheinlich einen Brunnen beim Isis-Tempel (vgl. Innenhof des Kapitolinischen Museums, *S. 41*). Im Isis-Kult symbolisierte der Pinienzapfen die Unsterblichkeit und prägte später die christliche Vorstellung vom Lebensbaum. Die ›pigna‹ befand sich im Atrium der alten Peterskirche, wo Dante sie sah (Inferno, XXXI). Die beiden Pfauen seitlich des Pinienzapfens stammen aus der Hadriansvilla.

Museo Gregoriano Egiziano (A)

Das von Gregor XVI. gegründete Museum für ägyptische Kunst zeigt meist Funde aus Rom und Umgebung, die bereits in der Antike hierher gebracht wurden.

Saal 1: Nachbildung eines Grabes aus dem Tal der Könige; an den Wänden Grabstelen und Sphingen; bemerkenswert der Kopf einer Statue des Königs Mentuhotep II. (2061–2010 v. Chr.).

*** **D** Braccio Nuovo
* **E** Museo Gregoriano etrusco
F Sala della Biga
G Galleria dei Candelabri
H Galleria degli Arazzi
I Galleria delle Carte geografiche
K Galleria di San Pio V.
L Loggien Raffaels
* **M** Cappella Niccolina
*** **N** Stanzen Raffaels
- **a** Sala di Constantino
- **b** Stanze di Eliodoro
- **c** Stanze della Segnatura
- **d** Stanza dell'Incendio

O Cappella di Urbano VIII.
** **P** Appartamento Borgia
- **a** Sala delle Sibille
- **b** Sala del Credo
- **c** Sala delle Arti Liberali
- **d** Sala dei Santi
- **e** Sala dei Misteri della Fede
- **f** Sala dei Pontefici

Q Collezione d'arte moderna religiosa
*** **R** Sixtinische Kapelle
S Museo Sacro
T Sala delle Nozze Aldobrandini
U Biblioteca Apostolica Vaticana
** **V** Pinacoteca Vaticana
W Museo Gregoriano Profano
X Museo Pio Cristiano

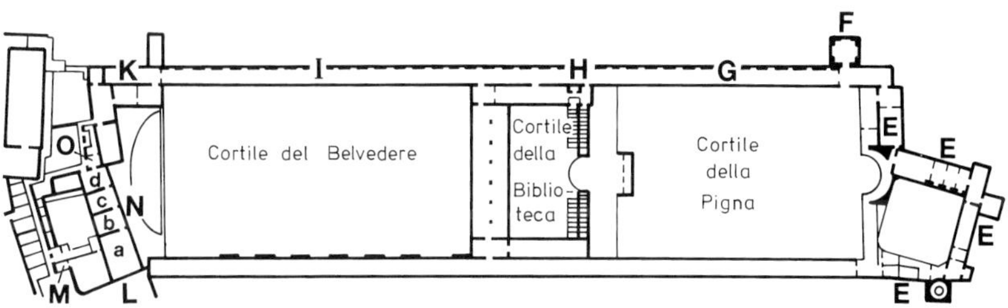

Saal 3: Statue des Antinoos (Favorit Kaiser Hadrians); Kolossalbüste der Isis, kleinere Isis- und Pharaonenstatuen.

Saal 5 (Exedra): Sarkophagdeckel in Vitrinen, links eine Sitzstatue Ramses' II. (1290–1224 v. Chr.); 3 Statuen der löwenköpfigen Göttin Sachmet; Kolossalstatue der Tuia, Mutter Ramses' II.; drei Statuen aus ptolemäischer Zeit: Ptolemaios II. Philadelphos, seine Frau Arsinoe und eine Prinzessin.

*** Museo Pio Clementino (B)

Diese bedeutende Sammlung profaner antiker Kunst wurde 1767 von Clemens XIII. begründet, der sich dabei von Johannes Winckelmann beraten ließ, und unter Pius VII. erweitert.

Sala a Croce Greca (a): In der Mitte des Fußbodens römische Mosaiken, in den seitlichen Kreuzarmen zwei Porphyrsarkophage. Der rote, extrem harte Porphyr war aufgrund seiner Kostbarkeit und der Schwierigkeit der Bearbeitung in der Antike dem kaiserlichen Zeremoniell vorbehalten. – *Sarkophag der Constantia* († 354), Tochter Kaiser Konstantins aus ** S. Costanza *(S. 391)*. Die Reliefs zeigen christliche Motive, Widder und Pfauen, die sich auf Opfer und Auferstehung beziehen. Der härtere, statuarische Stil zeigt die Tendenzen der spätrömischen Kunst. – *Sarkophag der Helena* († 329), Mutter Kaiser Konstantins. Das Thema der Reliefs, römische Krieger und gefangene Barbaren, bezieht sich eher auf einen Heerführer als auf eine Kaiserin. Deshalb wird vermutet, der Sarkophag sei für Konstantin selbst geschaffen und nach dessen Umsiedlung nach Konstantinopel als Grablege der Helena benutzt worden.

Sala Rotonda (b): Im Zentrum ein Fußbodenmosaik aus den Thermen von Otricolo, das einen Kentaurenkampf und Meeresgötter zeigt, darüber eine große Porphyrschale aus dem Goldenen Haus des Nero *(S. 77)*. An den Wänden Büsten und Statuen: *Jupiter von Otricolo* (Nr. 539), hervorragende Büste, in der sich die ›olympische Gelassenheit‹ des mächtigsten Gottes ausdrückt, nach Original des Briaxides, 4. Jh. v. Chr. – *Antinoos als Bacchus* (Nr. 540). Die mit der Kaiserzeit üblich werdende Vergöttlichung von Sterblichen, hier der Liebling Kaiser Hadrians, führt nicht selten zu Steifheit und Kälte, da Porträt und Götterbild schwer vereinbar scheinen. Die Bildnisbüste des Antinoos (Nr. 545) wird dem Charme des jungen Mannes gerechter. – *Kolossalstatue des Herkules* (Nr. 544), römisch, 2. Jh., aus dem Pompeiustheater. Die fast 4 m hohe vergoldete Bronzestatue gibt den in Rom besonders verehrten Hercules invictus (unbesiegt) wieder.

Sala delle Muse (**c**): Im Zentrum der *Torso von Belvedere*, Fragment einer Sitzstatue, die Herkules oder eine andere mythologische Figur wiedergab. Die Skulptur ist signiert von dem Athener Apollonius, Sohn des Nestor, der im 1. Jh. in Rom arbeitete. Der Ruhm des Fragments resultiert aus dessen exakter Anatomie, insbesondere des Rückens; das Werk hatte großen Einfluß auf Michelangelo. – An den Wänden Apoll und die Musen nach griechischen Originalen des 3. Jh. v. Chr.

Sala degli Animali (**d**): Sammlung von Tierskulpturen, z. T. von Antonio Franzoni im 18. Jh. neu geschaffen oder unter Verwendung antiker Fragmente ›restauriert‹. Von den Antiken seien hervorgehoben: *Meleager* (Nr. 40), römische Replik eines griechischen Originals von Skopas, 4. Jh. v. Chr. Meleager tötete den kalydonischen Eber, eine wütende Bestie, die Artemis schickte, als ihr Dankopfer verwehrt wurden. Der Kopf des Tieres ist Meleager als Attribut beigegeben. – *Triton mit Nereide* (Nr. 62), späthellenistisches Werk, 1. Jh. n. Chr. (?), bewegte ›barocke‹ Gruppe, eher heiter als dramatisch. – *Büste des Minotaurus* (Nr. 68), römische Kopie nach einem griechischen Original des 5. Jh. v. Chr. – *Sau mit Ferkeln* (Nr. 10), römisch, 1. Jh. n. Chr. Nach der römischen Mythologie zeigte eine Sau mit Ferkel die Stelle an, an der Aeneas nach dem Untergang Trojas in Latium siedeln sollte. – *Mithras tötet den Stier* (Nr. 150), römisch, 3. Jh. n. Chr. (vgl. *S. 296*). – Feine Mosaiken aus des Hadriansvilla (Nr. 138 und 152), 2. Jh. n. Chr., weitere Mosaiken auf dem Fußboden.

Galleria delle Statue (**e**): (Falls der Trakt von der Statuengalerie bis zum Gabinetto delle Maschere geschlossen ist, kann ein Besichtigungstermin mit der Museumsdirektion vereinbart werden.) Die Statuengalerie, unter Clemens XIV. und Pius VI. umgebaut, umfaßt Teile der Villa Belvedere Innozenz' VIII. (1487 vollendet). Der heutige Korridor war ursprünglich eine Loggia. Die restaurierte Freskierung der Decke, die Putten in den Lünetten, die Ornamentik der Pilasterfüllungen sowie Fragmente der Landschaftsdarstellungen an den Wänden stammen von Pinturicchio und seiner Werkstatt.

Barberini-Kandelaber (Nr. 412, 413); die mit Götterbildern versehenen Kandelaber aus der *** Villa Adriana 46 gelten als die schönsten der Antike. – *Schlafende Ariadne* (Nr. 11), römische Kopie nach einem hellenistischen Original des 2. Jh. n. Chr. – *Eros von Centocelle* (Nr. 85), sog. ›Genius des Vatikans‹, wahrscheinlich jedoch eine Darstellung des Todesgottes Thanatos, nach einem griechischen Original des 4. Jh. v. Chr. – *Apollo Sauroktoros* (Eidechsentöter; Nr. 62), nach einem Bronzeoriginal von Praxiteles, 4. Jh. v. Chr.; die ideale körperliche Schönheit des Gottes verbindet sich mit der spielerischen Haltung eines Jugendlichen. – *Amazone Mattei* (Nr. 59), Kopie einer Amazone aus dem Artemis-Heiligtum von Ephesos. Die verwundete Kriegerin wird für die Replik einer Arbeit von Phidias gehalten; der Kopf stammt jedoch von einer anderen Statue, wahrscheinlich einer Kopie nach Praxiteles, 4. Jh. v. Chr. – Ruhender Satyr (Nr. 58), Replik nach Praxiteles.

Galleria dei Busti (**f**): Wie die Statuengalerie in die Villa Belvedere eingebaut. – *Saal 1:* In den Lünetten Fresken der Pinturicchio-Werkstatt, wahrscheinlich Apostel. Bildnisbüsten römischer Kaiser, darunter hervorzuheben ein hervorragendes Jugendbildnis des Kaisers Augustus (Nr. 123). – *Saal 2:* In den Lünetten Darstellungen von Philosophen, wahrscheinlich Vertreter der Freien Künste. Der Raum enthält überwiegend Götterbilder. – *Saal 3:* Sitzstatue des Jupiter Verospi und weitere Götterdarstellungen.

Gabinetto delle Maschere (**g**): Das Fußbodenmosaik aus der *** Villa Adriana 46 zeigt Theatermasken. – *Venus von Knidos,* eine der besten Kopien der berühmten Statue des Praxiteles, 4. Jh. v. Chr. Die Venus von Knidos ist das erste gesicherte Beispiel einer Wiedergabe der unbekleideten Göttin. Diese ungewohnte Darstellung galt zunächst als unanständig und wurde abgelehnt, so daß die Statue für einen Sonderpreis nach Knidos verkauft wurde. Dennoch wurde sie schon in der Antike berühmt und beeinflußte zahllose weitere Venusdarstellungen (*** Kapitolin. Museen, *S. 40*). Ihre Haltung prägte den Typus der Venus pudica (schamhaft). Die Kopie kann nur vage einen Eindruck des Originals, das insbesondere aufgrund der Oberflächenbehandlung gelobt wurde, wiedergeben. In der Geschmeidigkeit der Bewegungen und in dem neuen Ausdruck des Weiblichen bleiben jedoch die Qualitäten eines außergewöhnlichen Kunstwerkes spürbar. Die Unterarme sind ergänzt.

Cortile del Belvedere (h)

Der Hof birgt die beiden berühmtesten Skulpturen der Vatikanischen Antikensammlungen: die Laokoon-Gruppe und den Apoll von Belvedere.

Laokoon-Gruppe: Der Priester Laokoon hatte die Trojaner vor dem hölzernen Pferd gewarnt. Als er Poseidon ein Opfer bringen wollte, schickte Athena, die die Eroberung Trojas durch die Griechen wünschte, zwei Schlangen, die den Priester und seine Söhne töteten. Die Gruppe, im 1. Jh. v. Chr. von den Bildhauern Agesandros, Polydoros und Athenodoros geschaffen und von Plinius als größtes Kunstwerk

Laokoon-Gruppe

Apoll von Belvedere

Hermes

gerühmt, wurde 1506 in der Domus aurea des Nero *(S. 79)* gefunden. Nach neuesten Forschungen handelt es sich dabei um eine für Tiberius geschaffene Kopie nach einem hellenistischen Bronzeoriginal. Die starke Beweglichkeit, verbunden mit dem tiefen Ausdruck menschlicher Verzweiflung, der nicht ins Pathos abgleitet, machen die Laokoon-Gruppe zu einem Hauptwerk des Hellenismus. Sie beeinflußte in hohem Maße die Künstler der Renaissance, vor allem Michelangelo. Noch im 16. Jh. wurden die Fehlstellen der Gruppe durch G. A. Montorsoli fehlerhaft ergänzt, nach Polloks Entdeckung des Armfragments aber wieder abgenommen.

Apoll von Belvedere: Römische Kopie eines griechischen (Bronze-) Originals, 4. Jh. v. Chr., Leochares zugeschrieben. Die Skulptur wurde

Ende des 15. Jh. gefunden und von Julius II. im Belvedere aufgestellt. Apoll ist als Heil- und Sühnegott dargestellt; in der Rechten hielt er einen Bogen, dessen Pfeile Krankheit und Tod bringen, in der Linken trug er den heilenden Lorbeer. Die Faszination der Statue liegt in ihrer unbestreitbaren, wenn auch etwas vordergründigen Schönheit. Die fast tänzerische Bewegung, der schlanke Körper mit dem feinen, nahezu femininen Kopf lassen den Gott zur strahlenden Erscheinung werden. Diese ideale Schönheit hat seit Auffinden der Statue immer wieder Bewunderung, nicht nur der Künstler, hervorgerufen.

Hermes, sog. ›Antinoos von Belvedere‹, römische Kopie nach Original von Praxiteles, 4. Jh. v. Chr. – *Antonio Canova: Perseus*, 1800. Die elegante Figur zeigt deutlich den Einfluß des Apoll von Belvedere.

Gabinetto dell'Apoxyomenos (**i**): *Ölschabender Athlet* (Apoxyomenos), römische Kopie nach Bronzeoriginal des Lysipp, 4. Jh. v. Chr. Die Ehrenstatue eines siegreichen Athleten ist ein Hauptwerk des Lysipp. Der Kämpfer reinigt sich mit einem Striegel vom Öl, mit dem er sich vor dem Wettstreit eingerieben hatte. Die Figur vereinigt die Natürlichkeit der Bewegung mit dem idealen Figurenaufbau der klassischen Statuen. Der Wert des Athleten liegt zudem in der neu gewonnenen Mehransichtigkeit.

Treppe des Bramante: Die fünfstöckige Wendeltreppe, ca. 1512 von Bramante geplant und bis 1564 von Baldassare Peruzzi und Pirro Ligorio ausgeführt. Die tragenden Granitsäulen wechseln ansteigend von toskanischer zu dorischer und ionischer und schließlich korinthischer Ordnung. Die flachen Stufen ermöglichten einen Aufstieg zu Pferde.

Museo Chiaramonti (**C**): Begründet von Pius VII. Chiaramonti. Die Sammlung besteht aus den im Korridor aufgestellten Büsten und Statuen, dem nicht zugänglichen Lapidarium und den kostbaren Skulpturen des Braccio Nuovo.

*** Braccio Nuovo (D)

Augustus von Primaporta (Nr. 14), 1863 in der Villa der Livia gefundene Kopie einer Bronzestatue (Hände ergänzt). Die berühmteste und beste Darstellung des Augustus zeigt den Kaiser in Panzer und Feldherrenmantel bei einer Ansprache an seine Soldaten. Neben den unverwechselbaren Gesichtszügen, charakteristisch für die römische Porträtkunst, fällt der ungewöhnlich fein gearbeitete Panzer auf, der neben Apoll, Diana und Personifikationen des Meeres und der Erde die Rückgabe römischer Standarten durch einen Parther zeigt. Zu Füßen des Kaisers

erkennt man Amor auf einem Delphin, Zeichen der Venus, auf die die Sippe der Julier ihren Ursprung zurückführt.
Statue des Demosthenes (Nr. 64), hervorragende Charakterisierung des Politikers und Redners, römische Kopie nach griechischem Original des 3. Jh. v. Chr. – An der Stirnseite auf einem Sockel das Porträt Pius VII. von Antonio Canova. – *Verwundete Amazone* (Nr. 67), Arme und Füße von Thorwaldsen ergänzt, Kopie der Statue des Kresilas für das Artemis-Heiligtum von Ephesus, 5. Jh. v. Chr. (vgl. Amazone des Phidias, *S. 202*). – *Nil* (Nr. 106), römische Kopie des 1. Jh. nach griechischem Original, 1513 beim Isis-Tempel gefunden. Der Flußgott ist mit 16 Kindern, die die Mündungsarme symbolisieren, dargestellt. Das Füllhorn verweist auf die Fruchtbarkeit, die Sphinx zeigt die Herkunft an. In der Basis ein Relief mit Szenen vom Leben am Nil. – *Athena Giustiniani* (Nr. 111), beste Kopie eines griechischen Bronzeoriginals, 4. Jh. v. Chr. – *Ruhender Satyr* (Nr. 117), Kopie eines berühmten Originals von Praxiteles, 4. Jh. v. Chr.

Doryphoros (Lanzenträger; Nr. 123); nach einem Bronzeoriginal des Polyklet, ca. 440 v. Chr. Polyklet widmete sich vor allem dem Studium der menschlichen Körperproportionen, die hier einfach, jedoch in einem völlig durchdachten Schema, dem sog. Kontrapost, präsentiert werden. Das Körpergewicht ruht auf dem rechten Bein, das linke ist entlastet, die Hüfte gesenkt. Dieser Beinstellung wirkt die Armhaltung entgegen, der rechte Arm ist gesenkt, der linke gehoben, der Kopf neigt sich zur gesenkten Schulter. Die konsequente Beziehung aller Gliedmaßen in Proportionen und Bewegungen aufeinander ließ die Figur als ›Kanon des Polyklet‹ berühmt werden.

* Museo Gregoriano etrusco (E)

Die Gründung 1837 durch Gregor XVI. fällt in die Epoche verstärkter Ausgrabungen, die insbesondere im Kirchenstaat durchgeführt wurden. Hervorzuheben sind im 1. Saal Grabstelen und Sarkophage, links Niobidensarkophag, im Zentrum Ödipussarkophag mit Liegefigur des Verstorbenen auf dem Sarkophagdeckel. In den folgenden Sälen Funde aus der Tomba Regolini-Galassi in Cerveteri, 7. Jh. v. Chr.; die reiche Grabausstattung zeigt den hohen Lebensstil des etruskischen Caere; bemerkenswert sind ein hoher Brustschild und eine große Plattenfibel. Statuetten zweier sitzender Knaben. – *Mars von Todi:* Große Bronzestatue, 4. Jh. v. Chr. Die Figur folgt dem griechischen Aufbau des Kontrapostes mit Stand- und Spielbein, nicht aber dem Proportionsideal. Der Mars von Todi, eine der wenigen erhaltenen etruskischen Großbronzen, ist in sieben Stücken gegossen. An einer Borte des

Panzers erkennt man die etruskisch-lateinische Inschrift: AHAL TRUDITIS DUNUM DEDE (Ahal Truditis hat diese Gabe gestiftet).

In einer meist geschlossenen Abteilung befinden sich bedeutende Fragmente griechischer Originale der klassischen Epoche (Besichtigung auf Anfrage beim Ufficio informazioni am Eingang): *Stele von Palestrina,* attisches Grabrelief, 5. Jh. v. Chr.; dargestellt ist der verstorbene Athlet mit seinem Diener. – *Fragmente des Parthenonfrieses:* Kopf des Pferdes der Athena; Kopf eines Kindes und eines Bärtigen; Marmorkopf der Athena, 5. Jh. v. Chr., Augen und Augenbrauen sind in Stein bzw. Bronze eingelegt, die Löcher dienten der Befestigung eines Helmes.

Sala della Biga (**F**): *Biga* (Zweispänner), 1788 von Antonio Franzoni unter Verwendung antiker Fragmente geschaffene Gruppe; antik sind ein Teil des Wagens und der Rumpf des rechten Pferdes – beide Teile gehörten ursprünglich jedoch nicht zusammen. An den Wänden römische Kopien griechischer Statuen.

Galleria dei Candelabri (**G**; benannt nach den in den Arkaden aufgestellten *antiken Marmorkandelabern*): Sammlung kleiner und wenig bedeutender antiker Skulpturen.

Galleria degli Arazzi (**H**): *Tapisserien* nach Entwürfen der Raffael-Schule, der sog. ›neuen Schule‹, zur Unterscheidung von der ›alten Schule‹, die die Wandteppiche nach Kartons von Raffael selbst bezeichnet (heute in der Vatikanischen Pinakothek, *S.* 225). Die Tapisserien, im 16. Jh. in der Manufaktur des Pieter van Aelst in Brüssel hergestellt, zeigen Szenen aus dem Leben Jesu.

Galleria delle Carte Geografiche (**I**): *Gemalte Landkarten Italiens und seiner Provinzen,* 1580/83 von Antonio Danti nach Anweisung seines Bruders, des Kosmographen Ignazio Danti, ausgeführt. Die Karten sind bereits recht genau, jedoch noch nicht durchgängig genordet; häufig schließen sie Veduten bedeutender Städte ein. Mit der Entwicklung der Kartographie im 16. Jh. kamen Landkarten als Palastdekoration in Mode, wofür diese Galerie das bedeutendste Zeugnis hat. – Die Stuckdecke stammt von Girolamo Muziano und Werkstatt.

Galleria di San Pio V. (**K**): Links zwei große Wandteppiche des 15. Jh. aus Tournay, rechts ein weiterer Wandteppich nach Entwurf der Raffael-Schule.

Logge di Raffaello (Loggien Raffaels) (L)

(Besichtigung nur auf Antrag bei der Museumsdirektion)

Der Bau der Loggia, 1513 von Bramante begonnen, wurde nach dessen Tod von Raffael weitergeführt und 1519 beendet. Der Name ›Loggien Raffaels‹ bezieht sich jedoch eher auf die Fresken in den 13 Jochen, die in 52 Episoden, die sog. ›Bibel des Raffael‹ ausbreiten. Wenn auch die Malereien selbst von seinen Schülern (Giulio Romano, Francesco Penni, Pierin del Vaga) ausgeführt wurden, so ist das Dekorationsschema wie auch der Entwurf der Szenen zumindest in den ersten acht Jochen für Raffael gesichert.

Die Stuckarbeiten stammen von Giovanni da Udine, dem die Wiederbelebung der antiken Stuckdekoration zu verdanken ist. Das mittlere Joch blieb nach antikem Vorbild weiß, die übrigen Stukkaturen sind farbig. Die Architektur ist mit kleinteiliger gemalter Ornamentik von schier unerschöpflicher Phantasie überzogen. Diese Ornamentik ist antiken Dekorationen, insbesondere den sog. Grotten im Goldenen Haus des Nero entlehnt und erhielt daher die Bezeichnung ›Grotesken‹.

Die Erzählungen der Bildfelder beginnt am hinteren Ende der Galerie: 1. Joch: Schöpfungsgeschichte – 2. Joch: Adam und Eva, Sündenfall – 3. Joch: Geschichte Noahs – 4. Joch: Geschichte Abrahams – 5. Joch: Geschichte Isaaks – 6. Joch: Geschichte Jakobs – 7. Joch: Geschichte Josephs – 8. und 9. Joch: Geschichte Moses – 10. Joch: Geschichte Josuas – 11. Joch: Geschichte Davids – 12. Joch: Geschichte Salomos – 13. Joch: Kindheit Jesu, Abendmahl.

Besonders in den ersten Episoden der ›Bibel Raffaels‹ spürt man eine Auseinandersetzung des Künstlers mit der ›Bibel Michelangelos‹ an der Sixtinischen Kapellendecke. Die kleineren Bildfelder der Loggia erzielen jedoch eine völlig andere Wirkung. Die Loggia bildet eine Einheit von Architektur, Stuck und Malerei, ein sog. Gesamtkunstwerk, und bezeugt die Prachtentfaltung des päpstlichen Hofes zur Zeit Leos X.

* Cappella Niccolina (M)

Die kleine Kapelle Nikolaus' V., einer der ältesten Teile des Vatikanischen Palastes, schmückte *Fra Angelico* 1448–1450 mit zwei übereinanderliegenden Freskenzyklen, deren Szenen aus dem Leben der Erzdiakone Laurentius und Stephanus einander entsprechen. Die Zyklen beschreiben das Wirken der jungen Kirche in Jerusalem (Stephanus) und Rom (Laurentius).

Oberes Register: Stephanus wird von Petrus geweiht – Stephanus verteilt Almosen an die Armen – Predigt des Stephanus – Disputation vor den Richtern – Stephanus wird vor die Stadt gebracht und gesteinigt.

Unteres Register: Sixtus II. (Porträt Nikolaus'V.) ernennt Laurentius zum Diakon – Laurentius teilt das Sakrament aus – Sixtus II. überreicht Laurentius die Kirchenschätze – Laurentius verteilt die Schätze an die Armen – Laurentius wird von Kaiser Decius angeklagt – Laurentius wird auf einem Rost verbrannt *(Farbtafel vor S. 337)*.

In den schmalen Bogenfeldern Kirchenväter und Kirchenlehrer.

Der Florentiner Dominikaner *Fra Angelico* erreicht mit diesem Spätwerk den Höhepunkt seines Schaffens. Sein spätgotischer Stil ist den Neuerungen der Renaissance gewichen, die er nun völlig beherrscht. Perspektivisch erfaßte Architekturen (z. B. bei der Almosenspende des Laurentius) und plastisch gerundete Figuren verleihen den Fresken eine bisher ungekannte Monumentalität. Geblieben ist Fra Angelicos Vorliebe für helle, doch leuchtende Farben. Seine Malerei ist geprägt von einer heiteren Frömmigkeit, die aus der Gewißheit seines Glaubens resultiert.

*** **Stanze di Raffaello** (Stanzen Raffaels) (**N**)

Raffael (1483–1520): Raffaello Santi oder Sanzio wurde in Urbino als Sohn des mittelmäßigen Malers Giovanni geboren. Sein Lehrer war Pietro Perugino, dessen umbrischer Stil nachhaltig das Frühwerk Raffaels prägte. 1504 ging er als selbständiger Maler nach Florenz, wo er die Werke Leonardos, Fra Bartolomeos und Michelangelos kennenlernte. 1508 wurde er zur Ausmalung der Stanzen nach Rom gerufen, wo er bis zu seinem Tod blieb. Weitere Werke der römischen Zeit sind die Fresken der Villa Farnesina *(S. 249)*, die Loggien *(S. 208)* und die ›Transfiguration‹ *(S. 225)*. In seinem malerischen Werk griff Raffael ständig neue Einflüsse auf, die er in einzigartiger Weise zu einer Einheit von Form, Farbe, Komposition und Bewegung verschmolz. Darüber hinaus war er als Architekt tätig und übernahm nach dem Tod Bramantes 1514 die Bauleitung von St. Peter *(S. 185)*. Anders als Leonardo und Michelangelo war Raffael ein äußerst umgänglicher Mann. Vasari rühmt seine Güte, Freundlichkeit, und Bescheidenheit – der Himmel habe seine unendlichen Schätze in dieser einzigen Person vereint. Als der Künstler 1520 erst 37jährig starb, wurde er vom ganzen päpstlichen Hof und den römischen Künstlern betrauert. Sein Grab ist im Pantheon.

Julius II. beauftragte 1508 zunächst eine Gruppe von Künstlern, darunter Perugino, Lotto, Peruzzi und Sodoma, mit der Ausmalung der Räume. Auf Rat Bramantes wurde auch der 25jährige Raffael aus Florenz gerufen. Dessen erstes Fresko, die ›Schule von Athen‹, brachte ihm den Gesamtauftrag ein. Die sorgsame Planung und qualitätvolle Ausmalung durch einen einzigen Künstler erforderte jahrelange Arbeit. Julius erlebte die Fertigstellung seiner Räume nicht mehr, und auch Raffael starb vor der Vollendung. Die Stanzen sind daher nicht ›aus einem Guß‹ geschaffen, sondern zeigen eine stilistische Entwicklung und thematische Änderungen.

Sala di Costantino (a): Ausgemalt unter den Medici-Päpsten Leo X. und Clemens VII., 1525 vollendet. Dargestellt ist das Leben Konstantins, des ersten christlichen Kaisers. Die Fresken wurden nach Raffaels Tod (1520) von Giulio Romano und weiteren Schülern ausgeführt. Links vom Eingang die ›Vision Konstantins‹, an der Langseite die ›Schlacht an der Milvischen Brücke‹, gefolgt von der ›Konstantinischen Schenkung‹ und schließlich der ›Taufe Konstantins‹, in den Rahmen Tugenden und Heilige, an der Decke der ›Triumph des Christentums über das Heidentum‹ von Tomaso Laureti. Dieses im Prinzip banale Fresko zeigt eine im 16. Jh. beliebte technische Spielerei, bei der sich die Perspektive dem jeweiligen Betrachterstandpunkt anpaßt.

Mit den Arbeiten der Raffael-Schule beginnt der Manierismus die Hochrenaissance abzulösen; die Kompositionen werden unruhiger, die Gesten pathetisch, die Figuren gespannt.

Stanza di Eliodoro (1512/14) (b)

Vertreibung des Heliodor: Die alttestamentliche Szene zeigt den Tempel von Jerusalem, dessen Schatz Heliodor geraubt hatte. Der Hohepriester vor dem Altar ruft die Hilfe Gottes an, woraufhin Heliodor aufgegriffen wird – eine etwas steife Szene im Vordergrund rechts. Links im Bild Julius II. in einer Sänfte, die von dem älteren und bärtigen Raffael und seinen Schülern getragen wird.

›Messe von Bolsena‹: Während einer Messe in Bolsena (1263) begann die Hostie zu bluten und überzeugte damit einen am Wunder der Wandlung zweifelnden Priester. In Raffaels Fresko ist dem Priester der betende Papst Julius II. gegenübergestellt, hinter ihm der Kardinal von San Giorgio und der Kardinal Riario. Im Vordergrund knien Mitglieder der von Julius II. gegründeten Schweizergarde. – Die gelungenen Porträts, die geschickte Lösung des unregelmäßigen Bildfeldes und vor allem die tonigen Farbwerte zeichnen dieses Fresko aus.

›Leo d. Gr. vertreibt Attila‹: 452 trafen Attila und die Hunnen auf Leo I. Als Petrus und Paulus über diesem erschienen, ergriffen sie erschreckt die Flucht. Leo d. Gr., links auf dem Schimmel, trägt die Züge Leos X., des Nachfolgers Julius' II. Nicht völlig gelungen ist wiederum die Dramatik in der rechten Gruppe. Attila ist nur schwer zu erkennen, die Bewegungen wirken verkrampft.

›Befreiung Petri‹: Ein Engel befreit Petrus aus dem Kerker und führt ihn von den Wachen ungehindert in die Freiheit. Diese Szene ohne Papstporträt steht in Beziehung zu Julius II., dem ehem. Kardinal von ** S. Pietro in Vincoli *(S. 325)*. Das Fresko wurde aufgrund der dramatischen Hell-Dunkel-Effekte der Nachtszene berühmt. Bemerkenswert sind die Spiegelungen des Lichtes auf den Rüstungen.

Die vier Fresken zeigen das wunderbare Eingreifen Gottes zum Schutz der Kirche. Diese Rolle fällt auch den Päpsten, den Nachfolgern des Petrus, zu. Als spirituelle Zeugen erleben sie die Wunder mit. Die Darstellung der Päpste in den Fresken verdeutlicht eine geistige Schau und ist frei von jeglicher Blasphemie. Die Trennung der zeitgenössischen Porträts von den eigentlichen Szenen ist auch stilistisch durch eine kompaktere Malweise, die die Zeitgenossen als ›diesseitig‹ wiedergibt, ablesbar. Die Dramatik der Szenen eröffnet Raffael neue Möglichkeiten. Heftige Bewegungen, Lichtwechsel, schwerere Architekturen tauchen auf, die Figuren werden herber, die ideale Schönheit zeigt sich nur noch in der Gestalt des Engels aus der ›Befreiung Petri‹.

Auch die Deckenfresken, nach Zeichnungen Raffaels ausgeführt, zeigen das Eingreifen Gottes: Gott erscheint Noah; das Opfer Isaaks; Gott erscheint Moses; der Traum Jakobs.

Stanza della Signatura (1508–1511) (c)

Der Name geht auf die Signatura gratiae, den päpstlichen Gnadenerlaß, zurück. Deckenornamentik und zentrales Oktogon stammen von Sodoma; die übrigen Fresken zählen zu den *bedeutendsten Werken Raffaels*.

›Schule von Athen‹: Vor einer grandiosen Tempelfassade sind auf einer Treppe die Weisen der Antike versammelt. Im Zentrum, durch das sich wiederholende Bogenmotiv betont, erscheinen Platon (der ältere Mann) mit seinem Buch ›Timaios‹, und Aristoteles (der jüngere Mann) mit seiner Schrift ›Ethik‹. Nach der Lehre Platons ist alles Irdische nur ein Spiegel der göttlichen Ideen – er verweist zum Himmel; nach der des Aristoteles durchdringen die göttlichen Ideen die irdische Welt – er streckt die Hand in den Raum. Links von Platon erscheint im Profil Sokrates mit seinen Schülern, darunter, mit Helm, Alkibiades. Im Vordergrund links hockt Pythagoras, daneben, an einen Marmorblock gelehnt, Heraklit. Auf der Treppe liegt Diogenes, rechts im Vordergrund bückt sich Euklid, neben ihm stehen der bekrönte Ptolemaios und Zoroaster mit dem Himmelsglobus. Ganz rechts erkennt man ein Porträt des noch jungen, bartlosen Raffael. Die übrigen ›Identifizierungen‹ von Künstlern (z. B. Michelangelo als Heraklit) sind nicht haltbar.

Justitia-Wand: Im oberen Segment der Fensterwand erscheinen die allegorischen Figuren von drei der vier Kardinaltugenden: die Stärke mit Baum und Löwen, die Klugheit mit Spiegel und Januskopf, die Mäßigung mit Zaumzeug. Seitlich des Fensters zwei Darstellungen der 4. Tugend, der Gerechtigkeit: links ›Justinian überreicht das Band des Zivilrechts‹; rechts ›Gregor IX., in Gestalt Julius' II., überreicht die Dekretalien (Kirchenrecht)‹.

›Disputation‹: Zentrum des Bildes und Kern der Aussage ist die Hostie über dem Altar, um den in zwei großen Figurengruppen prominente Interpreten der Doktrin festgehalten sind. Beim Altar sitzen die vier Kirchenväter, links Gregor d. Gr. (mit Tiara) und Hieronymus, rechts Ambrosius und Augustinus, hinter diesem steht Thomas von Aquin. Weiter rechts erkennt man Sixtus IV., Onkel des regierenden Papstes Julius II. und hinter diesem das charakteristische Porträt Dantes mit Lorbeerkranz.

Über dieser irdischen Zone erscheinen die himmlischen Sphären. An höchster Stelle Gottvater, darunter Christus, flankiert von Maria und Johannes d. T. sowie den Bekennern, angeführt von Petrus, ganz links, und Paulus, ganz rechts. Zu Füßen Christi fliegt die Taube des Hl. Geistes, von der Lichtstrahlen zur Hostie ausgehen. Die Hostie, Zeichen der Versöhnung Gottes mit den Menschen durch den Opfertod Christi »muß als höchste Offenbarung der christlichen Theologie angesehen werden« (Matthias Winner).

›Parnaß‹: Auf dem Gipfel des heiligen Berges musiziert Apoll, umgeben von den neun Musen, die nicht mit Sicherheit benannt werden können. Davor zwei Gruppen von Poeten: links der blinde Homer, umgeben von Vergil (r.), Dante, Petrarca und Sappho (l.), rechts die Poeten Ariost, Boccaccio, Ovid und Horaz.

An der *Decke* Allegorien der Philosophie, Gerechtigkeit, Theologie und Poesie, zwischen ihnen verbindende Szenen.

Der Raum ist Ausdruck des Wissens der Menschheit. Die Erkenntnis der Poeten, Philosophen und Gesetzgeber wird gekrönt durch die Offenbarung Gottes, dargestellt in der ›Disputation‹. Die Bewältigung dieser großformatigen Fresken stellte für Raffael, der vorher nur Tafelbilder gemalt hatte, eine neue Aufgabe und Herausforderung dar. Architekturkulissen und große Figurengruppen sind neue Elemente in seiner Malerei: beibehalten wurde die Schönheit der einzelnen Figur. Die verhaltenen Bewegungen, die feinen Staffelungen der Figuren und die gleichmäßige Ausleuchtung lassen den Raum als gestalterischen Ausdruck der Ideale der Hochrenaissance erscheinen.

Stanzen Raffaels: ›Disputation‹

Stanza dell'Incendio (1514–1517) (**d**)

Die Decke stammt von Pietro Perugino (1508) und gehört einem älteren Stil an. In vier Medaillons befinden sich Darstellungen Christi und Gottvaters. Die Fresken an den Wänden sind Werkstattarbeiten nach Zeichnungen Raffaels, entstanden unter Leo X., und widmen sich den Taten seiner gleichnamigen Vorgänger.

›Borgobrand‹: Leo IV. löscht einen Brand (ital.: incendio) der Vatikanstadt durch Schlagen des Kreuzzeichens. Im Zentrum des Bildes erkennt man die alte Peterskirche, davor die Loggia des Vatikans, in der der Papst vor einer erschreckten Volksmenge das Kreuzzeichen schlägt. Im Vordergrund links erscheint Aeneas mit seinem Vater Anchises und dem Sohn Ascanius vor dem brennenden Troja. Aeneas wird Latium erobern, der Untergang Trojas ist somit die Voraussetzung für die Gründung Roms. In der Gestalt des Anchises ist ein Porträt Cosimo de' Medicis festgehalten. Cosimo war der Begründer der in Florenz herrschenden Medici-Dynastie und Urgroßvater Leos X. Sein Ehrentitel ›Vater des Vaterlandes‹ rechtfertigt sein Bildnis im Zusammenhang mit der Gründungsgeschichte Roms. Die Komposition stammt ganz von Raffael; Körperlichkeit und freiere Bewegung spiegeln die Auseinandersetzung mit Michelangelos Sixtinischer Kapellendecke.

›**Krönung Karls d. Gr.**‹: Im Jahre 800 krönte Leo III. Karl d. Gr. Diese Episode wird in Anlehnung an die 1515 erfolgte Krönung Franz' I. von Frankreich durch Leo X., deren Porträts in den historischen Figuren festgehalten sind, zitiert. Die malerische Ausführung stammt von Francesco Penni und Giulio Romano.

›**Schwur Leos III.**‹: Die Verteidigung Leos III. (ein Porträt Leos X.) gegen falsche Anschuldigungen spielt auf das Laterankonzil Leos X. an. Weitgehend Werkstattarbeit.

›**Sieg Leos IV. über die Sarazenen**‹: Die 849 bei Ostia ausgetragene Seeschlacht endete mit einer Niederlage der Ungläubigen. Das Fresko spielt auf die Kreuzzugspläne Leos X. (im Vordergrund links) gegen die Türken an. Ausführung von Giulio Romano.

Im Unterschied zu den beiden anderen Stanzen ist das verbindende Thema nicht mehr kirchengeschichtlich, sondern persönlich motiviert. Das Programm ist völlig auf Leo X. ausgerichtet, die Trennung von historischen und zeitgenössischen Figuren ist dabei aufgehoben. Die weitgehend von Raffaels Schülern ausgeführten Fresken sind – mit Ausnahme des ›Borgobrandes‹ – verhältnismäßig schwach.

Cappella di Urbano VIII. (**O**): Kleiner Kapellenraum mit reichen Goldstuckdekorationen und kleinen Fresken der Cortona-Schule.

** Appartamento Borgia (P)

Die Privaträume Alexanders VI. Borgia wurden 1492/94 von *Bernardino Pinturicchio* und seiner Werkstatt ausgemalt. Sie beherbergen heute einen Teil der Sammlung moderner religiöser Kunst.

Sala delle Sibille (**a**): In den 12 Lünetten Sibyllen und Propheten, deren Orakel die Ankunft Christi prophezeien. In den Rautenfeldern die Astrologie und die 7 Planetengötter, in den Rundfeldern mythologische Szenen. Die Decke zeigt eine Kassettierung nach antikem Vorbild. Werkstattarbeiten.

Sala del Credo (**b**): Ebenfalls 12 Lünetten mit Propheten und Aposteln, die das Glaubensbekenntnis sprechen; Decke mit Flechtbandmotiven, Werkstattarbeiten.

Sala delle Arti Liberali (**c**): In den 6 Lünetten allegorische Figuren der sieben Freien Künste. Erstmals sind die thronenden Figuren von großen Gruppen ihrer Repräsentanten umgeben: Gegenüber dem (heutigen) Eingang Grammatik, gefolgt von Dialektik, Rhetorik, Geometrie (zu ihren Füßen Euklid), Arithmetik (vor ihrem Thron Pythagoras), Musik (links eine frühe Darstellung eines Konzerts, rechts Tubalkain) und

Astronomie (links Ptolemaios mit Sternenglobus). Die Freien Künste, gegliedert in die Sprachwissenschaften Grammatik, Dialektik, Rhetorik, und die mathematischen Wissenschaften Geometrie, Arithmetik, Musik und Astronomie, waren seit der Spätantike ein Kanon der Bildung, der Erkenntnis der Schöpfung und damit Gottes. Der Raum war wahrscheinlich das Studierzimmer des Papstes. Werkstattarbeiten; die besten Fresken (Rhetorik und Musik) werden Antonio da Viterbo zugeschrieben.

Sala dei Santi (**d**): Szenen aus den Viten früher Heiliger. Über dem Eingang die ›Heimsuchung Mariens‹, gefolgt vom ›Martyrium des hl. Sebastian‹, ›Susanna und die beiden Alten‹, ›Flucht der hl. Barbara‹, ›Disputation der hl. Katharina‹, ›Die Eremiten Antonius und Paulus‹.

›Disputation Katharinas‹: Das berühmteste Fresko des Appartamento Borgia zeigt die junge Heilige (irrtümlich als Porträt Lukrezia Borgias angesehen) gegenüber dem thronenden heidnischen Kaiser Maxentius. Er hat 50 heidnische Philosophen gerufen, die die kluge Christin von ihrer Religion abbringen sollen. Katharina, die an den Fingern ihre Argumente aufzählt, überzeugt die Philosophen von der Richtigkeit ihres Glaubens, woraufhin Maxentius alle hinrichten läßt. Das Fresko zeigt nur die Disputation, nicht das Martyrium, stattdessen im Hintergrund den Konstantinsbogen, den der Kaiser nach seinem Sieg über Maxentius errichten ließ. Mit Konstantin hatte sich das Christentum, für das Katharina starb, durchgesetzt. Wie das Katharinenfresko verweisen alle Bilder des Raumes auf die Verfolgung der Christen durch die Ungläubigen sowie auf ihren späteren Triumph.

Die *Decke* enthält eine interessante Darstellung des Isis-Osiris-Mythos. Im Gurtbogen die Geschichte der Io, die zur ägyptischen Göttin Isis wird. An der Fensterseite die Wohltaten des Osiris, an der Palastinnenseite seine Ermordung, Bestattung und Wiederkehr als göttlicher Apisstier. Mit dem Stier wird der Bogen zur Familie Borgia geschlagen, die den Stier im Wappen trägt.

Der Raum wurde von Pinturicchio eigenhändig ausgemalt. Sein eleganter, einfallsreicher Stil, verbunden mit der Farbigkeit und dem aufwendigen Goldstuck erzielen den Ausdruck seltener Kostbarkeit.

Sala dei Misteri della Fede (**e**): Darstellung der Glaubensmysterien, der Menschwerdung Christi und seines Erlösungswerkes. ›Auferstehung Christi‹: Auf der linken Seite kniet Alexander VI. Borgia. Diese eigenhändige Porträt von Pinturicchios Hand ist die beste Wiedergabe des Borgia-Papstes. Als Stellvertreter Christi auf Erden läßt er sich bei dessen höchsten Triumph wiedergeben.

Das Appartamento Borgia ist die erste palastartig dekorierte Papstwohnung im Vatikan. Das Programm beschreibt die Geschichte des Glaubens von heidnischen Riten bis zum regierenden Papst. Die qualitätvollen Malereien Pinturicchios standen jedoch schon bald im Schatten der Stanzen Raffaels.

Sala dei Pontefici (**f**): Ehem. Thronsaal; die heutige Dekoration mit Sternbildern entstand unter Leo X., ausgeführt von Pierin del Vaga und Giovanni da Udine.

Collezione d'arte moderna religiosa (**Q**): Die von Paul VI. angelegte Sammlung moderner religiöser Kunst umfaßt ca. 800 Objekte von ca. 250 Künstlern aus den verschiedensten Richtungen des späten 19. und 20. Jh. Die Sammlung ist in 52 Räumen, beginnend im Appartamento Borgia, ausgestellt.

*** **Cappella Sistina** (Sixtinische Kapelle) (**R**)

Die Kapelle, Hauptattraktion der Vatikanischen Museen, ist fast ständig von Besuchern überfüllt. Nicht die Bedeutung des Ortes als Papstkapelle oder Konklavesaal zieht die Besucher an, sondern die malerische Ausstattung, die die Cappella Sixtina zum Synonym für Renaissancemalerei werden ließ. 1475–1481 von Giovanni de'Dolci im Auftrag Sixtus' IV. errichtet, ist sie ein simpler Kastenraum mit den Maßen 40 × 13 × 26 m, an den Langseiten von je 6 großen Fenstern durchbrochen. Schon diese schmucklose Architektur verweist auf die Verwendung als Malgrund. Der Fußboden aus dem 15. Jh. folgt der römischen Cosmatentradition. Eine Marmorschranke teilt die Kapelle in zwei ungleiche Räume; der Altarraum war dem Klerus vorbehalten, der abgewandte Teil den Laien. Die Schranke und die seitliche Sängerkanzel sind Arbeiten Andrea Bregnos.

Die Fresken der Wandzone und ihre Maler

Pietro Perugino (1445–1523): Der Meister der umbrischen Schule verbindet die Monumentalität der Florentiner mit den Charakteristika der umbrischen Malerei, die in der Anmut der Figuren und der reizvollen Landschaftsdarstellung liegen. Sein Talent, klare und überschaubare Kompositionen zu schaffen, brachte ihm die Leitung der Werkstatt ein.

Sandro Botticelli (1444–1510): Der Florentiner Hofkünstler der Medici zeichnet sich durch eine schönlinige, schwungvolle Kontur aus. Berühmt ist die Schönheit seiner Figuren, ihre Ausdruckskraft und religiöse Innigkeit. In den Fresken der Sixtina zeigt er zudem kompositorisches Können.

Engelsburg und Engelsbrücke *(S. 175)*

MARTYRI MARTINAE

Forum Romanum *(S. 50)*

Schweizer Gardisten auf dem Petersplatz

Domenico Ghirlandaio (1449–1494): Der Florentiner ist ein Meister der monumentalen Erzählkunst, selbst kein Neuerer, sondern eher ein Vermittler der Errungenschaften der Renaissance. Sein Talent liegt in der geordneten Komposition monumentaler Fresken.

Luca Signorelli (1445–1523): Der von der Florentiner Schule beeinflußte Künstler zeichnet sich durch einen bewegten, scharf von Licht und Schatten modellierten Figurenstil aus. Die Plastizität seiner Figuren weist ihn als Vorläufer Michelangelos aus.

Cosimo Rosselli (1439–1507): Der schwächste in der Sixtina tätige Künstler leitete eine große Werkstatt in Florenz und hatte auch einen gewissen Erfolg, was die Berufung nach Rom erklärt. Seine Kompositionen sind jedoch schematisch, die Figuren ungelenk und in den Proportionen unstimmig.

Von den 1482/83 unter der Leitung des Umbrers Pietro Perugino ausgeführten 16 Fresken sind 12 erhalten. Sie bilden Zyklen der Vita Mose und Christi. Die Fresken der Altarwand (›Auffindung des Moses‹, ›Geburt Christi‹, darüber ›Himmelfahrt Mariä‹, der die Kapelle geweiht ist) wurden für Michelangelos ›Jüngstes Gericht‹ zerstört. An der gegenüberliegenden Schmalseite wurden die ebenfalls zerstörten Szenen der ›Auferstehung Christi‹ und der ›Verteidigung des verstorbenen Moses‹ durch zweitrangige Fresken des 16. Jh. ersetzt.

Der Moses- und der Christus-Zyklus versinnbildlichen das alte und das neue Gesetz, wie es die Titel auf dem umlaufenden Fries ausdrükken. Moses und Christus geben dabei das Vorbild für den Papst (typus papae) an. Zahlreiche Porträts von Zeitgenossen binden die Szenen an die Gegenwart.

Moses-Zyklus (links vom Altar): 1. Pietro Perugino und Bernardino Pinturicchio ›Auszug aus Ägypten‹, ›Beschneidung des jüngsten Sohnes Mose‹. – 2. Sandro Botticelli ›Brennender Dornbusch‹, ›Begegnung mit den Töchtern Jethros‹, ›Tötung des Ägypters‹. – 3. Cosimo Rosselli ›Durchzug durch das Rote Meer‹. – 4. Cosimo Rosselli ›Moses auf dem Berg Sinai‹, ›Anbetung des Goldenen Kalbes‹. – 5. Sandro Botticelli ›Bestrafung Corahs, Dathans und Abirans‹. – 6. Luca Signorelli ›Predigt und Tod des Moses‹.

Christus-Zyklus: 1. Pietro Perugino und Bernardino Pinturicchio ›Taufe Christi‹, im Rahmen über dem Fresko die Signatur Peruginos. – 2. Sandro Botticelli ›Heilung des Aussätzigen‹ und ›Versuchung Christi‹. – 3. Domenico Ghirlandaio ›Berufung von Petrus und Andreas‹. – 4. Cosimo Rosselli ›Bergpredigt‹. – 5. Pietro Perugino ›Schlüsselübergabe an Petrus‹. – 6. Cosimo Rosselli ›Letztes Abendmahl‹.

Botticelli ›Bestrafung Corahs, Dathans und Abirams‹: Das Fresko zeigt die Revolte der drei Aufrührer gegen Moses, den Gesetzgeber, und seinen Bruder, den Priester Aaron, sowie Gottes fürchterliches Eingreifen – Dathan und Abiram werden von der Erde verschlungen (links unten), Corah und seine Anhänger werden vor dem Altar von einem unsichtbaren Feuer verzehrt. Rechts vom Altar stehen Moses und Aaron, der die päpstliche Tiara trägt. Im Hintergrund der Konstantinsbogen, das Monument des gottgewollten Sieges. Eine Inschrift belehrt »Niemand maße sich Ehrung an, wenn nicht von Gott berufen wie Aaron« (Hebr. 5,4) – eine klare Anspielung auf die Autorität des Papstes.

Perugino ›Schlüsselübergabe an Petrus‹: Vor dem Tempel von Jerusalem – dargestellt als Idealarchitektur – überreicht Christus dem knienden Petrus die Schlüssel zum Himmelreich. Sie geben ihm die Macht, gerecht zu urteilen und über den Zugang zum Paradies zu entscheiden. In dieser Szene liegt die Begründung des Papsttums. Neben dem Tempel erkennt man zweimal den Konstantinsbogen, dessen Inschriften besagen, Tempel (Sixtina) und Religion (Christentum) von Sixtus V. überträfen die Salomons. Unter den Zeitgenossen in diesem Fresko erkennt man als 4. von rechts den Architekten Dolci und als 5. den Maler Perugino. – In den 24 Nischen der Fensterzone haben die Schöpfer der unteren Fresken frühchristliche Märtyrerpäpste gemalt.

Michelangelos Decke

Michelangelo Buonarroti (1475–1564): Michelangelo wird nicht zu Unrecht oft als ›größter Künstler aller Zeiten‹ bezeichnet. Seine Werke der Bildhauerei, Malerei und Architektur brachten ihm schon zu Lebzeiten weltweiten Ruhm und den Beinamen ›divino‹ (der Göttliche) ein, nur wenig geringer war sein Ruhm als Dichter.

Geboren in Caprese bei Arezzo, kam Michelangelo als Jüngling in die Florentiner Malerwerkstatt Ghirlandaios, besuchte jedoch bald die unter der Leitung Bertoldo di Giovannis stehende ›Akademie‹ im Garten des Palazzo Medici, wo er die antiken Skulpturen studierte. 1498 ging Michelangelo als selbständiger Künstler nach Rom, wo er die ›Pietà‹ für St. Peter *(S. 190)* schuf. 1501 kehrte er nach Florenz zurück, jedoch schon 1505 beauftragte ihn Julius II. mit der Ausführung seines Grabmals *(S. 326)*. Das Projekt wurde zurückgestellt, und es kam zu dem berühmten Streit zwischen dem jähzornigen Papst und dem selbstbewußten Künstler. Michelangelo reiste nach Florenz, Julius schickte Gesandte hinterher, die der Florentiner Regierung nahelegten, den Künstler zur Raison zu bringen. Nach der Aussöhnung mit dem Papst beauftragte dieser ihn 1508 mit der Ausmalung der Sixtinischen Kapellendecke. Michelangelo, der sich als Bildhauer verstand, nahm nur widerwillig an. Die Arbeiten am Grabmal Julius' II. hingegen verzögerten sich und wurden zur ›Tragödie seines Lebens‹. 1521 arbeitete Michelangelo erneut in Florenz u. a. an den Grabmälern der Medici, 1534 kehrte er endgültig nach Rom zurück, um das ›Jüngste Gericht‹ zu malen. 1547 wurde er zum Bauleiter der Peterskirche ernannt, deren Kuppel *(S. 187)* das architektonische Hauptwerk des Künstlers bildet. Michelangelo starb fast 90jährig in Rom. Auf Bitten der Toscaner wurde sein Leichnam nach Florenz überführt und in S. Croce beigesetzt.

Michelangelos Kunst ist nicht leicht zugänglich. Als junger Künstler ist er von den massigen Formen Giottos, Masaccios und Jacopo della Quercias beeinflußt; die stärkste Prägung empfängt er aber durch das Studium der Antike. Zu Beginn des 16. Jh. werden jedoch seine eigenen künstlerischen Ideen maßgeblich. Michelangelo ist der erste Künstler, der bewußt den Ausdruck seiner Werke über die Schönheit stellt; er sucht keine gefällige Form und entspricht keinem Zeitgeschmack. Die von einem kaum faßbaren körperlichen Vorstellungsvermögen geprägten Werke sind daher schwer mit einem Stilbegriff zu fassen. Den Figuren gemein ist der Ausdruck eines tragischen Lebensgefühls, der Michelangelos Überzeugung von der Unvollkommenheit des Menschen spiegelt.

Die ursprünglich nur mit einem Sternenhimmel geschmückte Decke wurde 1508–1512 im Auftrag Julius' II. freskiert. Das Thema ist die Schöpfung und frühe Menschheitsgeschichte. Michelangelo sollte ursprünglich nur die Figuren der 12 Apostel an die Decke malen. Unzufrieden mit den ersten Ergebnissen, schlug er die begonnenen Fresken herunter und begann mit der Planung der heutigen Gestaltung. Dabei löste er sich von dem herkömmlichen, architektonisch vorgegebenen Schema und überzog das Gewölbe mit einer Scheinarchitektur, in die er Szenen und Figuren einspannte. Diese Neuerung bewirkt eine Vereinheitlichung der enormen Malfläche sowie eine neue Einheit architektonischer und malerischer Werte.

Die **Farbe:** Die aufsehenerregende Restaurierung der Decke in den 80er Jahren legte eine unerwartet helle und leuchtende Farbigkeit frei. Beeindruckend sind vor allem die changierenden Farbwerte der Lichteffekte, z. B. in Rot-Grün-Tönen auf dem Schlangenleib des Sündenfalls. Diese unerwartete Buntheit von Michelangelos Fresken hat z. T. heftige Kritik an der Restaurierung der Decke hervorgerufen, doch steht die changierende Farbigkeit durchaus auf dem Boden der Floren-

Sixtinische Kapelle: Schema der Deckenfresken

1 Jüngstes Gericht
2 Naason
3 Eherne Schlange
4 Prophet Jonas
5 Bestrafung Hamans
6 Aminadab
7 Libysche Sibylle
8 Opferung Isaaks
9 Erschaffung des Lichtes
10 Feuriger Elias
11 Prophet Jeremia
12/12a Jesse, David, Salomon
13 Erschaffung der Gestirne
14/14a Salomon, Borz, Obed
15 Prophet Daniel
16 Tod Absaloms
16a leeres Medaillon
17 Scheidung von Erde und Wasser
18 Persische Sybille
19/19a Asa, Josaphat, Joram
20 Erschaffung Adams
21/21a Robram, Abia
22 Cumäische Sibylle
23 David und der Prophet Nathan
24 Erschaffung Evas
25 Zerstörung des Hauses Ahab
26 Prophet Hesekiel
27/27a Esechia, Manasse, Amon
28 Sündenfall und Vertreibung aus dem Paradies
29/29a Osias, Joatham, Ahas
30 Prophet Jesaia
31 Tod Urias
32 Opfer Noahs
33 Jehu zerstört die Statue des Gottes Baal
34 Erythräische Sibylle
35/35a Josias, Jechonias, Salathiel
36 Sintflut
37/37a Zorobabel, Abiud, Eliachim
38 Delphische Sibylle
39 Joab tötet Abner
40 Trunkenheit Noahs
41 Bidgar wirft Jorams Körper vom Wagen
42 Prophet Joel
43 Asor, Sadok
44 Judith und Holofernes
45 Prophet Zacharias
46 David und Goliath
47 Achim, Eliud
48 Eleasar, Mathan
49 Jakob, Joseph

tiner Tradition (Ghirlandaio, S. Maria Novella), auch wurde diese Farbigkeit sofort von Raffael u. a. aufgegriffen. Schließlich aber versiegelt der nasse Putz des Malgrundes beim Trocknen die aufgetragenen Farben, Michelangelos Korrekturen wurden aber noch in den nassen bzw. halbtrockenen Putz eingefügt und befinden sich somit unter der Schutzschicht. Die Restauratoren tragen jedoch nur Übermalungen und Verschmutzungen über dieser Schicht ab und legen die originale Farbigkeit der Michelangelo-Fresken frei.

Die ersten Sektionen der Kapellendecke, die ›Trunkenheit Noahs‹ und die ›Sintflut‹, sind noch mit der Florentiner Maltradition Ghirlandaios verbunden. Besonders die rahmenden ›ignudi‹ weisen noch eine gewisse Steifheit auf, Haarlocken sind penibel ausgemalt, Licht und Schatten krass gegeneinandergesetzt. Schon im 3. Feld, dem ›Opfer Noahs‹, erscheint Michelangelo sicherer in dem ihm neuen Medium der Malerei, Bewegungen der ›ignudi‹ werden freier, raumgreifender, die Hell-Dunkel-Werte wirken natürlicher. Ab dem ›Sündenfall‹ wird auch in den Hauptszenen jede Kleinteiligkeit aufgegeben, wenige voluminöse Figuren beherrschen die Bildfelder, Hintergrundszenen fallen weg. Auch die Propheten und Sibyllen in den Zwickelfeldern gewinnen an Volumen und Freiheit; sind die frühen Figuren (Delphica, Joel) noch ganz in die architektonischen Rahmen eingepaßt, so sprengen die späteren die vorgegebenen Felder (Daniel, Joans). Allen Figuren gemein ist ein hoher Grad an Plastizität, der sie als Schöpfungen eines Bildhauers ausweist. Dieser rasanten Entwicklung des Meisters vermochte die Werkstatt nicht zu folgen. Michelangelo malte eigenhändig, die Assistenten führten lediglich technische oder schematische Aufgaben durch. Es imponiert die Sicherheit, mit der Michelangelo die letzten Figuren der Lünetten ohne Karton und Vorzeichnung direkt in den nassen Putz malte.

›Die Erschaffung Adams‹: Das berühmteste Fresko der Sixtina zeigt Adam ausgestreckt auf der Erde, dem Lehm, aus dem er geschaffen wurde, liegend. Ihm gegenüber schwebt Gottvater, von Engeln umringt. Soeben hat er Adams Hand berührt, um ihm das Leben und die Kraft, sich zu erheben einzuflößen. Die Figuren Gottes und Adams sind parallel angelegt, Kopf und Arme entsprechen sich spiegelbildlich. Der Arm Gottes ist energisch und aktiv, der Adams schlaff und passiv, das Gesicht Gottes ist ausdrucksstark und gütig, das Adams leidenschaftslos und unschuldig: Adam ist ein blasses Abbild seines Schöpfers, seine unschuldige Schönheit wird er mit dem Sündenfall verlieren. Die unterschiedliche Wertung Gottes und Adams ist auch an der Technik ablesbar. Während der Figur Gottvaters durch eine Untermalung Festigkeit und Körperlichkeit gegeben wurde, ist die Adams lasierend direkt auf den Putz aufgetragen, so daß sie blasser und vergänglicher erscheint.

Michelangelos Decke galt über Jahrhunderte hinweg als unerreichter Höhepunkt der Malerei und wurde von Goethe als das Herrlichste, das ein einzelner Mensch schaffen kann, gelobt. Der Künstler selbst, der sich stets als Bildhauer betrachtete, zweifelte an seinen Arbeiten. In einem Gedicht über die Sixtinische Kapelle schreibt er: »Ich bin kein Maler und mein Werk ist schlecht.«

›Das Jüngste Gericht‹: 1535/36 – über 20 Jahre nach der Decke – vom 70jährigen Michelangelo im Auftrag Pauls III. ausgeführt.

Über dem Zentrum erscheint die gigantische Figur Christi, begleitet von Maria und umgeben von Märtyrern. Flügellose Engel tragen die Leidenswerkzeuge Christi herbei, im unteren Teil blasen Engel die Posaunen des Gerichts. Links, zur Rechten Christi, fahren die Seligen zum Himmel auf, rechts ziehen Teufel die Verdammten zur Hölle. Das Thema, ungewöhnlich für eine Altarwand, führt in aller Eindringlichkeit die Schrecken des Weltgerichts vor Augen. Chaos und Terror bestimmen die Szene, überstrahlt von einem Christus, der nichts Verzeihendes an sich hat und mit zorniger Geste die Verdammten in den Abgrund schickt. Die Fürbitterin Maria ist machtlos.

Das Fresko bestimmt in aller Deutlichkeit das Ende des positiven Selbstvertrauens der Renaissance, die noch die Kunst Raffaels prägte. Nach dem ›Sacco di Roma‹, dem demütigenden Einmarsch der kaiserlichen Truppen in Rom 1527, wird eine erschreckende Vision des endzeitlichen Gerichts zum Thema der Altarwand der päpstlichen Kapelle. Zudem ist das Fresko durchdrungen von der bitteren Religiosität des alternden Michelangelo. Der Ausdruck der Güte Gottvaters aus der Szene der Erschaffung Adams ist 20 Jahre später gelöscht, der Gottessohn des Gerichts ist ein unnahbarer, nahezu heidnisch erscheinender Rächer, der die Torheit der Menschen straft.

Das Fresko stieß schon vor seiner Enthüllung auf Kritik, die sich besonders gegen die zahlreichen nackten Figuren richtete. Vasari erzählt, der päpstliche Zeremonienmeister Biagio da Cesena habe als erster an den Figuren Anstoß genommen und verlangt, sie herunterzuschlagen, woraufhin Michelangelo ihn mit Eselsohren in der Hölle darstellte (unter rechts). Tatsache ist, daß das Fresko als ketzerisch bezeichnet und seine Zerstörung verlangt wurde. 1564 schließlich ließ Pius IV. die ›obszönen‹ Figuren von Daniele da Volterra übermalen, der daraufhin den Namen ›Hosenmaler‹ erhielt. Aus konservatorischen Gründen und zur Dokumentation der Geschichte des Freskos werden Danieles ›Hosen‹ wahrscheinlich auch die Restaurierung überstehen.

Michelangelo: ›Das Jüngste Gericht‹

Museo Sacro (**S**): Kleinkunst, Reliquiare, kunstgewerbliche Gegenstände aus frühchristlicher und mittelalterlicher Zeit.

Sala delle Nozze Aldobrandine (**T**): Die sog. Aldobrandini-Hochzeit, ein Fresko aus augusteischer Zeit, reproduziert möglicherweise ein hellenistisches Bild, das die Hochzeit von Alexander d. Gr. und Roxane darstellte. Man erkennt die Vorbereitung zur Hochzeit, den wartenden Hochzeitsgott und Venus, die die Braut ermutigt. Die klaren Raumangaben und Formen beeindruckten die Künstler des Klassizismus. Sehenswert sind zudem die Freskenfragmente mit Darstellungen der Odyssee in ›impressionistischen‹ Landschaften (1. Jh. v. Chr.).

Biblioteca Apostolica Vaticana (**U**): 1587/89 von Domenico Fontana im Auftrag Sixtus' V. errichtet. Zu besichtigen sind die Galerien und der *Salone Sistino,* ein zweischiffiger, reichdekorierter Bau Fontanas. Die Fresken verschiedener Künstler, darunter Paul Brill und Orazio Gentileschi, zeigen Veduten Roms, die die Bautätigkeit unter Sixtus IV. dokumentieren. In Vitrinen werden in wechselnden Ausstellungen Teile der Sammlung vorgestellt. Der Bestand der Bibliothek wurde unter Nikolaus V. begründet. 1475 eröffnete Sixtus IV. den ersten Bibliotheksbau. Die weltberühmte Sammlung umfaßt über 60 000 Manuskripte, 7000 Inkunabeln und 800 000 Drucke. Sie ist Wissenschaftlern über die Porta S. Anna zugänglich.

** Pinacoteca Vaticana (V)

Saal 1: Tafelbilder des 11.–13. Jh., darunter hervorzuheben die *Weltgerichtstafel,* eine römisch-benediktinische Arbeit des späten 11. Jh.

Saal 2: *Stefaneschi-Altar,* um 1330, ungesicherte Zuschreibung an Giotto, ehem. Hochaltar von Alt-Sankt-Peter. Auf der Vorderseite erscheint der thronende Christus, zu seinen Füßen der Stifter, Kardinal Stefaneschi, auf den Seitenflügeln die Martyrien der Apostel Petrus und Paulus. Auf der Rückseite thront Petrus im Zentrum, zu seinen Füßen reicht der Kardinal das Altarwerk dar; seitlich weitere Apostel. – An den Wänden Tafeln von Simone Martini, Pietro Lorenzetti, Bernardo Gaddi, Sassetta.

Saal 3: Florentiner Schule des 15. Jh., u. a. Fra Angelico ›Geschichte des hl. Nikolaus von Bari‹; Filippo Lippi ›Marienkrönung‹; Benozzo Gozzoli ›Gürtelspende Mariens‹.

Saal 4: Melozzo da Forlì ›*Sixtus IV. begründet die Vatikanische Bibliothek*‹, 1477. Das Fresko stammt aus dem 1475 gegründeten Bibliotheksbau und zeigt rechts den thronenden Papst umgeben von seinen geistlichen und weltlichen Familienmitgliedern, darunter hervorgehoben Kardinal Giuliano della Rovere, der spätere Papst Julius II. Vor Sixtus kniet der Humanist und Bibliothekar Bartolomeo Platina und verweist auf die Inschrift, die die Bauten des Papstes aufzählt. Das Fresko zeichnet sich durch die kühne Perspektive und ausgewogene Figuren- und Farbkomposition aus. – Ebenfalls von Melozzo stammen die Fragmente eines Freskos aus * SS. Apostoli 6, das die Himmelfahrt Christi zeigte. Erneut fallen die für Melozzo charakteristischen perspektivisch kühnen Untersichten und die helle Farbigkeit auf.

Saal 5: Francesco del Cossa ›Wunder des hl. Vinzenz Ferrer‹, eine bewegte und ereignisreiche Schilderung einer Heiligenvita durch einen der führenden Meister der Schule von Ferrara; Lucas Cranach ›Pietà‹.

Saal 6: Polyptychen von Carlo Crivelli, Antonio Vivarini und Niccolò Alunno.

Saal 7: Umbrische Schule, u. a. Pinturicchio ›Marienkrönung‹; Perugino ›Madonna mit Heiligen‹.

Saal 8: Werke *Raffaels*. 1515/16 schuf Raffael die Kartons für die *10 Wandteppiche*, die in Brüssel von Pieter van Aelst gefertigt wurden. Sie schmücken bei besonderen Anlässen die untere Wandzone der Sixtinischen Kapelle. Sehenswert ist vor allem die Szene des *›Wunderbaren Fischzugs‹* mit dem Effekt der Spiegelungen im Wasser. *›Marienkrönung‹*, ein frühes Werk (um 1503), das noch sehr am Stil des Lehrers Perugino orientiert ist; ›Madonna von Foligno‹ (um 1512), ein Votivbild des Historikers Sigismondo de'Conti, der bei der Zerstörung seines Hauses unverletzt blieb; diese Szene ist in leonardeskem Sfumato (Luftperspektive) im Hintergrund dargestellt. Die primitive Trennung von himmlischer und irdischer Sphäre (Marienkrönung) wird hier durch die suggestive Wolkenbank, aus der sich Puttenköpfe bilden, ersetzt.

›Transfiguration‹, das letzte Werk des 1520 verstorbenen Künstlers, vollendet von Giulio Romano. Im oberen Teil erkennt man den verklärten Christus zwischen Elias und Moses, darunter die niedergeworfenen Jünger Jakobus, Petrus und Johannes auf dem Berg Tabor. Die Heilung des Besessenen im Vordergrund gehört nicht zur Szene. Die Hinzufügung dieser dramatischen Gruppe mag in der Bestimmung des Bildes für einen Künstlerwettstreit mit dem Michelangelo-Schüler Sebastiano del Piombo liegen. Dessen Bild, die ›Erweckung des Lazarus‹, befindet sich in der National Gallery in London.

Saal 9: *Leonardo da Vinci* ›Hl. Hieronymus‹, ca. 1480, monochromes, unvollendetes Gemälde; bemerkenswerte anatomische Studie und eindrucksvolle Darstellung der spirituellen Extase des Büßenden. – Giovanni Bellini ›Pietà‹.

Raffael: ›Transfiguration‹ (›Verklärung Christi‹)

Saal 10: Venezianische Schule, u. a. Tizian ›Maria mit Kind und Heiligen‹; Paolo Veronese ›Allegorie‹; Paris Bordone ›Georg tötet den Drachen‹.

Saal 11: Spätes 16. Jh., hervorzuheben vor allem Federico Barocci ›Franziskus empfängt die Wundmale‹.

Saal 12: Barock; Domenichino ›Kommunion des Hieronymus‹; Guercino ›Der ungläubige Thomas‹.

Saal 13: *Caravaggio* ›Grablegung Christi‹, 1602/04 für die Chiesa Nuova geschaffen. Das Geschehen ist mit ungewöhnlicher Vehemenz wiedergegeben. Aus dem Schatten heraus zeichnen sich die Figuren ab, nur der leblose Körper Christi liegt ganz im Licht, insbesondere die vor dem Dunkel aufleuchtenden Hände werden zum Ausdrucksträger dieses verzweifelten Augenblicks. – Guido Reni ›Kreuzigung Petri‹; Nicolas Poussin ›Martyrium des hl. Erasmus‹. – Pietro da Cortona ›Krönung der hl. Theresa‹, ›Die Madonna erscheint dem hl. Franziskus‹ und ›David und Goliath‹; Orazio Gentileschi ›Judith‹; Antonis van Dyck ›Franz Xaver‹; Ribera ›Martyrium des hl. Laurentius‹.

Saal 14: Diverse Themen und Schulen.

Saal 15: Porträts, darunter hervorzuheben *Tizian* ›Der Doge Niccolò Marcello‹; *Carlo Maratta* ›Clemens IX.‹.

Museo Gregoriano Profano (W)

Das von Gregor XVI. gegründete Museum wurde 1970 vom Lateran zum Vatikan transferiert.

Sektion 1: Römische Kopien nach griechischen Originalen; Marsias, Torso des Marsias und Kopf der Athena (Nr. 9974, 9975, 9970), Kopien nach einer berühmten Gruppe des Myron vom Eingang der Akropolis von Athen, ca. 460 v. Chr. – *Sophokles* (Nr. 9973); Kopie einer Arbeit der Söhne des Praxiteles, 340 v. Chr. von Lykurg für das Dionysos-Theater von Athen in Auftrag gegeben. – *Niobe Chiaramonti* (Nr. 1035), wahrscheinlich abgeleitet von einer Niobidengruppe von Skopas oder Praxiteles. Die Statue zeigt ein bewegtes, flüchtendes Mädchen, eines der 14 Kinder der Niobe, die aufgrund der Gotteslästerung ihrer Mutter von Apoll und Artemis getötet wurden.

Sektion 2: Römische Skulptur; Relief mit den Personifikationen der etruskischen Städte Tarquinia, Vulci und Vetulonia (Nr. 9942); Porträt der Livia, Gemahlin des Augustus (Nr. 10 204); Porträts der julisch-claudischen Familie (Nr. 10 194, 10 198, 10 221).

Sektion 3: Sarkophage; Sarkophag von der Porta Viminalis mit Relief der Niobiden (Nr. 10437); Sarkophagfront mit Darstellungen von Philosophen (Nr. 9504), die männlichen Figuren tragen Porträtzüge, die weiblichen sind wahrscheinlich Musen.

Sektion 4: Römische Skulptur; Mithras tötet den Stier (Nr. 9933), Gruppe des 3. Jh.; Asklepios, Sohn des Apoll, Gott der Heilkunst (Nr. 9910).

Von oberhalb der Treppe blickt man auf das *Athletenmosaik* aus der Exedra der ** Caracalla-Thermen 27.

Museo Pio Cristiano (X): Die von Pius IX. gegründete Sammlung von Exponaten aus Katakomben und antiken Basiliken befand sich bis 1963 im Lateran.

Guter Hirte (Nr. 103), eine der seltenen Vollplastiken der frühchristlichen Kunst, 3.–4. Jh. Der gute Hirte (Christus) bringt das verlorene Lamm (die verirrte Seele) zurück. Die Darstellung Christi als bartloser junger Mann wird von der frühchristlichen Kunst bevorzugt. – Die frühchristlichen Sarkophage zeigen meist Gegenüberstellungen von Wundererzählungen des Alten und Neuen Testaments: Daniel in der Löwengrube, Jonas und der Walfisch, Moses schlägt Wasser aus dem Felsen – die Erweckung des Lazarus, die Heilung des Lahmen, die wunderbare Brotvermehrung, daneben finden sich Szenen der Passion und des Triumphes Christi.

Santo Spirito in Sassia ⑯ (Borgo S. Spirito)

Die Kirche ist eine Gründung des Königs Ine von (Angel-)Sachsen (ital.: Sassia) aus dem 8. Jh. Mehrmals zerstört, wurde der heutige Bau nach dem Sacco di Roma von Antonio da Sangallo d. J. 1538–1544 errichtet, die Fassade unter Sixtus V. nach Plänen Sangallos wahrscheinlich von Ottaviano Mascherino hinzugefügt. Sie besteht aus zwei Ordnungen: Im unteren Teil schließen sechs Lisenen das Portal und vier Nischen ein, im oberen umfassen vier Lisenen das Rundfenster mit Wappen Sixtus' V. sowie zwei Nischen. Den Abschluß bildet ein Dreiecksgiebel. Diese Fassade bildet den ersten Schritt von der flächigen, linearen Renaissancefassade zur plastisch akzentuierten des Barock. Der Campanile stammt noch aus dem späten 15. Jh. und wird Baccio Pontelli zugeschrieben. Er zeigt vier Lisenenordnungen und Biforenfenster. Das flachgedeckte Schiff mit Halbkreiskapellen und Apsis ist die erste reine Langhauskirche ohne Querschiff und Kuppel; auch die Kapellen beeinträchtigen den Raumeindruck nicht. Den Schmuck bilden Gemälde aus dem 16. Jh.

Ospedale di Santo Spirito in Sassia: Gegründet 1198 von Innozenz III. zur Aufnahme von Findelkindern. 1471 brannte das Gebäude ab und wurde 1473–1478 von verschiedenen Architekten im Auftrag Sixtus' IV. wiederhergestellt. Das langgestreckte Gebäude hatte einen Portikus auf Achteckpfeilern; die Arkaden wurden später geschlossen. In der Mitte erhebt sich ein Achteckbau mit Biforen und Triforenfenstern; Majoliken zeigen das Papstwappen. Das Marmorportal wird Andrea Bregno zugeschrieben. Neben diesem ursprünglichen Eingang erkennt man links die Vorrichtung für das sog. Rad der Ausgesetzten, in dem unerwünschte Kinder anonym abgelegt werden konnten. Beim Drehen des Rades erklang eine Glocke, die eine Amme rief.

* 22 Gianicolo

Wie der Vatikan gehört der Gianicolo nicht zu den sieben ›klassischen‹ Hügeln Roms. Der Name geht jedoch auf Giano = Janus zurück und scheint auf eine Kultstätte des Gottes auf dem Hügel zu verweisen. Aufgrund seiner ›goldenen‹ Erde wurde der Hügel auch *Mons aureus* genannt, von dem sich der Name der Kirche San Pietro in ›Montorio‹ ableitet. Die Aurelianische Mauer schloß nur einen Teil des Gebietes ein, das erst 1642 unter Urban VIII. in den Mauerring aufgenommen wurde. Für die italienische Geschichte ist der Gianicolo bedeutsam als Ort der Verteidigung

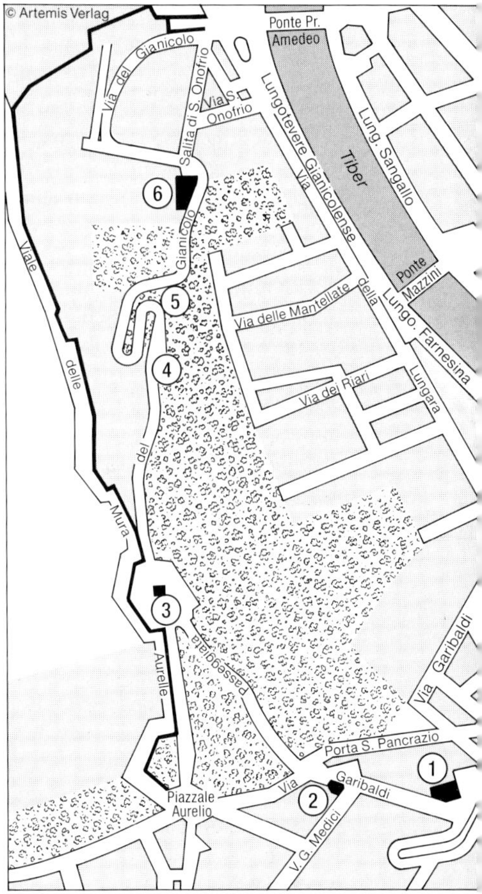

Gianicolo: Orientierungsplan

** ① San Pietro in Montorio und Tempietto des Bramante *(S. 230)*
② Acqua Paola *(S. 233)*
* ③ Piazzale del Gianicolo (Giuseppe Garibaldi) *(S. 233)*
④ Faro *(S. 233)*
⑤ Quercia del Tasso (Tasso-Eiche) *(S. 236)*
⑥ Sant'Onofrio und Tasso-Museum *(S. 236)*

Roms 1849, als hier die vom Papst herbeigerufenen französischen Truppen auf die Garibaldiner trafen. (Wenig später mußten die Garibaldiner jedoch Rom räumen; erst 1870, als die Franzosen wegen des Deutsch-Französischen Krieges abgezogen wurden, gelang die Einnahme Roms.)

Ein Spaziergang über den Gianicolo bietet die reizvollsten Aussichten über die Stadt. An Wochenenden und in den frühen Abendstunden zieht es die Liebespärchen auf den Hügel, die ihre Zuneigung zueinander keineswegs schüchtern demonstrieren. Vor nächtlichen Streifzügen über den Gianicolo ist jedoch abzuraten.

** San Pietro in Montorio und Tempietto ①

Lage: Via Garibaldi.

Nach einer fälschlichen Überlieferung soll Petrus an dieser Stelle gekreuzigt worden sein. Seit dem 8. Jh. ist hier eine Kirche dokumentiert, deren heutiger Bau 1481 im Auftrag Ferdinands IV. von Spanien, wahrscheinlich nach Plänen Baccio Pontellis, begonnen wurde. Zerstörungen während der Kampfhandlungen von 1849 machten Restaurierungen notwendig.

Die schlichte *Fassade*, wohl Baccio Pontelli zuzuschreiben, ist zweistöckig und von Eckpilastern eingefaßt. Den Zugang bildet eine Freitreppe, den oberen Abschluß ein Dreiecksgiebel; der einzige Schmuck ist eine Fensterrose im Obergeschoß. Das einschiffige Langhaus ist mit Seitenkapellen versehen, das Querhaus aus zwei großen Apsiden gebildet, der quadratische Chor polygonal geschlossen.

Ausstattung: 1. Kapelle rechts: *›Geißelung Christi‹* (**a**) von Sebastiano del Piombo (1518). Das Bild ist von hoher dramatischer Wirkung, Figuren und Architektur erreichen die plastischen Werte der Malerei Michelangelos, die für Sebastiano vorbildlich war. Vom selben Maler stammen auch die weniger überzeugende ›Transfiguration‹ in der Kalotte und die Figuren der hll. Petrus und Franziskus neben der ›Geißelung‹. – 2. Kapelle rechts: Über dem Altar *›Madonna mit dem Brief‹* (**b**) von Pomarancio; im Gewölbe ›Marienkrönung‹ und an der Außenwand ›Die 4 Tugenden‹ von Baldassare Peruzzi. – *Querhauskapelle rechts* (**c**): Architektur und ›Bekehrung des Paulus‹ von *Giorgio Vasari;* Grabmäler Antonio und Fabiano del Montes, 1550–1553 von dem Michelangelo-Schüler Bartolomeo Ammannati, der auch die hübsche Puttenbalustrade vor der Kapelle schuf. – In der Apsis eine Kopie der *›Kreuzigung Petri‹* (**d**) von Guido Reni (das Original in der Vatikanischen Pinakothek, *S. 227*). – Querhauskapelle links: *›Taufe Christi‹* (**e**)

San Pietro in Montorio: Grundriß

a Sebastiano del Piombo ›Geißelung Christi‹
b Pomarancio ›Madonna mit dem Brief‹
c Vasari-Kapelle
d Guido Reni ›Kreuzigung Christi‹ (Kopie)
e Daniele da Volterra ›Taufe Christi‹
f Antoniazzo-Schule ›Anna Selbdritt‹ und ›Segnender Christus‹
g Bernini-Kapelle
h Tempietto des Bramante

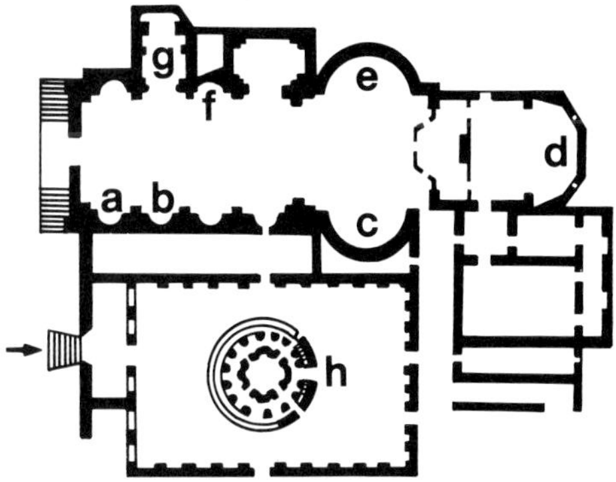

von Daniele da Volterra. – 3. Kapelle links: *›Anna Selbritt‹* und *›Segnender Christus‹* (**f**), Fresken aus der Schule Antoniazzo Romanos, 15. Jh. – 2. Kapelle links (**g**) Architektur von *Bernini* (ca. 1640), über dem Altar ein Relief des Bernini-Schülers Baratta.

** **Tempietto des Bramante** (**h**): Das berühmte ›Tempelchen‹ des Bramante zeigt das Ideal der Umsetzung antiker Architektur in der Renaissance. Der 1502 errichtete Bau folgt dem Vorbild des antiken Rundtempels (Tholos). Auf einem runden Sockel erheben sich 16 etruskische Granitsäulen, die einen Triglyphenfries mit Balustrade tragen. Die runde Cella ist von Nischen strukturiert. Pilaster und ein weiterer Triglyphenfries greifen die Elemente des Säulenringes auf. Runde und eckige Nischen gliedern den hohen Tambour, der die Kuppel trägt. Trotz der bescheidenen Ausmaße erreicht der Tempietto eine unerwartete Monumentalität, die durch die Geschlossenheit der perfekten Kreisform sowie den Verzicht auf überflüssiges Dekor erzielt wird. Der Tempietto ist eher gebaute Architekturtheorie als ein Gotteshaus. Der freistehende Zentralbau mit Halbkreiskuppel, ein Zitat des Pantheon, entwickelt alle Konturen aus der Kreisform. In der perfekten Geometrie wird das Bild des konzentrischen Kosmos reflektiert. Architektur wird zum Spiegel himmlischer Harmonie.

Der sehr kleine Innenraum (meist nur durch die Fenster einzusehen) ist einheitlich weiß gehalten. Über dem Altar eine etwas steife Petrusstatue aus dem frühen 16. Jh.; in Nischen, die exakt zwischen den äußeren Nischen stehen, befinden sich Statuetten aus der Bernini-Schule. An der hinteren Seite liegt der Zugang zur unterirdischen Kapelle über dem vermeintlichen Standort des Kreuzes Petri. Sie wurde 1586 von Paul III. eingerichtet und 1627 mit reichem Stuck geschmückt.

Tempietto des Bramante

Acqua Paola ②

Der Brunnen verherrlicht die Erneuerung einer Wasserleitung Trajans. 1612/14 im Auftrag Pauls V. Borghese nach dem Vorbild der Acqua Felice errichtet; die Arbeiten leitete Flaminio Ponzio unter Mitarbeit von Giovanni Fontana. Das Baumaterial wurde durch den Abbruch der bis dahin gut erhaltenen Bauten auf dem Nervaforum *(S. 88)* gewonnen. Der Brunnen ist nach dem Modell eines Triumphbogens gestaltet, dessen drei Bögen Granitsäulen auf hohen Sockeln trennen, darunter fließt das Wasser über kleinere Brunnenschalen in das große Becken. Aus seitlichen Nischen schauen wasserspeiende Ungeheuer hervor. Im oberen geschwungenen Giebel verweist eine von Drachen und Adlern aus dem Borghese-Wappen umrandete Inschrift auf Papst Paul; darüber das von Engeln gehaltene Wappen (Ippolito Buzio).

* **Piazzale del Gianicolo** (Giuseppe Garibaldi) ③

Im Zentrum des Platzes steht das Monument für Giuseppe Garibaldi (Emilio Gallori, 1895). *Garibaldi,* der bedeutendste Kämpfer für die Freiheit und Einigung Italiens, ist der Nationalheld Italiens. Er schloß sich 1833 der nationalen Bewegung ›Giovine Italia‹ an und kämpfte seit 1848 gegen die Fremdherrschaft in Italien. Als Offizier Piemonts unter Viktor Emanuel II., dem späteren König Italiens, wirkte er entscheidend an der Einigung des Landes mit. Legendär wurde der von ihm angeführte ›Zug der 1000‹, der 1860 zum Sturz der Bourbonenherrschaft in Sizilien führte, das sich daraufhin dem Königreich anschloß. Garibaldi ist als Offizier auf seinem Pferd dargestellt und erscheint im Begriff auf Rom zuzureiten. Sein Blick wendet sich jedoch zum Vatikan und gibt einem späten Triumph Ausdruck, da gerade hier die Truppen des Papstes ihm eine Niederlage bereiteten. Der Platz und die anschließenden Wege sind von Büsten umstellt, die die wichtigsten Mitstreiter Garibaldis wiedergeben.

Unterhalb des Platzes, zur Stadt hin, befindet sich eine Rampe, von der aus seit 1904 pünktlichst um 12.00 Uhr ein Kanonenschuß abgefeuert wird, der den Römern die genaue Uhrzeit (›l'ora esatta‹) bekannt geben soll!

Faro (Leuchtturm) ④

Der weiße Leuchtturm, ein Geschenk der argentinischen Italiener und ebenfalls ein Nationaldenkmal, sendet abends Lichtsignale in den italienischen Farben (grün, weiß, rot) über die Stadt. Von hier aus hat man das *vollständigste Panorama Roms* (von links nach rechts): Peterskup-

›Panorama Roms‹ vom Gianicolo

pel (zwischen Bäumen zu sehen), Castel Sant'Angelo, Justizpalast, San Giovanni dei Fiorentini, dahinter der Grüngürtel der Villa Borghese, des Pincio und der Villa Medici, Trinità dei Monti über der Spanischen Treppe, der Uhrturm des Montecitorio, im Vordergrund der Tiber mit dem Palazzo Farnese (man erkennt die drei Bögen der hinteren Loggia), dahinter die Kuppel mit der Spirale von Sant'Ivo, die flache Kuppel des Pantheon und der Quirinal, Sant'Andrea della Valle, dahinter die zwei Kuppeln und der Kirchturm von Santa Maria Maggiore, die Torre delle Milizie, das Denkmal Viktor Emanuels, der Turm des Kapitols, die Synagoge; bei klarem Wetter erkennt man im Hintergrund rechts die Statuen der Fassade von San Giovanni in Laterano, ganz rechts Palatin und Aventin und dahinter die Albaner Berge.

Quercia del Tasso (5)

Folgt man der Passeggiata del Gianicolo, erreicht man die berühmte ›Quercia del Tasso‹, eine 1843 vom Blitz gespaltene und seither abgestützte Eiche. Im Schatten dieses Baumes verbrachte der Dichter *Torquato Tasso* seine letzten Tage. Tassos Hauptwerk ›Das befreite Jerusalem‹ schildert die Ereignisse des ersten Kreuzzugs und enthält zudem viele märchenhafte Episoden. Seine an Vergil wie an mittelalterlichen Ritterepen orientierte Dichtung verbindet die an der Antike geschulte Form mit romantischer Empfindung und hatte große Nachwirkung auf die europäische Literatur. Nach einem unruhigen Leben starb Tasso 1595 im nahegelegenen Konvent von Sant'Onofrio am Vorabend seiner Dichterkrönung. Hier versammelte auch der hl. Filippo Neri die Kinder und ›wurde weise als Kind unter Kindern‹. Bei der Eiche wurde ein kleines *Amphitheater* eingerichtet, in dem im Sommer Aufführungen stattfinden.

Sant'Onofrio (6)

Die Kirche wurde 1419 von Nicola da Forca Palena aus dem Orden der Eremiten des hl. Hieronymus gegründet. Sie ist ebenfalls einem Eremiten, dem *hl. Onophrius* geweiht, der im 4. Jh. lebte. Der abessinische Fürstensohn verzichtete auf sein Erbe und zog auf einem Esel (griech.: onos), nach dem er benannt ist, lehrend zu den abgelegenen Felsenklöstern, bis er sich völlig den Entbehrungen in der Wildnis hingab, wo ihm Engel an Sonntagen die Kommunion reichten. Erst kurz vor seinem Tod fand ihn der hl. Paphnutius.

Der Platz ist an zwei Seiten von Portiken umstellt, die der Kirche und dem Kloster vorgelagert sind. Die Arkaden werden von Säulenbündeln mit z. T. antiken Kapitellen getragen. Links der Eingang zum Konvent des Nicola da Forca Palena, darüber in drei Lünetten Fresken mit ›Szenen aus dem Leben des hl. Hieronymus‹ von Domenichino (1605). Über dem Eingang zur Kirche ein Fresko von Claudio Ridolfi (1600). Der Innenraum besteht aus einem einschiffigen Langhaus mit Kreuzrippengewölbe, Seitenkapellen und polygonaler Apsis.

Ausstattung: 1. Kapelle rechts: In zwei Gewölbezwickeln die ›Verkündigung‹, ein Frühwerk Antoniazzo Romanos. – 2. Kapelle rechts: reiche Stuckdekoration (1605), Fresken von Giovanni Battista Ricci, Altargemälde ›Madonna von Loreto‹ von Agostino Carracci, daneben Grabmal des Kardinals Giovanni Sacco († 1505), eine Arbeit der Bregno-Werkstatt; darüber ein originelles Fresko ›Die hl. Anna lehrt Maria das Lesen‹ aus der umbrischen Schule. – In der Apsis *Fresken Baldassare Peruzzis* (ca. 1504). Die Zuschreibung folgt Vasari; man erkennt jedoch auch Elemente der umbrischen Malerei. Die unteren Szenen zeigen die Madonna mit Kind und Heiligen, die Geburt Christi und die Flucht nach Ägypten, darüber in den Gewölbezwickeln die Marienkrönung, Sibyllen, Apostel, musizierende Engel und Gottvater. – 3. Kapelle links: Grabmal Kardinal Giuseppe Mezzofantis († 1596), mit einem Porträt des Verstorbenen von Domenichino. – 1. Kapelle links: *Grabmal Torquato Tassos,* ein akademisches Werk Giuseppe de Fabris (1857).

Im **Kreuzgang** aus der Mitte des 16. Jh. Fresken mit Darstellungen aus dem Leben des hl. Onophrius vom Cavalier d'Arpino und anderen. Im Kloster ist ein kleines *Museum mit Erinnerungen an Tasso* eingerichtet worden.

23 Villa Doria-Pamphili

Lage: Via Aurelia Antica.

Die *römische Villa,* bezeichnet weniger eine freistehende herrschaftliche Residenz als die sie umgebende Parkanlage. Die Villen lagen zu ihrer Entstehungszeit im 17. und 18. Jh. noch außerhalb der Stadt. Sie boten den adligen Familien insbesondere während der Sommermonate die Vorteile eines Landhauses in unmittelbarer Nähe der Stadt (Villa suburbana) und sind somit der Gegenpol zum Stadtpalast.

Die meisten der die Gebäude umschließenden Gärten geben aber nur noch einen schwachen Eindruck der barocken Gartenarchitektur wieder, da Hecken und Bäume über Jahrhunderte hinweg unkontrolliert wuchsen. Im Gegensatz zu dem heute beliebten englischen Landschaftsgarten war der italienische Garten des Barock jedoch ein von

Architekten angelegtes Kunstwerk und ein von Menschenhand geordnetes Gefüge, in dem Architektur, Skulptur und Vegetation sich ergänzten. Die Umwandlung der Villen in öffentliche Parks belebte die Gärten, doch führten Diebstähle und Vandalismus zu weiteren Verlusten der barocken Substanz.

Die Villa Doria-Pamphili wurde 1644–1652 für Camillo Pamphili, den Neffen Innozenz' X., angelegt. Das Lustschluß *(Casinò di Allegrezza)* nahe dem Eingang von der Via Aurelia Antica ist zweistöckig zur Auffahrtsrampe, dreistöckig zum Gartenparterre (giardino segreto) hin. Ein Belvedere mit Balustrade öffnet sich über einer Dachterrasse. Alessandro Algardi arbeitete an der Fassadendekoration aus Basreliefs und Statuen mit. Das Gebäude befindet sich heute in Staatsbesitz.

Der **Park** erstreckt sich über 9 km² und ist damit die *größte Grünanlage Roms.* Heute besteht er weitgehend aus Pinienwäldchen und Rasenflächen. Eine Anlage aus dem 17. Jh. hat sich mit dem *Giardino del Teatro* vor dem Gartenparterre erhalten. In die Wand des Parterres sind Grotten aus Mörtel, Natursteinen und Muscheln eingebaut. In der Exedra des Theaters befand sich ursprünglich eine Wasserorgel, in den Nischen waren Statuen und Büsten aufgestellt. Erhalten ist neben dem Theater noch eine Grotte mit Meeresgottheiten. Die ganze Anlage war ursprünglich stärker durch die Architektur bestimmt; nach den Zerstörungen der Kämpfe von 1849 wurde sie im englischen Stil bepflanzt.

Folgt man dem Weg entlang der Via Aurelia Antica, gelangt man zum Kern des Barockgartens. Hier befindet sich der *Schneckenbrunnen* von Alessandro Algardi, der hier die große Skulptur einer Schnecke aus der Werkstatt Berninis wiederverwendete. Diese Schnecke verzierte ursprünglich den südlichen Brunnen auf der Piazza Navona und wurde durch Berninis ›Moro‹ *(S. 138)* ersetzt. Aus dem 17. Jh. ist auch der *Lilienbrunnen,* ebenfalls von Algardi, dessen Wasser sich in einen kleinen See ergießt. Hier endet der Barockgarten und geht in eine Waldzone über.

** 24 Trastevere

Der Name Trastevere leitet sich ab vom Lateinischen ›trans Tiberim‹ (jenseits des Tibers). Das Viertel im Tiberknie war bereits von der Aurelianischen Mauer eingeschlossen und durch die Brücken der Tiberinsel mit dem Stadtzentrum verbunden. Bedeutende Monumente haben hier nicht gestanden, ›trans Tiberim‹ war ein Plebejerviertel und ist es im Grunde bis heute geblieben. In frühchristlicher Zeit und im Mittelalter entstanden mit S. Maria, S. Cosimato und S. Cecilia in Trastevere religiöse Zentren sowie das dichte Netz der charakteristischen

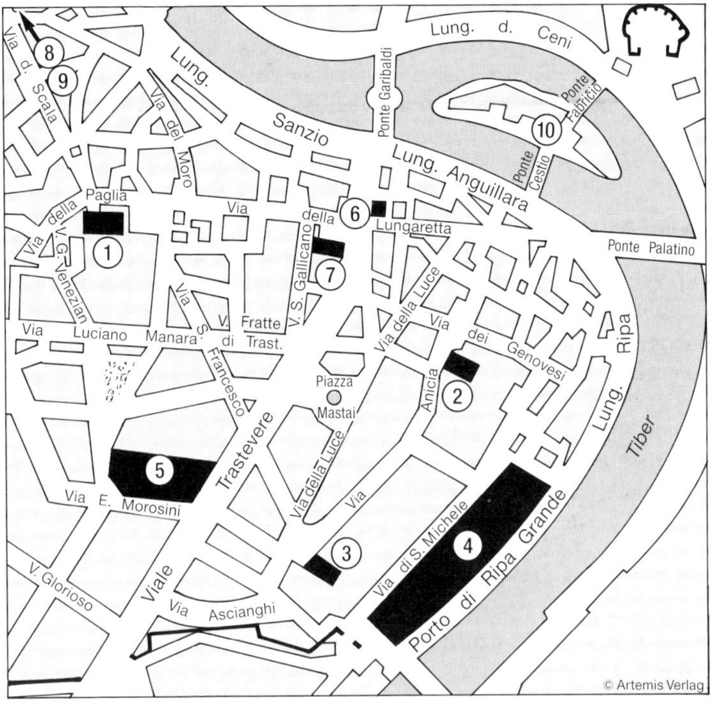

Trastevere: Orientierungsplan

- *** ① Santa Maria in Trastevere *(S. 240)*
- * ② Santa Cecilia *(S. 244)*
- ③ San Francesco a Ripa *(S. 247)*
- ④ Hospiz von San Michele *(S. 247)*
- ⑤ Hospiz von San Cosimato *(S. 248)*
- ⑥ Torre degli Anguillara *(S. 248)*
- ⑦ San Crisogono *(S. 248)*
- * ⑧ Palazzo Corsini. Galleria Nazionale d'Arte Antica *(S. 248)*
- ** ⑨ Villa Farnesina *(S. 249)*
- ⑩ Isola di San Bartolomeo *(S. 254)*

engen Straßen. Nirgendwo sonst ist die Atmosphäre eines gewachsenen Wohnviertels deutlicher spürbar als in Trastevere, keine Gegend ist ›römischer‹, obwohl sich die Einwohner selbst als ›noantri‹ (wir anderen) bezeichnen. Im italienischen Film verkörpert Trastevere das Bild Roms schlechthin. Hier wirkte auch Giacchino Belli, der im 19. Jh. in fast 2000 satirischen, im römischen Dialekt geschriebenen Gedichten das Volksleben Roms in der Zeit des Kirchenstaates skizzierte. Im Juli findet das Volksfest ›festa di noantri‹ statt, das – wie leider das gesamte Viertel – langsam zur Touristenattraktion degradiert wird. Auf der Suche nach ›pittoresker Originalität‹ kaufen begüterte Italiener und

Ausländer Wohnungen auf, die sie dann nur in Ferienzeiten benutzen. Der kulturelle und wirtschaftliche Beitrag dieser Gruppe ist für Trastevere minimal, und so wächst die Gefahr, daß das lebhafte Viertel zu einer Kulisse für Touristen und die internationale Schickeria verkommt. Aber noch ist Trastevere ein populäres Zentrum und aufgrund seiner zahlreichen, z. T. auch preiswerten Trattorien beliebt.

** Santa Maria in Trastevere ①

Die Piazza S. Maria in Trastevere liegt im Zentrum des antiken Viertels ›trans Tiberim‹ und ist mit einem Brunnen Carlo Fontanas geschmückt. Die Kirche ist möglicherweise der erste offiziell dem christlichen Kult geöffnete Bau Roms, mit Sicherheit jedoch die erste Marienkirche der Stadt. Der Tradition nach soll der hl. Calixtus die Gründung vorgenommen haben. Vollendet wurde die Kirche jedoch erst nach dem Mailänder Edikt von 313, das das Christentum tolerierte, unter Papst Julius I. Der heutige Bau geht auf Innozenz II. zurück und wurde mehrmals restauriert, ohne jedoch den mittelalterlichen Charakter zu verlieren.

Die **Fassade** aus dem 12. Jh. ist von drei großen Rundbogenfenstern durchbrochen und hat einen Dreiecksgiebel über vorkragendem Gebälk. Mosaiken aus dem 13. Jh. zeigen die Madonna mit Kind sowie seitlich je 5 weibliche, z. T. restaurierte Figuren, darüber Fresken aus dem 19. Jh. Rechts der Fassade der Glockenturm aus dem 12. Jh., über dessen obersten Arkaden eine Ädikula angebracht ist, die ein Madonnenbild in Mosaik birgt. Der Portikus mit Balustrade und Statuen vor dem Eingang ist eine Zufügung Carlo Fontanas von 1702. Im Portikus Reste frühchristlicher Grabplatten sowie der ehem. Chorschranken. Die drei Portale sind von Marmorrahmen aus der Kaiserzeit eingefaßt.

Inneres: Dreischiffige Basilika mit Seitenkapellen und Apsis. Die antiken Granitsäulen mit ionischen und korinthischen Kapitellen stammen aus den ** Caracalla-Thermen 27 und mußten durch unterschiedlich hohe Sockel ihrem neuen Standort angepaßt werden. Sie tragen einen Architrav, keine Arkaden und greifen somit ein Motiv der frühchristlichen Architektur auf. Das Gesims darüber liegt auf Konsolen aus Fragmenten römischer Bauten. Hervorzuheben sind die Stützen des Vierungsbogens, deren Säulen, Kapitelle und Kämpfer besonders schöne antike Stücke sind. Der Cosmatenfußboden (Opus alexandrinum) wurde Ende des 19. Jh. restauriert. Die hölzerne *Kassettendecke* entstand nach einem Entwurf von Domenichino (1617), der auch das Deckengemälde, die ›Himmelfahrt Mariens‹ schuf.

Santa Maria in Trastevere: Apsismosaik

Die Mosaiken

Die Mosaiken von S. Maria in Trastevere sind in zwei Stilstufen zu trennen. Die älteren Arbeiten stammen aus der Zeit des Neubaus unter Innozenz II. Mitte 12. Jh. und überziehen den Apsisbogen und die Kalotte. An der Außenseite des Bogens erscheinen die Propheten Jesaias und Jeremias sowie die Evangelistensymbole, in der Laibung florale Dekorationen und das Zeichen PX, das meist als PAX (Frieden) gelesen wird, jedoch auf die griechischen Buchstaben Chi und Rho, die Initialen Christi, zurückgeht. In der Kalotte erkennt man das Himmelszelt, darunter thronen Christus und die gekrönte Maria. Auf der linken Seite Papst Innozenz mit dem Kirchenmodell, neben ihm Laurentius und Calixtus, rechts Petrus, Cornelius, Julius und Calepodius. Darunter erscheint das mystische Lamm (Christus), dem aus den Städten Bethlehem (rechts) und Jerusalem (links) je sechs Lämmer (Apostel) entgegenkommen. Wichtig ist das aus der byzantinischen Kunst stammende Motiv der gekrönten Maria, das weitere Darstellungen beeinflussen sollte (z. B. *** S. Maria Maggiore, *S. 318*). Der Stil der Mosaiken ist von der byzantinischen Kunst geprägt, die die Figuren in einer bewußt unkörperlichen und flächigen Weise wiedergibt. Die Heiligen sollen nicht dinglich greifbar, sondern jenseitig erscheinen. Das Abbild der

Natur schließt den Gedanken an die Sterblichkeit ein, der Verzicht darauf soll die Idee des Ewigen und Unsterblichen einschließen. Die Figuren sind Typen, denn nicht ihre Darstellung soll bewundert werden, vielmehr soll das Bild zur Verehrung des Heiligen anregen. Himmelszelt, Thron und Gesten sind immer wiederkehrende Formeln, die als richtig definiert wurden und deren exakte Wiederholung die Gültigkeit des Heiligenbildes garantierte.

Darunter, im Mittelfeld der Apsis, sind ›Szenen aus dem Marienleben‹ von *Pietro Cavallini* (Ende 13. Jh.) dargestellt. Der Zyklus beginnt auf dem Triumphbogen mit der Geburt Mariens, gefolgt von Verkündigung, Geburt Christi, Anbetung der Hl. Drei Könige, Darstellung Jesu im Tempel und Tod Mariens (Christus empfängt die Seele Mariens in Form eines Kindes). Im Unterschied zu den darüberliegenden älteren Mosaiken erkennt man bei Cavallinis Figuren ein neues Körpervolumen sowie eine natürliche Beweglichkeit. Die Architekturen erreichen eine gewisse Raumhaftigkeit, Farben werden nicht mehr zeichnerisch, sondern modellierend eingesetzt. Diese Loslösung von der byzantinischen Kunst bedingt eine Orientierung an der klassischen Antike. Damit begründet der Römer Cavallini wie der Florentiner Giotto die neue Strömung der abendländischen Malerei.

Von Cavallini stammt auch die Madonna mit Kind und Heiligen sowie dem Stifter Bertoldo Stefaneschi über der Cathedra.

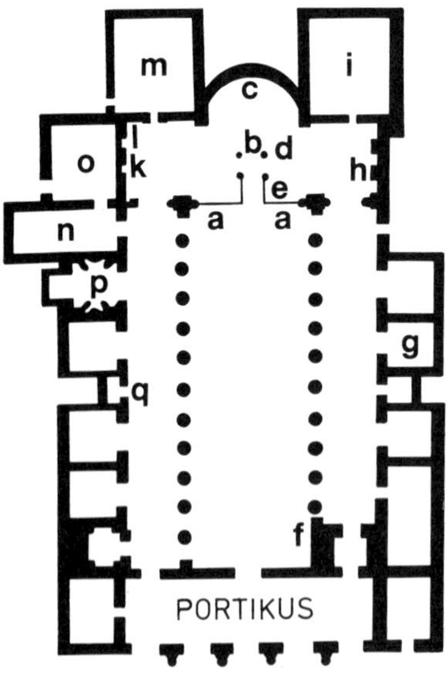

Santa Maria in Trastevere: Grundriß

a Chorschranke
b Altar mit Ziborium
c Cathedra
d Osterleuchter
e ›fons olei‹
f Marmortabernakel von Mino da Fiesole
g Holzkruzifix (15. Jh.)
h Grabmal Kard. Armellini
i Domenichino-Kapelle
k Gotisches Tabernakel und Marientod-Relief
l Grabmal Kard. Pietro Stefaneschi
m Kapelle Altemps
n Römische Mosaiken
o Sakristei (›Madonna mit Kind‹)
p Gherardi-Kapelle
q Grabmal Innozenz' II.

Ausstattung

Die *Chorschranke* (**a**) und das Ziborium über dem *Altar* (**b**) wurden nach mittelalterlichem Vorbild erneuert. Original ist der *Bischofsstuhl* (**c**) aus dem 12. Jh., eine typische Marmorcathedra mit Greifenfiguren als Armlehnen, sowie der *Osterleuchter* (**d**) rechts vom Altar. Im Winkel der rechten Chorschranke zeigt die Inschrift ›*fons olei*‹ (**e**) die Stelle an, an der im Jahre 38 v. Chr. eine kleine Ölquelle ausbrach. Die jüdische Gemeinde hielt dies für ein Zeichen der baldigen Ankunft des Messias. Die ›Ölquelle‹ von Trastevere ist nach der Vision des Augustus (vgl. * S. Maria in Aracoeli, *S. 46*) und dem Zusammenbruch des Friedenstempels, der einem Orakel zufolge nur durch eine Jungfrauengeburt zerstört werden konnte, das dritte Zeichen, das in Rom die Geburt Christi ankündigte

Im Mittelschiff rechts elegantes *Marmortabernakel* (**f**) von Mino da Fiesole (signiert), in der 3. Kapelle rechts ein *Holzkruzifix* (**g**) aus dem 15. Jh., im rechten Querhaus das *Grabmal des Kardinals Armellini* (**h**) mit Skulpturen von Michelangelo Senese (1524). Die *Kapelle rechts vom Chor* (**i**; Winterchor) ist nach einem Entwurf von *Domenichino* gestaltet, über dem Altar ein verehrtes Madonnenbild aus dem 16. Jh., links die ›Flucht nach Ägypten‹ von Carlo Maratta. – Im linken Querhaus ein *gotisches Tabernakel* (**k**), daneben links in einem Grabmal das ehemals zum Tabernakel gehörige Relief des Marientodes (1397), rechts das Grabmal des *Kardinals Pietro Stefaneschi* (**l**; † 1417) von Paolo Romano. Neben der Apsis die *Kapelle Altemps* (**m**), errichtet 1584/86 von Martino Longhi d. Ä.; die reiche Dekorierung mit Stuck und Fresken wird Pasquale Cati da Iesi zugeschrieben; über dem Altar die ›Madonna der Mildtätigkeit‹ aus dem 13. Jh. – Im Vestibül der Sakristei zwei *römische Mosaiken* (**n**) aus augusteischer Zeit, in der *Sakristei* (**o**) selbst ›Madonna mit Kind und Heiligen‹, umbrische Schule des frühen 16. Jh. Die 5. *Kapelle links* (**p**) zeigt bewegte Barockarchitektur von *Antonio Gherardi* (1689) und eine eindrucksvolle *Kuppel*, die von fliegenden Engeln getragen scheint; von Gherardi stammt auch das Altarbild ›Hl. Hieronymus‹. Zwischen der 3. und 4. Kapelle links das *Grabmal Innozenz II.* (**q**; † 1134), im 19. Jh. von Virginio Vespignani errichtet.

* Santa Cecilia in Trastevere ②

Lage: Piazza di S. Cecilia in Trastevere.

Die Kirche wurde im 5. Jh. über einem römischen Haus errichtet, das der Legende nach dem Römer Valerian und seiner Frau Cäcilie gehörte, die als Christin unter Marc Aurel das Martyrium erlitt. Im 9. Jh. unter Paschalis I. wurde die Kirche neu gestaltet und im 12. Jh. mit dem Glockenturm und dem Portikus versehen. Ferdinando Fuga nahm 1725 im Auftrag des Kardinals Acquaviva eine völlige Umgestaltung vor. Der Kirche vorgelagert ist ein stimmungsvoller *Innenhof*, der nach einem Entwurf Fugas gestaltet wurde und in der Mitte ein Wasserbassin mit einer sehr schönen antiken Kantharos-Vase enthält. Die *Fassade,* ebenfalls von Fuga, ist von flachen Pilastern gegliedert und zeigt im Dreiecksgiebel das Wappen des Kardinals Acquaviva, der auch auf der Balustrade über dem Portikus als Bauherr genannt ist. Der Portikus bewahrt noch die Formen des 12. Jh. Antike Säulen aus rosa Granit bzw. afrikanischem Marmor tragen einen mosaizierten Architrav. Der mittelalterliche Charakter des *Innenraumes*, einer dreischiffigen Säulenbasilika mit Apsis, ist bei der barocken Umgestaltung leider fast ganz verlorengegangen.

Ausstattung: Links vom Eingang das *Grabmal des Kardinals Forteguerri* (**a**) († 1473), eine der frühesten römischen Arbeiten von Mino da Fiesole, rechts das *Grab des Kardinals von Hertford* (**b**; † 1398), eine qualitätvolle Arbeit eines unbekannten Künstlers. In der 1. Kapelle rechts ein ›*Kreuzigungsfresko* (**c**) aus dem 15. Jh. Es folgt ein *Korridor* (**d**) mit Fresken von Paul Brill und Pomarancio, der zur Stätte des ehem.

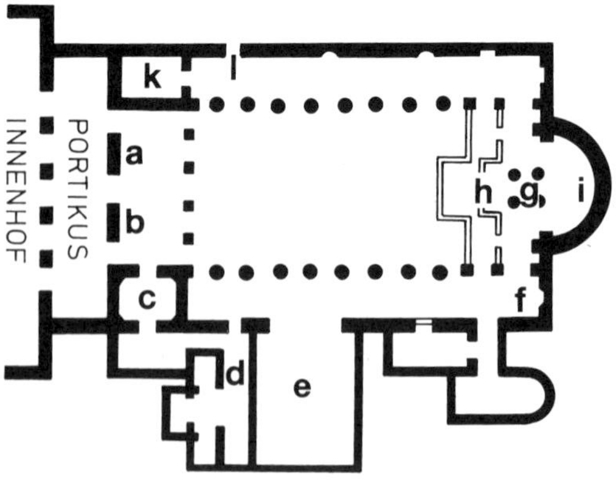

Santa Cecilia: Grundriß

- **a** Grabmal Kard. Fonteguerri
- **b** Grabmal Kard. von Hertford
- **c** Kreuzigungsfresko (15. Jh.)
- **d** Korridor zum ehem. Caldarium mit Bildern von G. Reni
- **e** Cappella Ponziani
- **f** Fresko ›Auffindung des Körpers der hl. Cäcilie‹
- **g** Ziborium Arnolfo di Cambios
- **h** Altar mit Statue der hl. Cäcilie
- **i** Apsis-Mosaik
- **k** Zugang zur Krypta und den Ausgrabungen
- **l** Zugang zum Konvent und Nonnenchor

Caldariums des römischen Hauses führt, in dem Cäcilie in einem kochenden Bad erstickt werden sollte. Die Bilder stammen von *Guido Reni* und stellen die ›Enthauptung der Heiligen‹ sowie die ›Märtyrerkrönung Cäcilies und ihres Mannes Valerian‹ dar (ca. 1603).

Die *Cappella Ponziani* (**e**) zeigt im Gewölbe ›Gottvater und die Evangelisten‹, recht gute Fresken der Pinturicchio-Schule (15. Jh.), an den Wänden stark verblaßte Heiligenfiguren von Antonio da Viterbo (15. Jh.) und an der Altarwand die Schutzmantelmadonna mit der Gestalt der aus der Familie Ponziani hervorgegangen S. Francesca Romana. Am Ende des rechten Seitenschiffes ein *Fresko* (**f**) aus dem 12. oder 13. Jh. das die Auffindung des Körpers der hl. Cäcilie durch Paschalis I. zeigt.

Vor der Apsis das *Ziborium Arnolfo di Cambios* (**g**), signiert und datiert 1293. Marmorsäulen mit elaborierten Kapitellen tragen Dreipaßbögen, die mit Reliefs und Statuetten von Engeln, Heiligen, Propheten und Evangelisten geschmückt sind. Die eleganten spitzbogigen Formen und Details wie Fialen (Türmchen) und Krabben zeigen eine Umsetzung französisch-gotischer Formen. Die Figuren sind vorwiegend vom Gewand bestimmt, unter dem sich teilweise der Körper abzeichnet. Rechts ein Osterleuchter in Cosmatenarbeit.

Unter dem Altar die *Statue der hl. Cäcilie* (**h**) von Stefano Maderno (1600). Die Skulptur zeigt die Heilige in der Haltung, in der sie bei der Graböffnung in der Calixtus-Katakombe gefunden wurde. Cäcilie sollte nach der Marter in einem heißen Bad (s. o.) enthauptet werden, doch überlebte sie die drei erlaubten Schläge des Henkers. In grausamer Realität gibt Maderno die verkrampfte Haltung der zu Tode gequälten wieder. Die darin ausgedrückte Dramatik entspricht ganz der religiösen Emotionalität der Zeit.

Die Apsis enthält ein *Mosaik* (**i**) aus dem 9. Jh. Im Zentrum Christus, der den griechischen Segensgestus ausführt (Ringfinger und Daumen geschlossen), links Paschalis I. mit dem Modell der von ihm gestifteten Kirche und dem quadratischen Nimbus, der ihn als noch lebend auszeichnet (der Name Paschalis findet sich auch in der Laibung des Bogens), neben ihm Cäcilie und Paulus, rechts von Christus Petrus, Valerianus und Agathe, darunter im Zentrum das mystische Lamm (Christus), dem aus den heiligen Städten Bethlehem und Jerusalem je sechs Lämmer (Apostel) entgegenkommen.

Links vom Eingang kann man in die *Ausgrabungen* und die *Krypta* (**k**) hinabsteigen. Die Grabungen brachten die Reste einiger römischer Häuser zutage. Man erkennt u. a. Fußbodenmosaiken und Säulenfragmente. In der Krypta aus dem 19. Jh. eine Confessio, durch die man auf die Sarkophage von Cäcilie und Valerian blickt.

Ziborium Arnolfo di Cambios und Statue der hl. Cäcilie von Stefano Maderno

In linken Seitenschiff befindet sich der *Zugang zum Konvent der Benediktinerinnen* (I). Der Nonnenchor enthält das berühmte ›Jüngste Gericht‹, ein Fresko *Pietro Cavallinis* (ca. 1293), das sich einst an der Innenfassade der Kirche befand und beim Umbau versetzt wurde. Im Zentrum Christus als Weltenrichter, begleitet von Maria und Johannes d. T., seitlich die Apostel und Engel. In der unteren Zone ein Altar mit den Leidenswerkzeugen, seitlich blasen Engel zum Gericht, daneben die Seligen und die Verdammten. Cavallinis Kunst (vgl. S. Maria in Trastevere, *S. 241*) erreicht hier einen hohen Grad der Antikenrezeption. Die Würde des Weltenrichters und der Apostel entspricht dem Ausdruck antiker Skulpturen; auch die Gewandbehandlung und Gestik sind von diesen abgeleitet, so daß die Apostel eine überraschende Verwandtschaft zu antiken Philosophen in ihren Togen erreichen. Beachtenswert ist auch der hohe Grad an Plastizität, den z. B. das Holzkreuz vor dem Altar und die Säule an der linken Wand aufweisen.

San Francesco a Ripa ③ (Piazza San Francesco d'Assisi)

Die heutige Kirche ersetzt eine mittelalterliche Kapelle an dem Ort, an dem sich der hl. Franz von Assisi im Jahre 1210 aufhielt. Der Bau wurde 1682–1689 von Matteo de'Rossi errichtet. Die zweistöckige Barockfassade mit Sprenggiebel ist relativ schlicht, ebenso der Innenraum, wichtig dagegen die Ausstattung:

1. Kapelle links: ›Geburt Mariens‹ von Simon Vouet. – 2. Kapelle links: im Gewölbefresko ›Gottvater‹ von Giovanni Battista Ricci (17. Jh.). – Am Pfeiler zwischen der 3. und 4. Kapelle das Grabmal der Giulia Pallavicini († 1662) von Ercole Ferrata. – 4. Kapelle links (Cappella Altieri): Über dem Altar die *Liegefigur der sel. Ludovica Albertoni*, ein *Spätwerk Berninis* (1674). Die Sterbende ist in einem Moment leidenschaftlich erlebter religiöser Visionen erfaßt, die Bernini theatralisch regelrecht in Szene setzt: Während der Betrachter in dem von einer Laterne erhellten Kapellenraum steht, hat der Altar eine eigene Lichtquelle durch ein Fenster an der linken Seite, das die Figur schlaglichtartig beleuchtet. Dieses szenisch verwendete Licht steigert noch den Ausdruck der leidenschaftlichen, exaltierten Religiosität der Seligen, die ein typischer Zug der Gegenreformation ist (vgl. auch die Verzükkung der hl. Theresa, *S. 343*).

Hinter S. Francesco, zum Tiber hin, erstreckt sich das **Hospiz von San Michele** ④, eine 1693 von Innozenz XII. ins Leben gerufene soziale Einrichtung, die Waisenkinder, gefährdete Jugendliche, verstoßene Frauen, schließlich auch Alte und Gebrechliche aufnahm. San Michele wurde zum Ghetto der sog. ›Randgruppen‹. Clemens XI. nutzte die billigen Arbeitskräfte zum Betrieb einer Teppichmanufaktur, wo bis zu 200 Frauen aus diesem Ghetto arbeiteten. Heute ist der Komplex Sitz verschiedener Einrichtungen des Kultusministeriums.

An der Piazza San Cosimato, dem heutigen Marktplatz von Trastevere, befindet sich das alte **Hospiz von San Cosimato** ⑤ mit zwei sehenswerten Kreuzgängen, dem ersten aus dem 11.–12. Jh., dem zweiten aus dem 15. Jh. Die Kirche geht auf das 10. Jh. zurück und wurde 1475 neu errichtet. Über dem Altar ein Fresko Antonios da Viterbo, das die Madonna mit Heiligen wiedergibt (15. Jh.). San Cosimato ist heute noch als Krankenhaus in Betrieb.

An der Piazza Sonnino erhebt sich die **Torre degli Anguillara** ⑥, der Turm eines Familienpalastes aus dem 13. Jh. Der Turm ist das einzig erhaltene Beispiel der charakteristischen Profanarchitektur des Mittelalters, die einst ganz Trastevere prägte. Der Bau ist heute Sitz der *Dantegesellschaft,* die sich dem Studium und der Verbreitung der ›Göttlichen Komödie‹ widmet. Gegenüber die Kirche **San Crisogono** ⑦, die auf das 12. Jh. zurückgeht und 1626 von Giovanni Battista Sorìa umgebaut wurde. Von Interesse ist auch ein Besuch der Unterkirche aus dem 8. Jh. (man wende sich an den Kustoden).

* Palazzo Corsini · Galleria Nazionale d'Arte Antica ⑧

Lage: Via della Lungara 10.

Der im 15. Jh. von der Familie Riario errichtete Palast wurde 1505–1511 erweitert und nach dem Verkauf an die Corsini, die hier ihre Bibliothek und Kunstsammlung unterbringen wollten, 1732–1736 unter dem Pontifikat Clemens' XII. Corsini von Ferdinando Fuga zum päpstlichen Familienpalast völlig umgebaut. Die breite, feierlich wirkende Fassade ist dreistöckig, der Mittelteil wird durch eine Torhalle mit darüberliegendem Balkon und Wappen sowie die Pilasterordnung hervorgehoben. Die beiden äußersten Fensterachsen treten wie der Mittelrisalit ein wenig hervor, sind wie dieser durch Pilaster abgtrennt und bilden Eckpavillons. Auch sie haben Balkone im Piano nobile.

* Galleria Nazionale d'Arte Antica

Die Sammlung wurde um 1700 von Kardinal Neri Corsini angelegt und 1883 dem Staat gestiftet, der sie durch Ankäufe erheblich erweiterte. Die Gemälde des 12.–16. Jh. befinden sich heute im ** Palazzo Barberini 37. Im Palazzo Corsini verblieb die Sammlung italienischer Malerei des 17. und 18. Jh., die durch Kunstwerke aus dem Besitz der ›neureichen‹ Familie Torlonia ergänzt wurde.

Von der Torhalle aus erreicht man über eine weite doppelläufige Treppe das Vestibül des Obergeschosses, in dem neben Skulpturen des 19. Jh. ein antiker tanzender Faun steht.

Saal 2: In der Mitte des Raums die ›Taufe Christi‹, eine Kleinbronze von Alessandro Algardi; Orcagna ›Marienkrönung‹; *Fra Angelico* ›Triptychon‹; *Fra Bartolomeo* ›Hl. Familie mit Johannesknaben‹; Murillo ›Madonna mit Kind‹; *Anthonis van Dyck* ›Madonna mit Kind‹; Federico Barocci ›Hl. Familie mit Johannesknaben‹; Andrea del Sarto ›Madonna mit Kind‹; Anthonis van Dyck ›Dornenkrönung‹; *P. P. Rubens* ›Hl. Sebastian‹; *Tizian* ›Porträt Philipps II.‹; Federico Barocci ›Selbstporträt‹. – **Saal 3:** Caravaggio ›Johannes d. T.‹; Orazio Gentileschi ›Madonna mit Kind‹; Simon Vouet ›Herodias‹. – **Saal 4:** Landschaften; Veduten. – **Saal 5:** Der von zwei Säulen gestützte und mit Fresken der Zuccari geschmückte Alkoven ist das *Sterbezimmer der Königin Christine von Schweden*, die den Palast 1659–1689 bewohnte. Die Terrakottabüste Alexanders VII. Chigi wird Bernini zugeschrieben. – **Saal 6:** Baciccia ›Porträt des Kardinals Corsini‹; Nicolas Poussin ›Triumph des Cupido‹; im Zentrum die Sedia Corsini, ein mit Reliefs geschmückter Thron aus dem 2.–1. Jh. v. Chr. - **Saal 7:** Werke Guido Renis ›Lukrezia‹, ›Hl. Josef‹, ›Salome‹ und ›Christus mit der Dornenkrone‹; Annibale Carracci ›Steinigung des Stephanus‹; Guercino ›Apoll und Marsyas‹. – **Saal 8:** *Jusepe Ribera* ›Venus und Adonis‹; Luca Giordano ›Antonius von Padua‹; Mattia Preti ›Aeneas und Anchises‹, ›Zinsgroschen‹.

** Villa Farnesina (9) (Via delle Lungara, gegenüber dem Palazzo Corsini)

Die Farnesina ist das schönste Beispiel einer römischen Sommerresidenz (Villa suburbana). Sie wurde 1508–1511 von Baldassare Peruzzi für den Bankier und Mäzen Agostino Chigi errichtet und in den folgenden Jahren von den bedeutendsten Künstlern der Zeit, darunter *Raffael*, ausgemalt. Agostino Chigi, der als Pächter der Münze und Bankier der Kurie ein Vermögen erwarb, hielt hier mit sagenhafter Pracht Hof; er empfing Papst Leo X. Medici, Diplomaten, Kardinäle, Künstler und Literaten. Für bedeutende Gäste wurde Tafelsilber mit deren Wappen angefertigt, das man nach dem Bankett in den Tiber warf. Die erstaunten Gäste ahnten nicht, daß versteckt gespannte Netze das Silbergeschirr auffingen. Dieser Lebensstil trug Agostino Chigi den Beinamen ›il magnifico‹ (der Großartige) ein. Von all der Pracht ist wenig geblieben. Den Garten muß man sich mit Statuen und seltenen

Raffael: ›Venus und Zeus‹

Pflanzen geschmückt vorstellen, zum Tiberufer hin ist eine Loggia zu denken. Die Villa wurde 1580 an die Farnese verkauft und erhielt dabei ihren neuen Namen. Es bestand der Plan, die Villa durch eine Brücke mit dem Palazzo Farnese auf der anderen Tiberseite zu verbinden, doch wurde nur ein Bogen über die Via Giulia geschlagen. Heute befindet sich die Villa in Staatsbesitz und birgt eine staatliche *Sammlung von Zeichnungen und Druckgraphik.*

Die Villa besteht aus einem Mitteltrakt mit seitlichen Flügeln und bildet so die Form eines C. Der für den Stadtpalast charakteristische Hof fehlt. Die Anlage ist, typisch für eine Villa, vom Garten umgeben. Die Fassaden sind zweigeschossig und von einer flachen Lisenenordnung gegliedert; den oberen Abschluß bildet ein Puttenfries. Die seitlichen Flügel schließen die fünfbogige ehemals offene Loggia des Mitteltraktes ein. Das Vorbild für diese Anlage war die Villa Belvedere des Vatikans.

Die Loggia

Die 1517 vollendeten Fresken Raffaels und seiner Schüler Giulio Romano und Francesco Penni haben die *Geschichte von Amor und Psyche* zum Thema, die von Apuleius überliefert ist. Amor, der Sohn der Venus, soll Psyche wegen eines Frevels gegen die Göttin bestrafen. Er verliebt sich jedoch in die Sterbliche und berichtet dies den drei Grazien, worauf sich Venus zunächst bei Juno und Ceres, dann beim Göttervater Jupiter beklagt. Dieser sendet den Götterboten Merkur aus, der Psyche Proben auferlegt, die sie besteht. Schließlich erbittet Amor von Jupiter die Heirat mit Psyche, die daraufhin von Merkur in den Himmel gehoben wird. Diese Szenen werden in den Zwickelfeldern, beginnend an der Schmalseite rechts vom Eingang, erzählt. Die beiden großen Mittelfelder widmen sich dem ›happy end‹: In einer *›Götterversammlung‹* verkündet Jupiter die Hochzeit von Amor und Psyche und verleiht der Braut die Unsterblichkeit – links im Bild reicht Merkur ihr die Schale mit dem magischen Trank; es folgt die *›Hochzeit von Amor und Psyche‹*, die verliebt ganz rechts an der Tafel beisammen sitzen.

Die heitere Liebesgeschichte bezieht sich auf die Hochzeit Agostino Chigis mit Francesca Odeaschi. Die Wahl eines klassischen mythologischen Themas ist charakteristisch für die Renaissance. Den heiteren, anmutigen Tenor greift auch die Malerei Raffaels auf, die sich hier von der Auseinandersetzung mit der Dramatik Michelangelos löst.

Das Rahmenwerk betont die Gartenatmosphäre der Loggia: Blumenranken von Giovanni da Udine (mit z.T. deftigen erotischen

Anspielungen) fassen die Zwickel ein; die großen Fresken im Mittelteil sind als vor dem offenen Himmel gespannte Bildteppiche konzipiert. Die Untersicht geht insbesondere bei einigen Putten mit den Attributen der Götter über den Grad der Loggien im Vatikan *(S. 208)* hinaus.

Der Raum links von der Loggia enthält das berühmte *›Galatea‹-Fresko von Raffael* aus dem Jahre 1511. Die Nymphe Galathea wird von dem Riesen Polyphem (dargestellt im linken Fresko von Sebastiano del Piombo) geliebt, doch spottet sie nur über dessen Bemühungen. Das Fresko zeigt die schöne Nymphe auf einem von Delphinen gezogenen Muschelwagen, umgeben von Tritonen und Amoretten, die mit Liebespfeilen auf sie zielen, doch keiner wird sie treffen. Die Komposition ist völlig ausgewogen, alle betonten Linien laufen im Kopf der Nymphe zusammen, der exakt im Zentrum des Bildes liegt. Raffael schrieb, Figuren wie Galatea könnten nicht nach Modellen geschaffen werden, da es leider nicht genug schöne Frauen als Vorbilder gäbe; er bediene sich daher einer gewissen Idee der Schönheit (una certa idea), nach der Galatea geschaffen wurde. Die übrigen Wand- und Lünettenfresken mit Szenen nach den ›Metamorphosen‹ des Ovid stammen von Sebastiano del Piombo; die Sternenkonstellationen an der Decke von Baldassare Peruzzi.

Im Obergeschoß der *Saal der Perspektiven* von Baldassare Peruzzi und Schülern. Perspektivisch konzipierte Schein-Säulengänge öffnen den Blick auf Ansichten des antiken Rom. Die 1515/16 entstandene Dekoration ist ein großartiges Beispiel einer monumentalen Augentäuschung (trompe l'oeil). Solche Scheinarchitekturen wurden schon im 14. Jh. (Florenz, S. Croce) entwickelt und erreichen mit Peruzzis Illusionen einen Höhepunkt. Im darüberliegenden Fries sind mythologische Szenen dargestellt. Auf dem Kamin die ›Schmiede des Vulkan‹ von Giulio Romano.

Das anliegende *Schlafzimmer* ist mit Szenen aus der Vita Alexanders d. Gr. geschmückt. An der Stirnwand die *›Hochzeit Alexanders mit Roxane‹*, ein Hauptwerk *Sodomas* (1511/12), für den eine sehr weiche, fast verschwommene Malweise in Anlehnung an Leonardo da Vinci und dessen Schule charakteristisch ist. Man blickt in das Schlafzimmer des Makedonen, der die Rüstung abgelegt hat und seiner Braut die Krone reicht, womit auf die alles besiegende Liebe angespielt wird, der auch der ungeschlagene Feldherr unterliegt. Während sich die Dienerschaft diskret zurückzieht und nur der Hochzeitsgott Hymen bleibt, wird der Raum von einem Schwarm Eroten bevölkert, die mit Alexanders Rüstung spielen, Vorhänge durcheinanderbringen, Liebespfeile verschießen, Roxane beim Auskleiden helfen und damit die Erotik dieses

Raffael: ›Galatea‹-Fresko

Schlafzimmerbildes in einer heiteren, unbefangenen Weise zum Ausdruck bringen. Sodoma schuf auch das Fresko rechts ›Alexander begnadigt die Familie des Darius‹.

Isola di San Bartolomeo ⑩

Die ca. 300 m lange und ca. 80 m breite Tiberinsel liegt wie ein Lastkahn im Fluß, was Anlaß zu der Legende gab, hier sei ein Schiff auf Grund gelaufen. In republikanischer Zeit wurde durch Mauerzüge die Schiffsform noch betont (Reste an der Südspitze der Insel). Ein Obelisk stellte den Mast dar. Die Insel war dem Heilgott Asklepios geweiht, dessen Tempel an der Stelle der heutigen Kirche San Bartolomeo stand. Der Kult des Asklepios (Aesculap) kam Anfang des 3. Jh. v. Chr. nach Rom, als hier eine Epidemie ausgebrochen war und man auf Geheiß der Sibyllinischen Bücher eine dem Gott heilige Schlange aus Epidauros nach Rom brachte. Diese entwich der Legende nach aus dem Schiff und schwamm zur Tiberinsel, was man als Wunsch des Gottes auslegte, ihm hier einen Tempel zu errichten. Da bei den Asklepios-Heiligtümern auch Kranke versorgt wurden, entspricht die Anlage des Tempels auf der Insel eher dem Bedürfnis, die Kranken zu isolieren. Seit der Mitte des 16. Jh. befindet sich wieder ein Krankenhaus auf der Insel, das zum Kloster der ›Fate bene fratelli‹ gehört.

Aus der Antike stammen die beiden *Brücken*, die die Insel mit dem Festland verbinden. Zum rechten Tiberufer führt der *Pons Fabricius* aus dem Jahre 62 v. Chr., der noch vollständig erhalten ist. Die älteste Brücke nach dem Ponte Milvio *(S. 384)* besteht aus zwei hohen Travertinbögen und einem Durchlauf in der Mittelstütze. Eine in das Geländer eingesetzte Doppelherme gab der Brücke den Namen ›quattro capi‹ (vier Köpfe). Nach Trastevere führt der *Pons Cestius*, eine dreibogige Brücke, die 44 v. Chr. errichtet, im 4. Jh. restauriert und im 19. Jh. erneuert wurde.

San Bartolomeo a Isola

Die Kirche ist eine kaiserliche Gründung, Ende des 10. Jh. unter Otto III. begonnen und zunächst dem hl. Adalbert von Prag geweiht. 1113 ließ Paschalis II. den Bau erweitern, 1167 übertrug Friedrich Barbarossa das Patrozinium auf den Apostel Bartholomäus, worauf neue Restaurierungen erfolgten. Bei einer Tiberüberschwemmung 1557 wurde der Bau schwer beschädigt und 1624 wiederhergestellt. Damals entstand die zweistöckige Barockfassade von Orazio Torriani, hinter der man den erhaltenen romanischen Campanile aus dem 12. Jh. erkennt.

14 antike Säulen tragen die drei Schiffe, denen seitlich je drei Kapellen, ein nach nördlichem Vorbild erhöhtes Querhaus sowie ein Chor

über der Krypta angegliedert sind. In der Mitte der Stufen zum Querhaus ein *Marmorbrunnen* aus dem 12. Jh. mit Darstellungen Christi, der hll. Adalbert und Bartholomäus sowie dem Bild Ottos III., das unter Friedrich Barbarossa zum Ausdruck der Tradition kaiserlicher Präsenz gefälscht wurde – ein Bild Ottos III. aus dem 10. Jh. war nicht bekannt. Vor der Kapelle rechts vom Chor zwei säulentragende Löwen. In der Kapelle ein Zyklus des Marienlebens von Giovanni Mercati (17. Jh.). Erst in jüngerer Zeit wurde in der Apsis der Kapelle ein guterhaltenes *Fresko* in byzantinischer Manier, das die Madonna mit Kind und Heiligen zeigt, freigelegt. In und neben der Kirche stehen zeitgenössische religiöse Skulpturen des Paters Martini.

25 Santa Maria in Cosmedin · Tempel der Vesta · Tempel der Fortuna virilis · San Gregorio in Velabro

Die Senke vom Kapitol und Palatin zum Tiber hin spielt seit den Ursprüngen Roms eine wichtige Rolle in der Geschichte der Stadt. Bei der Kirche San Giorgio in Velabro befand sich der Legende nach der Sumpf (velabrum), in dem der Bauer Faustulus die Wölfin mit den Zwillingen Romulus und Remus fand. Die Piazza della Bocca della Verità (vor Santa Maria in Cosmedin) entspricht dem antiken *Forum Boarium* (Rindermarkt), aus dem sich ein Handelsviertel entwickelte, das die Warenstraßen von Etrurien und Campanien verband. Dieser Bedeutung gemäß wurden hier zahlreiche Tempel errichtet.

Der Platz ist nach der berühmten *Bocca della Verità,* dem Mund der Wahrheit, benannt, einer antiken Brunnenmaske, die heute unter dem Portikus der Kirche angebracht ist. Nach einer in Rom sehr beliebten Legende soll der bedrohlich geöffnete Mund der Maske zubeißen, wenn ein Lügner die Hand hineinsteckt.

Bocca della Verità

** Santa Maria in Cosmedin

Errichtet im 6. Jh. auf den Resten einer flavischen Säulenhalle, wurde die Kirche unter Hadrian I. im 8. Jh. erweitert und den oströmischen Griechen, die vor den bildfeindlichen Reformatoren der Ostkirche (Ikonoklasten) geflohen waren, übergeben. Aus dieser Zeit stammt wahrscheinlich der Name ›Cosmedin‹ nach dem griechischen Wort für Schmuck. Der Bau erhielt drei Apsiden und eine Frauenempore (Matroneum). Im 12. Jh. wurden der hohe romanische Glockenturm errichtet, der Portikus restauriert und mit dem Torbaldachin ausgestattet, einem typischen Motiv der italienischen Baukunst der Zeit (vgl. z . B. das Atrium von *** S. Clemente, *S. 292*) und die Matroneen geschlossen. Spätere Hinzufügungen wurden bei einer Restaurierung Ende des 19. Jh. entfernt. Das *Mittelportal* von Johannes de Venetia aus dem 11. Jh. greift antike Ornamente auf. Die Restaurierung des 19. Jh. stellte auch im *Inneren* den Zustand des 8. Jh. mit den Ergänzungen des 12. Jh. wieder her. 4 Pfeiler und 18 antike Säulen diverser Herkunft teilen den Raum in drei Schiffe. Mit dem dreiapsidialen Chorschluß wird, abweichend von der Form der frühchristlichen Basilika, ein Element der romanisch-mittelalterlichen Architektur aufgegriffen *(Abb. S. 6)*.

Die **Ausstattung** gibt trotz merklicher Eingriffe der Restaurierung den mittelalterlichen Zusammenhang wieder. Die Marmorschranken (schola cantorum) mit seitlichen Kanzeln (Ambonen), Osterleuchter und Chorschranke, Bischofsthron und Altarziborium bilden eine reiche Cosmatenausstattung des 11.–13. Jh. *(Abb. S. 20)*. Der *Fußboden* ist ebenfalls eine Cosmatenarbeit mit den Kreismotiven des sog. Opus alexandrinum; der Chor enthält ältere Marmormosaiken aus dem 8. Jh. in Opus sectile. Der Altar ist aus einer antiken Granitwanne gearbeitet, das *Ziborium* darüber eine signierte Arbeit des Deodato di Cosma (1294) in gotischen Formen nach dem Vorbild Arnolfo di Cambios.

Diese Marmor- und Mosaikeinlegearbeiten sind benannt nach der in dieser Kunst führenden griechischen Familie *Cosma,* die hiermit ein griechisch-byzantinisches Element in die römische Kunst des Mittelalters einbrachte. Diese Kunst ist an die Sakralarchitektur gebunden, insbesondere sind die Fußböden der Kirchen oft mit Cosmatenarbeiten ausgelegt. Entgegen der mittelalterlichen Bilderfreudigkeit bleibt diese Kunst rein ornamental und grenzt die Motive der Sterblichkeit aus. Das Leuchten des mosaikgeschmückten Marmors bringt den Glanz des Gottesreiches in die Kirchen, die ausgelegten Fußböden schmücken den geweihten Boden. Wie die farbigen Glasfenster in Nordeuropa erstreben die Cosmatenarbeiten den Effekt jenseitiger Schönheit.

Ostersonntag auf dem Petersplatz *(S. 181)* ▷

Die Fresken in den drei Apsiden sind modern. Lediglich an der linken Wand der mittleren Apsis blieben ein Rest aus dem 11. Jh. (?) und einige weitere Freskenfragmente an den Langhauswänden erhalten. Die *Krypta* unter den Apsiden ist in den antiken Vorgängerbau gegraben, von Säulen gestützt und mit Grabnischen versehen. Vom rechten Seitenschiff aus öffnet sich eine Kapelle mit einem Altarbild der römischen Schule des 15. Jh. Von dort aus betritt man die Sakristei, in der sich das Fragment eines goldgrundigen Mosaiks ›Anbetung der Hl. Drei Könige‹ von 706 befindet, das aus dem Oratorium Johannes' VII. in der alten Peterskirche stammt.

Tempel der Vesta: Der Name ist willkürlich und wohl in Anlehnung an den vergleichbaren Vestatempel *(S. 59)* auf dem Forum Romanum gegeben; in jüngerer Zeit tauchte eine Widmungsinschrift an Hercules invictus (unbesiegt) auf. Es handelt sich um einen Rundtempel aus dem 2. Jh. v. Chr., den ältesten Marmortempel Roms. Die Rundform wie die flachen Stufen gehen auf griechische Vorbilder zurück. Die Cella ist ebenfalls nach griechischer Art in Marmor ausgeführt und von einer Ringhalle von 20 kannelierten Marmorsäulen mit korinthischen Kapitellen umstanden. Das Gebälk fehlt, das Dach ist ergänzt.

Der Tempel der Fortuna Virilis (neben dem Tempel der Vesta) ist der einzige fast völlig erhaltene Tempel aus republikanischer Zeit (ca. 100 v. Chr.), ein typisch römischer Tempel auf hohem Podium mit Vorhalle. Die Säulen des Scheinperipteros sind mit der Cella vermauert. Auch hier ist die Namensgebung willkürlich; vermutet wird eine Widmung an Portunus, den Gott des Tiberhafens. – Die nahegelegene *Casa dei Crescenzi* ist ein gutes Beispiel für die Wiederverwendung von Fragmenten antiker Bauten in der mittelalterlichen Architektur. Wahrscheinlich handelt es sich um einen Turm des Familienpalastes aus dem 12. Jh. – Gegenüber der sog. *Janusbogen,* ein einzigartiger Marmorbau aus konstantinischer Zeit, der im ehem. Handelszentrum der Stadt als Treffpunkt der Händler diente. Dahinter liegt der reichgeschmückte *Bogen der Geldwechsler,* im Jahre 204 für Septimius Severus errichtet.

San Giorgio in Velabro: Die reizvolle Kirche stammt aus dem 7. Jh. und wurde im 12. Jh. erweitert. Das Portal unter dem Portikus ist von Fragmenten antiker Bauten gerahmt. Den strengen, schmucklosen Innenraum teilen antike Säulen unterschiedlicher Herkunft in drei Schiffe. In der Apsis ein Fresko der Cavallini-Schule aus dem 13. Jh., das Christus mit Heiligen darstellt, darunter ganz links der Ritter Georg, dessen Schädel in einem *cosmatesken Tabernakel* unter dem Altar aufbewahrt wird.

◁ Brunnen auf dem Petersplatz

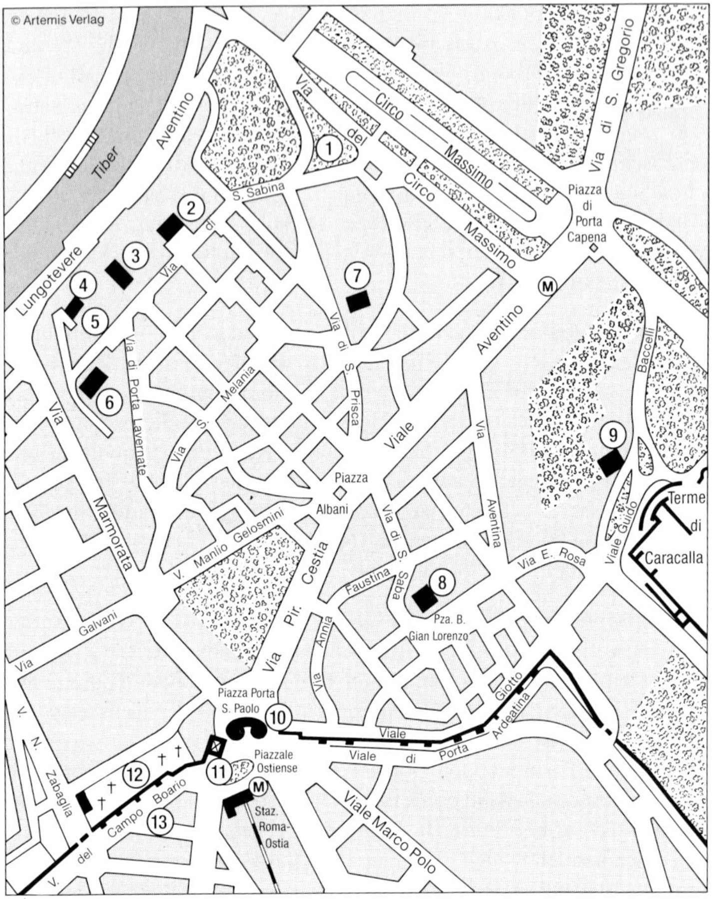

Aventin: Orientierungsplan

① Rosengarten *(S. 259)*
** ② Santa Sabina *(S. 259)*
③ Santi Bonifacio e Alessio *(S. 261)*
④ Santa Maria del Priorate *(S. 262)*
⑤ ›Buco di Roma‹ *(S. 262)*
⑥ Sant'Anselmo *(S. 262)*
⑦ Santa Prisca *(S. 263)*
⑧ San Saba *(S. 263)*
⑨ Santa Balbina *(S. 264)*
⑩ Porta San Paolo *(S. 264)*
* ⑪ Cestius-Pyramide *(S. 264)*
⑫ Protestantischer Friedhof *(S. 265)*
* ⑬ Aurelianische Mauer *(S. 265)*

* 26 Aventin

Der Aventin, einer der sieben Hügel Roms, wurde schon zur Zeit der Republik im 3. Jh. v. Chr. aus strategischen Gründen in den Mauerring eingeschlossen, blieb jedoch bis zur Kaiserzeit nur wenig besiedelt. Im 5. Jh. v. Chr. wurde es den Plebejern erlaubt, am Fuß des Hügels, gegenüber der Marktzone des Forum Boarium *(S. 255)*, zu siedeln. Der Volkstribun Gaius Gracchus zog sich vergeblich vor seinen Gegnern, die sich seinen Reformplänen widersetzten, in dieses Gebiet zurück. Im Kaiserreich wurde der Aventin ein aristokratisches Viertel, nachdem die plebejische Bevölkerung in die Nähe des im späten 2. Jh. v. Chr. angelegten Tiberhafens gezogen war. 410 wurden die Villen des Aventin von den Goten Alarichs zerstört. Von da an blieb der Hügel wie der Caelius bis ins 19. Jh. weitgehend unbewohnt. Die Anlage eines Klosters der weltflüchtigen Benediktinermönche (S. Anselmo) ist bezeichnend für die Abgeschiedenheit des Aventin. Heute ist er ein weitläufiges Wohngebiet mit Gärten, Villen und Alleen, das sich von der Enge und Betriebsamkeit der Großstadt abhebt. Reizvoll ist ein Besuch am Spätnachmittag, wenn die abendliche Sonne auf den Palatin fällt. Im Mai lohnt ein Besuch des *Rosengartens* ① in der Via della Valle Murcia mit seinen 5000 Rosenstöcken.

Man unterscheidet zwei Erhebungen: den *Großen Aventin* mit den Kirchen S. Sabina, S. Alessio, S. Anselmo (neuromanische Kirche des 19. Jh. mit Benediktinerkloster) und S. Prisca sowie den *Kleinen Aventin* mit S. Saba und S. Balbina.

** Santa Sabina ② (Piazza di Petro d'Illiria)

Die Kirche wurde 422 von dem Priester Petrus von Illyrien gegründet und 432 fertiggestellt; unter Eugen II. entstand 824 die Ikonostasis (Chorschranke). 1222 übergab Honorius III. die Kirche dem hl. Domenikus, der hier ein Kloster gründete. Es folgten etliche Restaurierungen und schließlich 1587 ein völliger Umbau des Innenraums durch Domenico Fontana. In den ersten Jahrzehnten dieses Jahrhunderts bemühte man sich um die Wiederherstellung des Originalzustandes, so daß S. Sabina heute den Eindruck einer Basilika des 5. Jh. vermittelt.

Die Kirche ist ein schlichter und strenger Backsteinbau, vergleichbar der Architektur Ravennas. Im Obergeschoß der dem Platz zugewandten Langseite erkennt man 13 große Rundbogenfenster, die von sog. Transennen, gitterartig durchbrochenen Steinplatten geschlossen sind. Die Flanke zum Platz ist durch Kapellenanbauten und einen Portikus aus dem 15. Jh. teilweise verdeckt.

Santa Sabina: Kreuzigungsrelief

In der Vorhalle der Kirche, die auf antiken Säulen ruht, befinden sich Fragmente von Grabsteinen, Sarkophagen und der antiken Transennen. Das Mittelportal, umgeben von einem kaiserzeitlichen Marmorrahmen, birgt die kostbaren *Türflügel* aus dem 5. Jh. Die aus afrikanischem Zedernholz gearbeitete Tür ist die einzige erhaltene ihrer Art. Von eleganten Ornamentbändern gerahmt, zeigen die 18 erhaltenen Tafeln Szenen aus dem Alten und dem Neuen Testament, hervorzuheben ganz oben links die ›Kreuzigung‹, eine der ersten Darstellungen des Themas. Man unterscheidet eine bewegtere, klassische Manier und einen steiferen Stil, der wegweisend für die Kunst des frühen Mittelalters wird.

Die Größe, Helligkeit und Feierlichkeit des *Innenraums,* einer dreischiffigen querschifflosen Säulenbasilika mit flacher Holzdecke und Apsis, schließen an die Bauten der Kaiserzeit an. Vor allem das durch die hohen Fenster einfließende und vom Marmor reflektierte Licht verleiht dem Raum einen gänzlich unmittelalterlichen Charakter. 24 korinthische Säulen aus griechischem Marmor tragen die Arkaden, die hier erstmals in Rom den traditionellen Architrav verdrängen und richtungsweisend für die mittelalterliche Architektur werden.

Ausstattung: Von den Mosaiken des Mittelschiffs ist lediglich die *Inschrift* an der Eingangswand erhalten. Sie erwähnt Papst Coelestin I. und Petrus von Illyrien. Die Frauengestalten rechts und links verkörpern die Kirche, die aus dem Heidentum (ecclesia ex gentibus, rechts) und aus dem Judentum (ecclesia ex circumcisione, links) entstand.

Im Mittelschiff erkennt man über den Arkaden einen Fries aus mehrfarbigem Marmor (Opus sectile), eines der wenigen erhaltenen Beispiele des 5. Jh. Im Zentrum des Mittelschiffs die in Mosaik gefaßte Grabplatte des Dominikanergenerals Munoz de Zamora († 1300). Die Marmorschranken mit seitlichen Kanzeln, eine Stiftung des 9. Jh., wurden aus Fragmenten rekonstruiert, ebenso der Papststuhl in der Apsis. Darüber ein Fresko Taddeo Zuccaris (1560), das das ursprüngliche Thema ›Christus im Triumph mit Heiligen‹ aufgreift. Etwa in der Mitte des rechten Seitenschiffs eine antike Säule, die auf einen früheren Bau zurückgeht. Daneben die Kapelle des hl. Hyazinth, die um 1600 von Federico und Taddeo Zuccari ausgemalt wurde, etwas weiter das stark restaurierte Grabmal des Kardinals Auxia di Poggio († 1484). Im linken Seitenschiff die Kapelle der hl. Katharina von Siena mit einem Kuppelfresko von Giovanni Odazzi, und der ›Rosenkranzmadonna‹ von Sassoferrata (1643) über dem Altar.

Im Portikus vor der Kirche befindet sich der Eingang zum Dominikanerkloster, in dem auf Wunsch der *romanische Kreuzgang* besichtigt werden kann. Auf der gegenüberliegenden Seite öffnet sich der *Parco Sacello,* besser bekannt als ›Orangengarten‹ *(Giardino degli Aranci).* Er ist besonders hübsch im Frühling, wenn die Orangenblüten ihren Duft verströmen, oder im Winter, wenn die Früchte leuchten. Sie sehen sehr schön aus, doch vom Probieren ist abzuraten – es sind Bitterorangen! Lohnender ist ein Blick über den Tiber von der Terrasse aus.

Santi Bonifacio e Alessio ②

Die Kirche, erstmals im 10. Jh. erwähnt, war zunächst nur Bonifatius geweiht; erst im 13. Jh. erfolgte eine 2. Widmung an Alexius. 1750 vollständige Erneuerung durch Tommaso de Marchis. *Alexius,* Sohn eines römischen Senators (4. Jh.), floh nach seiner Hochzeit, um das Keuschheitsgelübde nicht zu verletzten. Nach 17 Jahren, die er als Bettler in Edessa verbrachte, zurück nach Rom verschlagen, lebte er unerkannt als Diener seines Vaters unter der Treppe seines Elternhauses und gab erst bei seinem Tod seine Identität preis. Als lokaler Heiliger genoß er in Rom große Verehrung.

Der Fassade von de Marchis ist ein Portikus vorgelagert; dahinter ragt der romanische Glockenturm auf. In dem dreischiffigen Innenraum finden sich originale Teile noch im Presbyterium, wo der Cosmatenfußboden und zwei der ursprünglich 19 Säulchen in der Apsis auf das 13. Jh. zurückgehen. Das rechte der Säulchen, zwischen denen eine mittelalterliche Platte an die Reliquien der Heiligen erinnert, ist signiert: Jacobus Laurentii fecit. Die romanische Krypta (meist geschlossen) birgt einen interessanten Baldachinaltar über dem Heiligengrab und Fresken aus dem 13. Jh. Ein großes Reliquiar an der Fassadeninnenseite enthält die Leiter, unter der Alexius gelebt haben soll, darunter eine Statue des Heiligen von Alessandro Bergondi (1700).

Santa Maria del Priorato ④

Lage: Piazza dei Cavalieri di Malta. Besichtigung nur mit Genehmigung des Sovrano Ordine Militare di Malta, Via Condotti 68.

Die Kirche liegt im Garten der Villa del Priorato di Malta. Sie wurde 1765 von *Giovanni Battista Piranesi* im Stil des Klassizismus völlig überarbeitet und dekoriert. Die *Fassade* hat nur eine hohe Pilasterordnung, das Portal ist durch ein Rundfenster mit Dreiecksgiebel akzentuiert. Der *Innenraum* auf dem Grundriß eines lateinischen Kreuzes mit seitlichen Nischen und Apsis ist von hellem Stuck überzogen. Über dem Gebälk des Langhauses und der Apsis Medaillons mit den Büsten der Apostel. In den Nischen rechts Grabmal des Bischofs Spinelli, aus einem antiken Sarkophag gebildet; Statue Piranesis († 1780) von Giuseppe Angelini; Grabmal Bartolomeo Carafas († 1405) von Paolo Romano. Der Hochaltar von Piranesi, eine originelle Stuckarbeit mit großem Globus und der Glorie des hl. Basilius. In der 4. Nische links das Grabmal des Großmeisters Caracciolo, ebenfalls aus einem römischen Sarkophag gebildet.

Originell ist die **Piazza dei Cavalieri di Malta,** die von Piranesi entworfen (1765) und mit einer phantasievollen Mauereinfassung aus Obelisken, Stelen etc. umgeben wurde. Das Gartentor rechts hat das berühmte Schlüsselloch **Buco di Roma** ⑤. Dieses ›Loch von Rom‹ ist einer der originellsten und bekanntesten Aussichtspunkte über die Stadt: Man blickt in den Garten, dessen Hecken so zurechtgeschnitten sind, daß sie gerade den Blick auf die Peterskuppel freigeben. Links liegt der Komplex von **S. Anselmo** ⑥ mit der neuromanischen Kirche aus dem späten 19. Jh. und dem internationalen Benediktinerseminar.

Santa Prisca ⑦

Erstmals erwähnt im 5. Jh., hat diese Kirche wohl wesentlich frühere Ursprünge und ist auf einem römischen Bau aus dem 1.–3. Jh. errichtet. Nach der Legende war dies das Haus der christlichen Eheleute Aquila und Prisca, die Petrus beherbergten. Mehrmals verwüstet, entstand der heutige Bau um 1660. Die schlichte Fassade von Carlo Lambardi zeigt eine einfache Lisenenordnung auf hohem Sockel. Im Inneren basilikaler Grundriß mit antiken, z. T. in Barockpfeiler integrierten Säulen. In der Apsis das Altarbild ›Petrus tauft die hl. Prisca‹ von Passignano (ca. 1600). Seitlich Fresken aus dem 17. Jh. mit dem Martyrium der Heiligen. Im rechten Seitenschiff eine moderne Taufkapelle mit einem im Mittelalter zum Taufstein umgewandelten dorischen Kapitell, das Petrus zur Taufe benutzt haben soll. Im linken Seitenschiff ein Verkündigungsfresko aus dem 15. Jh.

San Saba ⑧

An der Stelle von S. Saba lag das *Oratorium der hl. Sylvia,* der Mutter des Papstes Gregor d. Gr. (San Gregorio Magno, *S. 285*). Die Kirche wurde im 7. Jh. dem Mönch Saba, dem Haupt des oströmischen Mönchstums, geweiht, Anfang des 13. Jh. restauriert und 1465 erneut überarbeitet.

Durch einen romanischen Torbaldachin betritt man einen Vorhof. Die Fassade, flankiert von einem kräftigen Glockenturm, hat im Untergeschoß einen von groben Pfeilern gestützten Portikus aus dem 13. Jh. Über dem darüberliegenden Mauerverband öffnet sich eine Renaissanceloggia mit von Granitsäulchen getragenen Arkaden. Unter dem Portikus links ein großer römischer Sarkophag mit einer Hochzeitsdarstellung, daneben mittelalterliche Reliefs. Das Portal ist eine Arbeit Giacomo di Cosmas (1205) und nennt in der Inschrift Innozenz III.

Dem dreischiffigen, von antiken Säulen getragenen Innenraum mit Apsiden ist an der linken Seite ein 4. Schiff hinzugefügt worden, das von 3 antiken Säulen abgetrennt wird. Der Fußboden ist weitgehend von Cosmatenarbeiten überzogen, der hölzerne Dachstuhl ist offen. Freskenreste aus dem 13. Jh. befinden sich im letzten Joch des linken Seitenschiffs, Fragmente der ehem. Chorschranke entlang der rechten Seitenschiffswand; über dem Apsisbogen ein Verkündigungsfresko von 1463. Hinter dem Altar der cosmateske Bischofsthron, darüber eine Kreuzigung aus dem 13. Jh. Die Fresken der Apsis stammen aus dem 16. Jh. Im Vestibül der Sakristei *Freskenreste* (9./10. Jh.) aus dem Oratorium der hl. Sylvia, darunter die *Heilung des Lahmen* und eine *Gruppe von Mönchen.*

Santa Balbina ⑨

Die Kirche wurde im 4. Jh. auf den Ruinen des Hauses des Konsuls Fabius Cilon errichtet, im 8. und 9. Jh. erweitert und Anfang des 20. Jh. radikal wiederhergestellt. Die schlichte Fassade ist von drei großen Rundbogenfenstern mit (erneuerten) Transennen durchbrochen. Der Kirche sind eine flache Treppe und ein Portikus vorgelagert. Durch die seitliche Tür betritt man einen weiten Hof, der zum Innenraum führt. Der einschiffige Bau ist mit einem offenen Dachstuhl gedeckt. An jeder Seite 6 Nischen mit abwechselnd flachem und halbrundem Abschluß, in denen sich Reste mittelalterlicher Fresken befinden; in den Fußboden sind Mosaiken aus einer heidnischen Nekropole des 1. Jh. n. Chr. eingelassen. Rechts vom ehem. Haupteingang das *Grabmal des Kardinals Stefano Surdi* von Giovanni di Cosma (1303), *eines der schönsten Werke der Cosmaten.* In der 4. Nische rechts das sehr qualitätvolle Relief ›Kreuzigung mit Maria und Johannes‹ von Mino da Fiesole. Im Mittelschiff die Rekonstruktion der Marmorschranken (Schola cantorum), dahinter der freistehende Altar mit der Urne der hl. Balbina und des hl. Felicissimus. In der Apsis ein cosmatesker Bischofsthron aus dem 13. Jh. (restauriert); in der Kalotte ein Fresko ›Glorie der hl. Balbina‹ (Anastasio Fontebuoni, 1623). In der 3. Nische links ein Altar mit Mosaikkreuz aus dem 14. Jh., daneben ein Leuchter in Cosmatenarbeit, darüber ›Maria mit Kind und vier Aposteln‹, in einem Medaillon in der Kalotte ›Segnender Christus‹; die Wandmalereien aus dem 13. Jh. gehen der Cavallini-Schule voraus (vgl. ** S. Maria, *S. 241* und * S. Cecilia in Trastevere, *S. 245*).

Porta San Paolo ⑩ (an der gleichnamigen Piazza): Die antike Porta Ostiense erhielt ihren heutigen Namen nach der außerhalb der Stadtmauer (fuori le Mura) gelegenen Basilika * San Paolo **43**. Die Stadtseite der antiken Torburg stammt noch aus aurelianischer Zeit (270–282 n. Chr.), während die Westfront unter Honorius (Anfang 5. Jh.) neu gestaltet wurde. Die Porta San Paolo beherbergt heute ein kleines *Museum* mit originalen Funden aus römischer Zeit und Rekonstruktionen, darunter Modellen der claudischen und trajanischen Hafenanlagen von Ostia.

Cestius-Pyramide ⑪ (Piazzale Ostiense). Erbaut 11 v. Chr. – der Inschrift nach in 330 Tagen – als Grabmal des Praetors und Volkstribunen Gaius Cestius Epulonius. Das guterhaltene 27 m hohe Bauwerk ist aus Travertin gemauert und mit Marmor verkleidet. Wie die großen ägyptischen Pyramiden hat es eine ausgemalte Grabkammer im Inneren. Die Errichtung von Pyramiden als Grabmäler folgt der Ägyptenmode in augusteischer Zeit, wofür auch die Errichtung der Obelisken kennzeichnend ist. Die raffinierte Kultur Ägyptens faszinierte die Römer, das Land wurde bereist, studiert, ägyptische Motive in der Malerei kopiert. Außer der Cestius-Pyramide stand bis ins frühe 16. Jh. ein ähnliches Grabmal bei der Engelsburg.

Cestius-Pyramide

Protestantischer Friedhof (Campo Santo Acattolico) ⑫: Der Friedhof für Nicht-Katholiken birgt die Grabstätten von Mitgliedern meist protestantischen oder jüdischen Glaubens, vorwiegend Ausländern. Begraben sind hier u. a. die englischen Dichter John Keats (der Grabstein nennt keinen Namen, nur die Inschrift ›Here lies one whose name was writ in water‹) und Percy Bysshe Shelley, ferner August Goethe, der Sohn des Dichters, hier nur als ›Goethe filius‹ genannt; Antonio Gramsci, Mitbegründer der kommunistischen Partei Italiens; Henriette Hertz, Gründerin der Bibliotheca Hertziana, sowie Sophia Schliemann, Frau und ›Muse‹ Heinrich Schliemanns.

* **Aurelianische Mauer** ⑬: Von der Porta San Paolo bis zur Porta Metronio verläuft das besterhaltene Stück der Aurelianischen Mauer. Diese Stadtbefestigung, 272–279 n. Chr. unter Kaiser Aurelianus und seinem Nachfolger Probus errichtet, umfaßte mit einer Gesamtlänge von 19 km die Stadt. Die Mauer war ursprünglich 6 m hoch und 3,50 m breit, hatte 16 Tore und 380 Türme. Unter Kaiser Honorius wurde sie Anfang des 5. Jh. verstärkt und auf das Doppelte erhöht. Dieser Verteidigungsring, der imposanteste der Antike und Vorbild für die Befestigung Konstantinopels, war aufgrund der Schwächung des Reiches und beginnender Barbareneinfälle notwendig geworden.
Neben der Porta San Paolo, die ein kleines *Museum* mit einer Dokumentation über die antike Via Ostiense birgt, sind besonders sehenswert die Porta San Sebastiano *(S. 276)* bei der Via Appia Antica, die Porta Asinaria bei S. Giovanni in Laterano und die Porta Maggiore *(S. 312)* bei S. Croce in Gerusalemme.

27 Von den Caracalla-Thermen zur Porta Latina

** Caracalla-Thermen ①

Die Caracalla-Thermen (nach der Familie der Erbauer auch *Antoninische Thermen* genannt) waren nach den fast vollkommen verschwundenen Trajansthermen *(S. 79)* auf dem Colle Oppio die zweitgrößte Bäderanlage des antiken Rom. Sie nehmen heute den Großteil des *Parco di Porta Capena* (nach dem Stadttor der republikanischen Stadtmauer an der Via Appia Antica) ein, eines archäologischen Parks, der 1911 angelegt wurde (entlang des ersten Abschnitts der Via Appia

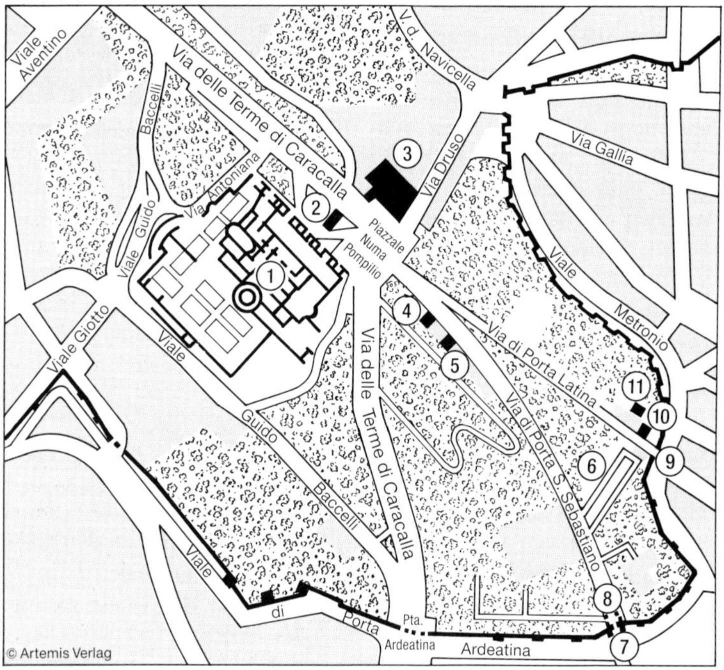

Caracalla-Thermen bis Porta Latina: Orientierungsplan

- ** ① Caracalla-Thermen *(S. 266)*
- ② Santi Nereo e Achilleo *(S. 272)*
- ③ San Sisto *(S. 273)*
- ④ San Cesareo *(S. 273)*
- ⑤ Haus Kardinals Bessarione *(S. 273)*
- * ⑥ Scipionengräber und Columbarium des Pomponius Hylas *(S. 274)*
- ⑦ Porta San Sebastiano *(S. 276)*
- * ⑧ Bogen des Drusus *(S. 276)*
- ⑨ Porta Latina *(S. 276)*
- ⑩ Oratorium San Giovanni in Oleo *(S. 276)*
- * ⑪ San Giovanni in Porta Latina *(S. 277)*

Antica, der im 3. Jh. n. Chr. durch den Bau der Aurelianischen Stadtmauer in die Stadt einbezogen worden war). Der Komplex der Caracalla-Thermen ist mit seinen noch aufrecht stehenden monumentalen Mauer- und Gewölberesten eine der eindrucksvollsten Hinterlassenschaften kaiserzeitlich-römischer Architektur. Zugleich gibt er einen guten Eindruck von Aussehen und Funktion eines großen römischen Badebetriebes. In den Sommermonaten finden in den Ruinen Opern-, Konzert- und Schauspielaufführungen statt, bei denen der große Südsaal als Zuschauerraum, das Tepidarium, der Mittelsaal, als Bühne benutzt werden. Die die Thermen umgebenden Grünanlagen laden den Besucher zur Ruhe ein.

Die Kaiserthermen Roms: Römische Privathäuser hatten, sofern es sich nicht um außergewöhnlich vornehme Patrizier-Villen handelte, weder ein eigenes Bad noch eine eigene Toilette. Um so größere Bedeutung kam daher den öffentlichen Anlagen zu. Dabei war es noch in der frühen Kaiserzeit keineswegs üblich, eine Badekammer mit Warmwasser oder gar mit kostbaren Marmorausstattungen zu versehen. Die ersten größeren öffentlichen Thermen in Rom scheinen die heute vollkommen verschwundenen Thermen des Agrippa beim Pantheon gewesen zu sein. Erst Trajan ließ von Apollodorus von Damaskus die monumentalen Thermen auf dem Esquilin anstelle eines Flügels der Domus Aurea errichten. Noch zu Lebzeiten Neros ist Badekomfort keinesfalls selbstverständlich; Seneca im 86. Brief an Lucilius preist anläßlich einer Besichtigung der Villa des Scipio Africanus die spartanische Lebensweise der Alten und fährt fort: »... *Jetzt aber, wer ertrüge es, sich so zu baden? Arm und gemein kommt sich jeder vor, wenn seine Wände nicht von großen und kostbaren Scheiben strahlen, wenn nicht der alexandrinische Marmor mit numidischem ausgelegt ist, wenn sich nicht ein kunstvoller, buntfarbiger Stein gleich einem Gemälde rings herumzieht, wenn nicht die gewölbte Decke mit Glas getäfelt ist, wenn nicht thasisches Gestein, einst selbst in einem oder dem anderen Tempel ein seltener Anblick, die Becken umgibt, in die wir unsere durch vieles Schwitzen ausgetrockneten Körper versenken, wenn nicht silberne Hähne das Badewasser ausströmen lassen. Und bis jetzt spreche ich noch von den Baderöhren der Plebejer; wenn ich erst zu den Bädern der Freigelassenen komme! Welche Menge von Statuen, von Säulen zeigt sich da, die nichts tragen, sondern nur des Aufwandes wegen zur Zierde hingestellt sind! Welche Mengen von Wasser, das plätschernd über Stufen herabfließt! Wir sind in der Üppigkeit so weit gekommen, daß wir nur auf Edelsteine treten wollen ... Einst aber gab es nur wenige Badehäuser und ohne alle Pracht eingerichtet: denn wozu noch Schmuck für eine Sache, die einen Quadrans kostete und für das Bedürfnis, nicht zur Ergötzung erfunden war?*« Es scheint sich also gerade im 1. Jh. die Einstellung zum Bade, der Anspruch an den Luxus der Ausstattung, entscheidend gewandelt zu haben. Diesem Wandel tragen die großen Badeanlagen der folgenden Jahrhunderte, Trajans- *(S. 79)*, Caracalla- oder auch ** Diokletians-Thermen 34 Rechnung, und die Beschreibung der Ausstattung durch Seneca sollte der Phantasie des Betrachters angesichts der kargen Ruinen Anregung sein.

Die Wasserversorgung der Thermen: Eine wesentliche Voraussetzung für die Errichtung großer öffentlicher Badeanlagen ist das Vorhandensein hinreichender Mengen Wassers. Die großen überirdischen Wasserleitungen – deren älteste, die Aqua Appia, schon Ende des 4. Jh. v. Chr. angelegt wurde – prägen noch heute das Bild des römischen Umlandes, der Campagna. Über Dutzende von Kilometern mußten die Leitungen mit gleichbleibendem Gefälle – um Verstopfungen der Leitungen zu vermeiden, aber auch um in Rom dann den nötigen Druck auf der Leitung zu haben – Wasser aus den umliegenden Bergen in die Stadt schaffen. Dies diente zuallererst der Trinkwasserversorgung. Mit der Zeit wurde aber die Kapazität der Leitungen immer mehr gesteigert. So liefen schließlich z. B. bei Subiaco im Tal des Aniene drei solcher Leitungen parallel, die die Stadt aus einer Entfernung von mehr als 30 km mit Wasser versorgten. Für die Thermenanlagen mußten zusätzlich, um eine gleichmäßige Versorgung zu sichern, gewaltige Zisternen angelegt werden, die von eigenen Aquädukten gespeist wurden. Reste eines solchen Aquädukts, das die Caracalla-Thermen versorgte, haben sich in Gestalt des sog. *Bogens des Drusus* ⑦ an der Porta S. Sebastiano erhalten. Die Zerstörung der wichtigsten Wasserleitungen vor allem in den Gotenkriegen des 6. Jh. bedeutete zugleich auch das Ende der römischen Badekultur. Seit dem 6. Jh. verfielen die Anlagen oder wurden, da die monströsen Bauten anderweitig nicht nutzbar waren, als Steinbruch betrachtet.

Geschichte der Caracalla-Thermen: Die Thermen wurden in den Jahren 206–216 von Septimius Severus und Caracalla errichtet, unter seinen Nachfolgern Alexander Severus und Heliogabal ausgebaut und unter Aurelian restauriert. Die Thermen, die als Symbol kaiserlicher Großzügigkeit von jedermann unentgeltlich benutzt werden konnten, waren bis ins 6. Jh. in Betrieb. Noch Theoderich d. Gr. ließ sie ein letztes Mal restaurieren. Die gotischen Truppen seines Nachfolgers Wittich zerstörten bei der Belagerung Roms 527 die Wasserzuleitungen. Das Erdbeben des Jahres 847 brachte Teile der Anlage zum Einsturz; doch haben in den folgenden Jahrhunderten große Teile der Caracalla-Thermen noch fast unbeschädigt gestanden, und selbst im 16. Jh. konnten detaillierte Bauaufnahmen des damals noch besterhaltenen antiken Baukomplexes angefertigt werden. Den Architekten der Renaissance, die die Baukunst der Antike bewunderten, daraus aber keinesfalls auch die Forderung nach deren Erhaltung ableiteten, wie Raffael vergeblich in seinem ›Antikenbrief‹ beklagt, ließen sich durch diese Vorbilder zu eigenen Entwürfen anregen. Erst unter Paul III. Farnese ereilte die Caracalla-Thermen das Schicksal so vieler antiker Bauten: Sie wurden als Steinbruch für den Neubau von St. Peter ausgeschlachtet und so einem höheren Zweck dienlich gemacht. Skulpturen, wie der Farnesische Stier (Archäol. Nationalmuseum in Neapel), gelangten in den Besitz der Familie des Papstes; die Säulen der Caracalla-Thermen wurden bis nach Florenz (Piazza della S. Trinità) verschleppt, und die 5 m durchmessenden Porphyrbekken des Frigidariums schmücken heute die Piazza Farnese bzw. den Belvederehof des Vatikans. Die damals noch gut erhaltenen Fußbodenmosaiken, die mit ihren Bildern die Nutzung des jeweiligen Raumes verdeutlichten, befinden sich heute, soweit sie nicht zerstört wurden, ebenfalls im Vatikan. Von den weit über hundert Skulpturen und 1600 marmornen Ruhesesseln für die Besucher der Thermen ist so gut wie nichts mehr vorhanden.

Die Anlage und ihre Maße

Die gesamte Anlage einschießlich der *großen Palästra* (**G**) mit ihren Umfassungsbauten, deren Lage z. T. durch Doppelreihen von Zypressen angedeutet wird, hat einen annähernd quadratischen Grundriß von 327 × 337 m (= ca. 109 000 m^2), die zentralen Thermenbauten selbst bedecken eine Grundfläche von 220 × 114 m. Der kreisrunde Hauptsaal, das *Caldarium* (**E**, Heißwasserbecken, heute als Bühne genutzt), hatte einen Durchmesser von 35 m und möglicherweise die gleiche Höhe. Der südliche Teil der Anlage diente als Sportplatz mit Zuschauertribünen; in den Umfassungsbauten waren Vortragssäle, Bibliotheken, Gaststätten, Läden, eine Art Thermen-eigenen Hotels, eine Zisterne mit mehr als 80 000 m^3 Fassungsvermögen und nicht zuletzt die für die Verwaltung des Großbetriebs notwendigen Räumlichkeiten untergebracht. Der Rest des Thermengeländes war eine große Gartenanlage. Hunderte von Dienern und Technikern waren für den reibungslosen Ablauf des Badebetriebs zuständig. Die Warmwasserbecken mußten angeheizt und je nach Jahreszeit auch die Fußboden- und Wandheizung in Gang gesetzt werden. Hierzu dienten Öfen (Präfurnien) unter dem Fußbodenniveau der Badeanstalt. Diese erwärmten das Wasser in den Becken, aber auch die Luft, die durch Hohlräume im Fußboden (der auf kleinen Pfeilern, sog. Hypokausten, auflag) und in den Wänden strömte und so das Gebäude auch im Winter auf eine angenehme Badetemperatur aufzuheizen vermochte. Dies schuf in Anbetracht der Größe des Betriebs ganz erhebliche logistische Probleme, vor allem bei An- und Abtransport des Brennmaterials. Unter den Thermen (Gitter im Boden erlauben heute gelegentliche Einblicke) war eine in sich geschlossene Unterwelt verborgen: die der Diener, die vor allem die großen Heizöfen in Gang hielten und die durch die unterirdischen Versorgungsanlagen ungesehen von den Badegästen den Nachschub heranschafften. Sogar ein eigenes Mithras-Heiligtum (das größte bekannte Roms) hatte die Dienerschaft in den Kellerräumen. Die Thermen boten ca. 1500 Besuchern gleichzeitig Platz, die sich, wie bei einem modernen Saunabesuch, dort mehrere Stunden aufhielten. Die Besucher müssen in den Thermenanlagen einen derartigen Lärm verursacht haben, daß man, um Beschwerden zu vermeiden, soweit wie möglich in weniger dicht besiedelte Gebiete am Stadtrand auswich oder, wie im Falle der Caracalla-Thermen, sogar vor den Stadtmauern baute (erst etwa 70 Jahre nach ihrer Errichtung wurden die Caracalla-Thermen durch die neue und erweiterte Aurelianische Mauer (ca. 265 n. Chr.) ins Stadtgebiet einbezogen.

Thermenanlagen werden in Griechenland seit dem frühen 5. Jh. v. Chr. errichtet und von den Römern seit dem 2. Jh. v. Chr. übernommen. Sie setzen sich in der byzantinischen und schließlich in der türkischen Bautradition, wenn auch im Aufbau verändert, fort. Die griechisch-römische Thermenanlage folgt stets dem einheitlichen Schema der Abfolge eines Traktes für kalte (*Frigidarium*; **C**), lauwarme (*Tepidarium*; **D**) und heiße (*Caldarium*; **F**) Bäder, unabhängig von Größe und sonstiger Ausstattung der Thermen. Eine Besonderheit der römischen Kaiserthermen ist die symmetrische Verdopplung der Räumlichkeiten rechts und links der Mittelachse. Dadurch ließ sich ohne allzu aufwendige Ausweitung der zentralen Versorgungseinrichtungen ein größerer Besucherdurchsatz erreichen. In den ** Diokletiansthermen 34 konnten gleichzeitig etwa 3000 Personen baden oder einer sportlichen Betätigung nachgehen; die Zahlen für die Caracalla-Thermen waren sicher ähnlich. Einen Rundgang durch eine solche Thermenanlage (nicht die Carcalla-Thermen, aber diesen in den wesentlichen Punkten vergleichbar) beschreibt Lukian, ein Zeitgenosse Marc Aurels, und gibt damit auch einen Einblick in den Betrieb der

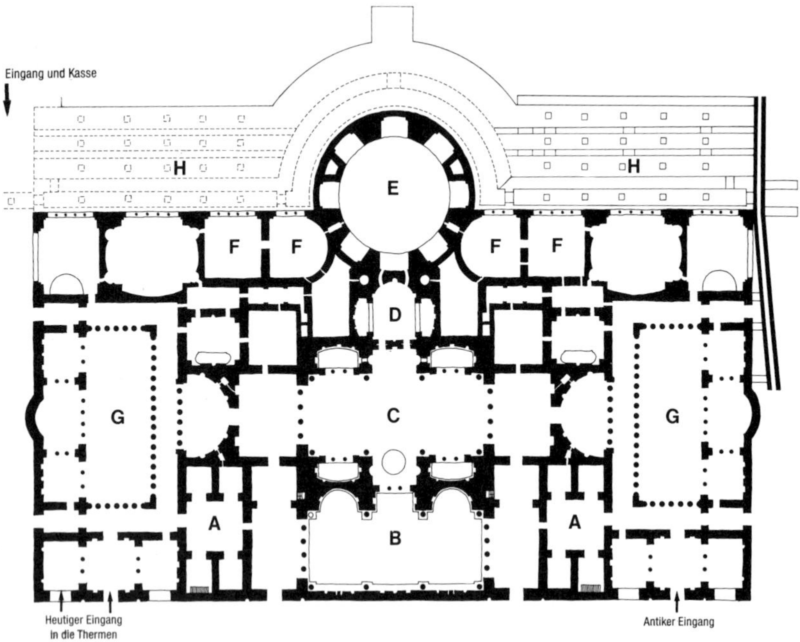

Caracalla-Thermen: Grundriß

A Apodyterium (Umkleideraum)
B Natatio (Schwimmbecken)
C Frigidarium (Kaltbad)
D Tepidarium (Warmbad)
E Caldarium (Heißbad)
F Sudotarium (Schwitzbad)
G Palästra (Sportplatz)
H Unterirdische Versorgungsgänge

Modell der Caracalla-Thermen

Caracalla-Thermen: *»Zunächst ein Torbau mit breiten Treppen, eher schräg als steil, zur Bequemlichkeit der Hinaufgehenden«*, durch den man zunächst von der Südseite her den Innenraum der gesamten Anlage betrat. Wollte man sich nicht zunächst dem Sport widmen, sich in der Bibliothek bilden oder *»die der Schlemmerei geweihten Räume ... nette und sehr helle Innenzimmer«* besuchen, so betrat man den eigentlichen Block der Thermenanlagen entweder von den Schmalseiten oder von der nordöstlichen Langseite her. Dort *»empfängt einen ein sehr großer gemeinsamer Saal, der den Dienern und Sklaven Aufenthalt gewährt«*, das *Apodyterium* (**A**), das, so Lukian, *»zur gastlichen Aufnahme der Wohlhabenderen«* dient. *»Nach diesem kommen beiderseits ausreichende Garderoben für die sich Entkleidenden und dazwischen ein sehr hoher und strahlend heller Saal, der drei (in den Caracalla-Thermen vier) Becken mit kaltem Wasser enthält.«* In den Caracalla-Thermen war diesem *Frigidarium* (**C**) genannten Saal noch eine *Natatio* (**B;** ein großer Saal mit Schwimmbecken) vorgelagert, dem wiederum Räume für Spiele und Gymanstik (*Palästra*; **G**) angegliedert waren. Geht man weiter, so *»nimmt uns ein gelinde beheizter Saal auf, aus dem uns eine keineswegs unangenehme Wärme entgegenkommt«*, das *Tepidarium* (**D**), mit zwei seitlichen Badebecken. Von dort gelangt man in das *Caldarium* (**E**) oder Warmbad, den aus der Südmauer herausspringenden großen Rundsaal, *»prächtig, von reichem Licht durchflutet und bunt wie mit Purpur gefärbt.«*

In den Caracalla-Thermen schließen sich rechts und links weitere Räume für andere Badeprozeduren wie das *Sudatorium* (**F**; eine Art von Sauna) an. In der kleineren Anlage, die uns Lukian beschreibt, kehrt man nun durch das Tepidarium zum Frigidarium zurück. Über den Eindruck der Anlage auf den Besucher schreibt Lukian: *»Auch in diesen Räumen allen herrscht klares Licht und heller Tag; ferner ist überall die Höhe angemessen, und die Breite steht im richtigen Verhältnis zur Länge, und so entfaltet sich überall Anmut und Schönheit. Denn, wie der treffliche Pindar sagt: Wenn man ein Werk beginnt, so muß man ihm ein strahlendes Antlitz geben. Das dürfte hauptsächlich durch die Lichtfülle und die Lichtöffnungen erreicht sein. Denn klug wie er ist, hat Hippias (d h. der Architekt der von Lukian beschriebenen Anlage) den Saal der kalten Bäder nach Norden vorspringen lassen, doch so, daß er (durch Oberlichter) auch am südlichen Himmel seinen Teil hat; die Säle hingegen, die vieler Wärme bedürfen, hat er dem Südost-, Süd- oder Westwind ausgesetzt. Was soll ich dir nun noch die Ringplätze schildern und die zum allgemeinen Brauch dienenden Einrichtungen der Kleiderbewahrer ... Das Werk ... vereinigt alle Vorzüge eines Bades: Die Zweckmäßigkeit, die Bequemlichkeit, die Helligkeit, die Symmetrie, die Anpassung ans Gelände, die Möglichkeit, es sicher vor Dieben zu benutzen; und dazu hat es noch andere Einrichtungen, mit denen des Baumeisters Umsicht es ausgestattet hat: so mit abseits liegenden Abortanlagen und mit zahlreichen Ausgängen; ferner hat es zwei Stundenweiser, nämlich eine Wasseruhr mit Schlagwerk und eine Sonnenuhr.«* Auf dem Obergeschoß der Caracalla-Thermen dienten große Terrassen dem Sonnenbad, zu denen 3 m breite Treppen innen an der Nordwand von den Apodyterien aus hinaufführten.

Santi Nereo e Achilleo ② (in den Grünanlagen nördlich der Caracalla-Thermen): Die zwei frühchristlichen Märtyrern geweihte Kirche wurde im 4. Jh. gegründet, um 800 von Papst Leo III. restauriert und im 15. Jh. nochmals erneuert. Die einfache Fassade und das dreischiffige Innere zeigen im wesentlichen Züge des 15. Jh. (Säulen). Die brutal realistischen Martyriumsszenen der Langhauswände schuf Niccolò Pomarancio 1597 im Auftrag des kunstinteressierten Kardinals und Mäzens Baronio. Auch Chor, Schranken, Altar und Bischofsthron (Vassalletto-Werkstatt, 13. Jh.) wurden im 16. Jh. im Auftrag Baronios, weitestgehend unter Verwendung älterer Teile (Cosmaten) wiederhergestellt. Der schöne Marmorkandelaber aus dem 15. Jh. stammt aus S. Paolo fuori le Mura. Auf der Außenseite des Triumphbogens hat sich ein

Santa Prassede: Gewölbemosaik der Zenokapelle *(S. 323)*

Santa Maria Maggiore: Triumphbogenmosaik *(S. 317)*

farbenfrohes Mosaik der Zeit Leos III. (um 800) erhalten: die ›Verklärung Christi‹, flankiert von einer ›Verkündigung‹ und einer ›Madonna mit Kind und Engeln.‹

San Sisto ③: Im 5. Jh. gegründet und im frühen 13. Jh. neu errichtet. Der mittelalterliche Bau wurde durch eine Modernisierung zu Beginn des 18. Jh. stark verändert. Erhalten blieben der romanische Campanile (1180) und ein Marmorportal (1478) in der linken Langhauswand. Die Kirche und das angeschlossene ›Heim für gefallene Mädchen‹ (die umliegenden Grünanlagen werden von diesen frequentiert) werden heute von Dominikanerinnen unterhalten.

San Cesareo ④ (Via di Porta S. Sebastiano): In den Mauern eines römischen Privathauses des 2. Jh. eingerichtet und im 16. Jh., möglicherweise von Giacomo della Porta, erneuert. Die Ausstattung der Kirche stammt weitestgehend aus der Zeit Clemens' VIII. Unter dem Kirchenboden (Zugang links vom Eingang) liegt der schwarz-weiße Mosaikboden des römischen Hauses.

Haus des Kardinals Bessarione ⑤: Unmittelbar neben der Kirche liegt das Haus des Kardinals Bessarione, eines der herausragenden Humanisten und Kirchenpolitiker des 15. Jh. *Giovanni Bessarione,* ein griechischer Theologe und Schüler des Gemisthos Plethon, kommt im Gefolge des byzantinischen Kaisers 1442 zum Konzil von Ferrara nach Italien und macht in den folgenden Jahren an der päpstlichen Kurie Karriere, wird Kardinal, ist sogar im Gespräch für die Papstwahl und wird schließlich im Exil Patriarch von Konstantinopel (das 1453 an die Türken gefallen war). Vor allem Bessarione ist es, der im Westen das Werk Platons durch seine Kommentare publik macht, der aber auch Kirchenschriftsteller des Ostens wie Basilius ins Lateinische übersetzt und so eine ganze Generation italienischer Humanisten in seinen Bann zieht.

Das Haus, inmitten eines großen Gartens gelegen, mit einer Loggia an der Eingangsseite, ist ein schönes Beispiel für eine kleine Villa suburbana des 15. Jh. Hier traf sich die ›Accademia‹ des Kardinals Bessarione, ein lockerer Kreis von Humanisten und Theologen, die sich insbesondere dem Studium der Philosophie Platons verschrieben hatten, dem zeitweise Persönlichkeiten wie Flavio Biondo angehörten und die insbesondere die platonische Akademie des Marsilio Ficino in Florenz beeinflußte. Das Innere des Hauses (derzeit nicht zugänglich) hat die originale Ausstattung mit den Fresken und z. T. sogar dem Mobiliar des 15. Jh. bewahrt.

* **Sepolcro degli Scipioni** (Scipionengräber) · **Columbarium des Pomponius Hylas** ⑥

Eingang: Via di Porta San Sebastiano 9, linke Straßenseite. Billet gilt auch für das Columbarium des Pomponius Hylas, das auf Anfrage vom Kustoden gezeigt wird.

Nach römischem Recht war die Bestattung innerhalb der Mauern Roms verboten. Wie die Mausoleen des Hadrian 20 und des Augustus 9 lagen aber auch die Gräber der Scipionen an der Via Appia Antica außerhalb der republikanischen Stadtgrenzen und wurden erst im 3. Jh. n. Chr. durch die Aurelianische Stadtmauer einbezogen. Bei den Scipionengräbern handelt es sich um eine kleine Katakombe, die nur von einer einzigen vornehmen Familie und ihrer Dienerschaft benutzt wurde. Ihre Anlage schon im frühen 2. Jh. v. Chr. belegt aber, daß die Katakombe keinesfalls eine frühchristliche Erfindung ist. In der Antike waren die Ausfallstraßen wie die Via Appia Antica die beliebtesten Plätze für Grabmonumente, die diese säumten wie heute die Reklametafeln die Landstraßen des modernen Italien. Dabei galt im allgemeinen die Regel, daß ein Grabmal umso angesehener war, je näher es bei den Stadtpforten lag. Naturgemäß waren Grund und Boden also insbesondere am Beginn der Konsularstraßen nicht nur teuer, sondern manchmal auch für größte Summen nicht zu erwerben. Mit der Zeit ging man daher dazu über, unter den Grabmonumenten seitwärts der Straße unterirdische Grabkammern auszubauen, die sich nach und nach zu kleinen Katakomben wie der der Scipionen auswuchsen. Im Hauptteil der Anlage, in etwa quadratisch mit vier mittleren Stützen, haben mehrere Generationen von Scipionen in steinernen Sarkophagen ihre letzte Ruhe gefunden. Identifiziert durch die Grabinschriften sind u. a. die Ruhestätten des Scipio Barbato (Konsul 298 v. Chr.), des Großvaters des Hannibal-Bezwingers Publius Cornelius Scipio ›Africanus‹, und seines Sohnes, Lucius Cornelius Scipio (Konsul 298 v. Chr.), des Eroberers Korsikas. Ein bescheidenerer Grabraum war der ›Klientel‹ der Familie, den Dienern und Freigelassenen, vorbehalten, die in Wandnischen in Aschenurnen beigesetzt wurden. Die zu klein gewordene Kammer hat man durch Einbau einer litfaßsäulenartigen Konstruktion mit weiteren Nischen für Aschenurnen erweitert.

* Das **Columbarium des Pomponius Hylas:** Abseits der Scipionengräber, in den oberhalb gelegenen Gärten der Scipionen *(Orti degli Scipioni)*, an schönen Sommertagen inmitten spielender Kinder, bildet ein unscheinbares ›Gärtnerhäuschen‹ den Zugang zu einer außergewöhnlich gut erhaltenen römischen Grabkammer. Durch einen schmalen Gang und über eine steile Treppe gelangt man in den 1831 aufgefundenen

Grabbau der Zeit des Augustus oder Tiberius. Er ist vollkommen mit Stuck und Malereien des 1. Jh. n. Chr. ausgekleidet. Die dort bestatteten Pomponius Hylas und seine Gattin Pomponia Vitalinis waren kaiserliche Freigelassene und, wie das recht aufwendige Grab vermuten läßt, zu einigem Wohlstand gekommen. Zu beachten sind vor allem die Intensität der Farbgebung, die in dieser Frische aus römischer Zeit selten erhalten ist, und die Feinheit der sehr kleinteiligen Malereien. Das Grabmal ist später von einer Vielzahl von Verwandten und Nachfahren benutzt worden; so wurden mehrfach neue Ädikulen eingebaut, um weitere Aschenurnen aufnehmen zu können. Dabei ist stets das gleiche Schema zu erkennen: eine mit einem Rundbogen überwölbte Nische, in deren Boden zwei Tonurnen mit losem Deckel (sie enthalten hier noch die Knochen- und Aschenreste) eingelassen sind. Eine kleine Schrifttafel, teils in Marmor eingelassen, teils aufgemalt, erinnert an die Verstorbenen. In gleicher Weise ausgestattet hat man sich die Grabkammern und -häuser an der ** Via Appia Antica 28 oder in den Grabanlagen von *** Ostia 45 vorzustellen. Das Columbarium gibt so einen unvergleichlichen Eindruck von gutbürgerlicher römischer Grabkultur.

* **Porta San Sebastiano** ⑦ (in der Antike die *Porta Appia*): Eines der besterhaltenen Stadttore des antiken Rom, gehört zur Aurelianischen Stadtmauer, wurde aber im 5. Jh. unter Honorius neu errichtet und im 6. Jh. durch die byzantinischen Feldherren Belisar und Narses restauriert. Die ursprünglich niedrige und zweitorige Anlage wurde unter Honorius aus Sicherheitsgründen auf einen einzigen Durchlaß verengt und zu einem dreigeschossigen, zweitürmigen und zinnenbekrönten Torbau erhöht. Die beiden unteren quadratischen Geschosse der Türme sind vermutlich älteren Datums. In frühchristlicher Zeit erhielt das Tor seinen Namen nach der nicht weit entfernten Märtyrerkirche San Sebastiano *(S. 280)*. An den Sieg der Römer über König Robert d'Anjou (1327) erinnern ein Epigraph und das Relief mit dem Erzengel Michael an der Außenseite. Von der Porta S. Sebastiano sind Spaziergänge auf den Mauern möglich.

Sog. Bogen des Drusus ⑧: Nur wenige Meter vom Stadttor und in dessen Schatten gelegen, macht er als Triumphbogen wenig Sinn. Er ist denn auch tatsächlich ein nur mit aufwendigem Schmuck versehener Bogen des Aquädukts, der zwischen 211 und 216 n. Chr. zur Versorgung der nahegelegenen ** Caracalla-Thermen *(S. 266)* errichtet wurde.

Porta Latina ⑨: In ihrer heutigen Form ebenfalls im frühen 5. Jh. unter Honorius angelegt, jedoch bei weitem nicht so aufwendig wie die Porta S. Sebastiano an der verkehrsmäßig bedeutenderen Via Appia.

Oratorium San Giovanni in Oleo ⑩: Das kleine achteckige Oratorium wurde 1509 im Auftrag des französischen Prälaten Benoit Adam zum Andenken an das Ölwunder des Evangelisten Johannes errichtet. Johannes erregte durch seine Predigten den Ärger des »Kaisers Domitianus, der ließ ihn greifen, und hieß ihn, in eine Bütte voll siedenden Öls setzen vor dem Thore zu Rom, das da heißt Porta Latina. Aus der Bütte ging St. Johannes ohne alle Verletzung, gleichwie er ohn alle leibliche Befleckung auf Erden war gegangen. Da aber der Kaiser sah, daß Johannes auch jetzt von seiner Predigt nicht wollte lassen, so verbannte er ihn auf eine Insel in dem Meere, die war geheißen Pathmos.« (›Legenda Aurea‹). Die Attika des kleinen Oratoriums mit einem Palmetten- und Rosenfries und das Kegeldach mit der bekrönenden ›Kreuzblume‹ wurden anläßlich einer Restaurierung 1668 nach einem Entwurf Borrominis erneuert.

San Giovanni a Porta Latina

* **San Giovanni a Porta Latina** (11): Die ruhig und malerisch gelegene Kirche wurde Ende des 5. Jh. errichtet, 772 erneuert, 1191 erneut geweiht und vor einigen Jahren bei einer Restaurierung wieder weitgehend in den mittelalterlichen Zustand zurückversetzt. Der kleine, intime Vorplatz der Kirche gehört zu den stimmungsvollsten Orten Roms, ruhig abseits der großen Straßen gelegen (wenn nicht gerade in der Kirche eine der hier häufigen Hochzeiten stattfindet). Ein Brunnen mit langobardischem Bandornament, der von zwei beschädigten Säulen flankiert wird, stammt aus dem 8. Jh., Glockenturm und Vorhalle der Kirche mit fünf Arkaden über unterschiedlichen antiken Säulen mit ionischen Kapitellen aus der Neugestaltung des späten 12. Jh.

Die Kirche hat sich weitestgehend den Charakter einer dreischiffigen frühchristlichen Säulenbasilika bewahrt. Ihr *Freskenzyklus* (12. Jh.) an der Hochwand des Kirchenraums gehört zu den bedeutenden römischen Malereien des Mittelalters. Dargestellt sind Szenen aus dem Alten und dem Neuen Testament sowie in der Apsis die vier Evangelistensymbole und die 24 Ältesten der Apokalypse. Der Marmorfußboden in Opus sectile stammt aus dem 5. oder 8. Jh.

** 28 Via Appia Antica

Die Via Appia Antica und die römischen Konsularstraßen: Die bedeutendste der antiken Konsularstraßen, unter dem Censor Appius Claudius, nach dem sie auch benannt ist, im Jahre 312 v. Chr. angelegt, verband Rom mit den Albaner Bergen und führte im weiteren Verlauf bis Capua. 190 v. Chr. wurde die Via Appia Antica über Benevent bis Brindisi in Apulien verlängert (von dort Seeweg nach Athen und in den Osten des Reiches). Größere Bedeutung hatte aber später die *Via Appia Trajana,* ein Abzweig, der seit dem 2. Jh. über Troia nach Bari führte. Die römischen Konsularstraßen waren das erste systematische Straßennetz Europas, das als Alternative zum zeitraubenden Seeweg eine akzeptable Landverbindung zwischen allen wichtigen Städten Italiens herstellte. Die Via Appia Antica war gewissermaßen das Rückgrat dieses Straßennetzes für Süditalien. Die Konsularstraßen waren mit großen, nach unten konisch zulaufenden Basaltblöcken gepflastert und von so großer Haltbarkeit, daß sie z. T. noch im Mittelalter als Hauptverkehrswege benutzt werden konnten. Eine deutliche Kurvatur der Straßenoberfläche sorgte für den Abfluß des Regenwassers.

Die Gräberstraße: Außerhalb der Tore der großen Städte waren die Konsularstraßen dicht mit Grabmonumenten gesäumt, denn nach römischem Gesetz war eine Bestattung innerhalb der Stadtmauern (bis auf wenige, jeweils vom Senat zu genehmigende Ausnahmen) nicht zulässig. Die Via Appia Antica war seit jeher einer der vornehmsten und beliebtesten Orte für eine Grablege, und so herrschte insbesondere auf den ersten Kilometern der Straße, die seit dem Bau der Aurelianischen Stadtmauer offiziell an der Porta S. Sebastiano (1) beginnt, ein dichtes Gedränge von kleinen und großen Grabmälern. Da für den römischen Bürger das Leben nach dem Tod keine sonderliche Hoffnung bot, der Hades äußerstenfalls ein freudloses Schattendasein verhieß, galt das besondere Interesse dem Andenken, das der Verstorbene bei der Nachwelt genoß. Vor allem das Grabmal sollte späteren Generationen von Wohlstand, Ansehen oder Bildung seines ›Bewohners‹ künden. Hier versammelten sich die Nachfahren alljährlich am Todestag zu Ehren der Verstorbenen, kamen Witwe und Witwer den verstorbenen Ehepartner mit einiger Regelmäßigkeit besuchen. Der großen Bedeutung des Grabmals im römischen Totenkult entsprachen auch Gestalt und Ausstattung der Grabmäler. Immer wieder hat der Senat versucht, übertriebenen Grabluxus durch Erlasse einzudämmen, stand aber gegenüber dem Brauchtum auf verlorenem Posten. Wenigstens gehörten zur Ausstattung aber Aschenurnen (seit dem 2. Jh. zunehmend auch Sarkophage), steinerne Ruhebänke und Sessel und ganz selbstverständlich Stuck und Malerei im Inneren. Unter den Grabbauten kann man etwa drei Typen unterscheiden: die *unterirdischen Anlagen,* die Hypogäen (wie das des Pomponius Hylas, *S. 274* oder die der Pankrazier oder Valerier an der Via Latina); den *überirdischen Grabbau* in Form eines kleinen Hauses oder Tempels (eines der besterhaltenen Beispiele ist der *sog. Tempel des Deus Rediculus* ② an der Via della Caffarella, links der Via Appia); und das von den etruskischen Tumuli angeregte, den Vornehmen und Reichen vorbehaltene *Grabmonument* in der Art des Grabmals der Cecilia Metella ⑩. Darüber hinaus ist aber auch fast jede erdenkliche Mischform dieser Grundtypen vertreten. Um einen Überblick über die Vielfalt der römischen Grabbauten zu erhalten, sollte sich der Besuch der Via Appia Antica nicht auf den stadtnahen Bereich der Katakomben, des Maxentius-Circus und des Grabmals der Cecilia Metella beschränken; ein Spaziergang entlang der auf beiden Seiten von Grabmälern und von Villen der heutigen römischen Prominenz gesäumten Straße (mit z. T. noch antiker Pflasterung) bis zur Villa der Quintilier ⑰ (ca. 1 Stunde) ist sehr zu empfehlen.

Die Katakomben: Schon in vorchristlicher Zeit entwickelte sich der Brauch, aus Gründen der Platz- und Kostenersparnis, unterirdische Gemeinschaftsgrabanlagen einzurichten, die Katakomben. Die christliche Religion verbot die Feuerbestattung, wodurch der Platzbedarf sich noch erhöhte. In frühchristlicher Zeit wurden die zunächst kleineren Katakomben daher zu komplizierten Systemen meist enger unterirdischer Gänge erweitert, oftmals von mehreren Kilometern Länge. Dort wurden auch Kulträume eingerichtet, allerdings nicht als Zuflucht für die Christen in Zeiten der Verfolgung, sondern als Stätte des Gedenkens und des Gebetes für die Verstorbenen. Wie schon die heidnischen Grabmäler sind auch die christlichen Katakomben oft mit Malerei und Stuckdekoration ausgestattet. Die Motive christlicher Dekoration unterscheiden sich nur wenig von der heidnischen: Weinranken, Blumen, Vögel oder Architekturmalerei ist bei Christen wie Heiden gleichermaßen beliebt. Gelegentlich ist aber auch ein Epigramm oder eines der typischen figürlichen Themen, wie Daniel in der Löwengrube oder der Gute Hirte, ein offenes Bekenntnis zur neuen Religion. Die Malereien sind von sehr unterschiedlicher handwerklicher und künstlerischer Qualität. Es ist dabei zu berücksichtigen, daß der Künstler zunächst dekorative Aufgaben hatte und nur in Ausnahmefällen höheren künstlerischen Ansprüchen genügen mußte.

›Domine quo vadis‹ ③: Die Kirche ›Domine quo vadis‹, eigentlich *Santa Maria in Palmis,* stammt aus dem 11.–17. Jh. Nach der Legende ist dem Apostel Petrus, der nach der Befreiung aus dem Kerker aus der Stadt flüchtete, an dieser Stelle Christus erschienen. Auf die Frage des Apostels: ›Domine, quo vadis?‹ (»Herr, wohin gehst Du?«) antwortet Christus: »Venio iterum crucifigi!« (»Ich gehe, mich erneut kreuzigen zu lassen«), und Petrus kehrt reumütig nach Rom zurück, um sich dem Martyrium zu stellen. Eine andere Art des Martyriums hat 1944 ganz in der Nähe, in den Fosse Ardeatine, stattgefunden: Als Vergeltung für ein Attentat wurden hier 335 unbeteiligte Einwohner Roms von den deutschen Besatzern erschossen.

Via Appia Antica: Orientierungsplan

(1) Porta San Sebastiano *(S. 276)*
(2) sog. Tempel des Deus Rediculus *(S. 278)*
(3) ›Domine quo vadis‹ *(S. 278)*
** (4) Calixtus-Katakombe *(S. 280)*
** (5) San Sebastiano ad Catacumbas und Sebastians-Katakombe *(S. 280)*
* (6) Domitilla-Katakombe *(S. 282)*
(7) Grabmal des Romulus *(S. 282)*
(8) Circus des Maxentius *(S. 282)*
* (9) Villa des Maxentius *(S. 282)*
* (10) Grabmal der Cecilia Metella *(S. 283)*
(11) San Nicola *(S. 283)*
(12) Grabmonument des Servilius *(S. 283)*
(13) Grabmal der Söhne des Sextus Pompeius Justus *(S. 283)*
(14) Grab des hl. Urban *(S. 283)*
(15) Grabmal des Hilarius Fuscus *(S. 283)*
(16) sog. Grabmal der Curatier *(S. 284)*
(17) Villa der Quintilier *(S. 284)*
(18) Sant'Urbano *(S. 285)*

Farbtafel vor S. 353.

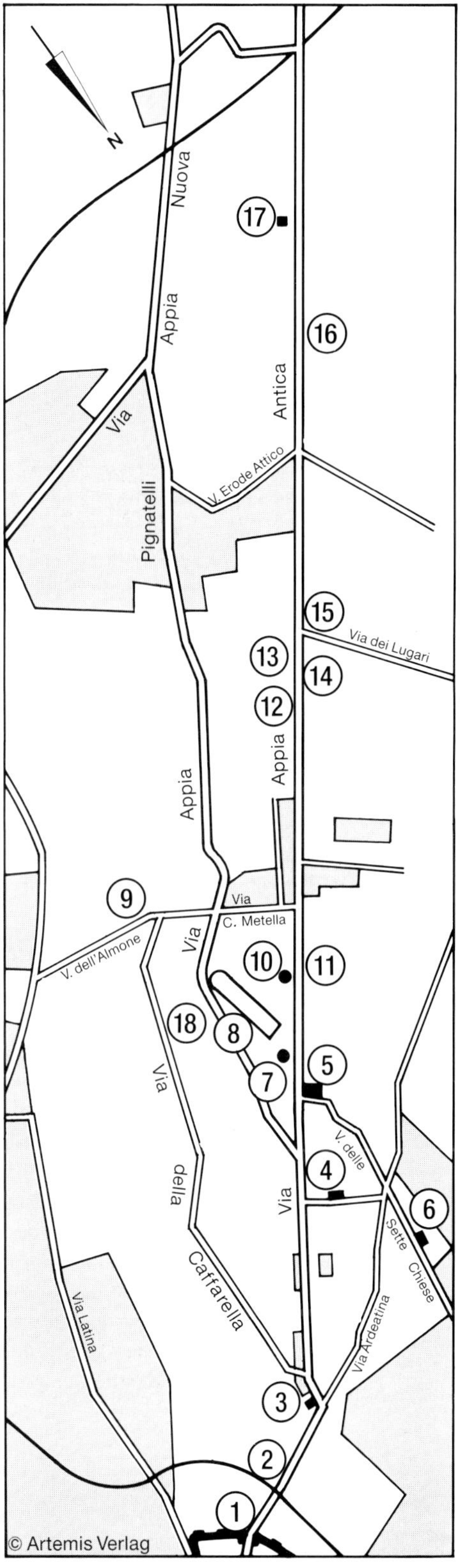

** Calixtus-Katakombe ④

Nachdem die Katakomben im Laufe der Jahrhunderte mehr oder weniger in Vergessenheit geraten waren, hat man Mitte des 19. Jh. mit der systematischen Erforschung der Calixtus-Katakombe begonnen. Ihre Gänge erstrecken sich auf einer Grundfläche von nur 400 × 300 m auf vier Ebenen über eine Gesamtlänge von mehr als 20 km. Calixtus war zunächst Vorsteher der Katakomben und ließ diese nach seiner Wahl zum Papst (ca. 217) erweitern und als Grablege der römischen Bischöfe ausschmücken. Überirdisch ist das *Oratorium des hl. Sixtus und der hl. Cäcilie,* das zunächst als Grabbau für Papst Zephyrinus errichtet und nach dessen Umbettung in die unterirdische Krypta der Päpste als Kirche genutzt wurde. Dort sind heute eine Reihe interessanter Skulpturen- und Relieffragmente aus den Katakomben ausgestellt. In der *Krypta der Päpste* sind vor allem Päpste des 3. Jh. beigesetzt und z. T. durch Grabinschriften benannt (Pontianus, Anterus, Fabianus, Lucius, Sixtus II. und Eytychianus). Papst Damasus ließ die Inschrift zu Ehren der Märtyrer anbringen. In der anschließenden Kammer mit Malereien des 8. Jh. war die hl. Cäcilie beigesetzt, deren Gebeine aber Paschalis I. im 9. Jh. herausnehmen ließ (Kopie von Madernas Skulptur der Heiligen in * S. Cecilia, *S. 245*). Das *Cubicolo dei Sacramenti* zeigt Malereien des 3. Jh., symbolische Darstellungen der Sakramente Taufe, Buße und Eucharistie. Papst Cornelius wird in seiner zeitgenössischen Grabinschrift als Märtyrer bezeichnet; die Malereien stammen aus der 2. Hälfte des 6. Jh. Die nahegelegene *Krypta der Lucina* zeigt Malereien von Fischen als Symbole der Eucharistie (2. Jh.).

** San Sebastiano ad Catacumbas ⑤

Die Kirche ist eine der sieben bedeutenden und ehrwürdigen Pilgerkirchen Roms. Sie wurde zu Beginn des 4. Jh. als Basilica Apostolorum an der Stelle errichtet, an der während der Verfolgung in frühchristlicher Zeit die Gebeine der Apostelfürsten verborgen worden waren. Im 4. Jh. hat Papst Silvester die Gebeine aus ihrer provisorischen Grabstatt hervorholen und (hauptsächlich in S. Pietro und in S. Paolo fuori le Mura) würdiger bestatten lassen. (Der Legende nach waren die Apostelfürsten in einem gemeinsamen Grab beigesetzt worden und die Gebeine nicht mehr voneinander zu trennen. Eine Version berichtet, Papst Silvester habe die Gebeine der Größe nach sortiert: die kleineren seien die des Fischers, Petrus, die größeren die des Predigers, Paulus, gewesen; die andere behauptet, der Papst habe die Gebeine auf dem Altar von St. Peter gewogen und in zwei gleiche Hälften geteilt.) Seit dem 9. Jh. ist die Kirche dem Andenken des hl. Sebastian gewidmet.

San Sebastiano fuori le Mura war zunächst eine dreischiffige Basilika, deren Arkaden aber im 13. Jh. vermauert wurden. Nach 1609 wurde die Kirche im Auftrag des Kardinals Scipio Borghese erneuert. Für die Fassade mit einem dreibogigen Portikus (1612) wurden Granitsäulen des antiken Kirchenbaus wiederverwendet. Das schlichte, heute einschiffige Innere ist in den Formen des 17. und 18. Jh. gehalten. Die schöne Holzdecke (1611) zeigt die Wappen Scipio Borgheses (Adler und Drachen) und Gregors XVI. Cappellari, der sie restaurieren ließ. Anstelle der ehem. Seitenschiffe und des Umgangs der antiken Kirche befindet sich heute eine Reihe von Kapellen. In der Reliquienkapelle werden u. a. einer der Pfeile aufbewahrt, mit denen der hl. Sebastian das Martyrium erlitt, sowie die Fußabdrücke Christi von ›Quo vadis‹. Die Albani-Kapelle (beide rechts) wurde 1706–1712 von Carlo Fontana für Clemens XI. erbaut. Die Sebastianskapelle (links), 1672 von Kardinal Francesco Barberini gestiftet, bezeichnet die Stelle, an der sich unterirdisch in der Katakombe von S. Sebastiano die Grablege des Heiligen befindet. Die Liegestatue ist ein Werk des römischen Barockbildhauers Antonio Giorgetti (ca. 1610–1670).

* **Die Sebastians-Katakombe:** Durch das ehem. rechte Seitenschiff der Kirche, in dem Funde aus den Katakomben ausgestellt sind, gelangt man in die *Katakombe* und zur *Krypta des hl. Sebastian* (Bildnisbüste des Heiligen wird Gian Lorenzo Bernini zugeschrieben) und zu einer tieferliegenden natürlichen Höhle mit drei frühchristlichen Gräbern. Diese liegt 13 m unter dem Niveau der Kirche, und von ihrer griechischen Bezeichnung (katà kymbas, d. h. bei den Höhlen) leitet sich vermutlich die Bezeichnung Katakomben ab (der lat.-ital. Begriff wäre eher Coemeterium bzw. Cemeterio). – Die *Grabanlage des Clodius Hermes* (rechts) mit Inschrift über dem Eingang, der dem Portal eines antiken Privathauses nachgebildet ist, ist reich bemalt (›Totenmahl‹ und ›Teufelsaustreibung‹, ›Gorgo‹, ›Fruchtkörbe‹ und ›Vögel‹). Zum mittleren und zum linken Grabmal führt ein Abgang mit schöner Stuckdecke hinab; auch das Innere der Grabkammern ist mit Stuck ausgekleidet, und die Inschrift Christus, Sohn Gottes und Erlöser) in griechischen Buchstaben deutet auf die Religionszugehörigkeit der hier Bestatteten hin. Die Anlage der Grabkammern, die zu den besterhaltenen Roms zählen, reicht in das 1. Jh. n. Chr. zurück. Zunächst sind die Verstorbenen feuerbestattet worden; erst im 2. Jh. ist man zur von der christlichen Religion geforderten Ganzkörperbestattung übergegangen. – Zu besichtigen sind ferner die sog. *Triclia,* ein Raum des frühen 4. Jh., in dem vermutlich die Leichenfeierlichkeiten stattgefunden haben, und die *Platonia,* ein Raum, von dem man annahm, daß sich hier

die Gebeine der Apostelfürsten befunden hätten. Der Raum ist aber wahrscheinlich erst nach dem Bau der Kirche als Oratorium für die Gebeine des Märtyrers Quirinus angelegt worden. In der benachbarten *Kapelle Honorius' III.* haben sich Reste von Malereien des 8. Jh. erhalten.

* Domitilla-Katakombe ⑥

Die größte Katakombe Roms (auch *SS. Sebastiano, Nereo e Achilleo* genannt, denen hier eine Märtyrerkirche geweiht war) war ursprünglich wahrscheinlich eine vornehme Grablege von Patriziern aus flavischer Familie. Domitilla, eine entfernte Nachfahrin des Vespasian, hatte sich zum Christentum bekehrt und ihren Mitchristen gestattet, sich im Familiengrab beisetzen zu lassen. Die Märtyrerkirche, dreischiffig mit 4 Säulen auf jeder Seite, ist wahrscheinlich beim Erdbeben von 897 zerstört worden. Von ihr hat sich, neben einigen Skulpturfragmenten, vor allem ein kleiner Raum hinter der Apsis mit dem gemalten Bildnis einer Verstorbenen, die die hl. Petronilla anruft, erhalten. Links der Märtyrerkirche liegt die ursprüngliche, von der Straße zugängliche Grabkammer des 1. Jh. n. Chr. mit Resten der Malereiausstattung (Blumen und Genien); von dort führt ein Gang zu einer Grabkammer mit vier Nischen mit Malereien des 2. Jh. (u. a. ›Daniel in der Löwengrube‹). In weiteren Grabkammern die wahrscheinlich älteste Darstellung des Guten Hirten (2. Jh.), eine Anbetung der (vier) Könige (?), Christus im Kreise der Apostel und ein Getreidemarkt.

Grabmal des Romulus ⑦, Circus ⑧ und Villa des Maxentius ⑨

Das Grabmal des Romulus (auf der linken Seite der Via Appia Antica) wurde von Kaiser Maxentius für seinen 309 n. Chr. verstorbenen Sohn errichtet. Von der Anlage erkennt man den teils gut erhaltenen quadratischen Portikus mit einer Seitenlänge von ca. 100 m. Vom eigentlichen Grabmal im Zentrum des Platzes ist die Basis einer (dem Pantheon nicht unähnlichen) vermutlich mit einer Kuppel überwölbten Rotunde mit quadratischem Vorbau erhalten. Gleichzeitig mit dem Grabmal seines Sohnes ließ Kaiser Maxentius hier seinen neuen Circus und eine große Villa (nördlich von Grabmal und Circus, bis auf einige Grundmauern zerstört) anlegen. Der Circus des Maxentius zeigt eine ganz ähnliche Anlage wie der ältere Circus Maximus *(S. 69)*: Am westlichen Ende waren, zwischen den teilweise erhaltenen Türmen, die Startboxen aufgereiht. Die Arena wird durch eine niedrige Mauer, die Spina, in zwei Bahnen zu je ca. 515 m aufgeteilt (sie mußte von den konkurrierenden Gespannen sieben Mal umrundet werden). Auf der Spina stand als Wahrzeichen der domitianische Obelisk, der im 17. Jh. von Bernini für seinen Vierströmebrunnen *(S. 138)* auf der Piazza Navona wiederverwendet wurde. Der Haupteingang (Bogen) lag im Scheitel der Ostkurve und war über eine eigene Abzweigung von der Via Appia etwa in Höhe des Grabmals der Cecilia Metella zu erreichen.

* Grabmal der Cecilia Metella ⑩

Das Grabmal ist seit jeher eine der Hauptattraktionen des Rombesuchers gewesen (es ist z. B. im Hintergrund von Tischbeins berühmten Goethe-Bildnis dargestellt). Es wurde in augusteischer Zeit für Cecilia Metalla, die Tochter des Quintus Metellus Creticus (d. h. des Eroberers von Kreta) und Gattin des jüngeren Crassus (des Sohnes des Mitstreiters Caesars) errichtet, also für eine der vornehmsten Damen Roms um die Zeitenwende. Der Typus ist dem des Augustus-Mausoleums 9 verwandt, von dem es sich aber in den Dimensionen unterscheidet. Über einem quadratischen Sockel erhebt sich ein mit Travertin verkleideter Zylinder von 20 m Durchmesser und ca. 11 m Höhe mit einer kuppelüberwölbten Grabkammer im Inneren. Der Sarkophag der Cecilia Metella steht im Hof des Palazzo Farnese *(S. 159)*. Ein schöner Fries mit Festons zwischen Stierköpfen und ein kräftiges, profiliertes Gesims bilden den oberen Abschluß. Der Zinnenkranz ist eine Zutat aus dem Jahre 1302, als die Caetani das Grabmal als Hauptturm in eine schon im 11. Jh. errichtete Festungsanlage einbezogen, die zuvor den Grafen von Tusculum gehört hatte. Das langrechteckige Kastell mit dem Grabmalturm als nördlicher Ecke erstreckte sich beiderseits der Via Appia und beherrschte so den wichtigsten südlichen Zugang zur Stadt. Vom Kastell, das unter Sixtus V. zerstört wurde, sind das Hauptwohngebäude sowie Teile der Außenmauern erhalten und, auf der anderen Straßenseite, die Ruine der Kirche *San Nicola* ⑪.

Unter den Grabmälern auf dem nun folgenden Abschnitt der Via Appia Antica sind von Interesse: *Fragmente des Grabmonuments des Servilius* ⑫ (1808 von Canova hier gefunden und am Fundort eingemauert). – *Grabmal der Söhne des Sextus Pompeius Justus* ⑬ (links, mit gereimter Inschrift). – *Das sog. Grab des hl. Urban* ⑭ (rechts, Ädikula in Ziegelmauerwerk, im Mittelalter für einen Turmbau verwendet). – *Republikanisches Grabmal* (rechts, dorischer Stil) und *Grabmal des Hilarius Fuscus* ⑮ aus antoninischer Zeit (rechts, mit fünf Büsten von Mitgliedern der Familie; derartige Grabstelen wurden von den römischen Steinmetzen in Serie gefertigt; man beachte die auffällig abstehenden ›Henkelohren‹, die bei derartigen Stelen die Regel sind).

Sog. Grabmal der Curatier ⑯: Der Typus des Tumulus verrät die etruskische Herkunft; der Bogen, mit dem die Straße einer Gruppe von Tumuli ausweicht, belegt, daß man hier Grabmäler respektierte, die aus der Zeit vor der Anlage der Via Appia Antica stammen, d. h. wenigstens ins 4. Jh. v. Chr. zu datieren sind. Nach Dionysius von Halikarnass soll es sich bei einem der Tumuli um das Grab eines der Curatier handeln (das historische Duell der Horatier und der Curatier fand während der Kriege der Römer gegen Alba Longa statt, d. h. um die Mitte des 7. Jh. v. Chr.). In der Frühzeit bezeichnete diese Gruppe von Grabtumuli die Südgrenze des römischen Territoriums.

Villa der Quintilier ⑰

Die malerischen Ruinen der Villa der Quintilier haben im Volksmund den Namen ›Roma vecchia‹, ›Das alte Rom‹, und die Villa hat tatsächlich die Ausdehnung einer kleinen Stadt, die ursprünglich fast einen halben Quadratkilometer nördlich der Via Appia bedeckte. Mit dem Bau wurde vermutlich um 130 n. Chr. begonnen. Ende des 2. Jh. gehörte die Villa den Brüdern Maximius und Condinus Quintilius, wohlhabenden römischen Rittern, die es durch Schriftstellerei und Kunstverstand zu hohem Ansehen brachten. Kaiser Commodus ließ sie ermorden (182 n. Chr.), um in den Besitz der Villa zu kommen. Die Villa war bis ins Mittelalter bewohnt. Die Anlage entspricht dem Typus einer kostspieligen Landvilla, wie sie in der Kaiserzeit in Italien und in den Provinzen immer wieder anzutreffen ist.

An der Via Appia liegt zunächst ein als *Nymphäum* (Garten mit Wasserspiel) bezeichneter Baukörper (4. Jh?), der fast vollkommen intakt ist, da er im 15. Jh. zu einem kleinen Kastell ausgebaut wurde. Dort muß sich auch der Zugang zum Gelände der Villa befunden haben. Rechts lag möglicherweise eine Pferderennbahn, die im 4. Jh. angefügt wurde. Weiter nördlich stößt man auf einen großen unterirdischen Pfeilersaal, der als *Zisterne* diente, die von einem Aquädukt gespeist wurde. Auf dem langrechteckigen, ummauerten Areal, das das eigentliche Wirtschaftsgelände der Villa war, sind bisher keine Spuren von Mauern ergraben: Man kann hier aber vielleicht analog zu anderen Anlagen Wirtschaftsgebäude vermuten. An der nördlichen Schmalseite schließen sich die monumentalen Ruinen der Wohngebäude an, deren Obergeschoßfenster in der Antike einen schönen Ausblick auf die Landschaft der Campagna boten. Derzeit finden hier in den Sommermonaten regelmäßig Grabungen statt, die der Erforschung des Areals der Villa dienen.

Sant' Urbano alla Caffarella ⑱ (Via Appia Pignatelli 1; Kustode)

Herodes Atticus, Literat und Mäzen der augusteischen Zeit, ließ, um die bösen Zungen Roms zur Ruhe zu bringen, seiner Gattin Annia Regilla (Gerüchte hatten zu einer Klage gegen Herodes wegen Gattenmordes geführt), der Demetra und der Faustina einen Tempel errichten. Vom Tempel sind die antiken Cellawände vollkommen erhalten; vier Säulen des Pronaos sind heute vermauert. Der Tempel wurde im 9. oder 10. Jh. in eine Kirche umgewandelt. Im Inneren sind Malereien des frühen 11. Jh. (1011) in sehr gutem Zustand erhalten: Die ›Kreuzigung‹ über der Eingangstür enthält eine Inschrift, die einen Bonizzo, vermutlich den Maler, nennt; außerdem ›Segnender Christus‹, ›Vita Christi, des hl. Urban und der hl. Cäcilia‹ und ›Thronende Madonna mit Kind und Heiligen‹.

Auf der Rückseite der Kirche und ein wenig hangabwärts ist ein Teil der Villa rustica des Herodes Atticus erhalten, zu der auch die Tempelanlage gehörte (weitere Bauten aus dem gleichen Zusammenhang in den umliegenden Feldern). Es handelt sich um ein idyllisch gelegenes *Nymphäum*. Die lokale Überlieferung hat es zur *Grotte der Nymphe Egeria* erklärt, und als solche war es ein beliebter Ausflugsort unter den deutsch-römischen Malern des 19. Jh.

* 29 Celio (Caelius)

Der Hügel soll seinen Namen von dem Etrusker Caelius Vibenna erhalten haben, der dort lebte, ehe die Siedlungen der Römer sich ausdehnten. Aufgrund der Nähe zum Palatin wurde der Caelius zu zu einem der vornehmsten Quartiere der Stadt und blieb auch im Mittelalter, nun wegen seiner Nähe zum Lateran, von Bedeutung. Erst bei der Einnahme Roms durch den Normannen Robert Guiscard 1084 wurde das Viertel völlig zerstört. Von da an blieb der Hügel halbverlassen und ist auch heute noch nicht von der Großstadtatmosphäre eingeholt worden. Mit seinen abseits, oft im Grünen gelegenen Kirchen, dem Benediktinerkloster S. Gregorio Magno und dem Park der Villa Celimontana gehört er zu den ruhigeren Zonen der Stadt.

* San Gregorio Magno ①

Gregor I. d. Gr. stammte aus einer römischen Senatorenfamilie, wurde 590 zum Papst gewählt, widmete sich der Festigung der weltlichen Macht des Papsttums und schuf mit der Neuordnung der päpstlichen Ländereien die Grundlage des Kirchenstaates. Zahlreiche Schriften

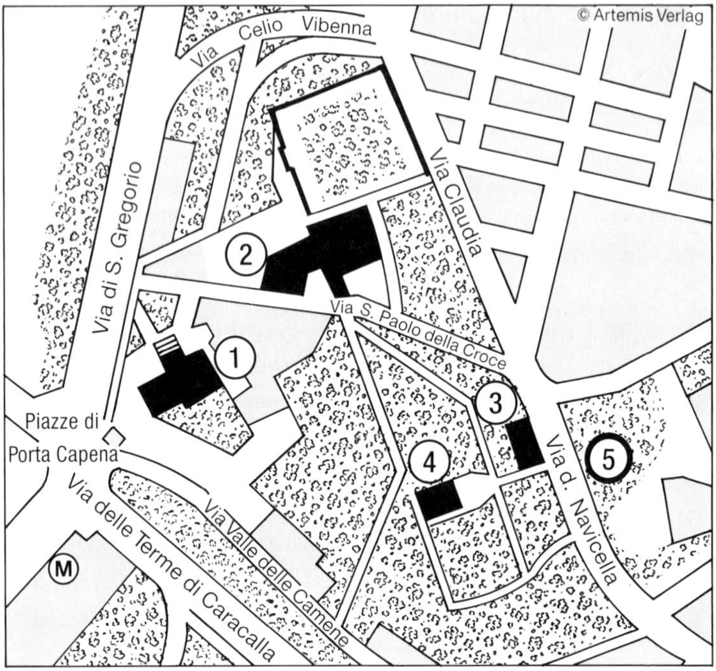

Celio: Orientierungsplan

* ① San Gregorio Magno *(S. 285)*
* ② Santi Giovanni e Paolo (mit Ausgrabungen) *(S. 288)*
③ Santa Maria in Domnica *(S. 289)*
④ Villa Celimontana *(S. 290)*
** ⑤ Santo Stefano Rotondo *(S. 290)*

trugen ihm den Rang eines Kirchenlehrers ein, doch ist Gregor vor allem bekannt geworden durch seine Vision des Erzengels Michael über dem Hadriansmausoleum, das seitdem ** Engelsburg 20 heißt.

575 richtete Gregor in seinem Elternhaus auf dem Caelius ein Oratorium ein. Darüber entstand im Mittelalter eine dem heiliggesprochenen Papst geweihte Kirche. Sie wurde 1629–1633 von Giov. Batt. Soria umgebaut, der Innenraum 1725–1734 von Francesco Ferrari neu gestaltet.

Soria fügte der Kirche ein Atrium mit vorgelagerter Treppe hinzu. Die *Fassade des Atriums,* ein Hauptwerk des Architekten, überragt das Atrium. Sie ist von zwei kräftigen Lisenenordnungen gegliedert, der Mittelteil als Risalit vorgezogen und von einem Giebel bekrönt. Dieser hat im Untergeschoß einen Portikus, in dessen Bögen Drachen und Adler aus dem Wappen des Kardinals Scipione Borghese, der das Unternehmen finanzierte, erscheinen. Darüber große Fenster und Balkone, ebenfalls mit den Wappentieren des Borghese verziert. Das

Atrium selbst ist von Portiken umstellt, deren Doppelsäulen von der Fassade aus dem 16. Jh. stammen. Die übrigen von Pilastern getragenen Trakte schuf Sorìa. Im Atrium befindet sich das *Grabmal der Brüder Bonsi* von Andrea Bregno mit bedeutenden Porträtmedaillons in Anlehnung an die Antike.

Die reiche barocke Stuckierung des *Innenraums* schuf Ferrari, das Deckenfresko ›Glorie der hll. Gregor und Romuald‹ Placido Costanzi (1727). Am Ende des rechten Seitenschiffs steht der *Altar Gregors d. Gr.* (Ende 15. Jh.). Die Reliefs mit Szenen aus dem Leben Gregors stammen von Luigi Capponi, die Predellenbilder aus der Schule Signorellis. Im angrenzenden sog. Zimmer des hl. Gregor ein Marmorsessel, den dieser benutzt haben soll. Im linken Seitenschiff öffnet sich die Kapelle Salviati, 1600 von Maderno vollendet und von G. B. Ricci freskiert. An der rechten Seite ein Madonnenbild, das zu Gregor gesprochen haben soll, links ein Marmoraltar von A. Bregno (1469).

Zur Besichtigung der drei Klosterkapellen wende man sich an den Kustoden.

Cappella di Sant' Andrea: Links ein Fresko *Guido Renis* ›Der hl. Andreas wird zum Martyrium geführt‹; rechts ein Fresko von *Domenichino* ›Die Auspeitschung des hl. Andreas‹ (1608). Besonders interessant ist die Gegenüberstellung der beiden führenden Maler der Carracci-Schule in einem Künstlerwettstreit. Beide Fresken sind als fingierte Teppiche dargestellt; Domenichinos klar gegliedertes Fresko regte die Gemüter der Zeitgenossen stärker an als die dramatischer komponierte Arbeit Renis, deren etwas akademische Klassizität den geforderten Affekt weniger traf.

Cappella di Santa Silvia: ›Engelskonzert‹, Fresko von *Guido Reni* (1608). Seit frühchristlicher Zeit wird die Musik als ›himmlisch‹ empfunden, da man meinte, auch die Engel würden singen und musizieren zum ständigen Lobe Gottes. Reni zeigt eine moderne Auffassung des Themas: Engel mit zeitgenössischen Instrumenten stehen wie Musikanten auf einer Brüstung; über ihnen im Himmel erscheint Gottvater. Anders als der hl. Andreas ist das Fresko von erfrischender, unprätentiöser Gelöstheit und gehört zu den anmutigsten Stücken italienischer Barockmalerei.

Cappella di Santa Barbara: An dem hier gehüteten Marmortisch soll Gregor persönlich die 12 Armen der Stadt bewirtet haben. Der Legende nach nahm auch einmal ein Engel an diesem Gastmahl teil. Diese und andere Szenen aus dem Leben des hl. Gregor sind in den Wandfresken von Antonio Viviani (1602) festgehalten.

San Gregorio Magno: ›Engelskonzert‹ von Guido Reni

* Santi Giovanni e Paolo (2)

Die Kirche wurde Ende des 4. Jh. auf dem Haus der Märtyrer Giovanni und Paolo, von dem an der Flanke Fragmente vermauert sind, gegründet und 410 nach den Verwüstungen durch Alarich restauriert. Nach den Zerstörungen durch Robert Guiscard mußte im 12. Jh. der Portikus erneuert werden; gleichzeitig wurde der Glockenturm auf dem Fundament eines Tempels fertiggestellt und an der Apsis eine Zwerggalerie angebracht. Dieses Motiv der romanischen Architektur ist der lombardischen Tradition entlehnt und das einzige Beispiel dieser Art in Rom. Anfang des 18. Jh. erfolgte im Auftrag des Kardinals Fabrizio Paolucci eine völlige Überarbeitung.

Der *Fassade* ist der Portikus aus dem 12. Jh. vorgelagert, dessen Architrav von antiken Säulen mit ionischen Kapitellen getragen wird. Aus dem frühen 13. Jh. stammt die darüberliegende Galerie, über der sich die 5 schmalen, von antiken Säulen flankierten Rundbögen der Originalfassade öffneten (heute vermauert). Das *Portal* ist eine Cosmatenarbeit, flankiert von Löwenskulpturen, die die Türfüllungen stützen und einem Adler im Architrav.

Der frühchristliche Charakter des *Innenraums*, einer dreischiffigen Basilika mit Apsis, ist durch die Ergänzungen des 18. Jh. völlig verlorengegangen. Der Cosmatenfußboden wurde wiederholt restauriert, die Decke im 16. Jh. gearbeitet. Das Apsisfresko von Antonio Pomarancio (1588) zeigt Christus in der Glorie, die Fresken darunter stammen aus dem 18. Jh. Am Hochaltar eine Porphyrvase mit den Gebeinen der Titelheiligen.

Am Ende des rechten Seitenschiffs ist der Eingang zu den *Ausgrabungen*. Sie umfassen drei Gebäude: einen römischen Palast, ein christliches Haus und ein Oratorium; viele Räume weisen Freskenreste aus dem 2. und 3. Jh. auf. Man erreicht zunächst das Nymphäum mit einem Fresko aus dem 3. Jh. ›Meeresgottheiten und Amoretten‹ in gut erhaltenen Farben. Das Oratorium hat gemalte Marmorverkleidungen, das anschließende Triclinium einen eleganten Fries mit geflügelten Genien, Pfauen und Vögeln, im Gewölbe christliche Symbole (3. Jh.). Im vorgelagerten Tablinum ist die Figur eines Betenden (3. Jh.) zu sehen; dahinter ein mittelalterliches Oratorium mit der Darstellung der Passion (9. Jh.). Vom Tablinum gelangt man über eine Treppe zur Confessio mit ungeklärten Fresken aus dem 4. Jh.

Santa Maria in Domnica ③

Lage: Via della Navicella, d. h. Schiffchen, nach einem antiken Marmorschiff, das als Brunnen vor der Kirche aufgestellt ist.

Die Gründung liegt wahrscheinlich im 7. Jh., der Name leitet sich von ›dominicum‹, dem Ausdruck für frühe christliche Kultstätten, ab. Paschalis I. ließ den Bau erweitern. Giovanni de' Medici, der spätere Papst Leo X., gab 1513 eine erneute Überarbeitung in Auftrag. Der einfachen Renaissancefassade ist ein eleganter Portikus von Sansovino vorgelagert, dessen 5 Arkaden von Pfeilern mit Pilastervorlagen gestützt sind.

Die dreischiffige Basilika mit 3 Apsiden wird von 18 antiken Säulen mit korinthischen Kapitellen gestützt. Unter der kassettierten Holzdecke aus dem 16. Jh. verläuft ein freskierter Fries von Pierin del Vaga mit heraldischen Zeichen der Medici. Die Apsis bewahrt Mosaiken des 9. Jh. aus der Zeit Paschalis I.: Auf einer Blumenwiese steht der Thron Mariens und des Kindes. Engelscharen nähern sich von beiden Seiten, vor dem Thron kniet Paschalis. Über dem Bogen im Zentrum ein Medaillon mit der Darstellung Christi, seitlich zwei Engel und die Apostel, darunter Moses und Elias. Die Mosaiken haben die für das frühe Mittelalter typische blau-grüne Farbigkeit, keinen Goldgrund. In die Apsis eingestellt sind zwei antike Porphyrsäulen mit Marmorkapitellen. Darunter befindet sich eine moderne Krypta mit Fragmenten antiker und frühchristlicher Sarkophage. Auch entlang der Seitenschiffswände sind antike Sarkophage aufgestellt.

Die **Villa Celimontana** ④ (rechts neben der Kirche), wurde im 16. Jh. von der Familie Mattei über Substruktionen aus flavischer Zeit an den Abhängen des Caelius angelegt und mit einer üppigen Vegetation bepflanzt. Im linken Teil des Gartens befindet sich ein ägyptischer Obelisk aus der Zeit Ramses' II. Weitere Stelen, Statuen und Marmorfragmente, die von Ausgrabungen stammen, sind über den ganzen Garten verstreut. Das Gebäude aus dem 19. Jh. im Zentrum ist Sitz des *Nationalen Geographischen Instituts.*

** Santo Stefano Rotondo ⑤

Die Kirche ist dem Erzdiakon und Erzmärtyrer Stephanus geweiht. Unter Nikolaus V., der Stephanus sehr verehrte, gehörte sie zeitweitig zu den Hauptkirchen und Pilgerstationen Roms. Der Backsteinbau, unter Papst Simplicius errichtet, ist eine der ältesten Zentralbauten Italiens. Möglicherweise reflektiert die Anlage als Zentralbau die Grabeskirche in Jerusalem. Ursprünglich war die Kirche noch von einem weiteren Umgang umgeben, in dem die Arme eines griechischen Kreuzes abgeteilt waren. Dieser Umgang und drei Kreuzarme wurden unter Nikolaus V. 1453 wegen Einsturzgefahr abgebrochen, wodurch sich der Durchmesser der Kirche von 60 auf 45 m reduzierte. An diesen Umbauarbeiten war der Florentiner Architekt Leon Battista Alberti beteiligt.

Der **Außenbau** besteht aus einem hohen Backsteinzylinder, der mit einem flachen Ziegeldach gedeckt ist. Im Mauerverband erkennt man deutlich die Stabilisationsbögen. Die Fenster sind vermauert oder durch Biforen aus der Zeit Nikolaus' V. ersetzt. Darunter setzt der ebenfalls mit Ziegeln gedeckte Umgang an.

Innenraum: Von einem schlichten Portikus aus betritt man ein karges Vestibül, in Wirklichkeit den einzigen erhaltenen Kreuzarm der ursprünglichen Kirche. Der Umgang, heute der einzige, früher der innere, ist von einem Säulenring umgeben, der heute zur Außenmauer geschlossen ist; man erkennt noch die Pfeiler und die 34 Marmorsäulen, die die ehem. Umgänge trennten. Freistehende ionische Säulen trennen den Altarraum vom Umgang ab; über ihnen erhebt sich der zylindrische durchfensterte Obergaden. Im Zentrum stützen zwei Pfeiler und zwei

Santo Stefano Rotondo: Innenraum

großartige Säulen mit korinthischen Kapitellen eine Arkatur, die ihrerseits die Dachbalken trägt.

An den Wänden Fresken von Antonio Tempesta und Cristoforo Pomarancio (Ende 16. Jh.) mit Darstellungen der grausamen Tode christlicher Märtyrer. Links vom Eingang ein beschädigter Bischofsthron, aus einem Marmorsessel der Kaiserzeit gearbeitet; daneben eine Kapelle mit einem Apsismosaik aus dem 7. Jh., das Christus über dem Gemmenkreuz zwischen Heiligen zeigt. Es folgt die Kapelle des hl. Stephan von Ungarn mit einem Grabmal aus dem frühen 16. Jh. Die Kirche ist seit Jahren einer aufwendigen Restaurierung unterworfen und derzeit nur teilweise zu besichtigen.

30 San Clemente · Santi Quattro Coronati

*** San Clemente

Lage: Piazza San Clemente; Eingang an der Via S. Giovanni in Laterano (**a**).

Der Komplex besteht aus zwei übereinandergelagerten Kirchen, die ihrerseits auf römischen Bauten ruhen. In der Unterkirche, 385 errichtet und dem hl. Clemens, dem 3. Papst nach Petrus, geweiht, fanden im 5. Jh. Konzilien statt. Im 8. und 9. Jh. erfolgten Restaurierungen. Nach den Verwüstungen durch Robert Guiscard 1084 war auch die Kirche stark beschädigt, weshalb Paschalis II. 1108 auf den Ruinen der alten Kirche den Neubau errichten ließ. Er wurde Anfang des 18. Jh. von Carlo Stefano Fontana erneut überarbeitet und steht heute unter der Obhut der irischen Dominikaner.

Die Oberkirche

Der ehem. Eingang von der Piazza aus (heute geschlossen) liegt unter einem Baldachin, der von 4 Säulen, zwei ionischen und zwei korinthischen, getragen wird. Das Portal ist von einem Marmorrahmen mit floralem Dekor eingefaßt, dahinter öffnet sich ein *Quadriportikus* (**b**) aus dem 12. Jh., dessen ionische Säulen an zwei Seiten einen Architrav tragen und an den beiden anderen Arkaden bilden. Die schlichte Fassade Fontanas baut auf den antiken Säulen des Portikus auf. Im Zentrum des Atriums ein Brunnen aus dem 18. Jh.

Der Innenraum ist durch die Eingriffe Fontanas (Stuck, Fresken, Decke) verändert, hat jedoch die Struktur des 12. Jh. bewahrt: dreischiffige Basilika mit drei Apsiden, gestützt von antiken Säulen und zur Mitte hin von massiven Pfeilern. Fußboden in Cosmatenarbeit. Im Mittelschiff vergoldete Kassettendecke des 18. Jh., an den Wänden des Obergadens Stuck und Fresken, ebenfalls 18. Jh. Die *Marmorschranke* (**c**; schola cantorum) des 12. Jh. mit seitlichen Kanzeln (Ambonen) und einem Osterleuchter in Cosmatenarbeit wurden im Barock wieder vor der Hauptapsis zusammengesetzt. Die anschließende Chorschranke vor dem Presbyterium weist Stücke aus der alten Kirche auf und zeigt das Monogramm des Papstes Johannes II. Im Presbyterium ein *Ziborium* (**d**) aus dem 12. Jh. über dem Grab des hl. Clemens. Rote Marmorsäulen stützen eine Galerie kleiner Säulchen, die ein flaches Zeltdach tragen. Die Marmorbänke des Presbyteriums laufen beim Bischofsthron aus dem 12. Jh. zusammen.

Das **Apsismosaik** (**e**) ›Triumph des Kreuzes‹ ist eine symbolische Darstellung des Opfers Christi. Vom Himmelszelt reicht die Hand Gottes dem Gekreuzigten die Krone des Lebens. Tauben auf dem

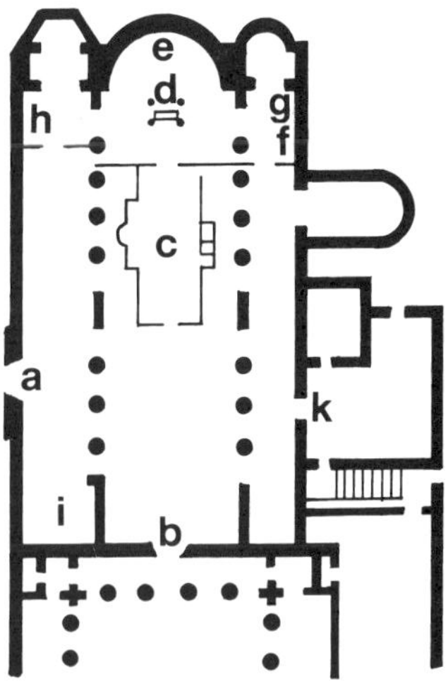

San Clemente: Grundriß der Oberkirche

- **a** Eingang
- **b** Ehem. Eingang im Quadriportikus
- **c** Marmorschranke
- **d** Ziborium über dem Grab des hl. Clemens
- **e** Apsismosaik
- **f** Grabmal des Ebf. Brusati
- **g** Grabmal des Kard. Roverella
- **h** Grabmal des Kard. Venerio
- **i** Katharinenkapelle
- **k** Zugang zur Unterkirche

Kreuz versinnbildlichen die Apostel, seitlich stehen Maria und Johannes. Vom Fuß des Kreuzes wachsen ornamental geformte Weinranken, die Darstellungen von Menschen, Tieren und Fabelwesen umfassen. Die ganze Welt wird von den Trieben des Kreuzesholzes berührt, worauf auch die Inschrift »Ich bin der Weinstock und ihr seid die Reben« verweist. Unter der Wurzel der Ranke entspringen die 4 Flüsse des Paradieses, aus denen Hirsche trinken, die hier nach einem Psalmwort die Seele symbolisieren: »Wie der Hirsch nach frischem Wasser, so schreit meine Seele, Gott, zu Dir. Meine Seele dürstet nach Gott.« In dem unteren Band das mystische Lamm, dem aus Bethlehem und Jerusalem je 6 Schafe (Apostel) entgegenziehen. An der Außenseite des Bogens oben Christus und die Evangelistensymbole, darunter rechts Petrus mit Clemens und Jeremia; links Paulus mit Laurentius und Isaias.

Dieses Mosaik aus der 1. Hälfte des 12. Jh. dokumentiert einen Höhepunkt der römischen Mosaikkunst. Es beeindruckt durch die lebhafte Farbigkeit wie durch den großartigen Effekt des Goldgrundes, der die weite Apsis zum Leuchten bringt. Die Steinchen sind unterschiedlich tief gesetzt, um den Lichteinfall maximal auszunutzen. Anstelle des in der Antike bevorzugten stumpfen Marmors werden Goldfluß und Glassteinchen verwendet, so daß auch dunkel gelegene große Flächen einen überirdisch anmutenden Schimmer erlangen.

Rechts vom Presbyterium das *Grabmal des Erzbischofs Brusati* (**f**) von Luigi Capponi (1475) und das sehr qualitätvolle *Grabmal des Kardinals Roverella* (**g**; † 1476) von Giovanni Dalmata und Gehilfen.

Links vom Chor das *Grabmal des Kardinals Venerio* (**h**; † 1479) aus der Schule des Isaia da Pisa; die Säulen des Grabmals mit byzantinischen Kapitellen stammen von einem Tabernakel des 6. Jh.

Katharinenkapelle (**i**; rechts vom heutigen Eingang): *Freskenzyklus* von *Masolino da Panicale* (vor 1431). An der Außenwand links der hl. Christophorus mit dem Jesusknaben, oben die Verkündigung, in der Bogenlaibung die Apostel; in der Kapelle die Evangelisten und in den Gewölbezwickeln die Kirchenväter, eine bewegungsreiche Kreuzigungsszene an der Altarwand. ›Szenen aus dem Leben des hl. Ambrosius‹ an der rechten Wand und die ›Vita der hl. Katharina von Alexandrien‹ an der linken. Obere Reihe: Die Christin Katharina weigert sich, ein Idol anzubeten; sie bekehrt die römische Kaiserin zum Christentum; die Kaiserin wird enthauptet. Untere Reihe: Kaiser Maxentius ordnet eine Disputation Katharinas mit heidnischen Philosophen an, Katharina bekehrt die Philosophen zum Christentum, woraufhin sie verbrannt werden; Engel zerstören die für Katharina bestimmten Folterräder; Katharina wird enthauptet, Engel bringen ihren Körper zum Berg Sinai (Katharinenkloster). An der Langhauswand sind die Vorzeichnungen (Sinopien) für die Szenen der Kreuzigung und der Enthauptung Katharinas ausgestellt.

Masolino gehört zur ersten Generation von Künstlern, die nach der Rückkehr der Päpste aus Avignon nach Rom gekommen waren und die Wiederbelebung der Kunst eingeleitete haben. U. a. durch Masolino wurden die Errungenschaften der Florentiner Frührenaissance, wie z. B. die perspektivische Darstellung von Räumen und die plastische Wiedergabe von Körpern, nach Rom vermittelt.

Die Unterkirche

Im **Treppenhaus** (**a**) werden Fragmente antiker und frühchristlicher Sarkophage und Inschriften aufbewahrt.

Im **Vestibül** (**b**) zwei *Fresken des 11./12. Jh.:* Links ›Transferierung der Reliquien des hl. Cyrill in die Kirche S. Clemente‹; rechts das ›Wunder des hl. Clemens‹. Nach der Legende taucht einmal im Jahr eine Kapelle mit den Reliquien des im Schwarzen Meer ertränkten Papstes auf. Einmal verirrte sich ein Kind in die Kapelle und versank mit ihr im Meer. Als sie im folgenden Jahr erneut auftauchte, konnte die Mutter das Kind unversehrt wieder abholen. Darunter eine Darstellung des Heiligen mit den Stiftern des Bildes.

Das **Mittelschiff** ist durch später eingezogene Pfeiler und Stützmauern teilweise verbaut. Links sind *Fresken aus dem 9. Jh.* (**c**) erhalten:

San Clemente: ›Disputation der hl. Katharina mit heidnischen Philosophen‹ (Masolino)

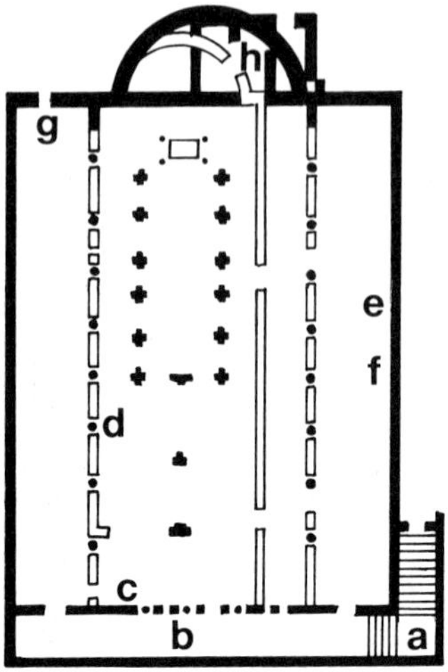

San Clemente: Grundriß der Unterkirche

- **a** Treppenhaus
- **b** Vestibül
- **c** Fresken des 9. Jh. Szenen aus dem Neuen Testament
- **d** Fresken aus dem 11./12. Jh. Legende der hl. Alexius und Sisinnus
- **e** Madonna mit Kind
- **f** Sarkophag aus dem 1. Jh.
- **g** Zugang zu den römischen Bauten
- **h** Mithräum

Himmelfahrt Christi, darunter die Apostel, seitlich Papst Leo IV. mit dem quadratischen Nimbus der Lebenden und der hl. Vitus. Weiter kleine Szenen aus dem Neuen Testament: Kreuzigung (Christus ist lebend als Triumphator über den Tod wiedergegeben), Die drei Marien am Grabe, Christus in der Vorhölle, Hochzeit zu Kana (sehr verblaßt). An der linken Mittelschiffswand die ›*Legende des hl. Alexius*‹ (**d**) aus dem 11./12. Jh. Alexius tritt nach langer Abwesenheit unerkannt bei seinem Vater in Dienst, gibt bei seinem Tod dem Papst seine Identität preis, die dieser dem Vater und der Braut des Alexius enthüllt (vgl. auch *S. 261*); darüber das Fragment einer Darstellung des thronenden Christus mit Engeln. Ein weiteres Fresko zeigt die ›Verfolgung des hl. Clemens durch Sisinnus‹. Sisinnus, Präfekt von Rom, will Clemens verhaften, wird jedoch bei Ansicht des zelebrierenden Heiligen blind (links unten die Stifter des Freskos). Im unteren Teil erkennt man die ebenfalls erblindeten Diener des Sisinnus, die eine Säule anstelle des Papstes wegtragen; im oberen Teil ein Fragment, das zeigt, wie Petrus und seine ersten beiden Nachfolger Clemens auf den päpstlichen Thron setzen.

Im rechten Seitenschiff ›*Madonna mit Kind*‹ (**e**; 8.–9. Jh.), weibliche byzantinische Heilige mit Diademen und *Sarkophag* (**f**; 1. Jh.) mit den Figuren von Phädra und Hippolytos. Am Ende des linken Seitenschiffs Reste eines Grabes, möglicherweise des hl. Cyrill, daneben der *Zugang* (**g**) *zu den römischen Bauten:* 2 Räume aus dem 2. Jh. mit Nischen und Stuck, dahinter ein *Mithräum* (**h**; 3. Jh.). Der flachgewölbte Raum diente dem Kult des persischen Sonnengottes Mithras, dessen Anhänger sich bei Zeremonien auf die seitlichen Bänke legten. Im Zentrum steht der Altar mit dem Bild des Gottes. Mithras tötet den Urstier, aus dessen Blut alles Leben entsteht, der Hund fängt die Seele auf, die Schlange, Symbol der Erde, trinkt das Blut, der giftige Skorpion versucht durch den Biß in die Hoden des Stieres, die Schöpfung zu verhindern.

* Santi Quattro Coronati (Via dei Santi Quattro Coronati)

Die Kirche liegt in einem befestigten Kloster des 12. Jh. (am Ende des 2. Hofes). Der Glockenturm über dem Tor ist ein ehem. Wehrturm. Es folgen zwei von hohen Mauern umgebene Höfe des Konvents, das einst Päpsten und Herrschern Schutz bot und heute von den Barmherzigen Schwestern geführt wird. Das an einem Abhang des Celio gelegene Kloster blieb von der Entwicklung der Großstadt isoliert und hat die Atmosphäre des Mittelalters bewahrt.

Die Kirche, eine Gründung des 4. Jh., wurde 1084 von den Normannen in Brand gesteckt, 1111 von Paschalis II. in kleinerem Maßstab wieder errichtet, im 15. Jh. unter Kardinal Cardiglio in den heutigen Formen ausgebaut und 1914 restauriert. Der Außenbau ist schlicht und bewahrt die Wehrhaftigkeit eines Refugiums der Päpste in der Nähe des Laterans.

Auch der dreischiffige Innenraum mit Frauenemporen und Apsis hat einen wehrhaften Charakter, ist wenig durchfenstert und dunkel; unterschiedlich starke antike Säulen trennen die Schiffe. Die weite Apsis stammt noch von der alten Kirche, deren Mittelschiff die Breite der heutigen 3 Schiffe erreichte. – Zur Ausstattung gehören ein Cosmatenfußboden, eine Kassettendecke aus dem 16. Jh., Votivfresken des 14. Jh. an der Innenfassade und den anliegenden Wänden; am linken Mittelschiffspfeiler ein Ziborium aus dem 15. Jh., in der Apsis Fresken Giovanni di Giovannis (1630), die die Glorie aller Heiligen und darunter die Geschichte der vier Gekrönten (quattro coronati) wiedergeben. Die vier Heiligen waren Bildhauer, die sich weigerten, ein Götzenbild zu schaffen und daraufhin das Martyrium erlitten.

Der **Kreuzgang** (im linken Seitenschiff klingeln) ist *eines der stimmungsvollsten Monumente Roms.* Die kleinen, von Doppelsäulchen getragenen Bögen wurden Anfang des 13. Jh. errichtet. Die Blattkapitelle gehören zu den frühsten ihrer Art in Rom. Im Zentrum ein Brunnen, der aus einem Waschbecken der Zeit Paschalis' II. gebildet wurde. Im linken Flügel befindet sich die Barbarakapelle, ein gewölbter quadratischer Bau aus dem 9. Jh. mit Fresken aus dem 12. Jh. und erhaltenen Transennen in den Fenstern.

* Oratorium des hl. Silvester

Schlüssel im Pförtnerhaus des Konvents rechts vor der Kirche, am Fenster links klingeln, Eingang gegenüber, Spende erwünscht.

Der hochinteressante Freskenzyklus von 1246 schildert die *Geschichte des Kaisers Konstantin und des Papstes Silvester.* In einem oberen Register über der Tür erscheint der thronende Christus, flankiert von Maria, Johannes d. T., und den Aposteln. Im unteren Streifen die szenischen Darstellungen: Konstantin ist an der Lepra erkrankt und tröstet die besorgten Mütter; im Traum erscheinen ihm Petrus und Paulus; Konstantin schickt Boten an Papst Silvester; der Papst erwartet die Boten auf dem Berg Soratte; Silvester läßt Konstantin die Bilder der Apostel anbeten; die Taufe heilt den Kaiser von der Lepra; Konstantin schenkt Silvester das päpstliche Diadem und einen Schimmel; der Kaiser führt Silvester als Herrscher nach Rom.

Die Erzählung folgt einer Legende, denn Konstantin ließ sich erst kurz vor seinem Tode taufen. Doch diese Legende des ersten christlichen Kaisers, der das Christentum zur römischen Staatsreligion erhob und sich sehr für den Kirchenbau einsetzte, war von grundlegender Bedeutung für das Selbstverständnis der Päpste, die ihre Position über die der weltlichen Herrscher setzten. Mit der Überreichung des kaiserlichen Diadems, dargestellt in Form der mittelalterlichen Tiara, wird auf die sog. ›Konstantinische Schenkung‹ (Constitutum Constantini) angespielt. Nach einem gefälschten Dokument des 8. Jh. soll Konstantin nach seiner Heilung und Taufe die Insignien und das Weströmische Imperium dem Papst Silvester vererbt und sich nach Konstantinopel zurückgezogen haben. In dem Text, der im 15. Jh. als Fälschung erkannt wurde, heißt es: »Es geziemt sich nicht, daß ein weltlicher Kaiser dort herrscht, wo von einem himmlischen Kaiser das Fürstentum der Priester und das Haupt der Religion seinen Sitz erhalten hat.« Das Dokument bestimmte zudem das Primat des römischen Bischofs, erklärte die Salvatorkirche am Lateran zur Hauptkirche der Christenheit und den Lateranspalast zum Sitz der Päpste. Ausschlaggebend war jedoch der Anspruch auf die päpstliche Oberhoheit über die weltlichen Herrscher in Europa. Dies wird besonders in der letzten Szene deutlich, in der der Papst reitet, der Kaiser aber zu Fuß geht und das Pferd Silvesters führt. Dieser ›Roßdienst‹ Konstantins wurde beispielgebend für das päpstliche Zeremoniell. Bezeichnenderweise entstand dieser Zyklus zu der Zeit, als Friedrich II. Anspruch auf den Kirchenstaat erhob.

Gegenüber ist die *Entdeckung des hl. Kreuzes durch die Kaiserin Helena* dargestellt. Eine einleitende Szene zeigt das Stierwunder, das

›Roßdienst‹ Kaiser Konstantins

aus einem Disput zwischen jüdischen Lehrern und Silvester vor dem Kaiser und seiner dem jüdischen Glauben angehörenden Mutter Helena entsprang. Nach einer vergeblichen theologischen Auseinandersetzung bewies ein jüdischer Magier die Macht seines Gottes, indem er einem wilden Stier den angeblichen Gottesnamen ins Ohr flüsterte, woraufhin das Tier brüllte und starb. Silvester erklärte, des Teufels Name töte nur, der Name Gottes aber töte und mache wieder lebendig. Der Magier konnte das Tier nicht wieder zum Leben erwecken, wohl aber der Papst. Er flüsterte dem Stier den Namen Jesu ins Ohr, woraufhin das Tier sich erhob und von da an brav und zahm war. Helena trat beeindruckt zum christlichen Glauben über, zog ins Heilige Land und suchte das Kreuz Christi.

Stilistisch wirken die Fresken aus heutiger Sicht etwas ungelenk, da in narrativen Szenen das Fehlen der Perspektive besonders auffällt. Den Künstlern der Zeit war jedoch nur an der Klarheit der Erzählung gelegen, nicht an einem Abbild der Natur. Die heute primitiv erscheinende Malerei resultiert also keineswegs aus einem Unvermögen.

*** 31 San Giovanni in Laterano (Lateransbasilika)

Die **Piazza di San Giovanni in Laterano** war im Mittelalter das Machtzentrum Roms, Sitz der Päpste und Gerichtsstätte. Hier waren auch die wichtigsten Rom-Symbole ausgestellt: die Statue der Wölfin und das Reiterstandbild Marc Aurels. Sixtus V. beauftragte 1584 Domenico Fontana mit der Aufstellung des 31 m hohen *Obelisken.* Dieser größte und älteste Obelisk Roms stammt aus dem Amuntempel in Karnak, wo ihn die Pharaonen Tuthmosis III. und Tuthmosis IV. im 15. Jh. v. Chr. hatten errichten lassen. Im Jahre 357 ließ Konstantin II., Sohn des Kaisers Konstantin, den Obelisken mit einem eigens für diesen Transport gebauten Schiff nach Rom transportieren und im Circus Maximus errichten. Dort wurde er, in drei Stücke zerbrochen, 1587 entdeckt und im folgenden Jahr vor der Kathedrale aufgestellt.

Sixtus V. ließ als erster Papst die Obelisken wieder aufrichten. Die ägyptischen Monumente sind Symbole eines Sonnenstrahls und waren dem Sonnengott Re heilig. Sixtus deutete sie um als Licht Christi, ließ sie exorzieren und mit einem Kreuz als Siegeszeichen der Kirche versehen (darunter kamen Dreiberg und Stern aus dem Wappen seiner Familie Peretti). Im Rahmen seines urbanistischen Programmes, das die Verbindung der wichtigen Pilgerkirchen S. Giovanni in Laterano, *** S. Maria Maggiore *(S. 314)*, * S. Croce in Gerusalemme *(S. 310)* durch geradlinige, perspektivisch angelegte Straßenzüge vorsah, wurden Obelisken an markanten Punkten der Stadt aufgestellt, z. B. ** Piazza del Popolo *(S. 107)*, Piazza di San Pietro *(S. 181)* und Piazza di San Giovanni in Laterano.

Geschichte: San Giovanni in Laterano, nicht San Pietro, ist die *Kathedrale Roms* (der oft verwendete Ausdruck ›Petersdom‹ ist daher falsch). Eine Kathedrale (von cathedra = Armstuhl, also dem Bischofsthron) ist eine Bischofskirche. Der Bischof von Rom ist der Papst, der sich bei seinem Amtsantritt in einem feierlichen Zug von S. Pietro zum Lateran begibt, um ›seine‹ Kirche in Besitz zu nehmen. San Giovanni wird als ›Haupt und Mutter der Kirchen Roms und des Erdkreises‹ bezeichnet (›caput et mater ecclesiarum urbis et orbis‹ steht auf einem Sockel des Portikus), ist die bedeutendste der vier Patriarchalbasiliken und die ranghöchste der sieben Pilgerkirchen Roms. Heute untersteht San Giovanni dem jeweiligen Stellvertreter des Papstes; der Papst selbst führt hier noch am Gründonnerstag die zeremonielle Fußwaschung der 12 Armen durch.

Die ursprüngliche Kirche wurde unter Papst Melchiades auf dem Gelände der Familie Laterani, das sich seit dem 2. Jh. in kaiserlichem Besitz befand, errichtet. Im Jahre 312 schenkte Kaiser Konstantin einen Teil dieses Grundstücks der römischen Christengemeinde. Nach dem Mailänder Edikt von 313, das die Gleichstellung des bis dahin verfolgten Christentums mit den heidnisch-römischen Religionen proklamierte, entstand hier die erste der monumentalen Basiliken. Maßgeblicher Bauherr war Papst Silvester I., der den Kaiser der Legende nach getauft haben soll. An die

San Giovanni in Laterano: Fassade

Stiftung des Kirchengrundstücks und die Legende von der Taufe des Kaisers durch Silvester knüpft die sog. Konstantinische Schenkung an, ein gefälschtes Dokument, das den Papst als Erben des Kaisers ausweist *(S. 298)*.

Die Kirche war zunächst Christus dem Erlöser (salvator) geweiht und wurde erst unter Sergius III. Johannes dem Täufer und Johannes dem Evangelisten gewidmet. Diese erste christliche Großkirche hatte 5 von Säulen getragene Schiffe und eine Apsis – eine aus den antiken Kaiserhallen (vgl. die Basilica Ulpia auf dem Trajansforum, *S. 85*) entwickelte Form, die den Typ der christlichen Basilika prägte. Dieser Bau wurde mehrmals durch Barbareneinfälle, Erdbeben und Brände zerstört und in den alten Formen wieder aufgebaut. Nach der Rückkehr der Päpste aus Avignon 1377 und der Transferierung des Papstsitzes vom Lateran zum Vatikan verlor San Giovanni an Bedeutung. Für das Jubeljahr 1650 ließ Innozenz X. die Kathedrale von Francesco Borromini radikal modernisieren, Clemens XII. 1735 die neue Fassade errichten.

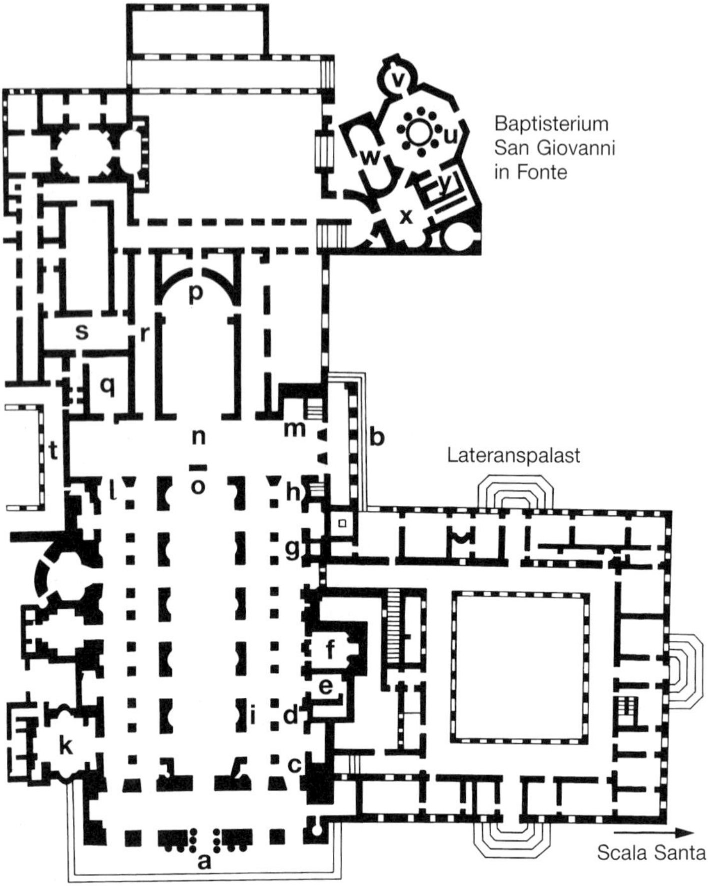

San Giovanni in Laterano: Grundriß

- **a** Hauptfassade
- **b** Querhausfassade
- **c** Fresko ›Madonna mit Kind‹
- **d** Grabmal Kard. Acquaviva
- **e** Torlonia-Kapelle
- **f** 3. Kapelle rechts u. a. mit Grabmälern
- **g** Grabmal Kard. Casati
- **h** Grabmal Kard. de Chaves
- **i** Freskenfragment ›Bonifaz VIII. verkündet das 1. Jubeljahr‹
- **k** Corsini-Kapelle
- **l** Grabmal Kard. Casanate
- **m** Kreuzkapelle
- **n** Tabernakel und Papstaltar
- **o** Grabmal Martins V.
- **p** Apsismosaik
- **q** Cappella Colonna
- **r** Korridor
- **s** Alte Sakristei
- **t** Kreuzgang
- **u** Umgang
- **v** 1. Baptisteriumskapelle
- **w** 2. Baptisteriumskapelle
- **x** 3. Baptisteriumskapelle
- **y** 4. Baptisteriumskapelle

Die **Hauptfassade** (a) von San Giovanni zur Stadtmauer hin ist das bedeutendste Werk von Alessandro Galilei (1735/36). In dieser spätbarocken Architektur sind klassische Formen in einem völlig unklassischen Proportionsverhältnis zusammengefügt. Fünf hohe Arkaden formen einen Portikus mit Loggia, im Mittelrisalit betonen eingestellte Säulen und ein vorgezogener Balkon die als Serliana gebildete *Benediktionsloggia* des Papstes. Nur eine kolossale Ordnung aus Halbsäulen und Pilastern auf hohen Sockeln mit korinthischen Kapitellen gliedert die Fassade und stützt das Gebälk mit einem Dreiecksgiebel, in dem zwei Engel das Mosaik eines Christuskopfes halten, ein Fragment des ehem. Fassadenmosaiks aus dem 13. Jh. Darüber erhebt sich eine Balustrade, auf der die weithin sichtbaren 7 m hohen Statuen stehen: im Zentrum, auf erhöhtem Podest, Christus, seitlich Johannes der Täufer und Johannes der Evangelist, außen die Kirchenlehrer.

Der Portikus ist von einem kassettierten Tonnengewölbe gedeckt. Im Hauptportal die *antike Bronzetür* aus der Kurie *(S. 54)* des Forum Romanum. 1660 wurde sie hierher versetzt und größenmäßig durch Hinzufügung seitlicher Streifen angepaßt. Auf diesen erkennt man die Sterne aus dem Wappen des Papstes Alexander VII. Chigi. Die rechte Tür ist, wie in St. Peter, die *Porta Santa,* die nur in Heiligen Jahren geöffnet wird. An der linken Schmalseite eine Statue des Kaisers Konstantin aus den Quirinalsthermen. Über den Türen Reliefs, mit Szenen aus dem Leben Johannes' d. T. (17. Jh.).

Eine **zweite Fassade** (b) ist dem Querhaus zur Piazza di San Giovanni hin vorgelagert. Sie wird beherrscht von den Glockentürmen des 14. Jh. Den Portikus mit Loggia fügte Domenico Fontana 1586 hinzu.

Inneres: Von der frühchristlichen Basilika ist noch die Anlage der 5 Schiffe mit Querhaus zu erkennen. Bei der Umgestaltung durch Borromini wurden die Säulen des Mittelschiffs paarweise zu Pfeilern zusammengefaßt, wodurch die z. T. völlig erneuerten Seitenschiffe abgeriegelt werden. Die Mittelschiffswand ist durch eine hohe Pilasterordnung gegliedert, deren unterschiedliche Abstände einen starken rhythmischen Wechsel von geschlossenen und offenen Abschnitten in den Seitenschiffen bewirken. Es erfolgte auch eine neue Aufstellung und Rahmung älterer Grabmonumente. Im Sinne des Barock wurden ohne Rücksicht auf ursprüngliche Zusammenhänge die wertvollsten Stücke in ein ›modernes‹ einheitliches Konzept übernommen.

Ausstattung

Mittelschiff: Vergoldete Decke aus dem 16. Jh. (im 18. Jh. restauriert), Cosmatenfußboden mit Wappen Martins V. In den Pfeilern 12 von Borromini entworfene farbig abgesetzte Nischen mit später hinzugefügten Statuen der Apostel (18. Jh.), darüber Stuckreliefs mit Szenen des Alten und Neuen Testaments nach Entwurf Alessandro Algardis (ca. 1650) und ganz oben Statuen der Propheten (18. Jh.).

Äußeres rechtes Seitenschiff: Am Anfang rechts ›*Madonna mit Kind*‹ (**c**), Fresko aus der Schule des Melozzo da Forlì (15. Jh.); zwischen 1. und 2. Kapelle *Grabmal des Kardinals Acquaviva* (**d**; 1574) mit einbezogenen Statuen der Klugheit und Mäßigung von Isaia da Pisa (15. Jh.), Rahmung von Borromini. – Die *Kapelle der Torlonia* (**e**), der führenden Familie Roms im 19. Jh., ist die letzte Familienkapelle, die in einer römischen Kirche eingerichtet wurde. – *3. Kapelle* (**f**): Außen in einer Nische Statuette des hl. Jakobus von Andrea Bregno (15. Jh.), Fragment eines Altares, in der Kapelle ein Kruzifix von Girolamo Sermoneta (ca. 1575). In der Seitenschiffswand *Grabmal des Kardinals Casati* (**g**), Cosmatenarbeit des 13. Jh.; *Grabmal des Kardinals de Chaves* (**h**) mit Skulpturen des Isaia da Pisa (1447).

Inneres rechtes Seitenschiff: Am 1. Pfeiler *Freskenfragment* (**i**) mit der Darstellung Bonifaz' VIII. bei der Verkündung des 1. Jubeljahres 1300. Auf der Loggia des alten Lateranspalastes steht der Papst mit zwei Diakonen, von denen einer die Bulle mit der Erklärung des Jubeljahres hält. Die Zuschreibung des Freskenfragments an Giotto wird heute in Zweifel gezogen.

Äußeres linkes Seitenschiff: *Corsini-Kapelle* (**k**): Architektur von Alessandro Galilei; links Grabmal Clemens' XII. Corsini mit einer Bronzestatue des Papstes auf einer antiken Porphyrurne aus dem Pantheon, rechts das Grab des Kardinals Neri Corsini (beide Statuen von G. B. Maini, 18. Jh.). Am letzten Pfeiler das *Grabmal des Kardinals Girolamo Casanate* (**l**; † 1700), des Begründers der Biblioteca Casanatense, von Pierre Legros.

Das **Querschiff** wurde 1597–1601 unter Clemens VIII. völlig überarbeitet. Giacomo della Porta leitete die architektonischen Arbeiten, Giuseppe Cesari, genannt Cavalier d'Arpino, die malerische Ausstattung, die ein *Hauptwerk des Manierismus in Rom* darstellen. In der *Kreuzkapelle* (**m**) rechts ein Relief mit einer Figur Bonifaz IX., Ende 14. Jh.

Papstaltar und Tabernakel (**n**): Vor dem Presbyterium das hohe Tabernakel, ein Werk Giovanni di Stefanos von 1367 in Anlehnung an die gotischen Formen Arnolfo di Cambios (vgl. Tabernakel in S. Cecilia in Trastevere, *S. 245*). Die Stifter waren der avignonesische Papst Urban V. und König Karl V. von Frankreich. Urban hatte 1367 den Versuch unternommen, mit seiner Rückkehr nach Rom das Exil der

San Giovanni in Laterano: Innenraum

Päpste in Avignon zu beenden. Er widmete sich der Restaurierung der Kathedrale und ließ über dem Papstaltar das Tabernakel in den altertümlichen Formen Arnolfos errichten, die auf die Zeit vor dem Exil verweisen und damit die Kontinuität des römischen Papsttums ausdrükken sollten. Urban war in Rom feierlich empfangen worden; doch als er versuchte, die Macht über die Stadt zu gewinnen, kam es zu Unruhen, so daß er nach Avignon zurückkehrte. Das Tabernakel ist mit Fresken Barna da Sienas geschmückt (1367/68), die im 15. Jh. von Antoniazzo Romano übermalt wurden. Darüber Silberbüsten, die die Reliquien mit den Köpfen von Petrus und Paulus bergen sollen. Unter dem Tabernakel der Papstaltar, in dem ein Holzaltar aufbewahrt wird, an dem die ersten Päpste von Petrus bis Silvester die Messe zelebriert haben sollen. – Vor der Confessio das *Grabmal Martins V.* (**o**) von Donatello (1443).

Das **Apsis-Mosaik** (**p**) von Jacopo Torriti und Jacopo da Camerino, (1288–1292) ist im 19. Jh. bei der Erneuerung der Apsis versetzt und restauriert worden. In einem Wolkenfeld erscheint die Büste Christi, ein der Legende nach nicht von Menschenhand geschaffenes Bild, von Engeln umgeben, darunter die Taube des Hl. Geistes über einem Gemmenkreuz. Das *Gemmenkreuz* ist ein spätantikes Motiv, bei dem das nach heidnisch-römischer Auffassung schändliche Holzkreuz durch den Schmuck mit Edelsteinen als Kostbarkeit dargestellt wird. Dieses spätantike, im Mittelalter schon ›unmoderne‹ Motiv des Gemmenkreuzes, läßt vermuten, daß hier auf ein älteres Bild zurückgegriffen wurde.

Unter dem Kreuz entspringen die Flüsse des Paradieses, die Hirsche (Symbole der Seele) und Schafe (die christliche Herde) tränken, darunter das himmlische Jerusalem. Links vom Kreuz Maria, Franziskus, Petrus und Paulus (neben Maria kniet der Stifter Nikolaus IV.), rechts Johannes d. T., Antonius von Padua, der Evangelist Johannes und Andreas. Die Figuren sind in einem hierarchischen Größenunterschied dargestellt. Maria, der Täufer und die Apostel sind größer als die mittelalterlichen Heiligen, die ihrerseits größer sind als der Papst. Zu Füßen der Figuren eine reizvolle Darstellung des Jordan, darunter, zwischen den Fenstern, die restlichen 9 Apostel und die kleinen Figuren der Künstler: links Torriti, rechts Jacopo da Camerino.

Nikolaus V., der erste aus dem Franziskanerorden hervorgegangene Papst, huldigt mit diesem Programm den Heiligen seines Ordens. Franziskus war 1228, Antonius 1232 heiliggesprochen worden. Die Darstellung dieser jungen Heiligen neben den Apostelfürsten in der bedeutendsten Kathedrale der Christenheit war ein ziemlich kühner propagandistischer Akt.

Links vom Chor die *Cappella Colonna* (**q**) von Girolamo Rainaldi (1625), schönes Chorgestühl und zahlreiche Heiligenfiguren.

Ein *Korridor* (**r**) links vom Chor birgt Fragmente der alten Basilika, die Grabmäler der Künstler Andrea Sacchi (1661) und Cavalier d'Arpino (1640) sowie die Petrus- und Paulus-Statuen von Deodato di Cosma (13. Jh.), dahinter in der alten *Sakristei* (**s**) ein Verkündigungsbild von Marcello Venusti nach einer Zeichnung Michelangelos (1555).

Kreuzgang (**t**) (Zugang vom äußeren linken Seitenschiff): *Hauptwerk der Cosmatenkunst,* errichtet 1215–1232 unter Honorius III. und Innozenz IV. Die Künstler stammen laut der Inschrift über den Arkaden aus der Bildhauerfamilie Vassalletto. Die Bögen werden von Doppelsäulchen gestützt, deren Schäfte und Kapitelle vielfach variieren, darüber ein Mosaikfries; im Zentrum ein Brunnen aus dem 9. Jh. mit langobardischer Bandornamentik. Entlang der Wände zahlreiche Fragmente der alten Basilika, darunter der Bischofsthron mit Cosmatenornamentik. Hervorzuheben ist das *Grabmal des Kardinals Annibaldi* († 1274) von Arnolfo di Cambio. Der toskanische Bildhauer Arnolfo prägte den in Italien verbreiteten Typus des Baldachinwandgrabes, auch zeigt er erstmals einen wahrhaft Toten, keinen Schlafenden. Charakteristisch sind die Engel, die den Vorhang zur Seite halten, damit man einen letzten Blick auf den Verstorbenen werfen kann.

Grabmal des Kardinals Annibaldi (Ausschnitt)

*** **Baptisterium San Giovanni in Fonte** *(s. Abb. oben)*

Zum Komplex von San Giovanni gehört die kleine, doch bedeutsame Taufkirche. Unter Kaiser Konstantin im 4. Jh. über dem Nymphäum des Palastes der Laterani errichtet, im 5. Jh. von Sixtus III. erneuert, 1637 unter Urban VIII. in den heutigen Zustand gebracht. Der von außen schmucklose achteckige Ziegelbau begründet den Typ der Taufkirchen (Baptisterien), der während des Mittelalters besonders in Italien Verbreitung fand. Sinn der Baptisterien war, die noch Ungetauften vom Allerheiligsten fernzuhalten. Sie wurden als Zentralbauten um ein Taufbecken errichtet, aber auch die mit San Giovanni in Fonte vorgegebene Achteckform wurde wiederholt aufgegriffen (z. B. San Giovanni in Florenz). Die Zahl 8 verweist dabei auf den 8. Schöpfungstag, d. h. die neue Schöpfung des Menschen durch die Taufe.

Um einen Ring von 8 Porphyrsäulen ist ein achteckiger Umgang (**u**) angelegt. Die Säulen tragen einen Architrav mit einer Inschrift Sixtus' III. zur Taufe, darüber eine kleinere Säulenstellung mit Kuppel. Ein großes Basaltbecken im Zentrum diente der Taufe, heute mit einem

Bronzedeckel des 17. Jh. geschlossen. An den Wänden Gemälde mit Darstellungen der Taten des Täufers (Andrea Sacchi, 17. Jh.), darunter Fresken mit den Taten Konstantins, unter denen die ›Zerstörung der Götzenbilder‹ von Carlo Maratta (17. Jh.) hervorzuheben ist.

1. Kapelle (**v**): Gründung von Papst Ilarius; originale Bronzetüren. – *2. Kapelle* (**w**): Ehem. Narthex, von Anastasius IV. 1154 umgebaut; über der Tür ein Kruzifix aus der Schule Andrea Bregnos (1492), in der Apsis ornamentale Mosaiken des 5. Jh. (restauriert); an der Außenseite erkennt man den ehem. Eingang zum Baptisterium, darüber ein schönes Fragment eines römischen Architravs. – *3. Kapelle* (**x**): 640 unter Johannes IV. errichtet; Mosaiken des 7. Jh. Über dem Bogen die Evangelistensymbole, seitlich Jerusalem und Bethlehem, darunter acht Märtyrer, in der Kalotte ›Segnender Christus zwischen zwei Engeln‹, darunter ›Madonna mit 6 Heiligen und den Päpsten Johannes IV. und Theodorus‹. – *4. Kapelle* (**y**): Geweiht unter Papst Ilarius im 5. Jh. (Inschrift), Bronzetüren von Umberto und Pietro da Piacenza (1196), im Gewölbe Mosaiken des 5. Jh. mit Darstellungen von Blumen und Vögeln, im Zentrum das Lamm Gottes in einem symbolischen Jahresring, der aus Früchten der vier Jahreszeiten gebildet ist; über dem Altar Bronzestatue Johannes d. T. von Taddeo Landini (Ende 16. Jh.); links ein Grabrelief von Luigi Capponi (15. Jh.).

Palazzo del Laterano (Lateranspalast): Das heutige Gebäude steht an der Stelle des ehem. Patriarchalspalastes, der seit der Schenkung des Geländes durch Konstantin II. (337–340) bis zum Exil von Avignon (1305–1377) die Residenz der Päpste bildete. 1308 wurde der Palast durch einen Brand zerstört, so daß Gregor XI. nach der Rückkehr aus Avignon den Vatikanischen Palast beziehen mußte. Sixtus V. ließ die Reste abreißen und 1586 von Domenico Fontana den Neubau als Sommersitz der Päpste errichten (später wurde der Quirinalspalast bevorzugt). Der quadratische Bau folgt dem Vorbild des Palazzo Farnese *(S. 159)*, ist jedoch wesentlich monotoner. Drei Stockwerke mit gleichförmigen Fensterreihen werden lediglich von den von schweren Säulen flankierten Portalen unterbrochen; auf dem Dach der hübsche Belvedereturm. 1929 wurden hier die Lateranverträge, die die Unabhängigkeit des Vatikanstaates von Italien garantieren, unterzeichnet.

Scala Santa (Sancta Sanctorum; gegenüber dem Lateranspalast): 1585–1590 von Domenico Fontana errichtet im Auftrag Sixtus' V., der beim Abriß des alten Lateranspalastes die noch erhaltene Privatkapelle der Päpste hierher transferieren ließ. Auch die Ehrentreppe des alten Palastes, die sog. Scala Santa, wurde in dem neuen Gebäude installiert.

Die Scala Santa (Heilige Treppe) ist ein spätantikes Werk aus dem konstantinischen Lateranspalast. Mitte des 15. Jh. wurde sie fälschlicherweise als Treppe des Prätoriums des Pilatus in Jerusalem identifiziert, die Christus hinaufgestiegen sein soll, als er Pilatus vorgeführt wurde. Die Treppe (heute verkleidet) ist immer noch Gegenstand großer Verehrung; Pilger überwinden sie betend auf Knien. Sie führt zur ehem. Privatkapelle der Päpste, genannt Sancta Sanctorum (die hl. Kapelle der Heiligen) aufgrund der zahlreichen hier ehemals aufbewahrten Reliquien, die sich heute größtenteils im Vatikan befinden. Sie geht auf die Zeit Konstantins zurück und wurde unter Nikolaus III., der die drei Marmorportale aus dem Prätorium von Jerusalem hier einbringen ließ, in den heutigen Zustand gebracht. Die Kapelle ist immer geschlossen, man blickt durch ein Gitter in das Innere, das mit Cosmatenarbeiten ausgestattet ist (1278). Auf dem Altar ein Reliquiar, das ein Bild Christi birgt. Dieses Bild soll nach einer mittelalterlichen Legende von einem Engel gemalt worden sein und wurde bei schweren Notständen in Prozessionen durch die Stadt getragen. Bei dem sehr verehrten ›imago archeropita‹ (nicht von Menschenhand gemaltes Bild) handelt es sich um eine Arbeit aus dem 6./7. Jh. Vor dem Altar eine Schranke, die die Inschrift trägt ›non est in toto sanctior orbe locus‹ (es gibt keinen heiligeren Ort in der ganzen Welt).

32 Santa Croce in Gerusalemme · Porta Maggiore

* Santa Croce in Gerusalemme

Lage: Piazza S. Croce in Gerusalemme.

Nach der Überlieferung ist die Kirche eine Gründung Konstantins, der hier die von seiner Mutter Helena aus Jerusalem mitgebrachten Reliquien aufbewahren wollte (ca. 320). Mit der Anerkennung des Christentums durch Konstantin im Mailänder Edikt 313 wuchs die Bedeutung Roms auch als neue Hauptstadt der Religion. Um diesem Anspruch Ausdruck zu verleihen, wurden in Palästina Reliquien Christi, Mariens und der Apostel gekauft und nach Rom, später in das ganze christliche Abendland gebracht. Es setzte ein lebhafter Handel ein, bei dem natürlich auch etliche Fälschungen verkauft wurden.

Die Kirche wurde 1144 unter Lucius II. erneuert, der romanische Glockenturm hinzugefügt; 1743 wurde der Bau von Domenico Gregorini im Auftrag Benedikts XIV. völlig überarbeitet. Santa Croce in Gerusalemme gehört zu den sieben Pilgerkirchen Roms. Sie wird heute vom Zisterzienserorden betreut.

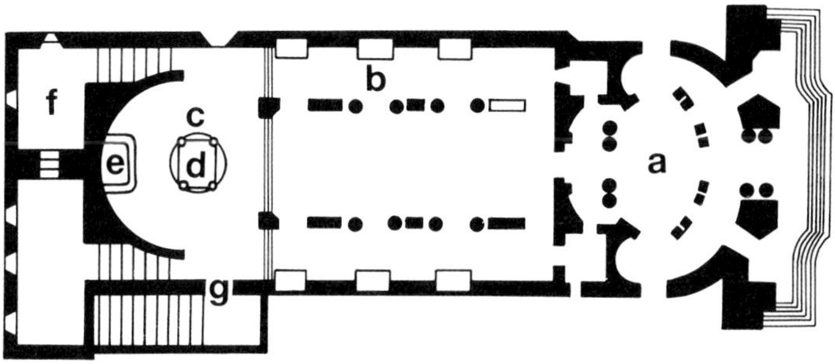

Santa Croce in Gerusalemme: Grundriß

- a Ovales Atrium
- b Carlo Maratta ›Der hl. Bernhard erniedrigt den Gegenpapst vor Innozenz II.
- c Tabernakel
- d Hochaltar
- e Grabmal Kard. Quinones
- f Kapelle der hl. Helena
- g Zugang zur Reliquienkapelle

Die **Fassade** aus dem 18. Jh. stammt von Gregorini. Die plastischen bewegten Formen folgen Ideen von Borromini, die Bekrönung mit gekurvtem Giebel, Balustrade und Statuen zeigen Züge des Spätbarock. Drei Portale öffnen sich zum *ovalen Atrium* (**a**), das ebenfalls von der Architektur Borrominis inspiriert ist.

Die Kirche ist eine dreischiffige Basilika mit Querhaus und Apsis, doch sind die Formen des frühchristlichen Baus durch die Barockisierung Gregorinis verunklärt. Gut erhalten ist der mittelalterliche Cosmatenfußboden. Das hölzerne Scheingewölbe enthält ein Gemälde Corrado Giaquintos ›Aufnahme Helenas in den Himmel‹ (1744); am Beginn des Mittelschiffes zwei Weihwasserbecken aus dem 15. Jh.; im rechten Seitenschiff ein *Gemälde Carlo Marattas* (**b**) ›Der hl. Bernhard erniedrigt den Gegenpapst Viktor IV. vor Innozenz II.‹ (1660–1665). Im Presbyterium ein bizarres *Tabernakel* (**c**) aus dem 18. Jh., unter dem *Hochaltar* (**d**) eine Basalturne mit den Reliquien der hll. Caesarius und Anastasius, im Gewölbe die ›Erscheinung des Kreuzes‹, ein Gemälde von Corrado Giaquinto (1744).

Apsis: *Grabmal des Kardinals Quinones* (**e**) von Jacopo Sansovino, 1536 zu Lebzeiten des Kardinals errichtet. In der Kalotte *›Die Legende des hl. Kreuzes‹*, ein Antoniazzo Romano und Marco Palmezzano zugeschriebener Freskenzyklus von 1492. In der Mitte erkennt man die Kaiserin Helena mit dem Kreuz, vor dem der Stifter des Freskos, Kardinal Mendoza, kniet. Die linken Szenen erzählen die Episode von dem Leviten Judas, den Helena in einen Brunnen werfen ließ, damit er ihr verrate, wo die Kreuze von Golgatha vergraben sind. Judas gräbt die drei Kreuze aus, auf die Helena einen Toten legen läßt. Das Kreuz

Christi erweckt diesen wieder zum Leben. Auf der rechten Seite erkennt man den byzantinischen Kaiser Heraklius, der den Perser Chosrau besiegt. Chosrau hatte das Kreuz gestohlen, Heraklius will es im Triumph zurückbringen, doch ein Engel verwehrt ihm den Zugang. Da kein Sterblicher zu Pferd durch das Tor eintreten darf, das Christus auf einem Esel durchritt, schleppt Heraklius demütig zu Fuß das Kreuz zurück. Die obere Zone mit dem segnenden Christus ist stark restauriert.

Kapelle der hl. Helena (**f**; Zugang links von der Apsis): Im Gewölbe Mosaiken von Melozzo da Forlì (vor 1484), Anfang des 16. Jh. von Baldassare Peruzzi überarbeitet. Dargestellt sind an der Decke Christus, die Evangelisten und die Geschichte des hl. Kreuzes, unter dem Eingangsbogen Papst Silvester, Helena mit dem Kreuz (zu ihren Füßen der Stifter, Kardinal Carvajal) und die Leidenswerkzeuge Christi, unter dem gegenüberliegenden Bogen Petrus, Paulus und das Lamm Gottes. Unter dem Fußboden liegt Erde vom Kalvarienberg, die Helena mit den Passionsreliquien aus Jerusalem brachte, daher Santa Croce in Gerusalemme (Hl. Kreuz in Jerusalem).

Die **Reliquienkapelle** (**g**; Zugang im linken Seitenschiff, man bitte einen der Mönche um Beleuchtung) birgt wichtige Reliquien: 3 Stücke vom Kreuzesholz, einen Nagel vom Kreuz und ein Stück des Titulus; Dornen der Krone Christi, im Gang davor ein Stück vom Kreuz des guten Schächers.

Neben der Kirche liegt das **Museo degli Strumenti Musicali,** in dem über 3000 Musikinstrumente ausgestellt sind.

Porta Maggiore

Lage: Östlich des Stadtzentrums, an der Kreuzung von Via Giolitti, Via di Porta Maggiore, Via Statili, Via Casilina und Via Prenestina.

Die **Porta Maggiore** wurde bis 52 n. Chr. unter Claudius als Stützkonstruktion für die Wasserleitungen der Acqua Claudia und Anio Novus (Aniene) an der Gabelung der Konsularstraßen Via Prenestina (nach Palestrina) und Via Labicana oder auch Via Casilina (nach Colonna) errichtet. In der unteren Zone hat die Porta Maggiore zwei große Durchlässe, dazwischen, vor den Pfeilern, giebelbekrönte Ädikulen mit kleineren Rundbogenöffnungen. Die (wegen der beiden übereinanderliegenden Wasserleitungen im Inneren) extrem hohe, dreifache Attika, die entfernt an die Architektur der Triumphbögen erinnert, trägt Inschriften, die an die Stiftung des Claudius (obere Inschrift) und an spätere Restaurierungen unter Vespasian (71 n. Chr., Mitte) und Titus (81 n. Chr., unten) erinnern. Die seitlichen Bögen (Ziegelmauerwerk) wurden im frühen 2. Jh. zugefügt. Die Aurelianische Stadtmauer (270–282) hat die Porta Maggiore und das davor liegende Grabmal des Eurysaces einbezogen.

Der **sog. Tempel der Minerva Medica** (Via Giolitti), ein seiner einst kostbaren Marmorverkleidung beraubter Bau, gehörte als *Nymphäum,* als Grotte mit Wasserspielen, zu den *Horti Liciniani* (Gartenanlagen des Licinius) aus dem 4. Jh. n. Chr. Das Dekagon mit zehn Statuennischen im Inneren trug noch bis 1828 seine Kuppel. Die irrtümliche Bezeichnung hat sich erst im 17. Jh. eingebürgert.

Das **Grabmal des Eurysaces** wurde laut seiner Inschrift für den Großbäcker und Staatslieferanten Marcus Vergilius Eurysaces und seine Gattin Atistia gegen Ende der republikanischen Ära (ca. 30 v. Chr.) errichtet. Der trapezförmige Grundriß wurde wohl aus Rücksicht auf weitere umliegende Grabstätten gewählt. Die merkwürdige Dekoration mit großen, offenen Röhren (›Backröhren‹) und die Darstellungen des Reliefffrieses spielen auf das Handwerk des Verstorbenen an. Man beachtete die gewaltigen Brotkörbe und die übermannsgroße Waage, die den Umfang der ›industriellen‹ Großproduktion im Unternehmen des Eurysaces widerspiegeln.

Bei der Porta Maggiore befindet sich auch der Zugang (nur mit Sondererlaubnis der Soprintendenza alle Antichità di Roma, Piazza S. Maria Nuova 53) zu einer *unterirdischen Basilika,* vermutlich einem Kultraum einer neo-pythagoräischen Sekte aus dem 1. Jh. n. Chr. Im Inneren Stuckarbeiten in gutem Erhaltungszustand, ähnlich denen der Villa Farnesina im Thermenmuseum *(S. 341).*

33 Esquilin

Der **Esquilin,** einer der sieben ›klassischen‹ Hügel Roms, war relativ dünn besiedelt. Maecenas errichtete im 1. Jh. hier seine Villa mit weitläufigen Gartenanlagen, auch Vergil und Horaz wohnten in diesem Gebiet. Heute hingegen ist der Esquilin als das nicht mehr vornehme Bahnhofsviertel eine der Kernzonen der Stadt. Wie in den Bahnhofsgegenden der meisten Großstädte blüht auch hier eine von Drogen, Prostitution und Kriminalität geprägte ›Subkultur‹. Die Straßen unterhalb des Esquilin, die ›suburra‹ westlich der Via Cavour, sind seit der Antike das ›Hurenviertel‹ der Stadt.

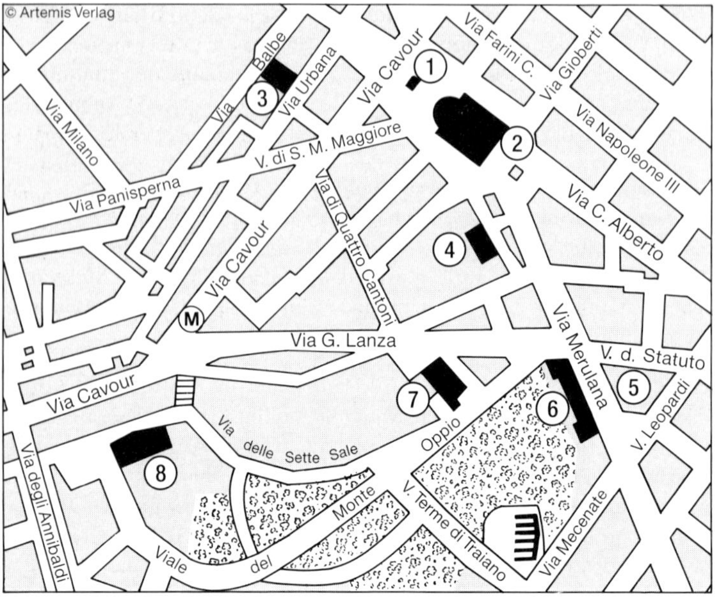

Esquilin: Orientierungsplan

① Piazza dell'Esquilino mit Obelisk *(S. 314)*
*** ② Santa Maria Maggiore *(S. 314)*
* ③ Santa Pudenziana *(S. 320)*
** ④ Santa Prassede *(S. 322)*
⑤ Auditorium des Maecenas *(S. 324)*
⑥ Museo Naz. d'Arte Orientale *(S. 324)*
⑦ San Martino ai Monti *(S. 324)*
** ⑧ San Pietro in Vincoli *(S. 325)*

Die **Piazza dell'Esquilino** ① beherrscht ein *Obelisk,* der einst am Eingang des Augustus-Mausoleums 9 stand und 1587 unter Sixtus V. vor der Apsis von Santa Maria Maggiore aufgestellt wurde. Vor der Fassade der Kirche steht eine *Säule* aus der Konstantinsbasilika *(S. 60).*

*** Santa Maria Maggiore ②

Mit San Giovanni in Laterano, San Pietro in Vaticano und San Paolo fuori le Mura gehört S. Maria Maggiore zu den *vier Patriarchatsbasiliken Roms.* Der Legende nach soll Papst Liberius (352–366) die Kirche an der Stelle gegründet haben, an der die Madonna es im August schneien ließ; das ›Schneewunder‹ wird noch heute am 5. August gefeiert. Tatsächlich aber ist S. Maria Maggiore eine Gründung Papst Sixtus' III. (432–440) und wurde nach dem Konzil von Ephesos errichtet, das Maria als Gottesgebärerin (Theotokos) und damit verehrungswürdig anerkannte.

Das **Äußere** ist von Eingriffen des Barock bestimmt: Ferdinando Fugas *Fassade* aus dem 18. Jh. ist zwischen zwei Palastfronten der im 17. und 18. Jh. errichteten Anbauten eingespannt. Die *Apsis* über den monumentalen Treppenanlagen schuf Carlo Rainaldi 1673; Domenico Fontana errichtete Ende des 16. Jh. die nördliche Kuppel über der Cappella Sistina, 1611 wurde das südliche Pendent über der Cappella Paolina von Flaminio Ponzio vollendet. Von den mittelalterlichen Eingriffen blieb nur der *Glockenturm* von 1377; er ist mit 75 m der höchste Roms.

Die **Fassade** (**a**) ist ein *Hauptwerk Ferdinando Fugas* (1743–1750). Das Untergeschoß bildet ein fünfachsiger Portikus mit Architrav; darüber öffnet sich eine dreibogige Benediktionsloggia, deren mittlerer Bogen erhöht ist. Eine mit Statuen geschmückte Balustrade verbindet die Fassade mit den anliegenden Palästen und vereinheitlicht damit die verschiedenen Gebäude. Im Portikus rechts die *Statue Philipps IV. von Spanien* (**b**), ein Bronzeguß Girolamo Lucentis nach Bernini (1692); links die *Porta Santa,* die nur in Heiligen Jahren geöffnet wird.

Santa Maria Maggiore

Ferdinando Fuga setzte seine szenographische Fassade vor die mittelalterliche Kirchenfront und bewahrte die *Mosaiken Filippo Rusutis* im Obergeschoß, die nun den Schmuck der Benediktionsloggia bilden (sichtbar von der Piazza di S. Maria Maggiore, Zugang auf Antrag bei der Kirchenleitung in der Sakristei). Die signierten Arbeiten aus dem späten 13. Jh. zeigen im oberen Register den segnenden Christus auf einem Thron zwischen Engeln und den Evangelistensymbolen, seitlich Maria, Johannes d. T. und Apostel. Im unteren Register wird die Legende der Kirche erzählt: Die Madonna erscheint Liberius im Traum und beauftragt ihn, ihr eine Kirche zu errichten; Maria verkündigt dem Patrizier Johannes, der den Kirchenbau bezahlen wird, das Schneewunder; Johannes erzählt die Vision dem Papst; Liberius zeichnet den Grundriß der Kirche in den frisch gefallenen Schnee. Die Mosaiken des unteren Registers sind stark restaurierte Werkstattarbeiten.

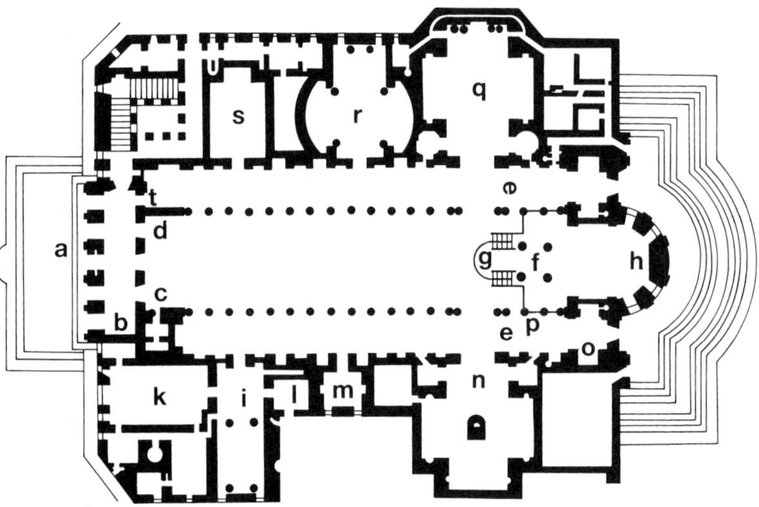

Santa Maria Maggiore: Grundriß

- **a** Fassade mit Mosaiken F. Rusutis
- **b** Statue Philipps IV. v. Spanien
- **c** Monument für Clemens IX.
- **d** Grabmal Nikolaus' V.
- **e** Triumphbogenmosaik
- **f** Hochaltar
- **g** Confessio
- **h** Apsismosaik
- **i** Baptisterium
- **k** Sakristei
- **l** Michaelskapelle
- **m** Reliquienkapelle
- **n** Cappella Sistina
- **o** Grabmal Kard. Rodriguez
- **p** Grabplatte Berninis
- **q** Cappella Paolina
- **r** Cappella Sforza
- **s** Altarbild ›Enthauptung der hl. Katharina v. Alexandrien‹
- **t** Gräber Filippo und Eustachio de Levis

Inneres: Das dreischiffige Langhaus bewahrt die reine Form der frühchristlichen Basilika (5. Jh.); Querhaus und Apsis stammen aus dem 13. Jh., die zahlreichen Kapellen aus unterschiedlichen Epochen. Das breite Mittelschiff wird von monolithischen, ionischen Säulen gestützt, über denen der Architrav ansetzt. Flache Pilaster über einem Konsolenfries strukturieren den durchfensterten Obergaden. Der Cosmatenfußboden stammt aus der Mitte des 12. Jh., die Kassettendecke gilt als Werk Giuliano da Sangallos und wurde unter Alexander VI. Ende des 15. Jh. vollendet. Für die Vergoldung soll die erste Goldlieferung aus Amerika verwendet worden sein. Die Monumentalität, Harmonie und Pracht dieses Raumes trugen S. Maria Maggiore den Ruhm als ›schönste Kirche Roms‹ ein.

Ausstattung

Mittelschiff: Rechts vom Eingang das *Monument für Clemens IX.* (**c**) von Carlo Rainaldi (1671; Clemens ist vor der Confessio begraben); links das *Grabmal für Nikolaus IV.* (**d**; † 1292) von Domenico Fontana (1574). An den Langhauswänden *Mosaiken mit Darstellungen aus dem Alten Testament:* links die Geschichte Abrahams, Isaaks und Jakobs, rechts die Moses' und Josuas. Der einzigartige Zyklus entstand in der Zeit Sixtus' III. (432–440). Sein monumentaler Erzählstil ist noch gänzlich der Spätantike verpflichtet, d. h. irdisch und realitätsnah, frei von den spirituellen Zügen des Mittelalters.

Das **Triumphbogenmosaik** (**e**) stammt ebenfalls aus der Zeit Sixtus' III., dessen Name in der Inschrift am Bogenscheitel auftaucht. Über der Inschrift ist der Thron Christi dargestellt, links die Verkündigung, die Anbetung der Hl. Drei Könige und der Bethlehemitische Kindermord; rechts die Darstellung Christi im Tempel, die Flucht nach Ägypten, die Hl. Drei Könige vor Herodes. Auch dieses Mosaik ist noch vom lebendigen Stil der späten Kaiserzeit geprägt, doch zeigt sich in einigen Figuren bereits der Einfluß der byzantinischen Abstraktion. In der ›Anbetung‹ beispielsweise ist die Madonna schon in der überirdischen Majestät des byzantinischen Stils erfaßt. Diese symbolhafte Kunst setzt sich ab dem 6. Jh. in Rom durch *(Farbtafel vor S. 273)*.

Chor: Über dem *Hochaltar* (**f**) von Ferdinando Fuga ein Baldachin, darunter eine Porphyrurne mit den Gebeinen des Apostels Matthäus und einiger Märtyrer, in der *Confessio* (**g**) eine Glasvase mit Reliquien der Krippe von Bethlehem, davor die wenig ansprechende Statue des knienden Pius IX. (Ignazio Iacometti, 1880).

Santa Maria Maggiore: Innenraum

Apsismosaik (**h**): Das Mosaik ist ein Werk *Jacopo Torritis* (ganz links signiert und datiert 1295). Die Szenen ergänzen die Thematik des Triumphbogens und schließen mit dem großen Mosaik der Marienkrönung in der Apsiskalotte. In einem Sternenhimmel erscheint der gemeinsame Thron Christi und Mariens. Maria, deren Verehrung nach dem Konzil von Ephesos ständig zunahm, sitzt hier nahezu gleichberechtigt neben Christus, der ihr die Krone der Himmelskönigin aufsetzt. Seitlich des Thrones erscheinen vor Goldgrund Scharen betender Engel und stehende Heilige: links Petrus, Paulus und Franziskus mit der knienden Figur des Papstes Nikolaus IV., der die Mosaiken in Auftrag gab, rechts Johannes d. T., und der Evang. Johannes sowie Antonius mit der knienden Figur des zeitgenössischen Kardinals von S. Maria Maggiore, Jacopo Colonna. Darüber das Himmelszelt und Rankenwerk mit christlichen Symbolen; darunter eine Jordanlandschaft. Zwischen den Fenstern befinden sich Szenen aus dem Marienleben. An der Außenseite des Bogens die 24 Ältesten der Apokalypse und im Bogenscheitel das mystische Lamm. Stilistisch gehen Torritis Mosaiken weit über die Strenge des byzantinischen Stils hinaus, erreichen jedoch nicht die Fortschrittlichkeit Cavallinis.

Die Mosaiken sind eine Stiftung Nikolaus' IV., des ersten aus dem Franziskanerorden hervorgegangenen Papstes. Mit der Darstellung der gleichberechtigt neben Christus sitzenden Maria wird die leibliche Aufnahme Mariens in den Himmel betont. Nach der von den Franziskanern propagierten These wurde Maria aufgrund ihrer unbefleckten Empfängnis direkt nach ihrem Tod, also vor dem Jüngsten Gericht, mit Leib und Seele in den Himmel gehoben. Dieses Thema war gegen Ende des 13. Jh. eine vieldiskutierte theologische These und daher hochaktuell; zum Dogma wurde es jedoch erst 1950 von Pius XII. erhoben.

Unter den Apsismosaiken 4 Marmorreliefs von Mino da Fiesole (1472?). Sie stammen vom ehem. Ziborium des Altars und zeigen die Geburt Christi, das Schneewunder, die Himmelfahrt Mariens und die Anbetung der Hl. Drei Könige.

Baptisterium (**i**), mit Taufbecken von Giuseppe Valadier; über dem Altar ›Himmelfahrt Mariens‹, ein Relief von Pietro Bernini, dem Vater des berühmten Gian Lorenzo (1606–1611). – In der *Sakristei* (**k**) weitere Reliefs des ehem. Ziboriums von Mino da Fiesole, darunter die signierte Tafel der Madonna mit Kind. – In der *Michaelskapelle* (**l**) stark beschädigte Fresken des 15. Jh., Piero della Francesca zugeschrieben; die Architektur der anschließenden *Reliquienkapelle* (**m**) stammt von Ferdinando Fuga (18. Jh.).

Cappella Sistina (**n**): Begonnen 1585 von Domenico Fontana im Auftrag Sixtus' V. Peretti in Form eines griechischen Kreuzes. Die Kuppel ist mit manieristischen Fresken vom Ende des 16. Jh. geschmückt. Im linken Kreuzarm das *Grabmal des hl. Pius V.* von Domenico Fontana; gegenüber das *Grabmal Sixtus' V.*, ebenfalls nach Fontanas Entwurf. Beide Monumente zeigen eine Sitzstatue der Verstorbenen über dem Sarkophag und in rahmenden Reliefs Szenen aus dem jeweiligen Pontifikat. Im Zentrum der Kapelle befindet sich ein *Sakramentsziborium* in Form eines von Engeln gestützten Tempelchens nach Entwurf von Giov. Batt. Ricci (1590). Darunter liegt das *Oratorium der Krippe* (nur Weihnachten zugänglich), eine kleine Kapelle von Arnolfo di Cambio (ca. 1298). Von Arnolfos Skulpturen sind Isaia und David im Bogen des Eingangs erhalten, außerdem Joseph, die Hl. Drei Könige, Ochs und Esel von der Krippe; die Marienfigur ist eine Arbeit des 16. Jh.

Am Ende des Seitenschiffs *Grabmal des Kardinals Rodriguez* (**o**; † 1299), mit Liegefigur unter einer eleganten Dreipaßarkade, an der rückwärtigen Wand ein Mosaik mit der Madonna mit Kind und den Aposteln Petrus und Paulus; das Grabmal ist signiert von Giovanni di Cosma. Gegenüber, vor der Chorschranke, die *Grabplatte Gian Lorenzo Berninis* (**p**).

Cappelle Paolina (**q**): 1611 von Flaminio Ponzio im Auftrag Pauls V. Borghese vollendet. Das Schema des Grundrisses und der Grabmonumente folgt der gegenüberliegenden Cappella Sistina. Reiche Freskenausstattung der führenden Meister des frühen 17. Jh.: in den Kuppelpendentifs eine Sibylle und Propheten von Cavalier d'Arpino, in der Lünette über dem Altar ›Erscheinung der Madonna und des hl. Johannes vor dem hl. Gregor‹ von demselben Meister, in der Kuppel ›Madonna und Apostel‹ von Ludovico Cigoli (1612), im Bogen und der Lünette des linken Kreuzarms Fresken ›Die hll. Franziskus und Dominikus‹ und ›Geschichte des Narses und Heraklius‹ von Guido Reni (1613), auf der gegenüberliegenden Seite Figuren und Legenden frühchristlicher Heiliger von Guido Reni und Giovanni Lanfranco. – Der reichgeschmückte *Altar* nach Entwurf Girolamo Rainaldis birgt eine wertvolle *Ikone aus dem 9. Jh.* Das verehrte Marienbild, der Legende nach vom hl. Lukas gemalt, hat seit dem 19. Jh. den Titel ›salus popoli romani‹ (Heil des römischen Volkes). Im linken Kreuzarm das *Grabmal Pauls V.*, gegenüber das *Grab Clemens' VIII.*, beide von Flaminio Ponzio. Wie die Grabmäler der Cappella Sistina sind auch die der Paolina mit Sitzstatuen der Verstorbenen und Reliefs mit Szenen aus deren Pontifikat geschmückt.

Cappella Sforza (**r**): Die Architektur stammt von Giacomo della Porta (1564–1573), möglicherweise nach einem Entwurf Michelangelos, das Altarbild ›Himmelfahrt Mariens‹ von Girolamo Sermoneta (16. Jh.). – Die anschließende *Kapelle* (**s**) birgt das Altargemälde ›Enthauptung der hl. Katharina von Alexandrien‹ von Sermoneta; über der Innenseite der Porta Santa die *Gräber des Filippo und Eustachio de Levis* (**t**; 1489), Arbeiten aus der Schule Giovanni Dalmatas.

* Santa Pudenziana ③ (Via Urbana)

Santa Pudenziana ist *eine der ältesten Kirchen Roms,* die nach der Legende auf dem Haus des Senators Pudens, der Petrus beherbergte, errichtet wurde. Die erste Basilika entstand gegen Ende des 4. Jh. und war der hl. Pudentiana, der Schwester des Pudens und der Praxedis, geweiht. Der Bau wurde im 8. und 11. Jh. überarbeitet, Anfang des 13. Jh. kam der Glockenturm hinzu. Eine Modernisierung von Francesco da Volterra im Jahre 1589 veränderte den Charakter der Kirche.

Die Fassade wurde im 19. Jh. erneuert, doch blieb im Architrav des Baldachins ein Fries aus dem 11. Jh. mit Darstellungen der hll. Pastor, Pudentiana, Praxedis und Pudens sowie des Agnus Dei erhalten. Das Portal ist von einem feinen Marmorrahmen aus dem 19. Jh. umgeben.

Santa Pudenziana: Apsismosaik

Die ehemals dreischiffige Basilika war von antiken Säulen gestützt. Im 16. Jh. wurden die ersten drei Arkaden vermauert sowie Stützbögen und Pfeiler eingezogen, die den Innenraum stark veränderten. Die Kuppel aus dem 16. Jh. enthält ein Paradiesfresko von Pomarancio.

Das **Apsismosaik** aus dem 4. Jh., ein *Hauptwerk der spätantiken Mosaikkunst,* zeigt den thronenden Christus mit Petrus und Paulus sowie zehn Aposteln und den hll. Praxedis und Pudentiana vor den Mauern von Jerusalem. Die Judenkirche krönt Petrus, die Heidenkirche Paulus. Am Himmel erscheinen das Gemmenkreuz *(S. 306)* und die Evangelistensymbole. Durch den eingezogenen Bogen ist das Mosaik leider stark beschnitten worden, wodurch einige seitliche Figuren und der untere Teil des Mosaiks verloren gingen, eine Restaurierung des 19. Jh. hat es weiter beeinträchtigt. Trotz der störenden Eingriffe ist das noch ganz der Spätantike verhaftete Mosaik ein wertvolles Zeugnis jener Epoche. Es gehört in den Rahmen der klassischen farbigen Mosaiken, die die römische Kunst des 3. und 4. Jh. prägten. Die Figuren sind noch plastisch gerundet und naturalistisch aufgefaßt, ihre Position im Raum ist nachvollziehbar. Diese an der Natur orientierte Darstellung, ihre Monumentalität und Feierlichkeit stehen im Vordergrund und sind noch unberührt von den mittelalterlichen Tendenzen zur Vergeistigung, die sich auf das Wesentliche, d. h. Spirituelle beschränkten und die Körperlichkeit negierten. Das Abbild der Natur beinhaltete nach dem Denken des Mittelalters auch die Sterblichkeit, deshalb wurde der Naturalismus der Antike bewußt durch eine entkörperlichte Formelhaftigkeit abgelöst.

In der Kapelle links von der Apsis über dem Altar ein Marmorrelief Giacomo della Portas mit der Schlüsselübergabe an Petrus (1596). Über dem Altar Madonna mit Kind und den hll. Praxedis und Pudentiana, im Gewölbe das Lamm Gottes mit den Evangelistensymbolen, an den Seitenwänden Darstellungen frühchristlicher Heiliger. – Die *Cappella Caetani,* errichtet von Francesco da Volterra und vollendet von Carlo Maderno, enthält eine reiche Stuck- und Marmorausstattung, im Gewölbe Mosaiken nach Entwurf Federico Zuccaris und an den Wänden die Grabmäler Enrico und Filippo Caetanis von Maderno (Anfang 17. Jh.); das Altarrelief zeigt die Anbetung der Hl. Drei Könige (P. P. Olivieri, 1599). In der Höhe des letzten Pfeilers links Zugang zu den Ausgrabungen mit Freskenresten aus dem 11. Jh. (man wende sich an den Kustoden).

** Santa Prassede ④

Lage: Via di S. Prassede, nahe der Piazza di S. Maria Maggiore.

Die hll. Praxedis und Pudentiana sind die Schwestern des Senators Pudens, der Petrus bei seiner Ankunft in Rom beherbergte. Die heutige Kirche entstand 822 im Auftrag Paschalis' I. und wurde ab dem 15. Jh. mehrmals überarbeitet. Der Haupteingang lag an der Via S. Martino ai Monti und ist mit einem Baldachin überfangen, der von zwei Granitsäulen mit ionischen Kapitellen gestützt ist. Das Atrium, das Portal und Fassade verbindet, ist heute geschlossen. In die ehemals dreischiffige Säulenbasilika mit Apsis wurden nachträglich Gurtbögen auf Pfeilern eingezogen. In der Mitte des restaurierten Cosmatenfußbodens bezeichnet eine Porphyrplatte die Stelle eines Brunnens, in dem Praxedis Blut und Reliquien der von Nero verfolgten Märtyrer aufbewahrt haben soll. Die Kassettendecke stammt aus dem 19. Jh.

Cappella di San Zenone (rechtes Seitenschiff): Paschalis I. ließ die Kapelle für seine Mutter Theodora errichten. Die Säulen seitlich des Eingangs und der Architrav stammen aus antiken Bauten. Über der Tür ist eine Marmorurne in ein Fenster eingestellt, das von stark restaurierten mosaizierten Medaillons mit Heiligendarstellungen gerahmt ist. Im Innenraum auf griechischem Kreuz tragen 4 Granitsäulen mit korinthischen Kapitellen die Grate des Gewölbes; im Fußboden Marmoreinlegearbeiten (Opus sectile). Der ganze Raum ist von *goldgrundigen Mosaiken des 9. Jh.* überzogen, die das *bedeutendste Denkmal byzantinischer Kunst in Rom* darstellen. Die brillanten Farben der Mosaiken, der schimmernde Goldgrund und die feierliche Majestät der Heiligen rechtfertigen den Namen ›Paradiesgarten‹, den der kleine, doch überaus kostbare Raum seit dem Mittelalter trägt. Im Gewölbe vier Engel, die ein Medaillon mit der Büste Christi tragen; im Bogenfeld rechts die Apostel Johannes, Andreas und Jakobus, in der Nische darunter Christus zwischen Paschalis I. und Valentian; in der Altarnische thronende Madonna mit Kind zwischen Praxedis und Pudentiana (13. Jh.), an den Fensterseiten Maria und Johannes d. T.; im Bogenfeld links Agnes, Praxedis und Pudentiana, in der Nische Theodora mit dem quadratischen Nimbus der Lebenden, Maria und zwei Heilige, darüber das mystische Lamm mit Hirschen am Quellwasser (Symbole der Seele, die nach dem Wort Gottes dürstet); über dem Eingang Petrus und Paulus, die den Thron Christi stützen. Der Fußboden ist in verschiedenfarbigem Marmor in ›Opus sectile‹ ausgelegt, in einem Nebenraum steht die angebliche ›Geißelsäule‹ Christi, die 1233 als Reliquie aus Jerusalem mitgebracht wurde *(Farbtafel nach S. 272)*.

Am Pfeiler gegenüber der Zeno-Kapelle das Grabmal des Bischofs Santoni († 1592), dessen Porträtbüste das früheste bekannte Werk Berninis ist. – 4. Kapelle rechts: Grabmal des Kardinals Alano (1474), ein hervorragendes Werk von Andrea Bregno. – Kapelle rechts vom Chor: Reste der Chorschranke aus dem 9. Jh.; Grabmal des Kardinals Anchier († 1286), eine grobe Arbeit nach Arnolfo di Cambio; Holzkruzifix aus dem 16. Jh.

Das **Triumphbogenmosaik** stammt aus der Zeit Paschalis' I., dessen Namenszug sich in der Bogenlaibung findet (restauriert). Dargestellt ist das himmlische Jerusalem, wo Christus zwischen zwei Engeln erscheint. Darunter zwei Gruppen von Aposteln, angeführt von Paulus, dem Täufer und Maria; seitlich Moses mit den Gesetzestafeln und Elias mit einem Engel. Am Stadttor empfangen zwei Engel die Erwählten.

Im Presbyterium ein aufwendiger Baldachin von Carlo Fontana (17. Jh.); in der Confessio darunter sehr schöne frühchristliche Sarkophage mit den Gebeinen der hll. Praxedis und Pudentiana.

Im **Apsismosaik,** ebenfalls aus dem 9. Jh. und mit dem Namenszug Paschalis in der Bogenlaibung, erscheint im Zentrum Christus vor einem Wolkenfeld, darüber die Hand Gottes mit der Krone des Lebens, links Paulus, der Praxedis umarmt, daneben Paschalis mit dem quadratischen Nimbus der Lebenden und dem Modell der gestifteten Kirche, ganz außen die Palme mit dem Phoenix als Symbol der Auferstehung und Unsterblichkeit; rechts Petrus, der Pudentiana umarmt, daneben der hl. Zenon. Zu Füßen der Heiligen der Jordan, darunter das Lamm Christi, dem aus Jerusalem und Bethlehem je sechs Lämmer (Apostel) entgegentreten. An der Außenseite des Bogens wieder das Lamm Christi im Zentrum, seitlich der siebenarmige Leuchter Israels, die vier Erzengel und die Evangelistensymbole, darunter reichen die 24 Ältesten der Apokalypse dem Lamm Kronen dar. – In der 3. Kapelle links Gewölbefresken vom Cavalier d'Arpino und ein Altarbild von Federico Zuccari.

Das sog. **Auditorium des Maecenas** ⑤ am Largo Leopardi besteht aus einer halbrunden Exedra aus augusteischer Zeit (ca. 30 v. Chr.). Es zeigt Freskenreste aus dem frühen 1. Jh. und gehörte wahrscheinlich zum Nymphäum der Villa des Maecenas.

Das **Museo Naz. d'Arte Orientale** ⑥, an der Via Merulana ist das Museum des Italienischen Instituts für Asienforschung, in dem vor allem Fundstücke der von diesem Institut durchgeführten archäologischen Ausgrabungen im Vorderen Orient und in Ostasien ausgestellt sind.

San Martino ai Monti ⑦ (Via Giovanni Lanza, Viale del Colle Oppio)

Den Ursprung der Anlage bildet ein Oratorium Papst Silvesters aus dem 4. Jh. Papst Symmachus ließ eine Basilika errichten und weihte sie Martin von Tours, dem Missionar Galliens. Unter Sergius II. entstand unter Verwendung der alten Säulen die heutige Kirche, die 1635–1664 Filippo Gagliardi völlig modernisierte. Die zweigeschossige Fassade aus dem 17. Jh. schließt ein Portal von 1575 ein. Den Innenraum bildet eine dreischiffige Basilika, deren 24 antike Marmorsäulen mit korinthischen und Kompositkapitellen den Architrav stützen. Die Mittelschiffsdecke ist eine Stiftung Carlo Borromeos (1650, im 19. Jh. restauriert).
Die **Fresken** an den Seitenschiffswänden enthalten reizvolle Landschaftsdarstellungen, rechts die ›Geschichte des Elias und der Karmeliter‹ von Gaspare Dughet (17. Jh.), links die hochinteressanten Perspektiven Filippo Gagliardis, die die alte Peterskirche und San Giovanni in Laterano vor dem Umbau zeigen. Gagliardi war bekannt für seine perspektivischen Darstellungen; auch im Obergaden der Kirche finden sich zwischen den Statuen perspektivische Durchblicke. – Die Krypta, eine bewegte Architektur Gagliardis, birgt die Reliquien zahlreicher namenloser Märtyrer.

** San Pietro in Vincoli (St. Peter in Ketten) (8)

Lage: Piazza San Pietro in Vincoli, bei der Via Cavour.

Auf Befehl des Herodes war Petrus in Jerusalem verhaftet und, in Ketten gefesselt, eingekerkert worden. Ein Engel befreite den Apostel (vgl. Raffaels Fresko in den Stanzen des Vatikan, *S. 211*), der daraufhin nach Rom ging.

Die erste Kirche, von Sixtus III. 439 geweiht, stiftete Eudoxia, die Frau Kaiser Valentians III., um die aus Jerusalem überbrachten Fesseln (vincoli) des Petrus aufzunehmen. Bedeutende Umbauten fanden unter Giuliano della Rovere, dem späteren Julius II. statt, der von 1471–1503 Kardinal von San Pietro in Vincoli war. Anfang des 18. Jh. folgten erneute Eingriffe durch Francesco Fontana.

Über einer Treppe erhebt sich der elegante *Portikus* (**a**), dessen fünf Bögen von Achteckpfeilern gestützt werden; als Architekt wird Meo da Caprino genannt. Das *Marmorportal* (**b**) zeigt das Wappen des Bauherrn Giuliano della Rovere. Im Obergeschoß schlichte Fenster aus dem 16. Jh.

Inneres: An ein dreischiffiges, von Säulen getragenes Langhaus schließt ein Querschiff mit drei Apsiden an. Das Mittelschiff wurde von Fontana mit einer abgesenkten, tief kassettierten Decke versehen und erhielt so einen gewissen theatralischen Effekt. In die Decke ist ein Fresko von G. B. Parodi (1706) eingelassen. Querhaus und Seitenschiffe sind mit Kreuzgratgewölben gedeckt. Der Triumphbogen ist von zwei antiken Granitsäulen gestützt. An der Innenfassade wurden oben die Arkaden freigelegt, die den Kirchenbau mit der ehem. Vorhalle verbunden haben, der sich an Stelle des heutigen Portikus befand.

Ausstattung: Links vom Eingang *Grabmonument der Künstler Pietro und Antonio Pollaiuolo* (**c**) von Luigi Capponi, nach 1498, darüber die

- **a** Portikus
- **b** Marmorportal
- **c** Grabmonument Pietro und Antonio Pollaiuolo
- **d** Augustinusaltar
- **e** Petrusaltar und Grabmal Kard. Agucchi
- **f** Grabmal Julius' II.
- **g** ›Hl. Margarethe‹
- **h** Confessio mit den Ketten Petri
- **i** Krypta
- **k** Sebastiansaltar
- **l** Grabmal Nicolaus Cusanus

San Pietro in Vincoli: Grundriß

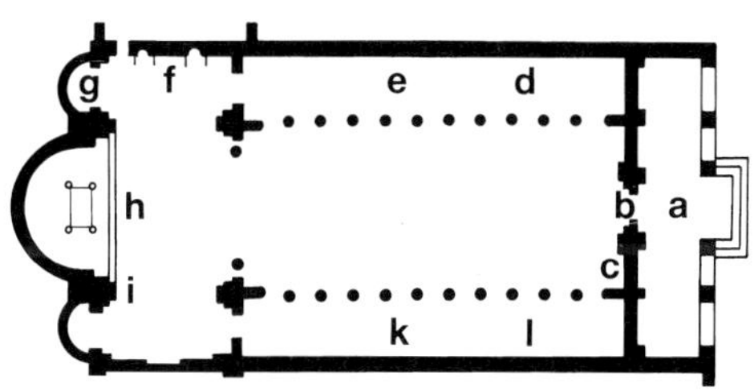

Darstellung der Pestprozession von 1476 von einem unbekannten Künstler. Am *1. Altar rechts* (**d**) ›Hl. Augustinus‹ von Guercino; am *2. Altar rechts* (**e**) ›Befreiung des hl. Petrus‹, Kopie nach Domenichino, daneben Grabmal des Kardinals Agucchi († 1605) nach Entwurf Domenichinos, von dem auch das gemalte Porträt stammt.

Grabmal Julius II. (**f**)
Bereits kurz nach Antritt seines Pontifikats beauftragte Julius II. Michelangelo mit der Planung eines gewaltigen Grabmals. Die ersten Entwurfszeichnungen sahen ein freistehendes, mehrstöckiges Grab mit über 40 Figuren vor, das in St. Peter errichtet werden sollte. Der Entschluß zum Neubau der Peterskirche beschäftigte den Papst jedoch bald stärker als die Planung des Grabmals, auch erhielt Michelangelo den Auftrag zur Ausmalung der Decke der Sixtinischen Kapelle. Die großartige Anlage wurde immer weiter reduziert, bis schließlich 1545, lange nach dem Tod des Papstes das relativ trostlose Wandgrab in S. Pietro in Vincoli entstand. Das geplante Meisterwerk Michelangelos, zu dem die Sklaven gehören sollten, die sich heute in der Accademia in Florenz und im Louvre in Paris befinden, endete mit einem Fiasko.

Der **Moses** (1515/16), die Hauptfigur des Grabmals, ist völlig aus dem Zusammenhang gerissen. Sie sollte in einer Reihe biblischer Gestalten an der Ecke des Obergeschosses des Grabmals stehen; die heutige Aufstellung zwängt die Figur zu sehr ein und verzerrt die Proportionen. Dennoch erscheint der Moses als eine der faszinierendsten Schöpfungen Michelangelos. Moses hat die Gesetzestafeln vom Berg Sinai gebracht und ist von Gott durch die zwei Strahlen auf seinem Kopf (nach einer falschen Bibelübersetzung ›Hörner‹) gezeichnet. Er findet bei seiner Rückkehr das Volk Israel beim Tanz um das Goldene Kalb, was ihn mit dem kaum zu bändigenden biblischen ›Zorn des Gerechten‹ erfüllt; im nächsten Moment wird Moses sich aufrichten und die Gesetzestafeln in Stücke schlagen. Michelangelos Kunst wurde von den Zeitgenossen als ›terribile‹ im Sinne von ›furchteinflößend‹ bezeichnet. Gerade der Moses ist geprägt von dieser einschüchternden Übermenschlichkeit, sein mächtiger Körper wird zum Ausdruck der moralischen Größe des Gesetzgebers. In stilistischer Hinsicht bildet diese spannungsvolle, ungeschönte Figur einen Bruch mit dem Harmoniewillen der Renaissance und leitet eine neue Ära ein.

In den seitlichen Nischen *Rachel* und *Lea,* die Verkörperungen des kontemplativen und des aktiven Lebens, von Michelangelo begonnen und von Raffaello da Montelupo fertiggestellt. Die übrigen Figuren sind mittelmäßige Werkstattarbeiten.

San Pietro in Vincoli: ›Moses‹ von Michelangelo

In der rechten Apsis *›Hl. Margarethe‹* (**g**), ein Gemälde von Guercino. – In der *Confessio* (**h**) unter dem Baldachin aus dem 19. Jh. befindet sich eine Glasurne mit den Ketten Petri; die Flügel des Tabernakels aus vergoldeter Bronze sind mit Reliefs geschmückt, die dem bedeutenden Goldschmied Cristoforo Caradosso zugeschrieben werden (1477). – In der *Krypta* (**i**) ein frühchristlicher Sarkophag, der die Reliquien der sieben Makkabäer enthalten soll. – Über dem 2. Altar des linken Seitenschiffs ein byzantinisches Mosaik mit einer *Darstellung des hl. Sebastian* (**k**; ca. 680). Am Ende des Seitenschiffs das *Grabmal des Nicolaus Cusanus* (**l**; † 1464) mit einem Relief von Andrea Bregno, das Petrus zwischen dem befreienden Engel und dem Kardinal zeigt. Das Porträt dieses bedeutenden Humanisten und Vertrauten Pius' II. ist der eigentliche Brennpunkt der Darstellung.

** 34 Thermen des Diokletian

Stazione Termini: Mit dem Bau des römischen Hauptbahnhofs wurde unter der Regierung Mussolinis in den 30er Jahren begonnen. Dimensionen und moderne Gestaltung des Baus sollten den die Hauptstadt betretenden Reisenden Größe und Fortschritt des faschistischen (das Wort ›Faschismus‹ leitet sich vom Symbol der Faschisten, dem Liktorenbündel, ital. ›fascio‹, ab; die Berufung auf dieses altrömische Amtszeichen verdeutlicht den faschistischen Anspruch auf Erneuerung des antiken Imperiums) Italien vor Augen führen. Er ersetzt einen zu klein gewordenen Bahnhof des späten 19. Jh. an gleicher Stelle. Der Plan der Anlage stammt von Angiolo Mazzoni del Grande aus den 30er Jahren. Nach seinen Entwürfen wurden noch vor dem Krieg die Dienstgebäude an den Flanken errichtet. Nach der Unterbrechung durch den Krieg wurde in den 50er Jahren dann auch das Hauptgebäude an der Piazza dei Cinquecento nach Plänen u. a. Annibale Vitellozzis (vgl. Palazetto dello Sport, *S. 402*) fertiggestellt. Mit seiner lichtdurchfluteten großen Halle ganz aus Travertin und Glas zählt der römische Bahnhof noch heute zu den herausragenden Monumenten (und Symbolen) der Architektur des modernen Italien. Die Konzeption als Kopfbahnhof schafft aber leider auch verkehrstechnische Probleme, und die Lage mitten in der Stadt macht eine eigentlich notwendige Vergrößerung des Bahnhofs unmöglich. Das Bahnhofsviertel, im 19. Jh. eines der vornehmen der Stadt, ist heute eines der Sorgenkinder der Stadtverwaltung. Vom Verkehr überlastet, hat es fast jegliche Attraktivität eingebüßt; hinzu kommen soziale Probleme. In letzter Zeit hat vor allem die nahegelegene Piazza della Repubblica durch umfangreiche Renovierungsarbeiten einiges vom alten Glanz des 19. Jh. zurückgewonnen.

Unter dem Bahnhof liegt heute der Hauptknotenpunkt der *Metropolitana*, der römischen Untergrundbahn *(S. 448)*. Links von der Front des Bahnhofs hat man ein Stück der *servianischen Stadtmauer*, der ältesten Stadtmauer Roms, erhalten. Das Areal des Bahnhofs und der Piazza dei Cinquecento (heute der Zentrale Busbahnhof für das Umland Roms) überschneidet bzw. grenzt an das Gelände der Thermen des Diokletian.

Thermen des Diokletian

Ausgerechnet die Thermen des Diokletian, der sich ja vor allen anderen durch die Verfolgung des christlichen Glaubens hervorgetan haben soll, sind von allen Kaiserthermen Roms am besten erhalten: Sie haben wenigstens zum Teil in der Gestalt eines christlichen Gotteshauses, der von Michelangelo 1563–1566 im ehem. Hauptraum der Thermen eingerichteten Kirche *S. Maria degli Angeli* (**A**) überlebt, die zu feierlichen Anlässen und Staatsakten mit Vorliebe aufgesucht wird.

Die Thermen bedeckten ein ganzes

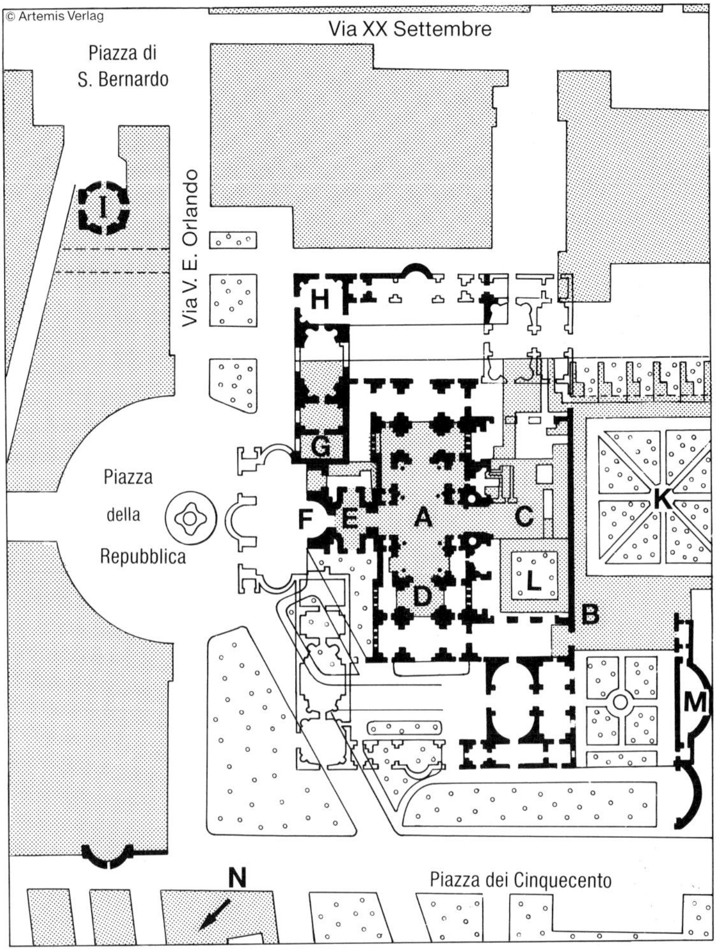

Thermen des Diokletian: Grundriß

A Santa Maria degli Angeli
B Thermen-Museum
C Natatio
D Frigidarium
E Tepidarium
F Caldarium
G Wachsfigurenmuseum
H Planetarium
I San Bernardo alle Terme
K Kreuzgang für den Kartäuserorden
L Kleiner Kreuzgang/Collezione Ludovisi
M Ehem. Latrine
N Neues Museum

Stadtviertel, das heute von der Piazza dei Cinquecento, der Piazza della Repubblica (ehem. Piazza dell'Esedra), der Via 20 Settembre und der Via Volturno eingefaßt wird. Die ›Botte di Termini‹, eine gigantische unterirdische Zisterne anstelle der heutigen Piazza dei Cinquecento bzw. der Vorhalle der Stazione Termini, die das Wasser der Aqua Marcia sammelte und die Versorgung der Thermen sicherstellte, wurde bei der Anlage des ersten römischen Bahnhofs zwischen 1860 und 1876 zerstört. Die Piazza dell'Esedra folgt in ihrer Anlage der Außenmauer der Thermen des Diokletian; S. Maria degli Angeli (**A**) und Thermen-Museum (**B**) sind in den erhaltenen Gebäuden der Thermen des Diokletian eingerichtet worden; die kleine Rundkirche San Bernardo (**I**) war ein Nebensaal der Bibliotheken in der südwestlichen Außenwand der Umfassung und bildete die Westecke der Anlage; vom symmetrisch angelegten Gebäude der südlichen Ecke ist in der Via Viminale noch ein Stück Mauer zu erkennen. Der römische Bahnhof, die Stazione Termini, ist nach dem gegenüberliegenden Komplex benannt.

Geschichte: Im 9. Jh. n. Chr. hat ein Pilger die damals noch lesbare Stiftungsinschrift (einige Fragmente im Thermen-Museum) notiert: »*Die Herren (domini) Diocletianus und Maximianus, die älteren unbesiegten Augusti, Väter der Imperatoren und Caesaren, und die unbesiegten Herren Constantius (Constantius Chlorus, der Vater Konstantins) und Maximianus, Augusti, und Severus und Maximianus, die edelsten Caesaren, haben ihren lieben Römern die glückbringenden Diocletiansthermen geweiht, die Maximianus Augustus nach seiner Rückkehr aus Afrika unter dem Gewicht seiner Anwesenheit (praesentia maiestatis) plante und zu bauen befahl und die er dem Namen seines erhabenen Bruders Diocletianus weihte, nachdem er den Grund und Boden für ein so gewaltiges Unternehmen aufgekauft hatte und den Bau mit all seinem üppigen Schmuck vollenden ließ.*«

An der Wende zum 4. Jh. waren also offensichtlich die älteren Badeanstalten Roms (immerhin Großbauten wie die Thermen Neros auf dem Marsfeld, die Thermen Trajans auf dem Colle Oppio und die Thermen Caracallas am Osthang des kleinen Aventin; daneben bestand noch eine Reihe kleinerer Anlagen) für die gewachsenen Bedürfnisse der Bevölkerung zu klein geworden. Maximianus, der Mitkaiser des Diokletian und eigentlicher Erbauer der Thermen, scheute keine Mühe, in der bis dahin unterversorgten 6. Region des Augustus (nach der antiken Einteilung der Stadtviertel) die nun größte Thermenanlage der Stadt errichten zu lassen; dies sicher nicht ohne propagandistische Absicht, wie die Stifterinschrift belegt. Die Anstalt, die ein Areal von 130 000 qm bedeckte, bot rund 3000 Besuchern gleichzeitig Platz: Nach mittelalterlichen Quellen wurde der Bau von 40 000 zwangsverpflichteten Christen in nur acht Jahren vollendet. Zu diesem Zeitpunkt (306) waren allerdings Maximianus und Diocletianus bereits zurückgetreten, was die Formulierung der Widmungsinschrift erklärt.

Die Anlage: Sie hatte im großen und ganzen das Aussehen der Thermen des Caracalla *(S. 266)*. Der eigentliche Hauptbau lag in einem großen Garten mit Sportanlagen, der von einem Geviert von Mauern, Apsiden und Gebäuden von 376 × 361 m umgeben war. Durch die Vorräume der *Natatio* (**C**), der großen Schwimmhalle, mit seitlichen Garderoben gelangte man in den großen zentralen Saal des *Frigidariums* (**D**), des Kaltbades. Seitlich liegen die beiden großen Basiliken mit zweigeschossigen Umgängen als Zuschauerränge, die als Sporthallen (Palästra) dienten. Wie in den Thermen des Caracalla schlossen sich im Südwesten an das Frigidarium das *Tepidarium* (**E**; Warmbad) und das *Caldarium* (**F**; Heißbad) an. Allerdings war bei den Thermen des Diokletian das Caldarium kein großer Rundsaal, sondern ein querrechteckiger Raum (in veränderter Form heute als Kirche S. Maria degli Angeli, **A**, erhalten) mit je drei Badebecken in den Mittelapsiden der Lang- und der Schmalseite (die Apside zum Tepidarium war der Eingang) und je vier Becken an den Langseiten neben den Apsiden. Wie bei den Thermen des Caracalla lagen entlang der südwestlichen Außenwand weitere kleinere Baderäume. In der südwestlichen Außenwand haben sich vermutlich querrechteckige Bibliotheksräume befunden. Von dorther konnte man, wie auch von der anderen Langseite her, den Komplex der Thermen betreten.

Auf den Fundamenten der riesigen Exedra der südwestlichen Umfassung der Thermen hat man 1870 die *Piazza dell'Esedra* (nach dem halbkreisförmigen Grundriß, der Exedra) angelegt, die nach dem 2. Weltkrieg bei Gründung der Republik Italien ihren heutigen Namen *Piazza della Repubblica* erhielt. Die Portiken des 19. Jh. folgen exakt den antiken Fundamenten. Etwa dort, wo sich heute auf dem Platz der Najadenbrunnen (1885) befindet, endete die große Apsis der Langseite des heute fast ganz verschwundenen Caldariums. Von diesem ist lediglich die Apside des Durchgangs zum Tepidarium erhalten, die Vanvitelli als schmucklose Eingangsfront der Kirche S. Maria degli Angeli verwandte, sowie die links anschließenden Mauern (heute Eingang zum *Museo delle Cere*, dem *Wachsfiguren-Museum;* **G**). Die anschließenden Gebäudeteile zum Platz hin bis zum *Planetarium* (**H**) an der Ecke zur Via Parigi sind weitgehend noch die antiken Nebenräume des Caldariums.

** Santa Maria degli Angeli (A)

Geschichte: Unter Papst Pius IV. erhielt der schon hochbetagte Michelangelo 1561 den Auftrag, den großen Hauptsaal der Thermen für den Kartäuserorden zum Gotteshaus umzugestalten. Michelangelo hat die vorgefundenen Bauteile, wie sein Biograph Vasari ausdrücklich betont, ohne einschneidende Veränderungen benutzen können, und so geben sie bis heute einen Eindruck von der Großartigkeit der Diokletianischen (oder richtiger: Maximianischen) Anlage. 1749 wurde der neapolitanische Architekt Luigi Vanvitelli (1700–1773) mit einer Neugestaltung beauftragt. Obwohl er die Achse der Kirche um 90° drehte, hat auch er dabei den antiken Bau doch wenigstens teilweise beibehalten, auch wenn die Veränderungen Michelangelos dabei fast vollkommen verschwunden sind.

Inneres: In Vanvitellis Vestibül von der Piazza della Repubblica kann man unschwer noch die Formen des Tepidariums (**E**) ausmachen. Selbst die Funktion als Vestibül oder Durchgangsraum vom Kalt- zum Warmbereich des Bades hat sich nicht wesentlich geändert: In den beiden großen rechteckigen Nischen rechts und links befanden sich Becken mit lauwarmem Wasser. Von dort betritt man das von Michelangelo zum Kirchenschiff umgestaltete überdachte Frigidarium (**D**): 90,80 m lang,

27 m breit und 28 m hoch. Der gewaltige und doch in der Proportion harmonische Raum vermittelt, vielleicht als einziger in Rom, einen Eindruck des Raumgefühls der antiken Großbauten. Fenster, Fußboden und fast die ganze Innenausstattung sind im 18. Jh. verändert worden. Der Eingriff Vanvitellis hat Michelangelos Lösung fast bis zur Unkenntlichkeit verändert: Die rechteckigen Piscinen (Badebecken) sind abgetrennt, um dem Raum den kreuzförmigen Grundriß des christlichen Kultbaus zu geben, der gegenüber Michelangelos Lösung (der sich an die alte Hauptachse des Frigidariums gehalten hatte) um 90° gedreht ist, und der nordöstliche Chor Vanvitellis ragt weit in den Bereich des ehem. Schwimmbeckens, der Natatio (**C**), hinaus, dessen Wand mit stark plastischer Nischengliederung dadurch unterbrochen ist. Aber acht der Monolithsäulen aus rotem Granit (die der Längswände) sind noch die ursprünglichen des 4. Jh., und das schwere umlaufende Gesims ist nach antiken Vorbildern geschaffen.

Ausstattung: Gegenüber der monumentalen Größe des Raums verblaßt ein wenig die Ausstattung. Im Chor Vanvitellis hat man das Grabmal des Auftraggebers Michelangelos, Papst Pius IV. (1565), aufgestellt. Das ›Martyrium des hl. Sebastian‹ von Domenichino befand sich ursprünglich in S. Pietro in Vaticano, wo es heute durch eine Mosaikkopie ersetzt ist. Der Fußboden des Querschiffs zeigt den astrologischen Kalender, der 1702 von Clemens XI. in Auftrag gegeben wurde. Die ›Predigt des hl. Hieronymus‹ (im Querschiff rechts) ist in Zusammenarbeit zweier Maler des späten 16. Jh. entstanden: Die Figuren malte Girolamo Muziano, die Landschaft der Niederländer Paul Brill, der über lange Jahre in Rom gearbeitet und die italienische Landschaftsmalerei wesentlich beeinflußt hat. Im Durchgang zum Vestibül steht eine *Statue des hl. Bruno von Köln* (1766), ein Frühwerk von Jean-Antoine Houdon (1741–1828), dem Hauptmeister des französischen Klassizismus. Clemens XIV. soll von der Skulptur gesagt haben, daß die Statue des Heiligen nur durch sein Schweigegelübde als Kartäuser vom Sprechen abgehalten werde. Im Vestibül selbst hat der bedeutendste Landschaftsmaler Italiens im 17. Jh., Salvator Rosa (1615–1673), seine letzte Ruhestätte gefunden.

Das **Planetarium** (**H**) war ursprünglich der westliche Ecksaal des Hauptbaus der Thermen des Diokletian (links des Eingangs zu S. Maria degli Angeli). In der Via Parigi sieht man weitere Teile des Mauerwerks der Nordwestflanke des Thermengebäudes.

Die Kirche **San Bernardo alle Terme** (**I**) wurde Ende des 16. Jh. im Auftrag von Caterina Nobili Sforza in einem der ursprünglich vier runden Ecksäle der Umfassungsbauten der Thermen eingerichtet. Die Lichtöffnung in der 22 m durchmessenden Kuppel ist die einzige Lichtquelle für den Innenraum. Wie das Pantheon, dem der Bau in kleineren Dimensionen nachempfunden ist, hat S. Bernardo im Inneren eine kassettierte Kuppel. In der Kirche steht das *Denkmal für Friedrich Overbeck* (1789–1869), den wohl bekanntesten Maler der deutsch-römischen Schule der Nazarener.

Von der übrigen Anlage der Thermen des Diokletian sind vor allem einige Räume der nordöstlichen Langseite erhalten. Zum Teil sind sie im 16. Jh. durch den Anbau eines *Kreuzgangs für den Kartäuserorden* (**K**; wahrscheinlich von einem Schüler Michelangelos) verändert. Einige Räume der Ostecke der Thermen sowie fast alle kleineren, ehemals an das Frigidarium angrenzenden Räume (u. a. auch die beim Umbau zur Kirche ausgesparten Kaltwasserbecken des Frigidariums) sind dabei im großen und ganzen in der ursprünglichen Anlage erhalten und als Klostergebäude genutzt worden. 1586–1589 wurden Teile der Thermen im Auftrag Sixtus' V. sogar mit Sprengstoff ›beseitigt‹. Rund ein Fünftel der damals noch erhaltenen Baumasse wurde im Auftrag des Papstes einer ›moderneren‹ Verwendung für einen Palast für seine Schwester bzw. für die Krippenkapelle von S. Maria Maggiore *(S. 319)* zugeführt. 1889 hat man in den erhaltenen, nach der Auflösung des Klosters leerstehenden Räumen das *Museo Nazionale Romano* oder *Thermen-Museum* (**B**) eingerichtet, das seither durch Neufunde und durch Angliederung einiger privater Sammlungen (Kirchen-Museum, Collezione Ludovisi) gewachsen ist. Heute gehört die Sammlung des Thermen-Museums zu den bedeutenden Antikensammlungen der Welt.

Unter den Räumen der Thermen, die heute als Museumssäle genutzt werden, ist u. a. ein Teil der *Natatio* (**C**), des großen Schwimmbeckens der Thermen des Diokletian, erhalten; man erkennt noch die linke Hälfte der mit großen Nischen gegliederten Wand zum Frigidarium. Von der Anlage, die vermutlich nicht überdacht war und deren Schwimmbecken eine Fläche von 2500 qm bedeckte, ist nur die südliche Ecke erhalten. Der mittlere und nördliche Abschnitt hat dem Chor Vanvitellis, einigen Räumlichkeiten des Klosters und einem zweiten, kleineren Kreuzgang (heute *Collezione Ludovisi*; **L**) weichen müssen. Man erkennt zwei der ursprünglich fünf großen Nischen (abwechselnd rechteckig und mit Apsiden). Verschwunden sind Marmorverkleidung und Säulen der Natatio-Wand, die noch in Stichen Piranesis (1720–1778) überliefert sind: ein dreigeschossiger Aufbau aus alternierenden Ädikulen und Nischen mit Skulpturen. Die ausgestellten Architekturfragmente stammen nicht aus den Thermen des Diokletian, sondern von einem antoninischen Monument. Jenseits des kleinen Gartens (derzeit Lapidarium des Thermen-Museums), an der ehem. nordöstlichen Außenmauer der Thermenanlage, vor der eine Kopie eines Apoll des Praxiteles (4. Jh. v. Chr.) aufgestellt ist, liegt die öffentliche *Latrine der Thermen* (**M**). Entlang der Kurvatur der Außenmauer waren die Sitze für die Benutzer angeordnet, die gerade Wand zum Innenhof der Thermen war mit Nischen und Statuen geschmückt. Erhalten ist der originale, aber einfache Mosaikboden.

** **Museo delle Terme** (Thermen-Museum) (**B**)

Die derzeitige Aufstellung in den wenigen noch der Öffentlichkeit zugänglichen Sälen des Thermen-Museums ist nur ein Provisorium, um wenigstens die Hauptwerke der Skulpturensammlung während der Phase der Umgestaltung aufstellen zu können. Nach Beendigung der Restaurierung des neuen Museumshauses (**N**; Ecke Via del Viminale/ Piazza dei Cinquecento, Fertigstellung für 1990 geplant) wird das Thermen-Museum teilweise dorthin verlegt. Teile der Sammlung werden im Palazzo Altemps *(S. 146)* ausgestellt werden. Die Beschreibung kann daher im folgenden nur einige Hauptwerke aus dem Bestand (ohne Berücksichtigung der derzeitigen provisorischen Aufstellung einiger Hauptwerke wie des Diskobols oder des Ludovisischen Throns in den verbleibenden Räumen) erfassen.

Mosaiken und Sarkophage: Die Thermen-Säle beherbergen eine Reihe schöner Mosaiken, u. a. ein großes Mosaik mit Pflanzen und Tieren aus Collemancio bei Assisi, aus einem Thermensaal oder einem Atrium, und vermutlich im 2. Jh. entstanden. Zwischen Blumen und Tieren (u. a. Krokodile, Nilpferde und Reiher), die die Szene als eine ägyptische charakterisieren, geht eine Vielzahl karikierend dargestellter Pygmäen auf die Jagd.

Unter den Sarkophagen sind einige besonders hervorzuheben: Ein *Musensarkophag* stammt etwa aus der Zeit des Diokletian. Zwischen Säulen, die mit Masken behangen sind, sind Musen, an den Schmalseiten begleitet von Dichtern, gestellt. Die kräftigen, annähernd vollplastischen Figuren stehen fast frei vor der Wand des Sarkophags, ein Charakteristikum der Kunst der Zeit um 400. – Der *Sarkophag des Marcus Claudianus* zeigt Reliefs mit Szenen des Alten und Neuen Testaments: Quellwunder des Moses, Gefangennahme Petri, Hochzeit zu Kanaa, Verleugnung Petri, Auferweckung des Lazarus und auf dem Deckel u. a. eine Geburt Christi und eine Büste des Verstorbenen. – Ein *Sarkophag mit einer Germanenschlacht* ist um 180 n. Chr. entstanden;

daß die Schlachtensarkophage in antoninischer Zeit in Mode kommen, ist nicht zuletzt durch die fast ununterbrochenen Kriege an den Reichsgrenzen zu erklären. In bewegten Szenen sind Kampf und Unterwerfung der Barbaren, bei denen es sich nach Hosen, Haartrachten und Spitzbärten um Germanen handeln dürfte, lebendig geschildert; die starke Plastizität der Figuren verstärkt die dramatische Wirkung. Bemerkenswert sind die seitlichen Figurengruppen der Frontseite, jeweils ein alter Barbar und eine trauernde Frau. Auf der linken Schmalseite sind römische Soldaten dargestellt, die gefangene Germanen über eine Schiffsbrücke führen.

Collezione Ludovisi (bisher im kleinen Kreuzgang): 1621–1623 von Kardinal Ludovico Ludovisi gegründet. Die Skulpturen sind z. T. von Bernini und Algardi ergänzt worden. 1901 wurde die Sammlung vom italienischen Staat übernommen und dem Thermen-Museum angegliedert. Im folgenden einige Hauptwerke:

Galaterpaar, das Selbstmord begeht: Das Bronzeoriginal der Gruppe (die ausgestellte Kopie ist möglicherweise gleichzeitig entstanden) ist im letzten Viertel des 3. Jh. v. Chr. für ein Monument in Pergamon geschaffen worden. Pergamon, ein Kleinstaat in Kleinasien, war das eigentliche Zentrum der hellenistischen Kunst. Seit Mitte des 2. Jh. v. Chr. war Pergamon mit Rom verbündet, und nicht zuletzt deswegen hat gerade die pergamenische Kunst in Rom großen Einfluß gehabt und ist immer wieder kopiert worden. Die Gruppe der Sammlung Ludovisi wurde im 16. Jh. zusammen mit dem ›Sterbenden Galater‹ des Kapitolinischen Museums *(S. 41)* auf dem Gelände der antiken Gärten des Sallust gefunden. Die Originale haben zu einem Denkmal für König Attalus I. von Pergamon gehört, das dessen Sieg über die Galater, einen kleinasiatischen Volksstamm feierte. Kopien der Statuengruppen des Denkmals wurden von den Pergamenern u. a. auf die Agora von Athen gestiftet. Bewundernswert ist einerseits die gekonnte Wiedergabe der Anatomie und das Bewegungsmoment der Gruppe, andererseits aber auch das ›psychologische‹ Erfassen der Situation: Haß und Schmerz veranlassen die Besiegten, sich durch Selbstmord der zu erwartenden Schmach der Knechtschaft zu entziehen. Mit der Linken hält der Galater, der durch seinen kunstvoll gedrehten Schnurrbart ›ethnologisch‹ charakterisiert ist, seine niedersinkende Frau, die er soeben getötet hat; mit der Rechten stößt er sich mit weit ausholender Geste das Schwert in den Halsansatz, während er den Kopf den heranahenden Feinden zuwendet.

Sog. Ludovisischer Thron: Auf der Front ist die Geburt der Aphrodite dargestellt. Die Göttin wird von zwei Dienerinnen (Horai) gestützt. Die Eleganz der Komposition und die Feinheit der Ausführung machen den Ludovisischen Thron nach Meinung der Mehrheit der Forscher zu einem Hauptwerk der antiken Plastik. Doch wurde in jüngster Zeit (1987/88) angezweifelt, daß es sich, wie bisher meist angenommen, um ein qualitativ hochstehendes griechisches Werk der Zeit des Phidias (ca. 450 v. Chr.) handelt. Auf den Seitenlehnen sind eine bekleidete junge Frau beim Opfer (rechts) und eine nackte Flötenspielerin, die mit lässig übereinandergeschlagenen Beinen auf einem weichen Kissen sitzt (links), dargestellt. Es könnte sich nach der Form um einen Thron vielleicht für eine Kultstatue der Aphrodite handeln. Der Thron wurde 1887 auf dem Gelände der Villa Ludovisi gefunden. Ein ähnlicher Thron in Boston soll vom gleichen Fundort stammen.

Ares Ludovisi: Römische Kopie nach einem griechischen Original der Zeit des Praxiteles (4. Jh. v. Chr.). Ares, der Gott des Krieges, ist in gar nicht kriegerischer, sondern in nachdenklicher Haltung sitzend dargestellt. Der römische Kopist hat daraus den naheliegenden Schluß gezogen, daß es sich um den liebeskranken Ares handle, der in Gedanken an Aphrodite versunken sei, und zu seinen Füßen einen kleinen Amor eingefügt. Überhaupt würde in der heroisch nackten männlichen Gestalt nur wenig den Ares vermuten lassen, wäre nicht der Schild zu seiner Rechten und der kleine Löwenkopf an seinem Handgelenk als ›Pars pro toto‹ (Teil fürs Ganze) seiner Rüstung.

Eingießender Satyr: Römische Kopie nach einem griechischen Bronzeoriginal des 4. Jh. Die nackte Gestalt ist nur durch die Bocksohren als Satyr gekennzeichnet. Das elegante Durchschwingen des Körpers (›Chiasmus‹, d. h. die Verlagerung des Schwerpunkts mit dem Hochziehen der Schulter und der Einwärtswendung der Hüfte) und die weichen Formen der Muskulatur lassen auch hier Praxiteles als Urheber vermuten. Allerdings ist die Figur durch die falsche Ergänzung der Arme beeinträchtigt. Ursprünglich hat der Satyr wohl in hohem Bogen aus einem Krug in der rechten in ein Trinkgefäß in der linken Hand eingegossen und die Bewegung des Körpers ›abgerundet‹.

Tiber-Apoll: Die Sale nuove, die dem kleinen Kreuzgang gegenüberliegen, enthalten die seit 1870 gewachsene staatliche Sammlung antiker Plastik. Zu den herausragenden Stücken der Sammlung gehört der Tiber-Apoll, der allgemein für eine Kopie nach einem Frühwerk (um 470 v. Chr.) des Phidias gehalten wird. Phidias ist der bedeutendste

Thermen-Museum: ›Garten‹-Fresko ▷
aus dem Haus der Livia bei Primaporta *(S. 340)*

Vatikanische Museen, Cappella Niccolina: ›Sixtus II. ernennt Laurentius zum Diakon‹ (Fra Angelico) *(S. 208)*

Repräsentant der attischen Bildhauerschule der klassischen Zeit, der Erbauer des Parthenon und der Schöpfer u. a. der Athena Parthenos und des Zeus von Olympia. Für das Heiligtum von Delphi hatte er für ein Denkmal des griechischen Siegs bei Marathon eine Bronzestatue des Apoll geschaffen, der in der Rechten den Bogen und in der Linken einen Lorbeerkranz hielt und die dem römischen Kopisten möglicherweise als Vorbild gedient hat. Der in jugendlichem Alter dargestellte Sonnengott ist an seiner Frisur mit den lang auf die Schultern fallenden gedrehten Locken kenntlich. In der Kontrapostik der Körperhaltung (Standbein und Spielbein differenziert, Schulter über dem Standbein hochgezogen, allerdings nicht ganz in der Konsequenz des Polykletischen Kanons) und in der strengen Durcharbeitung der ein wenig schematischen Muskulatur steht das Original der Statue am Beginn der klassischen Epoche griechischer Skulptur. Die Statue wurde 1891 bei Bauarbeiten im Flußbett des Tiber gefunden.

Discobol (Diskuswerfer) des Myron: Mit dem *Discobolo di Castel Porziano* und dem *Discobolo Lancellotti* besitzt die Sammlung gleich zwei gute Kopien des wohl bekanntesten und (nach der Zahl der Kopien) vermutlich beliebtesten Kunstwerks der Antike. Das Bronzeoriginal des Discobol ist zu Beginn des 5. Jh. geschaffen worden und steht am Übergang vom strengen Stil zur Klassik. Die realistische und anatomisch präzise Wiedergabe der Muskulatur und des Bewegungsablaufs, bis hin zur stärkeren Ausbildung der Muskulatur des Wurfarms, sind als die Charakteristika der Kunst des Myron insbesondere vom Kopisten der Statue aus Castel Porziano vorzüglich wiedergegeben, besser als in der Lancelotti-Kopie und besser auch als in der etwas steifen, schematischen Kopie des Vatikan. Der muskulöse und doch ephebenhafte Körper des Sportlers (beim Diskuswurf kommt es mehr auf die Schnelligkeit als auf die Kraft des Werfers an) ist im Moment der äußersten Anspannung erfaßt: Der Arm mit dem Diskus greift Schwung holend nach hinten aus, während die Beine bereits mit der Drehbewegung beginnen. Der gesamte Körper, von den Zehenspitzen bis zum Wurfgerät dreht sich unter maximaler Anspannung in die Bewegung hinein. Aus dem Umkreis des Myron stammt vermutlich auch der Torso Valentini, das Fragment einer Athletenstatue. Goethe schlich sich – als Dienstbote verkleidet – in den Palazzo Lancellotti (Piazza Navona), in dem der Torso um 1800 aufgestellt war, um das Stück anzuschauen, wurde aber ertappt und hinausgeworfen.

Die verwundete Niobide: Wie die Galatergruppe der Sammlung Ludovisi stammt auch diese Statue aus dem Areal der Gärten des Sallust am Colle Oppio. Die antike Legende: Niobe fordert den Zorn der Leto heraus, indem sie sich brüstet, mehr Söhne und Töchter als die Mutter der Zwillinge des Zeus zu haben. Zur Strafe töten die Kinder Letos, Apoll und Artemis, die Niobiden, die neun Söhne und Töchter (von denen eine hier dargestellt ist) der Niobe, die in ihrem Schmerz in Stein verwandelt wird. Von einem Pfeil in den Rücken getroffen, den sie verzweifelt herauszuziehen trachtet, sinkt das Mädchen in die Knie, während ihr Himation (Mantel) herabgleitet. Wie zwei weitere Skulpturen vom gleichen Fundort, ein toter Jüngling und ein flüchtendes Mädchen in Kopenhagen, gehörte die Niobide des Thermen-Museums vermutlich zum Schmuck eines Tempelgiebels. Man nimmt an, daß die Statue um 450 v. Chr. in Griechenland entstand. Sie ist damit einer der frühesten weiblichen Akte.

Sitzender Faustkämpfer

Der auf eine Lanze gestützte Athlet und **Der sitzende Faustkämpfer:** Die überlebensgroßen Bronzestatuen sind vermutlich zusammengehörige Originale aus hellenistischer Zeit. Der schmerzliche Realismus insbesondere der Sitzstatue läßt vermuten, daß es sich nicht um eines der üblichen Weihegeschenke für einen Sieger im sportlichen Wettkampf handelt, sondern um eine mythologische Gestalt. Nach älterer Auffassung handelt es sich möglicherweise um zwei mythische Heroen, Pollux und Amicus, den König der Bebryces. Pollux hat während der Fahrt der Argo mit Amicus einen Wettkampf ausgetragen, dessen Spuren dem geschlagenen sitzenden Faustkämpfer in Gesicht und Körper geschrieben stehen (die Blutspuren sind in Kupfer eingelassen). Diese These ist vor kurzem abgewiesen worden, da die beiden Figuren nicht aufeinander reagieren, der eine nicht wie ein Halbgott erscheint. Der auf die Lanze gestützte Athlet oder Heros, der sog. ›Thermenherrscher‹, wird von Nikolaus Himmelmann als einer der Attalidenkönige von Pergamon identifiziert. Die antiken Faustkämpfer pflegten sich zum Kampf die Hände mit feinen Lederriemen zu binden, in die auch der besseren Schlagwirkung halber metallene Kugeln eingeflochten werden konnten. Geschlagen wurde vor allem mit der Außenseite der Hände und der Unterarme: so lange, bis einer der Kämpfenden nicht wieder auf die Beine kam. Der sitzende Faustkämpfer hat diese Lederriemen noch angelegt.

Bildnisstatue des Augustus von der Via Labicana (nach dem Fundort): Sie zeigt den Kaiser mit verhülltem Haupt beim Opfer an die Götter. Spuren an der Toga lassen auf eine weitgehend verschwundene, wenigstens teilweise farbige Fassung der Marmorstatue schließen. Während die häufig anzutreffende Bildnisvariante des Augustus von Primaporta den Kaiser gewappnet, also als Kriegsherren und als Garanten der Sicherheit des Staates, zeigt, wird Augustus in der Statue der Via Labicana in seinem Amt als Pontifex Maximus, als oberster Priester Roms, mit dem Ausdruck der ›Gravitas‹, der ›amtlichen‹ Würde im Gesicht, vorgestellt. Beide, weltliche wie religiöse Funktionen sind wesentlicher Bestandteil der politischen Selbstdarstellung des Kaisers.

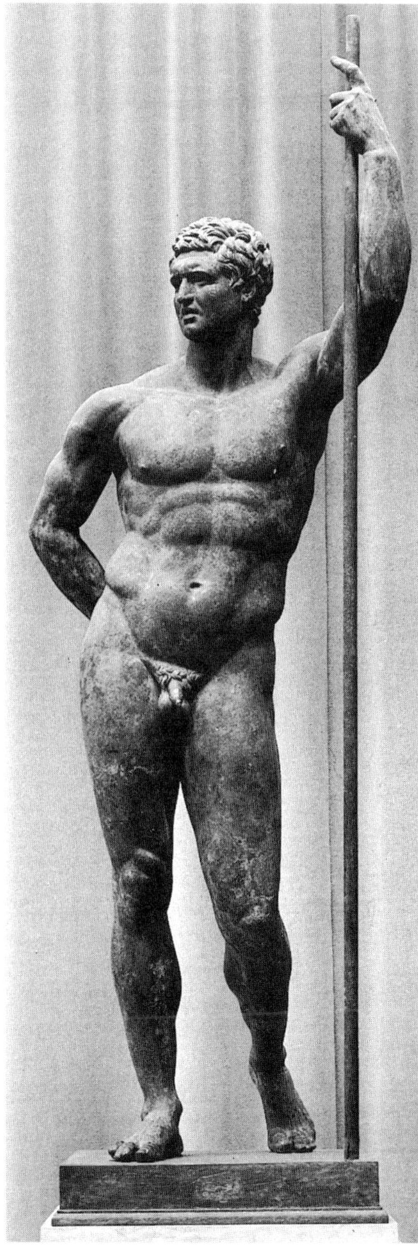

Athlet (sog. ›Thermenherrscher‹)

(Ein dritter Statuen-Typus, als Togatus mit Schriftrolle, also vermutlich als Redner im Senat, ist in einer Kopie des Louvre erhalten). Der Typus der Via Labicana wirkt in späteren Kaiserbildnissen als Pontifex Maximus (z. B. des Claudius) nach.

Sarkophag von Acilia: Eines der schönsten Stücke der Sammlung, 1950 südlich von Rom an der Via Ostiense ausgegraben. Er stammt nach der Haartracht der dargestellten fast lebensgroßen Figuren (bis 1,27 m hoch) aus der Zeit des Aurelian (270–275 n. Chr.). Die Bewegtheit der Gewänder und der Haartracht weisen darauf hin, daß sich der Künstler an hellenistischen Vorbildern geschult hat. Die Eckfigur eines bartlosen Jünglings zeigt dagegen charakteristische Züge römischer Porträtkunst, den Verismus der Details, die weit aufgerissenen Augen und nicht zuletzt den Ansatz der ›Henkelohren‹. Stilistisch ist der Sarkophag vor allem durch den virtuosen Gebrauch des laufenden Bohrers geprägt. Mit Hilfe dieses Werkzeugs, das seit der 2. Hälfte des 2. Jh. n. Chr. immer mehr eingesetzt wird, lassen sich kräftigere Hinterschneidungen und damit plastischere Wirkungen als mit dem Meißel erzielen.

Über diese Auswahl hinaus noch zu beachten: zwei griechische Originale, das *Statuenfragment einer Nereide* (um 400 v. Chr.) und eine *Frau mit Peplos* (um 480 v. Chr.); *Venus von Cirene* (Kopie nach einem Bronzeoriginal des frühen 4. Jh.), *Ephebe von Subiaco* (einer der verwundeten Söhne der Niobe; die Statue stammt aus der Villa des Nero bei Subiaco) und die *Fanciulla di Anzio* (Bildnis eines Mädchens aus frühhellenistischer Zeit, um 330 v. Chr.); *Amazone und Galater* (nach einem pergamenischen Original um 225–200 v. Chr.); Bildnisbüsten einer alten Frau und des Nero (Mitte 1. Jh. n. Chr.) sowie eine Reihe weiterer guter *Kaiserbildnisse,* u. a. Hadrian und Lucius Verus; Monumentalkopf Gordians III. aus Ostia und Bildnis Constantius II. als Helios (4. Jh.); Mosaiken verschiedener Epochen.

Die Fresken aus dem Haus der Livia bei Primaporta: Eine Reihe abgenommener Fresken aus römischen Funden ist die neben den Funden von Pompeji sicherlich bedeutendste Sammlung römischer Malerei. Ausgestellt ist u. a. die vollständige Ausmalung eines Raumes aus dem Haus des Augustus bzw. der Livia bei Primaporta. Alle vier Wände des 11,75 × 5,90 m großen Saales sind mit der umlaufenden illusionistischen Darstellung eines Gartens geschmückt. Eine schmale Blumenwiese erstreckt sich bis zu einem Lattenzaun; dahinter erkennt man eine Vielfalt von Obst- und Zierbäumen, darunter auch kleine Tannen, und bei genauerem Hinsehen in den Ästen die verschiedenartigsten Vögel. Die Dekorationsmalereien von höchster handwerklicher Perfektion

Die Fresken aus dem Haus bei der Farnesina: Bei den Arbeiten zur Uferbefestigung des Tiber hat man 1879 nahe der Farnesina ein Haus mit Ausstattungen der augusteischen Zeit zutage gefördert. Die reichen Funde, teils Wandmalereien, teils Stuckdecken, sind in den folgenden Sälen des Obergeschosses ausgestellt. Die Stuckdecken zeigen Schmuckfriese, aber auch mythologische Szenen, oft vor mit wenigen Details angedeuteten Landschaften. Die Malereien gehören weitgehend dem sog. 2. und 3. Stil an. Die Stileinteilung wurde seit Curtius anhand der pompejanischen Wandmalerei vorgenommen. Der 1. Stil der römischen Dekorationsmalerei schließt unmittelbar an griechische Funde späthellenistischer Zeit an und täuscht, teils plastisch stukkiert und farbig, aufwendiges Quadermauerwerk vor. Gegen Ende des 1. Stils treten Durchblicke in Nebenräume und Ausblicke auf Himmel und Landschaft hinzu, der geschlossene Raum wird ›aufgebrochen‹. Im 2. Stil setzt sich diese Tendenz fort, und anstelle der geschlossenen Wand treten nun zum Teil offene, bühnenartige (Fons scenae) Architekturprospekte, die von Statuen, Sphingen, Masken usw. belebt werden, die Ausblicke auf Landschaften bieten und in deren geschlossene Wandflächen Kopien von Tafelbildern (meist nach bedeutenden Werken der griechischen Antike) eingefügt werden. Zum Teil geschieht dies in großen Mitteládikulen, die sich wie illusionistische Fensterausblicke auf Landschaften mit der meist mythologischen Handlung zu öffnen scheinen. Zum Teil tragen auch Kandelaber oder Karyatiden Bilder, so wie die kostbaren Originale in römischen Häusern auch tatsächlich meist auf derartigen Ständern gezeigt und nicht an die Wand gehängt wurden. Im oberen Teil der Wand öffnen sich seitlich der Ädikulen illusionistische Portiken in die Tiefe des Raumes. Am Übergang zum 3. Stil, in spätaugusteischer Zeit, werden die Architekturen immer komplizierter, aber auch graziler und irrealer. Landschaften werden meist in pyramidalem Aufbau und mit ägyptisierenden Motiven gegeben. Schon Vitruv, der seine zehn Bücher über die Malerei Augustus widmete, beklagt den neuen, den 3. Stil.

›Die Alten haben in den Zimmern, die sie im Frühjahr, im Herbst, im Sommer bewohnten, in den Atrien und Säulenhöfen die Wände bemalt, und zwar je nach dem Sujet in verschiedener Art. Denn die Malerei gibt ein Abbild von etwas, das ist oder sein könnte ... (Die Alten gingen später dazu über) auch architektonische Formen und herausspringende Ausladungen von Säulenreihen und Giebeln nachzuahmen, und in offenen Räumen, wie den Exedren, bei der Größe der sich darbietenden Wände Fassaden von Bühnen im Stil der Tragödie, der Komödie oder des Satyrspiels zu malen und ... mit verschiedenartigen Landschaften zu schmücken, deren Motive aus bestimmten landschaftlichen Typen geschöpft waren ... ebenso sind in zahlreichen Fällen Megalographien gemalt mit Darstellungen von Götterbildern oder Illustrationen der

Mythologie ... und andere Gegenstände, die von der Natur ähnlich hervorgebracht sind, wie diese. Aber all diese Motive, die aus der Wirklichkeit stammen, werden jetzt von einer unbilligen Mode verworfen. Denn an die Wand malt man jetzt lieber Monstren als klare Abbilder der dinglichen Welt. Statt der Säulen malt man geriefelte Stengel mit krausen Blättern und Voluten, statt der Giebel Zierwerk, ebenso Kandelaber, die gemalte Aediculen tragen. Auf den Giebeln wachsen aus Wurzeln sich einrollende zarte Blumen, auf denen dann ganz sinnlos Figürchen sitzen ... Solches Zeug aber gibt es nicht und wird es niemals geben und hat es auch nie gegeben ... Aber all dies törichte Zeug sehen die Leute, tadeln es nicht einmal, sondern freuen sich gar noch daran und fragen sich nicht, ob es überhaupt in der Natur möglich ist oder nicht.« (Vitruvius Pollio, De architectura VII,5.)

Der Besitzer des Hauses bei der Farnesina scheint nicht unbedingt ein Anhänger des Vitruv gewesen zu sein. Die Räume mit rotgrundigen Wänden zeigen durchweg die von Vitruv gescholtene Architektur, denn die prächtigen Ädikulen tragen phantastisches Gebälk, und darüber erscheinen meist nochmals Architekturteile. Die qualitätvollsten Malereien stammen aus dem schwarzgrundigen Saal C des Hauses. Über einem einfachen Wandsockel mit Mäanderbändern und Bildfeldern tragen überschlanke zerbrechliche Säulchen verhältnismäßig kräftige Telamone. Zwischen den Säulen hängen feine Girlanden aus Weinlaub, darüber läuft ein schmaler Fries um, dessen Szenen nur mit Schwierigkeit zu deuten sind. Wahrscheinlich handelt es sich um Szenen der Weisheit des Bocchoris, eines ägyptischen Königs, der in der Antike für seine Weisheit bei der Rechtsfindung berühmt war. Die einzelnen Szenen sind jeweils zweigeteilt: Im einen Teil wird das Vergehen vorgestellt, im anderen das salomonische Urteil.

Die verkehrsreiche **Via Nazionale** (zwischen Piazza della Repubblica und Via 4 Novembre) hat neben vielen Geschäften und dem Ausstellungspalast auch zwei Kirchen zu bieten: Die protestantische amerikanische Kirche **San Paolo,** 1879 in neoromanischen Formen errichtet, würde zwar kaum die Aufmerksamkeit des Besuchers verdienen, wenn nicht ihr Chor und Langhaus mit Mosaiken nach Entwürfen des englischen Malers Sir Edward Burne-Jones (1833–1898) ausgestattet wären. Die Farbigkeit der Mosaiken im schönsten Präraffaelitenstil bietet sicher einen für Rom ungewohnten optischen Reiz. – **San Vitale,** 402 als dreischiffige Basilika errichtet und unter Papst Sixtus IV. zum einschiffigen Kirchenraum umgestaltet, verdankt seinen heutigen frühchristlichen Anschein dem Ergebnis einer Restaurierung im Jahre 1859. Die Vorhalle wird von 5 antiken Säulen getragen; über dem Mittelportal das Wappen Sixtus' IV. An den Innenwänden belebte Landschaftsbilder mit Szenen aus Heiligenviten (kurz nach 1600), u. a. von Cavalier d'Arpino, Andrea Pozzo und Gaspare Dughet, einem Schwager

Poussins, der sich wie dieser einen Namen als Landschaftsmaler gemacht hat. – Der **Palazzo delle Esposizioni** (Wechselausstellungen) wurde 1878–1892 nach Plänen Pio Piacentinis errichtet. Seine Fassade in der Art eines überdimensionierten Triumphbogens legt beredtes Zeugnis ab für den imperialen Anspruch der neuen Hauptstadt Italiens kaum 20 Jahre nach der Gründung des Königreichs.

* 35 Santa Maria della Vittoria · Santa Susanna · Acqua Felice · Porta Pia

* Santa Maria della Vittoria (Via XX Settembre, nahe Piazza di S. Bernardo)

Errichtet 1608–1620 von Carlo Maderno im Auftrag des Kardinals Scipione Borghese, der in der Fassadeninschrift genannt ist. Der Name geht auf ein in Pilsen aufgefundenes Madonnenbild zurück, dem die katholischen Truppen Ferdinands II. von Habsburg den Sieg (ital.: vittoria) über die böhmischen Protestanten verdankten.

Die **Fassade** stammt von Giovanni Battista Soria (1626) und wiederholt die wesentlichen Züge der Fassade der nahegelegenen Kirche Santa Susanna von Carlo Maderno. Sie ist zweigeschossig und von einer flachen Pilasterordnung gegliedert. Das reichgeschmückte Portal wird von Nischen flankiert und von einem Segmentgiebel über dem Gebälk betont; im Obergeschoß ein großes Fenster. Die Seiten sind von Voluten eingefaßt, über denen Drache und Adler aus dem Borghese-Wappen angebracht sind. Den Abschluß bildet ein Dreiecksgiebel mit Balustrade. Insgesamt ist die Fassade leichter und flächiger als die von S. Susanna.

Inneres: Das einschiffige Langhaus hat drei Seitenkapellen an jeder Seite, das Querhaus ist von einer Kuppel überwölbt und von einer Apsis geschlossen. Die *sehr reiche Barockdekoration* in farbigem Marmor, Stuck und Vergoldungen hebt S. Maria della Vittoria unter den kleineren römischen Kirchen hervor. Deckenfresko und Pendentifs stammen von Giovanni Domenico Cerrini (›Himmelfahrt Mariens‹, ›Engelssturz‹). An der Innenfassade eine Orgel über einer Sängerkanzel, die von Kriegstrophäen gestützt ist. In der 3. Kapelle links ein Altarbild ›Hl. Dreifaltigkeit‹ von Guercino und das Grabmal des Kardinals Gessi mit einem Porträt von Guido Reni.

›Die Verzückung der hl. Theresa‹ (1646, Cornaro-Kapelle im linken Querhaus): Hauptanziehungspunkt der Kirche ist jedoch diese berühmte Gruppe von *Gian Lorenzo Bernini.* In einer Vision erscheint

Bernini: ›Die Verzückung der hl. Theresa‹

der spanischen Mystikerin Theresa von Avila ein Engel, der sie mit dem Pfeil der göttlichen Liebe durchbohrt. Die Exstase und völlige Hingabe der Heiligen ist typisch für die Frömmigkeit der Gegenreformation, zu deren Wortführern Theresa selbst gehört. Die sinnliche Ausstrahlung, die Theresas Verzückung umgibt, erschien jedoch auch den Zeitgenossen eher erotisch als religiös und stieß auf Kritik. Die Gruppe gehört zu den vollendetsten Werken Berninis und die Figur des lächelnden Engels auch zu seinen schönsten. Der Marmorblock ruht auf einem unauffälligen Sockel und wirkt schwerelos. Die Beleuchtung von oben erhellt die goldenen göttlichen Lichtstrahlen, bleibt aber für den Betrachter unsichtbar, wodurch die Übernatürlichkeit des Geschehens suggeriert wird. Die Gruppe wird in einer bühnenartigen Architektur präsentiert, an den Seiten der Kapelle sind Theaterlogen angebracht, von denen aus Mitglieder der Familie Cornaro am Geschehen teilhaben.

Santa Susanna (Via XX Settembre, Piazza di S. Bernardo)

Die Kirche wurde als frühchristliche Basilika an der Stätte des Martyriums der Heiligen errichtet, 1475 unter Sixtus IV. restauriert und 1595 zu einem einschiffigen Bau verkleinert. S. Susanna ist heute die *amerikanische Nationalkirche* in Rom.

Die **Fassade** errichtete Carlo Maderno 1596–1603. Das Untergeschoß ist von Eckpilastern gerahmt und von Säulen gegliedert; Portal und Nischen lassen kaum noch Mauerflächen erkennen. Das von Voluten flankierte Obergeschoß greift die Gliederung des Untergeschosses auf, reduziert jedoch die plastischen Formen der Säulen auf die linearen der Pilaster. Den Abschluß bildet ein Giebel mit Balustrade. Madernos Fassade ist der *Prototyp der ›klassischen‹ barocken Kirchenfassade.* Von Giacomo della Portas Fassade der Kirche ** Il Gesù 13 sind dabei die sich steigernde Konzentration auf die Mittelachse und die Tiefenwirkung plastischer Elemente abgeleitet. Diese Motive werden betont gestrafft und prägen den neuen Typ der plastischen Barockfassade mit starken Hell-Dunkel-Kontrasten.

Der **Innenraum** besteht aus einem einschiffigen Langhaus mit kurzem Querhaus, Apsis und zwei Seitenkapellen. An den Wänden Prophetenstatuen und Fresken mit Szenen aus dem Leben der hl. Susanna und der biblischen Susanna (Baldassare Croce, 16. Jh.). Altargemälde von Tomaso Laureti (16. Jh.). Unter dem Presbyterium eine Krypta von Maderno. Santa Susanna wird heute von der katholischen Gemeinde Amerikas betreut.

Acqua Felice (Mosesbrunnen) (gegenüber von S. Maria della Vittoria)

1587/88 von Domenico Fontana als triumphale Schauwand des von Sixtus V. (Felice Peretti) wiederhergestellten gleichnamigen Aquädukts errichtet. Über drei hohen, von Säulen unterteilten Nischen liegt eine hohe Attika mit einer Inschrift, die die Wiederherstellung der Wasserleitung unter Sixtus V. rühmt. In einem darüberliegenden, von

Voluten gerahmten Giebel halten Engel das Wappen des Papstes. In der mittleren Nische die schwerfällige Statue des Moses von Leonardo Sormani (eine Legende nennt Prospero da Brescia als Autor des Werkes, der vor Kummer über die heftigen Kritiken an der wenig geglückten Statue gestorben sei; Prospero war jedoch nur ein Mitarbeiter Sormanis) sowie zwei Reliefs ›Durchquerung des Jordan unter Führung von Josua‹ und ›Aaron führt die Israeliten zur Wasserstelle‹.

Die **Wasserversorgung** Roms war schon in der Antike ein Problem, als die Stadt zu Millionengröße anwuchs. Über die eindrucksvollen Aquädukte aus den umliegenden Bergen herbeigeführt, floß es im Überfluß und erlaubte sogar den Luxus der kaiserlichen Thermenanlagen. Die Verwüstungen des Mittelalters und das Exil der Päpste in Avignon hatten die Stadt entvölkert, die Wasserleitungen wurden nicht mehr gebraucht und verrotteten. Beim erneuten Anstieg der Bevölkerung im 15. und 16. Jh. wurde das Wasser wieder knapp, so daß die Wasserleitungen erneuert und ausgebaut werden mußten. Sixtus V. trug dieser Bedeutung der Wasserversorgung durch eine sog. ›mostra‹, eine Schauwand der päpstlichen Fürsorge für die Stadt, Rechnung. Die Acqua Felice ist der erste einer Reihe monumentaler Brunnen, die für das römische Stadtbild charakteristisch wurden und mit der Fontana di Trevi einen Höhepunkt erreichten.

Porta Pia (am Ende der Via XX Settembre)

Das Stadttor ist das *letzte architektonische Werk Michelangelos.* Der strenge Backsteinbau, 1561–1564 im Auftrag Pius' IV. errichtet, ist von überwiegend linearen Formen geprägt; nur im Giebel des von Pfeilern flankierten Portals sind die Linien etwas gelockert. Über dem Portal erhebt sich zwischen den ornamentalen Zinnen ein Turm mit dem Wappen des Papstes. Die Fassade zur Via Nomentana gestaltete Virginio Vespignani im 19. Jh.

Die Porta Pia ist für die italienische Geschichte bedeutsam, denn hier gelang es den Truppen Viktor Emanuels am 20. Sept. 1870, eine Bresche in die Stadtmauer zu schlagen und in das bis dato vom Papst regierte Rom einzudringen. Hunderte von Straßen sind in Italien nach dem 20. September benannt; in Rom führt die *Via XX Settembre* von der Porta Pia zum Quirinal, dem Sitz des Präsidenten der Republik. Jedes italienische Schulkind kennt den ›Bersagliere‹, den namenlosen Schützen, der die Bresche schlug. Diesen ›Bersaglieri‹ zu Ehren wurde eine Großplastik vor dem Stadttor aufgestellt.

* 36 Quirinal

Mit 61 m ist der Quirinal der höchste der sieben ›klassischen‹ Hügel Roms. Der Name geht wahrscheinlich auf den altrömischen Kriegsgott Quirinus zurück, dem hier ein Tempel geweiht war. Der Hügel soll schon um 1300 v. Chr. von den Sabinern besiedelt worden sein, die später von Romulus und seinen Kämpen verdrängt wurden. In der Kaiserzeit war das Gebiet eine ›Villengegend‹; berühmt waren die ›Horti Sallustiani‹, die Gärten des Historikers Sallust, die als die

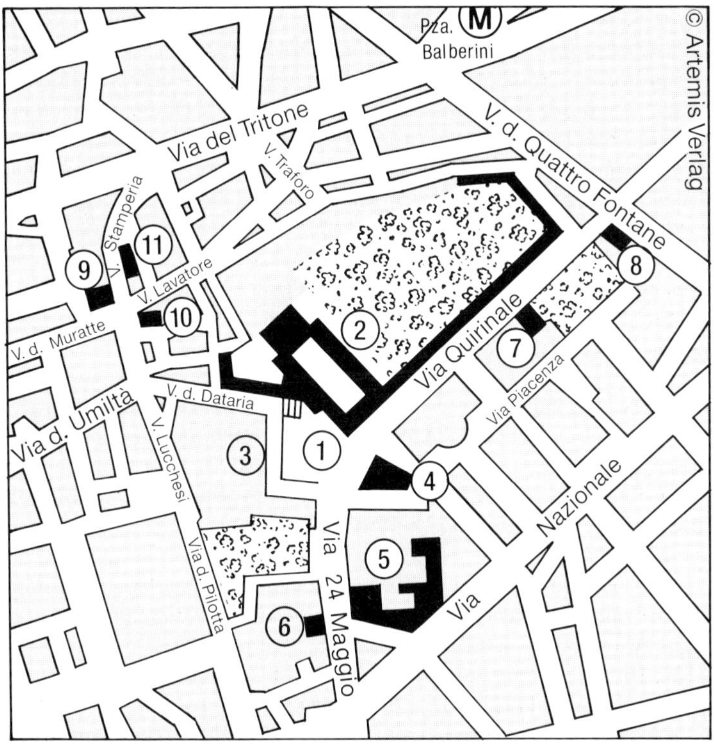

Quirinal: Orientierungsplan

- * ① Piazza del Quirinale *(S. 348)*
- ② Palazzo del Quirinale *(S. 348)*
- ③ Ehem. päpstliche Stallungen *(S. 349)*
- ④ Palazzo della Consulta *(S. 349)*
- * ⑤ Palazzo, Galleria und Casinò Pallavicini-Rospigliosi *(S. 349)*
- * ⑥ San Silvestro al Quirinale *(S. 350)*
- * ⑦ Sant'Andrea al Quirinale *(S. 351)*
- * ⑧ San Carlo alle Quattro Fontane *(S. 352)*
- * ⑨ Fontana di Trevi *(S. 354)*
- ⑩ Santi Vincenzo e Anastasio *(S. 355)*
- ⑪ Galleria dell' Academia di San Luca *(S. 355)*

schönsten der Stadt gepriesen wurden. Die reiche Vegetation und die relativ luftige Höhe machten den Quirinal bis in die Neuzeit zu einem der angenehmsten und gesündesten Gebiete der im Sommer oft von der Malaria heimgesuchten Stadt. 1550 bezog Kardinal Ippolito d'Este auf dem Hügel eine Villa, deren Park bald in ganz Rom berühmt wurde. Nach seinem Tod 1572 eignete sich Gregor XIII. das Gelände an und errichtete hier die Sommerresidenz der Päpste. Erst nach der Einnahme Roms durch die Piemontesen 1870 wurde das Gartenviertel verbaut.

Die * **Piazza del Quirinale** ① bietet ein sehenswertes Panorma mit der Kuppel von St. Peter im Hintergrund. In der Mitte des Platzes stehen auf Sockeln die Kolossalstatuen der *Rossebändiger Castor und Pollux* (Dioskuren), römische Kopien aus der Kaiserzeit nach griechischen Originalen des 5. Jh. v. Chr. (unrichtig sind jedoch die Namen Phidias und Praxiteles auf den Sockeln). Die Statuen standen vor den Konstantinsthermen auf dem Hügel, der nach ihnen im Mittelalter Monte Cavallo (Pferdeberg) genannt wurde. 1588 ließ Sixtus V. die Gruppen restaurieren und neu aufstellen, Ende des 18. Jh. wurden unter Pius VI. die Rossebändiger in ihre heutige Position gebracht und ein *Obelisk* vom Augustus-Mausoleum 9 auf dem Platz errichtet.

Palazzo del Quirinale ②

Auf dem Quirinal befand sich zunächst die Villa des Kardinals Ippolito d'Este. Nach dessen Tod übernahm Gregor XIII. den Besitz und ließ hier die päpstliche Residenz errichten, die bis 1870 allen Päpsten als Sommerresidenz diente. Nach der Einnahme Roms 1870 residierten hier die italienischen Könige, seit 1947 ist der Palast *Sitz des Präsidenten der Republik Italien.*

Der Palast wurde 1573 von Martino Longhi d. Ä. begonnen und 1740 von Ferdinando Fuga fertiggestellt; im 16. und 17. Jh. leiteten Ottaviano Mascherino, Domenico Fontana, Flaminio Ponzio, Carlo Maderno und Bernini die Bauarbeiten. Die breite, zweistöckige Fassade ist in den linearen Formen der Spätrenaissance gehalten, die Fenster haben flache Rahmen, im Obergeschoß Dreiecksgiebel. Das Portal von Maderno wird von freistehenden Säulen flankiert und mit einem Sprenggiebel bekrönt. Wie das Zitat einer Benediktionsloggia wirkt das Rundbogenfenster (mit Lisenen und Giebel) mit dem vorstehenden Balkon von Bernini. Der Quirinal war eine abgeschiedene ›ländliche‹ Zone, als dort der Sommersitz der Päpste ausgebaut wurde. Die relativ schlichte Architektur trägt dieser betont nicht repräsentativen Funktion Rechnung.

Auf Antrag beim Ufficio Intendenza del Quirinale (im Palast) können die Räumlichkeiten besichtigt werden. Sehenswert sind vor allem die ›Himmelfahrt Christi‹ von Melozzo da Forlì im Treppenhaus, der Thronsaal mit Fresken von Giovanni Lanfranco und Carlo Saraceni, die Cappella Paolina von Carlo Maderno und die Cappella dell'Annunziata mit Fresken von Guido Reni.

Gegenüber vom Quirinalspalast liegt das flache Gebäude der **ehem. päpstlichen Stallungen** ③, 1731 von Ferdinando Fuga fertiggestellt, und auf der rechten Seite des Platzes der **Palazzo della Consulta** ④, 1732/34 von Ferdinando Fuga für Clemens XII. Corsini als Sitz des Gerichtshofes errichtet; heute beherbergt er das *Verfassungsgericht.* Die *reiche Fassade* gehört zu den wichtigsten Werken Fugas. Ursprünglich waren diese Rokokoarchitekturen, wie beispielsweise auch die Pavillons der Piazza S. Ignazio, in den für die Zeit typischen Farben Weiß und Hellblau gehalten. Diese reizvolle, jedoch für Rom gänzlich ungewöhnliche Farbigkeit ist auf einigen zeitgenössischen Gemälden (Pannini) dokumentiert. Diese Farben gaben der Architektur eine Heiterkeit und Lebhaftigkeit, die den Charme des Rokoko ausmacht. Leider sind sie inzwischen der römischen ›Tonigkeit‹ gewichen.

Palazzo, Galleria und Casinò Pallavicini-Rospigliosi ⑤

Lage: Via 24 Maggio.

Der Palast wurde 1611–1616 von Jan van Santen und Carlo Maderno für Kardinal Scipione Borghese errichtet. Später befand er sich im Besitz des Kardinals Mazarin, der ihn erweitern ließ, und schließlich erwarben ihn die Pallavicini-Rospigliosi. Die Anlage des Palastes ist äußerst schlicht. Interessant ist jedoch die Farbigkeit, die in ihren Blau-Weiß-Kontrasten das Rokokohafte – anders als die Gebäude der Piazza del Quirinale – beibehält.

Im 1. Stock befindet sich die **Galleria Pallavicini,** die u. a. Werke von Botticelli, Rubens, Signorelli, van Dyck, Annibale Carracci, Poussin, Lotto, Ribera und Domenichino birgt. Die Besichtigung ist nur nach Anmeldung möglich (Tel.: 4757816).

* **Casino Pallavicini:** Der Gartenpavillon steht auf einer hochgelegten, bepflanzten Terrasse und ist mit antiken Reliefs geschmückt. Im Innern befindet sich das berühmte Fresko der *›Aurora‹ von Guido Reni* (1514). Es zeigt Aurora (Morgenröte), die dem Sonnenwagen des Apoll vorauseilt. Mit dem Morgentau in Form von Blütenblättern kündigt sie den neuen Tag an. Apoll als Sonne ist der hellste Punkte des Bildes. Die

Genien im Gefolge des Gottes sind sog. Horen (Stunden). An den Schmalseiten Antonio Tempestas Fresken ›Triumph der Liebe und des Ruhmes‹ nach Petrarca. In diesem Zusammenhang kann Renis Aurora als Triumph der Zeit gesehen werden. Stilistisch ist das Fresko der ›klassischen‹, an Raffael orientierten Phase Renis zuzuordnen.

* San Silvestro al Quirinale ⑥ (klingeln Via 24 Maggio 10)

1030 wird die Kirche erstmals erwähnt, 1524 erneuert und 1584 geweiht. Die heutige Schein-Fassade stammt aus dem 19. Jh. und wurde bei der Anlage der Via 24 Maggio errichtet. Die Anlage ist nicht ohne Witz, da bei dem Durchbruch der Straße die Kirche um ein Joch gekürzt werden mußte und das Gelände um etliche Meter abgesenkt wurde. Das heutige Fußbodenniveau der Kirche liegt über dem Portal, das natürlich nur eine Kulisse und nicht den Zugang bildet. Man erreicht die Kirche über den angrenzenden Konvent.

Der **Innenraum** auf dem Grundriß eines lateinischen Kreuzes besteht aus einem einschiffigen Langhaus mit Seitenkapellen, das bei der Verlegung der Straße gekürzt wurde, einem Querhaus mit Kuppel und einem tiefen Chor.

Die geschnitzte und vergoldete Decke stammt aus dem 16. Jh. An der Innenfassade Grabmal des Kardinals Cornaro von Domenico Fontana (1591). Auf dem Boden der 1. Kapelle links Terrakottafliesen der Florentiner Meister della Robbia, die Reste des ehem. Fußbodens der Loggia Raffaels im Vatikan darstellen. Von besonderer Bedeutung sind die *Landschaftsbilder* von *Polidoro da Caravaggio* (vor 1527) an den Wänden. Die Landschaften stehen erstmals ganz im Vordergrund und stellen die eigentlichen Bildthemen, ›Maria Magdalena‹ und ›Hl. Katharina von Siena‹, in den Schatten. Polidoros Wandgemälde in S. Silvestro stehen am Anfang der abendländischen Landschaftsmalerei und haben die sog. ›heroischen Landschaften‹ Domenichinos, Poussins und Claude Lorrains stark beeinflußt. Von Polidoro stammen auch die Putten in der Sockelzone und die Darstellungen der Katharina und der Maria Magdalena an den Seiten des Altars. Eine schillernde Gestalt ist der Auftraggeber der Fresken, Fra Mariano Fetti, Barbier, Hofnarr und Beichtvater Leos X. Medici, der nebenher noch das einträgliche Amt für Zollplomben betrieb. Es wird erzählt, Fra Mariano habe in der Todesstunde des Medici mit dem Teufel um die Seele des wenig heiligen Papstes gerungen.

Die achteckige *Cappella Brandini* im linken Querhaus, 1585 von Ottaviano Mascherino errichtet, zeigt in den Kuppelpendentifs Fresken

Polidoro da Caravaggio: ›Landschaftsfresko mit Magdalenenlegende‹

von *Domenichino* mit Esther, Salomo, David und Judith (1628) sowie in zwei Nischen Magdalena und Johannes. Die Stuckfiguren gehören zu den ersten Arbeiten von *Alessandro Algardi* in Rom. Im Chor Fresken von Giovanni und Cherubino Alberti (ca. 1600). Die Brüder Alberti aus Arezzo leiten mit diesen Fresken die illusionistische Deckenmalerei in Rom ein. In der 2. Kapelle rechts ein Altargemälde von Giacinto Grimignani, das ein Madonnenbild des 13. Jh. einschließt. Gegenüber vom Eingang führt eine Tür zu einem Garten, in dem der Gelehrtenzirkel um Michelangelo und Vittoria Colonna zusammentraf. Vittoria, mit der Michelangelo in platonischer Liebe verbunden war, teilte insbesondere die religiösen Vorstellungen des Künstlers. Ihr widmete Michelangelo eine Reihe von Zeichnungen und Gedichten.

* Sant'Andrea al Quirinale ⑦ (Via del Quirinale)

1658–1671 von *Gian Lorenzo Bernini* für Kardinal Camillo Pamphili, den Neffen Innozenz' X., errichtet. Zur Zeit des italienischen Königreichs diente S. Andrea als Hofkapelle.

Die **Fassade** ist relativ schlicht, wird nur von einer hohen Pilasterordnung gegliedert und einem Dreiecksgiebel gekrönt. Den Reiz macht der in das zentrale Bogenfeld eingesetzte vorschwingende *Baldachin* (**a**) aus, der von zwei Säulen gestützt und mit dem Pamphili-Wappen ausgezeichnet ist.

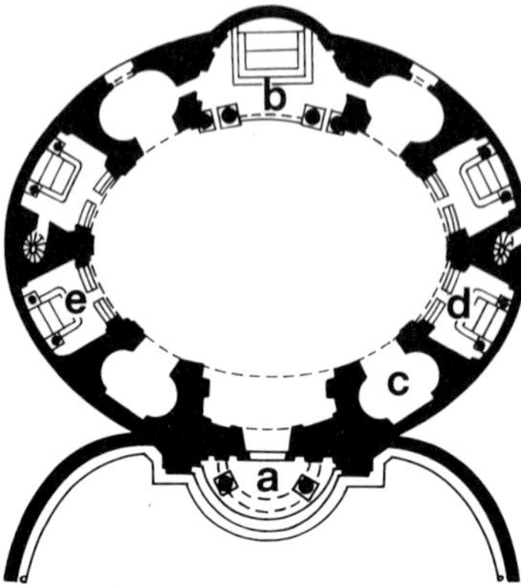

Sant'Andrea al Quirinale: Grundriß

a Baldachin
b Chorkapelle
c Baciccia ›Tod des hl. Franz Xaver‹
d Brandi ›Szenen aus der Passion Christi‹
e Maratta ›Vision des hl. Stanislaus Kostka‹

In den elliptischen Bau mit betonter Querachse sind tiefe elliptische und rechteckige Seitenkapellen sowie die Altarnische mit Apsis eingelassen. Eine reiche Stuck-, Gold- und Marmordekoration verkleidet den ganzen Innenraum. Das Queroval ist von Pilastern unterteilt; der Breitenausrichtung wirkt jedoch die von Säulen betonte *Chorkapelle* (**b**) entgegen, deren konkav geschwungener Dreicksgiebel sich der Kurve des Gesimses und der Kuppel anpaßt. In der Kuppel eine barocke Kassettenwölbung, angeregt von Borrominis Lösung in San Carlino.

Im Giebel der Chorkapelle die Statue des hl. Andreas von Antonio Raggi, einem Schüler Berninis. Von Raggi stammen auch die vergoldete Glorie über dem Hauptaltar und die Stuckfiguren in der Kuppel. *1. Kapelle rechts* (**c**) ›Tod des hl. Franz Xaver‹ von Baciccia (1706); *2. Kapelle rechts* (**d**) ›Szenen der Passion Christi‹ von Giacinto Brandi (1682); *Chorkapelle* (**b**) ›Kreuzigung des hl. Andreas‹ von Guillaume Courtois, genannt Borgognone (1668); *2. Kapelle links* (**e**) ›Vision des hl. Stanislaus Kostka‹ von Carlo Maratta (1687).

Sant' Andrea ist ein sehr harmonisches Gefüge von Architektur, Plastik und Malerei. Bau und Ausstattung erfolgten in kurzen Abständen, später fanden keine Eingriffe mehr statt. Bernini schätzte die kleine Kirche unter seinen architektonischen Werken besonders.

** **San Carlo alle Quattro Fontane** (San Carlino) (8)

Die Kirche ist dem *hl. Carlo Borromeo* geweiht (vgl. S. Carlo ai Catenari, *S. 169;* S. Carlo al Corso, *S. 105*) und gehört dem von ihm gegründeten *Orden der Trinitarier.* 1634–1646 errichtete *Francesco Borromini* die Kirche auf einem sehr begrenzten Baugrund in den Maßen eines Kuppelpfeilers von S. Pietro; 1665–1667 fügte er die Fassade hinzu. Die kleine Kirche ist das erste eigenständige Werk des Architekten, die Fassade seine letzte Arbeit.

Die **Fassade** ist der Kulminationspunkt der kompliziert erscheinenden ›intellektuellen‹ Architektur Borrominis. In zwei von einem betont vorkragenden Gebälk getrennten Stockwerken ragt sie steil auf; freistehende Säulen teilen die Geschosse in je drei Kompartimente, die ihrerseits horizontal geteilt sind. Das Portal ist von kleineren Säulen flankiert; in einer darüberliegenden Nische befindet sich die Statue des Titelheiligen von Antonio Raggi. Den oberen Abschluß bildet eine geschwungene Balustrade, die ein ovales Fresko rahmt. In dieser Fassade finden sich keine geraden Flächen mehr. Borrominis Neigung zu gekurvten Linien ist hier konsequent zu einer im Ganzen schwungvoll modellierten Architektur formuliert worden. Diese charakteristischen Formen stellt man auch am Glockenturm und der Laterne fest (um 1640 fertiggestellt).

Inneres: Die Kirche hat als Grundriß ein längsgerichtetes Oval, dessen Kurven zu den Schmalseiten hin eingezogen sind. An den spannungsvollen Punkten dieser Gegenkurven sind Säulen mit korinthischen Kapitellen eingestellt, die ein breites, unverkröpftes Gesims tragen, das die Schwingung der Wand betont. Die elliptische Kuppel ist mit einer Kassettierung versehen, deren Kreuz- und Achteckformen das Ornament römischer Fußbodenmosaiken aufgreifen. Trotz der geringen Ausmaße gelang es Borromini, den Bedürfnissen des Konvents nach zahlreichen Altären zu entsprechen und dem Kirchenraum eine eindrucksvolle Monumentalität zu verleihen. Nichts in diesem Raum wirkt klein, gedrängt oder unscheinbar. Bei den gegebenen Einschränkungen des Baugrundes ist dies als eine besondere Leistung des Architekten zu werten. San Carlino ist das ›Paradebeispiel‹ der Eigenwilligkeit Borrominis. Der komplizierte Grundriß ist eine rationale geometrische Konstruktion aus Ellipsensegmenten. Alle weiteren Elemente sind auf

San Carlo alle quattro Fontane: Grundriß

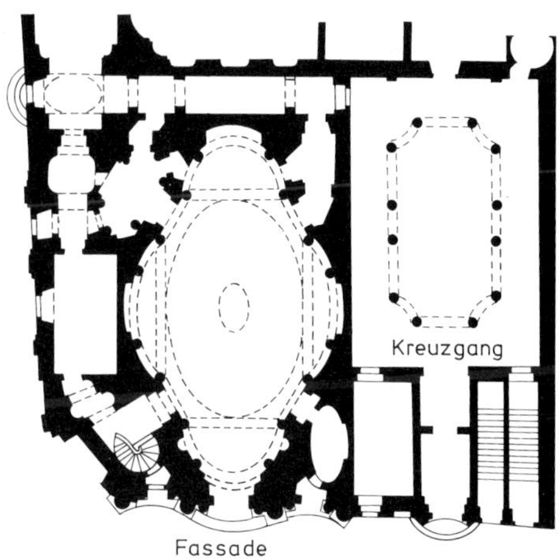

◁ Via Appia Antica *(S. 277)*

Fontana di Trevi

diesen Grundriß bezogen und können nicht alleine gesehen werden. Diese Einheit des Raumes wird durch die helle Farbigkeit noch betont.

Neben der Kirche befindet sich ein kleiner, reizvoller *Kreuzgang*, ebenfalls von Borromini. Dorische Säulen tragen die Arkaden des Untergeschosses, in der Loggia einen Architrav mit Balustrade. Arkaden und Architrav der zweistöckigen Anlage greifen die tradierten Formen der Renaissance auf, denen Borromini durch das Motiv der wechselnden Interkolumnien einen neuen Rhythmus verschafft. Diese leichte, bewegte Architektur überspielt die Enge und Steilheit des Komplexes. Wie schon in dem Kirchenbau vermag es Borromini auch hier, dem engen Raum Monumentalität zu verleihen.

* Fontana di Trevi (9)

Die berühmteste Wasserschauwand in Rom wurde 1732–1751 von Francesco Salvi an der Schmalseite des Palazzo Poli errichtet und 1762 mit Statuen von Pietro Bracci und seiner Werkstatt geschmückt. Der Brunnen ist der triumphale Abschluß der Wasserleitung der Acqua Vergine, die auf einen Kanal des Agrippa aus dem Jahre 19 v. Chr.

zurückgeht. Nikolaus V. ließ die Wasserleitung restaurieren und 1453 einen Brunnen am Dreiweg (tre vie) errichten, der unter Urban VIII. abgerissen wurde, um Platz für eine grandiose Fontäne Berninis zu schaffen. Beim Tod des Papstes 1644 wurde das Projekt aufgegeben und erst 90 Jahre später unter Clemens XII. wieder aufgegriffen und unter Clemens XIII. fertiggestellt.

Aufgrund des geringen Wasserdrucks der Acqua Vergine, die schon Bernini bei der Schöpfung des Vierströmebrunnens vor ein Problem gestellt hatte, baute Salvi, wie vor ihm Bernini, einen Felssockel, über dem das Wasser, wenn auch aus geringer Höhe, so doch in breiten Bächen, effektvoll herabstürzt. In einer Nische der rückwärtigen Wand erscheint Okeanos, der Gott der Weltmeere, auf einem Muschelwagen, der von Seepferden gezogen und von Tritonen gelenkt wird; in seitlichen Nischen die Allegorien des Überflusses und der Reinheit.

Der Brunnen wurde weltberühmt durch den Brauch der Rom-Besucher, eine Münze ins Wasser zu werfen, die ihnen die Wiederkehr sichern soll. Sofern die Münzen nicht schon von Kindern aus dem Brunnen gefischt worden sind, werden sie von städtischen Bediensteten bei der wöchentlichen Reinigung des Brunnens eingesammelt.

Santi Vincenzo e Anastasio ⑩

Die Kirche (gegenüber dem Brunnen), deren Barockfassade Martino Longhi d. J. schuf (1650), wurde von Kardinal Mazarin, dem damaligen Regenten von Frankreich und Erzieher des Sonnenkönigs Ludwig XIV., gestiftet. Sein Name erscheint in der Inschrift der Fassade. 18 korinthische Vollsäulen, die in zwei Geschossen die Fassade gliedern, gaben der Kirche den Spottnamen ›Röhricht‹ (canneto). Mit ihren Giebeln und Skulpturen erzielt die Fassade einen gewissen szenographischen Effekt. SS. Vincenzo e Anastasio ist die Gemeindekirche des nahegelegenen Quirinalspalastes; deshalb sind in der Apsis die vor der Einbalsamierung entfernten Eingeweide der Päpste von Sixtus V. (1590) bis Leo XIII. (1903) beigesetzt.

Galleria dell'Accademia di San Luca ⑪

Lage: Piazza dell'Accademia di San Luca, bei der Via del Tritone.

Der hl. Lukas soll die Madonna gemalt haben und ist daher der Schutzpatron der Künstler. Die Künstlerakademie des hl. Lukas hatte sich bereits im 14. Jh. in Rom formiert und wurde 1478 erneut ins Leben gerufen. Von ihrem ehemaligen Sitz bei der Kirche Santi Luca e Martina *(S. 52)* wurde die Akademie nach der Öffnung der Via dei Fori

Imperiali an ihren heutigen Sitz im Palazzo Carpegna verlegt. Die Sammlung rekrutiert sich aus Arbeiten und Stiftungen ehemaliger Mitglieder der Akademie.

Saal 1: ›Porträt Clemens IX.‹ von Baciccia; ›Putto‹, ein Freskenfragment von Raffael, dessen Pendant sich bei dem Propheten Isaias in Sant'Agostino *(S. 145)* befindet; ›Verkündigung an die Hirten‹ von Jacopo Bassano.

Saal 2: ›Porträt Ippolito Grimaldis‹ von Tizian; ›Judith und Holofernes‹ von G. B. Piazzetta; ›Perseus und Andromeda‹ vom Cavalier d'Arpino; ›Ruhe auf der Flucht nach Ägypten‹ von Federico Barocci; ›Selbstporträt‹ von Federico Zuccari; ›Gefangennahme Christi‹ vom Cavalier d'Arpino.

Saal 3: ›Allegorie der Hoffnung‹ von Angelika Kauffmann, ›Porträt der Angelika Kauffmann‹, eine Kopie nach Joshua Reynolds, der um die Hand der Malerin angehalten hatte, jedoch zurückgewiesen worden war; doch die Künstler blieben befreundet; ›Selbstporträt‹ von Elisabeth Vigée-Lebrun.

Saal 4: Niederländische Meister.

Saal 5: ›Madonna mit Kind und musizierenden Engeln‹ von Anthonis van Dyck; ›Krönung der Pomona‹ von P. P. Rubens (?); ›Römische Ruinen‹ von Giovanni Paolo Pannini.

Saal 6 (Galerie): Büste Napoleons von Canova; Venus und Amor von Guercino (?).

Saal 7: ›Mystische Hochzeit der hl. Katharina‹ von Sebastiano Conca; ›Geburt Johannes d. T.‹, Ölskizze von Baciccia; ›Schmerzensreiche Madonna‹ (Addolorata) von Guido Reni.

Saal 8: Terrakotten aus Künstlerwettbewerben des 18. Jh. Im Treppenhaus Kopie von Raffaels ›Galatea‹ von Pietro da Cortona; ›Bacchus und Ariadne‹ von Guido Reni.

37 Piazza Barberini

Die **Piazza Barberini,** heute ein bewegter Verkehrsknotenpunkt, war die Auffahrt zu dem villenartig zurückgesetzten Palazzo Barberini. Zwei Brunnen dokumentieren die Präsenz der Familie an der Piazza: der *Bienenbrunnen* an der Ecke zur Via Veneto und der *Tritonenbrunnen* in der Mitte des Platzes. Beide Brunnen sind Werke Berninis (1643/44) und tragen die Bienen als Wahrzeichen der Familie Barberini.

** Palazzo Barberini · Galleria Nazionale d'Arte Antica

Lage: Via Quattro Fontane.

Begonnen 1625 von Carlo Maderno, der den Entwurf vorlegte. Nach dessen Tod übernahm Bernini die Bauleitung und gestaltete die Fassade. 1632 wurde der Palast fertiggestellt. Während der gesamten Bauzeit arbeitete auch Borromini mit.

Der Palast hat einen H-förmigen Grundriß, abgeleitet von der ** Villa Farnesina Baldassare Peruzzis *(S. 249)*. Die Fassade zur Gartenseite hin ist zwischen die niedrigeren, schlichteren Flügelbauten Madernos eingespannt und durch die Säulenordnung plastisch hervorgehoben. Die von Bernini entworfene Mittelzone der Fassade hat im Untergeschoß ein offenes Pfeilervestibül mit etruskischen Halbsäulen vor den Pfeilerarkaden, während im Piano nobile ionische Säulen und im Obergeschoß Pilasterbündel mit korinthischen Kapitellen die Fensterachsen teilen. Die Rundbogenfenster sind im Obergeschoß mit einer reizvollen perspektivischen Rahmung versehen. Zwischen diese Mittelzone und die seitlichen Flügel schiebt sich jeweils eine niedrigere Fensterachse von Borromini. Die Rückfassade von Carlo Maderno mit Terrasse und Loggia wurde um 1700 verbaut.

Im Vestibül rechts eine elliptische Wendeltreppe mit ionischen Doppelsäulen von Borromini; links Berninis Treppenhaus, das zur Galerie führt. Die Motive der etruskischen Doppelsäulen und des Balustergeländers werden an der Außenmauer in Stuck wiederholt; an den Treppenabsätzen antike Skulpturen in illusionistischen Stuckrahmen.

** Galleria Nazionale d'Arte Antica

Die Bestände dieser *wichtigsten Gemäldegalerie Roms* rekrutieren sich überwiegend aus den Ende des 19. Jh. dem Staat vermachten Sammlungen Corsini und Torlonia, die durch Ankäufe und Schenkungen erweitert wurden.

Im **Vestibül** *zwei Bildnisbüsten Urbans VIII. Barberini* von Bernini, dem bevorzugten Bildhauer und Architekten dieses Papstes; im angrenzenden Raum Porträts der Kardinäle Antonio und Francesco Barberini.

Saal 3: *Filippo Lippi ›Madonna mit Kind‹* (dat. 1437). Lippi folgt nicht mehr der Florentiner Malerei der Spätgotik (Lorenzo Monaco), sondern greift die raumbildende Malweise Masaccios auf; das Kolorit reflektiert eine Auseinandersetzung mit der niederländischen Malerei. – *Filippo Lippi ›Verkündigung‹* (Ende 1440er Jahre). Das Bild war

Filippo Lippi: ›Verkündigung‹

Raffael: ›La Fornarina‹

richtungsweisend für die neue perspektivische Raumerfassung, die besonders in der Florentiner Schule studiert wurde. Bemerkenswert ist die gelungene Abstufung der Raumebenen und die voluminöse Durchbildung der Figuren; rechts das Doppelporträt der Stifter.

Saal 4: Werke des 15. Jh. – *Piero di Cosimo ›Porträt einer Dame als Maria Magdalena‹*.

Saal 5: Antoniazzo Romano ›Madonna mit Kind und Heiligen‹ (sign. und dat. 1488), stark übermalt. – *Pietro Perugino ›Hl. Nicola von Tolentino‹* (ca. 1505).

Saal 6: Toskanische Schule des 16. Jh. – Andrea del Sarto ›Hl. Familie‹ (1528/9). – Domenico Beccafumi ›Madonna mit Kind und Johannesknaben‹ (um 1540).

Saal 7: Baldassare Peruzzi ›Ceres‹ (1512). – Sodoma ›Drei Parzen‹ (um 1530/9. – Girolamo Genga ›Mystische Hochzeit der hl. Katharina‹ (ca. 1525). – *Raffael ›La Fornarina‹* (ca. 1520). Das berühmte Porträt mit der Signatur auf dem Armreifen stellt möglicherweise die Geliebte

Raffaels dar, zumindest aber eine Frau, die mehrmals von Raffael gemalt wurde (›La Velata‹, Florenz, Palazzo Pitti). Die Geschichte des Künstlers und seiner Geliebten, die Vasari erwähnt, ohne ihren Namen zu nennen, wurde besonders im 19. Jh. Stoff ungezählter Legenden.

Saal 8: Das *Deckenfresko von Andrea Sacchi* ›Die göttliche Vorsehung‹ (1629–1633) ist im Gegensatz zu Pietro da Cortonas Fresko im großen Salon auf wenige Figuren und klare Farbigkeit reduziert. – Gemälde des 16. Jh. – *Jacopo Tintoretto ›Christus und die Ehebrecherin‹* (ca. 1546). Tintoretto, der Hauptvertreter des venezianischen Manierismus bringt als neue Elemente die gelängten, vergeistigten Figuren und das flakkernde Hell-Dunkel in die Malerei. – *Tizian ›Venus und Adonis‹*, Replik des Bildes im Madrider Prado von 1553, beeinträchtigt durch die angegriffene Oberfläche. Venus ahnt, daß ihr sterblicher Geliebter Adonis bei einer gefährlichen Jagd umkommen wird und versucht, ihn zurückzuhalten. Ein nettes Detail ist der schlafende Putto links oben, wenig gelungen sind die Hunde. – Lorenzo Lotto ›Sacra Conversazione‹ (sig. und dat. 1523). Das Bild zeigt die typische tonige Farbigkeit der venezianischen Schule. – Nicolo dell'Abate ›Porträt eines jungen Mannes‹. – *El Greco ›Anbetung der Hirten‹* und *›Taufe Christi‹*, wahrscheinlich Ölskizzen (bozzetti) für verlorengegangene große Tafeln, expressive Steigerung der Malweise Tintorettos.

Kapelle: Fresken mit Szenen aus dem Neuen Testament von *Pietro da Cortona* und Giovanni Romanelli (1630/32).

Saal 11 (Korridor): B. Passarotti ›Genreszenen‹ (17. Jh.). In einer Vitrine ein *Reisealtärchen* von *Annibale Carracci*, dessen Mitteltafel eine Pietà in perfekter Diagonalkomposition und reizvollen Farbkontrasten zeigt; auf den Innenseiten der Flügel ›Hl. Cäcilie‹ und ›Hl. Lucius‹ (?) und außen ›Erzengel Michael‹ und ›Schutzengel‹.

Saal 13: *Caravaggio ›Judith‹* (um 1600). Als der assyrische Hauptmann Holofernes die Stadt Bethulia bei Jerusalem belagert, dringt die Israelitin Judith in das Zelt des Feindes ein. Holofernes lädt die Schöne zu einem Gelage und schläft betrunken ein. Judith schlägt ihm das Haupt ab und hängt es über die Mauer von Bethulia, worauf die Assyrer fliehen und geschlagen werden. Caravaggios schonungslose Darstellung der Handlung bringt ein Spektrum extremer Reaktionen, keinen simplen Heroismus: Judith ist gleichzeitig entschlossen und entsetzt, Holofernes versucht in fassungsloser Panik, sich aufzurichten, während die haßerfüllte Dienerin auf den abgetrennten Kopf wartet. Der grausame Realismus schockiert und fasziniert zugleich, wie es der Beschreibung einer reisenden Engländerin, Lady Anne Miller, aus dem Jahre 1770 zu entnehmen ist: *»Dieses Gemälde ist von zu großer Perfektion. Ich konnte mich des Gedankens nicht erwehren, es müsse nach dem Leben gemalt sein, und bei dieser Vorstellung wurde mir übel. Es rief wohl dieselben Empfindungen hervor, die mir der Anblick einer wirklichen Hinrichtung verursacht hätte. Der Schnitt durch den Hals, ihre Kraftanstrengung dabei, das Blut, das aus den durchgetrennten Adern spritzt, die Selbstbeherrschung, mit der sie das Gesicht von ihrem gräßlichen Tun abwendet: mit einem Stolz und einer Unerschrockenheit, die sich für eine Frau wenig ziemen, und dann der Leib des Holofernes, der im Todeskampf zuckt – wer immer auch nur einen Funken Gefühl besitzt, sollte es vermeiden, dieses Gemälde zu betrachten: es stammt von Michael Angelo da Caravaggio.«*

Caravaggio (?) ›Narziß‹, lyrische Darstellung des in sich selbst verliebten Hirten (Zuschreibung sehr umstritten). – Carlo Saraceni ›Hl. Gregor‹ (ca. 1620) und ›Anna Selbdritt‹, – Orazio Gentileschi ›Hl. Franziskus mit Engel‹.

Saal 17: Jusepe Ribera ›Hl. Jakobus‹. – Artemisia Gentileschi ›Selbstporträt‹. – *Salvator Rosa ›Personifikationen der Poesie und Musik‹* (1640/20). Die ›Poesie‹ ist ein Bildnis der Lucrezia, die der Künstler 1640 kennenlernte, doch erst kurz vor seinem Tod 1673 heiratete. – *Nicolas Poussin:* Zwei Darstellungen eines *Puttenbachanals* (ca. 1630). – François Duquesnoy: Büste des Hofzwerges des Herzogs von Créqui (ca. 1633). – *Luca Giordano ›Selbstporträt‹* (ca. 1660).

Saal 18: *Guido Reni ›Schlafender Putto‹* (ca. 1612), Freskoprobe für die Arbeiten in der Cappella Paolina von *** S. Maria Maggiore *(S. 314)*. Bernini und Canova bewunderten die Spontanität der Darstellung. – *Guido Reni (?) ›Bildnis der Beatrice Cenci* (?)‹. Der Legende nach soll Reni das Bildnis der wegen Mordes an ihrem grausamen Vater 1599 zum Tode verurteilten Adligen im Kerker gemalt haben, allerdings ist weder die Zuschreibung an den Künstler noch die Identität der Dargestellten gesichert; dennoch genießt das Bildnis eine gewisse Berühmtheit. – *Guercino ›Et in Arcadia ego‹* (Auch ich war in Arkadien; ca. 1618), eine im Barock beliebte Darstellung der Vergänglichkeit alles Irdischen. – Alessandro Algardi ›Büste des hl. Filippo Neri‹, nach der Totenmaske geschaffen.

Saal 19: *G. L. Bernini ›Selbstporträt als David‹* (ca. 1625) und *›Porträt Urbans VIII. Barberini‹* (ca. 1624–20). – *Baciccia ›Pietà‹* (1667). Die an einem berühmten Gemälde Annibale Carraccis orientierte Darstellung ist in ihrer kühlen Farbigkeit, moderaten Gestik und strengen Diagonalkomposition ein Beispiel für den ›klassizistischen Barock‹.

Palazzo Barberini: Deckenfresko von Pietro da Cortona

Saal 20: *Quentin Metsys (Massys) ›Porträt des Erasmus von Rotterdam‹* (1517), ein typisches Humanistenporträt, das den Gelehrten in seiner Schreibstube zeigt. Die Tafel ist Teil eines Doppelbildnisses mit Pierre Gilles, das Erasmus dem befreundeten Humanisten Thomas Morus, dem Kanzler Heinrichs VIII., nach London schickte. – *Hans Holbein ›Porträt Heinrichs VIII. von England‹*. Das Bildnis entstand 1540 anläßlich der Hochzeit Heinrichs mit Anna von Kleve, seiner 4. Frau; die Zuschreibung an Holbein ist allerdings nicht gesichert.

Salone (großer Salon in der Mittelachse des Palastes): *Deckenfresko von Pietro da Cortona* ›Triumph der göttlichen Vorsehung‹ (1633–1639). Das komplizierte Programm arbeitet mit zahlreichen allegorischen Figuren und mythologischen Szenen, die der Verherrlichung des Papsttums Urbans VIII. und der Familie Barberini dienen. Eine Beschreibung durch Francesco Braccolini dell'Api, einem den Barberini nahestehenden Dichter, erleichtert die Deutung: In den Feldern der linken Langseite erkennt man die Zyklopen in der Schmiede bei der Fertigung von Waffen; doch die Allegorie des Friedens, beraten von der Klugheit, schickt ihre Dienerinnen aus, die den Zorn fesseln und den Janus-Tempel, der nur in Kriegszeiten geöffnet war, schließen. An der rechten Langseite der betrunkene nackte Silen mit Bacchanten und Mänaden; Venus liegt auf ihrem Lager und erschrickt über die Gestalt der Reinheit, die die himmlische Liebe, einen Putto, ausgeschickt hat, um ihren Sohn Amor zu verscheuchen. Im Zentrum dieser Darstellung erkennt man die allegorischen Figuren der Religion und der Weisheit. An der oberen Schmalseite erscheint Herkules, der die Harpyen tötet, während die Gerechtigkeit und die Freigebigkeit dem Volk erscheinen. In dem gegenüberliegenden Feld ist Minerva, die Göttin der Weisheit zu sehen, die die groben Giganten verjagt. Diese Darstellungen, wie auch die der kleinteiligen Oktogone, illustrieren den Sieg der Tugenden über Gewalt und Laster, der natürlich an die Herrschaft der Barberini gebunden ist. Im Zentrum der Decke wird dann auch der Lohn dieses vorgeblich so segensreichen Wirkens der Familie gezeigt: Die christlichen Tugenden Glaube, Hoffnung und Liebe tragen das Barberini-Wappen mit den Bienen in den Himmel. Die göttliche Vorsehung schickt die Unsterblichkeit aus, die das Wappen mit einem Sternenkranz krönt. Das riesige Fresko Pietro da Cortonas ist ein *Hauptwerk der illusionistischen Barockalerei,* in der gemalte Architekturen die realen fortsetzen und schwebende Figuren den so gebildeten ›Raum‹ beleben.

Kapuzinerkirche Santa Maria della Concezione

Lage: Via Veneto/Piazza Barberini.

Errichtet 1626 von Antonio Casoni für Kardinal Antonio Barberini, der dem Kapuzinerorden angehörte und Bruder Urbans VIII. war. Über einer Freitreppe erhebt sich eine zweistöckige Backsteinfassades, deren flache Lisenengliederung sich durch den hellen Travertin abhebt. Der schlichte, einschiffige Bau hat 5 Kapellen an jeder Seite und einen geraden Chorschluß.

Ausstattung: Die 1. Kapelle rechts enthält ein berühmtes Altarbild von *Guido Reni* ›*Der Erzengel Michael bekämpft den Teufel*‹ sowie links ›Verhöhnung Christi‹ von Geeraert Honthorst (17. Jh.). – An der linken Wand der 2. Kapelle ›*Geburt Christi*‹ von *Lanfranco* (17. Jh.). – In der 3. Kapelle Altarbild ›*Franziskus und der Engel*‹ von *Domenichino* und ein Fresko (links) ›*Tod des hl. Franziskus*‹. – Vor dem Hochaltar die Grabplatte des Kardinals Antonio Barberini mit der Inschrift ›hic iacet pulvis, cinis et nihil‹ = Hier ruhen Staub, Asche und nichts. – 5. Kapelle links ›Maria erscheint Fra Bonaventura‹ von Andrea Sacchi (17. Jh.) und in der 1. Kapelle links ›*Ananias gibt Paulus das Augenlicht wieder*‹ von *Pietro da Cortona* (17. Jh.).

Auf der Freitreppe rechts der Eingang zum *Coemeterium*, einem kuriosen ›Friedhof‹, der die Kirche berühmt gemacht hat (Spende erwünscht). Die Knochen und Schädel von ca. 4000 Kapuzinern sind in 5 Kapellen zu barocken Ornamenten zusammengetragen und bilden eine eigenartige, wenn auch makabre Dekoration. Derartige Inszenierungen des Todes sind gerade bei den Kapuzinern beliebt (z. B. die Kapuzinergruft in Palermo).

Die **Via Vittorio Veneto** führt in zwei weiten Kurven von der Piazza Barberini zur Porta Pinciana durch das elegante Viertel Ludovisi. Die Straße ist nach einer Stadt im Veneto benannt, die im Trubel der Einigung Italiens den Namen Vittorio nach Viktor Emanuel II. annahm. Bei dieser Stadt fand 1918 die letzte Schlacht an der Alpenfront statt, in der die italienischen Truppen das österreichisch-ungarische Heer besiegten. Dieser Ausgang führte zum Waffenstillstand zwischen Italien und Österreich-Ungarn. Die Straße wurde Anfang des Jahrhunderts angelegt und entwickelte sich zum Sitz von Luxushotels und noblen Bars. Bekannt wurde die Via Veneto in den 50er Jahren als Schauplatz der ›dolce vita‹. Heute hat sie ihr Flair als Tummelplatz der römischen Schickeria weitgehend verloren; exklusiv geblieben sind nur die Preise in Bars und Geschäften.

** 38 Piazza di Spagna

Der sog. *Platz Spaniens* ist ein unregelmäßiges, scherenförmiges Gebilde, das seinen Namen von der Anfang des 17. Jh. in Höhe der Mariensäule eingerichteten Spanischen Botschaft ableitet. Ab dieser Zeit betrachteten die Spanier den ganzen Platz als Exterritorium. Im 18. und 19. Jh. wurde die Zone zu einem Viertel der Künstler, Musiker und Schriftsteller, an deren einstige Wohnungen Inschriften in den umliegenden Straßen erinnern und als deren Treffpunkt das *Caffè Greco* in der Via dei Condotti berühmt war. Zu den Gästen des Hauses gehörten u. a. Goethe, Thorvaldsen, Gogol, Schopenhauer, Mendelsohn, Berlioz, Stendhal, Baudelaire, Wagner, Liszt, Leopardi und d'Annunzio. Heute ist die Gegend ein Zentrum der Modeschöpfer, die ihre Studios und Geschäfte in den umliegenden Straßen haben. Namen wie Valentino, Armani etc. vertreten die italienische Haute Couture (Alta Moda), Bulgari liefert das passende Schmuckstück und Pollini die Schuhe. Die Piazza di Spagna ist somit die erste, mit Sicherheit aber auch die teuerste Adresse für einen Schaufensterbummel. Exklusivität beherrscht auch die Via del Babuino, in der vorwiegend Kunst- und Antiquitätenhändler ihre Niederlassungen haben. Die Parallele Via Margutta beherbergt immer noch viele Ateliers zeitgenössischer Künstler, die im Frühling und im Herbst bei der Fiera di Via Margutta eine Gemeinschaftsausstellung organisieren.

Etwa in der Mitte des Platzes liegt der **Barcaccia-Brunnen** von Pietro und Gian Lorenzo Bernini (1627/29). Dargestellt ist ein Kahn (barca), wie es sie früher im Tiberhafen gab. Durch das Sonnensymbol als Zeichen Christi ist diese Barke als Schiff der Kirche ausgewiesen und die Aufstellung auf dem Platz eine bewußte Betonung päpstlicher Präsenz zur Zeit der Gegenreformation.

Die **Mariensäule** (weiter südlich, vor der Spanischen Botschaft), ein Werk mehrerer Künstler (Revelli, Chelli, Jacometti, Tadolini) aus den 50er Jahren des 19. Jh., wurde 1854 anläßlich der Verkündigung des Dogmas von der Unbefleckten Empfängnis Mariens errichtet. Zum Fest Mariä Empfängnis am 8. Dezember wird diese Madonna mit Blumenschmuck geehrt. Weniger pietätvoll kündigt dieses Datum auch den Ausbruch des Weihnachtsgeschäftes an.

** **Scalinata della Trinità dei Monti** (Spanische Treppe): Die sog. Spanische Treppe ist, streng genommen, eine französische; denn die französischen Lilien sind neben den Adlern aus dem Wappen Innozenz' XIII. auf den Stelen am unteren Ende der Treppe angebracht. Bis ins 18. Jh. befand sich vor der französischen Kirche Trinità dei Monti lediglich ein

Spanische Treppe und Trinità dei Monti

Weg durch einen bewachsenen Abhang. Die Franzosen wünschten eine Ausdehnung ihres Territoriums an der Kirche Trinità dei Monti und eine repräsentantive Verbindung zum ›Platz der Spanier‹. Da man befürchten mußte, die Römer würden sich auf einer den Abhang überwindenden steilen Straße bei Kutschenrennen zu Tode stürzen, errichtete man eine Treppe.

Der Architekt Francesco de Sanctis schuf in den Jahren 1723–1736 mit der Treppenanlage eines der charakteristischsten Monumente Roms. Die Stufen sind von Podesten unterbrochen und von Bänken unterteilt; je eine Aussichtsterrasse auf halber Höhe und am oberen Abschluß fordern zur Rast auf. Die Treppe ist keine hastig zu überwindende Verbindung, sondern ein heiterer Flanierweg des Rokoko, wie er in der Villenarchitektur vorgegeben ist. Diese Atmosphäre macht sie zu einem beliebten Aufenthalt für Touristen und Jugendliche. Doch ist dieser ›Salon Roms‹ in jüngster Zeit leider auch ein Anziehungspunkt aggressiver Schläger und mittelloser, oft alkoholisierter ›Globetrotter‹ geworden und muß daher nachts von Carabinieri überwacht werden. Zum 1. Mai wird die Treppe mit Azaleen geschmückt, im Sommer ist sie Austragungsort von Ausstellungen und Modenschauen, und Weihnachten wird auf der unteren Terrasse eine Krippe aufgebaut.

Trinità dei Monti

Die Kirche wurde 1495 von Karl VIII. von Frankreich gegründet, 1585 von Sixtus V. geweiht und nach den Beschädigungen durch die Truppen Napoleons Anfang des 19. Jh. im Auftrag Ludwigs XVIII. restauriert. Bis 1789 war Trinità dei Monti eine französische Königsabtei.

Die Fassade, der eine Freitreppe von Domenico Fontana (1587) vorgelagert ist, wurde 1585 von Antoine Larron fertiggestellt. Sie hat ein von einer Pilasterordnung gegliedertes Vollgeschoß mit einem von Säulen flankierten Portal, darüber eine hohe Attikazone mit Lünettenfenster und Balustrade. Zwei Glockentürme mit Achteckkuppeln geben dem Bau eine unitalienische, eher dem französischen Geschmack entsprechende Vertikalität. Der Innenraum ist einschiffig. Ein Gitter teilt das Langhaus, dessen hinterer Teil nur mit Genehmigung (Zentrale der französischen Einrichtungen in Rom, Piazza San Luigi dei Francesi) zu besichtigen ist. Die 3. Kapelle rechts und die 2. Kapelle links zeigen *›Kreuzabnahme‹* bzw. *›Himmelfahrt‹*, zwei stark beschädigte Fresken des Michelangelo-Schülers *Daniele da Volterra;* in der ›Himmelfahrt‹ ganz rechts ein Selbstporträt. Die Kapelle links vom Chor und die 6. Kapelle links tragen Fresken von Taddeo und Federico Zuccari.

Villa Medici (Viale Trinità dei Monti; Besichtigung mit Erlaubnis der Französischen Akademie): 1564 von Annibale Lippi für Kardinal Ricci über einem älteren Gebäude errichtet, ging die Villa in den Besitz der Medici-Herzöge der Toscana über. Napoleon verlegte 1803 den Sitz der bereits 1666 gegründeten Französischen Akademie in Rom hierher. – Die Fassade zur Straße hin ist streng und schmucklos, die zum Garten von pavillonartigen Flügelbauten eingefaßt und reich mit Stuck und antiken Marmorreliefs dekoriert. Eine Serliana mit eingestellten Doppelsäulen öffnet sich zum Garten, in dem zahlreiche antike Statuen und Kopien nach Antiken aufgestellt sind.

Der **Palazzo Zuccari** (am Anfang der Via Gregoriana), dessen Monsterköpfe als Gartenportal und Fenster bekannt sind, ist Sitz der Bibliotheca Hertziana (Max-Planck-Institut für italienische Kunstgeschichte), als Forschungsinstitut aber nicht der Öffentlichkeit zugänglich.

Palazzo di Propaganda Fide (Piazza di Spagna; Via di Propaganda): Sitz der 1622 von Gregor XV. gegründeten Kongregation zur Verbreitung des Glaubens. Kern des Palastes ist ein Bau aus dem 16. Jh., der 1626 der Kongregation zur Verfügung gestellt wurde, die ihn nach der Einrichtung eines Oratoriums durch Bernini 1633 bezog. 1644 vollendete Bernini die dreistöckige Backsteinfassade zur Piazza di Spagna hin. Sie ist von Lisenen und Horizontalgesimsen unterteilt, Rustikaquader fassen die Ecken ein und rahmen das Rundbogenportal. Am oberen Fries taucht das Motiv der Bienen aus dem Barberini-Wappen auf. Berninis Experiment mit der in Rom ungewöhnlichen unverblendeten Backsteinarchitektur darf als wenig gelungen bezeichnet werden. – Die Seitenfassade zur Via di Propaganda hin wurde 1655 von Borromini vollendet. Der Mittelteil ist konkav geschwungen; das Gebälk des Fensters über dem Portal bildet eine konvexe Gegenkurve. Die Flanke ist bis zum 1. Stock von Lisenen unterteilt, darüber öffnen sich große konkave Fenster mit verkröpften Giebeln, in die kleine Rundfenster eingelassen sind. Über dem Kranzgesims wurde nachträglich eine Attikazone aufgestockt.

* Sant'Andrea delle Fratte

Lage: Via di Sant'Andrea delle Fratte, Via Capo le Case.

Eine Kirche bestand schon im 12. Jh. 1622 beauftragte der Marquese del Bufalo Gaspare Guerra mit dem Neubau, den ab 1653 Francesco Borromini weiterführte. Er fügte Apsis, Glockenturm und Kuppel hinzu, deren kontrastreiches Ensemble am besten vom oberen Teil der

Via Capo le Case zu sehen ist. Die Apsis folgt einem elliptischen Grundriß. Der *Glockenturm* setzt auf einer quadratischen Grundform an, der eine Zone mit Ecksäulen und Fensterfronten folgt, und darüber ein Säulenring, der seinerseits einen Architrav mit Balustrade trägt. Auf diesem stehen geflügelte Hermen, über denen auf einem verkröpften Gesims Kandelaber erscheinen. Den Abschluß bildet das Wappen des Marchese del Bufalo, eine Vase mit Krone. Die *Kuppel* ist ein einzigartiges Gebilde in Form eines riesigen Kapitells. Auf einem quadratischen Grundriß erheben sich die konkav geschwungenen Seiten, die von Fenstern durchbrochen sind, Doppelsäulen verstärken die Ecken. Die Fassade ist demgegenüber traditionell, in den Formen des späten 16. Jh. gehalten. Der Innenraum ist einschiffig mit Querhaus und tiefer Apsis. Das linke Querhaus stammt von Luigi Vanvitelli (1726–1736). Eine der Kapellen links birgt ein verehrtes Madonnenbild. Vor der Apsis stehen die *Originale der Marmorengel Berninis*, die für den Ponte Sant'Angelo geschaffen wurden. Die sehr vergeistigten Figuren mit schon fast unorganischen Körperformen und etwas gespreizten Gesten zeigen die unverkennbaren Merkmale eines Alterswerks.

In der Via della Mercede Nr. 12. erinnern eine Büste und eine Inschrift an *Bernini*, der den Palazzo von 1642 bis zu seinem Tode bewohnte.

39 Villa Borghese

Die Parkanlagen der Villa Borghese

Die Parkanlage der Villa Borghese, außerhalb der antiken Stadtmauern (Muro torto) im Norden Roms gelegen und über eine Brücke mit der kleineren Parkanlage Valadiers auf dem Pincio verbunden, ist der größte und abwechslungsreichste Park Roms. Auf dem Gelände befindet sich nicht nur die Villa der Familie Borghese – oder richtiger: das *Casino Borghese* ① – selbst, deren Name für den ganzen Park steht, sondern u. a. auch das *Museo Nationale d'Arte moderna* ②, das *Museo Nazionale di Villa Giulia mit der etruskischen Sammlung* ③, *der Zoologische Garten* ④, die *Piazza di Siena* ⑤, die im Frühjahr für Reiterwettbewerbe genutzt wird, und ein *Pferderennplatz (Galoppatoio, Centro Ippico* ⑥).

Der Park wurde zu Beginn des 17. Jh. für Kardinal Scipione Caffarelli-Borghese, einen Neffen Pauls V., anstelle einiger Weinberge, die der Familie Borghese gehörten, angelegt. Ende des 18. Jh. wurde er

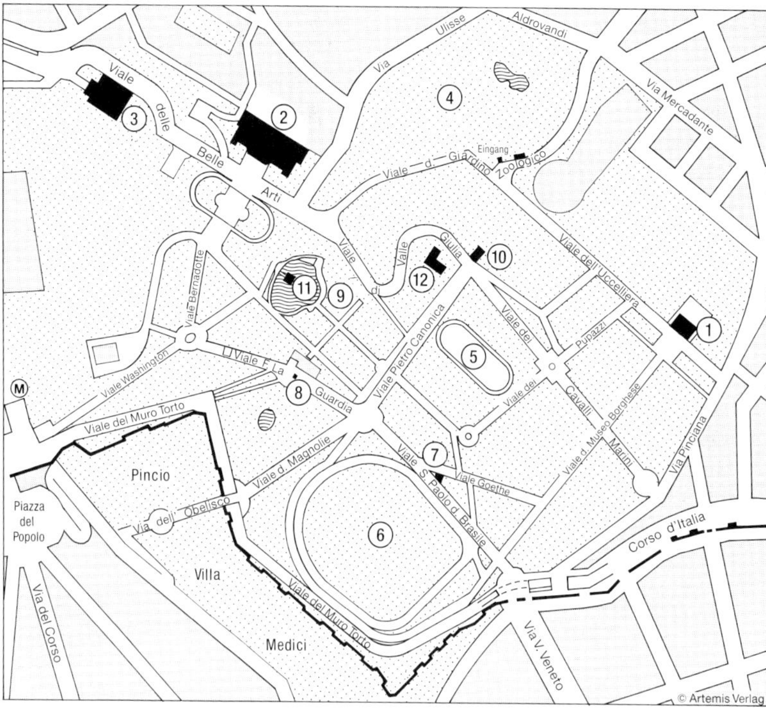

Villa Borghese: Orientierungsplan

** ① Casino und Galleria Borghese *(S. 370)*
* ② Galleria d'Arte Moderna *(S. 377)*
*** ③ Villa Giulia/Etruskische Sammlung *(S. 379)*
④ Zoologischer Garten *(S. 370)*
⑤ Piazza di Siena
⑥ Galoppatoio
⑦ Goethe-Denkmal *(S. 369)*
⑧ Denkmal für Victor Hugo *(S. 370)*
⑨ Giardino del Lago *(S. 370)*
⑩ Tempietto di Diana *(S. 370)*
⑪ Tempel des Äskulap *(S. 370)*
⑫ Museo Canonica *(S. 370)*

unter Leitung der Architekten Mario und Antonio Asprucci umgestaltet und zu Beginn des 19. Jh. nochmals vergrößert. Eine Reihe historisierender Bauten, überwiegend Imitationen antiker Architektur, wurde vor allem von den Asprucci nach den Vorstellungen klassizistischer Gartenbaukunst in die Parkanlage eingefügt. Die Villa Borghese galt den Malern und Dichtern des Klassizismus als *die* Parkanlage schlechthin. 1902 wurde das Gelände, das sich bis dahin in Privatbesitz befunden hatte, vom italienischen König erworben und der Stadt Rom geschenkt. Die amtliche Bezeichnung der Parkanlage als ›Villa Umberto I‹ hat sich allerdings nie durchgesetzt.

Eine Reihe von *Denkmälern* für berühmte Künstler, die mit Rom in Verbindung gestanden haben, schmückt die Parkanlagen. Das **Goethe-**

Denkmal ⑦ schuf Gustav Eberlein 1902/04. Ein Jahr später wurde das **Denkmal für Victor Hugo** ⑧ aufgestellt. Der **Giardino del Lago** ⑨ umgibt einen kleinen künstlichen See im Zentrum der Parkanlage. Auf einer Halbinsel wurde von den Asprucci (1786) die Nachbildung eines kleinen griechischen Tempels **(Tempel des Äskulap)** ⑪ errichtet, ein wenig abseits in den Gartenanlagen der **Tempio di Faustina** (1792) und der **Tempietto di Diana** ⑩ (1789). Der Giardino del Lago beherbergt auch Teile des 1572 von Giacomo della Porta für die Piazza Navona geschaffenen Brunnens (die dort heute durch Kopien ersetzt sind): vier Tritone, einige Masken und das rechteckige Wasserbecken aus Granit. Ein Bau des 17. Jh., der nach historistischem Geschmack zur Nachahmung eines mittelalterlichen Kastells umgeformt wurde, war lange Jahre das Wohnhaus *Pietro Canonicas* (1869–1959), des prominentesten Bildhauers des italienischen Königreichs. Es beherbergt heute ein kleines *Museum* **(Museo Canonica)** ⑫, das dem Andenken des Künstlers gewidmet ist.

Der **Zoologische Garten** ④ wurde 1911 nach dem Vorbild des Hagenbeck'schen Tierparks in Hamburg angelegt. Die für die damalige Zeit fortschrittliche Anlage versuchte, die Tiere soweit wie möglich in natürlicher Umgebung und in größtmöglicher Freiheit zu präsentieren. Sie ist aber in den letzten Jahren wegen ihres teils desolaten Zustands ins Kreuzfeuer der Kritik geraten. Zum Zoologischen Garten gehört auch ein kleines *Museum der Zoologie*, das zugleich Sitz des italoafrikanischen Instituts und seiner ethnologischen Sammlung ist.

** Casino und Galleria Borghese ①

Baugeschichte: Das Casino Borghese wurde 1613/15 von Giovanni Vasanzio (eigentlich Jan van Santen, ein Niederländer) und Flaminio Ponzio für Scipione Caffarelli-Borghese errichtet; die Gartengestaltung übernahm Girolamo Rainaldi. Als Vorbild diente die Villa Medici. Zwischen kräftigen Eckrisaliten springt die eigentliche Fassade hinter einer niedrigen Portalzone mit Terrasse weit zurück. Von den ursprünglich 40 Statuen, 70 Büsten und 140 Reliefs des Fassadenschmucks ist nur noch ein Teil erhalten. Scipione Caffarelli-Borghese, einer der herausragenden Kunstsammler seiner Zeit, hatte den Bau von Anfang an zur Aufnahme seiner Sammlung antiker und zeitgenössischer Kunst bestimmt. Bis 1902 blieben Casino wie Parkanlage in Privatbesitz der Borghese, die die Kunstsammlung des Scipione weiterführten.

Inneres: Ende des 18. Jh. wurde die Innenausstattung des Casino erneuert. Das Deckengemälde des Eingangssaals (1782) stellt den Abbruch der Friedensverhandlungen mit den Galliern des Brennus durch Furius Camillus, den Namensvetter des Auftraggebers Camillo Borghese, dar. Vor allem in den 80er Jahren des 18. Jh. entstanden die übrigen Dekorationsmalereien, teils illusionistische Durchblicke in klassizisierenden Innenräumen, teils überladen-zierliche Dekorationen in der Art pompejanischer Wandmalereien.

Die Skulpturensammlung der Galleria Borghese

Der große Saal (Salone) hinter dem Eingangsportikus beherbergt die restlichen Bestände der Antikensammlung der Borghese. 1807 veräußerte Camillo Borghese einen Großteil der Sammlung an seinen Schwager Napoleon Bonaparte; er bildet heute einen wesentlichen Bestandteil der Antikensammlung des Louvre. In der Sammlung Borghese verblieb dagegen eine ganze Reihe bedeutender *Frühwerke Gian Lorenzo Berninis* (1598–1680), die dieser z. T. im Auftrag des Scipione geschaffen hatte.

Apoll und Daphne: Die 1624 entstandene Gruppe ist eines der schönsten Beispiele für die Kunstauffassung des Bildhauers Bernini, dem es immer wieder gelingt, das Momentane, Flüchtige einer Bewegung in seinen Plastiken einzufangen. Die Nymphe Daphne versucht, sich den amourösen Nachstellungen Apolls zu entziehen. Bei Bernini wird die Verzweiflung Daphnes, die sich unter dem Zugriff des Gottes in einen Baum verwandelt, sozusagen vor den Augen des Betrachters allein durch die Bewegung der Gruppe lebendig. Mit ausholender Geste und unter leichter Auswärtsdrehung des Oberkörpers verfolgt der Gott die Flüchtende. Das betont labile Standmotiv, gewissermaßen auf Zehenspitzen, das nur durch den linken, nach Daphne greifenden Arm wieder aufgefangen wird, gibt der Gestalt Apolls eine scheinbare Schwerelosigkeit; wie die lebendige, ganz auf changierende Licht- und Schatteneffekte angelegte Oberflächenbehandlung des Körpers negiert die schwerelose Bewegung das tatsächliche Gewicht des Marmors. Das aufgelöste Haar Apolls und die Windungen des Mantels, die der Vorwärtsbewegung eine kreisende entgegensetzen, betonen die Agilität und trunkene Begierde des Verfolgers. Die Gestalt der Daphne setzt die Bewegung Apolls fort; Apolls und Daphnes rechte Arme und Daphnes Haare folgen einem in steilem Schwung aufwärts ›gerissenen‹ Halbkreis. Die extreme Anspannung des weiblichen Körpers, das, im wahrsten Sinne des Wortes, ›sich aufbäumen‹ unter dem Zugriff Apolls verdeutlicht mehr noch den Schrecken drohender Vergewaltigung als der Gesichtsausdruck Daphnes. Auf die Dynamik der Flucht, nicht auf die eigentliche Verwandlung, kommt es Bernini an. Bernini zeigt das Anfangsstadium der Metamorphose, der Verwandlung der Daphne: nur das linke Bein, die Finger und die Haarspitzen sind bereits umgewandelt. Beachtenswert ist auch die handwerkliche Qualität der Skulptur, die elegante, weiche Modellierung der Epidermis, der fast bruchlose, ›glaubwürdige‹

Bernini: ›Apoll und Daphne‹

Übergang zwischen Menschlichem und Pflanzlichem.

Der Raub der Proserpina: Auch im ›Raub der Proserpina‹ (1622) hatte sich Bernini wenig früher eines ähnlichen Themas angenommen. Hades, der Gott der Unterwelt, raubt Proserpina, die Tochter der Demeter, die sich sträubt, dem Gott als Gattin in sein Reich der Schatten zu folgen. Für die muskulöse Gestalt des Hades hat hellenistische Skulptur, etwa der ›Laokoon‹ *(S. 202)*, Pate gestanden. Mit gewaltigem Ausfallschritt stürmt er vorwärts, ganz Kraft, der sich die zierlich-knabenhafte Gestalt der Proserpina nicht zu widersetzen vermag. Nicht nur in der Beeinflussung durch hellenistische Vorbilder unterscheidet sich der ›Raub der Proserpina‹ von ›Apoll und Daphne‹, sondern auch in der Ausgewogenheit der Kräfteverhältnisse innerhalb der Gruppe: eine gleichgewichtige, gemeinsame Bewegung beider Gestalten bei ›Apoll und Daphne‹ ein Kontrast zwischen der die Gruppe dominierenden heroischen Kraft des Hades und schwacher und nutzloser Gegenwehr der Proserpina. Wie bei ›Apoll und Daphne‹ verdient auch hier die Beobachtung und Umsetzung kleiner und kleinster Details durch den Bildhauer Beachtung, so die Straffung und Faltenbildung der Haut der Proserpina unter den Händen des herkulisch zupackenden Hades.

David mit der Schleuder: Die Entwicklung Berninis zur extremen Leichtigkeit – bildlich gesprochen: von der Athletik zum Ballett – ist auch beim ebenfalls 1624 zu datierenden ›David mit der Schleuder‹ zu beobachten. Der Kopf des David – der für Scipione Borghese geschaffen wurde – gilt als ein Selbstbildnis Berninis. Der Körper, fast schwebend und nur mit dem rechten Fuß noch eben den Boden berührend, vollführt ähnlich der Apoll-Daphne-Gruppe eine zunächst halbkreisförmige Bewegung um seinen Schwerpunkt, etwa in der rechten Hüfte, die über Hals und Kopf S-förmig zurückschwingt. Die Gegenbewegung von Hals und Kopf wird von dem vom Beutel mit den Steinen an der Hüfte diagonal über den Oberkörper verlaufenden Stoffband geschickt eingeleitet und betont.

Bernini: ›Der Raub der Proserpina‹

Antonio Canova: Venus Vincitrix (lat. die Siegende): In extremem Kontrast zur Bewegungsskulptur Berninis steht Canovas Liegefigur der Venus Vincitrix. Die Bildhauerei des Klassizismus wendet sich ab von der Bewegtheit des Barock und sucht die feierliche Ruhe antiker Skulptur wiederzugewinnen. Schon Renaissance und Barock hatten sich am Vorbild antiker Bildhauerei geschult, dabei jedoch stets eine eigene Interpretation gesucht. Der Klassizismus sucht die ›Schönheit‹ und ›Wahrheit‹ antiker Skulptur vor allem durch konsequente Nachahmung wiederzugewinnen. Auch die Qualitäten Canovas muß man daher eher im historischen Kontext sehen. In der 2. Hälfte des 18. Jh. wird Rom zur Wiege des Klassizismus. Archäologen wie Winckelmann, Maler wie Anton Raphael Mengs, Architekten wie Valadier und Piermarini suchen eine neue Würde durch Einfachheit, die sie in der antiken Kunst vor allem des 5. Jh. v. Chr., in den Skulpturen eines Phidias und Polyklet, in der Architektur der Griechen eher realisiert finden als in hellenistischen oder römischen Vorbildern. So beeindruckt denn die Venus Canovas auch vor allem durch die sorgfältige Rekonstruktion des antiken Details, von Bett und Polstern bis hin zum statuarischen in sich Ruhen der halbnackten Liegefigur der Göttin. Die kühle Glätte des weiblichen Körpers soll nicht erregen, sondern ist ganz konstruiertes Schönheitsideal – bis hin zur Überlängung der 2. Zehe. Der Kopf der Statue, die von Canova 1805 im Auftrag Camillo Borgheses geschaffen wurde, ist ein Bildnis von dessen Gattin, Paolina Borghese-Bonaparte, einer Schwester des Kaisers der Franzosen.

Die Gemäldesammlung der Galleria Borghese

Die vorübergehend nicht zugängliche Gemäldesammlung der Villa Borghese gehört zu den herausragenden Sammlungen in Italien.

Antonello da Messina ›Männerbildnis‹: Antonello ist einer der bedeutendsten Maler der italienischen Frührenaissance. In Messina geboren, kommt er durch den Einfluß des neapolitanischen Hofmalers Collantonio in Kontakt mit der bei Hofe gesammelten altniederländischen Malerei und eignet sich die Technik der Ölmalerei an. Als er in den 70er Jahren des 15. Jh. nach Venedig kommt, gilt er bereits als einer der herausragenden Porträtmaler, damals eine recht neue Gattung der Malerei in Italien. Seinerseits beeinflußt er vor allem Giovanni Bellini und die venezianische Malerschule um 1500. Sein ›Männerbildnis‹ (1473) in der Galleria Borghese ist charakteristisch für sein Einfühlungsvermögen in die Psyche des Dargestellten. Auf den ersten Blick von akribischem Naturalismus, versucht Antonello doch, nicht nur die äußere Erscheinung, sondern auch das Wesen des Porträtierten zu erfassen. Die von Antonello in Italien verbreitete Technik der Ölmalerei ermöglicht weiche Ton-in-Ton-Übergänge, aber auch eine in der italienischen Malerei bis dahin kaum gekannte Leuchtkraft der Farben.

Caravaggio ›Madonna dei Palafrenieri‹: Das Bild wurde 1605/06 auf dem Höhepunkt von Caravaggios Schaffen und zwei Jahre vor seinem frühen Tod als Altarbild für die Palafrenieri (Reitknechte) di Palazzo ausgeführt. Licht und Farbe in stark kontrastierender Gegeneinander-

Setzung, vor allem aber die daraus resultierende Spannung seiner Kompositionen und die enorme Plastizität der Figuren charakterisieren die Malerei Caravaggios. Er ist Wegbereiter der Malerei des 17. Jh., der in ganz Europa Nachahmer (›Caravaggisten‹, vor allem in Italien, Spanien und den Niederlanden) gefunden hat.

Correggio ›Danae‹: Sie entstand 1531, drei Jahre vor dem Tod des Malers, als Auftragsarbeit für Federico Gonzaga, Herzog von Mantua. Das Bild gehört zu einem Zyklus der ›Liebschaften des Jupiter‹, der Karl V. zum Geschenk gemacht werden sollte. Der Zyklus ist heute verstreut, u. a. in Wien (›Jupiter und Io‹, ›Raub des Ganymed‹) und in Berlin (›Leda‹). Danae ist die Tochter des Königs Akrisios von Argos; mit ihr zeugt Jupiter (im Goldregen) den Heros Perseus. Die Liebschaften des Zeus sind ein seit dem 16. Jh. immer wieder beliebtes Motiv aus dem arkadischen Themenkreis, eine Verheißung der Schönheit und des Entzückens für den irdischen Menschen in einer besseren Traumwelt. Mit dem lieblichen Kolorit und der ›Pikanterie‹ – die so erst im 18. Jh. in Frankreich u. a. von Boucher wieder aufgegriffen wird – der Liebschaften des Jupiter balanciert Correggio auf der Grenze zum Süßlich-Lieblichen. Vor allem aber bringt er eine neuartige Bewegtheit in die Malerei. Correggio vermeidet ein statuarisches Nebeneinander, er macht vielmehr die Bewegung der Figur oder der gesamten Komposition zum eigentlichen Thema der Darstellung. Correggio entwickelt seit etwa 1520 in der künstlerischen Auseinandersetzung mit Leonardo, Raffael und Michelangelo seinen eigenen progressiven Stil, der sich nicht in die Malerei der Hochrenaissance einfügt und erst in der 2. Hälfte des 16. Jh. prägenden Einfluß auf die beginnende Barockmalerei ausübt. In gewisser Weise ist seine Bedeutung für die Barockmalerei, obwohl er dieser eigentlich um zwei Generationen voraufgeht, mit der Berninis für die Plastik zu vergleichen.

Domenichino ›Jagd der Diana‹: Domenichino stammt wie Correggio, in dessen Fußstapfen er wenigstens zum Teil tritt, aus der Emilia. Seine ›Jagd der Diana‹ (1617), eine Auftragsarbeit für Scipione Borghese, gehört zu den arkadischen Landschaftsbildern, die seit etwa 1605 in seinem Œuvre dominieren. Das Gefolge der Diana beim Bade gibt Domenichino Gelegenheit, weibliche Körper in den unterschiedlichsten Graden der Entkleidung vorzustellen. Dabei nähert er sich teils der Lieblichkeit der Gestalten Correggios (die liegende Badende im Vordergrund), teils bringt er elegant durchgearbeitete Aktstudien (wie die Sitzende rechts) ins Bild. Das Bild ist asymmetrisch aufgebaut. Links steht auf einer kleinen Anhöhe Diana und reckt Bogen und Köcher wie im Triumph in die Höhe, rechts im Hintergrund tragen Diener die

Jagdbeute heran. Doch die scheinbare Ruhe täuscht. Erst auf den zweiten Blick erklärt sich die soeben aufkommende Unruhe im Gefolge der Diana, wird deutlich, daß der nur mühsam zurückgehaltene Jagdhund im Vordergrund nicht die Jagdbeute verbellt. Denn am rechten Bildrand ist im Gebüsch gerade noch Actaeon zu erkennen, der die Badeszene heimlich zu beobachten trachtet. Zur Strafe wird er von Diana in einen Hirsch verwandelt und als Jagdbeute erlegt werden. Insofern deutet Domenichino mit dem erlegten Reh, das im Hintergrund herangetragen wird, auch bereits das weitere Schicksal des soeben ertappten Lauschers an. Die Lieblichkeit des Badeidylls und die Dramatik des mythologischen Geschehens, vor allem von der zentralen Gruppe der Dienerin mit dem sich aufbäumenden Hund verkörpert, werden von Domenichino geschickt gegeneinander gesetzt.

Raffael ›Grablegung‹: Sie wurde zur Erinnerung an die Ermordung Grifone Bagliones (1500) für die Familienkapelle der Baglione in S. Francesco in Perugia in Auftrag gegeben und 1507 vollendet. Neu ist die Wahl des Augenblicks und der dramatischen Nahaufnahme. Festgehalten ist nicht die traditionelle Grablegung, sondern vielmehr eine Art kleiner ›Trauerprozession‹, die Christus zu Grabe trägt. In dieser ersten selbständigen großformatigen dramatischen Komposition geht Raffael zunächst von einer vielfigurigen Beweinung in der Art seines Lehrmeisters Perugino aus. Dann aber löst er sich aus dem starren Kompositionsschema und geht ›in Nahaufnahme‹ an das Geschehen heran, dem er so besondere Dramatik verleiht. Die linke Bildhälfte wird zum Zentrum. Schwer lastet der Körper des toten Christus auf dem linken der Träger. Der diagonalen Haltung des Leichnams folgen die drei Gestalten der Beweinung, Maria Magdalena, Joseph von Arimathia (?) und Johannes. Die Linkslastigkeit der Gruppe wird von der Gegenbewegung des rechten Trägers aufgefangen. Die Gruppe der drei Frauen mit der ohnmächtig zu Boden sinkenden Mutter Christi ist eine thematische Anlehnung an die Kreuzigung. Deren Ort, Golgatha, sieht man in der Ferne hinter der Gruppe. Die ›Drehfigur‹ der jungen Frau vorn rechts ist ein für Raffael typisches Motiv, das mehrfach (›Vertreibung des Heliodor‹ in den Stanzen, *S. 210*, ›Transfiguration‹, *S. 225*) aufgegriffen und variiert wird. Charakteristisch für Raffael ist auch die aquarellhaft wirkende, stark lasierende Technik der Landschaftsmalerei im Hintergrund mit den verschwimmenden Berg-Silhouetten.

Tizian ›Himmlische und irdische Liebe‹: 1576 stirbt Tizian in Venedig im Alter von wahrscheinlich 99 Jahren (Tizians Geburtsdatum wurde traditionell 1477 angenommen, wahrscheinlicher ist aber 1487). Er hat mehr als ein Dreivierteljahrhundert italienischer Malerei geprägt. Tizians ›Himmlische und irdische Liebe‹ (um 1516) gehört zu den Höhepunkten seines Frühwerks, das unter dem Einfluß Giovanni Bellinis und Giorgiones steht, insbesondere im landschaftlichen Hintergrund. Zugleich aber sind erste Anzeichen einer Loslösung aus der venezianischen Schultradition zu beobachten. Es zeichnen sich Grundprinzipien der Barockmalerei ab wie die extremen Hell-Dunkel-Kontraste. Zwischen einen Vordergrund von leuchtender Farbigkeit und den fernen, lichterfüllten Hintergrund schiebt sich der Mittelgrund mit dunklem Gebüsch und Schatten wie ein dunkler Schirm, der die Leuchtkraft der Farben noch erhöht. Das Bild ist eine Auftragsarbeit für Niccolò Aurelio, den Großkanzler der Serenissima von Venedig. Für seinen humanistisch gebildeten Auftraggeber greift Tizian ein altes Bildthema auf: die Gegenüberstellung der triebhaften Natur in Gestalt der nackten jungen Frau und des zivilisierten Menschen in Gestalt ihres bekleideten Zwillings. Eros, der sich von hinten über den antiken Sarkophag beugt, auf dem beide Frauen sitzen, macht deutlich, daß es bei dieser ›Disputà‹ nur um das Thema von Liebe und Schönheit gehen kann. Der mittelalterliche Gegensatz, die gegenseitige Ausschließung von ›himmlisch‹ und ›irdisch‹, wird hier in humanistischem Sinne abgewandelt: der ›gezierten Schönheit‹ (Beltà ornata) der bekleideten Dame wird die ›ungekünstelte Schönheit‹ (Beltà disornata) der nackten weiblichen Figur gegenübergestellt. Nicht von ungefähr greift Tizian für diese auf ein Modell zurück, das in ganz ähnlicher Form immer wieder auf antiken Sarkophagen zu finden ist. Der stille Dialog der nur auf den ersten Blick scheinbar gegensätzlichen Gestalten ist Sinnbild der Vereinbarkeit des antikischen Ideals mit den Idealen der eigenen Zeit und Welt. Die negative, tierische Seite (Amor bestiale) der menschlichen Natur wird im Relief zwischen den beiden Frauen gegenübergestellt, vor allem im Symbol des ungezäumten Pferdes, aber auch in der Gestalt des Mannes links, der eine Frau an den Haaren zerrt, und des Amor ferinus, des tierischen Amor, der rechts im Relief geprügelt wird. Das Modell der Frau mit den ›tizianroten‹ Haaren ist wahrscheinlich Violante, die Tochter Palma il Vecchios.

Über diese Auswahl hinaus enthält die Sammlung u. a. Werke von Bassano, Bellini, Botticelli, Cranach, Dosso Dossi, Guercino, Lotto, Perugino, Pinturicchio, van Dyck und Paolo Veronese.

* Galleria d'Arte Moderna (2)

Allgemeines: Der Palazzo delle Belle Arti beherbergt die Galleria d'Arte Moderna, die in einer Vielzahl von Sälen einen Überblick über die italienische Malerei und Plastik des 19. und 20. Jh. bietet. Daneben finden sich in der Sammlung auch Werke internationaler Künstler wie Vernet, Cézanne, Degas,

Kandinsky und Moore. Ein Besuch lohnt vor allem wegen der reichhaltigen Sammlung von Futuristen (u. a. Carlo Carrà, Umberto Boccioni, L. Russolo, Giacomo Balla und Gino Severini) und Metaphysikern (vor allem Giorgio de Chirico). Der Museums-Bau wurde 1911 von Cesare Bazzani mit einem imponierenden klassizisierenden Portikus mit Doppelsäulen als sowohl funktionelles wie repräsentatives Ausstellungshaus konzipiert und vom gleichen Architekten 1933 erweitert.

Das 19. Jahrhundert: Im 19. Jh. hat die italienische Kunst an der gesamteuropäischen Entwicklung mit wenigen Ausnahmen wie etwa Antonio Canova, keinen prägenden Anteil, sieht man einmal von der mehr generellen Beeinflussung der wichtigsten europäischen Künstler durch das Studium der älteren italienischen Malerei ab. Die wichtigsten internationalen Strömungen sind auch in Italien vertreten: Klassizismus, z. B. Andrea Appiani ›Bildnis des Vincenzo Monti‹ und Antonio Canova ›Entwurf für das Monument Vittorio Alfieris‹; Romantiker; ›Macchiaioli‹, die ›Kleckser‹, eine Gruppe von Freilichtmalern, die Daubigny und dem frühen Impressionismus nahestehen (Giovanni Fattori, Raffaello Sernesi); Historienmalerei (Domenico Morelli). Eine eigenständige italienische Entwicklung gegen Ende des 19. Jh. stellen die ›Divisionisten‹ vor (u. a. Giovanni Segantini, Giuseppe Pellizza, Vittore Grubicy, Angelo Morbelli): Das Licht wird in seine Bestandteile zerlegt gezeigt; zugleich wandeln sich die Themen vom Genrehaften zum Symbolistischen. So können z. B. Segantinis ›Pflügende Bauern‹ als eine Art Allegorie des Seins und Vergehens in der Natur gedeutet werden. Der Impressionist unter den italienischen Bildhauern und Malern des späten 19. Jh. ist Medardo Rosso (der Verfasser der Schrift ›L' Impressionismo nella Scultura‹ von 1909), dem ein eigener Saal gewidmet ist. Rosso versucht, in seinen realistischen Plastiken zugleich durch weiche Modellierung und diffizile Oberflächenbehandlung, bei Verzicht auf die betonte Kontur, impressionierende Lichtwirkungen einzufangen. Von Giuseppe de Nittis ist vor allem das ›Bildnis Giuseppe Verdi‹ (1886) bemerkenswert.

Futuristen und Metaphysiker (Pittura Metafisica): Im 20. Jh. haben vor allem zwei Schulen den Ruf der italienischen Moderne begründet: Futuristen und Metaphysiker. 1909 veröffentlicht Filippo Tommaso Marinetti das Manifest des Futurismus, das die Schönheit der Bewegung und der Geschwindigkeit zum Kunstprinzip erklärt. Eine Gruppe von Malern (Carlo Carrà, Umberto Boccioni, L. Russolo, Giacomo Balla und Gino Severini) schließt sich ein Jahr später unter dem Einfluß Marinettis zusammen und stellt 1912 auf einer programmatischen Ausstellung in Paris Beispiele eines modifizierten Kubismus vor, der versucht, Bewegungs- und Erlebnisabläufe in Bilder zu fassen. Titel wie

Boccionis ›Automobile in corsa‹ (Auto beim Rennen, 1913) oder Severinis ›Dinamismo di forma-luce nello spazio‹ (Form-Licht-Dynamismus im Raum, 1912) sind bezeichnend für die Intentionen ihrer Malerei. *Giorgio de Chirico* begründet kurz nach 1910 die Richtung der Pittura metafisica, die dem Surrealismus nahesteht und meist auch nicht von diesem differenziert wird. Der in sich realistische und perspektivisch konstruierte Gegenstand wird zumeist ohne Beziehung in das Bildfeld eingefügt und gewinnt so durch die Isolierung vom Umfeld eigenes Leben. Die Zeichnung ist meist präzise und hart, die Farben sind kalt.

*** Villa Giulia · Museo Nazionale Etrusco ③

Lage: Am Viale delle Belle Arti.

Die **Villa Giulia** wurde 1551/53 von Vignola und möglicherweise unter Beteiligung von Vasari und Ammannati als Sommervilla für Papst Julius III. (del Monte) errichtet. Die verhältnismäßig schlichte Fassade hat als Betonung der Mittelachse ein repräsentatives Portal mit Rustikamauerwerk; darüber im Obergeschoß einen Balkon. Im Kontrast zum ein wenig verschlossen wirkenden Äußeren der Villa ist das Innere von heiterem architektonischem Charakter. Durch einen ersten, von Ammanati geschaffenen Hof mit Loggia gelangt man in einen zweiten Hof. Wie eine Bühnenfassade erhebt sich dort das von Vasari und Ammanati entworfene *Nymphaeum:* im Untergeschoß die Fontana dell'Acqua Vergine mit der großen zentralen Brunnengrotte mit Karyatiden, die die Brüstung des Obergeschosses tragen, und seitlichen Nischen; im mittleren Geschoß zu Seiten des mittleren Durchgangs große Liegefiguren der Flußgottheiten Arno und Tiber. Im Obergeschoß eröffnet eine Serliana (d. h. ein mittlerer, überhöhter Bogen zwischen seitlichen Öffnungen mit Architrav, benannt nach dem Architektur-Theoretiker Sebastiano Serlio; 1475–1554) einen schönen Durchblick und lockert zugleich den optischen Eindruck des Mauervolumens.

Die etruskische Sammlung

Die Etrusker: Die Villa Giulia beherbergt heute vor allem das Museo Nazionale Etrusco, die *wohl bedeutendste Sammlung etruskischer Kunst überhaupt.* Gezeigt werden Funde vor allem aus Etrurien, der Landschaft nördlich Roms. Das etruskische Kernland war der Norden des heutigen Latium, der Süden der Toskana und der Westen Umbriens. Der etruskische Einflußbereich umfaßte aber den größten Teil Italiens. Er reichte im Norden bis zur Grenze der gallischen Völkerschaften, d. h. in etwa bis zur heutigen Lombardei; Spina bei Ravenna war ein nördlicher Vorposten etruskischer Besiedlung. Im Süden stritten die griechischen Kolonisten in erbitterten Schlachten mit den

Etruskern um die Vorherrschaft und schoben der Ausdehnung des etruskischen Territoriums einen Riegel vor. Die Etrusker kannten, wie die Griechen, keine weiträumigen Organisationsformen. Kultisches Zentrum eines religiösen Bundes aus zwölf Städten (Arezzo, Cerveteri, Chiusi, Cortona, Orvieto, Perugia, Populonia, Rusellae, Tarquinia, Vetulonia, Volterra, Vulci, Volsinii) war der heilige Voltumna-Hain am Lago di Bolsena, wo sich alljährlich Vertreter der Städte zu Ehren des zweigeschlechtlichen Schutzgottes Voltumna versammelten. Das antike Rom wurde über Jahrhunderte von etruskischen Königen beherrscht, und die gesamte römische Kultur ist stärker durch etruskische als durch griechische Elemente geprägt.

Die Herkunft der Etrusker ist nicht definitiv geklärt, sie sind aber wenigstens seit der Villanova-Zeit (10. Jh. v. Chr.) in Italien nachweisbar. Die etruskische Kultur ist im Laufe der Jahrhunderte von der römischen überlagert worden, in dieser aufgegangen, nicht ohne sie entscheidend zu prägen. Umgekehrt ist nicht mehr klar zu erkennen, was tatsächlich etruskisch und was auf Einflüsse der italienischen Völkerschaften oder der Nuraghenkultur (Sardinien) zurückzuführen ist. Auffällig sind mykenisch-kretische Einflüsse, die nach dem Untergang der mykenischen Kultur in Griechenland vermutlich von Zuwanderern ins etruskische Italien ›exportiert‹ worden sind. Daneben sind vor allem ägyptisch-orientalische Einflüsse zu erkennen.

Typische Elemente der Frühzeit der etruskischen Kunst sind die Betonung des Kopfes und Vernachlässigung des Körpers bei der Darstellung des Menschen (was sich noch in der römischen Porträtplastik auswirkt), die Randständigkeit von Ornamenten oder auch die schwellend-plastischen Formen von Gefäßen. Dies vermischt sich schon früh mit orientalischen Einflüssen, besonders mit Tiersymbolen. Seit dem 8. Jh., vor allem durch den intensiven Kontakt mit den griechischen Kolonisten, nehmen dann die griechischen Einflüsse überhand bis hin zu einer kulturellen Abhängigkeit. Verfolgen läßt sich die griechische Einflußnahme vor allem in der Keramik, die teils importiert, teils auch dann in eigenen Werkstätten nachgeschöpft wird, aber auch an der Übernahme griechischer Mythologie durch die Etrusker. Bei aller Abhängigkeit der etruskischen Malerei von der griechischen sind doch auch Unterschiede zu beobachten. So fehlt der etruskischen Malerei oft das Gefühl für den organischen Zusammenhalt des Körpers. Herausragende eigenständige kulturelle Leistungen haben die Etrusker vor allem auf dem Gebiet der *Metallbearbeitung* vollbracht. Im Guß von Großbronzen (etwa die ›Wölfin‹ im Konservatorenpalast oder die ›Chimäre von Arezzo‹ im Archäologischen Museum von Florenz) scheinen sie den Griechen kaum nachgestanden zu haben. Fein gearbeitetes bronzenes Hausgerät, vor allem immer wieder Spiegel mit schön ziselierten Rückseiten, waren der Vielzahl der Funde nach an der Tagesordnung; ebenso Gefäße, Werkzeug und Kriegsgerät, die immer wieder als Beigabe in Gräbern gefunden wurden. Zu außergewöhnlichen Leistungen war vor allem die etruskische *Goldschmiedekunst* in der Lage. Bemerkenswert ist die z. T. bis heute nicht nachzuahmende etruskische Technik der Silhouetten-Granulation, bei der Ornamente aus feinsten Goldkörnchen gebildet werden. Die durchaus eigenständigen Leistungen der etruskischen Architektur sind heute weitgehend verloren, sieht man einmal von einigen Monumentalbauten wie dem etruskischen Stadttor in Perugia ab (das aber auch nur in römischer Umgestaltung auf uns gekommen ist). Erhalten sind überwiegend Grabbauten, die zum Teil (Vetulonia) bis ins 10. Jh. zurückreichen. Es handelt sich z. T. um die für Etrurien charakteristischen Tumuli, erdbedeckte Kuppelgräber, dann aber auch um ganze unterirdische Kammersysteme, die unmittelbar aus dem weichen Tuffgestein Etruriens ausgehauen sind. Solche Grabanlagen (z. B. bei Cerveteri) geben heute noch einen guten Eindruck von etruskischer Wohnkultur, da sie – wie später die römischen – die Häuser der Lebenden imitieren (bis hin zu den aus dem Stein gehauenen ›hölzernen‹ Deckenbalken). Neben den Grabbeigaben bilden vor allem auch Malereien aus etruskischen Grabanlagen die wichtigen Bestände des Museums.

Grabbauten und Grabbeigaben: Die Rekonstruktion eines Grabes aus der archaischen Nekropole von Cerveteri (Saal 4) gibt einen Eindruck einer typischen etruskischen Grabanlage. Zwei kleine Kammern enthalten je zwei Liegen für die Verstorbenen, um die herum an Wand und Boden die Grabbeigaben verteilt waren. Typische Grabbeigaben sind z. B. Gefäße aus Terrakotta, wie die bauchigen Krüge mit kleeblattförmiger Öffnung, scheibenförmigen Verzierungen seitlich der Henkel und oft figürlichen Reliefornamenten aus einheimischer Produktion. Kostbarer waren sicher Importvasen aus Griechenland, wie man sie im Grab eines Kriegers (2. Hälfte 6. Jh.) in Vulci gefunden hat.

Keramik: In der Frühzeit der Archäologie haben die reichhaltigen Funde schön bemalter Vasen zu einiger Verwirrung geführt, denn man hielt sie für etruskisch. Tatsächlich hat man bis heute allein in den Nekropolen von Vulci mehr schwarzfigurige attische Vasen gefunden als in Athen selbst, wo sie doch hergestellt wurden. Es handelt sich aber bei den bemalten Vasen aus den Etrusker-Gräbern fast ausschließlich um Importstücke. Für die griechische Keramikindustrie vor allem des 6. und 5. Jh. muß Etrurien ein Absatzmarkt von größter Bedeutung gewesen sein. Die schwarzfigurige Malerei auf rotem Grund gehört vor allem dem 6. Jh. an. Im 5. Jh. geht das griechische Kunsthandwerk dann zu rotfigurigen Malereien auf schwarzem Grund über. Dargestellt sind Szenen vor allem aus der griechischen Mythologie, die vielleicht gerade durch die Liebe der Etrusker zum griechischen Kunsthandwerk auch in Etrurien übernommen wurde. Aus einheimischer Produktion stammen Hausurnen, die teils Wohnhäuser, teils auch Tempel nachbilden. Sie können aus den unterschiedlichsten Materialen hergestellt sein: aus Terrakotta, aus Stein oder auch aus Bronze, wie eine Hausurne (7. Jh.) aus Civita Castellana mit regelmäßigem Kassettenornament und zangenförmigen Bekrönungen am First und auf dem Dach.

Bronzebearbeitung: Typisch etruskisch sind eine Reihe von Votivstatuetten: flache, fadenförmige Bronzestatuetten, bei denen nur der Kopf, einige Gewandfalten und der Ansatz der Arme und Hände ausgearbeitet sind, und die vielleicht die Seele des Verstorbenen beim Opfer an die Götter symbolisieren. Grabbeigaben sind auch immer wieder Krieger in Kampfstellung, mit Helm mit hohem Busch, den Schild am linken Arm und den Speer in der erhobenen Rechten. Die Statuen sind von unterschiedlicher Detailtreue und Qualität und stammen zumeist aus dem 5. oder 4. Jh. Das schönste Beispiel ist eine Gruppe zweier bärtiger Krieger, die zwischen sich einen gefallenen Kameraden vom Schlachtfeld tragen. Die Gruppe, die in Palestrina gefunden worden ist, stammt aus der 2. Hälfte des 4. Jh. und diente als Deckel einer Bronzeurne. Auch eine Vielzahl kleiner Bronzeskulpturen nackter junger Damen in akrobatischer Verrenkung diente als Handgriffe für Gefäße. Kultischen Zwecken, vermutlich dem Brandopfer, dienten bronzene Dreifüße und Schalen. Ein besonders schönes Exemplar (Mitte 7. Jh.) hat man in der Tomba Bernardini in Palestrina gefunden: Auf schlanken, filigranen Füßen mit verschlungenen Streben halten stehende Tiergestalten, Hunde und Panther, das Bronzebecken. Votivgaben sind auch kleine Gerätschaften und Szenen des alltäglichen Lebens wie das Modell eines zweirädrigen Wagens (3. Jh.) aus Bolsena oder der pflügende Bauer mit einem Ochsengespann (4. Jh.) aus Arezzo.

Der Apoll von Veji: In den Jahren nach 1916 ist bei Grabungen am Tempel des Apoll in Veji eine Gruppe von Skulpturen und Fragmenten zutage gekommen, die den First des Tempels schmückten. Der bedeutendste Fund ist die beinahe unversehrt erhaltene Terrakottastatue des Apoll aus dem späten 6. Jh. (Saal 6). Die Statue vereint archaisch-etruskische Züge mit ionischen Einflüssen und ist wahrscheinlich in Veji in der Werkstatt des berühmten Vulca entstanden, dem auch die römische ›Lupa‹ zugeschrieben wird. Von ihm berichten römische Quellen, daß er 509 v. Chr. nach Rom berufen wurde (wo zu diesem Zeitpunkt die etruskischen Könige herrschten), um dort die Quadriga und die Jupiterstatue für den Jupiter-Tempel des Kapitols zu schaffen. Für den Tempel von Veji hat Vulca eine Figurengruppe geschaffen, die den Mythos vom Streit zwischen Apoll und Herakles um den Besitz der gefangenen Hirschkuh darstellte. Die Gruppe umfaßte auch Figuren der Artemis und des Hermes, von denen Fragmente gefunden wurden. Die Figuren der Gruppe sind in natürlicher Größe gearbeitet und, wie der Apoll zeigt, im Moment der Bewegung eingefangen. Apoll hat die typischen, lang auf die Schulter fallenden archaischen Locken; der Peplos des Sonnengottes fällt in feinen Falten bis auf die Knie und läßt durch den Stoff Plastizität und Bewegung des Körpers erkennen. Von der Bemalung haben sich Spuren erhalten. Aus der gleichen Werkstatt wie die Figurengruppe stammt auch ein Gorgonenkopf vom Tempel.

Der Ehegatten-Sarkophag aus Cerveteri ist um 530 v. Chr. entstanden. Gezeigt wird das verstorbene Paar, auf der Cline liegend, bei einem vermutlich rituellen Opfermahl. Beide tragen lang herabhängende

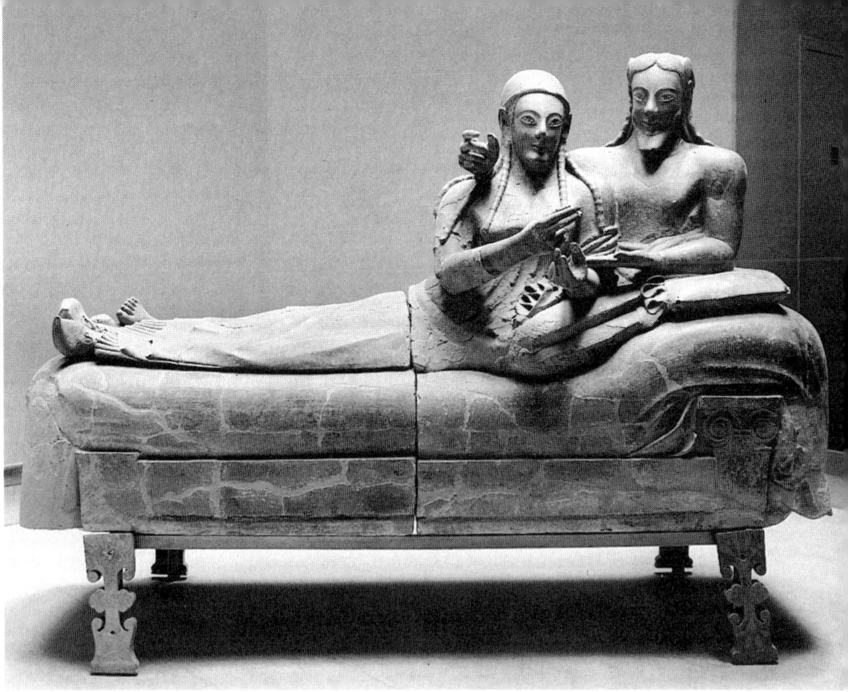

Ehegatten-Sarkophag

straff geflochtene Zöpfe; der Mann ist bärtig, das Gewand der Frau liegt eng am Oberkörper an. In der Hand hielt sie vermutlich eine Opferschale. Mit viel Liebe zum Detail ist die Liege, die Cline, mit fein ziselierter Ornamentik und schwellenden Polstern wiedergegeben. Vollkommen unorganisch ist dagegen das Verhältnis des Oberkörpers zum Unterkörper bei den Liegenden. Dieser Typus des Ehegatten-Sarkophags aus Terrakotta ist, wie eine Reihe von Vergleichsbeispielen zeigt (so der berühmte Sarkophag des Louvre, ebenfalls aus Cerveteri), weit verbreitet, wobei die Qualität je nach Anspruch und Vermögen des Bestellers differieren kann.

Goldschmiedekunst: Einige der kostbarsten etruskischen Goldschmiedearbeiten wurden in einem der reichsten bisher entdeckten etruskischen Gräber, der Tomba Bernardini in Palestrina, gefunden, darunter Goldpektorale (Brustschmuck) mit langen Reihen phantastischer Tiergestalten in Treibarbeit (7. Jh.). Sie belegen das kaum vorstellbare handwerkliche Können etruskischer Goldschmiede. Elfenbeinschnitzereien (u. a. Krieger auf einem Löwen liegend) stehen in der Feinheit der Ausführung den Goldschmiedearbeiten nicht nach. Auf den engen kulturellen Zusammenhang verweist eine in Silber getriebene, vergoldete Schale mit ägyptisierenden Motiven in zwei konzentrischen Relief-Streifen um ein mittleres Bild mit einer mythologischen Szene.

40 Ponte Milvio und Olympiagelände

Lage: Im Tiberbogen nordwestlich der Villa Borghese, an der Via Flaminia.

Ponte Milvio: Die *Milvische Brücke*, im Volksmund auch ›*Ponte Molle*‹ genannt, war in der Antike der Flußübergang vor allem für die Via Flaminia und die Via Cassia. Eine erste Rekonstruktion der Brücke war bereits 109 v. Chr. unter dem Konsul Marcus Aemilius Scaurus vonnöten; in aurelianischer Zeit (270–282 n. Chr.) wurde sie mit einem Festungsturm als Teil der Stadtmauer bewehrt. 1805 im Auftrag Pius' VII. durch Giuseppe Valadier rekonstruiert, wurde die Brücke 1849 von den Truppen Garibaldis gesprengt, um den Vormarsch der französischen Truppen aufzuhalten. Die heutige Form geht auf die erneute Rekonstruktion (1850) unter Pius IX. zurück. Die Brücke hat vor allem in der spätantiken Geschichte eine Rolle gespielt; denn hier hat sich der historische Sieg Konstantins (im Zeichen des Kreuzes) über seinen Gegenkaiser Maxentius ereignet (28. Okt. 312 n. Chr.).

Auf der stadtwärts gelegenen Seite der Brücke (Piazza Card. Consalvi) steht eine kleine *Ädikula mit der Statue des Apostels Andreas*. Sie wurde 1462/63 von Paolo Romano (Paolo Taccone) im Auftrag Pius' II. zur Erinnerung an die *Translation der Kopfreliquie des Apostels* geschaffen. Die Reliquie brachte Thomas, der Despot von Morea aus dem byzantinischen Kaiserhaus der Paläologen, auf seiner Flucht vor den anrückenden Türken aus Patras, dem Ort des Martyriums des Andreas, mit und erkaufte sich mit dem Haupt des Apostels das Exil in Rom. Mit dem Empfang der Reliquie war ein festlicher Umzug durch die Stadt verbunden. An der Stelle der heutigen Ädikula wurde die Apostelreliquie angerufen und befragt, ob sie – zeitweilig, bis zur Vertreibung der Türken – in Rom weilen wolle. Der Apostel soll dies bejaht haben; die Reliquie befindet sich noch heute im Andreaspfeiler (Statue) der Peterskirche *(S. 190)*.

Olympiagelände: Anläßlich der Olympischen Sommerspiele 1960 wurde auf dem Areal des Tiberbogens das Olympische Dorf angelegt. Zum Olympiagelände gehören neben dem eigentlichen Dorf als Wohnstätte auch der *Palazzetto dello Sport* und das (auf dem anderen Ufer gelegene) *Foro Italico* mit dem *Stadio Olympico*. Der Palazzetto dello Sport wurde Ende der 50er Jahre von den Architekten Annibale Vitellozzi und Pier Luigi Nervi als wegweisende Spannbetonkonstruktion errichtet. Die Arena, die 5000 Besucher aufnehmen kann, wird von einer Flachkuppel von 58,5 m Spannweite überdeckt. Das auf dem anderen Ufer gelegene Foro Italico, heute Sitz des Nationalen Olympischen Komitees, wurde in den 30er Jahren als Sitz der faschistischen Akademie angelegt. Der Obelisk vor dem Foro trägt noch heute die Inschrift ›Mussolini Dux‹. Eindeutig vom faschistischen Stil der Monumentalskulptur (man vergleiche etwa Arno Breker) geprägt sind auch die Skulpturen in der Arena. Zur Anlage gehört das Stadio dei Marmi (für 20 000 Zuschauer), so genannt nach den 60 großen Athletenstatuen, die von den Städten Italiens dorthin gestiftet wurden, und das Stadio Olimpico, das größte Stadion Roms, für 100 000 Zuschauer.

** 41 San Lorenzo fuori le Mura · Campo Verano

** San Lorenzo fuori le Mura

Stephanus und **Laurentius** gehören eng zusammen. Als Erzdiakone verkörpern sie das Wirken der jungen christlichen Kirche. Der noch von den Aposteln geweihte Stephanus predigte in Jerusalem, Laurentius dagegen in Rom. Zudem sind beide Protomärtyrer, d. h. besonders vorbildliche Bekenner. Der römische Laurentius erlitt 258 unter Valerian einen grausamen Tod, als er bei lebendigem Leibe auf einem Rost verbrannt wurde. Stephanus hingegen war vor den Mauern Jerusalems gesteinigt worden. Im 5. Jh. wurden seine Gebeine aus Konstantinopel nach Rom überführt und im Grabmal des wesensverwandten Laurentius beigesetzt. Die beiden Märtyrer werden seitdem häufig zusammen dargestellt, etwa in der Cappella Niccolina im Vatikan *(S. 208)*.

330 ließ Kaiser Konstantin über dem Grab des Laurentius ein Heiligtum errichten. Unter Papst Pelagius II. wurde die Grabstätte zur Kirche ausgebaut und geschmückt. Vor San Lorenzo entstand zur Zeit Sixtus' III. eine Marienkirche (Basilica maior), deren Apsiden Anfang des 13. Jh. unter Honorius III. eingerissen wurden, um das Langhaus mit San Lorenzo zu verbinden. Aus dieser

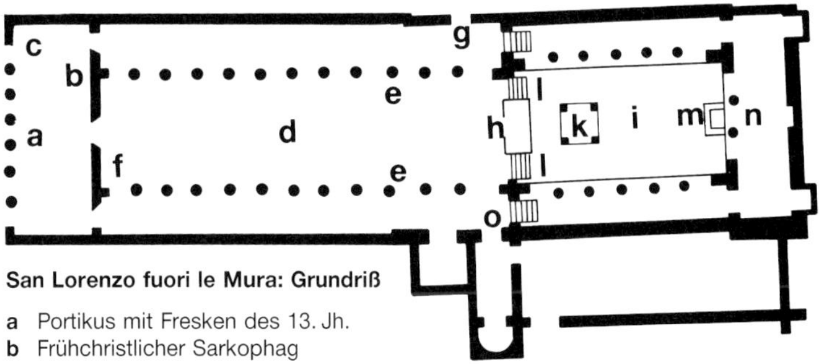

San Lorenzo fuori le Mura: Grundriß

- **a** Portikus mit Fresken des 13. Jh.
- **b** Frühchristlicher Sarkophag
- **c** Grabmal Alcide de Gasperis
- **d** Ehem. Marienkirche
- **e** 2 Kanzeln
- **f** Grabmal Kard. Fieschi
- **g** Grabmäler Aleadri und Guglielmi
- **h** Hochaltar und Confessio
- **i** Kirche San Lorenzo
- **k** Ziborium
- **l** Triumphbogenmosaik
- **m** Bischofsthron
- **n** Grabkapelle Pius' IX.
- **o** Zugang zum Kreuzgang

Zeit stammt auch der Portikus; der Glockenturm ist etwas älter. In den folgenden Jahrhunderten wurde die so entstandene Doppelkirche mehrmals überarbeitet, Pius IX. ließ schließlich im 19. Jh. die barocken Hinzufügungen entfernen. Am 19. Juli 1943 wurde die Kirche bei einem anglo-amerikanischen Luftangriff schwer beschädigt und konnte erst 1949 nach einer Restaurierung wieder geöffnet werden. San Lorenzo ist eine der sieben Pilgerkirchen Roms.

Die **Fassade** hat einen geraden Abschluß und wird von drei Rundbogenfenstern durchbrochen. Der *Portikus* (**a**) ist ein Werk Vassallettos (1220). Sechs Marmosäulen mit hervorragenden ionischen Kapitellen stützen den Architrav, in dem ein Fries von Mosaiken und Porphyrscheiben eingelegt ist; der Rahmen ist mit Palmetten und Löwenfüßen verziert. Unter dem Portikus an der Kirchenfront schildern *Fresken des frühen 13. Jh.* das Leben des Erzdiakons Laurentius (rechts) und die Überführung der Gebeine des Stephanus. Ein *frühchristlicher Sarkophag* (**b**) mit der Darstellung weinlesender Putten wurde für Papst Damasus II. († 1048) wiederverwendet. An der linken Wand das *Grabmal* des christdemokratischen Politikers *de Gasperi* (**c**) mit einem Relief des hl. Vergilius, ein Werk des kommunistischen Künstlers Giacomo Manzù. Eine Gedenktafel erinnert an die Intervention Pius' XII. nach dem Bombenangriff auf die Kirche. Papst Pius betonte, der Vatikan befände sich nicht im Kriegszustand, Rom und seine Kirchen dürften daher nicht bombardiert werden. Daraufhin wurde Rom zur ›offenen Stadt‹ erklärt und nicht mehr umkämpft.

Inneres: Der vordere Teil entspricht der *ehem. Marienkirche* (**d**). Er ist von antiken Granitsäulen mit mittelalterlichen ionischen Kapitellen in drei Schiffe geteilt, auf denen ein Architrav ansetzt; der Obergaden ist von zahlreichen Fenstern erhellt und mit einem offenen Holzdachstuhl gedeckt. Bis auf die Säulen aus der Basilica maior erscheint der Bau in den Formen des Umbaus im 13. Jh., mußte jedoch stark restauriert werden. Der Fußboden, die beiden *Kanzeln* (**e**) und der *Osterleuchter* sind Cosmatenarbeiten aus dem 13. und 14. Jh. (restauriert). Rechts vom Eingang das *Grabmal des Kardinals Fieschi* (**f**; 1256), gebildet aus einem römischen Sarkophag mit der Darstellung eines Hochzeitsbrauchs und einem cosmatesken Baldachin (restauriert). Das Monument ist ein bedeutendes Beispiel für das in Italien verbreitete Baldachinwandgrab. Im linken Seitenschiff befinden sich die *Grabmäler Aleadri und Guglielmi* (**g**) nach Entwurf Pietro da Cortonas mit Bildnisbüsten von Duquesnoy (nach 1629). Die *Confessio* unter dem *Hochaltar* (**h**) birgt die Reliquien der hll. Laurentius, Stephanus und Justinus.

Der rückwärtige Teil entspricht der *eigentlichen Kirche San Lorenzo* (**i**), deren ursprüngliches Bodenniveau tiefer liegt als das der Marienkir-

San Lorenzo fuori le Mura: Innenraum

che. 1254 wurde im Rahmen der Zusammenlegung mit der Basilica maior das hochgelegene Presbyterium eingezogen. Die gerade rückwärtige Front mit den Rundbogenfenstern entspricht der ehem. Fassade von San Lorenzo vor der Zusammenlegung mit der Marienkirche. Diese Umdrehung der Kirchenfront bedingt auch die eigenartige Lage des Triumphbogenmosaiks (I), das ursprünglich natürlich vom Gemeinderaum her sichtbar war. Hervorragende kannelierte Marmorsäulen mit korinthischen Kapitellen teilen die Kirchenschiffe und stützen den Architrav, der aus Fragmenten von Tempeln aus dem Forum Romanum zusammengesetzt ist (Zustand des 4. Jh.); darüber öffnen kleinere

Säulen mit Kompositkapitellen die Arkaden der Frauenemporen (Matroneen).

Über dem Altar und der Confessio befindet sich ein *Ziborium* (**k**) mit Säulenstützen, einer doppelten Säulengalerie und einer Laterne. Diese Ziborien sind steinere Baldachine, verstanden als Hoheitssymbole für besonders verehrungswürdige Stätten, hier beispielsweise das Grab der Märtyrer Laurentius und Stephanus. Das Ziborium von San Lorenzo ist die älteste Arbeit, die von römischen Steinmetzen signiert ist – eine Inschrift an den Innenseiten besagt, daß Johannes, Petrus, Augustus und Saxonus, Söhne des Paulus, 1148 das Werk errichteten (sog. Paulus-Familie).

Das *Triumphbogenmosaik* (**l**), dem ehem. Gemeinderaum zugewandt, stammt aus dem 6. Jh. Es zeigt Christus auf der Weltkugel thronend zwischen Petrus und Paulus. Links Laurentius mit Papst Pelagius (ohne Nimbus), der das Modell der von ihm gestifteten Kirche trägt. Er hat die Hände verhüllt, um den heiligen Gegenstand nicht mit bloßen Fingern anzufassen, ein Motiv, das vom Zeremoniell am Kaiserhof übernommen wurde. Neben Paulus erscheinen Stephanus und Hippolyt; unter den Transennen sind die heiligen Städte Jerusalem und Bethlehem dargestellt. An der hinteren Chorwand, vor der ehem. Fassade steht ein *Bischofsthron* (**m**) aus dem 13. Jh. mit Dreipaßlehne, gedrehten Säulchen an den Seiten und mosaizierten Flanken.

Am Ende der Seitenschiffe liegt der Zugang zur *Grabkapelle Pius' IX.* (**n**). Der unglückselige Papst hatte die französischen Truppen zur Verteidigung Roms als Rest des Kirchenstaates gerufen. Nach dem Abzug der Franzosen 1870 wurde Rom mit dem italienischen Königreich vereinigt, Pius erklärte sich zum ›Gefangenen im Vatikan‹. Als er 1878 nach fast 32jähriger Regierung, der längsten in der Geschichte des Papsttums, starb, sollen die erbosten Königstreuen vorgeschlagen haben, den Leichnam des Mannes, der das Dogma der päpstlichen Unfehlbarkeit proklamiert hatte, in den Tiber zu werfen. Beigesetzt wurde er in einem schmucklosen Grab in San Lorenzo. Erst 1904 wurde mit Spenden der Katholiken zahlreicher Länder die Kapelle geschmückt, doch ist der Leichnam immer noch nicht in den Prunksarkophag umgebettet.

Am Ende des rechten Seitenschiffes der vorderen Kirche liegt der *Zugang zum Kreuzgang* (**o**), einer in Rom einmaligen doppelstöckigen Anlage aus dem 12. Jh. Eine Besichtigung der *Katakombe* ist mit einer Führung durch den Kustoden der Kirche möglich.

Campo Verano: Neben San Lorenzo liegt der im 19. Jh. angelegte Friedhof von Rom. Ein großer Quadriportikus von Vespignani (19. Jh.)

öffnet das weite mit Zypressen bepflanzte Gelände. Auf dem Friedhof sind u. a. auch militärische Größen Italiens begraben, und Kriegerdenkmäler erinnern an die Gefallenen, so die Bronzeplastik des ›Aviatore‹ (Flieger) links. Da die alte italienische Prominenz jedoch meist in Kirchen beigesetzt ist und die ausländischen Schriftsteller, Künstler etc. auf dem Campo Santo Acattolico begraben wurden, kommt dem Campo Verano eine weit geringere Bedeutung zu als beispielsweise dem Friedhof Père Lachaise in Paris. An großen Namen aus jüngerer Zeit findet man hier den der Schauspielerin Anna Magnani, des Regisseurs und Schauspielers Vittorio de Sica und des Malers Giorgio de Chirico.

Die **Città universitaria** hat ihren Eingang am Piazzale Aldo Moro. Sie wurde auf einem trapezförmigen Gelände 1932–1935 nach einem Entwurf Marcello Piacentinis angelegt. Piacentini, der führende Architekt des Faschismus, umgab die monumentalen, doch schlichten und funktionalen Institutsbauten im Bauhausstil mit Grünanlagen, die Distanz zwischen die Blöcke bringen und den Komplex etwas auflockern.

** 42 Sant'Agnese fuori le Mura · Santa Costanza · Katakombe der Priscilla · Villa Massimo

** Sant'Agnese fuori le Mura (St. Agnes vor den Mauern)

Lage: An der Via Nomentana.

Der ursprüngliche Bau der Konstanze: Konstanze, eine Tochter Konstantins, widmete 342 n. Chr. die ursprüngliche Kirche dem Andenken der Märtyrerin Agnes. Diese hat nach der Legende 304 im Stadion des Domitian (heute *** Piazza Navona 14) das Martyrium erlitten und ist in der Katakombe an der Via Nomentana beigesetzt worden. Vom Namen der Märtyrerin Agnes (d. h. Lamm) leitet sich der Brauch ab, daß an ihrem Grab unter dem Hauptaltar von S. Agnese fuori le Mura alljährlich am 21. Januar zwei Lämmer gesegnet werden, deren Wolle für die Herstellung von Bischofsmänteln bestimmt ist. Von der von Konstanze gestifteten ursprünglichen großen Basilika sind nördlich der heutigen Kirche S. Agnese und der benachbarten Rundkirche S. Costanza Teile der mächtigen Außenmauern erhalten. Sie dienen dem Kustoden von S. Agnese als Gartenmauer, denn im zerstörten Innenraum findet man heute einen hübschen kleinen Garten (der Kustode öffnet auf Anfrage; ein schöner Blick auf die Ruine bietet sich auch von der Via S. Agnese). Die verbliebenen Mauern mit je einem (später nochmals verkleinerten) Doppelfenster zwischen kräftigen Strebepfeilern geben einen Eindruck von der Größe der frühchristlichen Basilika.

Die heutige Kirche: S. Agnese fuori le Mura gibt unter den frühchristlichen Basiliken Roms vielleicht noch am besten den ursprünglichen Raumeindruck wieder. Das kurze Langhaus mit den auch an der Innenseite der Westwand umlaufenden Matroneen erinnert an den Innenhof römischer Atriumhäuser der Antike, vielleicht bewußt, denn gelegentlich wurden diese für den Gottesdienst umgestaltet. Der Urbau von S. Agnese fuori le Mura war bereits zu Beginn des 7. Jh. baufällig geworden. Honorius I. ließ nebenan einen kompletten Neubau errichten, die heutige Kirche S. Agnese fuori le Mura, kleiner und wahrscheinlich mit Spolien des aufgegebenen Vorgängerbaus. Für den Neubau wurde ein Teil des Hügels abgetragen, der die Katakombe bedeckt, so daß der Altar der neuen Kirche nun genau über dem Grab der Märtyrerin aufgestellt werden konnte. Der Neubau des Honorius wiederum wurde unter Hadrian I., zur Zeit Pauls V. und nochmals unter Pius IX. restauriert. Dabei ist aber stets der originale Charakter der Kirche bewahrt geblieben, so daß sie heute vom Erscheinungsbild her die *besterhaltene frühchristliche Basilika Roms* ist. Der Via Nomentana kehrt sie die Apsis zu. Der Turm (15. Jh.) und das Eingangsgebäude (1856) sind spätere Zufügungen, ebenso eine kleine Stifterkapelle Pius' IX. (›Stanza di Pio IX‹) von 1855.

Dem eigentlichen Narthex der Kirche ist ein kleiner Platz vorgelagert, auf dem einige interessante Fundstücke aus den Katakomben ausgestellt sind, darunter eine Inschrift, die Papst Damasus zu Ehren der Märtyrerin an ihrem Grab anbringen ließ (die *Katakomben des Coemeterium Agnetis* aus dem 2. Jh. können auf Anfrage beim Kustoden besichtigt werden: Eingang vom Narthex der Kirche; keine Malereien). Das Innere der Kirche ist dreischiffig mit Matroneen über Seitenschiffen und Narthex. Matroneen sind in den meisten frühchristlichen Kirchen zu finden, denn Männer (im Mittelschiff) und Frauen (in den Matroneen, von lat. Matronae-Frauen) nahmen getrennt am Gottesdienst teil. Die 14 großen korinthischen Säulen stammen von einem heidnischen Bau, vielleicht einem Tempel des Sol. Die Holzdecke des Mittelschiffs wurde 1606 gestiftet und 1855 restauriert. Die Malereien des Triumphbogens (›Martyrium der hl. Agnes‹) wurden ebenfalls 1855/56 angebracht. Der Hauptaltar unter einem Ziborium (1614) auf antiken Porphyrsäulen birgt die Reliquien der hl. Agnes und ihrer Schwester und Gefährtin, der hl. Emerenziana. Die Statue der hl. Agnes auf dem Altar ist ein antiker Alabastertorso, der von Nicolaus Codier (1605) ergänzt wurde. Die Ausstattung der Apsis gehört dem frühen 7. Jh. an. Die Wandverkleidung mit rechteckigen Feldern aus grauem Marmor und Porphyr könnte aus dem Konstantinischen Urbau übernommen worden sein. Das Apsismosaik wurde im Auftrag des Stifters Honorius geschaffen. Es zeigt, in welchem Umfang sich zu Beginn des 7. Jh. in Rom byzantinische Einflüsse durchgesetzt haben. Vor leuchtendem Goldgrund steht in der Mitte die sehr stilisierte Gestalt der Heiligen in der Kleidung einer vornehmen Hofdame. Zu ihren Füßen sieht man Flamme und Schwert des Martyriums, auf ihrem Gewand den Phoenix (der im Feuer verbrennt und doch erneuert aus den Flammen hervorfliegt) als Symbol der Unsterblichkeit. Zu Seiten

Sant'Agnese fuori le Mura: Innenraum

der hl. Agnes stehen die Päpste Symmachus und Honorius I., der das Modell der Kirche als Zeichen seiner Stiftung präsentiert. Aus dem Zenith mit dem angedeuteten Himmelskreis reicht segnend die Hand Gottes herab. Zu erwähnen ist noch ein Marmordiptychon (Zwei-Tafel-Bild) mit den hll. Laurentius und Stephanus, das 1490 im Auftrag des Guglielmo de Pereriis von Andrea Bregno geschaffen wurde.

** Santa Costanza

Lage: An der Via Nomentana, unmittelbar neben S. Agnese fuori le Mura.

Die Rundkirche S. Costanza wurde um 330 n. Chr. als Grabkirche für die Töchter Konstantins, Konstanza (oder auch Konstantina) und Helena (die Gattin des Julianus Apostata), errichtet. Das Grundschema des auf kreuzförmigem (oder kreuz- und kreisförmigem) Grundriß errichteten Mausoleums hat sich in einer Reihe spätantiker Bauten erhalten, so z. B. im berühmten Mausoleum der Galla Placidia in Ravenna (5. Jh.) oder – vielleicht S. Costanza am ähnlichsten – in S. Angelo in Perugia (6./7. Jh.); alle späteren Bauten erreichen aber weder die strukturelle Qualität von S. Costanza noch sind sie in der

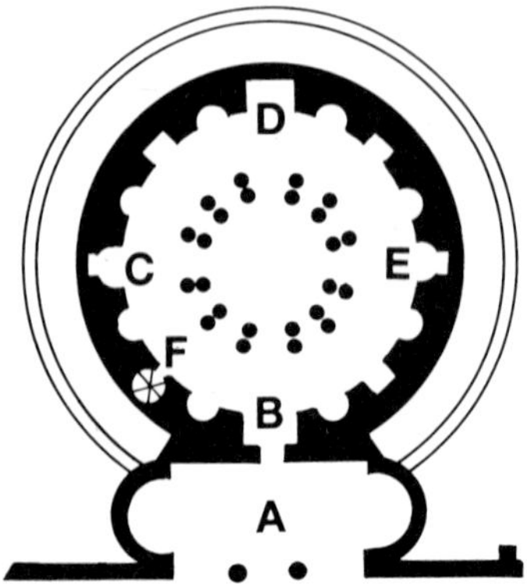

Santa Costanza: Grundriß

A Narthex
B Umgangsnische (Portal)
C Christusmosaik
D Abguß des Konstanze-Sarkophags
E Mosaik ›Schlüsselübergabe an Petrus‹
F Treppe

Kostbarkeit der Ausstattung mit ihr vergleichbar. Die Vorhalle des Mausoleums war mit dem Konstantinischen Urbau von S. Agnese fuori le Mura unmittelbar verbunden. Noch in der Spätantike wurde das Mausoleum in ein Baptisterium umgewandelt, seit 1254 als Kirche genutzt. Der querrechteckige *Narthex* (**A**), ursprünglich ein nach Süden geöffneter Raum mit Apsiden an den Schmalseiten, ist durch den Einbau des *Portals* (**B**) verändert worden.

Das **Innere** des Rundbaus ist streng symmetrisch aufgebaut und gewinnt die Harmonie des Raumeindrucks aus der komplexen Verschränkung seiner Bauglieder. Die höchst effektvolle und komplizierte Komposition, die zu den schönsten Leistungen spätantiker Architektur gehört, wird erst bei genauem Hinsehen verständlich. Zwölf radial angeordnete Doppelsäulen mit korinthischen Kapitellen und reich profilierten Architraven tragen die zentrale Kuppel auf hohem Tambour. Durch ebenfalls zwölf Transennenfenster im Tambour, jeweils achsial über den Scheiteln der Arkaden, ist der Innenraum belichtet. Die Säulenstellungen sind rhythmisiert, entsprechend den Viertelkreissegmenten des Grundrisses. In den vier Hauptrichtungen sind die Arkaden des ›Mittelschiffs‹ überhöht und um ein Geringes breiter. Die entsprechenden *vier größeren Nischen des Umgangs* (**B, C, D, E**) sind so betont, und für den Betrachter werden zwingende Blickachsen geschaffen bzw. freigehalten. Die 16 Nischen der Außenwand sind jeweils den Doppelsäulen zugeordnet, allerdings nicht achsial. Die Form der wiederum zwölf kleineren Nischen alterniert regelmäßig: eine rechteckige wird stets von zwei gerundeten flankiert, wobei die rechteckigen jeweils in der Flucht der Doppelsäulen liegen, die gerundeten dagegen leicht verschoben sind. (Die regelmäßige Ordnung wird nur gleich links vom Eingang unterbrochen, da dort anstelle der rechteckigen Nische eine kleine *Treppe* (**F**) in Mauerstärke eingefügt ist.) Schon aus der Beschreibung des Grundrisses wird deutlich, daß der Rundbau im Sinne christlicher Zahlensymbolik strukturiert ist. Die Zwölfzahl der Säulenstellungen und der kleineren Nischen bezieht sich auf die Zwölfzahl der Apostel, während ihre Verdopplung auf 24 auf die 24 Ältesten der Apokalypse gedeutet werden kann. Die Rhythmisierung in vier Hauptachsen mit großen Nischen (die Nische der Eingangswand mitgezählt) verwendet die Zahl der Evangelisten, aber auch der vier römischen Reichsteile und der vier Caesaren seit der diokletianischen Neuordnung. Die dadurch entstehenden Dreiergruppen von Doppelsäulen, Fenstern und kleineren Nischen greift die heilige Zahl der Trinität auf.

Die **Innenausstattung** ist leider unvollständig erhalten. Bei der Barockisierung unter Paul V. (1620) wurden Teile der Mosaikausstattung der Kirche (Fußboden, Kuppel) zerstört, die barocken Veränderungen bei der Restaurierung 1938/39 aber so weit wie möglich wieder rückgängig gemacht. So ist die Phantasie des Betrachters gefordert, die Marmorverkleidung der heute nackten Ziegelwände (ähnlich der Apsis von S. Agnese fuori le Mura) und die Mosaiken der Kuppel zu ergänzen. Erhalten sind die Mosaiken (um 350 n. Chr.) des tonnengewölbten Umgangs, die zu den *ältesten frühchristlichen Mosaiken* gehören und die einen Eindruck von der Qualität der ursprünglichen Ausstattung der Spätantike geben: weißgrundige Mosaikfelder mit Blumen, Früchten, Vögeln, kostbaren Gefäßen, kleinen Genreszenen mit Putten bei der Weinlese. Weinranken und Weinlese sind die frühchristlichen Symbole der Passion Christi und der Eucharistie; die trinkenden Vögel, insbesondere aber die Pfauen, symbolisieren die Errettung des Menschen, der am Quell der Erlösung trinkt. Konstanze hat in den Mosaiken programmatisch ebenso den Kanon frühchristlicher Symbolik darstellen lassen, wie der Architektur der christliche Zahlenkanon zugrunde gelegt wurde. Bildnismedaillons stellen die hier bestatteten Erbauer des Mausoleums dar, Konstanze und ihren Gatten Hannibalianus. In der großen Hauptnische der Eingangsachse (**D**) steht heute ein kolorierter Gipsabguß des Porphyrsarkophags der Konstanze (Original in den Vatikan. Museen). Ähnliche Sarkophage für Hannibalianus und möglicherweise auch ihre Schwester Helena haben sich in den anderen beiden Hauptnischen (**C, E**) befunden. Diese sind bereits bei der Umwandlung des Mausoleums in ein Baptisterium, wahrscheinlich im 7. Jh. durch Papst Honorius, mit neuen Mosaiken ausgestattet worden: eine Darstellung Christi und die Schlüsselübergabe an Petrus (beide stark restauriert).

Katakombe der Priscilla

Lage: Via Salaria/Piazza Priscilla. – Nur mit Führung zugänglich.

Die ein wenig abseits der touristischen Pfade gelegene Katakombe der Priscilla gehört – vielleicht gerade deshalb – zu den stimmungsvollsten und interessantesten der Stadt. Die Stifterin der Katakombe, Priscilla, stammte aus vornehmer römischer Familie; einer ihrer Vorfahren war vermutlich Acilius Glabrius, der unter Domitian wegen seines Glaubens hingerichtet wurde und dessen Hypogäum man bei Ausgrabungsarbeiten (1888/89) im Bereich der Katakombe gefunden hat. Die griechische Kapelle (Cappella greca) enthält Fresken des 2. Jh. mit Szenen aus dem Alten und Neuen Testament, ein nahegelegener Raum mit der ›Madonna mit Kind und Isaias‹ die *älteste Madonnendarstellung* (ebenfalls 2. Jh.), ein Raum des 3. Jh. ›Eine Jungfrau wird dem Gottesdienst geweiht‹.

Villa Massimo (Largo di Villa Massimo Nr. 2, an der Via Nomentana): Die Villa Massimo ist Sitz der *Accademia Germanica*. Künstlern, Malern, Schriftstellern und Musikern wird hier durch Jahresstipendien die Möglichkeit des Studiums und des Erfahrungsaustauschs in der Ewigen Stadt geboten.

* 43 **San Paolo fuori le Mura** (St. Paul vor den Mauern)

Geschichte und Allgemeines: S. Paolo fuori le Mura steht nicht an dem Ort, an dem Paulus 67 n. Chr. enthauptet wurde (vgl. Abbazia delle Tre Fontane, *S. 402*), sondern anstelle einer frühchristlichen Cella memoriae des Apostels der Völker. Die ursprüngliche Basilika Ostiense entstand unter Konstantin Anfang des 4. Jh. Der Bau wurde unter Valentinian II. (386) und Theodosius erweitert, schließlich unter Honorius nochmals umgestaltet. S. Paolo, eine der vier römischen Patriarchalbasiliken (neben *** S. Giovanni in Laterano, *S. 300,* *** S. Pietro in Vaticano, *S. 185,* und *** S. Maria Maggiore, *S. 314*) war bis zum Neubau der Peterskirche der größte Kirchenbau der Christenheit. Schon im Laufe des Mittelalters wurde die Kirche mehrfach durch Brände und Erdbeben beschädigt, die eine Vielzahl von Restaurierungen nötig machten. So wurden Ende des 13. Jh. die meisten der spätantiken Mosaiken von Pietro Cavallini restauriert oder erneuert. In der Nacht vom 15. auf den 16. Juli 1823 wurde die Basilika durch einen Großbrand (der durch die Unachtsamkeit eines Handwerkers verursacht worden sein soll) so schwer beschädigt, daß man sich veranlaßt sah, die Reste abzureißen und einen Neubau in etwa in den ursprünglichen Maßen und Formen zu errichten. 1840 wurde das Querhaus von Gregor XVI. neu geweiht, 1854 die gesamte Kirche von Pius IX.

Um die Jahrhundertwende wurde der vierflügelige *Portikus* (**A**) vor die Fassade gesetzt, der das Grundkonzept des Atriums als Ort der geistlichen Sammlung vor dem Betreten des Kirchenraums aufgreift; ein Atrium hatte

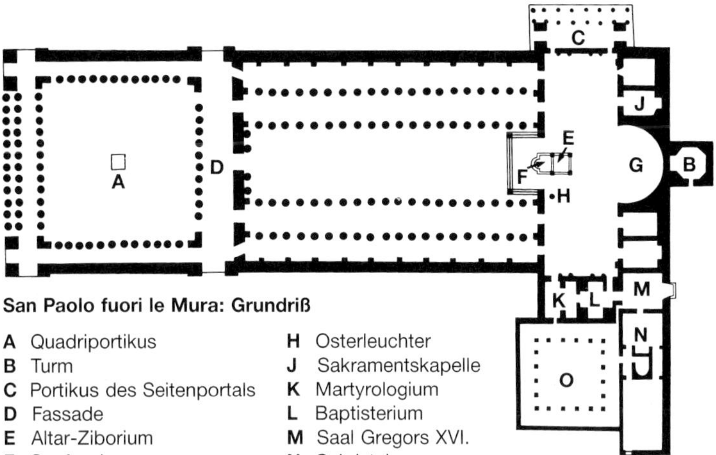

San Paolo fuori le Mura: Grundriß

A Quadriportikus
B Turm
C Portikus des Seitenportals
D Fassade
E Altar-Ziborium
F Confessio
G Apsis-Mosaik
H Osterleuchter
J Sakramentskapelle
K Martyrologium
L Baptisterium
M Saal Gregors XVI.
N Sakristei
O Kreuzgang

auch Alt-St. Peter. Der romanische *Turm* (**B**) der Basilika, der beim Brand beschädigt worden war, fiel ebenfalls dem Neubau zum Opfer und wurde durch eine unglückliche Neuschöpfung des Architekten Poletti ersetzt. Auch wenn St. Paul also nicht mehr die ursprüngliche spätantike Basilika ist, so gibt doch der Neubau den Eindruck einer spätantiken fünfschiffigen Basilika unter den Großkirchen Roms am besten wieder. Wie die übrigen sechs großen Pilgerbasiliken Roms ist auch S. Paolo fuori le Mura exterritorialer Besitz des Hl. Stuhls.

Äußeres: Im historistischen Geschmack des 19. Jh. wurde das Äußere der Kirche z. T. unter Verwendung originaler Bauteile (Säulen vom *Portikus des Seitenportals;* **C**) neu gestaltet. Die *Mosaiken der Fassade* (**D**) sind thematisch eine sehr freie Nachschöpfung des 19. Jh. nach verbreiteten spätantiken Motiven (Reste der spätantiken bzw. mittelalterlichen Mosaiken Cavallinis im Inneren der Kirche). Die Statuen von Petrus und Paulus an der Fassade belegen hier wie an St. Peter das Doppelpatrozinium des Apostels der Völker und des ersten Bischofs der Römer. Die Bronzeportale sind Werke des 20. Jh. (Hauptportal Antonio Maraini, 1930). Die Porta Santa (rechts) ist vermauert und wird nur jeweils in den Heiligen Jahren geöffnet. Auf der Innenseite sind Tafeln der beim Brand zerstörten ursprünglichen Tür mit Szenen und Personifikationen des Alten und Neuen Testaments angebracht; sie wurden im Auftrag des Erzdiakons Hildebrand, Abt von S. Paolo (später als Gregor VII. im Investiturstreit Gegner Kaiser Heinrichs IV.), und auf Kosten des konstantinopolitanischen Konsuls von Amalfi, Pantaleon, 1070 von Staurachius von Schio in Konstantinopel geschaffen.

Inneres: Die Maße des Neubaus entsprechen nicht nur in etwa den Maßen der ursprünglichen Basilika, sondern fast exakt auch denen der Basilika Ulpia auf dem Trajansforum *(S. 85)*, von deren ursprünglichem Aussehen S. Paolo also einen Eindruck zu geben vermag: Länge 131,66 m, Breite 65 m (Mittelschiff 24,60 m), Höhe 29,70 m. Die prunkvolle vergoldete Kassettendecke trägt das Wappen Pius' IX. Die Fenster bestehen aus ägyptischem Alabaster. Derartig dünn geschliffene Alabasterscheiben wurden in frühchristlichen Kirchenbauten meist anstelle des damals noch nicht großflächig herzustellenden Glases verwendet. Sie spenden ein warmes Licht, das nicht unwesentlich zur Atmosphäre spätantiker Bauten beiträgt.

Wahrscheinlich hat man sich den ursprünglichen Kirchenraum aber doch heller vorzustellen als den heutigen. Einerseits sind die Alabasterscheiben ausgesprochen dunkel, andererseits wurde beim Neubau eine entscheidende Veränderung vorgenommen: Alte Stiche, die den Zustand vor dem Brand zeigen, belegen, daß die inneren Seitenschiffe wesentlich höher als die äußeren waren und zudem durch die Fenster einer eigenen Obergadenzone zusätzliches Licht erhielten. Da sie sich dabei zugleich stärker zum Mittelschiff öffneten, ist der Kontrast zwischen hohem und weitem Mittelschiff und engen und dunklen Seitenschiffen im antiken Bau weniger ausgeprägt gewesen als in der heutigen ›Rekonstruktion‹. Die originalen Säulen waren nach alten Ansichten schön kanneliert und wirkten so schlanker und leichter als die erneuerten massiven, hochglanzpolierten Stützen.

San Paolo fuori le Mura: Innenraum vor dem Brand

San Paolo fuori le Mura: Heutiger Innenraum

Unterhalb der Fresken des 19. Jh. im Mittelschiff läuft ein *Fries von Medaillons mit 265 Papstbildnissen* in Mosaiktechnik um das gesamte Innere der Kirche. Die vollständige Reihung der Päpste reicht von St. Petrus bis Johannes Paul II. Sie ersetzt eine gemalte Galerie von Papstbildnissen, die seit der Antike bis ins 19. Jh. geführt und ebenfalls beim Brand von 1823 zerstört wurde (einige Beispiele sind im Museum der Kirche erhalten). Die spätantiken *Mosaiken des Triumphbogens* (irrtümlich der Stifterin Galla Placidia zugeschrieben) wurden so weit wie möglich vom zerstörten Vorgängerbau gerettet, dabei aber erheblich nach dem historisierenden Geschmack der Zeit verändert. Dargestellt ist der segnende Christus Salvator zwischen zwei anbetenden Engeln, den Evangelistenymbolen und den 24 Ältesten der Apokalypse. Vor blauem Hintergrund treten Petrus und Paulus hinzu. Auf der Rückseite des Triumphbogens Reste der ehem. Fassadenmosaiken von Pietro Cavallini (nach dem Brand abgenommen und stark restauriert): der segnende Christus zwischen den Evangelisten Lukas und Markus sowie Petrus und Paulus.

Von der ursprünglichen Ausstattung hat sich u. a. das *Altarziborium* (**E**; Baldachin), das 1285 von Arnolfo di Cambio im Auftrag des Abtes

Bartholomäus geschaffen wurde, erhalten. Als Mitarbeiter Arnolfos wird sein Teilhaber Petrus genannt, bei dem es sich möglicherweise um Pietro Cavallini, den Lehrmeister Giottos handelt (Inschrift auf der Basis zweier Pinnakel). Vier Porphyrsäulen tragen Kapitelle aus vergoldetem Marmor, darüber in vier Ecknischen die hll. Petrus, Paulus, Lukas und Benedikt sowie acht Flachreliefs (u. a. Adam und Eva, Konstantin und Theodosius, Kain und Abel, Abt Bartholomäus, der seinen Tabernakel Paulus darbietet). In der *Confessio* (**F**) vor dem Baldachin ruhen die Gebeine des Ap. Paulus.

Das *Apsismosaik des 13. Jh.* (**G**) konnte, wenn auch leider stark restauriert, aus dem spätantiken Bau gerettet werden. Honorius III. (1220) hatte seinerzeit Mosaizisten aus Venedig geholt. In der Mitte der segnende Christus, zu seinen Füßen der Stifter Honorius zwischen Petrus und Andreas (rechts) bzw. Paulus und Lukas (links). Darunter das Gemmenkreuz und die Symbole der Passion, zwei Engel, zehn Apostel und die hll. Barnabas und Markus. Die übrige Ausstattung der Apsis, darunter der Bischofsthron, stammt aus dem 19. Jh.

Zur ursprünglichen Ausstattung der Kirche gehört auch der festliche *Osterleuchter* (**H**), der heute seine Aufstellung im rechten Querschiff gefunden hat. Er wurde im 12. Jh. von Nicolò di Angelo und Pietro Vassalletto geschaffen (signiert) und hat eine Höhe von 5,60 m. Personifikationen des tierischen Wesens des Menschen (Löwenkörper mit Menschenköpfen) tragen eine Säule mit Szenen der Passion Christi als Symbol der Erlösungsbedürftigkeit des Menschen und des Vollzugs der Erlösung.

Die *Sakramentskapelle* (**J**) wurde von Carlo Maderno eingerichtet und blieb vom Brand weitgehend verschont. Der Kruzifixus auf dem Hauptaltar stammt von Tino da Camaino (ca. 1330). In der Kapelle wurde der Maler und Mosaizist *Pietro Cavallini (S. 242)* beigesetzt. – Im *Martyrologium* (**K**; Oratorium des hl. Julianus) Fresken des 12. und 13. Jh. (schlechter Zustand) und eine Büste Luigi Polettis († 1869), des Architekten des Basilikaneubaus. – Das *Baptisterium* (**L**) steht auf dem Grundriß eines griechischen Kreuzes mit vier antiken Säulen mit ionischen Kapitellen (Rekonstruktion 1930). – Im *Saal Gregors XVI.* (**M**; benannt nach der Statue des Papstes von Rinaldo Rinaldi) an den Wänden abgenommene Fresken und Mosaiken aus der ursprünglichen Kirche. – *Sakristei* (**N**) in der Ausstattung des 16. Jh. – In der anschließenden *Pinakothek* der Kirche sieht man eine Reihe abgenommener Fresken, u. a. von Antoniazzo Romano und Bramantino sowie einige Papstbildnisse aus dem Zyklus der ursprünglichen Basilika. Hier sind auch interessante Stiche ausgestellt, die den Zustand der Kirche vor und unmittelbar nach dem Brand von 1823 zeigen.

Kreuzgang (**O**; Chiostro): Im Mittelalter war der Kirche S. Paolo fuori le Mura ein Benediktinerkloster angeschlossen, zu dem auch ein Kreuzgang gehörte. Er wurde von Künstlern der Familie Vassalletto Anfang des 13. Jh. begonnen und vor 1241 fertiggestellt. Hauptmeister der Familie sind Nicolò di Angelo Vassalletto (1215–1263) und Pietro Vassalletto (um 1200), die als Mosaizisten und Bildhauer gearbeitet haben (vgl. auch den Osterleuchter im Inneren der Kirche). Über dem mittleren Bogen der Nordseite des Kreuzgangs trägt innen ein antiker Stein die Namen seiner Architekten. Der Kreuzgang von S. Paolo fuori le Mura gehört zu den *schönsten Kreuzgängen des Mittelalters*. Seine mosaikgeschmückten Säulen und Architrave stellen einen Höhepunkt römischer Bauornamentik dar. Die Formenvielfalt der Doppelsäulen und ihre vielfarbige Gestaltung in Marmorintarsie und Mosaik (vgl. auch den Kreuzgang von *** S. Giovanni in Laterano, *S. 307*) sind außergewöhnlich.

Derartige Mosaikdekorationen von Fußböden, Säulen, Kanzeln, Bischofsthronen etc. werden unter dem Sammelbegriff *Cosmatenarbeiten* zusammengefaßt. Seit dem 12. Jh. sind mehrere Mosaizistenfamilien griechischer Abstammung in Rom ansässig: neben der Familie *Cosma*, nach der der

San Paolo fuori le Mura: Detail des Osterleuchters

Stil benannt wurde, vor allem die *Torriti* und *Vassalletti*. Der im römischen Hoch- und Spätmittelalter dominierende Dekorationsstil geht auf byzantinisch-orientalische Vorbilder zurück. Gold und vielfarbiger (Edelstein-ähnlicher) Glasfluß verleihen der Architektur überirdische Schönheit, aber auch überirdische Wirklichkeit im theologischen Sinn (nach der Patristik vor allem des 12. Jh. sind auch die Mauern des himmlischen Jerusalem, dessen Abbild das irdische Kirchengebäude sein soll, aus Edelsteinen errichtet). Bewundernswert ist die handwerkliche Präzision der Vassalletto-Werkstatt, die am Kreuzgang von S. Paolo gearbeitet hat. In kompliziert gewundene Säulenschäfte werden zunächst flache Vertiefungen eingearbeitet und diese dann mit Mosaiksteinen im Mörtelbett (an ausgebrochenen Stellen vereinzelt zu erkennen) so gefüllt, daß sich wieder eine plane Oberfläche ergibt.

Im Kreuzgang eine Reihe von Architekturfragmenten aus dem ursprünglichen Bau sowie römische und mittelalterliche Sarkophage, darunter ein bemerkenswerter mit apollinischen Themen: Apoll und die Musen, Leierspielender Apoll, Schindung des Marsias (Marsias hatte sich gebrüstet, Apoll im Wettstreit des Flötenspiels besiegen zu können, verliert aber, und zur Strafe für seinen Übermut wird ihm von Apoll bei lebendigem Leibe die Haut abgezogen). Der Sarkophag ist im 12. Jh. für eine christliche Bestattung wiederverwendet worden.

* 44 EUR · Abbazia delle Tre Fontane

* EUR

Die Abkürzung EUR bedeutet *Esposizione Universale Romana* (römische Weltausstellung) und erinnert an die ursprüngliche Bedeutung dieses Viertels, das 1942 die ›Olympiade der Zivilisation‹ aufnehmen sollte. 1938 wurde Marcello Piacentini mit der Leitung des Projektes beauftragt, an dem eine Gruppe italienischer Architekten und Urbanisten mitarbeitete (Pagano, Piccinato, Rossi, Vietti). Man plante keine provisorischen Pavillons, sondern monumentale, mit einem kompletten Versorgungsnetz versehene Bauten, die nach der Ausstellung als Wohn- und Verwaltungsgebäude genutzt werden sollten. Der Ausbruch des 2. Weltkriegs brachte die Arbeiten zum Erliegen. Während der deutschen und später der alliierten Besatzung wurden die unfertigen Gebäude beschädigt. Nach dem Krieg wurde das Viertel fertiggestellt bzw. restauriert und entwickelte sich zu einem Gemisch aus Wohn- und Bürobauten. Das funktionale Straßennetz und vor allem die weiten Grünanlagen mit einem künstlichen See wurden beispielhaft für den modernen Städtebau.

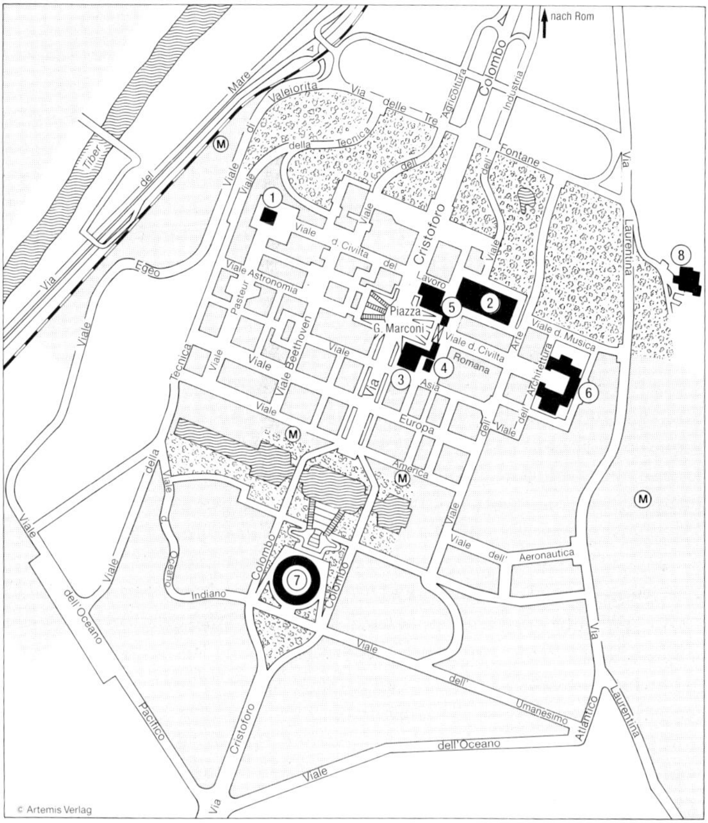

EUR: Orientierungsplan

① Palazzo della Civiltà del Lavoro
② Palazzo del Congresso
③ Museo Preistorico ed Etnografico Luigi Pigorini
④ Museo del Medioevo
⑤ Museo Nazionale delle Arti e Tradizioni Popolari
⑥ Museo della Civiltà Romana
⑦ Palazzo dello Sport
⑧ Abbazia delle Tre Fontane

Der weithin sichtbare **Palazzo della Civiltà del Lavoro** ① von Guerini, la Padula und Mario Romano zeichnet sich durch einen quadratischen Grundriß und große, regelmäßige Rundbogenfenster aus. Von den Römern wird der Bau treffend ›das quadratische Kolosseum‹ genannt. – An der gegenüberliegenden Front des Viale della Civiltà del Lavoro steht der **Palazzo del Congresso** ② von Adalberto Libera (1938), der wegen der architektonischen Konzeption als überkuppelter entkernter Quader, aber auch aufgrund der Modernität und Vollständigkeit der technischen Versorgungseinrichtungen bekannt wurde.

An der *Piazza Marconi* mit der Stele für Guglielmo Marconi, den Erfinder des Telegraphen, liegen drei Museen: **Museo Preistorico ed**

Etnografico Luigi Pigorini ③, eine der größten Sammlungen ethnographischer und prähistorischer Objekte, weitgehend zusammengetragen im 17. Jh. von dem in der Asienmission tätigen Jesuitenpater Athanasius Kircher. – **Museo dell'Alto Medioevo** ④, mit Objekten hochmittelalterlicher Kunst aus dem 6.–10. Jh. – **Museo Nazionale delle Arti e Tradizioni Popolari** ⑤, eine Sammlung zu Ethnographie, Kunstgewerbe und Volksbrauchtum Italiens.

Museo della Civiltà Romana ⑥ (Piazza Giovanni Agnelli): Auf unabsehbare Zeit in Restaurierung, doch ist die Besichtigung einer Auswahl interessanter Stücke in einer provisorischen Aufstellung möglich und lohnend. Das Museum bietet eine interessante und sehr anschauliche Dokumentation des altrömischen Lebens. Ausgestellt sind Reproduktionen römischer Werke und Gebrauchsgegenstände, Modelle etc., kaum Originale. Sehenswert ist das *Modell des antiken Rom* (Sektion 2), das der Architekt Italo Gismondi 1937 für eine Ausstellung entwarf. Das Modell wurde ständig ergänzt und erst in den 70er Jahren fertiggestellt. Auf nunmehr 20 m² angewachsen, gibt es im Verhältnis 1 : 250 ein Bild der Stadt Rom zur Zeit Konstantins (4. Jh.). In Sektion 9 interessante *Gipsabgüsse der Reliefs der Trajanssäule (S. 82)*, die für Napoleon III. Ende des 19. Jh. angefertigt wurden.

Jenseits des künstlichen Sees liegt der **Palazzo dello Sport** ⑦ von Marcello Piancentini und Pierluigi Nervi. Die halbkreisförmige Kuppel überspannt einen Durchmesser von 100 m und ruht auf einem 20 m hohen Glaszylinder. Der bemerkenswerte Ingenieurbau Nervis aus der Zeit des Faschismus konnte während der Olympischen Spiele 1960 in Rom erneut genutzt werden.

Abbazia delle Tre Fontane ⑧

Lage: Via Laurentina; Via Acque Salvie.

Paulus hatte als römischer Staatsbürger das Recht auf einen schnellen Tod durch Enthaupten, im Gegensatz zu Nichtrömern, die bei Vergehen einen langsamen, schmerzvollen Tod sterben mußten, wie beispielsweise der Hebräer Petrus, der wie Christus die Kreuzigung durchlitt. An der Stelle der Abtei ist Paulus enthauptet worden. Der Legende nach schlug sein Kopf dreimal auf der Erde auf, und es entsprangen drei Quellen (tre fontane), bei denen drei Kirchen errichtet wurden. Das einstmals sumpfige Gelände vor der Stadt wurde jedoch bald wegen der Malariagefahr aufgegeben, bis in der Gegenreformation des späten 16. Jh. der Ort wieder von Bedeutung erschien und die Kirchen ausgebaut wurden. Die Trappisten übernahmen 1868 die Abtei, trockneten den Sumpf durch Pflanzung von Eukalyptusbäumen, setzen die Kirchen in Stand und umgaben sie mit einem ruhigen, schattigen Garten, der insbesondere an Sommertagen einen Ausflug lohnt. Was den Eukalyptus betrifft, so machten die Trappisten aus der Not eine Tugend – sie brauen daraus einen Schnaps.

Das *Portal* der Abtei ist von einer *Torhalle* umgeben, die aus einem ehem. Oratorium aus dem 8. Jh. gebildet ist; darin befinden sich byzantinische Freskenreste aus dem 9. Jh.

Santi Vincenzo e Anastasio, die erste und größte der drei Kirchen, wurde von Honorius I. im 7. Jh. gegründet, Anfang des 13. Jh. von Honorius II. erneuert und im 19. Jh. restauriert. Die hohe Backsteinfassade ist von einer Fensterrose und Rundbogenfenstern durchbrochen, die ihrerseits mit (restaurierten) Transennen geschlossen sind. Der Portikus vor der Fassade wird von ionischen Säulen getragen; darunter befinden sich Freskenreste aus dem 13. Jh. Der dreischiffige Innenraum mit Querhaus und Apsis ist schlicht und streng, von der einstigen Dekoration sind nur stark restaurierte Fresken des 16. Jh. auf den Pfeilern geblieben.

Santa Maria Scala Coeli, die zweite, etwas erhöht liegende Kirche, wurde von Giacomo della Porta (1583) errichtet. In den achteckigen Grundriß ist durch einen Narthex (Vorhalle), die Altarnische und zwei apsidenartige Kapellen ein griechisches Kreuz eingeschrieben. Eine Kuppel über hoher Attika ist mit den Lilien aus dem Wappen des Stifters Kardinal Alessandro Farnese geschmückt. In der linken Kapelle ein Mosaik Federico Zuccaris, das die Madonna mit Heiligen und Papst Clemens VIII. Aldobrandini mit seinem Neffen zeigt (Anfang 17. Jh.). Eine Kapelle im Untergeschoß führt auf das Bodenniveau der Vorgängerkirche des 12. Jh. An dieser Stätte erlitten der Legende nach 10 000 christliche Legionäre unter Diokletian das Martyrium.

San Paolo alle tre Fontane wurde im 5. Jh. an der Stätte der Enthauptung des Ap. Paulus errichtet und 1599 von Giacomo della Porta erneuert. Der Backsteinbau hat den Grundriß eines Querrechtecks mit Narthex und Apsis; ein schlichtes Dekor aus Pilastern und Lisenen gliedert die geraden Mauerflächen. Über dem Portal erinnert eine Inschrift an das Martyrium des Ap. Paulus, eine weitere nennt den Kardinal Pietro Aldobrandini als Bauherrn. Im Innenraum ist in den Fußboden ein altrömisches Mosaik mit Darstellungen der Personifikationen der vier Jahreszeiten eingelassen. Drei Nischen an der Rückwand und drei Reliefköpfe erinnern an das dreimalige Aufschlagen des Kopfes und die legendären Fontänen. In der rechten hinteren Ecke steht die Säule, an die Paulus gefesselt worden sein soll.

*** 45 **Ostia Antica**

Lage: Westlich von Rom; zu erreichen mit der Metropolitana/S-Bahn ab Stazione Termini/Porta S. Paolo bis Ostia Antica oder über die Schnellstraße Rom-Ostia/Aeroporto.

Der Name Ostias (Ostium, d. h. Mündung), des Portus Romae, der *Hafenstadt des antiken Rom,* erklärt sich aus seiner Lage nahe der Mündung des Tiber ins Meer. Die Hafenanlagen am Fluß, der in der Antike einen Transport der in Ostia angelandeten Waren mit Treidelschiffen, die von Ochsengespannen gezogen wurden (alaggio), in die Millionenstadt sicherstellte, sind in der Spätantike versandet; der Fluß hat schließlich bei einer großen Überschwemmung im 16. Jh. seinen Lauf nach Norden verlagert. Die Grabungsstätte des antiken Ostia liegt heute fast 6 km vom Meer entfernt. Das moderne Ostia *(Lido di Ostia)* ist an der neu entstandenen Küste auf der Versandung gebaut, ist Schlaf- und Wohnstadt, aber auch Strandbad.

Geschichte: Nach der Legende soll das antike Ostia im 6. Jh. v. Chr. von König Ancus Martius gegründet worden sein (überliefert u. a. von Aennius, Titus Livius und Cicero). In jedem Fall hat seit der 2. Hälfte des 4. Jh. hier ein Castrum, ein mit Tuffsteinmauern befestigtes Kastell, bestanden, das den damals sicher schon bedeutenden Handels- und Kriegshafen Roms schützte. Nach der Zerstörung im Bürgerkrieg durch die Truppen des Marius wurde Ostia von Sulla mit einer 2,5 km langen Mauer umgeben. Seit der republikanischen Zeit wurde Ostia von römischen Quaestoren regiert, d. h. von Verwaltungsbeamten mit zugleich richterlichen Befugnissen. In der frühen Kaiserzeit ist Ostia mit den Bedürfnissen Roms gewachsen. Caligula ließ eine neue Wasserlei-

---

Ostia Antica: Orientierungsplan ▷

1. Nekropole an der Porta Romana *(S. 407)*
2. Porta Romana *(S. 408)*
3. Horrea Neptuniana *(S. 408)*
4. Thermen des Neptun *(S. 408)*
5. Caserma dei Vigili *(S. 409)*
6. Griechisches Theater *(S. 409)*
7. Horrea des Hortensius *(S. 410)*
8. Piazzale delle Corporazioni *(S. 410)*
9. Mithräum *(S. 410)*
10. Horrea *(S. 411)*
11. Sog. Haus der Diana *(S. 411)*
12. Thermopolium *(S. 411)*
13. Museum *(S. 414)*
14. Forum *(S. 414)*
15. Kapitol *(S. 414)*
16. Curia *(S. 414)*
17. Sog. Basilica *(S. 414)*
18. Tempel der Roma und des Augustus *(S. 415)*
19. Öffentliche Toilette *(S. 415)*
20. Thermen des Forums *(S. 415)*
21. Porta Laurentina *(S. 415)*
22. Augusteum *(S. 415)*
23. Horrea Epagathiana *(S. 415)*
24. Tempel des Herkules *(S. 416)*
25. Haus des Amor und der Psyche *(S. 416)*
26. Thermen des Mithras *(S. 417)*
27. Trinacria-Thermen
28. Thermen der sieben Weisen *(S. 417)*
29. Frühchristliche Basilika *(S. 417)*
30. Thermen der sechs Säulen
31. Sog. Schola Traiani *(S. 418)*
32. Isola delle Muse *(S. 418)*
33. Porta Marina *(S. 418)*
34. Domus fulminata *(S. 418)*
35. Thermen der Marciana *(S. 418)*
36. Synagoge *(S. 418)*
37. Isola Sacra *(S. 418)*
38. Lago Traiano *(S. 418)*

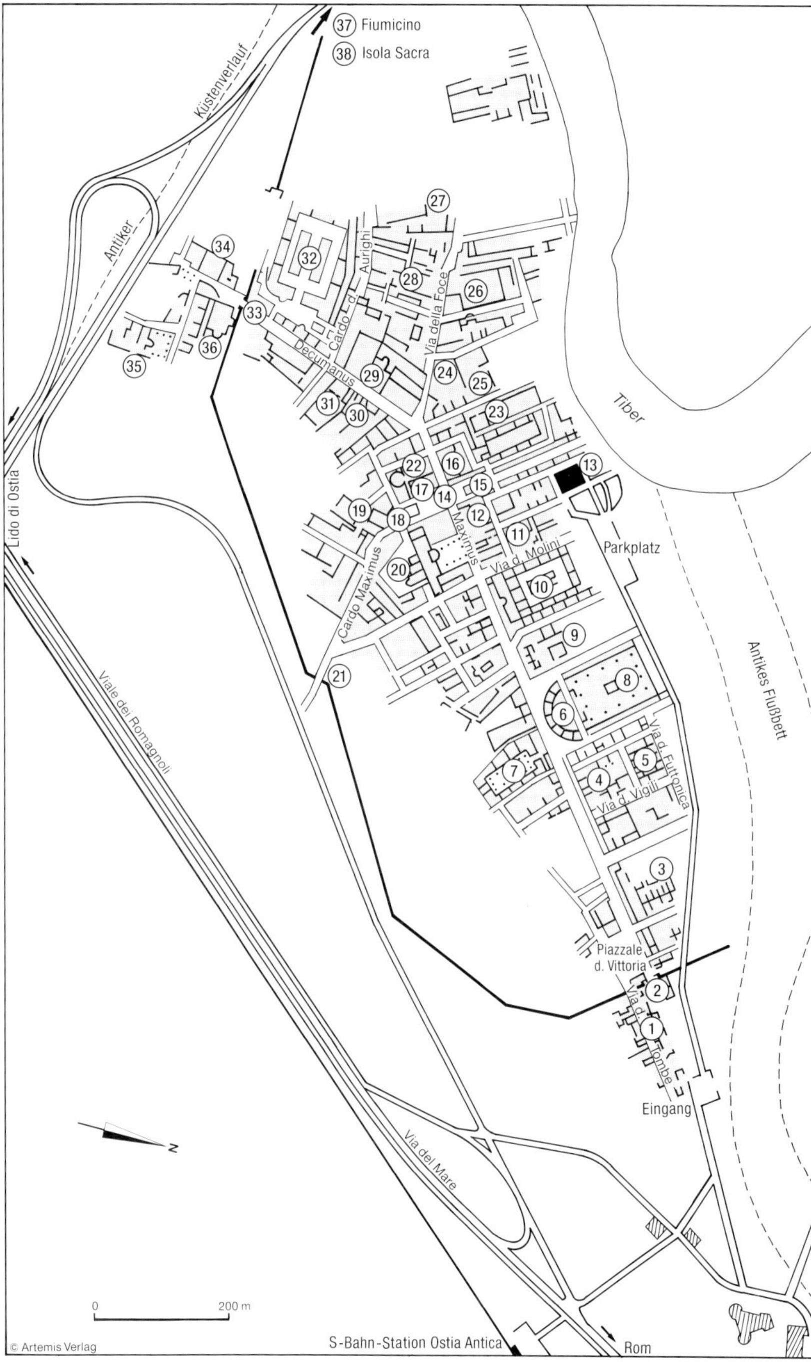

37 Fiumicino
38 Isola Sacra
Küstenverlauf
Antiker
Lido di Ostia
Cardo d. Aurighi
Via della Foce
Decumanus
Tiber
Maximus
Via d. Molini
Parkplatz
Cardo Maximus
Antikes Flußbett
Via d. Fullonica
Via d. Vigili
Viale dei Romagnoli
Piazzale d. Vittoria
Via d. Tombe
Eingang
Via del Mare
N
0
200 m
© Artemis Verlag
S-Bahn-Station Ostia Antica
Rom

tung mit Bleirohren bauen, durch die jedes Haus einen eigenen Wasseranschluß erhielt. Claudius ließ den Hafen Ostias ausbauen und verlegte die Wachmannschaft nach Ostia, die nicht nur Polizeibefugnisse hatte, sondern zugleich auch als Feuerwehr fungierte. Nero ließ die Sümpfe in der Umgebung Ostias trockenlegen. Unter Trajan wurde das große, sechseckige Hafenbecken angelegt, das nördlich der Stadt bei Ausgrabungen zu Tage gekommen ist. Die Stadt selbst wurde unter Hadrian mit größeren und schöneren Straßen und zusätzlichen Stadtvierteln neu gestaltet; sie dürfte zu diesem Zeitpunkt etwa 100 000 Einwohner gehabt haben. Wohn-, Lager- und Geschäftsgebäude, Tempel, Theater und Thermen bedeckten eine Grundfläche von ca. 100 ha. Ostia hatte sich zu einem selbständigen Gemeinwesen entwickelt, und so war es nur konsequent, wenn Konstantin Ostia von Rom löste und ihm eine eigene Verwaltung und eigene Münzprägung gab. Bis ins 6. Jh. war Ostia eine wohlhabende Hafenstadt, dann aber verlor es mit dem Niedergang des antiken Rom auch seine Bedeutung als Warenumschlagplatz für die Millionenstadt. Hafenanlagen, Wasserleitungen und Wohnviertel verfielen zusehends. Die Einwohner haben die Stadt, die zudem nun malariaverseucht war, im Laufe des 7. Jh. verlassen, und schon als Papst Gregor IV. den Ort Gregoriopoli (anstalle des heutigen Dörfchens Ostia Antica) gründete, war das antike Ostia kaum mehr als eine Geisterstadt. Wie alle antiken Zentren wurde auch Ostia auf der Suche nach günstigem Baumaterial bedenkenlos geplündert. So ist etwa der berühmte Domplatz von Pisa weitgehend mit Säulen und Baumaterial des antiken Ostia errichtet, das im 11. und 12. Jh. von den Pisanern bequem per Schiff geholt werden konnte. Im 15. Jh. wurde in Ostia ein Befestigungsturm errichtet, und unter Sixtus IV. ließ sein Neffe Giuliano della Rovere (der spätere Julius II.) durch Baccio Pontelli das heutige Kastell errichten (1483–1486), an dessen Ausstattung u. a. Ripanda und Cesare da Sesto mitarbeiteten.

Grabungsgeschichte: Die systematische Erforschung der Bauten und der Topographie des antiken Ostia begann Anfang des 19. Jh. unter Papst Pius VII. Das besondere Interesse gilt dabei seit jeher weniger den doch im Vergleich zu Rom spärlichen Kunstschätzen der antiken Stadt, als vielmehr der Topographie und Urbanistik des Portus Romae. Der Kern des antiken Ostia, d. h. innerhalb der noch in republikanischer Zeit angelegten Stadtmauern, ist im wesentlichen erforscht. Die noch wenig untersuchten Aussenbezirke reichten etwa bis jenseits der heutigen Via del Mare, der Schnellstraße nach Rom, im Südosten und bis zur Autobahn zum Flughafen (ungefähr entlang der antiken Küstenlinie) im Südwesten.

Die Stadtanlage: Die Anlage der antiken Stadt folgt dem üblichen Schema der römischen Städte, die sich aus dem Nucleus eines Castrums entwickelt haben. Entlang des antiken Flußbettes des Tiber bildete sich zunächst ein Kern der Besiedlung um das Castrum (ein ursprünglich befestigtes Feldlager an Stelle des späteren Forums). Während die Ost-West-Achse der Stadt, der Decumanus Maximus, auch in der späteren Anlage noch als Hauptverkehrsachse erhalten geblieben ist, ist der Cardo Maximus, die dazu rechtwinklige Nord-Süd-Achse (ursprünglich auf Höhe des Forums) in der Kaiserzeit fast vollkommen bedeutungslos geworden. Im Osten, Süden und Westen sind der Stadt vor allem in den ersten beiden nachchristlichen Jahrhunderten neue Wohnviertel angegliedert worden. Im Norden waren dem Wachstum der Stadt durch Fluß und Hafen natürliche Grenzen gesetzt. An der Kreuzung des Decumanus mit dem Cardo bildet das Forum den Hauptplatz der Stadt, das politische und religiöse Zentrum mit dem Tempel des Jupiter und der Curia. Im Süden und Westen des Forums liegen die Wohnviertel mit Tempeln, Thermen und christlichen Kirchen. Den Raum nördlich des Forums, zwischen Decumanus und Hafen nehmen vor allem große Horrea, d. h. antike Lager- und Geschäftshäuser ein, dazwischen auch öffentliche Bauten, Tempel, Kaufhäuser, Sportanlagen und wiederum eine Reihe von Thermenanlagen. Merkantiles Zentrum der Stadt und damit urbanistisches Gegengewicht zum Forum ist die Piazzale delle Corporazioni, das große antike Geschäftszentrum der Schiffsausrüster und Fernhändler, mit dem danebenliegenden griechischen Theater. Die Wohn- und Geschäftsviertel der Stadt sind schachbrettartig in Insulae (d. h. Inseln oder Häuserblocks) gegliedert, d. h. kleine Einheiten von mehreren Häusern innerhalb eines umgrenzenden Straßengevierts. Innerhalb der Insulae bildeten die Häuser, meist als Atriumhäuser um einen zentralen Innenhof gebaut, eine wiederum etwa rechtwinklige Untergliederung. Wohlhabende Bürger haben in späterer Zeit oft mehrere Häuser innerhalb einer Insula aufgekauft und ausgebaut, entweder zu einer vornehmen Residenz (z. B. Haus des Amor und der Psyche) oder zu mehrgeschossigen Mietskasernen (Haus der Diana). Entlang der großen Straßen außerhalb der republikanischen Mauern zogen sich Nekropolen, Gräberstädte, die wie kleine Abbilder der Städte der Lebenden ihrerseits in Insulae gegliedert waren.

Nekropole an der Porta Romana ①: Unter den Nekropolen des antiken Ostia ist die interessanteste diejenige außerhalb der Porta Romana (d. h. unmittelbar hinter dem heutigen Eingang zum Grabungsgelände). Die Nekropole ist durchweg in Ziegelmauerwerk errichtet, das zum Teil sicherlich verputzt war, zum Teil aber auch sehr schöne dekorative vielfarbige Ziegelverbände zeigt. Einzelgräber sind die Ausnahme, ebenso Sarkophage für Ganzkörperbestattung. Die Grabanlage besteht zumeist aus einem oder mehreren Räumen, manchmal mit einem kleinen Innenhof, deren Wände sich in einer Reihe von Grabnischen öffnen, die die Aschenurnen der Verstorbenen enthalten haben (Kolumbarien, d. h. Taubenschlag, wegen der Form der Nischenwände). In einigen Anlagen erkennt man auch kleine Altäre, z. T. mit Ädikulen, die der Aufstellung von Götterbildern dienten. Die Räume hatten in der Antike nicht nur die Funktion der Grablege, sondern waren für die Hinterbliebenen Ort der Versammlung zu den feierlichen

Totenmahlen, die im Totenkult dem Andenken und der Vergegenwärtigung der Verstorbenen dienten und eine Gemeinschaft der Verstorbenen mit den Lebenden betonen sollten. Dies erklärt die aufwendige und ›wohnliche‹ Einrichtung der Totenstädte der Antike.

Die **Porta Romana** ② bezeichnet den nordöstlichen Verlauf der Stadtmauer in republikanischer Zeit. Hier, wo die Hauptstraße von Rom her, die Via Ostiense, das Stadtgebiet erreicht, wird sie zum Decumanus Maximus, der auf einer Länge von etwa 1200 m das ›Rückgrat‹ der Stadt bildet. Teile der Toreinfassung und der Schwelle aus Marmor stammen vermutlich aus einer späteren Restaurierung. Die Basis einer Statue bei der Porta Romana, die einen Imperator darstellte, wurde dem Kaiser (Domitian?) nach der Inschrift vom Ostienser Bürger Acilius Glabrio gewidmet. Vielleicht zum Schmuck des Tores gehörte auch die Statue der Minerva Victoria, der siegreichen Minerva, die heute auf dem Platz aufgestellt ist. Die Statue geht auf ein griechisches Vorbild des 4. Jh., vermutlich des Scopas, zurück.

Horrea Neptuniana ③: Ein Lager- und Geschäftshaus aus republikanischer Zeit; die dort gefundene Inschrift, die einen Ladenbesitzer (?) C. Caninus nennt, ist die älsteste bisher gefundene in Ostia (2. Jh. v. Chr.). Die Straßenfront bildete ein breiter Portikus, von dem aus die Lager- und Geschäftsräume für die Kunden zugänglich waren.

Thermen des Neptun ④: Noch prächtiger muß der zweigeschossige Portikus der Thermen des Neptun und der anschließenden Palästra gewesen sein. Generell sind die Thermenanlagen Ostias nicht mit den Kaiserthermen Roms zu vergleichen, sondern von kleinerem Umfang. Die Abfolge der Bäder war die gleiche wie in den großen Kaiserthermen Roms, aber die Anlagen Ostias hatten einen privateren Charakter. Betrieben wurden sie teils auf private Initiative, teils auch von den Korporationen der Seeleute, Handwerker oder Kaufleute. Oft mußte man Korporationsmitglied sein, um Zutritt zu erhalten. Dafür hatte Ostia aber wenigstens 18 (bis heute ergrabene) Thermenanlagen. Unter den erhaltenen guten Mosaiken der Thermen des Neptun ragt dasjenige des großen Zentralraums heraus: Neptun, der Gott des Meeres, kenntlich an seinem Dreizack und dem Gespann von Tritonen, ist auch der Gott der Seefahrer und der Badenden ganz allgemein. Um ihn herum schwimmt in bewegtem Wirbel sein Gefolge: Meeresgottheiten, Tritonen, Schalentiere, Fische und Putten auf Delphinen. Die schwarzweißen Mosaiken sind im 1. oder 2. Jh. n. Chr. entstanden. Die schwarzen Figuren auf weißem Grund wirken wie Schattenrisse. Binnenzeichnung ist durch feine weiße Linien angegeben, während auf jegliche

Schattierung oder sonstige Andeutung von Plastizität verzichtet wird. Oft sind die Themen der Mosaiken auch auf die Funktionen des Raumes zu beziehen. Den Thermen angeschlossen war ein Sportplatz (Palästra), ein annähernd quadratischer Hof mit einem umlaufenden Portikus, dessen Säulen z. T. noch stehen. In der Umgangswand zu den Thermen hin erkennt man Öffnungen, die zum Befeuern der Heizöfen (Präfurnien) der Thermenanlage dienten. Eine große Zisterne, die die Wasserversorgung der Thermen des Neptun sicherstellte, liegt unter der Palästra. Von dort wurde das Wasser mittels einer Noria, eines Wasserrades mit Tretbetrieb, in die großen Tanks auf dem Dach gepumpt, um so den notwendigen Leitungsdruck zu erzeugen.

Caserma dei Vigili ⑤: Die Wachkaserne des antiken Ostia, ein zweigeschossiger Bau mit großem Innenhof. Der große Saal der Westseite gegenüber dem Eingang wurde im 1. Jh. n. Chr. in ein Caesareum umgewandelt, d. h. einen Raum, der dem Kult des Kaisers als dem obersten Vorgesetzten der Stadtwache von Ostia gewidmet war. Der Mosaikboden ist mit Opferszenen geschmückt, und an der Rückwand des Saales kann man noch die Basen mehrerer Kaiserstatuen erkennen. Die gleichförmigen kleineren Räume an den Längswänden des Baus dienten als Unterkunft der Wache, die sowohl Polizei- als auch Feuerwehrfunktionen hatte. Zu den Thermen des Neptun hatte die Kaserne im übrigen einen direkten Durchgang.

Griechisches Theater ⑥: Das griechische Theater bildete mit der dahinter liegenden *Piazzale delle Corporazioni* eines der Zentren der Stadt. Ostia hat, erstaunlich für eine römische Stadt, nur ein griechisches, aber kein Amphitheater. Wahrscheinlich wurde das griechische Theater auch für circensische Spiele genutzt. Wie die Inschrift über dem östlichen Umgang verkündet, wurde der Ziegelbau unter Agrippa (12. v. Chr.) dem Stifter des Pantheons, errichtet und unter Septimius Severus und Caracalla erneuert. Das Halbrund der Zuschauerränge ist teilweise rekonstruiert, die Anlage der Bühne selbst noch gut zu erkennen: Den Halbkreis der *Orchestra*, die religiösen Zeremonien vorbehalten war, beschließt an der Nordseite das *Podium* mit neun abwechselnd runden und eckigen, ursprünglich mit Marmor verkleideten Nischen. Dahinter erhob sich die *Fons Scenae*, der fest errichtete Architekturprospekt als Hintergrund für die Aufführung, und das Bühnenhaus mit den Räumen für die Schauspieler. Ähnlich wie dies römische Wandmalereien der Zeit des Augustus vorstellen (z. B. aus dem Haus der Farnesina, Rom, h. Thermenmuseum, *S. 341*), war diese Fons Scenae in zwei oder mehr Ordnungen übereinander mit Nischen, Erkern und Balkonen gegliedert. Von der Dekoration sind einige Marmorblöcke mit

Darstellungen von Theatermasken aufgefunden und auf den Tuffsteinblöcken der Bühnenrückwand aufgestellt worden. Die Schauspieler, die sich in den Aufenthalts- und Garderobenräumen hinter der Fons Scenae vorbereiteten, betraten zu den Auftritten die Bühne durch mit Vorhängen verhängte Türen in den *Mansiones* (Häuser) genannten Bühnenaufbauten. Man spielte nicht nur auf dem Podium, sondern, sofern dies das jeweilige Schauspiel verlangte, auch in den oberen Geschossen der Fons Scenae. Auf dem Spielplan standen vor allem römische und griechische Komödien, z. B. des Menander oder des Plautus, modernen Boulevard-Komödien durchaus vergleichbar.

Am Decumanus, dem Theater gegenüber, liegt eine weitere große Kaufhausanlage: die **Horrea des Hortensius** ⑦.

Piazzale delle Corporazioni ⑧: Der *Platz der Handelsniederlassungen* hinter dem Theater ist eines der einst vornehmen Geschäftsviertel der Stadt und durch seine Mosaikfußböden heute noch für den Besucher eines der anschaulichsten und lebendigsten. Zentrum des Platzes ist das Podium eines Tempels (25 × 11 m), der vermutlich der Ceres geweiht war. Ceres, der Göttin der Erde, d. h. des festen Landes und der Fruchtbarkeit, pflegten verständlicherweise die Fern- und Seehändler nach glücklicher Rückkehr zu danken. Ihn umgab ein großer Quadriportikus, ein vierflügliger Umgang, dessen Säulen z. T. wieder aufgerichtet sind. Von diesem aus betrat man die umliegenden etwa 70 Geschäftsräume verschiedenster Handelshäuser, Zünfte und vor allem Schiffsausstatter. Gut erhalten sind die Fußbodenmosaiken, die in etwa die Funktion von Ladenschildern hatten, denn man kann aus ihnen nicht nur meist den Namen des Geschäftsinhabers oder -gründers entnehmen, es sind auch die wichtigsten hier gehandelten Waren und ihre Herkunft aus den Provinzen des Reiches vorgestellt, vor allem immer wieder Getreide, Öl und Wein, aber auch etwa Gegenstände des täglichen Bedarfs für die Händler und Seefahrer. Wie die Mosaiken der Thermen des Neptun sind auch die der Piazzale delle Corporazioni durchweg in Schwarz-Weiß gehalten und ins 1. oder 2. Jh. n. Chr. zu datieren. Die handwerkliche Qualität ist sehr unterschiedlich, und oft kann man erkennen, daß Figurengruppen oder sogar einzelne Figuren in mehreren Teilen nach einem Musterbuch gearbeitet wurden.

Mithräum ⑨: Das westlich des Theaters gelegene Mithräum ist das besterhaltene unter den 18 bisher entdeckten Heiligtümern der Stadt. Der Kult des Mithras, des Lichtgottes des Ostens, ist in der römischen Welt seit spätestens dem 1. Jh. n. Chr. weit verbreitet. Die Anhänger des stiertötenden Gottes hielten ihre Versammlungen in der Regel in unterirdischen, langrechteckigen Kulträumen ab, mit Bänken an den Längswänden für die rituellen Opfermahle. Das Mithräum beim Theater von Ostia ist eines der seltenen Beispiele eines oberirdischen Kultraums, ansonsten aber in der gewohnten Form. Die Grube in der Mitte des Raums diente zum Auffangen des Opferblutes bei den Initiationszeremonien. An den Wänden (Mosaiken an den Podien) erkennt man die Darstellungen der Stufen der Initiation und Symbole des Kults, die aufgehende und die untergehende Sonne in Gestalt zweier lampentragender Genien, die Planeten und Zeichen des Tierkreises.

Nördlich des Decumanus und mit der Schmalseite zum antiken Lauf des Tiber lag eine weitere **Horrea** ⑩, ein großer Speicher, um dessen Innenhof mit Portikus sich insgesamt 64 Lager- oder Ladenräume reihten.

Das **sog. Haus der Diana** ⑪, benannt nach einem im Inneren gefundenen Relief mit der Darstellung der Jagdgöttin Diana, ist wie die übrigen Häuser der Via di Diana eines der gut erhaltenen Beispiele einer antiken Mietskaserne. Eine Insula der Stadt ist hier zu einem großen Gebäude vereint worden, von dem zwei der einst vier Geschosse noch zu sehen sind. An der Front läuft über dem Untergeschoß mit Ladenlokalen ein Balkon entlang, der als platzsparender Außenflur diente. Im Inneren liegt eine dichte und meist lichtlose Folge von Räumen um einen im Verhältnis kleinen Innenhof. Zwei Räume mit Altar und Bänken haben vermutlich als hauseigenes Mithräum gedient. Die Probleme sind schon damals die gleichen gewesen wie heute: überhöhte Mieten und schlechte Bauqualität; der Senat hat mehrfach versucht, der Bauspekulation Einhalt zu gebieten.

Das **Thermopolium** ⑫, eine antike Gaststätte, die sich auf den ersten Blick von einem modernen Pizzabäcker nicht sonderlich unterschieden haben wird. Anschaulich ist der Tresen mit den gemauerten oder aus Marmor gemeißelten Becken für den Wein. Zur Straße hin und im Innenhof hatte die Kneipe gemauerte Sitze. Die Wände waren mit Malereien (Früchte und verschiedene Speisen) wie mit einer Art gemalter Speisekarte geschmückt. Das Thermopolium war nicht nur Weinausschank, sondern es wurden dem Gast auch Speisen angeboten, vielleicht in einem Nebenraum oder im Hinterhof. In einem Nebenraum hat sich ein großer Vorratsbehälter aus Ton erhalten, der zu drei Vierteln in die Erde eingelassen ist und der vermutlich zur kühlen Aufbewahrung des Weins gedient hat. Im Garten erkennt man noch die Reste eines kleinen Springbrunnens. Dort hat man später ein Gebäude errichtet, von dem man vermutet, daß es dem christlichen Gottesdienst diente. – Entlang der Via dei Mulini gelangt man zu einem Haus, das als

Ostia Antica: Forum und Kapitol

Mühle gedient hat und in deren Hof einige recht gut erhaltene kleine Mühlen stehen. Durch die Aussparungen des oberen, beweglichen Mühlsteins wurden hölzerne Stangen gesteckt, mittels deren die Steine, wahrscheinlich von Sklaven, bewegt werden konnten.

Das **Museum** ⑬ ist in einem hier im 15. Jh. aus antikem Material errichteten Gebäude untergebracht und zeigt Funde aus den Grabungen von Ostia, darunter eine Reihe von Bildnisplastiken und eine Statue des Mithras, der den Stier tötet, die von einem gewissen Criton aus

Athen signiert ist; darüber hinaus eine ganze Reihe dekorativer Reliefs und abgenommener Malereien aus Gräbern und Wohnhäusern.

Forum ⑭ und **Kapitol** ⑮ erstrecken sich beiderseits des Decumanus entlang des Cardo Maximus. Sie bilden das eigentliche religiöse und politische Zentrum der antiken Stadt: Auf hohem Podest erhebt sich der *Tempel der Kapitolinischen Trias* (Jupiter, seine Gattin Juno und seine Tochter Minerva), der in Ostia, wie in den meisten römischen Städten, der Haupttempel war. Der große Prostylos mit flankierenden Portiken, von dem sich die gewaltigen, aus Ziegeln errichteten und ursprünglich mit verschiedenfarbigem Marmor verkleideten Cellawände fast unbeschädigt erhalten haben, wurde in hadrianischer Zeit anstelle eines republikanischen Vorgängerbaus errichtet. Vor der Rückwand erkennt man die Basen der Kultbilder.

Curia ⑯ und **Basilica** ⑰: Links vom Tempel, im Winkel von Forum und Decumanus, lag die Curia, der Ratssaal mit einem kleinen Portikus und dem Podium für die Redner, auf der gegenüberliegenden Seite des Decumanus die sog. Basilica. Das prunkvolle Gebäude, das öffentlichen Veranstaltungen und insbesondere als Gerichtshalle diente, bestand aus einem großen rechteckigen Saal mit aufwendigem vielfarbigem Marmorboden und einem umlaufenden Portikus, ähnlich wie die großen Basiliken des *** Forum Romanum *(S. 60)*. Vom Aufwand der dekorativen Gestaltung und der Qualität des verarbeiteten Materials zeugt eine Vielzahl von Fragmenten der marmornen Gesimse, Lisenen mit korinthischen Kapitellen und Putti mit Festons voller Früchten, die dem Stil nach in antoninischer Zeit entstanden.

Tempel der Roma und des Augustus ⑱: Auf der Südseite des Forums, dem Kapitolstempel gegenüber, hat man die Reste eines ganz aus Marmor gebauten Prostylos freigelegt, von dem jedoch wenig mehr als das Podium erhalten ist. Er wurde um 50 n. Chr. errichtet und enthielt auch das Kultbild der Roma Dominatrix: Roma als Amazone stützt den Fuß auf die Welt.

Die **öffentliche Toilette** ⑲ vervollständigt auf der östlichen Seite des Forums die Anlage des Platzes. Die Latrine besteht aus einem großen ungeteilten rechteckigen Raum. Beim Toilettenbesuch scheinen die Römer ganz offensichtlich die Gemeinschaft auf dem vermutlich gar nicht so stillen Örtchen, das gelegentlich auch geschäftlichen Besprechungen (Geld stinkt bekanntlich nicht, oder, im alten Rom: ›Pecunia non olet‹) gedient haben wird, der Abgeschiedenheit vorgezogen zu haben; denn steinerne Sitzbänke mit entsprechenden Öffnungen und darunterliegendem wassergespültem Abflußgraben umgeben den Raum. Im Boden, der mit großen Steinplatten gepflastert ist, erkennt man eine zusätzliche Ablaufrinne. Derartige Toilettenanlagen stammen so oft aus der Zeit des Kaisers Vespasian, daß sie im Volksmund den Namen ›Vespasiani‹ erhalten haben. Die Toilettenanlage, zu Seiten der Thermen des Forums gelegen, hat mit diesen zweckmäßigerweise die Entsorgungsleitungen gemeinsam.

Die **Thermen des Forums** ⑳ wurden im 2. Jh. n. Chr. angelegt und im 4. Jh. erweitert. Man betrat den Komplex von der Nordseite, vom Decumanus her und gelangte zunächst in das Frigidarium, das Kaltbad. Die großenteils wieder aufgerichteten Säulen des rechteckigen Saales mit zwei großen Becken geben einen Eindruck von der Pracht der Badeanlage. Von dort ging man in die vier folgenden beheizbaren Säle, deren erster, von elliptischer Form und mit Bänken entlang der Wände, vermutlich ein Dampfbad war. Der letzte Saal enthält die Wannen für das Warmbad.

Von der Südseite des Forums führt der ehem. Cardo Maximus durch ein Wohnviertel zur **Porta Laurentina** ㉑ in der republikanischen Stadtmauer. Auch außerhalb der Mauern hat sich die Stadt noch fortgesetzt.

Der **Rundtempel** oder **Augusteum** ㉒, gegenüber der Curia auf der anderen Seite des Decumanus und südwestlich der Basilica gelegen, wurde zu Beginn des 3. Jh. für den öffentlichen Kultus der Imperatoren errichtet. Über einen großen Platz und eine breite Freitreppe gelangte man in einen runden Kuppelsaal, der mit sieben Ädikulen mit Marmorsäulen geschmückt war, die Imperatorenstandbilder enthielten.

Die **Horrea Epagathiana** ㉓, ein privates Geschäftshaus, sind nach einer Inschrift über dem Portal des Haupteingangs benannt. Das ganz aus Ziegeln aufgemauerte repräsentative Portal war ursprünglich mit Stuck überzogen: Zwei kräftige Säulen mit Kompositkapitellen tragen einen schweren Architrav und einen Dreiecksgiebel mit Konsolenfriesen. Nahe beim Eingang findet sich in einem Raum, der vermutlich als Taverne diente, ein interessantes Mosaik mit der Darstellung der Tibermündung und des Leuchtturms von Ostia, dessen Konstruktion aus mehreren übereinander getürmten Mauerblöcken durch viele Mosaiken überliefert ist.

Der **Tempel des Herkules** ㉔ gehört zu einem kleinen Heiligtum mit drei republikanischen Tempeln nördlich der Via delle Foce.

Haus des Amor und der Psyche ㉕: Der ältere Bau ist im 4. Jh. entsprechend den veränderten Bedürfnissen seiner Bewohner vom

Ostia Antica: Horrea Epagathiana

Geschäfts- zum Wohnhaus umgestaltet worden. Benannt ist es nach einer dort aufgefundenen kleinen Figurengruppe ›Amor und Psyche‹, die an Ort und Stelle durch eine Kopie in Gips ersetzt ist. Den Wohlstand des Besitzers belegen Marmorverkleidungen und -fußböden. Das Haus war im Gegensatz zu den Mietskasernen nur eingeschossig, und die inneren Räume öffneten sich auf einen Hof.

Westlich schließen sich dicht bebaute Wohnviertel mit einer ganzen Reihe von Thermenanlagen an: die *Thermen des Mithras* ㉖, die *Trinacria-Thermen* ㉗ und die *Thermen der sieben Weisen* ㉘.

Die **Thermen des Mithras** ㉖ sind nach den gut erhaltenen, unter der Anlage gelegenen Räumlichkeiten eines Mithräums benannt. Über eine Treppe steigt man zunächst in den eigentlichen Kultraum hinab, der an den Wänden die bereits bekannten Podien für die rituellen Mahle aufweist. Im Hintergrund ist eine Gipskopie der Statue des stiertötenden Mithras aufgestellt. Dort gelangt man auch durch einen schmalen Durchgang in den eigentlichen Opferraum mit der Grube für die Initiation. Von diesem Raum wiederum ist ein weitverzweigtes System unterirdischer Kellerräume zugänglich.

Die **Thermen der sieben Weisen** ㉘ sind nach den gemalten Darstellungen von vier der sieben weisen Philosophen der klassischen Antike benannt, die in einem kleinen rechteckigen Raum dargestellt sind. Die Inschriften der Wände beziehen sich auf das Wohlergehen des Körpers als das beste Mittel gegen die Schwermütigkeit des Geistes. Im zentralen Kuppelsaal der Thermen der sieben Weisen findet sich ein großes, umlaufendes und mehrfarbiges Mosaik mit Jagdszenen; auch die Wände waren mit Mosaiken bekleidet. In anderen Räumen, vor allem des Warmbades, sind Mosaiken mit pflanzlicher Ornamentik und Meeresgottheiten, aber auch eine Darstellung des Badedieners zu sehen. Die Farbigkeit von Mosaiken läßt in der Regel auf ein spätes Entstehungsdatum (ab dem 4. Jh.) schließen. In einem an den ehem. Kuppelsaal anschließenden Baderaum sind über der Wanne Teile der malerischen Ausstattung erhalten: Man erkennt eine Venus und einen Hummer, die sicher als Hinweis auf einen Teil der hier gebotenen Genüsse zu verstehen sind. In den anschließenden Räumlichkeiten sind u. a. sehr schöne malerische Darstellungen von Gespannen für Wagenrennen erhalten.

Auch Ostia hatte schon früh eine christliche Geschichte, hat seine christlichen Märtyrer hervorgebracht, so die hl. Jungfrau Aurea, die hier noch 313 n. Chr. das Martyrium erlitten haben soll. Monika, die Mutter des hl. Augustinus, ist hier gestorben, und Konstantin ließ zu Beginn des 4. Jh. hier eine **christliche Basilika** ㉙ errichten. Die Kirche war zweischiffig mit einem Baptisterium. Der Architrav benennt die vier Flüsse des Paradieses. – Gegenüber, auf der anderen Seite des Decumanus, liegen die **Thermen der sechs Säulen** ㉚ und unmittelbar daneben die **sog. Schola Traiani** ㉛. Sie ist nach einer hier gefundenen Statue des Kaisers benannt. Tatsächlich hat es sich aber wohl um ein Versammlungshaus einer der Korporationen gehandelt, das einen von einem Peristyl umgebenen Innenhof hatte. – Die **Isola delle Muse** ㉜ bewahrt eine Reihe freskierter Räume, die aber leider nicht zugänglich sind. Benannt ist der Gebäudekomplex nach einem Hauptsaal mit Darstellungen der Musen in einem Dekorationssystem des 3. pompejanischen Stils mit zierlichen Architekturen und Girlanden. – Die **Porta Marina** ㉝ ist, wie schon der Name sagt, das Tor auf der einstigen Seeseite Ostias. Schon in republikanischer Zeit sind hier einige vornehme Häuser angelegt worden. Eines, die **Domus fulminata** ㉞, ist nach dem Mosaik in einer Nische, vermutlich eines Hausaltars, benannt: Dargestellt ist Jupiter fulminator (der Blitze schleudernde). Gegenüber liegt die späteste der bisher gefundenen Thermenanlagen, die **Thermen der Marciana** ㉟, die noch bis ins 6. Jh. in Betrieb waren. Das Vorhandensein einer **Synagoge** ㊱, von der nur wenige Reste erhalten sind, belegt, daß im 1. Jh. n. Chr. eine mittelgroße jüdische Gemeinde in Ostia ansässig war.

Die **Isola Sacra** ㊲ ist nicht unmittelbar von den Grabungen und nur mit etwas Mühe zu erreichen, doch lohnt ein Besuch. Man gelangt zu der nordwestlich der antiken Stadt gelegenen *Nekropole,* indem man der Straße Richtung Flughafen und von dieser nach etwa 1 km der Abzweigung rechts bis zum umzäunten Areal der Nekropole folgt (Custode vor Ort, Öffnungszeiten wie Grabungen). Die Nekropole auf halber Strecke zwischen Ostia Antica und dem unter Trajan angelegten Hafen im Norden ist die besterhaltene Totenstadt Roms. Aus dem Aussehen der auch in den dekorativen Details fast unbeschädigt erhaltenen Totenhäusern dürfen wir Rückschlüsse auf die Häuser der Lebenden ziehen. Die Fassaden sind meist einfach aus Ziegelmauerwerk errichtet, meist im dekorativen Opus reticulatum, durch Lisenen gegliedert, mit einem abschließenden Gesims und darüber einem Giebel. Dem Schmuck dienen die aufwendig gestalteten Portale, die Fenster und gelegentlich in die Wand eingelassene Reliefs oder Inschriften. Im Inneren sind Häuser wie Gräber zumeist mit zierlichen Stukkaturen und Malereien geschmückt.

›**Lago Traiano**‹ ㊳ (Besichtigung derzeit nicht möglich, da auf Privatgelände): Das sechseckige Hafenbecken, die trajanische Hafenanlage von Porto, liegt heute vom Meer abgeschnitten als kleiner künstlicher See außerhalb des modernen Ortes Porto. Das ganze Gelände zwischen dem Lago Traiano und dem Flughafen war in der Antike eine Meeresbucht an der Tibermündung. Da der Flußhafen Ostias einerseits versandete, andererseits für große Schiffe ohnehin schlecht zugänglich war, befaßte man sich schon in augusteischer Zeit mit Plänen zur Verlegung des Hafens an die Mündung. Ein erstes Projekt wurde unter Claudius ausgeführt: Ein großes offenes Becken, das von zwei langen Molen geschützt wurde, bot mehr als 200 Schiffen Platz. Trajan ließ 114 n. Chr. östlich des claudischen Hafenbeckens, das auch schon wieder zu versanden begann, das kleinere und geschütztere sechseckige Becken ausheben. Die Anlage mit einer Wasserfläche von 78 000 m^2 ist als Lago Traiano erhalten. Bis in mehrere hundert Meter Entfernung vom Becken erkennt man die Reste der Lagerhallen und Kontore. Schon Claudius hatte zur Entlastung des Tibers zwei Kanäle anlegen lassen, die Trajan dann durch einen großen Kanal ersetzte, der sich, abgesehen von einigen Modifikationen des 17. Jh. als der ›Canale navigabile‹ zwischen Rom und dem Meer bis heute erhalten hat.

*** 46 **Villa Adriana** (Villa des Kaisers Hadrian)

Lage: Ca. 40 km östlich von Rom, an der Autobahnstrecke nach L'Aquila; Ausfahrt Tivoli. – Linienbus vom Zentralen Busbahnhof an der Piazza dei Cinquecento.

Südlich von Tivoli ließ Kaiser Hadrian in den Jahren 118–134 n. Chr. die *größte aller kaiserlichen Villenanlagen der Antike* schaffen. Die Villa, die eher die Ausmaße einer Kleinstadt hat, bedeckt ein Areal von ca. 60 ha. Sie diente dem Kaiser nicht nur als Sommerresidenz, auch Teile der kaiserlichen Verwaltung waren darin untergebracht. Es werden sich hier zeitweilig bis zu 20 000 Menschen aufgehalten haben.

Hadrian hat einen Großteil seiner Regierungszeit auf Reisen durch sein Reich zugebracht. Die Villa Hadrians ist ein Abbild seines Reiches en miniature, denn er hat hier Bauten und Landschaften künstlich erschaffen lassen, die er auf seinen Reisen durch die Provinzen kennengelernt hatte (so die Bauten des Lyzeums, der Akademie, der Stoa und des Prithaneums in Athen und des Canopustals bei Alexandria in Ägypten). Dies wird von einer ganzen Reihe antiker Schriftsteller immer wieder betont; dabei wurden aber die meist griechischen oder ägyptischen Vorbilder nicht exakt kopiert, sondern recht frei variiert. Man nimmt an, daß der an Architektur interessierte Kaiser an der Planung des Baus nicht nur regen Anteil genommen, sondern zum wenigsten eigene Ideen und Pläne mit eingebracht hat. Das Aufgreifen hellenistischer Anregungen ist so mehr als symbolischer Ausdruck des Weltbürgertums und des Philhellenismus des Kaisers denn als tatsächliche Nachahmung zu verstehen. Mit den technischen Möglichkeiten einer – für die hadrianische Zeit – modernen Bauweise werden gelehrte Anspielungen auf die Geisteswelt des Hellenismus und Stilzitate aus der gesamten hellenistischen Welt zu einem Ganzen vereint, das das Lebensgefühl Hadrians und das Selbstverständnis eines seit Trajan erneuerten und nun nicht mehr stadtrömisch orientierten Kaisertums zum Ausdruck bringt.

Geschichte: Den Nucleus der Villa, d. h. den nordöstlichen Teil der Anlage mit einigen älteren Bauten aus republikanischer Zeit, hat Hadrian bereits vor seiner Inthronisierung als Imperator vom Vater seiner Gattin Sabina geerbt. Dieser ältere Teil wird in Anlage und Aufbau der sog. Mysterien-Villa in Pompeji ähnlich gewesen sein. Den Ausbau der Villa hat er überwiegend aus seiner privaten Kasse finanziert, und er hat in den Jahren um 120 immer wieder, soweit die Mittel reichten, Land zugekauft und größere Posten Ziegel erworben. Insbesondere durch die Abfolge der datierten Stempel dieser Ziegel konnte die Baugeschichte der Villa präzise erforscht werden. Hadrian selbst, der 138 im Alter von 62 Jahren nach langer Krankheit in Baiae gestorben ist, hat die Villa kaum mehr nutzen können. Bis zum Ende des 2. Jh. sind noch gelegentliche Renovierungen festzustellen, die auf eine weitere Benutzung der kaiserlichen Villa schließen lassen.

Über die Geschichte der Villa und ihren Zustand im Mittelalter ist wenig bekannt. Wie alle Großbauten der Antike wurde sie von der Bevölkerung Tivolis und des umliegenden Landes als Quelle billigen Baumaterials genutzt. Zum ersten Mal wieder erwähnt wird die Villa Adriana 1450 von Flavio Biondo. Sein Mäzen, Papst Pius II. (Aeneas Sylvius Piccolomini), der selbst zu den herausragenden Humanisten und Historikern der italienischen Renaissance gehört, hat ihr 1461 einen Besuch abgestattet und ihren desolaten Zustand bedauert. Zu diesem Zeitpunkt muß sie sich schon in kaum besserem Erhaltungszustand als heute befunden haben. Auf dem Gelände der Villa wurde in den folgenden

Jahrhunderten immer wieder gegraben und skizziert. Pirro Ligorio hat hier im Auftrag Ippolito d'Estes Untersuchungen durchgeführt – und bei der Gelegenheit gleich einiges Baumaterial für die Villen und Paläste des Kardinals in Rom und Tivoli ›gewonnen‹. Francesco Piranesi (1780) verdanken wir detaillierte Zeichnungen der Ruinen und den ersten sorgfältigen und vollständigen Plan der Anlage. Mehr als 300 Plastiken wurden allein auf dem Gelände der Villa gefunden, die heute in fast alle Museen Europas zerstreut sind. Erst als 1870 der italienische Staat die Villa Adriana aus dem Besitz der Familie Braschi übernahm, wurde versucht, die Funde am Ort zu bewahren. Einiges, was den Ausgräbern des 17. und 18. Jh. entgangen war, ist heute auf dem Grabungsgelände in einem kleinen Museum ㉔ ausgestellt. Mit der Übernahme durch den italienischen Staat begann auch die systematische wissenschaftliche Erforschung der Anlage, die bis heute nicht abgeschlossen ist. Das große Nymphäum, das das Canopustal im Süden beschließt, wird derzeit restauriert, und wesentliche Teile im Süden der Palastanlage, jenseits des Canopustals, sind noch kaum untersucht.

Das Modell: Einen einführenden Überblick über die Gesamtheit der Anlage gibt das Modell der Villa, das in einem kleinen Raum neben der Cafeteria ausgestellt ist. Es wird deutlich, daß ein einheitliches Gesamtkonzept der Anlage nicht bestanden hat; es sind vielmehr die Vielfalt und das Nebeneinander der verschiedenartigsten Bauteile, die das Bild der Villenanlage bestimmen. Die Villa Hadrians, wie sie sich heute im Grundriß präsentiert, zerfällt in eine Reihe voneinander relativ unabhängiger Baukomplexe, die, z. T. bedingt durch den natürlichen Abfall des Geländes am Hang, z. T. (vor allem im Nordosten) bedingt durch die Verwendung älterer Bauteile, verschiedene Richtungsachsen aufweisen. Diese Baukomplexe sind die Stoa Poikile ④ mit dem anschließenden Gartengelände, der umgestaltete Kern der republikanischen Villa mit großem Peristyl ⑥, den Bibliotheken ⑦, ⑧, dem Gästehaus ⑫ und dem sog. Teatro marittimo ⑤, die Piazza d'Oro ⑮ mit den

▷

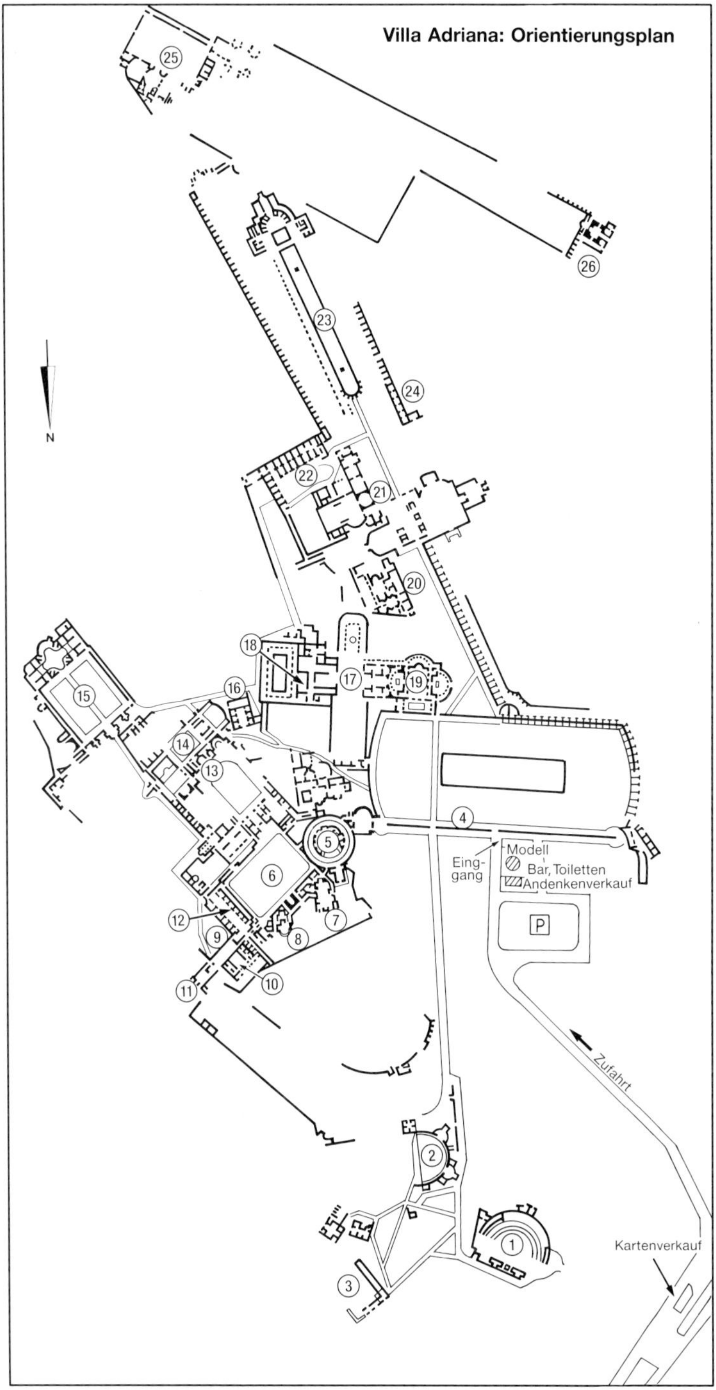
Villa Adriana: Orientierungsplan
N
25
26
23
24
22
21
20
18
17
19
16
15
14
13
4
5
6
Modell
Eing-
gang
Bar, Toiletten
Andenkenverkauf
P
12
9
8
7
11
10
Zufahrt
2
1
3
Kartenverkauf

anschließenden Bauten, das sog. Stadion (17) mit dem Triclinum (19), die Thermenanlagen (20), (21), das Canopustal mit den angrenzenden Bauten (23), der südliche Kleine Palast (25) (nicht zugänglich) sowie eine Reihe voneinander unabhängiger und außerhalb der eigentlichen Villa Adriana gelegene Bauten wie das griechische Theater (1), der Venustempel (2) und die Torre di Roccabruna (26) (nicht zugänglich). Diese einzelnen Baugruppen sind in sich geschlossen, was meist schon an den geschlossenen Umfassungsmauern, die z. B. die Bereiche der Stoa (4), des großen Peristyls (5)–(12), des Peristyls des Palastes (13), (14) und der Piazza d'Oro (15) gegeneinander abgrenzen, deutlich wird. Selbst innerhalb der Baugruppen führen einzelne Baukörper wie das sog. Teatro marittimo (5) ein eigenständiges Dasein, sind nach außen abgegrenzt und nur durch wenige Zugänge zu erreichen.

Die Ausstattung: Von den hunderten von Plastiken, die im Lauf der Jahrhunderte auf dem Gelände gefunden wurden, sind einige wenige im Museum (24) ausgestellt. Wenige Reste der einstigen Marmorverkleidungen und der schönen polychromen Fußböden in Opus sectile, u. a. im Padiglione di Tempe (11), in den Kleinen Thermen (20) und in den kaiserlichen Audienzsälen (18), müssen der Phantasie des Betrachters heute als Anhaltspunkte der einst prunkvollen Ausstattung genügen. Erhalten sind durchweg die Fußbodenmosaiken aus den kleinen, schwarzweißen Tesserae, die zur Wiederverwendung nicht geeignet waren. Man darf aber nicht vergessen, daß diese eine Art antiker ›Auslegeware‹ waren und die so ausgestatteten Räume nicht eben zu den prunkvollsten gehörten. Maßstab der Bedeutung eines Raumes ist nicht allein seine Größe, sondern auch die Qualität seiner Ausstattung. So spricht etwa der einfache Mosaikboden des Triclino imperiale (10), der nicht wesentlich besser als der der angrenzenden Küchenräume ist, für eine Funktion als Speisesaal des Gefolges. Die dem Kaiser selbst vorbehaltenen Räume werden durchweg mit Böden in Opus sectile, d. h. den kostbaren polychromen Marmorintarsien, ausgestattet gewesen sein, die heute in Zweitverwendung manche Kirche der Umgegend schmücken. Was heute noch erhalten ist, sind weitgehend die Kerne des Ziegelmauerwerks. Auch wenn die übliche Mauertechnik in Opus reticulatum (nach dem netzartigen Erscheinungsbild der übereck vermauerten Ziegel) mit stabiliserenden horizontalen Zwischenlagen heute einen recht dekorativen Eindruck macht, so war sie doch nie auf Ansichtigkeit der nackten Ziegel geplant. Stets ist eine Marmorverkleidung oder wenigstens ein bemalter Putz zu ergänzen. Spuren solcher Marmorverkleidung sind vor allem im Saal der dorischen Pfeiler (14) oder im großen Festtriclinum (19) zu erkennen. Die Decken werden i. d. R. wie die der Großen Thermen (21) mit Stuck verziert gewesen sein.

Rundgang durch die Villa Adriana

Das **griechische Theater** ① wie der **Tempel der Venus** ② liegen im Norden außerhalb des eigentlichen Villenareals. Die bescheidenen Maße des Theaters lassen darauf schließen, daß hier i. d. R. private Aufführungen für den Kaiser, sein Gefolge und ausgewählte Gäste stattgefunden haben. Wenig ist von der Cavea, d. h. den Zuschauerrängen, und von der Bühne erhalten. Der Bau östlich des Theaters wird nach der dort gefundenen Statue der Venus (sie befindet sich heute im Museum ㉔ am Canopustal) als Tempel der Venus bezeichnet; es mag sich aber auch um ein Nymphäum gehandelt haben. Weiter talwärts liegen die als *Palästra* ③ bezeichneten Teile eines Gebäudes (als Keller einiger kleiner Häuser des 18. Jh. verwendet), dessen Räume mit Stuck verziert waren und über dessen ursprüngliche Funktion man nichts weiß.

Stoa Poikile ④: Der griechische Ausdruck (der bemalte Portikus) bezeichnete einen Portikus in Athen, in dem die bedeutendsten Maler der griechischen Antike durch ihre Wandmalereien vertreten waren. Die von der modernen Archäologie vorgenommene Bezeichnung für den *großen Portikus*, durch den man die Villa Adriana betritt, ist hypothetisch und nicht durch antike Quellen belegt. Dies gilt für alle folgenden Bezeichnungen mit Ausnahme des Canopustales. Die Schmalseiten der großen vierflügeligen Wandelhalle von 232 × 97 m haben eine leichte Kurvatur. Sie umschließt eine Gartenanlage mit einem großen, rechteckigen Teich (106 × 26 m) in der Mitte, in dem vermutlich Fischstechen zur Belustigung der höfischen Gesellschaft veranstaltet werden konnten. Der Großteil des umlaufenden Portikus ist der Suche nach Baumaterial zum Opfer gefallen. Der Weg bezeichnet den Verlauf der überdachten, von weißen Marmorsäulen gestützten Wandelhalle, Büsche den Standort von Säulen. Die Längsachse der Anlage verläuft genau von Ost nach West. Der ausgeklügelte Sinn der Konstruktion wird deutlich, wenn man den Nordflügel des Portikus, der in der baugeschichtlichen Abfolge den übrigen um einige Jahre voraufgeht, rekonstruiert. Ein doppelter Portikus wurde hier in der Längsrichtung von der noch vorhandenen 9 m hohen Ziegelmauer mit nur wenigen Durchgängen geteilt. An den Enden ging der Portikus jeweils in einem Halbrund in die andere Seite über. Nach den Gesundheitsregeln der stoischen Schule der Philosophie war nach den Mahlzeiten ein Spaziergang vorgeschrieben, der teils in der Sonne und teils im Schatten stattfinden sollte. Die Anlage stellte sicher, daß die Nordseite des Portikus stets im Schatten, die Südseite stets in der Sonne lag. Im Südwesten fällt das natürliche Gelände steil ab, und hier ruht die Stoa

Poikile auf wuchtigen, mehrgeschossigen Substruktionen, deren Räume z. T. als Lagerräume und z. T. als Quartiere der Dienerschaft und der kaiserlichen Sklaven genutzt wurden. Diese sog. ›cento camerelle‹ (d. h. hundert Zimmerchen) waren nur von außen über hölzerne Galerien zugänglich. Am Ostende des Nordflügels der Stoa Poikile liegt der sog. Philosophensaal, der vermutlich eine kleine Bibliothek beherbergte.

Cortile delle Biblioteche ⑥: Um das *Peristyl* oder den sog. *Hof der Bibliotheken* liegt eine Reihe interessanter Bauten, die überwiegend als privater Wohnbereich des Kaisers bzw. als Gästehaus für Staatsgäste mit Gefolge gedient haben müssen. Hier sind auch Reste der republikanischen Villa inkorporiert. Der auffälligste Teil der Anlage ist schon wegen seiner ungewöhnlichen Form das sog. *Teatro marittimo* ⑤, das ›See-Theater‹. Die Bezeichnung ist ebenso willkürlich wie irreführend. Es handelt sich zunächst einmal um einen kreisrunden Bau von 43,50 m Durchmesser, der sich nach außen durch eine hohe Wand verschlossen gibt und dessen Inneres man durch zwei Eingänge an der Nord- bzw. der Südseite betreten kann. Den Kern bildet eine kleine künstliche Insel von 24,50 m Durchmesser inmitten einer Wasserfläche, die wiederum von einem kreisförmigen Portikus umfaßt wird. Seine nur zum Teil erhaltenen Tonnengewölbe ruhen auf den Außenmauern und innen auf ionischen Säulen. Die Insel ist ein kleiner, in sich geschlossener Lebensraum, die wahrscheinlich als private Villa en miniature dem Kaiser die Möglichkeit gab, sich vom lauten Treiben des Hoflebens in relative Abgeschiedenheit zurückzuziehen. Daß durch die doppelte Abschottung gegen die Außenwelt zugleich die Bewachung der ›persona publica‹ des Kaisers erleichtert wird, versteht sich von selbst. Die kleine Villa auf der Insel bot alle Annehmlichkeiten römischer Wohnkultur, d. h. neben Wohn-, Schlaf- und Speisezimmer selbstverständlich auch Toiletten, eine kleine Badeanlage mit Auskleidezimmer, Frigidarium und Caldarium und einer kleinen Treppe, um von der Insel ins Wasser zu steigen.

Südlich des Teatro marittimo befindet sich eine *kleine Thermenanlage* von halbprivatem Zuschnitt. Sie ist über einen Gang sowohl direkt vom *großen Peristyl* ⑥ als auch von den südöstlich anschließenden Räumlichkeiten zu erreichen, scheint aber keinen Zugang vom Teatro marittimo gehabt zu haben. Vermutlich hatte sie die Funktion einer Badeanlage für die Hausgäste des Kaisers. Auf einen eigentlichen Garten kann die kleine Insel-Villa verzichten, denn diese Funktion erfüllte teils das große Peristyl, teils die Gartenanlage, die sich im Norden hangwärts an die sog. **lateinische** ⑦ und die **griechische** ⑧ **Bibliothek** anschloß. Es ist zu bezweifeln, daß es sich hier wirklich um Bibliotheken gehandelt hat. Der Anlage nach sind beides große Triclinen, also Speisesäle mit drei großen Nischen für die Clinen, auf denen man ›zu Tische lag‹; die Räume waren tonnengewölbt und wenigstens zweigeschossig und öffneten sich auf einen Garten mit Brunnenanlagen. Die Ausrichtung nach Norden, zum Zwecke der Kühlung, weist die Räume als spezielle Sommertriclinen aus. Die kleinen Gänge und Kammern zwischen den großen Sälen dienten der Dienerschaft als Zugänge, von denen aus man wiederum die großen Kryptoportiken, die Versorgungsgänge unter fast dem gesamten Ostteil, und die **große Küche** ⑨ erreichen konnte.

Im Osten des großen Peristyls schließen sich Räumlichkeiten an, die der Bewirtung und Unterbringung von Gästen gedient haben. Dies ist zum einen die große Küche, sodann ein weiterer Speisesaal, das sog. **Triclino imperiale** ⑩, dessen Ausschmückung mit qualitätvollen korinthischen Kapitellen nicht mit dem einfachen Mosaikfußboden in Einklang zu bringen ist, und der sog. **Padiglione di Tempe** ⑪, ein kleiner dreigeschossiger Bau, vielleicht von der republikanischen Villa, der eine schöne Aussicht über das nordöstlich gelegene Tal bot und vielleicht als Gästehaus genutzt wurde. Daneben diente die sog. **Hospitalia** ⑫ der Unterbringung des Gefolges. An den Langseiten eines goßen mittleren Raumes oder Hofes liegen je fünf Schlafkammern und eine weitere, größere am Kopfende. Jede der Kammern, die mit verhältnismäßig einfachen schwarz-weißen Mosaiken ausgestattet ist, hat drei Nischen für Betten.

Das sog. **Peristyl des Palastes** ⑬ folgt südöstlich auf das große Peristyl ⑥ mit gemauerten Säulen aus Ziegeln (rekonstruiert, im Original aus Marmor). Die Bauten an der Nordseite stehen direkt mit der Hospitalia, dem Gästehaus ⑫, in Verbindung. Ein kleinerer, rechteckiger Raum kann als Bibliothek bestimmt werden; in den neun Nischen der Wände waren Schränke für Schriftrollen untergebracht. Der sog. **Saal der dorischen Pfeiler** ⑭ an der Südseite des Peristyls hatte vielleicht die Funktion einer Gerichtshalle. Ein Umgang mit marmorverkleideten Pfeilern und dorischem Gebälk (im Osten wieder aufgerichtet) umgab einen rechteckigen, höheren Hauptraum, der durch Fenster im Obergaden sein Licht erhielt. Beachtenswert ist die elegante Lösung der schlanken dorischen Pfeiler. Sie haben einen rechteckigen Querschnitt, wenden jeweils die Schmalseite dem Innenraum zu und wirken so zierlicher als dies die Statik des Gebäudes eigentlich gestattete. Das dritte der großen Peristyle, die **Piazza d'Oro** ⑮, bildet den südöstlichen Abschluß der Palastanlage Hadrians. Durch ein Vestibül betritt man ein langrechteckiges Peristyl mit einem Portikus von 60 gemauerten Säulen. Hinter dem zum Innenhof mit großem Wasserbecken geöffneten Portikus lief nochmals ein Kryptoportikus um. An der Eingangsseite hat sich in einem kleinen Raum rechts vom Vestibül, der vermutlich als Triclinum diente, ein sehr fein gearbeitetes ornamentales Mosaik erhalten. An der gegenüberliegenden Schmalseite schließt sich eine kleeblattförmige Aula an, deren Funktion nicht näher bestimmt ist.

Die **Kaserne der Wache** ⑯ liegt im Süden des Peristyls des Palastes ⑬, gewissermaßen auf der Grenze zwischen den östlichen, eher privaten Teilen der Hadriansvilla und ihrem repräsentativen Zentrum. In einem einfachen rechteckigen Bau liegen U-förmig um einen Hauptraum die Unterkünfte der kaiserlichen Garde. Die Pfostenlöcher der hölzernen Zwischendecken sind gut zu erkennen, ebenso der Ansatz des Umgangs im Obergeschoß. Die Kaserne wird etwa einer Hundertschaft der kaiserlichen Garde Platz geboten haben. Die zentrale Lage der Wachquartiere gewährleistete schnelle Einsatzbereitschaft. Andererseits schützte die isolierte, von den übrigen Baukörpern abgegrenzte Lage zwischen Zentrum und Ostflügel der Villa wiederum den Kaiser vor seinen Beschützern. Hadrians gewaltsam ums Leben gekommene Vorgänger wie Caligula und Nero wurden von ihren eigenen Wächtern ermordet.

Das Zentrum der Villa Hadrians bildet eine kreuzförmige Anlage: Ein **großer Platz** ⑰ wurde früher als *Stadion* bezeichnet, nach neueren Grabungsergebnissen als *Nymphäum.* Es handelt sich in jedem Fall um einen großen, zweigeteilten Platz, dessen nördliche Hälfte eine Gartenanlage mit Brunnen gewesen ist und dessen südliche, halbrund geschlossene Hälfte umlaufende Sitzreihen für Zuschauer hatte, also für (nicht näher zu bestimmende) öffentliche Veranstaltungen diente. Dem entspricht auch der **große Bau östlich des Platzes** ⑱. Vor allem die Säle des Obergeschosses waren mit vorzüglichen Marmorverkleidungen ausgestattet. Einige Fragmente des Fußbodens in Opus sectile sind erhalten. Von einem Peristyl im Osten hatte man Zutritt zu großen Sälen, deren Funktion nur die von *Audienzsälen* gewesen sein kann. Der mittlere öffnete sich als kaiserliche Loge auf den Platz. Als Pendant schlossen sich im Westen an den Platz ein Vestibül und eine Art überdimensionierten **Triclinums** ⑲ an. An einem annähernd quadratischen Raum liegen im Osten und Westen drei große Exedren mit säulengetragenem offenem Umgang und im Süden eine vom Hauptsaal durch seitliche Durchgänge zu erreichende dritte Exedra mit Springbrunnen. Die Achse des großen Triclinums ist über das Vestibül direkt auf die kaiserliche Loge im östlichen Baukomplex ausgerichtet. Die große

Villa Adriana: Teatro Marittimo

Saalanlage wird bei öffentlichen Feiern als Bankettsaal benutzt worden sein. Dem entspricht auch die außergewöhnlich gute Ausstattung. Der Fußboden ist vollkommen verschwunden (wobei man das spätere Interesse am Baumaterial als Indiz für seine Kostbarkeit werten darf), wird aber in der Mitte nach dem römischen Hofzeremoniell eine große Porphyrplatte gehabt haben, die den Standort des Kaisers bezeichnete. Einen Eindruck von der Pracht des Raumes und der handwerklichen Qualität der Ausstattung geben die Säulenbasen vor allem der westlichen Eingangsseite. Steinmetzarbeiten von derartiger Präzision sind im antiken Rom Indiz für den Rang des Auftraggebers.

Thermen ⑳ ㉑: Nach Süden zu schließen sich an den Baukomplex des Triclinums gleich zwei *Thermenanlagen* nebeneinander an. Die Lage der Thermen erklärt sich aus der Lage eines großen Baus, der bisher kaum erforscht ist und der sich, vermutlich als antiker Haupteingang der Villa Hadrians von den Thermen aus hangabwärts nach Westen erstreckte. Nach römischer Sitte, wie dies auch bei kleineren Villenanlagen (z. B. in Casale bei Piazza Armerina) immer wieder berücksichtigt ist, reinigt sich der Besucher zunächst im Bad vom Staub der Reise, ehe es zum eigentlichen Empfang geht. Zur Existenz zweier Badeanlagen gibt es verschiedene Hypothesen. Die eine besagt, daß es sich bei der *kleineren* ⑳ um ein Frauenbad, bei der *größeren* ㉑ um das der Männer gehandelt habe. Auf eine andere Unterscheidung deutet die wesentlich kostbarere Ausstattung der kleineren Thermen, von der Reste außergewöhnlich guten Opus-sectile-Fußbodens erhalten sind: die kleine Therme für die vornehmen Besucher, die großen für das Gefolge. Beeindruckend ist vor allem das Frigidarium der großen Thermen, dessen Dimensionen annähernd an die der stadtrömischen Thermenanlagen heranreicht. In einem der großen Säle der Südseite, dem wahrscheinlichen Caldarium, ist ein Abschnitt der Stuckdecke erhalten.

Sog. Prätorium ㉒: Nicht geklärt ist die Funktion des sog. Prätoriums; daß es, wie früher angenommen, Unterkunft der Prätorianergarde war, ist mehr als unwahrscheinlich. Andererseits ist der Bau mit drei Geschossen hoher Räume übereinander (jeweils nochmals von hölzernen Zwischendecken unterteilt) auch kaum als Lagerhaus zu deuten; die Lage so unmittelbar neben den kaiserlichen Palastbauten spricht dagegen. Da die Villa Hadrians nicht nur für gelegentliche Besuche geplant und gebaut wurde, sondern als zumindest in den Sommermonaten permanente kaiserliche Residenz, liegt die Überlegung nahe, ob es sich beim Prätorium nicht um Büroräume für die Verwaltungsbeamten gehandelt habe. Ähnliches ist für die Folge gleichförmiger zweigeschossiger Bauten an der Westseite des Canopustales anzunehmen, in denen heute ein kleines Museum ㉔ mit Funden vom Gelände der Villa untergebracht ist.

Canopustal ㉓: Es ist eine Nachschöpfung des wegen seines Serapistempels und seiner landschaftlichen Schönheit von Strabo gerühmten Tales bei Alexandria in Ägypten, das Hadrian aus eigener Anschauung kannte. Die Senke von 240 m Länge ist künstlich ausgehoben und wird zum Hang hin, d. h. nach Osten, von einer hohen Stützmauer gesichert. Das schmale Wasserbecken (119 × 18 m) wurde auf der Ostseite von einem heute verschwundenen offenen Portikus begleitet. Das Nordende ist von einem Halbkreis von Säulen umstanden, die abwechselnd Architrave und Bögen tragen. In den Interkolumnien standen Statuen, die auf die ägyptische Inspiration der Anlage verweisen: ägyptische Gottheiten, aber auch Tiere des Landes. Die Originale befinden sich z. T. im **Museum** ㉔. Unter den dort ausgestellten Funden sind auch Kopien nach den berühmtesten Statuen der griechischen Kunst, die auf dem Gelände der Villa gefunden wurden. Die Amazonen des Phidias und des Polyklet sind ebenso vertreten wie die Aphrodite von Knidos des Praxiteles, die Flußgötter Nil und Tiber, aber auch dekorative Plastik, vor allem einige sehr schöne marmorne Türpfosten mit vegetabilen Ornamenten. Den südlichen Abschluß des Canopustales und den derzeitigen Abschluß des zugänglichen Grabungsgeländes bildet das *größte Nymphäum* der Villa Hadrians. Um eine zentrale Exedra mit Wasserspielen gruppieren sich symmetrisch tonnengewölbte Nebenräume, die mit angenehmer Kühle an warmen Sommertagen zum Verweilen einluden. Man hat auf dem Hang oberhalb des Nymphäums die aufwendigen Wasserzuleitungen in fast unversehrtem Zustand freilegen können. Die Grabungs- und Restaurierungsarbeiten dauern an.

Man nimmt an, daß der bisher zugängliche Teil der Villa Hadrians nur etwa ein Drittel der ursprünglichen Fläche umfaßt. Wesentliche Teile sind noch nicht oder nur ansatzweise bekannt und ergraben. Dies gilt für die sog. Palästra ③ und die Reste von Bauten zwischen dieser und den Bibliotheken ⑦ ⑧ ebenso wie für den gesamten südlichen Teil der Villa, von dem bisher nur die als **kleiner Palast** ㉕ und als **Torre di Roccabruna** ㉖ bezeichneten freiliegen. Dem aufmerksamen Beobachter wird aber nicht entgehen, daß auch auf dem Hang östlich des Canopustals noch eine Reihe von Bauten zwischen Erde und Gestrüpp zu erkennen sind. Das Gelände westlich des Canopustals, zwischen kleinem Palast und Torre di Roccabruna, ist nicht für Besucher zugänglich. Risse im Boden und Absenkungen lassen darauf schließen, daß auch dort unterirdische Hohlräume Reste der Villa Hadrians bergen.

** 47 Tivoli

Lage: Ca. 40 km östlich von Rom, an der Autobahnstrecke nach L'Aquila. – Linienbus vom Zentralen Busbahnhof an der Piazza dei Cinquecento.

Tivoli, das antike *Tibur*, liegt am Hang der Monti Tiburtini, da, wo der Aniene sich in Kaskaden aus den Bergen in die Campagna hinabstürzt. Die Geschichte Tivolis ist seit jeher eng verbunden mit der Geschichte Roms. Zunächst ein Zentrum der Latiner, wurde es schon 338 v. Chr. von Furius Camillus unterworfen. Das angenehme Klima der 230 m hoch gelegenen Stadt hat sie schon in der Antike zur beliebten Sommerresidenz gemacht, wovon u. a. die Villen des Marius, des Cassius, des Maecenas, des Quintilius Varus und schließlich Hadrians zeugen. Später folgten die Villa d'Este ① und die Villa Gregoriana ⑦ aus den gleichen Gründen. Daneben war Tivoli auch ein wichtiges religiöses Zentrum im römischen Umland mit einer ganzen Reihe bedeutender Heiligtümer: des siegreichen Herkules (Hercules invictus), des Jupiter, der Juno, der Vesta und der Tiburtinischen Sibylle ⑥. Im frühen

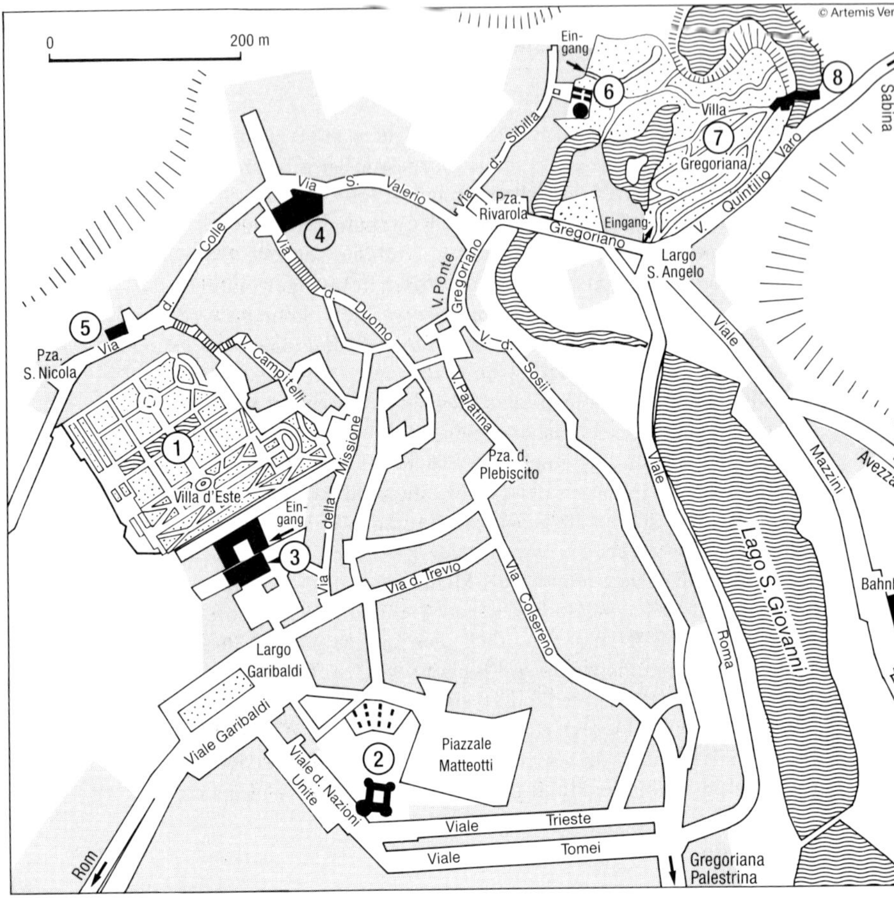

Tivoli: Orientierungsplan

*** ① Villa d'Este *(S. 431)*
② Rocca Pia *(S. 434)*
③ Santa Maria Maggiore *(S. 434)*
④ Dom San Lorenzo *(S. 434)*
⑤ San Silvestro *(S. 434)*
* ⑥ Tempel der Vesta und der Tiburtinischen Sibylle *(S. 435)*
* ⑦ Villa Gregoriana *(S. 435)*
⑧ Wasserfälle des Aniene *(S. 435)*

Mittelalter wurde Tivoli zunächst byzantinischer Verwaltungssitz, dann, seit dem 9. Jh., selbständige Kommune, um seit dem 13. Jh. wieder als Districtus Urbis von Rom aus verwaltet zu werden. Tivoli hat sich abseits der Hauptstraßen manchen malerischen Winkel des mittelalterlichen Stadtbildes und eine Reihe interessanter Kirchen bewahrt.

Zu seinen Sehenswürdigkeiten gehören neben der Villa d'Este, der Villa Gregoriana (mit den Wasserfällen), den Tempeln der Sibylle und der Vesta, auch die Rocca Pia und die Kirchen S. Maria Maggiore, der Dom und S. Silvestro.

*** Die Villa d'Este ①

Die Villa d'Este ist unzweifelhaft *eine der schönsten Gartenanlagen Italiens*. Schon in der Antike hat sich hier eine Villa befunden, in und auf deren Ruinen im frühen Mittelalter ein Benediktinerkonvent eingerichtet wurde. Dieser wurde im 13. Jh. aufgelöst und die Gebäude als Sitz des päpstlichen Administrators verwendet. 1550 übernahm Kardinal Ippolito II. d'Este diesen Posten und beauftragte Pirro Ligorio mit dem Umbau der vorhandenen Klosteranlage zu einer repräsentativen Residenz. Ercole III. d'Este hinterließ die Villa Maria Beatrice, der Gattin des Erzherzogs Ferdinand von Habsburg. 1918 wurde die Villa d'Este an die italienische Regierung zurückgegeben. Der ursprüngliche Eingang zur Villa war von der Talseite her. Heute betritt man sie vom Vorplatz der Kirche S. Maria Maggiore her durch den Kreuzgang der ehem. Benediktinerabtei.

Gemäldesammlung: Auch wenn das vornehmliche Interesse des Besuchers den Gartenanlagen der Villa d'Este gilt, so sollte man doch die Gemäldesammlung nicht versäumen. Von besonderem Interesse sind eine Reihe von Landschaftsbildern des 17. und 18. Jh. (u. a. Paul Brill, Gaspard Dughet, Jan Both, Frans van Bloemen und Jakob Philipp Hackert), in denen immer wieder Tivoli, seine Tempel und Cascatelle (Wasserfälle) sowie die Campagna Romana dargestellt sind.

Die Gartenanlage

Die Gartenanlage der Villa d'Este ist *einer der Meilensteine in der Geschichte der Gartenbaukunst in Europa*. Sie entspricht trotz einiger Veränderungen des 17. und 18. Jh. immer noch im wesentlichen dem Entwurf *Pirro Ligorios* für Ippolito d'Este. Auf engstem Raum, auf einem Geviert von nur etwa 250 m, hat Pirro Ligorio auf den Terrassen des Hanges unterhalb des *Palastes* (**A**) eine Gartenanlage mit hunderten von Springbrunnen entworfen, die von den Wassern des Aniene gespeist werden und deren Rauschen und Plätschern dem Besucher allgegenwärtig ist. Ligorio, Fassadenmaler und Architekt, der sich aber vor allem als Archäologe versteht (er hat ein umfangreiches Buch über die antiken Denkmäler verfaßt), orientiert sich an den formal strengen Gärten der römischen Antike.

Ein Weg steigt in der Mittelachse des Gartens vom – ursprünglich – talwärts gelegenen Zugang unmittelbar zu den Terrassen des Hauptgebäudes. Beiderseits werden je zwei parallele Nebenaufgänge von horizontal zum Hang verlaufenden Wegen im rechten Winkel geschnitten.

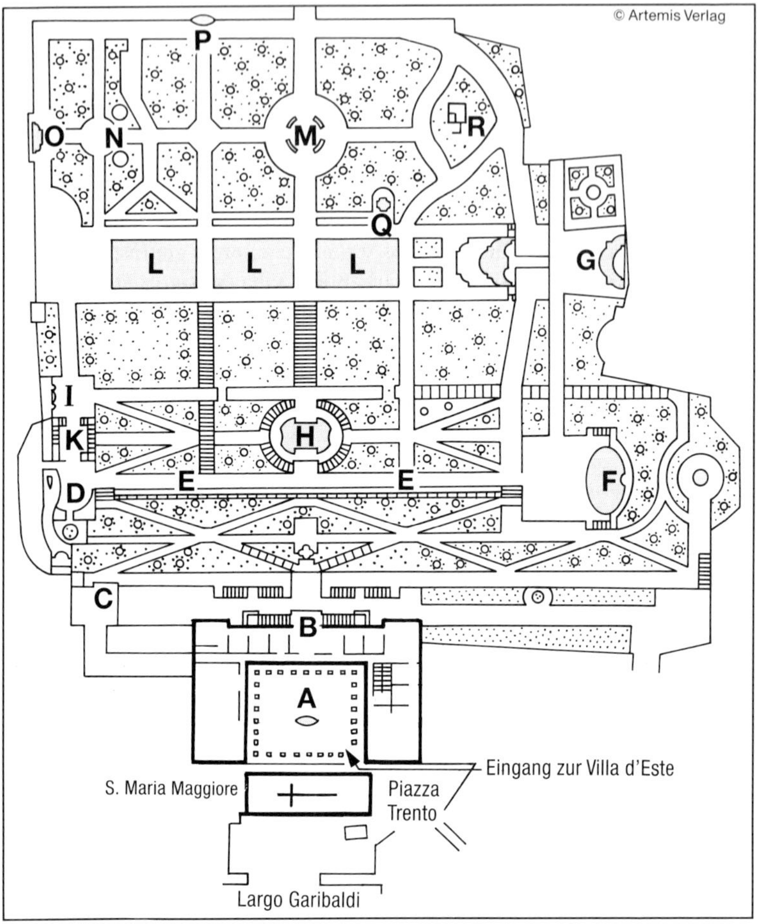

Villa d'Este: Grundriß

A Palazzo
B Loggia
C Grotta di Diana
D Rometta
E Viale delle cento Fontane
F Fontana dell'Ovato
G Fontana dell'Organo Idraulico
H Fontana dei Draghi
I Fontana della Civetta e degli Uccelli
K Fontana di Proserpina
L Wasserbecken
M Rotonda dei Cipressi
N Fontana di Adrianna
O Fontana delle Mete
P Fontana della Madre Natura
Q Fontana delle Aquile
R Reste der römischen Villa

Diagonalen überwinden im oberen Bereich den steilen Anstieg ohne Stufen. Die horizontale Mittelachse der Gartenanlage ist durch große Wasserbecken (**L**) betont. Steigt man von der *Loggia des Palazzo* (**B**) in den Garten hinab, so tun sich immer wieder schöne Ausblicke über die Campagna auf (die leider in den letzten Jahrzehnten ganz erheblich unter der Wucherung des römischen Stadtbildes gelitten hat). Eingeflochten in die Gartenanlage sind immer wieder kleine Bauten wie die *Grotta di Diana* (**C**) mit einer Reihe von Stuckbildern mit Szenen aus der Mythologie der Antike (Perseus und Andromeda, Daphne und Apoll, Actaeon und das Bad der Diana etc.) oder die *Rometta* (**D**), eine Ansammlung nachgeahmter Ruinen, die die Stadt Rom symbolisieren (u. a. ein Wasserbecken, dessen Schiff mit dem Obelisken in der Mitte die ›Isola Tiberina‹ symbolisiert, eine Sitzstatue der Dea Roma und die Wölfin mit den Zwillingen). An der Rometta beginnt auch der *Viale delle cento Fontane* (**E**), die Straße der hundert Fontänen, eine Folge kleiner Springbrunnen, die sich fast über die gesamte Breite des Parks erstreckt, bis hin zur gegenüberliegenden *Fontana dell' Ovata* (**F**) von Ligorio, die von Nymphäen antiker Gartenanlagen inspiriert ist. In den Nischen des Halbkreises stehen 8 Statuen von Nymphen des Giovanni Battista della Porta, darüber umschweben allegorische Figuren den Pegasus. Die *Fontana dell' Organo Idraulico* (**G**) mit den Statuen des Apoll und des Orpheus wurde von Claude Vernard entworfen. Der Wasserdruck trieb eine mechanische Orgel an, die aber heute verschwunden ist. Das Zentrum des oberen Gartenabschnitts bildet die *Fontana dei Draghi* (**H**), so benannt nach den heraldischen Drachen Papst Gregors XIII. Sie sollen, als der Papst 1572 als Gast Ippolito d'Estes nach Tivoli kam, in einer einzigen Nacht dort angebracht worden sein. Die *Fontana della Civetta degli Uccelli* (**I**) ist nicht mehr vollständig, denn die Bronzevögel und die Eule, die hier mittels Wasserkraft den Gesang der Vögel nachgeahmt haben sollen, sind alle verschwunden. Die *Fontana di Proserpina* (**K**) zeigte einst das Herrscherpaar der Unterwelt, Proserpina und Pluto (in der Nische steht noch Pluto). Drei (ehemals wohl vier) große *Wasserbecken* (**L**) bilden die horizontale Mittelachse des Gartens. Das Zentrum der unteren Hälfte des Gartens ist die malerische *Rotonda dei Cipressi* (**M**); weitere Brunnen sind die *Fontana di Adrianna* (**N**), die *Fontana delle Mete* (**O**), die *Fontana della Madre Natura* (**P**) und die *Fontana delle Aquile* (**Q**). *Reste der römischen Villa* (**R**) finden sich in der südöstlichen Ecke der Gartenanlage *(Farbtafel nach S. 352).*

Die übrigen Sehenswürdigkeiten in Tivoli

Die **Rocca Pia** ② ist ein typisches Beispiel der Festungsbaukunst des späten 15. Jh. Papst Pius II. ließ sie ab 1461 als Zwingburg gegen die Bewohner Tivolis, aber auch als päpstliche Sommerresidenz errichten. Hierhin konnte sich der Papst im Falle der Gefahr – womit infolge der Zwistigkeiten des römischen Adels immer wieder zu rechnen war – jederzeit zurückziehen. Zwei runde, zinnenbekrönte Ecktürme wurden 40 Jahre später im Auftrag Papst Alexanders VI. hinzugefügt.

Santa Maria Maggiore ③: Die Gründung wird auf Papst Simplicius zurückgeführt. Der heutige spätromanische Bau stammt aus dem 13. Jh.; an der Fassade mit einem Portal des 14. Jh. sind aber eine Reihe von Umgestaltungen abzulesen. Man betritt zunächst einen Vorraum mit einem Fresko ›Madonna mit Kind‹ des 13. Jh. An den Wänden sind Mosaikfragmente aufgestellt, die von der ursprünglichen mittelalterlichen Ausstattung der Kirche stammen und zu den feinsten Arbeiten der Cosmatenschule (Ende 13. Jh.) gehören. Unter den Altarbildern der Kirche sind eine ›Verkündigung‹ des Bartolomeo Bulgarini da Siena (1345–1378) und ›Der hl. Antonius von Padua‹ des Antoniazzo Romano (1435–1508) von Interesse.

Der **Dom San Lorenzo** ④ nimmt in etwa die Stelle des antiken Herkulestempels ein. Die Kirche von nicht allzu großem architektonischen Reiz ist 1650 neu errichtet worden. Vom mittelalterlichen Bau blieb nur der Campanile (12. Jh.) erhalten. Im Inneren bewahrt der Dom aber zwei Kostbarkeiten mittelalterlicher Kunst: die Gruppe der Kreuzabnahme eines unbekannten Holzschnitzers aus dem 13. Jh. und das Triptychon des Erlösers von einem einheimischen, von byzantinischer Malerei beeinflußten Maler des 12. Jh.

Die **Kirche San Silvestro** ⑤ (Schlüssel beim Küster rechts neben der Kirche) aus dem 12. Jh. bewahrt in der Ostapsis und auf dem Triumphbogen sehenswerte Malereien der Zeit um 1200: Christus mit den Evangelistensymbolen und den 24 Ältesten der Apokalypse, Christus zwischen Petrus und Paulus, das Lamm Gottes, eine thronende Muttergottes zwischen Johannes d. T. und Johannes dem Evangelisten und schließlich Szenen aus dem Leben des hl. Papstes Silvester, der Konstantin d. Gr. zum Christentum bekehrt hat. Ein Kuriosum ist das Fehlen der Seitenschiffe des Langhauses und des Turms: Da die Gemeinde von S. Silvestro im 19. Jh. verarmt war, hat man die ›überflüssigen‹ Teile der Kirche abgebrochen und als Baumaterial verkauft, um eine Dachreparatur auf dem Mittelschiff finanzieren zu können.

* Tempel der Vesta und Tempel der Tiburtinischen Sibylle ⑥

Am östlichen Rand der Stadt Tivoli und unmittelbar oberhalb der Schlucht des Aniene und der Parkanlage der Villa Gregoriana ⑦ liegen die Tempel der Vesta und der Tiburtinischen Sibylle. Die wilde Schlucht des Aniene, die Villa Gregoriana mit den Wasserfällen ⑧ und den beiden auf dem höchsten Punkt der Klippe gelegenen Tempel gehören zu den landschaftlichen Höhepunkten des römischen Umlandes und haben besonders im 18. Jh. immer wieder die Maler angezogen und inspiriert. Die beiden Tempel stehen heute im Garten eines Speiserestaurants.

Der *Rundtempel* oder *sog. Tempel der Vesta* wurde kurz nach 100 v. Chr. aus lokalem Travertin errichtet. Von den 18 kannelierten korinthischen Säulen stehen noch 10 aufrecht. Sie tragen einen Architrav, der mit Festons zwischen Bukranien geschmückt ist. Die Cella ist in Opus incertum ausgeführt und war ursprünglich verputzt. Der gute Erhaltungszustand des Tempels ist auf seine Umwandlung in eine Kirche, S. Maria della Rotonda, zurückzuführen. Ob es sich tatsächlich um einen Tempel der Vesta handelte, wie man aus formalen Übereinstimmungen mit dem Tempel der Vesta auf dem Forum Romanum geschlossen hat, ist nicht bewiesen. Aufgrund der lokalen Tradition wäre vielleicht auch an eine Kultstätte des Herkules zu denken. – Der benachbarte sog. *Tempel der Tiburtinischen Sibylle,* ein Pseudoperipteros (d. h. ein ionischer Prostylos mit vier Säulen an der Front und der Cellawand vorgelegten Halbsäulen) ist ebenfalls keinem Kult mit Sicherheit zuzuschreiben. Die lokale Tradition benennt ihn als den Tempel der Tiburtinischen Sibylle. Er wurde gegen Ende des 2. Jh. v. Chr. errichtet und diente bis 1884 als christliche Kirche (San Giorgio).

Villa Gregoriana ⑦: Links neben den Tempeln befindet sich der Eingang zur Villa Gregoriana, einer Gartenanlage, die beiderseits der Anieneschlucht für Papst Gregor XVI. angelegt wurde. Ein steiler, aber schattiger Spazierweg führt diesseits der Schlucht, z. T. durch aus dem Felsen gehauene Galerien, zur *Grotte der Sirene und des Neptun,* jenseits dann zum *Belvedere,* von wo man einen schönen Blick auf die berühmten *Wasserfälle des Aniene* ⑧, die Anieneschlucht und die gegenüberliegenden Berghänge hat. Beim Aufstieg auf die gegenüberliegende Seite der Schlucht sieht man die Substruktionen der *Villa des Manlius Vopiscus,* von der eine Reihe von Kellerräumen gut erhalten ist. Vom *Ponte Gregoriano,* der ebenfalls für Gregor XVI. angelegt worden ist und der die Anieneschlucht an ihrer steilsten Stelle überquert, hat man den vielleicht schönsten Blick auf die Felswände der Schlucht und die Tempel der Vesta und der Tiburtinischen Sibylle.

Kunsthistorisches Glossar

Aedicula/Ädikula: Wandnische zur Aufstellung von Büsten oder Statuen, meist mit Giebel, Pfeilern oder Säulen.

Akanthus: Schmuckelement vor allem der korinthischen Ordnung in Form eines stilisierten Blattes der Akanthuspflanze.

Akroter: Figurale Zier auf Giebel, Dachfirst oder Traufe eines Tempels.

Ambo: Lesepult an Chorschranken, Vorläufer der Kanzel

Apsis: Meist halbkreisförmiger Chorabschluß

Architrav: Hauptbalken über Säulen oder Pfeilern, das Dach oder Obergeschoß tragend.

Archivolte: Bogenlauf an Portalen bzw. Arkaden

Arkade: Von Säulen oder Pfeilern getragener Bogen

Atrium: In der röm. Architektur Zentralhof des Wohnhauses, im christlichen Kultbau meist säulenumstandener Vorhof.

Attika: Niedriger Aufbau über dem Hauptgesims eines Bauwerks.

Baldachin: Traghimmel oder dachartiger Aufbau über Altar, Kultgegenstand oder -statue, zu deren Schutz oder Hervorhebung.

Baluster: Meist bauchiges Stützglied an Brüstung oder Geländer (Balustrade)

Basilika: Griechische Königs- oder römische Gerichtshalle. Die christliche Basilika ist davon abgeleitet als drei- oder fünfschiffiger Bau mit erhöhtem, durchfenstertem Mittelschiff über Arkaden oder Architrav und mit niedrigeren Seitenschiffen; meist mit apsidialem Chorschluß, oft mit Querhaus, ursprünglich nicht gewölbt.

Biforium: Doppelfenster

Blendarkade: Geschlossenem Mauerwerk vorgeblendete Arkade

Campanile: Ursprünglich meist freistehender Glockenturm.

Cella: Innerer Kultraum des antiken Tempels zur Aufbewahrung des Kultbildes.

Chor: Ursprünglich dem Klerus vorbehaltener hervorgehobener, in der Regel östlicher Abschluß des Kirchenraums. → Presbyterium.

Chorschranke: Schranke, die den Chorbereich vom übrigen Kirchenraum abteilt.

Confessio: Frühform der Krypta, Zugang und Gebetsstätte vor Hl. Grab.

Diptychon: Zweitafelbild

Enthasis: Schwellung des Säulenschaftes

Epitaph: Christliche Gedenktafel, meist über dem Grab

Faszien: Rückspringende Horizontalgliederung am Architrav; in Antike und Faschismus auch Bezeichnung der → Liktorenbündel.

Fiale: Ziertürmchen an Giebeln, Ziborien u. ä.

Fresko: Besonders dauerhafte Maltechnik, bei der auf den feuchten Putz Farben ohne Bindemittel aufgetragen werden und sich beim Trocknen mit diesem verbinden.

Fries: Die Wand abschließender oder gliedernder horizontaler Zierstreifen.

Gebälk: Architrav, Fries und Gesims in Renaissance und Barock oft zusammenfassend als Gebälk bezeichnet.

Gesims: Vorspringender horizontaler Wandabschluß.

Gewände: Dekorative Abstufung, die Portale oder Fenster rahmt.

Grisaille: Monochrome Malerei

Gurtbogen: Unterstützungsbogen des Gewölbes

Intarsie: Einlegearbeit in Holz oder Stein

Interkolumnium: Bei Kolonnaden u. ä. der Abstand zwischen zwei Säulenmittelpunkten.

Joch: Gewölbefeld eines Bauwerks

Kalotte/Apsis-Kalotte: Halbkuppel über der Apsis

Kandelaber: Reichverzierte Metall- oder Steinständer für Kerzen, Lampen, Räucherwerk u. a.

Kandelaberstil: Dekorationsform in der römischen Malerei, deren wesentliches Element gemalte Kandelaber sind (1. Jh. n. Chr.).

Kanneluren: Senkrechte, konkave (teilweise gefüllte) Vertiefungen am Säulenschaft.

Kapitell: Oberer, dekorierter Abschluß einer Säule.

Kapitelsaal: Versammlungsraum in Klöstern.

Kartusche: Zierrahmen für Wappen, Initialen, Inschriften u. ä.

Karyatide: Gebälktragende Figur

Kassettendecke: Plastisch in Felder unterteilte, ornamentierte Decke

Kämpfer: Auflager, Steinplatte oder -block über dem Kapitell

Kolonnade: Säulenstellung zur Gliederung von Fassaden und Rahmung von Plätzen und Straßen.

Kolossalordnung: Wandgliederung, bei der Säulen oder Pfeiler mehrere Geschosse übergreifen.

Konche: Von griech. ›Muschel‹; Kuppelschale der Apsis oder diese selbst.

Konsole: Wandvorsprung als Auflager

Kreuztypen: *Griechisch:* gleich lange Kreuzarme; *lateinisch:* verlängerter unterer Kreuzarm; *orthodox:* zusätzlicher, kurzer, oberer Querbalken; *Andreaskreuz;* X-förmig.

Kreuzgang: Bei Klöstern meist von Säulen getragener ein- oder zweigeschossiger Umgang.

Krypta: Unterirdischer Raum, meist unter dem Chor, z. B. als Grablege oder Unterkirche.

Kryptoportikus: Unterirdischer Wandelgang

Langhaus: Längsorientierter Hauptteil des Kirchengebäudes

Laterne: Durchlichteter, meist reichverzierter Kuppelaufsatz

Leibung/Laibung: Mauereinschnitt bei Fenstern oder Türen

Lettner: Hohe Schranke zwischen Chor und Langhaus

Liktorenbündel: Ursprünglich römisches Amtszeichen der Konsuln, Aedilen u. ä. → Faszien.

Lisene: Schwach vortretende senkrechte Mauerverstärkung ohne Basis und Kapitell, meist Wandflächen gliedernd.

Manierismus: Kunststil zwischen Renaissance u. Barock, ca. 2. Hälfte des 16. Jh.

Matroneen: Frauenemporen christlicher Kirchen

Mausoleum: Grabbau, benannt nach König Mausolos von Karien.

Metopen: Quadratische oder senkrechte Bildfelder am Gebälk antiker Tempel.

Mezzanin: Zwischengeschoß

Narthex: Vorhalle einer Kirche

Obergaden: Durchfensterte Hochschiffwand u. a. der Basilika.

Oktogon: Achteckiger Gebäudegrundriß.

Opisthodom: Hinterer Raum des antiken Tempels, meist als Schatzhaus benutzt.

Opus sectile: Intarsienfußboden aus Marmor, bei dem Teile nach bestimmten Mustern zugeschnitten werden.

Oratorium: Ursprünglich der Öffentlichkeit nicht zugängliche Kapelle.

Peripteros: Umgangstempel

Piano nobile: Vornehmes Wohngeschoß (meist 1. OG.).

Piedestal → Postament

Pilaster → Wandpfeiler

Polyptychon: Mehrtafelbild

Portikus: Säulen- oder Pfeilerhalle

Postament: Sockel eines Standbildes oder einer Säule

Predella: Sockelzone eines Altarbildes

Presbyterium: Ursprünglich den Gemeindeältesten und Klerikern vorbehaltener Raum, heute allgemein der Chorraum.

Pronaos: Vorraum des antiken Tempels

Pseudoperipteros: Peripteros, bei dem der seitliche und hintere Umgang durch der Wand vorgelegte Halbsäulen vorgetäuscht wird.

Punzen: Eingetieftes Ornament im Goldgrund

Quader: Sorgfältig behauener rechteckiger oder polygonaler Steinblock im Mauerverband.

Quadriga: Vierspänniger Festwagen

Quadriportikus: Vierflügelige Säulen- oder Pfeilerhalle.

Querhaus: Quer zum Langhaus dem Chor vorgelagerter Bauteil der Kirche.

Refektorium: Speisesaal im Kloster

Register: Horizontale Wandzone, z. B. in der Freskomalerei

Reliquiar: Kostbares Reliquienbehältnis

Retabel: Gemalter oder plastischer Altaraufbau, oft mit Predella

Risalit: Vorspringender vertikaler Bauteil

Rotunde: Rundbau

Rustika: Grob behauenes Quadermauerwerk

Säulenordnungen: Man unterscheidet die dorische, ionische und korinthische Ordnung: *Dorisch:* Säulen, teils mit Kanneluren, ohne Basis mit flachem, wulstartigem Kapitell; als Variante die *etruskische* Ordnung mit Basis. *Ionisch:* Säulen, teils mit Kanneluren, mit Basis und Volutenkapitell. *Korinthisch:* Säulen, teils mit Kanneluren, mit Basis und Akanthuskapitell; die Variante *Kompositkapitell* mischt ionische mit korinthischen Elementen (Blattkranz und Voluten); Figurenkapitelle. *Klassische Säulenordnung* (u. a. am *** Kolosseum, *S. 71*): Vertikale dreigeschossige Abfolge von dorischer, ionischer und korinthischer Ordnung.

Serliana: Architekturelement vor allem der Spätrenaissance, bei der der Architrav einer Säulenstellung von einem überhöhten Bogen unterbrochen wird.

Stylobat: Unterbau u. a. des Tempels (Fundament, Podium und Treppen).

Tabernakel: Gehäuse (→ Ziborium) zur Aufbewahrung von Hostien, Reliquien u. ä.

Tambour: Zylindrisches oder polygonales Zwischenglied unter Kuppeln

Tonnengewölbe: Wölbeform mit rundem oder ovalem (Flachtonne) Querschnitt.

Transenne: Schranke oder Gitter aus durchbrochenem Marmor, auch Fensterfüllung.

Traufe: Unterkante des Dachs

Triforium: Dreifachfenster

Triglyphen: Dreifache Einkerbung, beim antiken Tempel zwischen den Metopen.

Triptychon: Dreitafelbild

Triumphbogen: Im Kirchenbau Frontbogen des Chores

Türsturz: Waagerechter Türbalken

Tympanon: Bogenfeld über Portal oder Fenster

Vierung: Kreuzungsbereich von Lang- und Querhaus

Volute: Schneckenförmiges Ornament

Wandpfeiler, Pilaster: Der Wand unmittelbar vorgelagerter Pfeiler mit Kapitell und Basis.

Ziborium: Von Säulen getragener Baldachin über dem Altar.

Zuganker: Halteanker, der der Schubwirkung u. a. eines Gewölbes entgegenwirkt.

Wichtige römische Ämter der Antike

Aedil: Das Amt der Aedilen hat sich im 4. Jh. v. Chr. aus den Aedes cereris (den Aufsehern des Cereskults) und den Aedes curules entwickelt. Den Aedilen oblag die Aufrechterhaltung der öffentlichen Ordnung, d. h. Straßen- und Marktaufsicht, das Eichamt etc. Die Aedilen waren zudem für die Cura ludorum zuständig, d. h. für die Durchführung der Spiele zur Unterhaltung der Bevölkerung. Da das Amt des Aedils eine der untersten Stufen in der Karriereleiter des aufstrebenden Römers war und man auch eigenes finanzielles Engagement des Amtsinhabers erwartete, war der Posten meist mit erheblichen Unkosten verbunden.

Auguren: Die Auguren (etymologisch: die Mehrer, d. h. der Fruchtbarkeit) gehörten als Seher zu den bedeutendsten Vertretern der altrömischen Priesterkaste. Durch Gebet erbaten sie Zeichen der Götter (Auguria impetrativa) oder deuteten das Verhalten von Tieren, wie etwa den Vogelflug (Auguria oblativa). Die Auguren wurden bei jedem politischen Entschluß zu Rate gezogen. Das Amt des Auguren war patrizisch Geborenen vorbehalten.

Censor: Oberster Steuerbeamter; der Censor erfaßte seit 443 v. Chr. (vorher war dies den Konsuln überlassen) im Census Zahl und Vermögen der römischen Bürger. Alle 5 Jahre wurden zwei Censoren für eine Amtszeit von 18 Monaten gewählt. Das Ehrenamt des Censors als eine Art öffentlicher Vertrauensstellung war von hohem Ansehen begleitet und von daher der krönende Abschluß einer politischen Laufbahn. Die römischen Kaiser haben sich das Amt später selbst vorbehalten.

Diktator: Auf Vorschlag des Senats ernannte ein Konsul im Kriegsfall einen Diktator (ursprünglich Magister populi, d. h. Kommandant der Bürgerwehr). Diesem war der Magister equitum (Kommandant der Kavallerie) unterstellt. Der Diktator wurde stets für eine fest umrissene Aufgabe bestimmt und hatte nach deren Erledigung, spätestens aber nach einem Turnus von 6 Monaten, zurückzutreten. Als Ausnahmelösung im Krisenfall erhielt der Diktator für begrenzte Zeit absolute Machtbefugnis. Als Symbol der Macht stand dem Diktator die Zahl von 24 Liktoren (d. h. die Liktoren beider Konsuln) zu.

Konsul: Seit Gründung der röm. Republik 509 v. Chr. war jeder Konsul mit dem vollen Imperium (d. h. zivile und militärische Befugnis) ausgestattet. Das Amt wurde jährlich durch Wahl zweifach besetzt. Jeder Konsul hatte ein Vetorecht gegenüber den Entscheidungen des anderen, um so Willkürherrschaft zu vermeiden. Zwar hatten seit 367 v. Chr. auch Plebejer das Recht, zum Konsul gewählt zu werden, de facto waren aber nur wenige adlige Familien ›konsularischen Standes‹. Nach seiner Amtszeit ging der Konsul später als Verwalter in die Provinz, was oft als Belohnung für geleistete Dienste zu persönlicher Bereicherung (Steuerpacht) genutzt wurde. Die römische Zeitrechnung orientierte sich an den Konsularjahren.

Liktor: Ein niederes Büttelamt wohl etruskischen Ursprungs. Sie trugen den Konsuln und Diktatoren bei deren Auftritten die Symbole der Staatsmacht, die Fasces (Rutenbündel), voraus, hatten aber auch, u. a. als Henker, Aufgaben im Strafvollzug.

Pontifex: (etymologisch: der, der die Brücken, wohl zwischen Mensch und Göttern, schlägt) Priesterrat, der den formalen Ablauf der Kulte beaufsichtigt, mit zunächst 3, später 16 Mitgliedern. Dem Priesterkollegium stand der Pontifex Maximus vor, ein Amt das später automatisch mit dem Kaisertitel verknüpft war. Der Pontifex maximus war auch für die Überwachung des Kalenders zuständig. Der Papst führt noch heute den Titel.

Praefectus Urbi: (Stadtpräfekt) Vertrat die Konsuln bei deren Abwesenheit in der Stadt. In der Kaiserzeit war der Präfekt eine Art Befehlshaber der Stadtpolizei und für die Aufrechterhaltung der öffentlichen Ordnung zuständig.

Praetor: Ursprünglich der Assistent oder Beisitzer der Konsuln. Später, noch in republikanischer Zeit, wurden Praetoren als Statthalter der Provinzen eingesetzt. Im Kaiserreich verlor das Amt des Praetors mit steigender Anzahl der Posten an Bedeutung, blieb aber eine wesentliche Stufe auf der Karriereleiter des römischen Beamten.

Quaestor: Die Quaestoren stellten die Finanzverwaltung und waren u. a. zuständig für den Staatsschatz (Aerar), für die Flotten- und Heeresfinanzierung sowie für die Steuereinnahmen der Provinzen. Ostia hatte einen eigenen Quaestor (Quaestor ostiensis). Daneben waren sie auch für Justizfragen zuständig. Das Amt des Quaestors war das Eingangsamt der Senatorenlaufbahn.

Vestalin: Die Vestalinnen (Vestales) hüteten im Tempel der Vesta (Göttin des heimischen Herdes) das heilige Feuer, das nach der Legende aus Troja mitgebracht worden war. Die Vestales wurden vom Pontifex maximus für ihr Amt bestimmt und mußten während der 30 Jahre dauernden Amtszeit ehe- und kinderlos bleiben, durften dann aber den Tempel verlassen und heiraten. Die Prügelstrafe drohte, wenn das hl. Feuer ausging, und der Bruch des Keuschheitsgelübdes (vgl. Rea Silvia, *S. 7*) wurde mit einem Begräbnis bei lebendigem Leibe bestraft. Sie lebten in klösterlicher Abgeschiedenheit im Haus der Vestalinnen am Forum Romanum *(S. 59)*. Da sie meist gebildet und gut informiert waren, wurden sie oft in politischen Dingen um Rat gefragt und waren durch ihre Beziehungen nach dem Ausscheiden aus dem Ordensstand gesuchte Ehepartner.

Reiseinformationen

Reisetips von A–Z

Anreise

Flug: Direkte Flugverbindungen von allen größeren Flughäfen; Ankunft Flughafen Leonardo da Vinci in Fiumicino, von dort Flughafenbus zum Bahnhof Termini; ab 1990 S-Bahn zum Bahnhof Ostiense in Betrieb. Taxen am Flughafen und Bahnhof.

Bahn: Eurocity- und Intercity-Züge mit Schlaf- und Liegewagen sowie Zugrestaurants von Hamburg, Frankfurt, München, Zürich und Wien bis Roma Termini.

Auto: Durch Österreich über die Brennerautobahn (mautpflichtig) über Verona und Florenz bis Roma GRA (Grande Raccordo Annulare = Autobahnring). Durch die Schweiz über die Gotthardautobahn (mautpflichtig) über Mailand nach Florenz bis Roma GRA. Zur Innenstadt empfiehlt es sich, den Autobahnring Richtung Civitavecchia nachzufahren. Direkt nach der Ausfahrt Via Flaminia (blaues Schild) weist ein weißes Schild nach Flaminio, Roma centro.

Personaldokumente: Gültiger *Reisepaß* oder *Personalausweis;* Visa werden von Touristen aus Westeuropa nicht verlangt.

Apotheken: Generell von 8.30–13.00 und 16.30–20.00 Uhr geöffnet. In jeder Apotheke sind Hinweise auf Nacht- und Wochenenddienste in der Umgebung ausgehängt. Ausländische Arzneien führt die *Farmacia internazionale,* Piazza Barberini 49. Diese Apotheke hat auch einen ständigen Nachtdienst. Weitere ständige Nachtdienste der Innenstadt: *Farmacia allo Statuto,* Via dello Statuto 35 – *Cristo re dei ferrovieri,* Stazione Termini (Hauptbahnhof) – *Jucci,* Piazza dei Cinquecento – *Piram,* Via Nazionale 49 – *Spinedi,* Via Arenula 73 – *Doricchi,* Via XX Settembre 47 – *Cola di Rienzo,* Via Cola di Rienzo 213 – *Risorgimento,* Piazza Risorgimento 44.

Ausflugsmöglichkeiten s. u. a. öffentliche Verkehrsmittel, Auskünfte.

Auskünfte: *Touristeninformation der Comune di Roma:* Via Milano 18, Tel. 46 42 05/4 74 55 19 – *Pilgerinformation des Vatikans,* Piazza San Pietro, Tel. 6 98 44 66 – *Nationales Touristenbüro ENIT,* Via Marghera 2, Tel. 4 97 12 22 – *Touristenbüro der Provinz Latium EPT;* Via Parigi 5, Tel. 46 37 48.

Autofahren

Für Mitteleuropäer wirkt der römische Verkehr chaotisch. Zu beachten ist die konsequente Vorfahrt von rechts (auch im Kreisverkehr) und die Anpassung an den fließenden Verkehr. Hierbei helfen Regeln, Spiegel und Blinker weniger als die Hupe und die fast ausschließliche Orientierung an den voraus fahrenden

Wagen. Teile der Innenstadt sind zumindest zeitweise für den Autoverkehr gesperrt, Touristen dürfen jedoch zum Hotel fahren. Hier sollte der Wagen stehengelassen werden.

Autobahn: Die Benutzung der Autobahn ist in Italien gebührenpflichtig. Die Höchstgeschwindigkeit beträgt 130 km/h.

Automobilclubs: ACI, Automobile Club Italiano, Via Cristoforo Colombo 261; Via Marsala, 8; Via Flaminia 318; Via dei Gracchi 142, Via Pinerolo 5; Via Sebino 39; Via Salaria 721. In den Büros des ACI werden die Benzingutscheine für Süditalien ausgegeben.

Pannenhilfe: Straßenhilfsdienst, Tel. 1 16 (24 Std.); Hilfsdienst des ACI, Via Solferino 32, Tel. 4 04 10 51/ 4 04 10 52.

Parken: Nie Wertsachen, Kameras etc. im Auto lassen, Radios nach Möglichkeit ausbauen, Handschuhfach und Kofferraum einsehbar leer zurückzulassen. Vorsicht vor abgelegenen unbewachten Parkplätzen; achten Sie auf herumliegende Glassplitter. Hotels geben Auskünfte über Garagen oder sichere Parkplätze. In der Innenstadt tun selbsternannte Parkwächter gute Dienste. Erkundigen Sie sich nach dem ›Dienstschluß‹ der Wächter und zahlen Sie sie gegebenenfalls sofort aus – sie könnten ihren Zorn über vorenthaltene Gebühren eventuell an den Reifen Ihres Autos auslassen.

Tanken: Der Benzinpreis ist staatlich festgelegt und im Vergleich zu Deutschland sehr hoch. Benzingutscheine können beim ADAC erworben oder an der Grenze gekauft werden. Tankstellen, meist mit Bedienung, geöffnet 7.00–13.00, 16.00–20.00 Uhr, So nachmittags geschlossen. Selbstbedienungstankstellen funktionieren mit 10 000 Lire-Scheinen (einige mit Schild ›24 ore‹ auch nachts geöffnet). Bleifreies Benzin (Benzina senza piombo) gibt es an allen Autobahntankstellen, sonst jedoch noch relativ selten. Diesel heißt Gasolio und ist nicht an allen Tankstellen erhältlich!

Diebstahl: Man wende sich an die nächste Station der Carabinieri oder an die Questura (Ufficio stranieri, bei Bedarf Dolmetscher), Via San Vitale 15, Tel. 46 86. Möglich ist, daß das Auto nur abgeschleppt wurde; erkundigen Sie sich beim Corpo Vigili Urbani, Via della Consolazione 4, Tel. 6 76 91.

Unfall: Die Polizei nimmt nur bei Personenschäden den Unfall auf. Mit dem Unfallgegner Versicherungsdaten (bei ital. Fahrzeugen Versicherungsschein an der Windschutzscheibe vorgeschrieben) austauschen und unbedingt Zeugenadressen notieren. Die Abrechnung erfolgt nach Reparaturrechnung oder Sachverständigengutachten (niedrigere Kostensätze als z. B. in Deutschland). Auskünfte erteilt Automobilclub.

Versicherung: Anzuraten ist die grüne Versicherungskarte, ebenso ein Auslandsschutz und eine Reisegepäckversicherung.

Werkstätten: Der italienische ›meccanico‹ ist unschlagbar und kriegt auch Autos wieder flott, die in Nordeuropa als verloren gelten würden. Repariert wird grundsätzlich alles, bei nicht gängigen Marken – das betrifft in Italien alle japanischen Firmen – wird improvisiert. Vertragswerkstätten sind in den gelben Seiten (pagine gialle) des Telefonbuchs angeführt.

Autostop: Autostop ist nicht so verbreitet wie nördlich der Alpen. Es ist verboten, auf der Autobahn Autos anzuhalten. Frauen ist von dieser Reisepraxis abzuraten.

Baden: Der Strand von Rom ist *Ostia Lido,* wie die übrigen nahegelegenen Strände wegen der Wasserverschmutzung aber nur noch zum Sonnenbaden geeignet. Das vornehmere Seebad ist *Fregene* im Norden. Baden kann man nur noch südlich von *Sabaudia.* Der Nacktbadestrand ›Capocotta‹ bei Ostia ist ziemlich verkommen.

Banken: Öffnungszeiten der meisten Banken 8.30–13.30 und ca. 15.00 – ca. 16.00 Uhr; der Credito Italiano an der Piazza di Spagna und die Wechselstube im Bahnhof 14.00–19.00 Uhr. Noch ist der Geldwechsel in Italien meist ein zeitaufwendiger Papierkrieg! Eurocheques unbedingt in Lire ausstellen.

Behörden: Geöffnet 8.00–14.00 Uhr; Prozeduren dauern Monate.

Bettler: Zahlreiche Penner (›barboni‹), Krüppel, Verarmte und ganz normale Jugendliche betteln um Geld. Sie sind harmlos und dankbar für eine Spende. Gewarnt werden muß hingegen vor Zigeunern, insbesondere Kindern, die oft nicht nur die Spende, sondern die ganze Börse wollen. Zu den Tricks gehört eine Papptafel, die suchende Hände den Blicken entzieht, und das Baby in der Armschlaufe (die Hand darunter ist frei beweglich). Vorsicht auch vor Landsleuten, die angeblich gerade bestohlen worden sind und um eine ›kleine Aushilfe‹ gegen Hinterlegung einer – falschen – Adresse bitten!

Camping: *Camping Flaminio,* Via Flaminia km 8200, Tel. 3 27 90 06. – *Roma Camping,* Via Aurelia 831; Tel. 6 22 88 63. – *Camping Roman River,* Via Tiberina 270, Tel. 6 91 30 79. – *Camping Seven Hills,* Via Cassia 1216, Tel. 3 76 51 00. – *Fabulous,* Via Cristoforo Colombo, km 18, Tel. 5 72 80 62.

Devisen: Einfuhr unbegrenzt, Ausfuhr max. Lit. 400 000.

Diplomatische Vertretungen: *Botschaft der Bundesrepublik Deutschland:* Via Po 25/C, Tel. 8 84 03 41; *Konsulat:* Via F. Siacci 2c, Tel. 80 51 87. *Österreichische Botschaft:* Via Pergolesi 3, Tel. 86 82 41. – *Schweizer Botschaft und Konsulat:* Via B. Oriani 61; Tel. 80 36 41.

Drogen: Jeder Drogenkonsum oder -handel ist in Italien verboten. Das Drogengeschäft der Mafia floriert dennoch prächtig; auf Hilfe können die Abhängigen jedoch kaum hoffen. Harte Drogen sind in Rom, wie in allen Großstädten, zu einem Problem geworden. Im Zentrum erscheinen die Abhängigen weniger auffällig als in anderen Städten, doch geht auch hier ein Teil der Diebstähle und Autoeinbrüche auf ihr Konto. In Italien bilden die Drogenabhängigen den Großteil der AIDS-Infizierten, daher sind Kinder in Parks, wo gebrauchte Spritzen liegen könnten, unbedingt zu beaufsichtigen. Im Falle einer Verletzung mit einer Spritze sollte dringendst ein Krankenhaus aufgesucht werden. Herumliegende Spritzen sollten gemeldet werden, Tel. 5 40 13 00.

Hilfe bei Drogenproblemen: Telefono Amico, Tel. 86 48 64; Pronto ti ascolto, Tel. 6 28 46 93; Telefono aiuto, Tel. 5 31 15 07.

Ein- und Ausfuhrbestimmungen: Über die aktuellen Zollbestimmungen geben u. a. die jeweiligen nationalen Automobilclubs Auskunft.

Einkaufen

Antiquitäten: Via del Babuino; Via dei Coronari.

Bücher: *Rizzoli,* Largo Chigi. – Deutsche Buchhandlung *Herder,* Piazza Montecitorio.

Lebensmittel: *Rione-Märkte* jeden Morgen in der ganzen Stadt; *Hauptmärkte:* Piazza Vittorio Emanuele, Campo de'Fiori; im gesamten Stadtzentrum sind keine Supermärkte zugelassen.

Kleidung: Piazza di Spagna und Via de' Condotti (alta moda), z. T. auch Via Veneto; Via del Corso, Via Ottaviano.

Schallplatten/Cassetten: *Ricordi,* Piazza Venezia. Vom Kauf von Cassetten ist wegen der schlechten Bandqualität abzuraten.

Souvenirs: Die Stadt ist voll davon! Beliebt sind vor allem Papstmotive – Johannes Paul II. lächelt vom Obstteller – oder verkleinerte Nachbildungen antiker Statuen. Auf der Spanischen Treppe und der Piazza Navona werden Gemälde mit römischen Motiven verkauft (meist Kitsch); lohnender, aber auch teurer, sind Druckgraphiken mit römischen Motiven (Piazza Navona, Via dei

Coronari, Piazza Borghese). Günstig zu kaufen sind nach wie vor generell Lederwaren, vor allem auf Märkten.

Tabak: ›Tabacchi‹-Läden, ausgezeichnet mit einem weißen T auf blauem Grund, führen auch Salz, Busfahrscheine, Briefmarken etc. Nach Ladenschluß (20.00 Uhr) sind in zahlreichen Bars Tabakwaren zu kaufen.

Öffnungszeiten: Übliche Zeiten sind 9.00–13.00 und 16.00–20.00 Uhr (auch Sa); im Zentrum gelegentlich non-stop von 9.00–20.00 Uhr. Lebensmittelgeschäfte sind meist Do nachmittags geschlossen, alle anderen Läden Mo vormittags.

Feilschen: Die Zeiten des Feilschens sind in Geschäften längst vorbei. Handeln kann man mit den fliegenden Händlern oder auf den Märkten.

Märkte: *Flohmarkt:* Porta Portese (nur So vormittags). – *Kleidermarkt:* Via Sannio bei S. Giovanni in Laterano (vormittags außer So). – *Wochenmärkte:* Piazza Vittorio Emanuele; Campo de' Fiori (vormittags außer So).

Eintrittsgelder: Für kommunale und staatliche Museen und Ausgrabungen ca. Lit. 2000–5000, freier Eintritt am 1. So des Monats; Vatikanische Museen Lit. 8000, freier Eintritt am letzten So des Monats. Ermäßigungen nur für Studenten mit gültigem internationalen Studentenausweis oder Inhaber eines speziellen Ausweises des Kultusministeriums.

Essen und Trinken

Cafés, Bars, Kneipen: Alles ersetzt die Bar, wo man Espresso oder Cappucino, aber auch Bier, Sekt und Campari meist im Stehen zu sich nimmt. Die Bar ist in Italien eine lebensnotwendige Einrichtung, daher gibt es Tausende, an attraktiven Plätzen auch mit Sitzgelegenheiten. Am Tisch verdreifacht sich nicht selten der Preis. Berühmte Cafés sind das *Antico Caffé Greco,* Via Condotti 86, *Casino Valadier* auf dem Pincio, *Rosati,* Piazza del Popolo 5, *Sant'Eustachio,* Piazza S. Eustachio und *Giolitti,* Via del Ufficio del Vicário (nahe Piazza Montecitorio).

Restaurants: Es ist teuer, in Rom essen zu gehen. Orientierung geben Restaurantführer und die ausgehängten Listen. Oft sind Gedeck (coperto) und Bedienung (servizio) extra angegeben. Zahlreiche Restaurants unterschiedlicher Preisklassen findet man vor allem in Trastevere und beim Campo de'Fiori. Trattorien sind meist etwas schlichter gehalten; auch muß man hier nicht ein volles Menü nehmen. In Restaurants wird der Verzehr von mindestens einer Vorspeise und eines Fleisch- oder Fischgerichts erwartet.

Weinstuben: Weingeschäfte heißen ›enoteca‹. Man trinkt meist im Stehen ein Glas Wein oder Sekt (prosecco) als Aperitiv (Piazza Navona, Campo de' Fiori, Via Bocca di Leone, Via della Croce). Weinstuben mit Sitzgelegenheiten gibt es bei der Piazza Navona.

Eß- und Trinksitten: In Restaurants erwartet man, daß der Kellner einen Platz vorschlägt. Eine volle Speisenfolge umfaßt Vorspeise (antipasto), Nudelgericht (primo), Fleisch- oder Fischgericht (secondo), Beilagen (contorni), Obst oder Nachspeise (frutta o dolce) und Kaffee. Das Nudelgericht sättigt; Fleisch und Fischgerichte, zu denen die Beilagen extra bestellt werden, bilden nicht den ›Hauptgang‹ wie in Deutschland. Gemüse und Fleischgerichte werden nicht glühend heiß serviert; heiß muß nur das Lammgericht ›abbacchio a scottadito‹ (Lamm zum Fingerverbrennen) sein. Zum Essen trinkt man Wasser und Wein, neuerdings auch Bier und Cola.

Trinkgelder: In Restaurants wird der Service meist schon zur Rechnung addiert; in Trattorien hinterläßt man zudem pro Person ca. 1000 Lit., in Restaurants der gehobenen Klasse entsprechend mehr. In Cafés dankt man für 100 Lit. auf den ›scontrino‹ (Bon).

Spezialitäten: *Antipasto di mare* (Salat aus Tintenfisch und Muscheln); *Agnolotti* (gefüllte Nudeln), *Fettuccine* (Bandnudeln); *Abbacchio* (Lamm); *Saltimbocca alla romana* (Kalbsschnitzelchen mit Schinken und Salbei), frischer Fisch vom Grill; *Coda alla Vaccinaia* (Ochsenschwanz mit Staudensellerie).

Feiertage: 1. Jan. Neujahr. – 6. Jan. Hl. Drei Könige; Ostersonntag und -montag. – 25. April Tag der Befreiung 1945. – 1. Mai Tag der Arbeit. – 2. Juni Ausrufung der Republik 1946. – 29. Juni Peter und Paul. – 15. Aug. Mariä Himmelfahrt. – 1. Nov. Allerheiligen. – 8. Dez. Mariä Empfängnis. – 25. Dez. Weihnachten.

Feste: 6. Jan.: *Festa della Befana.* Die Befana (von Epifania), eine gute Hexe, beschenkt Kinder auf der Piazza Navona. – 24. März: *Natale di Roma,* ›Geburtstag‹ der Stadt mit Feuerwerk. – 8. Mai: *Festa della donna* (Frauenfest); in der Innenstadt (u. a. Spanische Treppe) wird dekoriert, und es werden Blumen verteilt. – 16. Juni: *Festa de' Noantri:* heruntergekommenes ›Volksfest‹ in Trastevere. – 5. bzw. 15. Aug.: *Festa della Madonna della Neve;* Marienfest mit ›Schneegestöber‹ vor S. Maria Maggiore.
Karwoche: Gründonnerstag Fußwaschung der Armen durch den Papst in S. Giovanni in Laterano; Karfreitag ›Via Crucis‹, Kreuzweg des Papstes am Kolosseum; Karsamstag eindrucksvolle Mitternachtsmesse in S. Prassede; Ostersonntag Papstmesse in S. Pietro, Segen ›urbi et orbi‹.
Juni/Juli *Tevere-Expo:* Ausstellung typischer Produkte der Regionen Italiens entlang der Tiberufer, Musik, Folklore.

Flora und Fauna: Mittelmeerflora, insbesondere Pinien und Platanen als Alleebäume. Zu den besonderen touristischen Attraktionen gehört die zahllose römische Katzenpopulation, die durch strenge Winter, Seuchen und Tierfänger kaum einschneidend dezimiert wird. Insbesondere ältere Damen (gattare) pflegen und hegen ›ihre‹ Katzenkinder. Eine der prominentesten ›gattare‹ war die Schauspielerin Anna Magnani.

Fotographieren und Filmen: Generell erlaubt; in Museen ist die Benutzung von Blitzlicht und Stativ verboten.

Folklore s. Feste.

Fremdenführer: Sindacato Nazionale CISL Guide turistiche, Rampa Mignanelli 12, Tel. 6 78 98 42. In den Vatikanischen Museen stehen Führer bereit. In einigen Museen (Vatikan) und am Forum Romanum können Cassettengeräte entliehen werden.

Friseur: *Damen: Sergio Russo,* Piazza Mignatelli 25, Tel. 6 78 11 10. – *Sergio e Marcello,* Via del Babuino 151, Tel. 6 79 57 93. – *Studio 3,* Piazza di Spagna 51, Tel. 6 79 18 02. – *Herren: Camp 2,* Via Margutta 18/C, Tel. 3 61 41 06.

Fundbüros: *Städtisches Fundbüro* (Servizio oggetti rivenuti), Via V. Bettoni 1, Tel. 5 91 60 40. – *ATAC* (Städtische Verkehrsbetriebe): Via Volturo 65; Tel. 4 69 51. – *Ferrovie dello Stato* (Staatliche Eisenbahnen), Via Marsala 53, Tel. 47 30 66 82.

Führungen: ›Visite guidate‹ in Museen und Ausgrabungen sind in der Tageszeitung und dem Veranstaltungskalender der ›Repubblica‹ (s. Zeitungen) angekündigt (s. auch Fremdenführer).

Gärten und Parks: *Gianicolo (S. 229),* Viale del Gianicolo – *Parco del Colle Oppio,* Via Labicana – *Parco di Porta Capena,* Via Terme di Caracalla – *Villa Ada,* Via Salaria – *Villa Borghese (S. 368),* Viale Belle Arti, Viale Washington – *Villa Celimontana (S. 290),* Via della Navicella – *Villa Doria Pamphili (S. 237),* Via Olimpica, Via Aurelia Antica – *Villa Sciarra,* Via Caladrelli.

Galerien (Auswahl): *Alice,* Via Monserrato – *Cleto Polcina,* Piazza Mignanelli – *Studio E,* Via dei Coronari – *Artivisive,* Via Properzio 37 – *Alessandro Bonomo,* Piazza di S. Apollinare 3 – *Fontanella Borghese,* Via Fontanella Borghese 31 – *Apollodoro,* Piazza Mignanelli 17 – *André,* Via Giulia 175 – *La Margherita,* Via Giulia 108 – *Giulia,* Via Giulia 148 – *Il Narciso,* Via Alibert 25 – *Arco Farnese,*

Via Giulia 180 – *Cesare Lampronti,* Via del Babuino 182.

Gastfreundschaft: Die Römer sind zu sehr von Fremden heimgesucht, um noch gastfreundlich zu sein. Der Tourist bringt das Geschäft – basta. Römer sind generell familienorientiert und öffnen nur engen Freunden ihre Tür. Daher sollten insbesondere Frauen Einladungen zur Stadtbesichtigung oder gar in die Wohnung sehr sorgfältig prüfen.

Gottesdienste: Die Uhrzeiten der Gottesdienste sind in jeder Kirche ausgehängt; in der Deutschen Nationalkirche S. Maria dell'Anima *(S. 143)* So um 10.00 Uhr eine Messe in deutscher Sprache. In den Patriarchalkirchen wird auch die Beichte in deutscher Sprache abgenommen.

Gruppenreisen: Im Angebot der gängigen Reiseveranstalter (insbes. Studienreisen).

Informationsmöglichkeiten vor Antritt der Reise: Generelle Auskünfte, dazu Kartenmaterial u. ä. über die deutschen Automobilclubs. Weitere Adressen: *Staatliches Italienisches Fremdenverkehrsamt (ENIT):* 4000 Düsseldorf 26, Berliner Allee, Tel. 02 11/37 70 35. – 6000 Frankfurt, Kaiserstraße 65, Tel. 0 69/23 12 13. – 8000 München 2, Goethestr. 20, Tel. 0 89/53 03 69. – 1010 Wien, Kärntnerring 4, Tel. 65 43 74. – 8001 Zürich, Uraniastr. 32, Tel. 27 36 33.

Kinder: Obwohl Kinder in Italien generell beliebt und willkommen sind, ist ihnen mit einem Rombesuch in allzu zartem Alter kein Gefallen getan. Die Besichtigung der Stadt, zumal bei hohen Temperaturen, ist sehr anstrengend und für Kinder kein Vergnügen. Hotels in der Innenstadt sind nicht auf Kinder eingestellt. In Restaurants und Trattorien sind sie meist willkommen und dürfen auch zu später Stunde (fast) alles.

Babysitter: *Arci Donna,* Tel. 31 64 49 – *Ciliegia,* Tel. 6 27 57 05 – *Associazione centri di solidarietà,* Tel. 4 28 03 21 – *Buonidea,* Tel. 3 27 99 94.

Kleidung: Im Winter ist trotz milder Temperaturen zu warmer Kleidung zu raten, da oft nicht ausreichend geheizt wird. Regenmäntel und Schirme sollten vor allem im Frühjahr mitgebracht werden. Von Juni bis September genügt leichte Sommerkleidung, nach Möglichkeit viel zum Wechseln. Strandkleidung ist in der Großstadt Rom absolut unangebracht und unerwünscht (in Kirchen in der Regel streng verboten). Im Modeland Italien machen Kleider Leute.

Klima und Reisezeiten: Von November bis Mai instabil mit Abkühlungen und gelegentlichen Wolkenbrüchen. Viel Regen im November und Februar; im Januar und Februar Kälte, meist jedoch kein Frost. Von Juni bis Oktober meist beständig sonnig und heiß, insbesondere im Juli und August Temperaturen über 30°, nachts kaum Abkühlung. Reisezeit von März bis Oktober; Hauptreisezeiten sind Weihnachten, Ostern, Juni und September. Wer Rom jedoch nicht überfüllt sehen möchte, sollte im Januar oder im August kommen.

Krankenschein: Vor Reiseantritt unbedingt internationalen Krankenschein von der Krankenversicherung besorgen.

Kulturinstitute: *Bibliotheca Hertziana,* Via Gregoriana 28, Tel. 6 79 73 52; 9.00–21.00 Uhr, Sa 9.00–13.00 Uhr; deutsche kunsthistorische Bibliothek, Zugang nur für Studenten der Kunstgeschichte und Wissenschaftler. – *Goethe Institut,* Via Savoia 15, Tel. 8 84 17 25; Okt.–Juni: 10.00–13.00, 16.00–20.00 Uhr. – *Istituto Archeologico Germanico* (Dt. Archäol. Institut), Via Sardegna 79, 9.00–13.00, 15.30–20.00 Uhr, geschlossen Sa, Juli, August. – *Istituto Storico Germanico* (Dt. Histor. Institut), Via Aurelia Antica 391, Tel. 6 23 69 72. 9.00–19.30 Uhr. – *Österreichisches Kulturinstitut,* Viale Bruno Buozzi 113, Tel. 3 60 97 58. 9.00–13.00, 16.00–19.00 Uhr. – *Schweizer Kulturinstitut,* Via Ludovisi 48, Tel. 46 56 63. 8.00–14.00, 15.00–18.00 Uhr.

Nepp: Geneppt wird leider in zunehmendem Maße; gerade Ausländer müssen oft mit überhöhten Preisen rechnen. Rechnungen und Wechselgeld sollten sofort überprüft werden. Bars mit Sitzgelegenheiten an attraktiven Plätzen sind generell sehr teuer. Als Eisbecher oder große (grande) Biere und Kaffees werden nicht selten gigantische Portionen zu überhöhtem Preis verkauft. Auch in Nachtlokalen sollte die Rechnung eindringlich und möglichst nüchtern geprüft werden! Schlimmstenfalls sind die Carabinieri zu rufen.

Leihfahrzeuge: *AVIS*, Via Sardegna 38a, Tel. 4701228; Piazza Esquilino 1c, Tel. 4701216; – *Hertz*, Via Sallustiana 28/29, Tel. 463334; Stazione Termini, Tel. 4740389. Beide Firmen sind auch im Flughafengebäude vertreten. Zahlreiche weitere Autoverleihe in den gelben Seiten des Telefonsbuchs. Stets Vollkasko-Versicherung (Assicurazione completa) ohne Selbstbeteiligung abschließen.

Notfälle

Notruf in ganz Italien: 1 13.

Ärzte/Ambulanzen: *Italienisches Rotes Kreuz:* Tel. 5100 – *Ambulanz:* Tel. 47498; 7663584 – *Bereitschaftsärzte:* Tel. 5746265, 5746266, 7005252, 7005256 – *Notarzt:* Tel. 6810280. – *Notruf bei Herzversagen:* Tel. 47721 – *Notruf bei Vergiftungen:* Tel. 490663; 335656 – *Andere Spezialärzte:* Tel. 800995; 530972, 5379286.

Krankenhäuser: *Policlinico Umberti I,* Viale del Policlinico, Tel. 49971, 492341 – *Policlinico Gemelli,* Largo A. Gemelli, Tel. 33051, 33054033 – *San Giovanni* (Unfallkrankenhaus), Via Amba Aradan 8, Tel. 7705297 – *Transfusioni sangue* (Bluttransfusionen), Via Ramazzini 15, Tel. 538989.

Zahnärztl. Notdienst: Tel. 861312. – *Ospedale G. Eastman,* Viale Regina Elena 287/b, Tel. 490042, 491195.

Polizei: Notruf 1 13; Zentrale: Questura, Via San Vitale 15, Tel. 4686.

Carabinieri: 1 12; Generalkommando: Viale Romania 45, Tel. 85291.

Feuerwehr: 1 15

Erste Hilfe (Pronto soccorso) ist in Italien kostenlos.

Öffentliche Verkehrsmittel

Busse: Tagsüber fährt ein dichtes Netz von Buslinien (ATAG, gelborange) in relativ kurzen Abständen (keine Fahrpläne); ab 24.00 Uhr tritt ein Nachtdienst (servizio notturno) in Kraft. Die Route der Linie und die Fahrpläne des Nachtdienstes sind an den Haltestellen ausgeschrieben. Knotenpunkte mit Informationsbüros bei Stazione Termini, Piazza Venezia, Piazza San Silvestro, Largo Argentina, Piazza Risorgimento. Fahrkahrten sind vor dem Einsteigen in Tabak- und Zeitungsläden zu kaufen, die Verkaufsstellen sind mit dem Schild ATAC versehen. Karten für eine Fahrt (biglietto), auch im verbilligten Zehnerpack (Blocchetto), Tageskarten (BIG) und Monatskarten (Tessera).

Busverbindungen: ACOTRAL (blau) ab Roma Termini, Bahnhofsvorplatz; Busse vor allem ins römische Umland (Tivoli, Castel Gandolfo u. a.), Routen und Fahrzeiten hängen aus.

Eisenbahn: Stazione Termini, Piazza dei Cinquecento. – Fahrplanauskunft: 47751.

Fähren: *Civitavecchia-Olbia, Civitavecchia-Cagliari:* Gesellschaft Tirrenia, Tel. 0766/21703. – *Fiumicino-Ponza-Capri:* Gesellschaft Medmar, Tel. 858767, 861079. – *Anzio-Ponza-Ischia:* Ges. Helios, Tel. 9845085.

Fahrradverleih: *B.C.I.* Roma, Vicolo del Bottino (Ausgang Metro Spagna) – *Bike rent,* Largo dei Lombardi; Piazza San Lorenzo in Lucina – *I bike Rome,* Parkhaus Villa Borghese – *Collalti,* Via del Pellegrino 82 – *Vivi la città,* Corsia Agonale (Piazza Navona); Salita dei Crescenzi.

Fluglinien: *Alitalia,* Piazzale G. Pastore (EUR), Tel. 54441; Via Bissolati 20, Tel. 46881; Fiumicino, Tel. 60101. –

Austrian Airlines, Via Barberini 68, Tel. 46 12 06; Fiumicino, Tel. 60 18 68. – *Lufthansa,* Via San Basilio 41, Tel. 4 66 01; Fiumicino, Tel. 60 12 41 56. – *Swissair,* Via Bissolati 29, Tel. 8 47 05 11; Fiumicino, Tel. 60 16 71.

Kutschen: Die ›botticelle‹ stehen an der Piazza di Spagna, am Kolosseum und an der Piazza di San Pietro bereit. Tour und Fahrpeis sind vor der Fahrt zu vereinbaren.

Straßenbahnen: Die legendäre Stadtumrundung mit der ›circolare‹ ist längst Geschichte. Reizvoll ist noch die halbe Strecke mit der Linie 30 von der Piazza di Risorgimento bis Trastevere. In der Straßenbahn gelten die Busbillets.

Taxi: Zahlreiche Taxenstände der Innenstadt sind bis in die Abendstunden besetzt. Es werden Nacht- und Gepäckzuschläge erhoben. Die zugelassenen Taxen sind gelb; alle weiteren ›Taxendienste‹ sind zu meiden. Vorsicht bei den verlangten Preisen: – *Taxizentralen: Coop Radiotaxi:* Tel. 35 70; *Cosmos:* Tel. 84 33; *La Capitale,* Tel. 49 94; *Taxi Radio,* Tel. 38 75.

U-Bahnen *(Metropolitana):* Der U-Bahnbau ist in Rom natürlich ein heikles und daher langwieriges Unternehmen. Bisher sind nur zwei Linien in Betrieb, eine dritte ist im Bau, eine vierte geplant. U-Bahn-Stationen sind durch ein weißes M auf rotem Grund gekennzeichnet. Billets beim Tabak- oder Zeitungsladen kaufen oder in der Station mit Münzgeld ziehen. **Linie A:** Von der Piazza Anagnina bis Viale Ottaviano; wichtige Haltestellen: San Giovanni in Laterano, Piazza Vittorio Emanuele, Stazione Termini, Piazza della Repubblica, Piazza Barberini, Piazza di Spagna, Flaminio (Piazza del Popolo), Viale Ottaviano (San Pietro). **Linie B:** Von Stazione Termini bis EUR; wichtige Haltestellen: Cavour (San Pietro in Vincoli), Colosseo, Circo Massimo, Piramide, San Paolo fuori le mura; ab Piramide S-Bahnverbindung nach Ostia antica und Ostia Lido.

Parks s. Gärten und Parks

Post: *Hauptpost* (Ufficio postale) Piazza San Silvestro, Telegraphenamt 24 Std. geöffnet. Weitere Postämter in der ganzen Stadt. – *Postamt des Vatikans* (Poste vaticane) Piazza San Pietro, nur für Sendungen ins Ausland; meist schneller und zuverlässiger als die italienische Post.

Reiseagenturen: *American Express,* Piazza di Spagna 35, Tel. 6 78 67 95. – *C.I.T.* Piazza della Repubblica 64, Tel. 4 79 41. – *Deutsches Rompilger-, Turistik- und Informationsbüro Courtial International,* Via del Sant'Ufficio 29, Tel. 6 54 85 68. – *Deutsches Reisebüro,* Piazza Esquilino 29, Tel. 4 82 75 31.

Religion: Überwiegend katholisch, griechisch-orthodoxe, jüdische und protestantische Minderheiten.

Rundfunk und Fernsehen: Staatlicher Rundfunk R.A.I. mit drei staatlichen Fernsehprogrammen, daneben zahlreiche nationale und lokale Privatsender.

Sport (Austragungsorte sportlicher Veranstaltungen): *Hallensport:* Palazzetto dello Sport, Piazza Apollodor 10, Tel. 39 08 74; Palazzo dello Sport, EUR, Pazzale Sport, Tel. 5 92 51 07. – *Schwimmen:* Piscina del Foro Italico, Lungotevere Maresciallo Cadorna, Tel. 3 60 85 91. – *Tennis:* Campi di tennis del Foro Italico, Viale Gladiatori, Tel. 3 61 90 21. – *Leichtathletik:* Stadio dei Marmi, Via Nigra, Tel. 3 96 42 06. – *Fußball:* Stadio Flaminio, Viale Pilsudski, Tel. 39 12 39; Stadio Olimpico, Viale dei Gladiatori, Tel. 39 94 50.

Sprache: Italienisch, oft durchsetzt mit dem römischen Akzent ›romanesco‹. Englisch, französisch und deutsch wird in der Tourismusbranche verstanden.

Sprachferien: Sprachkurse bieten an: *Berlitz,* Via di Torre Argentina 21, Tel. 6 54 25 01 – *Italidea,* Piazza della Cancelleria 85, Tel. 6 54 76 20 – *Torre di Babele,* Via Bixio 74, Tel. 7 00 84 43 – *Dante Alighieri,* Piazza Firenze 27, Tel. 6 87 37 22 – *Centro Linguistico Italiano Dante Alighieri,* Via B. Marliano 4,

Tel. 8 32 01 84 – *Dilit International House,* Via Marghera 22, Tel. 49 26 02 – *Intercoop Language School,* Via IV Novembre 114, Tel. 6 78 54 27 – *Wall Street Institute,* Via del Corso 184, Tel. 6 79 37 85.

Stadtrundfahrten: *Emotion,* Piazza della Repubblica, 64, Tel. 4 79 43 72, tgl. mit deutschsprachiger Führung; – *Carrani Tours,* Via V. E. Orlando, Tel. 46 05 10, tgl. mit deutsch- und englischsprachiger Führung.

Strom: 220 Volt; meist sind Zwischenstecker nötig, da die deutschen Stecker nicht passen.

Telefonieren: Stadtgespräche mit 100- und 200-Lire-Münzen oder ›gettoni‹ in jeder Telefonzelle. Ferngespräche ab Hotel oder den Büros der Telefongesellschaft S.I.P. in Stazione Termini oder neben der Hauptpost Piazza San Silvestro. – Vorwahl für BRD: 00 49; für Österreich: 00 43; für die Schweiz: 00 41.

Toiletten (öffentliche): In Rom ›Vespasiani‹ genannt, nach dem Kaiser, der ihre Benutzung mit Gebühren belegte (pecunia non olet – Geld stinkt nicht). Öffentliche Toiletten sind äußerst selten und meist unbenutzbar; man nutze die Gelegenheiten in Museen, besseren Bars und Restaurants.

Tiere: Bei der Einreise ist für Hunde und Katzen ein Impfpaß vorzulegen. In den Hotels der Innenstadt sind Tiere jedoch nicht willkommen.

Trinkwasser: Das römische Trinkwasser ist von hervorragender Qualität, sehr mineralhaltig, was sich beim Duschen bemerkbar macht (Hautcreme mitbringen). In der ganzen Stadt gibt es eiserne Trinkwasserbrunnen, aus denen bedenkenlos getrunken werden kann.

Uhrzeit: *Mitteleuropäische Zeit (MEZ). Sommerzeit* wie in den übrigen europäischen Ländern von Ende März bis Ende September.

Umweltschutz: Erst in jüngster Zeit hat der Umweltschutz an Gewicht gewonnen. Schwere Vergehen können dem World Wildlife Fund (WWF) gemeldet werden, Tel. 8 44 01 08 oder Filoverde Tel. 85 31 75, 85 31 88.

Unterkünfte: Hotels und Pensionen in Rom verfügen über mehr als 100 000 Betten. Auskünfte über Kategorien, Lage, Preise geben ein Schalter in Stazione Termini, die Touristeninformationen (s. Auskünfte), Spezialführer (Michelin) und Reisebüros. – *Jugendherbergen: Ostello della Gioventù,* Foro Italico, Viale Olimpiadi 61, Tel. 3 96 47 09; *YMCA,* Via C. Balbo 4, Tel. 46 04 60.

Veranstaltungen

Ballett: Aufführungen im Teatro dell' Opera, Piazza B. Gigli, Tel. 46 36 41; Teatro Argentina, Largo Argentina, Tel. 6 54 46 01. Im Sommer auch in den Caracalla-Thermen und auf der Tiberinsel. Programme in den Tageszeitungen.

Festspiele: Juli/August *Estate Romana* (römischer Sommer): u. a. Konzerte auf dem Kapitol, Oper in den Caracalla-Thermen, Ballett und Diskothek auf der Tiberinsel; die Programme werden durch Plakate und in den Tageszeitungen bekanntgegeben.

Kartenvorverkauf: 10.00–13.00, 16.00–18.00 Uhr an den jeweiligen Theatern; telefonische Vorbestellungen werden nicht akzeptiert.

Kinos: Über 70 Kinos in der ganzen Stadt: Da die Römer ins Kino gehen, wann es ihnen gerade paßt, ist der Einlaß durchgehend, angegeben wird nur der Beginn der ersten und der letzten Vorstellung. Filme in italienisch synchronisierter Fassung. Englischsprachige Programme: Pasquino, Vicolo del Piede 19.

Konzerte: *Auditorio di Santa Cecilia,* Via della Conciliazione 4, Tel. 6 54 10 44 – *Auditorio del Foro Italico* (R. A. I.), Piazza Lauro de Bosis, Tel. 36 86 56 25 – *Teatro Olimpico,* Piazza Gentile da Fabriano, Tel. 3 60 17 52.

Oper: *Teatro dell'Opera,* Piazza B. Gigli, Tel. 46 36 41. Im Sommer in den Caracalla-Thermen.

Theater: *Sala Umberto,* Via della Mercede 50, Tel. 6 79 47 53 – *Orologio,* Via de'Filippini 17, Tel. 6 54 83 30 – *Argentina,* Largo Argentina, Tel. 6 54 46 01 – *Sistina,* Via Sistina 129, Tel. 4 75 68 41 – *Ghione,* Via dei Fornaci 37, Tel. 6 37 22 94 – *Vittoria,* Piazza S. Maria Liberatrice 8/13, Tel. 5 74 01 70 – *Eliseo,* Via Nazionale 183, Tel. 46 21 14. Dies ist nur eine Auswahl der wesentlichen Schauspielhäuser; Programme in den Tageszeitungen.

Tivoli, Villa d'Este: Im Sommer nächtliches Feuerwerk zu mehreren wechselnden Terminen (werden in Tageszeitungen bekanntgegeben, s. Auskünfte).

Wanderungen: Auch wenn das römische Umland, z. B. die Albaner Berge, zum Wandern verlockend scheint: gebahnte und markierte Wanderwege existieren nur ausnahmsweise (z. B. Tusculum).

Wintersport: Wintersportgebiete in der Umgegend Roms: *Monte Terminillo* (nordöstlich von Rieti) und *Guadagnolo* (oberhalb Palestrina).

Zahlungsmittel: *Währung:* Lire italiane, Tageskurse. – *Geldwechsel* s. Banken. – *Kreditkarten:* In den meisten Geschäften und Restaurants der Innenstadt werden die gängigen Kreditkarten akzeptiert. Trattorien und kleinere Handwerksbetriebe sind nicht auf Kreditkarten eingestellt. – *Reiseschecks:* Langwieriger und teurer Umtausch, vorzuziehen sind Eurocheques.

Zeitungen: *Il Messagero:* Traditionsreiche liberale bis konservative Zeitung mit ausführlichem Romteil, Anzeigen und Programmen. – *La Repubblica:* Liberale Zeitung mit ausführlichem Romteil und Programmen; Veranstaltungskalender ›Trovaroma‹ in der Samstagsausgabe. – *Il Corriere della Sera:* Römische Ausgabe der wirtschaftspolitisch orientierten Mailänder Zeitung. – *Il Tempo:* Konservative Stadtzeitung mit Anzeigenteil.

Zirkus: Gastspiele werden durch Plakate bekanntgegeben.

Zoo: Giardino zoologico in der Villa Borghese *(S. 370).*

Öffnungszeiten der antiken Stätten, Gemäldegalerien, Kirchen, Museen und sonstigen Sehenswürdigkeiten

Accademia di San Luca *(S. 355):* Mo–Fr 10–12 Uhr, im August geschlossen.

Ara Pacis *(S. 115):* 9–12.30, 15.30–17.30 Uhr, Mo und So nachmittag geschlossen.

Auditorium des Maecenas *(S. 324):* Di–Sa 9–13.30 Uhr, So 9–13 Uhr, Mo geschlossen.

Calixtus-Katakombe *(S. 280):* 8.30–12, 14.30–17 Uhr (Sommer 17.30 Uhr), Mi geschlossen.

Caracalla-Thermen *(S. 2666):* Di–Sa 9 Uhr bis 2 Stunden vor Sonnenuntergang, Mo, So und Fei 9–14 Uhr.

Casino Pallavicini *(S. 349):* jeden Monatsersten 10–12, 15–17 Uhr.

Castel Sant'Angelo (Engelsburg) *(S. 175):* Di–Sa 9–14 Uhr (im Sommer 18.30 Uhr), So 9–12 Uhr, Mo geschlossen.

Circus des Maxentius *(S. 282):* Di–Sa 9–13.30 Uhr, So, Fei 9–12.30 Uhr, im Sommer auch Di, Do, Sa 16–19 Uhr, Mo geschlossen.

Domitilla-Katakombe *(S. 282):* 8.30–12.00, 14.30–17.00 Uhr (Sommer 17.30 Uhr), Di geschlossen.

Forum Romanum, Palatin, Circus Maximus *(S. 51):* Mo und Mi–Sa 9–18.30 Uhr, Di, So, Fei 9–13 Uhr.

Galleria Borghese *(S. 370):* Di–So 9–14 Uhr, Mo geschlossen. Z. Zt. wegen umfangreicher Umbaumaßnahmen nur teilweise zugänglich.

Galleria Colonna *(S. 94):* Sa 9–13 Uhr, im August geschlossen.

Galleria d'Arte Moderna *(S. 377):* Di–Sa 9–14 Uhr, So 9–13 Uhr, Mo geschlossen; im Sommer zusätzlich Di 15–19, 20–23 Uhr, Do, Fr 15–19 Uhr (Sammlung des 19. Jh. zum Teil nicht zugänglich).
Galleria Doria-Pamphili *(S. 98):* Di, Fr, Sa, So 10–13 Uhr.
Galleria Nazionale d'Arte Antica *(S. 357):* Di–Sa 9–14 Uhr, So 9–13 Uhr, Mo geschlossen.
Galleria Spada *(S. 162):* Di–Sa 9–14 Uhr, Mi–Sa auch 15–19 Uhr, So 9–13 Uhr, Mo geschlossen.
Grabmal der Cecilia Metella *(S. 283):* tgl. 9–13, 14–19 Uhr (Sept. bis 18 Uhr, Okt. bis 17.30 Uhr, Nov.–Mai bis 16 Uhr); Eintritt frei.

Kapitolinische Museen *(S. 39):* Di–Sa 9–13.30 Uhr, Di und Sa auch 17–20 Uhr (Sommer 20–23 Uhr), So 9–13 Uhr, Mo geschlossen.
Kolosseum *(S. 71):* tgl. 9–18.30 Uhr.

Mamertinischer Kerker *(S. 52):* tgl. 9–12.30, 14–18.40 Uhr.
Museo Barracco di Scultura Antica *(S. 151):* Di–Sa 9–14 Uhr, So 10–13 Uhr, Mo geschlossen.
Museo degli Strumenti Musicali *(S. 312):* Mo–Sa 9–14 Uhr, So geschlossen.
Museo del Tesoro di S. Pietro *(S. 195):* 8–13, 17.30–18.30 Uhr.
Museo dell'Alto Medioevo (EUR) *(S. 402):* Di–Sa 9–14 Uhr, So 9–13 Uhr, Mo geschlossen.
Museo della Civiltà Romana (EUR) *(S. 402):* Di–Sa 9–13 Uhr, Do auch 16–19 Uhr, So 9–13 Uhr, Mo geschlossen.
Museo di Palazzo Venezia *(S. 91):* Di–Sa 9–14 Uhr, So 9–13 Uhr, Mo geschlossen.
Museo Nazionale d'Arte Orientale *(S. 324):* Di–Sa 9–14 Uhr, So 9–13 Uhr, Mo geschlossen.
Museo Nazionale delle Arti e Tradizioni Popolari (EUR) *(S. 402):* Di–Sa 9–14 Uhr, So 9–13 Uhr, Mo geschlossen.
Museo Nazionale Etrusco → Villa Giula.
Museo Preistorico ed Etnografico Luigi Pigorini (EUR) *(S. 402):* Di–So 9–14 Uhr, Mo geschlossen.

Ostia Antica → Scavi di Ostia.

Palatin → Forum Romanum.
Passeggiata sulle Mura (von der Porta S. Sebastiano aus; *S. 276):* Di–Sa 9–13.30 Uhr, So 9–13 Uhr, im Sommer Di, Do, Sa auch 16–19 Uhr, Mo geschlossen.
Porta San Sebastiano *(S. 276):* Di–Sa 9–13.30 Uhr, So 9–13 Uhr, im Sommer Di, Do, Sa auch 16–19 Uhr, Mo geschlossen.
Priscilla-Katakombe *(S. 394):* 8.30–12, 14.30–17.30 Uhr (mit Führung).
S. Agnese in Agone *(S. 389):* 17–19 Uhr, So 10–13 Uhr.
S. Andrea della Valle *(S. 148):* 7.30–12 Uhr, 16.30–19.30 Uhr.
S. Cecilia in Trastevere *(S. 244):* 10–12, 16–18 Uhr; Konvent Di, Do 10 Uhr, So 11 Uhr.
S. Clemente (Unterkirche): *(S. 294):* 9–11.30, 15.30–18.30 Uhr.
S. Cosma e Damiano *(S. 89):* 9–13 Uhr, 16–18.30 Uhr.
S. Giovanni dei Fiorentini *(S. 173):* 7.15–11, 17–19.30 Uhr, So 7.30–12.45, 17–19.45 Uhr.
S. Giovanni e Paolo (Ausgrabungen) *(S. 289):* 8–12, 15.30–18 Uhr, So und Fei geschlossen.
S. Giovanni a Porta Latina *(S. 277):* 9.30–12.30, 15–19 Uhr.
S. Ivo *(S. 154):* So vormittags zur Messe, ca. 11 Uhr.
S. Luigi dei Francesi *(S. 144):* 7.30–12.30, 15.30–19 Uhr, Do nachmittag geschlossen.
S. Maria degli Angeli *(S. 331):* 9–12, 16–18.30 Uhr.
S. Maria dell'Anima *(S. 143):* 7.30–13, 15–19 Uhr, So 8–13 Uhr.
S. Maria di Loreto *(S. 92):* Mo–Sa 16.30–18 Uhr, So 9–13 Uhr.
S. Maria in Aracoeli *(S. 46):* 7–12, 16–18 Uhr.

S. Maria in Cosmedin *(S. 256):* 9–12, 15–17 Uhr, So 10.30 Uhr Messe in griechischem Ritus.
S. Maria in Montesanto *(S. 113):* Mo, Mi, Fr Nov.–März 16–19 Uhr, April–Juni 17–20 Uhr.
S. Nome di Maria *(S. 92):* Mo–Sa 17–19 Uhr, So 9–13.30, 17–19 Uhr.
S. Onofrio *(S. 236):* 8.30–12 Uhr; Tasso-Museum: 8–12 Uhr, So geschlossen.
S. Pietro in Vincoli *(S. 325):* 7–12.30 Uhr, 15.30–19 Uhr.
S. Prassede *(S. 322):* 7–12, 16–18.30 Uhr.
S. Sabina *(S. 259):* 6.30–12.45, 15.30–19 Uhr.
S. Spirito in Sassia *(S. 228):* jeweils ½ Std. vor den Messen 7.30, 8, 8.30, 18.30 Uhr, So 8.30, 10, 11, 12.15, 18 Uhr.
S. Stefano Rotondo *(S. 290):* 8.30–12.30, 15–18.30 Uhr.
S. Vincenzo e Anastasio *(S. 403):* 6.45–11 Uhr, 16.30–19.30 Uhr.
Scavi di Ostia *(S. 404):* tgl. 9 Uhr bis 2 Stunden vor Sonnenuntergang.
Scipionengräber, Columbarium des Pomponius Hylas *(S. 274):* 9–12.30, Mo geschlossen.
Sebastianskatakomben *(S. 281):* 8.30–12, 14.30–17 Uhr (Sommer 17.30 Uhr), Do geschlossen.

Tempietto del Bramante *(S. 231):* 9–12, 16–19 Uhr.

Thermen-Museum *(S. 334):* 7.30–12, 16.30–18.30 Uhr. Durch die derzeitigen Umbaumaßnahmen sind Änderungen wahrscheinlich.

Vatikanische Gärten *(S. 197):* März–Okt. Di, Fr, Sa 10 Uhr; Anmeldung im Ufficio Informazioni, Piazza di S. Pietro.
Vatikanische Museen *(S. 198):* Mo–Sa 9–14 Uhr, Ostern und Juli–Sept. 9–16 Uhr, letzter So im Monat Eintritt frei, an anderen So und Fei geschlossen.
Villa Adriana *(S. 419):* tgl. 9–18 Uhr.
Villa d'Este, Tivoli *(S. 430):* tgl. 9–18 Uhr.
Villa Farnesina *(S. 249):* werktags 9–13 Uhr.
Villa Giulia/Museo Naz. Etrusco *(S. 379):* Di–Sa 9–14 Uhr, So, Fei 9–13 Uhr, Mo geschlossen.
Villa Gregoriana *(S. 434):* 9–18 Uhr.

Die 4 Patriarchalkirchen (*** S. Giovanni in Laterano, *S. 300*, *** S. Maria Maggiore, *S. 314*, * S. Paolo fuori le Mura, *S. 394*, *** S. Pietro in Vaticano, *S. 185*), sind ganztägig von 8 bis ca. 19 Uhr geöffnet, die anderen Kirchen in der Regel von 12 bis ca. 16 Uhr geschlossen. Einzelne Kirchen mit besonderen Öffnungszeiten sind oben aufgeführt.

Literaturhinweise (Geschichte, Kunst, Literatur)

Hermann Bengtson, Römische Geschichte. München 1986[6]

Ranuccio Bianchi Bandinelli, Die römische Kunst. München 1975

Jakob Burckhardt, Der Cicerone. Stuttgart 1986[4]

Leo Bruhns, Die Kunst der Stadt Rom. Wien/München 1972

Edmund Buchner, Die Sonnenuhr des Augustus. Mainz 1982

Jérôme Carcopino, Rom. Leben und Kultur in der Kaiserzeit. Stuttgart 1986

Manfred Fuhrmann, Cicero und die römische Republik. München 1989

Carlo E. Gadda, Die gräßliche Bescherung in der Via Merulana. München 1986

Johann Wolfgang v. Goethe, Italienische Reise. Frankfurt 1976

Michael Grant, Roms Cäsaren. Bindlach 1985

Ferdinand Gregorovius, Geschichte der Stadt Rom im Mittelalter. München 1988

Werner Heinz, Römische Thermen. Badewesen und Badeluxus im Römischen Reich. München 1983

Anton Henze/Augusta Hönle. Römische Amphitheater und Stadien. Gladiatorenkämpfe und Circusspiele. Herrsching 1981

Christopher Hibbert, Rom. Biographie einer Stadt. München 1987

Historia Augusta. Römische Herrschergestalten. Zürich/München 1985

H. Kaehler, Rom und seine Welt. München 1958

Marieluise Kaschnitz, Engelsbrücke. Römische Betrachtungen. München 1975

Harald Keller, Die Kunstlandschaften Italiens. Frankfurt 1981

J. N. Kelly, Lexikon der Päpste. Stuttgart 1988

Richard Krautheimer, Rom. Schicksal einer Stadt. München 1987

Alfred Läpple, Große illustrierte Geschichte der Päpste. Augsburg 1985

Marc Aurel, Selbstbetrachtungen. Stuttgart o. J.

Elsa Morante, La Storia. München 1988

Alberto Moravia. Das Mädchen vom Tiber. Geschichten aus Rom. Reinbek

Ders., Die Lichter von Rom. Neue römische Erzählungen: Reinbek 1969

Pier Paolo Pasolini, Mamma Roma. München 1987

Ders., Vita violenta. München 1983

C. Pietrangeli, A. Chastel u. a., Die Sixtinische Kapelle. Das größte Meisterwerk christlicher Kunst. Zürich/Köln 1986

Michael B. Poliakoff, Kampfsport in der Antike. Zürich/München 1989

Reinhard Raffalt, Cantata Romana. München 1977

Ders., Sinfonia Vaticana. München 1977

Römische Sagen. Geschichten und Geschichte aus der Frühzeit Roms. Frankfurt 1980

Roma aeterna. Lat. u. griech. Romdichtung von der Antike bis in die Gegenwart (Hg. B. Kytzler). Zürich/München 1972

Hubert Stadler, Päpste und Konzilien. Düsseldorf 1983

Stendhal, Wanderungen in Rom. Berlin 1982

Hans D. Stöver, Macht und Geld im alten Rom. Zürich/München 1989

Ders., Die Römer. Taktiker der Macht. Hamburg 1987

Herbert A. Stützer, Die italienische Renaissance. Köln 1977

Ders., Die Kunst der römischen Katakomben. Köln 1983

Sueton, Cäsarenleben. Stuttgart 1986[7]

Giorgio Vasari, Lebensläufe der berühmtesten Maler, Bildhauer und Architekten. Zürich/Stuttgart 1985[3]

Otto Veh, Lexikon der römischen Kaiser. Zürich/München 1985

Thornton Wilder, Die Iden des März, Frankfurt 1984

Marguerite Yourcenar. Ich zähmte die Wölfin. München 1978.

Namenregister

Objektregister

Plan- und Objektnummern **Fettdruck in eckigen Klammern;** wichtige Textstellen *kursiv*, weitere Textstellen normal.

Verzeichnis der Farbtafeln

Abbildungsnachweis:

Archivi Alinari, Florenz: S. 89, 117, 127, 131, 142, 171, 194, 213, 223, 226, 241, 253, 260, 288, 295, 299, 344, 361, 372, 391 – L. Ander, München: Farbtafel nach S. 256 – Anthony Verlag, Starnberg: Farbtafeln nach S. 216 (Fuchs-Hauffen), nach S. 352 (Krautwurst) und vor S. 353 (Oster) – Bavaria-Verlag, Bildagentur, Gauting bei München: Farbtafel vor S. 145 (Gaetano Barone) – Bildarchiv Foto Marburg, Marburg: S. 100, 112, 351, 358 (l. u. r.) – Prof. Dr. Edmund Buchner, München: S. 118/19 – A. F. Kersting, London: S. 6, 48, 109, 301, 305, 307, 318, 397 und Farbtafel nach S. 272 – Joachim Kinkelin, Worms: Farbtafeln vor S. 129 und zw. S. 216 und 217 (Doppelseite) – G. Klammet, Ohlstadt: S. 165, 354 – Leonhard v. Matt, Buochs: S. 5 (oben), 20, 28, 35, 125, 132, 155, 168, 192, 232, 250, 291, 308, 321, 327, 365, 387, 396, 399 – Mauritius Bildagentur, Mittenwald: Farbtafel nach S. 128 (Vidler) – Werner Neumeister, München: S. 4, 5 (oben), 8, 40, 43, 59, 83, 121, 150, 178, 182/83, 191 (l.), 203, 204 (l. u. r.), 234/35, 265, 276, 338, 339, 373, 383, 412/13, 427 sowie Farbfoto des Umschlags und Farbtafeln nach S. 144, vor S. 217, vor S. 257, vor S. 273, nach S. 336 und vor S. 337 – Paul Veysseyre, St-Didier-au-Mont d'Or: S. 75, 85, 135, 157, 161, 174, 191 (r.), 246, 255, 315 – Verlagsarchiv: S. 61, 70, 271, 416.

Die Pläne und Grundrisse auf den Seiten 47, 64/65, 81, 110, 123, 134, 141, 148, 185 und 270 wurden von Dieter Weber, München gezeichnet, die Papstwappen auf S. 30 von Norbert Ott, München, alle übrigen Pläne und Grundrisse Achim Norweg, München.

CIP-Titelaufnahme der Deutschen Bibliothek

Poeschel, Sabine:
Rom : Kunst und Geschichte von der Antike bis zur
Gegenwart / Sabine Poeschel u. Dieter Jansen.
München : Artemis, 1990
(Artemis-Kunst-&-Reiseführer)
ISBN 3-7608-0789-5
NE: Jansen, Dieter

Gesamtherstellung: Pustet, Regensburg
Printed in Germany